L'arte e la tecnica delle decorazioni a stucco in Europa

The Art and Industry of Stucco Decoration in Europe

Scuola universitaria professionale
della Svizzera italiana

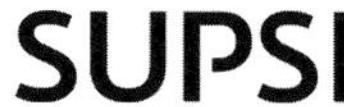

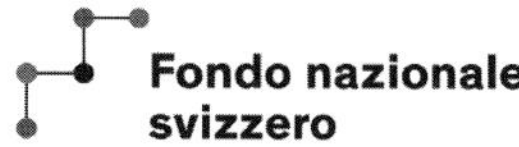

Questa pubblicazione è stata finanziata dal Fondo Nazionale Svizzero per la Ricerca Scientifica (FNS). / This publication was financed by the Swiss National Science Foundation (SNSF).

Il volume è pubblicato in Open Access ed è liberamente scaricabile dalla piattaforma officinalibraria.net / The volume is published in Open Access and is freely downloadable from the officinalibraria.net platform.

DOI 10.48287/9788833672670

Officina Libraria Open Access rispetta gli standard etici e qualitativi e la messa a disposizione dei contenuti ad accesso aperto; oltre a garantire il deposito nei principali archivi e *repository* internazionali OA.

Officina Libraria

Direzione artistica, progetto grafico
Paola Gallerani

Coordinamento Editoriale
Giovanni Truglia

Impaginazione
Elisabetta Mancini

Redazione
Matteo Bonanomi, Sally Salvesen

Indice dei nomi
Matteo Bonanomi

Ufficio stampa
Luana Solla

Fotolito
Giorgio Canesin

Stampa
Industrie Grafiche Pacini, Pisa

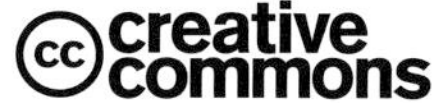

Officina Libraria
Via dei Villini, 10
00161 Roma
www.officinalibraria.net

ISBN: 978-88-3367-267-0

Printed in Italy

L'arte e la tecnica delle decorazioni a stucco in Europa

Dalla fine del XV alla metà del XVIII secolo

The Art and Industry of Stucco Decoration in Europe

From the Late 15th to the Middle of 18th Century

A cura di / Edit by
Giacinta Jean e Alberto Felici

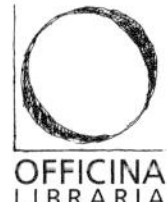

Sommario / Table of Contents

The Art of Stucco Making: Materials and Workmanship

Case Studies

Foreword

Christine Casey

On a visit to the stuccoed interiors of Fontainebleau during his term as English ambassador to France, Sir Henry Wallop was encouraged by the French king to climb upon a bench and touch 'the mattier and stuff that the said borders was made of'. This vividly illustrative anecdote, related by Oriane Beaufils, strikes home the core concern of this volume, namely the materiality of stucco production and how we can better understand the artistry and techniques involved in its creation. In the initial stages of scholarship on European stucco attention focused upon the skills of individual workshop leaders, the role of migrant families and the spread of stylistic conventions across the continent. Gradually, as conservation activity has increased and scientific findings proliferate, greater knowledge of materials and techniques has emerged and is now being very effectively integrated with the fruits of archival research. Building on their extensive practice in the conservation of plasterwork at SUPSI and on the findings of their previous volume *Stucchi e stuccatori ticinesi tra XVI e XVIII secolo* (Florence: Nardini, 2020), Giacinta Jean and Alberto Felici have marshalled a wide range of scholarship from across Europe that significantly deepens our understanding of workshop practice in the early modern period. From Italy to France, Germany, the Netherlands, Denmark, Central and Eastern Europe the contributors to this volume explore the art and technique of stucco in the post Renaissance period. Italy and the Italian speaking regions of Switzerland nevertheless remain at the heart of the narrative for here the remarkable decorative phenomenon has its roots, revived in Milan, Florence and Rome from the Quattrocento onwards and spread by migrant artists and artisans across Europe. In an exemplary essay, Jean and Felici explore a small area between Como and Lugano in one richly documented commission of 1691 for the parish church of Domaso which speaks multitudes about the technical processes of the *stuccatori* and of those whose labour underpinned plasterwork production.

Of particular value are new findings which illuminate the relationship between stucco and architectural surface. How many students familiar with Bramante's illusionistic sanctuary apse at Santa Maria presso San Satiro in Milan will have considered the material methods used in its achievement? Here in an essay by Jessica Gritti we are shown that different types of brick and terracotta were combined to create the entablature and coffered vault and that teams of bricklayers, *stuccatori* and mural painters constituted a workshop skilled in this type of polychrome illusionism. The combined and interdependent works of these trades is shown to have been employed in other projects to similar effect and related to long lost ephemeral decorations of the period. Elsewhere we find that *pianelle* or paving tiles were found to be particularly useful for the creation of architectural elements while rounded bricks were used in the creation of ornamental volutes in capitals and crushed brick was mixed with plaster in the *tondi* of the Old Sacristy at San Lorenzo in Florence. In terms of architectural design we learn from Serena Quagliaroli and Giulia Spoltore that the strongly pictorial and figurative compositional methods of early sixteenth-century stucco production, which was dominated by painters, was supplanted in the circle of Domenico Fontana by a new emphasis on the arrangement of painted compartments set within richly moulded architectural frames, thereby building upon Stefan Kummer's seminal characterisation of stucco decoration as *bildfreundlich* or *bildfeindlich*.

Other themes that emerge from the combined essays include the agency of artists, artisans and clients in the dissemination of style and technique, the role of drawings in communicating and spreading design practices, secret techniques of mixing, modelling, fixing and finishing that are revealed by conservation analysis and the impact of maintenance and historical conservation on the stucco schemes that survive today. Can we be sure that what we are looking at is original? Hasty observation can result in glossing over later alterations as I have done in failing to note the major fibrous plaster additions to the 1720s coffered ceiling of the Senate House in Cambridge, probably added when the ceiling structure was strengthened more than a century later. Who knew that several of the *ignudi* of the Sala Regia in the Vatican were much restored in the early eighteenth century? Yet, when pointed out by Vittoria Brunetti, the difference in form and handling is patently clear. This is an important and productive avenue of enquiry that promises much in terms of understanding original and additional fabric in plasterwork schemes. In this regard it would be valuable to know more about the interventions in the planetary rooms of the Pitti Palace the archival evidence for which is here presented by Mickaël Zito.

The role of migrant practitioners in the dissemination of technique and compositional norms is discussed by Oriane Beaufils and Barbara Rinn-Kupka who show the early impact of Italian stucco production at Fontainbleau and Landshut and the special significance of the Palazzo Te in the dissemination of the *all'antica* style through the agency of migrant practitioners. The indirect influence of Quattrocento Florence on French sixteenth-century plasterwork is particularly illuminating. This theme of dissemination is further developed for northern Europe by Wijnand Freling and Marta Bensa.

Agency in stucco production is explored in multiple contexts such as the relationship of sculptors, *stuccatori* and clients at San Carlo ai Catinari in Rome discussed by Vittoria Brunetti or the impact of a single dominant client or middleman such as the returned canon to Valencia influenced by the circle of Carlo Maratti in Rome here discussed by Gaetano Giannotta and Josè Luis Regidor Ros, or as described by Michał Kurzej the university professor in Krakow who promoted and facilitated the ascendancy of Baldassarre Fontana's workshop in Poland. Fontana's success is shown by Alberto Felici and colleagues to have been influenced by his ability to supervise concurrent projects by delegating supervision at sites to trusted assistants. Drawings clearly played a role in such delegation of authority. While a mere fraction of the drawings made for stucco schemes have survived the rigours of the building site, rare and instructive examples have been unearthed by several of the contributors. Of special quality and archival interest is a drawing for the Chapel of San Michele Arcangelo in Sant'Angelo in Milan of 1610-17 illustrated by Massimo Romeri showing four different types of bearers for the painted panels, single and paired putti, terms, atlantes and caryatid busts. Through the archival work of Roberto Santamaria we learn that contracts for stuccowork in Genoa included provision of drawings for architectural profiles at a 1:1 scale to guide their usage by plasterers, thereby ensuring the agency of architectural design. Other drawings that formed part of the bagatelle of migrant practitioners provide a glimpse of the types of design used to instruct the *garzoni* as dictated by the standard *pacta ad Artem*.

The volume is particularly rich in insights to the technical methods employed by the *stuccatori* to deceive the eye and construct the virtual worlds of church, state and aristocracy in the period. The findings Jean and Felici, Wanková, Tišlová and Majoroš, Rinn-Kupka and Zito demonstrate the heterogeneous nature of materials and methods across Europe and the ingenuity of practitioners in responding to conditions imposed by locality and budget. Jean and Felici usefully demonstrate that in the Lower Ceresio region *stuccatori* simply had no control over the materials supplied and were used to working with those supplied by the client. We learn that armatures were made from a wide variety of materials including wood, tin, schist, iron, brick and recycled terracotta. X-ray images reveal the metal armatures of figures and hands and in some instance found objects such as real antlers were used in plaster schemes. The mixes used to create successive plaster coats are analysed for lime, gypsum and aggregate content with on occasion surprising results. An important finding is the demonstration by several authors that clay-based plaster was exploited by Baldassarre Fontana and others to prolong the modelling period, as clay content in plaster retained water and therefore extended the drying process, doubtless allowing *stuccatori* to absent themselves and return for the completion of schemes. Unsurprisingly therefore, plasterers were referred to in German lands as 'lime cutters'. Conversely Carla Giovannone demonstrates that in the circle of Leonardo Retti and Antonio Roncati in Rome gypsum was used to speed up the drying of small scale and vulnerable elements such as the acanthus leaves of column and pilaster capitals. Glue and egg yolk found in the finishing layer of plasterwork was evidently used to achieve a polish and elements such as hair and eyes were treated with charcoal and colour to achieve naturalistic representation. Thus, taken together as a whole, these essays bring us far from traditional concerns with individual achievement and compositional design. Instead, in the words of Jessica Gritti, these studies seek to evaluate 'the fruits of a collective project, in which if ideas are required of one subject, often the direction if entrusted to another, and many are the voices that determine not only the operational choices, but even the design ones'.

Introduzione*

Giacinta Jean, Alberto Felici

In questa raccolta di saggi sono stati riuniti i risultati di diverse ricerche che avevano come obiettivo non solo quello di indagare l'aspetto formale delle decorazioni a stucco, frutto di una cultura artistica già esplorata in diversi recenti e importanti contributi che mostrano il rinnovato interesse per questo genere di decorazione,[1] ma di affrontare la conoscenza del saper fare degli stuccatori, in particolare di quelli provenienti dall'attuale zona tra Italia e Canton Ticino che erano molto richiesti in tutta Europa per la loro particolare abilità sia tecnica che organizzativa. I nostri interessi si sono rivolti ad approfondire proprio questi due aspetti: da un lato comprendere meglio quale fosse la loro organizzazione professionale, il loro ruolo nel processo progettuale ed esecutivo, i rapporti con i committenti e con gli altri artisti o attori del mondo delle costruzioni e la loro capacità di adattamento nel lavorare in luoghi diversi rispetto a quelli di origine; dall'altro cercare di analizzare quali fossero le capacità tecniche che li rendevano in grado, a partire da diversi materiali disponibili localmente, di realizzare magnifiche decorazioni a imitazione del marmo. Paragonare casi studio in diverse regioni ha permesso di cominciare a dare a questi temi una prospettiva europea, fondamentale per avere una migliore comprensione degli esiti formali di queste opere e del contesto in cui sono state prodotte.[2]

La raccolta di saggi trae spunto da passate attività di ricerca condotte in seno alla Scuola universitaria professionale della Svizzera italiana (SUPSI)[3] e all'Archivio del Moderno (USI)[4] e dalle attività organizzate congiuntamente, quali la summer school *Stucchi e stuccatori ticinesi a Roma. Dalla riscoperta cinquecentesca alla grande tradizione barocca* (Roma, 2019) e il convegno *The Art and Industry of Stucco Decoration* (Roma, 2022).[5] Le nostre ricerche sono rivolte a comprendere meglio il rapporto tra le forme e la materia con cui queste sono realizzate.[6] La materia (nel nostro caso lo stucco) non è infatti un aspetto secondario di un'opera ma una componente fondamentale che influenza il modo in cui viene trasmesso un messaggio artistico e figurativo.[7] Gli studi si sono concentrati prevalentemente sull'area meridionale dell'attuale Canton Ticino e sulle zone di confine con l'Italia; i risultati raggiunti hanno stimolato la curiosità di comprendere quali fossero le strategie e il grado di adattamento di questi stuccatori nel lavorare lontano dalla loro patria e cogliere similitudini e differenze di un fare locale e di un fare all'estero, in contesti di committenza diversi e con condizioni climatiche e materiali che non erano quelli che i nostri maestri erano abituati a usare. Centro delle nostre attenzioni in questo volume sono quindi i molti artisti e artigiani che, dal confine italo-svizzero, si sono spostati in tutta Europa per partecipare ai grandi cantieri in corso, contribuendo al dirompente successo della decorazione a stucco. L'obiettivo è stato quello di coprire un'ampia area geografica, che andasse dalla Spagna alla Polonia, dalla Danimarca a Roma, passando per Paesi Bassi, Francia, Germania, Repubblica Ceca, Slovenia e Austria, cercando di capire se e come in questi diversi contesti cambiasse il ruolo e il *modus operandi* di questi professionisti. Temporalmente si è scelto di concentrarsi soprattutto sul Seicento, un secolo in cui le decorazioni a stucco hanno rivestito prepotentemente le pareti e le volte di luoghi sacri e di luoghi civili, con alcuni sconfinamenti in anni precedenti e successivi, utili per delineare un quadro complessivo dei diversi modi di interpretare questa tecnica artistica e permettere di paragonare realtà anche molto lontane tra loro. Una tale ampiezza cronologica, geografica e tematica non consente chiaramente di affrontare questi argomenti in modo sistematico ed esaustivo ma permette di cominciare a individuare alcune similitudini e differenze tra contesti tra loro distanti. È stato chiesto a studiosi con competenze e formazione diverse (storici dell'arte, restauratori, architetti, scienziati della conservazione) di partecipare a questo confronto per condividere punti di osservazione complementari, fondamentali per trovare un linguaggio comune che potesse aiutare a migliorare un lavoro interdisciplinare, così necessario in questo campo. Gli studi basati su questa impostazione pluridisciplinare, che unisce la ricerca archivistica e documentaria con l'osservazione diretta delle opere – condotta da parte di chi sa leggere sulla materia i segni del fare pratico – e la loro analisi materiale con metodi scientifici, sono purtroppo ancora molto rari.[8] I diversi autori hanno affrontato lo studio delle opere analizzando il ruolo degli stuccatori nell'elaborazione progettuale degli schemi decorativi e dei messaggi iconografici assegnati a queste opere plastiche (un lavoro che a volte viene svolto in completa autonomia e a volte è invece guidato da pittori, scultori, architetti o da persone di fiducia della committenza), la loro attività nei cantieri, alle prese con decorazioni di grandi dimensioni, e il confronto diretto con i committenti e con gli altri protagonisti del processo edilizio. Studiare le dinamiche legate all'organizzazione delle botteghe ha permesso di capire come sia stato possibile per molti artisti gestire anche tanti cantieri, vasti e complessi, grazie alla collaborazione instaurata con altri stuccatori, manovali, garzoni. Quando ci si avvicina alle opere per comprendere come sono realizzate, con quali materiali e con quali tecniche, ci si rende conto dell'enorme varietà dei singoli casi. Sotto una pelle bianca, simile al marmo, che accomuna gli stucchi e li rende in apparenza uguali tra loro, si nasconde invece una grandissima diversità tecnica. Lo stucco infatti – nella sua apparente semplicità – è un materiale difficile da padroneggiare come molti trattati e manuali sottolineano frequentemente.[9] Rendere plasmabili pochi e semplici ingredienti di base (quali sabbia, acqua, calce, polvere di marmo) richiede esercizio, abilità e astuzia non comuni. Si tratta di materiali poveri ed economici, facilmente reperibili ovunque, che consentivano di imitare i ben più pregiati marmi per decorare con grande effetto scenico e in tempi rapidi gli ambienti più disparati. Il fatto che la tecnica fosse relativamente poco costosa non era un criterio decisivo nelle scelte dei committenti, attratti piuttosto dalle straordinarie e allora innovative possibilità di ottenere una decorazione tridimensionale – diremmo oggi immersiva – degli spazi, sia di quelli già esistenti che si desiderava aggiornare secondo un nuovo gusto decorativo sia di quelli nuovamente concepiti. Un bravo stuccatore, oltre a essere un bravo scultore, doveva quindi essere capace di gestire forme, anatomie, movimenti e spazi, ma doveva anche essere in grado di crearsi una materia di base che potesse assumere le forme volute senza deformarsi, che facesse presa nel tempo desiderato, in diverse condizioni climatiche e che rimanesse saldamente ancorata al supporto senza distaccarsi. Una materia che potremmo definire «dinamica», perché consentiva agli artisti una grande libertà espressiva, potendosi adattare, con i dovuti accorgimenti, alla velocità di chi lavorava di getto e alla lentezza di chi invece modellava con il dovuto tempo di riflessione. Un'arte che talvolta viene tramandata di generazione in generazione e che altre volte viene continuamente rinnovata e reinterpretata da ogni singolo artista. Le ricerche condotte sugli stucchi e sugli stuccatori attivi nella zona meridionale dell'attuale Canton Ticino hanno infatti permesso di sfatare alcuni miti e di osservare come non vi fosse omogeneità nell'uso dei materiali e delle tecniche ma come ogni artista attivo all'interno di una stessa area geografica e in un simile arco temporale avesse un proprio *modus operandi*, un modo di interpretare la materia unico e individuale, diverso dagli altri.

Ci auguriamo che questa raccolta possa contribuire ad aprire nuovi orizzonti di riflessione e di ricerca, ampliando con una visione su scala europea la comprensione dell'arte e della tecnica della decorazione a stucco, del processo artistico come cultura materiale e del saper fare delle persone che hanno realizzato queste opere.

* Dedichiamo questo lavoro alla memoria di Edoardo Agustoni (1960-2023) caro collega che ha contribuito in modo significativo a fare avanzare le conoscenze sulle decorazioni a stucco in Canton Ticino e sugli artisti che le hanno realizzate, generoso nel condividere con studenti e ricercatori le sue conoscenze e gli spunti di indagine.

1 Oltre al fondamentale testo di C. Casey, *Making Magnificence: Architects, Stuccatori and the Eighteenth-century Interior*, New Haven, 2017 con relativa bibliografia di riferimento, si vedano i recenti S. Quagliaroli, G. Spoltore (a cura di), *«Quegli ornamenti più ricchi e più begli che si potesse fare nella difficultà di quell'arte». La decorazione a stucco a Roma tra Cinquecento e Seicento: modelli, influenze, fortuna*, «Horti Hesperidum. Studi di storia del collezionismo e della storiografia artistica», 1, 2019 che raccoglie gli atti delle giornate di studi (Roma, 2018), consultabile on-line <https://www.horti-hesperidum.com/hh/la-decorazione-a-stucco-a-roma-tra-cinquecento-e-seicento-modelli-influenze-fortuna-horti-hesperidum-2019-1/>; J. Zapletalová, M. Viganò (a cura di), *"Libro delli Dinari". Viaggi e affari di Domenico Lucchese mastro stuccatore da Melide all'Europa 1648-1670*, Bellinzona, 2021; S. Quagliaroli, *Colore, stucco, marmo nel Cinquecento. Il percorso di Giulio Mazzoni*, Roma, 2022; A. Giannotti *et al.* (a cura di), *Lo stucco nell'età della Maniera: cantieri, maestranze, modelli*, «Bollettino d'arte», volume speciale, 2022; M. Romeri, *Il percorso di Alessandro Casella dalla Valtellina al Valentino*, Torino, 2022, consultabile on-line <https://www.fondazione1563.it/progetti/il-percorso-di-alessandro-casella-dalla-valtellina-al-valentino/>.

2 Il lavoro di Christine Casey ha contribuito ad ampliare gli orizzonti metodologici e critici di analisi del fenomeno della decorazione a stucco in Europa, si vedano Casey, *Making Magnificence* cit., 2017 e C. Casey, C. Lucey (a cura di), *Decorative Plasterwork in Ireland and Europe. Ornament and the Early Modern Interior*, Dublin, 2012.

3 In particolare grazie ai progetti *The Art and Industry of Ticinese Stuccatori from the 16th to the 17th. Century* finanziato dal Fondo nazionale svizzero per le ricerche dal 2015 al 2018 (<https://data.snf.ch/grants/grant/160092>); *The Influence of Ticino Art Creation on the Art of the Great Duchy of Lithuania of the 16th-18th Century*, finanziato da Sciex.ch nel 2012-2013 e *Stucco Decoration Across Europe*, finanziato dall'Unione Europea (Erasmus+ Programme, KA 220-HED – Cooperation partnerships in higher education, 2022-2025).

4 Si veda il Centro Studi per la Storia dello Stucco in Età Moderna e Contemporanea (<https://centrostudistucco.ch>).

5 Svolto a Roma, presso l'Istituto Svizzero, il 3-4 febbraio 2022 (<https://www.istitutosvizzero.it/it/conferenza/the-art-and-industry-of-stucco-decoration>).

6 Si ricorda il convegno internazionale *Stucchi e stuccatori ticinesi tra XVII e XVIII secolo* organizzato a Lugano presso il Dipartimento ambiente costruzioni e design (DACD) della SUPSI il 12-13 ottobre 2018 e la pubblicazione A. Felici, G. Jean (a cura di), *Stucchi e stuccatori ticinesi tra XVI e XVII secolo. Studi e ricerche per la conservazione*, Firenze, 2020 a cui si affianca una attività didattica svolta sia all'interno della formazione bachelor e master SUPSI in Conservazione e restauro sia in collaborazione con altre scuole di alta formazione quali l'Opificio delle Pietre Dure di Firenze, l'Istituto Centrale per il Restauro di Roma e le Università di Olomouc, Torino e Cracovia.

7 Sull'importanza dell'analisi tecnica e materiale nella conoscenza delle opere d'arte la bibliografia è vastissima; tra i testi più recenti si ricorda A. Burnstock *et al.* (a cura di), *Kunstgeschichte, Kunsttechnologie und Restaurierung. Neue Perspektiven der Zusammenarbeit / Art History, Art Technology and Conservation. New perspectives for cooperation*, Berlin, 2023.

8 Il progetto Erasmus+ *Stucco Decoration Across Europe* (si veda nota 3) si prefigge di favorire lo scambio interdisciplinare introducendo attività didattiche a livello bachelor, master e dottorato.

9 Fin dai primi testi quattrocenteschi e cinquecenteschi che raccolgono l'eredità dell'antico, come quelli di Leon Battista Alberti e Giorgio Vasari fino a quelli di epoca moderna come Francesco Carradori e Jean-Baptiste Rondelet, ogni autore non manca di ricordare quanto sia difficile gestire la realizzazione di decorazioni a stucco ma anche che, una volta intimamente conosciuta questa tecnica, sia possibile ottenere risultati di straordinaria efficacia.

Introduction*

Giacinta Jean, Alberto Felici

In this collection of essays, our objective was to bring together the results of various researches aimed at investigating not only the formal aspect of stucco decorations, the result of an artistic culture already explored in several recent and important contributions that show the renewed interest in this type of decoration,[1] but to address the knowledge and the know-how of stucco masters, in particular those coming from the area between Italy and Canton Ticino, who were in great demand throughout Europe for their particular technical and organisational skills. Our interests were aimed at investigating precisely these two aspects: on the one hand, to better understand their professional organisation, their role in the design and execution process, their relations with clients and other artists or actors in the construction process, and their ability to adapt to working in different contexts than their original ones, and on the other hand, to try to analyse their technical skills, which enabled them to create magnificent decorations in imitation of marble from different locally available materials. Comparing case studies in different geographical areas has allowed us to begin to give these themes a European perspective, which is fundamental for a better understanding of the formal outcomes of these works and the context in which they were made.[2]

The collection of essays draws on past research activities conducted at the University of Applied Sciences and Arts of Southern Switzerland (SUPSI)[3] and at the Archivio del Moderno (USI)[4] and on activities organised jointly, such as the Summer School *Stucchi e stuccatori ticinesi a Roma. Dalla riscoperta cinquecentesca alla grande tradizione barocca* (Rome 2019) and the conference *The Art and Industry of Stucco Decoration* (Rome 2022).[5] Our research is aimed at better understanding the relationship between forms and the material with which they are made.[6] The material (in our case stucco) is in fact not a secondary aspect of a work but a fundamental component that influences the way in which an artistic and figurative message is conveyed.[7] Our studies focused mainly on the southern area of today Canton Ticino and the border areas with Italy. The results stimulated a desire to understand the strategies and the ways of adaptation of these plasterers in working far from their homeland, to grasp the similarities and differences of doing things locally and doing them abroad, in different client contexts and with climatic conditions and materials that were not those our 'masters' were used to using. The focus of our attention in this volume is therefore the many artists and craftsmen who, from the Italian-Swiss border, travelled all over Europe to participate in the great construction sites underway, contributing to the explosive success of stucco decoration. Our aim was to cover a wide geographical area, ranging from Spain to Poland, from Denmark to Rome, passing through Holland, France, Germany, the Czech Republic, Slovenia and Austria, in an attempt to understand if and how the role and *modus operandi* of these professionals changed in these different contexts. Chronologically, we have focused mainly on the seventeenth century, a time when stucco decorations overwhelmingly covered the walls and vaults of sacred and civic places, with some encroachments into earlier and later years that proved useful in outlining an overall picture of the different ways of interpreting this artistic technique and allowing us to compare realities that are also very distant from one another. Such chronological, geographical, and thematic breadth clearly does not allow us to address these topics in a systematic and exhaustive manner, but it does allow us to begin to identify certain similarities and differences between contexts that are far apart.

We asked scholars with different skills and training (art historians, restorers, architects, conservation scientists) to take part in this comparison in order to share complementary points of view that were essential to find a common language that could help improve interdisciplinary work, so necessary in this field. Studies based on this multidisciplinary approach, combining archival and documentary research with direct observation of works – conducted by those who know how to read the signs of practical skills on the matter – and their material analysis using scientific methods, are unfortunately still very rare.[8] The work of the different authors addressed the study of plastic works by analysing the role of plasterers in the design elaboration of decorative schemes and of their iconographic messages (a work that was sometimes carried out in complete autonomy and sometimes guided by painters, sculptors, architects or persons trusted by the client), their activity on building sites, grappling with large-scale decorations, in direct confrontation with clients and other protagonists of the building process. Studying the organisational dynamics of workshops allows us to understand how it was possible for many artists to manage even so many construction sites, vast and complex, thanks to the collaboration established with other plasterers, labourers and apprentices. Approaching the works to understand how they are made, with what materials and techniques, one realises the enormous variety of individual cases. Beneath a white, marble-like skin, which unites the stuccoes and makes them seemingly similar to each other, lies instead a great technical diversity. Indeed, stucco – in its apparent simplicity – is a difficult material to master, as many treatises and manuals frequently emphasise.[9] Modelling a few simple basic ingredients (such as sand, water, lime, marble powder) requires uncommon expertise, skill and craftsmanship. These were poor and inexpensive materials, readily available everywhere, which made it possible to imitate the much more valuable marbles to decorate the most diverse spaces with great scenic effect and in a short time. It is a relatively inexpensive technique even though this aspect was not decisive in the choices of patrons, who were rather attracted by the extraordinary and then innovative possibilities of obtaining a three-dimensional – we would say today 'immersive' – decoration of spaces, both of already existing ones that they wanted to update according to a new decorative taste and of newly conceived ones. A good plasterer, in addition to being a good sculptor, therefore had to be able to manage shapes, anatomies, movements and spaces, but he also had to be able to create a base material that could take the desired shapes without deforming, that would set in the desired time, in different climatic conditions, and that would remain firmly anchored to the support without detaching. A material that we could define as 'dynamic' because it allowed the artists great freedom of expression, being able to adapt, with the necessary expedients, to the speed of those who preferred to work in a hurry and to the slowness of those who preferred instead to model with due time for reflection. An art that is sometimes handed down from generation to generation and at other times is continually renewed and reinterpreted by each individual artist. Research conducted on the stucco and plasterers active in the southern area of today's Canton Ticino has in fact made it possible to dispel certain myths and observe how there was no homogeneity in the use of materials and techniques, but how each artist active within the same geographical area and in a similar time span had his own *modus operandi*, a unique and individual way of interpreting the material, different from the others.

We hope that this anthology can contribute to opening new horizons of reflection and research, broadening our understanding of the 'art and industry' of stucco decoration, of the artistic process as part of a larger material culture and of the technical know-how of the people who created these works with a European-scale vision.

* We dedicate this work to the memory of Edoardo Agustoni (1960–2023), a dear colleague who contributed significantly to advancing our knowledge of stucco decorations in the canton of Ticino and the artists who created them. He was generous in sharing his knowledge and insights with students and researchers.

1 In addition to the fundamental text by C. Casey, *Making Magnificence: Architects, Stuccatori and the Eighteenth-century Interior* (New Haven-London, 2017 with relevant bibliographical references, see the recent S. Quagliaroli, G. Spoltore (eds.), '"Quegli ornamenti più ricchi e più begli che si potesse fare nella difficultà di quell'arte". La decorazione a stucco a Roma tra Cinquecento e Seicento: modelli, influenze, fortuna', *Horti Hesperidum* (2019, fasc. 1), collecting the proceedings of the conference held in Rome, palazzo Spada, 13–14 March 2018, available on-line https://www.horti-hesperidum.com/hh/la-decorazione-a-stucco-a-roma-tra-cinquecento-e-seicento-modelli-influenze-fortuna-horti-hesperidum-2019-1/; J. Zapletalová, M. Viganò (eds.), *"Libro delli Dinari". Viaggi e affari di Domenico Lucchese mastro stuccatore da Melide all'Europa 1648-1670*, (Bellinzona, 2021); S. Quagliaroli, *Colore, stucco, marmo nel Cinquecento. Il percorso di Giulio Mazzoni* (Rome, 2022); A. Giannotti, S. Quagliaroli, G. Spoltore, P. Tosini (eds.), *Lo stucco nell'età della Maniera. Bollettino d'Arte*, special volume (2022); M. Romeri, *Il percorso di Alessandro Casella dalla Valtellina al Valentino* (Turin, 2022), available on-line https://www.fondazione1563.it/progetti/il-percorso-di-alessandro-casella-dalla-valtellina-al-valentino/ .

2 The work of Christine Casey contributed to broadening the methodological and critical horizons of analysis of the phenomenon of stucco decoration in Europe, see Casey (op. cit. note 1) and C. Casey, C. Lucey (eds.), *Decorative Plasterwork in Ireland and Europe: ornament and the early modern interior*, (Dublin, 2012).

3 In particular through the research projects *The Art* and *Industry of Ticinese Stuccatori from the 16th to the 17th Century* supported by the Swiss National Science Foundation from 2015 to 2018. (https://data.snf.ch/grants/grant/160092); *The Influence of Ticino Art Creation on the Art of the Great Duchy of Lithuania of the 16th–18th Century*, funded by Sciex.ch in 2012–13 and *Stucco Decoration across Europe*, funded by the European Union (Erasmus+ Programme, KA 220-HED – Cooperation partnerships in higher education, 2022–25).

4 See the Centro Studi per la Storia dello Stucco in Età Moderna e Contemporanea (https://centrostudistucco.ch).

5 Held in Rome, at the Swiss Institute, on 3 and 4 February 2022 (https://www.istitutosvizzero.it/it/conferenza/the-art-and-industry-of-stucco-decoration).

6 See the international conference *Stucchi e stuccatori ticinesi tra XVII e XVIII secolo* organised at SUPSI-DACD on 12–13 October 2018 and the publication by A. Felici, G. Jean (eds.), *Stucchi e stuccatori ticinesi tra XVI e XVII secolo. Studi e ricerche per la conservazione* (Florence, 2020) alongside teaching activity carried out both within the SUPSI bachelor and master degree courses in Conservation and restoration and in collaboration with other schools of higher education such as Opificio delle Pietre Dure in Florence, Istituto Centrale per il Restauro in Rome, or with the universities of Olomouc, Turin and Cracow.

7 On the relevance of technical and material studies for a better understanding of art works the bibliography is huge, among the more recent texts see A. Burnstock, T. Klemm, T. Laaser, K. Leonhard, W. Neugebauer and A. von Reden (eds.), *Kunstgeschichte, Kunsttechnologie und Restaurierung. Neue Perspektiven der Zusammenarbeit / Art History, Art Technology and Conservation. New perspectives for cooperation* (Berlin, 2023).

8 The Erasmus+ *Stucco Decoration across Europe* research project (see note 3) aims to foster interdisciplinary exchange, combining different approaches in the reading and understanding of a stucco decoration, offering workshops, site visits and teaching activities at bachelor, master and doctoral levels.

9 From the earliest fifteenth- and sixteenth-century texts that take up the legacy of Antiquity, such as those of Leon Battista Alberti and Vasari to those of modern times such as Carradori and Rondelet, each author does not fail to mention to the reader how difficult it is to manage stucco decorations, but also that, once intimately familiar with this technique, it is possible to achieve extraordinarily effective results.

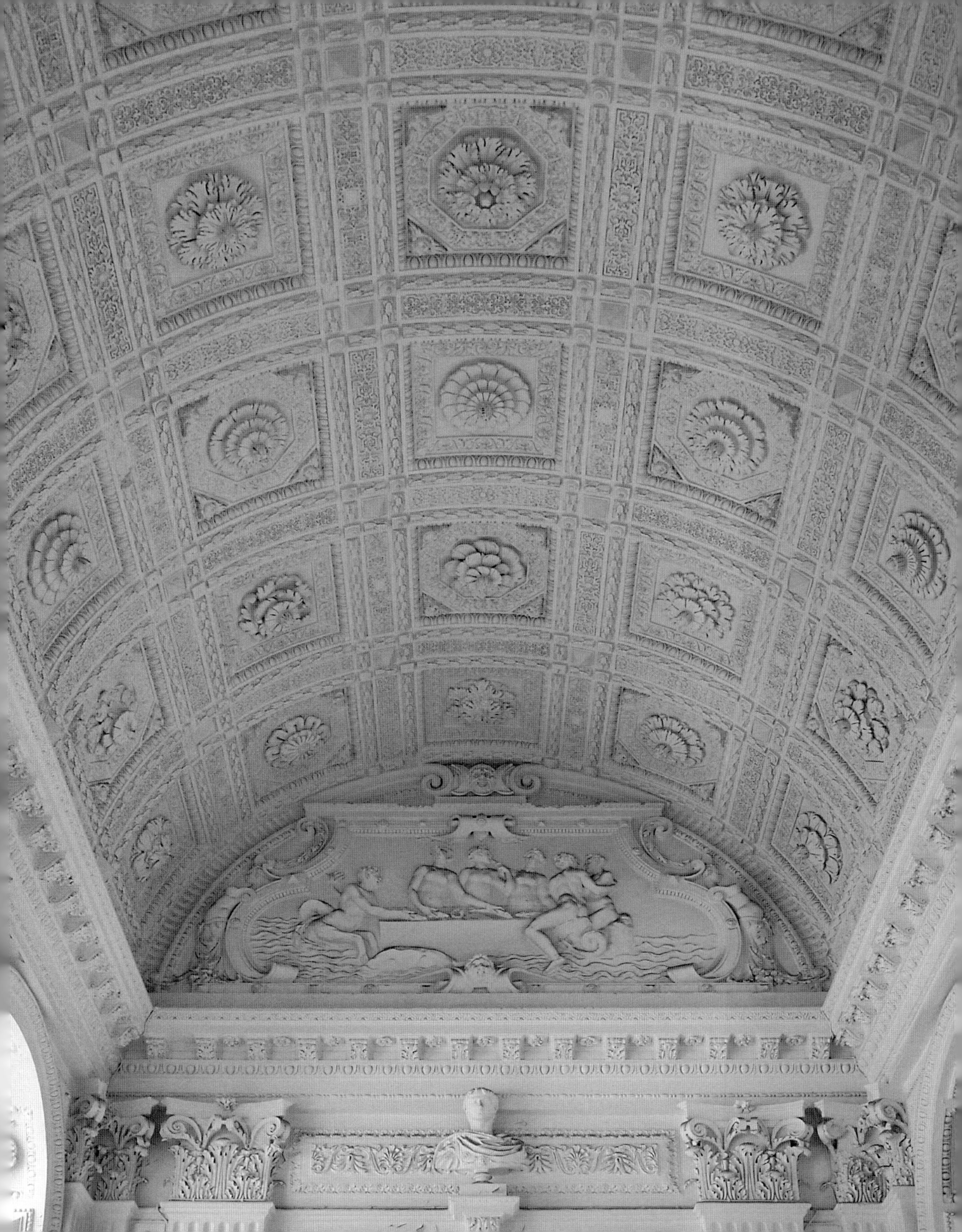

The Success of Stucco Decoration across Europe and the Role of the Plasterers

Note sull'uso dello stucco a Milano tra fine Quattrocento e primo Cinquecento

Jessica Gritti

L'uso dello stucco non è mai stato estraneo alla tradizione lombarda, sia nella decorazione architettonica sia negli apparati scultorei, e del resto molto noti sono gli esempi medievali.[1] Non sorprende che anche nel corso del XV secolo si trovino diversi casi di realizzazioni in stucco, sebbene la comprensione della reale portata e della diffusione di questa tecnica decorativa sia viziata dalla scarsità di esempi sopravvissuti. Forse non occorre insistere sul fatto che in un territorio in cui si costruiva prevalentemente in laterizio e dove, nei cantieri, la pietra era riservata solo ad alcuni elementi architettonici (come le colonne), l'affidarsi alla terracotta e allo stucco dipinti consentisse di ottemperare alle necessità di ampie campagne decorative per gli edifici, raggiungendo comunque risultati di elevata raffinatezza. Non è strano neppure, quindi, che esistessero imprese specializzate, anche se – va detto – di questi professionisti abbiamo notizie assai scarse; la loro presenza può essere ipotizzata, ma solo in alcuni casi specifici trova chiare conferme documentarie.

In questo ambito di indagine vale la pena di interrogarsi su quanto lo stucco fosse effettivamente diffuso, che tipo di composizione tecnica avesse a questa altezza cronologica e se vi fosse corrispondenza tra un certo genere di committenza e l'uso di certi materiali. È fuor di dubbio, infatti, che in Lombardia si assista a una generale diffusione dell'uso dello stucco dalla metà del XVI secolo in poi,[2] mentre assai più frammentarie sono le notizie sul secolo precedente e sul primo Cinquecento.

L'ultimo ventennio del XV secolo, in particolare, consente di individuare alcuni cantieri di rilievo, ma essi appaiono per ora scarsi per costituire una casistica, anche se rivelano alcune peculiarità nelle tecniche e nei modi d'impiego, segnalano almeno un caso di impresa specializzata che opera sul territorio continuativamente e suggeriscono un rapporto stretto tra decorazione a stucco e progettazione architettonica.

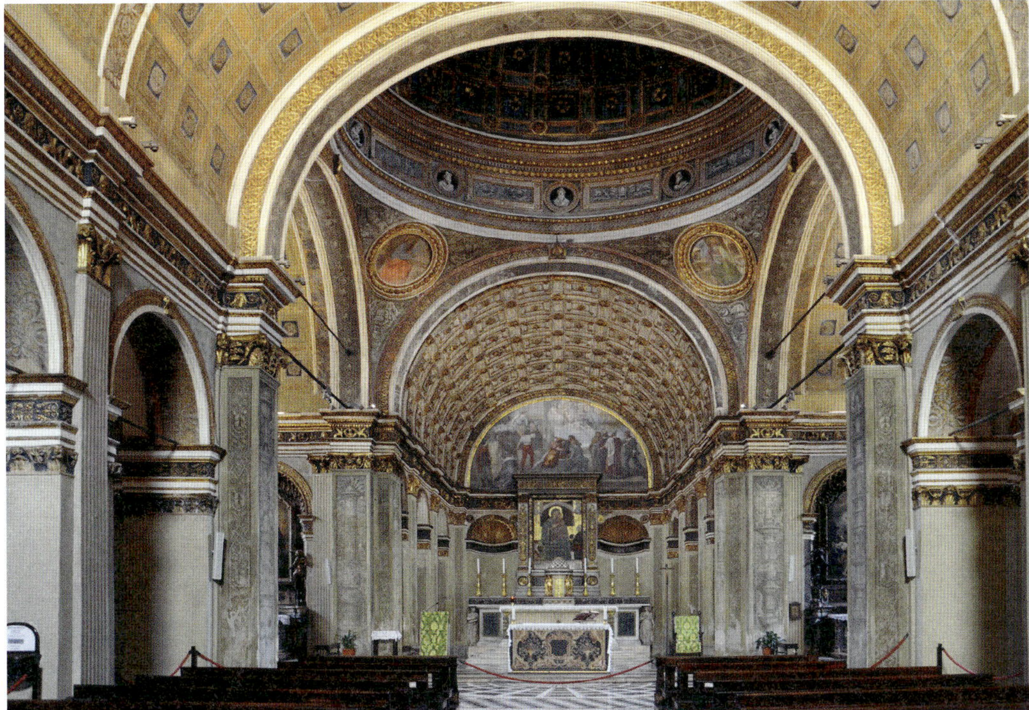

fig. 1
Milano, Santa Maria presso San Satiro, interno.

L'impresa dei fratelli Battagio e Santa Maria presso San Satiro

Piuttosto ben documentata è l'attività dei fratelli Giacomino, Giovanni, Antonio e Gabriele Battagio, originari di Lodi e figli di Domenico.[3] Se il più noto è sicuramente Giovanni, almeno Antonio e Gabriele sono stabilmente impegnati nell'edilizia, mentre non sembra nota al momento l'attività di Giacomino. Per Antonio possiamo contare su una discreta quantità di attestazioni documentarie: egli presta la sua opera principalmente nella città natale e nelle aree limitrofe, come architetto e ingegnere civile e militare. È, invece, pressoché accertato che Giovanni, il più prolifico, avvii una delle più accreditate imprese attive nei cantieri milanesi per tutto l'ultimo ventennio del Quattrocento, operando in regime societario con il fratello Gabriele e con il genero plasticatore Agostino Fonduli.[4]

Le società di artisti, e più nello specifico le imprese familiari, non erano certo una rarità nel panorama milanese e lombardo[5] – e nel Quattrocento in genere –, come testimonia l'enorme mole di documenti afferenti all'attività di Giovanni Antonio Amadeo,[6] che aveva sposato Maddalena, figlia di Guiniforte Solari.[7] Se i Solari e Amadeo rappresentavano a Milano la maggiore impresa con specializzazione nella lavorazione della pietra, quella dei fratelli Battagio può essere considerata la concorrenza con *expertise* nell'uso del laterizio, della terracotta e della decorazione a stucco.

Allo stato attuale degli studi non è chiaro se tra la fine del Quattrocento e il primo Cinquecento i materiali e le tecniche decorative plastiche a Milano siano in

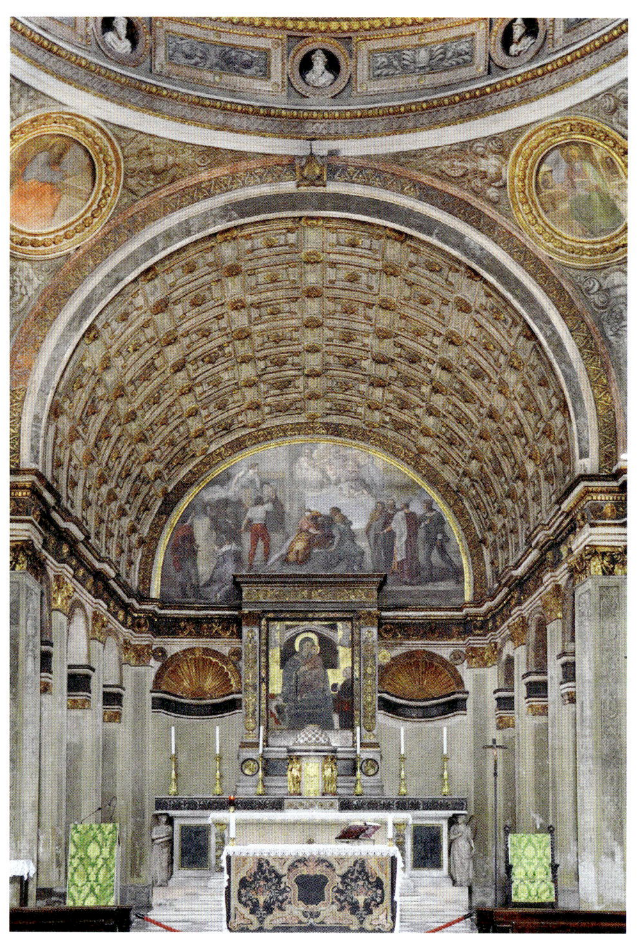

opposizione, in alternativa o conviventi con la pietra, quest'ultima forse preferita in alcune occasioni grazie agli architetti-scultori formatisi nel cantiere del duomo di Milano e alla scelta operata in alcune fabbriche ducali, come nella facciata della certosa di Pavia.[8] La coesistenza delle tecniche, all'insegna di un'ampia varietà, è insita nella cultura architettonica e nelle prassi edilizie milanesi, tanto che si fatica a comprendere se l'optare per l'una o per l'altra dipenda da mere motivazioni pratiche – per esempio duttilità e velocità nel caso della plastica –, economiche o di disponibilità dei materiali – si è sempre presunto che la pietra comportasse maggiori spese di lavorazione e trasporto –, o se si possano, invece, riconoscere scelte consapevoli da parte dei committenti, che portino a non ritenere l'uso del laterizio, arricchito da preziose decorazioni plastiche e pittoriche, una soluzione di profilo più basso. Le decorazioni erano, infatti, letteralmente preziose, poiché pressoché sempre dipinte in oro e azzurro.

L'occasione forse più nota nella quale sono documentati sia Giovanni sia Gabriele Battagio, e anche Fonduli, è per la parrocchiale di Santa Maria presso San Satiro **(figg. 1-4)**, riconosciuta come uno dei cantieri più all'avanguardia del tardo Quattrocento lombardo, collocato indicativamente tra il 1482 e il 1487 e condotto sulla base delle idee di Donato Bramante.[9]

fig. 2
Milano, Santa Maria presso San Satiro, finto coro.

Questo edificio, sia per le sue peculiarità, sia perché indagato capillarmente dal punto di vista documentario e dell'analisi dei materiali, permette numerose precisazioni. Va ricordato, anzitutto, che la chiesa è realizzata in laterizio con uso assai limitato di pietra, le modanature e le decorazioni architettoniche sono in terracotta e stucco policromi e ampie sono le decorazioni pittoriche.[10] Al netto di tutte le considerazioni svolte dagli studiosi su questo cantiere, non saprei dire se possa ritenersi una coincidenza o meno che l'uso dello stucco sia qui limitato, per quanto sappiamo, a sole due aree dell'edificio, ossia il finto coro e alcuni dettagli nelle pareti adiacenti e la decorazione di alcuni elementi architettonici nella sacrestia. Già nella letteratura di poco successiva alla chiusura della fabbrica queste sono le parti dell'edificio maggiormente lodate – vuoi per l'espediente illusionistico nel coro,[11] vuoi per le novità di linguaggio e luministiche nella sacrestia[12] – come frutto delle idee di Bramante, ma occorre trattenersi dall'incorrere in facili semplificazioni che ne decretino, dapprima, l'unicità nel contesto lombardo e presumano poi, per conseguenza, che si debba al maestro urbinate la scelta dello stucco.[13] In verità diverse considerazioni impediscono una valutazione complessiva, perché anzitutto non si dispone di dati tecnici sufficienti relativi alle altre parti dell'edificio (e tracce di stucco sono state trovate anche entro alcune delle nicchie del transetto); in secondo luogo i restauri dei secoli successivi sono stati massivi, tanto da rendere ardua la completa valutazione delle sopravvivenze originarie; infine, troppo scarse sono le conoscenze sull'uso dello stucco nei cantieri lombardi di fine Quattrocento ed esigui i casi ancora esistenti per assumere Santa Maria presso San Satiro come un unicum per la scelta dello stucco (mentre di fatto lo è, come vedremo, per altri motivi).

Per quanto concerne la sacrestia è possibile contare su studi recenti, ai quali in questa sede si rimanda, che individuano l'uso dello stucco nelle decorazioni delle paraste, analizzano gli interventi di restauro, distinguono diverse tecniche esecutive e sottolineano come la composizione dello stucco sia la medesima di quella impiegata nel finto coro.[14]

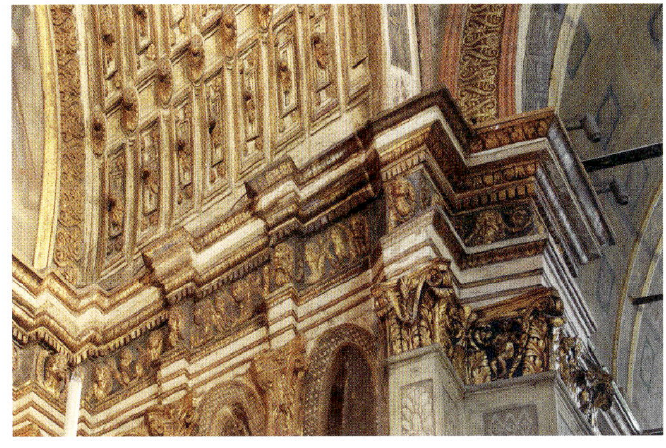

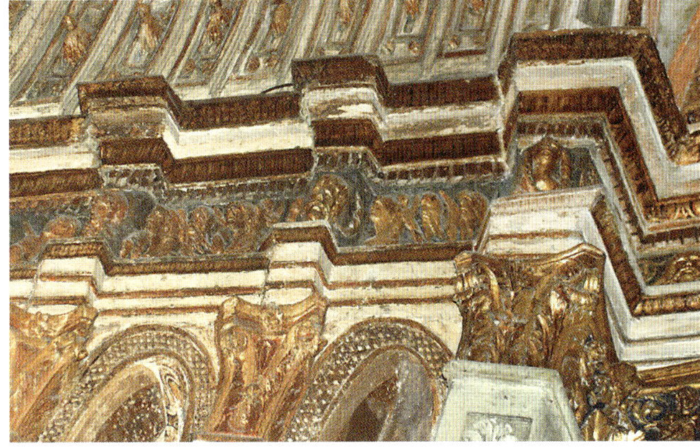

Nel finto coro lo stucco è usato in particolare nella realizzazione dei lacunari e degli elementi decorativi della volta a botte, delle lunette con decorazione a conchiglia e in alcuni altri dettagli degli archi laterali (fig. 2). Durante i restauri del 1985 è stato possibile da parte della Soprintendenza procedere a un'analisi puntuale dei materiali, distinguendo tra quelli originari e quelli integrati nell'ambito dei numerosi restauri susseguitisi nel corso dei secoli.[15]

fig. 3
Milano, Santa Maria presso San Satiro, finto coro, dettagli della decorazione in stucco e terracotta dipinti.

fig. 4
Milano, Santa Maria presso San Satiro, finto coro, particolare ravvicinato dei capitelli e dei finti archi scorciati in prospettiva.

La finta volta è composta da filari di mattoni posati di piatto e sfalsati a comporre i vari livelli della prospettiva, sopra ai quali è steso uno strato di malta di allettamento di circa mm 5 a base di calce, cocciopesto e sabbia. Su questo strato insistono tracce del disegno preparatorio a carboncino che ha guidato la realizzazione dei lacunari: esso indica le curve dei filari e le linee verticali, fornendo un reticolo generale. Su questo disegno preparatorio è steso uno strato di stucco di circa cm 1 che copre tutta la superficie a esclusione dei punti corrispondenti ai rosoni e alle rosette agli angoli dei lacunari, che sono invece fissati con chiodi direttamente nell'allettamento di malta sottostante. Lo stucco originario è a base di gesso e calce con un rapporto di 2:1 e sono completamente assenti leganti o additivi di natura organica.

Nell'ambito dei restauri del 1985 è stata ipotizzata una tecnica esecutiva che prevedeva di piantare anzitutto i chiodi che avrebbero sorretto il modellato di rosoni e rosette, di stendere lo stucco e raggiungere il modellato desiderato per quanto riguarda le fasce divisorie e i lacunari e completare, infine, i rosoni e le rosette. Si noti che anche i chiodi posti in corrispondenza di queste ultime sono inclinati per assecondare l'effetto prospettico. A seguito di queste operazioni la finitura contemplava la stesura di uno strato di gesso e colla e uno di bolo rosso per l'applicazione della foglia d'oro sulle fasce e gli elementi sporgenti, mentre sui fondi dei lacunari una preparazione bruno-rossastra di materiale resinoso per l'applicazione dell'azzurrite a tempera.

I pilastri sottostanti sono realizzati in mattoni con una rifinitura a stucco poi decorato a fresco. Anche i finti archi laterali sono così configurati e recavano però una decorazione con doppia fila a *guillouche* in oro e azzurro, oggi pressoché scomparsa e/o integrata e modificata nei restauri dei secoli successivi. Naturalmente, in stucco sono anche le conchiglie che ornano le lunette delle nicchie sulla parete di fondo del coro e, come abbiamo anticipato, così potevano essere anche le conchiglie inserite nelle nicchie della parete di fondo dell'intera chiesa.

Sembra ormai più che plausibile, grazie a considerazioni poggiate su basi documentarie, che l'artefice materiale del finto coro prospettico ideato da Bramante sia Gabriele Battagio, che presumibilmente vantava una specializzazione nella lavorazione dello stucco all'interno dell'impresa familiare,[16] ma il cui lavoro, almeno in questo cantiere, è più che addentellato con quello di Fonduli e, non ultimo, con quello di Antonio Raimondi, maestro noto a Milano per la sua elevata specializzazione nella pittura in oro e azzurro.[17] Un lavoro d'*équipe*, dunque, nel quale le diverse abilità dei maestri coinvolti concorrono alla realizzazione di un intervento polimaterico, anche se in qualche caso sfugge la ragione di talune scelte specifiche nell'uso dei materiali. Un solo esempio basti a suffragio di quest'ultima osservazione: i capitelli del finto coro sono in terracotta (figg. 3-4), trascurando la coerenza materica con il resto dell'edificio, che li avrebbe voluti in pietra. La scelta è comprensibile se si considera la necessità di scorciarli in prospettiva e disporre quindi di pezzi lapidei unici da ordinare *ad hoc*: assegnare anche questi elementi alla stessa società di artisti abbrevia in questo caso i tempi, abbatte le difficoltà di trasmissione del progetto e garantisce un maggiore controllo sulla messa in opera e sul risultato finale. Tuttavia è in terracotta anche il fregio all'interno della trabeazione che corre sui finti archi e pilastri.[18] Infatti, nel contratto di fornitura del fregio in terracotta policroma dell'intero edificio,[19] le dimensioni totali in lunghezza sono indicate comprendendo anche lo spazio del finto coro,[20] entro il quale è evidente, però, che le formelle non si sarebbero potute realizzare in serie con le altre, ma con stampi appositi, diversi da quelli del resto del fregio, data la necessità che le figure fossero scorciate. In questo secondo caso dunque, per mantenere anche nel fregio del finto coro la coerenza di materiale con il resto dell'edificio, si sceglie la via meno celere, dal momento che queste parti si sarebbero forse potute realizzare in stucco con un effetto finale non dissimile. Queste osservazioni lasciano intravedere non solo scelte molto attente e meditate, per nulla casuali, ma anche una perfetta sintonia tra i maestri impegnati in questo lavoro.

L'unicità del finto coro si rileva, allo stato attuale delle conoscenze, non tanto per la scelta dello stucco, noto alla tradizione lombarda, ma perché non si offrono agli studi esempi polimaterici coevi sopravvissuti che forniscano confronti efficaci dal punto di vista tecnico e perché questa sembra essere la prima esperienza di questo tipo nell'attività di Bramante. Mi domando, infatti, se come pittore prospettico Bramante avrebbe potuto risolvere il problema semplicemente con i mezzi della pittura, offrendo su una parete liscia un'illusione completamente dipinta, abilità che aveva del resto già mostrato per gli affreschi con i *Filosofi* sulla facciata del palazzo del Podestà di Bergamo e come avviene in altri cantieri lombardi successivi nei quali è coinvolto e nei quali architettura costruita e dipinta sono strettamente correlate (si pensi alla piazza di Vigevano). La risposta a questa domanda resta impossibile, perché ricade nel campo delle intenzioni, ma presumendo che le sue capacità pittoriche gli avrebbero consentito di scegliere una soluzione tecnica differente, forse a lui più congeniale a questa altezza cronologica, vale la pena di sottolineare che in questo cantiere egli agisce non da pittore, ma da progettista di architettura: Bramante non realizza personalmente il lavoro, ma si affida alle competente specifiche di maestri che dispongono delle potenzialità per mettere in opera un progetto architettonico con i mezzi della plastica e della pittura. Bramante ha qui a disposizione un'impresa di elevata specializzazione che reca al suo interno tutte le competenze necessarie per realizzare il progetto. Allo stesso tempo credo che sarebbe riduttivo ricondurre questa scelta unicamente al maestro urbinate, attribuendogli un ruolo di gestione del cantiere forse estraneo a quasi tutta la sua esperienza lombarda. Esula da questo contributo addentrarsi in simili riflessioni sul modo di progettare l'architettura nel tardo Quattrocento e nell'attività di Bramante stesso, tuttavia mi preme sottolineare quanto sempre più evidente sia per i cantieri di questi anni l'esigenza di un approccio che non riconduca le scelte compositive – secondo logiche contemporanee – a un unico soggetto, ma che valuti i frutti di un progetto collettivo, nel quale se le idee sono richieste a un maestro, spesso la regia è affidata a un altro e molte sono le voci che determinano non già soltanto le scelte operative, ma finanche quelle progettuali.

Santa Maria della Passione e Santa Maria presso San Celso

Quando il cantiere di Santa Maria presso San Satiro si volge alla realizzazione di altre parti dell'edificio per le quali si sceglie la pietra, come per la facciata verso via Torino, dal 1486 in poi, e per la assai più tarda cappella ducale di San Teodoro (1498),[21] occorre certamente rivolgersi ad altri maestri, mentre i fratelli Battagio sono ingaggiati, sempre a Milano, da Daniele Birago per la chiesa di Santa Maria della Passione, la cui costruzione è destinata ai canonici lateranensi.[22] Birago dona il terreno sul quale erigere l'edificio e si riserva la facoltà di essere sepolto nella cappella maggiore (fig. 5). L'avvio dei lavori è attestato nel 1486, mentre Giovanni Battagio compare per

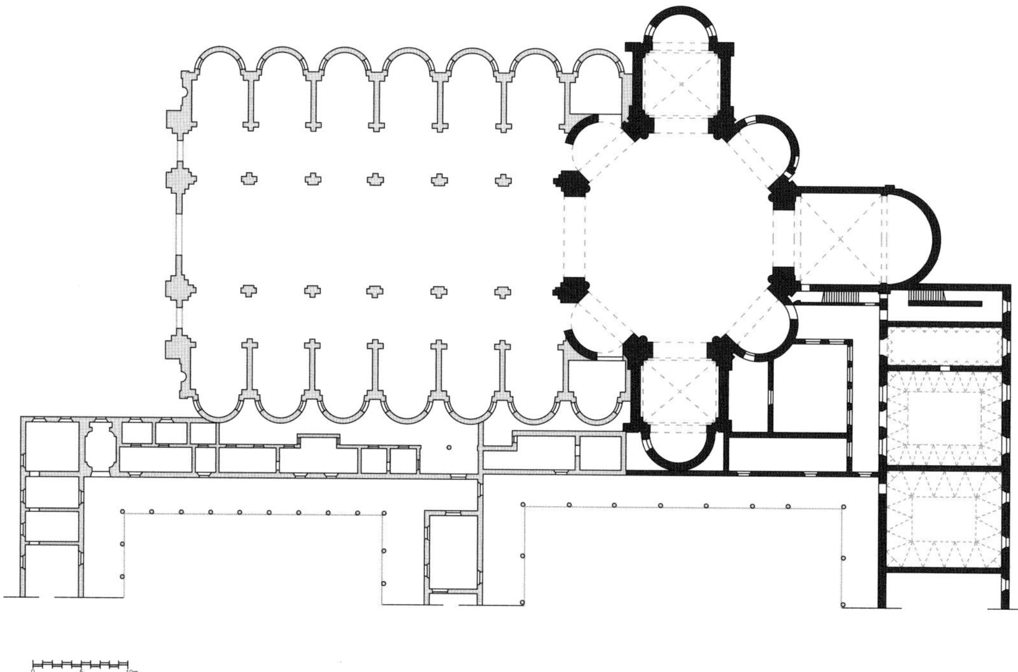

fig. 5
Milano, Santa Maria della Passione, pianta dell'edificio attuale con indicazione della cappella maggiore (cappella Birago).

la prima volta il 17 febbraio 1489 entro un contratto stipulato «per finir la capella del reverendo monsignor da Birago».[23] Leggendo nel dettaglio il capitolato dei lavori si presenta davanti ai nostri occhi la composizione architettonica e decorativa della cappella. Si evince in particolare che sono già costruiti i muri perimetrali ed esistono pilastri e finestre. Battagio deve completare la cappella realizzando il pavimento, le basi e i capitelli dei pilastri; inoltre, le finestre vanno adornate, come appare in un modello allora esistente, con oculi aperti dotati di inferriata cruciforme e due putti ai lati realizzati in stucco; sopra le finestre deve correre una trabeazione completa, composta da architrave, fregio e cornice; entro il fregio saranno sette tondi con dentro sette testoni (immagino in terracotta) e, sopra la trabeazione, i sottarchi della volta insisteranno sopra i pilastri e la volta sarà divisa in fasce riquadrate con i «bacilloni». Secondo l'interpretazione proposta da Paola Modesti, che condivido, si tratta di una volta a botte con sottarchi in corrispondenza delle campate e con lacunari decorati.[24]

Siamo di fronte a elementi architettonici familiari al linguaggio di Battagio e comuni ad altre architetture di area lombarda, tanto che facilmente si potrebbe immaginare questo spazio osservando, durante la lettura della descrizione, l'interno dell'Incoronata di Lodi, alcuni elementi della sacrestia di Santa Maria presso San Satiro e le volte a botte stesse della chiesa, o l'interno della chiesa di San Vittore di Meda (**fig. 6**). Quest'ultima, seppure si collochi cronologicamente tre decenni più tardi (intorno al 1520), può aiutare a visualizzare la composizione d'insieme, eccettuato il fatto che la volta della cappella Birago sarebbe stata a botte e non unghiata.

Un aspetto rilevante è che, al di là del linguaggio architettonico, siamo di fronte a

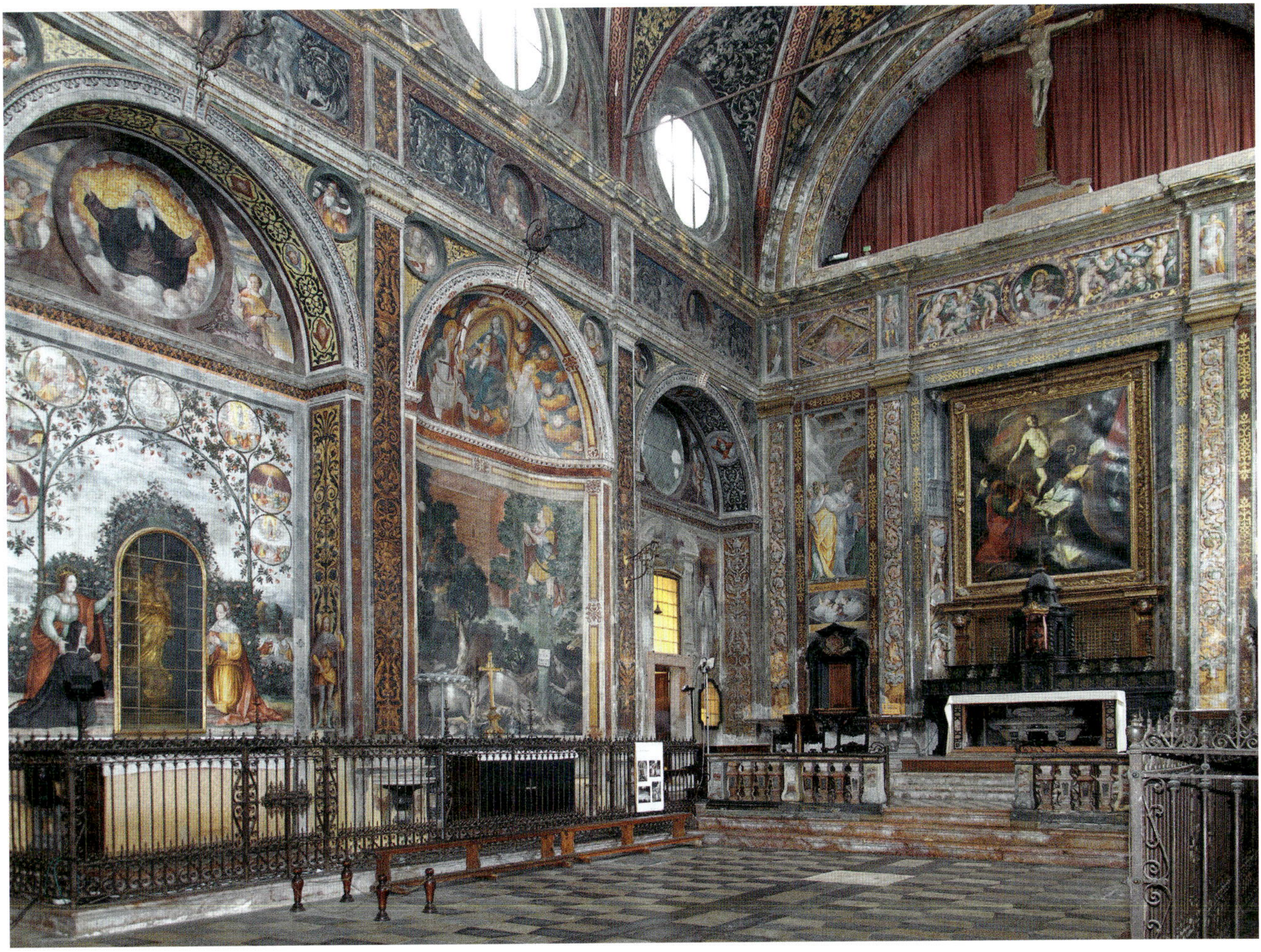

fig. 6
Meda, San Vittore, interno.

quel connubio di tecniche proprio dell'impresa Battagio, poiché l'architettura è realizzata in laterizio, con elementi decorativi in cotto. Inoltre, vi è un'ampia presenza di elementi scultorei parimenti in cotto, dal momento che, oltre ai testoni nel fregio, si prevede nel contratto la realizzazione dell'altare, con ancona in terracotta in tre scomparti ornati da figure e con altre tre statue grandi a tutto tondo al di sopra,[25] tutti elementi che ricordano l'attività di Fonduli.[26] Compare, come abbiamo visto, anche lo stucco, che in questo caso è citato solo per quanto concerne i putti che affiancano gli oculi sopra le finestre, ma che potremmo immaginare impiegato anche nei lacunari della volta. L'impresa Battagio sta di fatto reiterando la sua specializzazione e la sta applicando a un cantiere quasi coevo a quello di Santa Maria presso San Satiro.

La conferma che si tratti di una prassi esecutiva e tecnica che diviene consolidata l'abbiamo con il terzo importante cantiere mariano nel quale si documenta la presenza di Gabriele Battagio nella decorazione interna del tiburio,[27] ossia per il santuario della Beata Vergine dei Miracoli presso San Celso (fig. 7).[28] Nel 1501 la nuova chiesa è terminata e si sta provvedendo alla decorazione interna; in particolare, nel mese di

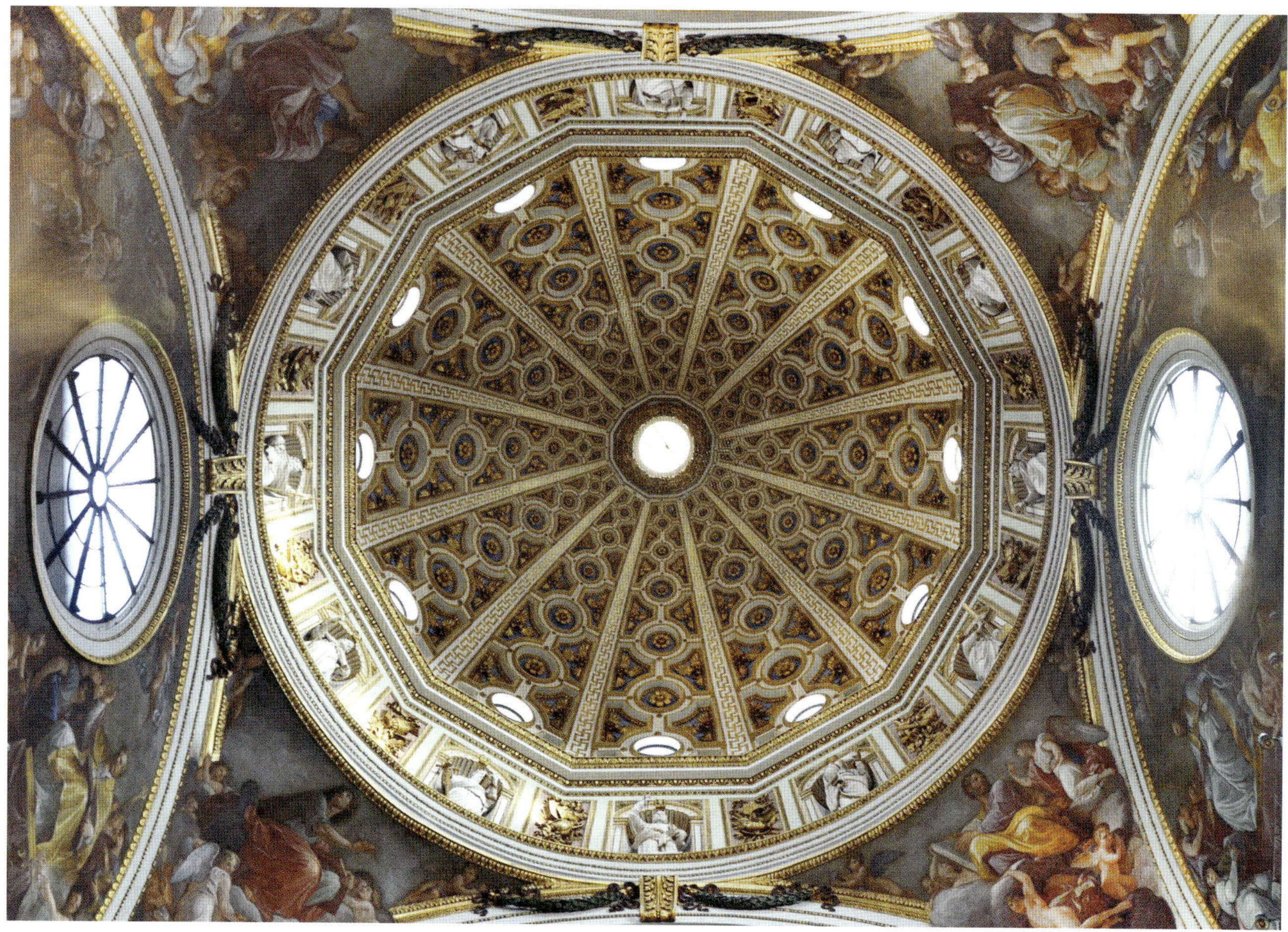

fig. 7
Milano, Santa Maria presso San Celso, volta interna al tiburio.

marzo i deputati della fabbrica cercano «qualche idonea persona che voglia pigliare l'impresa»[29] di ornare la volta interna del tiburio con colori e oro: a partire dal mese di maggio iniziano i pagamenti a maestro Gabriele per il «giesso a posto sotto el tiburio»[30] e si susseguono ordinazioni per la realizzazione di teste in terracotta e per ornare in gesso non solo la volta del tiburio, ma anche la cappella grande.[31] I molti interventi decorativi, che interessano anche il 1502, comprendendo non solo i lavori di Fonduli per *testoni* e per le statue in terracotta degli *Apostoli* entro le nicchie del tamburo,[32] ma anche i pagamenti al pittore Antonio Raimondi,[33] come sappiamo specializzato nell'applicazione di oro e azzurro. Siamo palesemente di fronte alla medesima *équipe* che aveva lavorato ben quindici anni prima in Santa Maria presso San Satiro.[34]

Lo stucco in alcune fonti coeve

Alcuni altri casi di uso dello stucco alla fine del Quattrocento in contesti differenti da quelli ecclesiastici sono noti esclusivamente attraverso fonti documentarie o letterarie.

Il primo rientra nell'ambito delle architetture temporanee e si conosce da una descrizione dell'oratore estense Giacomo Trotti relativa agli apparati realizzati in occasione del battesimo di Francesco, figlio di Gian Galeazzo Maria Sforza e Isabella d'Aragona, tenutosi nel giugno 1492.[35] In piazza del Duomo era stato eretto, come spesso accadeva per cerimonie simili, un «tribunale» (una tribuna) nella forma di un padiglione arboreo, entro il quale avrebbero trovato posto le personalità invitate alla cerimonia. Questa struttura era internamente ornata con arazzi, mentre tutto intorno «erano tute le fatiche de Hercule in giesso de relevo et alchune altre figure vari».[36] È piuttosto frequente per questo tipo di apparati la realizzazione di colonne o pilastri di ginepro e coperture effimere, con l'uso di tappezzerie e decorazioni dipinte, anche su cartone, mentre in questo caso non si sceglie la pittura, ma la tecnica del rilievo in stucco, che forse era in grado di evocare l'antico nell'immaginario collettivo. Nell'ambito della stessa cerimonia, l'artista a cui sono commissionati angeli in cartone da appendere all'interno della cattedrale è Giovan Pietro Rizzi, pittore che si trova altre volte coinvolto nella realizzazione di apparati effimeri e che è attivo nel 1483 proprio nella campagna decorativa a fresco della chiesa di Santa Maria presso San Satiro. Egli è impegnato in particolare per il tiburio del sacello di San Satiro e per quello della chiesa mariana, insieme a Pietro da Velate e Giovan Angelo Mirofoli da Seregno, con i quali era in società e condivideva bottega.[37] Forse non sorprende, a questo punto, trovare Rizzi come testimone nel 1486 a un atto di procura di Fonduli per conto proprio di Giovanni Battagio.[38]

Può giovare anche una precisazione sui termini che nei documenti si riferiscono alle decorazioni in stucco, date le difficoltà e i fraintendimenti che possono ingenerarsi rispetto all'uso della parola stucco a partire dal XV secolo in poi. Occorre, infatti, rilevare che nei documenti lombardi si trova assai più frequentemente il termine gesso (o nelle varianti gisium, gyxum o gypsum), che potrebbe rimandare al materiale impiegato nella miscela. L'occasione per una riflessione ulteriore ci è data da un breve accenno contenuto nel commento di Cesare Cesariano all'edizione vitruviana del 1521, in particolare nel libro VII, ove Vitruvio tratta della realizzazione degli intonaci. Nel commento al capo III Cesariano usa i tre termini gypso, stuco e tomento. In particolare afferma «gypso vel tomentata creta dicemo etiam stuco vulgarmente, cioè la creta concorporata con la tonsura dil panno di lana».[39] L'autore aveva poco prima spiegato che i «tomices» sono giunchi sottili che nascono in palude e con questi si fanno le stuoie, che egli chiama anche «coltri imbottite di tomento», ove il tomento in botanica è l'insieme dei peli che ricopre la superficie delle foglie. Quando Cesariano scrive «tomentata creta», specifica che si tratta di creta mista a tonsura del panno di lana – ossia una sostanza morbida lanuginosa che corrisponde al cascame di lana o al residuo derivato dalla produzione tessile –, e successivamente rivela che questo è il motivo per cui le stuoie sono chiamate «tomici», perché sono intessute e trattate con gesso e usate al di sopra o in combinazione con i soffitti lignei nelle camere.

Presumibilmente Cesariano sta illustrando soffitti o controsoffitti a incannucciato, che indica come adatti a essere decorati non solo con la calce, ma anche con il gesso, e presenta inoltre l'uso, che sappiamo attestato nella pratica, di additivi come fibre animali (lana, peli) e vegetali (paglia per esempio). Questa tecnica non è affatto una novità in Lombardia e Cesariano stesso segnala il suo uso in molte altre parti d'Italia, specialmente ove si trovi disponibilità di gesso (distinguendo anche tra due diverse tipologie di canne da impiegare nei soffitti). L'autore però aggiunge due informazioni: la prima è che proprio Bramante aveva utilizzato questa tecnica per le nuove stanze realizzate per Ludovico Maria Sforza nel castello di Vigevano e la seconda che questi soffitti erano usati nei «camìni» (ma intende camminamenti) della corte vecchia di Milano, ossia il palazzo Ducale (oggi Reale) del tempo di Francesco Sforza.[40] Si trattava di passaggi aerei esterni ai corpi di fabbrica della corte, nella forma di pontili lignei, che permettevano di raggiungere zone diverse del palazzo senza dover passare attraverso le stanze:[41] essi si trovano ampiamente documentati, ma, poiché non ne sopravvive alcun resto, Cesariano ci regala come sempre una preziosa indicazione tecnica.

La scarsità di esempi sopravvissuti di uso dello stucco nei cantieri lombardi tra la fine del Quattrocento e i primi decenni del Cinquecento e il conseguente e necessario concentrarsi degli studi su alcuni casi eccezionali e molto noti, come quello di Santa Maria presso San Satiro, hanno rischiato in passato di far perdere le tracce di una tecnica che poteva ragionevolmente essere assai più diffusa in Lombardia di quanto oggi riusciamo a immaginare. Le indagini documentarie e l'analisi delle fonti coeve permettono di arricchire, anche in mancanza dei dati materiali, sia lo studio dei casi noti, sia le peculiarità e i modi dell'operare di alcune delle figure professionali specializzate attive nei cantieri del tempo, come l'impresa Battagio, e costituiscono al contempo un promettente terreno di indagine per gli studi futuri.

1 Tradizionali gli studi sugli stucchi della basilica di Sant'Ambrogio, per i quali si veda A. Peroni, *La plastica in stucco nel S. Ambrogio di Milano: arte ottoniana e romanica in Lombardia*, in V. Milojc̆ić (a cura di), *Kolloquium über spätantike und frühmittelalterliche Skulptur, Von Zabern*, Mainz am Rhein, 1974, pp. 59-119; invece, novità sulla decorazione a stucco in età viscontea in D. Spinelli, *La decorazione in stucco della magna sala di Giovanni Visconti nel Palazzo Arcivescovile di Milano. Ritrovamenti e proposte*, «Arte lombarda», 186-187, 2019/2-3, pp. 24-32.

2 Gli studi sulle tecniche dello stucco in area lombarda, sulla decorazione architettonica e sulla statuaria e sui professionisti coinvolti sono direttamente proporzionali alla quantità e qualità delle sopravvivenze. Per Milano nello specifico essi ruotano intorno ai cantieri della seconda metà del Cinquecento, che vedono il coinvolgimento progettuale di Galeazzo Alessi o di Pellegrino Tibaldi, e a professionisti come Antonio Abondio da Ascona e Giovanni Battista Cambi detto il Bombarda. Cfr. S. Della Torre, *Tecnologia edilizia e organizzazione del cantiere nella Milano del secondo Cinquecento*, «Annali di architettura», 10-11, 1998-1999, pp. 299-321, in particolare p. 307; A. Bonavita, *Pellegrino Tibaldi a Milano: i lavori alla cupola e al coro della basilica di Sant'Ambrogio*, «Arte lombarda», 140, 2004/1, pp. 89-91; S. Zanuso, *Le Veneri Borromeo: Annibale Fontana e Giovanni Antonio Abondio*, «Nuovi studi», IX-X, 2004-2005, pp. 163-176; J. Gritti, *Pellegrino Tibaldi e la volta dello scurolo del Duomo di Milano*, in G. Benati, F. Repishti (a cura di), *Carlo Borromeo, Pellegrino Tibaldi e la trasformazione interna del Duomo di Milano. Nuove acquisizioni critiche e documentarie*, atti della giornata di studi, «Nuovi annali», 2, 2010 [2011], pp. 67-83.

3 J. Gritti, *Battagio, Antonio*, in P. Bossi, S. Langé, F. Repishti (a cura di), *Ingegneri ducali e camerali nel ducato e nello stato di Milano (1450-1706). Dizionario biobibliografico*, Firenze, 2007, pp. 42-43; J. Gritti, *Battagio, Giovanni*, in Bossi, Langé, Repishti, *Ingegneri* cit., pp. 43-44. Aggiornamento bibliografico in C. Giorgi, *Battagio, Giovanni*, in F. Repishti (a cura di), *La città del duca. Milano 1450-1499*, risorsa on line: <https://milanosforzesca.it/ingegneri>.

4 Per l'attività congiunta di Giovanni Battagio e Agostino Fonduli si rimanda agli studi sui singoli cantieri in cui i due maestri si trovano attestati e specialmente a R. Schofield, G. Sironi, *Bramante and the problem of Santa Maria presso San Satiro*, «Annali di architettura», 12, 2000, pp. 17-57, in particolare pp. 39-46; M. Astolfi, *Agostino Fonduli architetto. La formazione e la prima pratica architettonica: il caso di Santa Maria Maddalena e Santo Spirito a Crema*, «Annali di architettura», 17, 2005, pp. 93-106. Per Fonduli architetto si veda anche M. Astolfi, *L'architettura del de Fondulis a Castelleone, exemplum di un "Rinascimento locale all'antica"*, in P. Venturelli (a cura di), *Rinascimento cremasco. Arti, maestri e botteghe tra XV e XVI secolo*, Milano, 2015, pp. 47-55.

5 Su questo aspetto ancora fondamentali gli studi di Janice Shell, si vedano in particolare J. Shell, *Pittori in bottega. Milano nel Rinascimento*, Torino, 1995; J. Shell, Scultori in bottega, in M. Natale (a cura di), *I monumenti Borromeo. Scultura lombarda del Rinascimento*, Torino, 1997, pp. 293-304.

6 R. Schofield, J. Shell, G. Sironi, *Giovanni Antonio Amadeo. I documenti*, Como, 1989.

7 Sulle relazioni parentali a margine dei legami societari si veda C. Morscheck, G. Sironi, P. Venturelli, *Le figlie Solari e le loro doti: creazione di una dinastia di artigiani nella Milano del Quattrocento*, «Archivio storico lombardo», s. 12, 6, 2000 pp. 321-377.

8 Sulla formazione, pratica professionale e attività dei lapicidi milanesi, a partire dal cantiere del duomo si può vedere ora F. Repishti, *La Scuola dei Santi Quattro Coronati. Architetti, scultori e lapicidi del Duomo di Milano (1451-1786)*, Pioltello, 2017.

9 La bibliografia su Santa Maria presso San Satiro è molto estesa, ma è possibile rimandare a Schofield, Sironi, *Bramante* cit.; F. Repishti (a cura di), *Santa Maria presso San Satiro. Milano*, Milano, 2012 e J. Gritti, *Bramante e la cappella ducale di San Teodoro in Santa Maria presso San Satiro*, in B. Adorni *et al.* (a cura di), *Bramante a Milano e l'architettura tra Quattro e Cinquecento*, atti del convegno, «Arte lombarda», 176-177, 2016/1-2, pp. 58-63.

10 Un quadro complessivo degli aspetti materiali dell'edificio in R. Auletta Marrucci (a cura di), *La "prospettiva" bramantesca di Santa Maria presso San Satiro*, Cinisello Balsamo, 1987.

11 L. Pacioli, *De divina proportione*, in A. Bruschi *et al.* (a cura di), *Scritti rinascimentali di architettura*, Milano, 1978, pp. 76-77.

12 C. Cesariano, *Di Lucio Vitruvio Pollione De Architectura Libri Dece traducti dal latino in vulgare, affigurati, commentati*, Como, 1521, c. IVv.

13 In questa direzione mi sembra si collochi la lettura interpretativa in F. Amendolagine, *Le tecniche ed i materiali dello stucco forte nelle fonti dal Rinascimento alla modernità*, in G. Biscontin, G. Driussi (a cura di), *Lo stucco. Cultura, tecnologia, conoscenza*, atti del convegno, Venezia, 2001, pp. 1-17, in particolare p. 5.

14 F. Amendolagine, F. Bulfone Gransinigh, A.K. Moussalli, *La materia e l'opera di Bramante nella 'Ritonda' di Santa Maria presso San Satiro*, in Adorni *et al.*, *Bramante* cit., in particolare p. 53.

15 Le indagini sugli intonaci e sullo stucco sono state pubblicate in diverse occasioni: G. Alessandrini *et al.*, *Basilica di San Satiro in Milano: analisi e studi preliminari su malte e intonaci antichi*, in G. Biscontin (a cura di), *L'intonaco: storia, cultura e tecnologia*, atti del convegno, Padova, 1985, pp. 275-290; le informazioni che seguono sono tratte principalmente da G. Alessandrini *et al.*, *La prospettiva bramantesca: indagini e analisi*, in Auletta Marrucci (a cura di), *La "prospettiva" bramantesca* cit., pp. 57-60.

16 Schofield, Sironi, *Bramante* cit., pp. 41-42.

17 Antonio Raimondi è documentato in Santa Maria presso San Satiro nel 1483

per la decorazione in oro e azzurro della volta del transetto destro, presumibilmente per dipingerne i lacunari, e nel contratto compare come testimone Giovanni Battagio (G. Biscaro, *Le imbreviature del notaio Boniforte Gira e la chiesa di S. Maria presso S. Satiro*, «Archivio storico lombardo», 37, 1910, pp. 133-144, in particolare p. 134, doc. IV; cfr. Schofield, Sironi, *Bramante* cit., p. 39).

18 Auletta Marrucci, *Bramante* cit., in particolare p. 37.

19 Il documento è datato 11 marzo 1483 ed è rogato dal notaio Boniforte Gira: cfr. Biscaro, *Le imbreviature* cit., pp. 133-134; trascritto in C. Baroni, *Documenti per la Storia dell'Architettura a Milano nel Rinascimento e nel Barocco*, II, Roma, 1968, pp. 114-115, doc. 541.

20 Dimostrato in Schofield, Sironi, *Bramante* cit., p. 28 e nota 54.

21 Gritti, *Bramante* cit.

22 Per Santa Maria della Passione si vedano P. Modesti, *Sotto il tiburio. Ricerche sulle origini di Santa Maria della Passione a Milano*, «Annali di architettura», 10-11, 1998-1999, pp. 103-130; P. Modesti, *Santa Maria della Passione*, in C.L. Frommel, L. Giordano, R. Schofield (a cura di), *Bramante milanese e l'architettura del Rinascimento lombardo*, Venezia, 2002, pp. 299-314.

23 Archivio di Stato di Milano (da questo momento ASMi), *Notarile*, Pietro Lepori, 3050, 17 febbraio 1489; Baroni, *Documenti* cit., pp. 60-62, doc. 455; Modesti, *Sotto il tiburio* cit., pp. 106-107.

24 Ivi, p. 107.

25 Baroni, *Documenti* cit., p. 61.

26 Grazie alla ripresa degli studi sulla scultura in terracotta e sulla plastica decorativa negli ultimi vent'anni, si può meglio valutare l'attività di Agostino Fonduli, al quale un tempo si tendeva ad attribuire pressoché qualsiasi terracotta lombarda collocabile tra l'ultimo quarto del Quattrocento e il primo Cinquecento. In questo caso il sospetto della presenza di Fonduli è semplicemente ragionevole, sebbene non verificabile, dal momento che egli in quegli anni era attivo in modo continuativo nell'impresa di Giovanni Battagio. L'attività di Fonduli nella realizzazione di ancone è specialmente documentata nel caso del noto altare di San Marco nel duomo di Crema, per il quale nel 1513 egli deve sostituire le figure della precedente ancona, parimenti in terracotta, e aggiungerne una nuova con tre figure dipinte in oro, azzurro e altri colori. Si vedano A. Barbieri, P. Bosio, *La riscoperta delle terrecotte rinascimentali del Duomo nel Museo Civico di Crema e del Cremasco: cantiere e artisti*, in G. Cavallini, M. Facchi (a cura di), *La cattedrale di Crema. Assetti originari e opere disperse*, Milano, 2012, pp. 132-153, in particolare pp. 138-144; P. Bosio, *La terracotta figurativa a Crema e nel cremasco tra persistenze tardo gotiche e innovazioni rinascimentali: maestri e opere*, in P. Venturelli (a cura di), *Rinascimento cremasco. Arti, maestri e botteghe tra XV e XVI secolo*, Milano, 2015, pp. 59-67, in particolare p. 64.

27 ASMi, *Notarile*, Cosma Brenna, 4997, 8 agosto 1500; Schofield, Sironi, *Bramante* cit., p. 49, doc. 16.

28 Per Santa Maria presso San Celso cfr. N. Riegel, *Santa Maria presso San Celso in Mailand. Die Kirkenbau und seine Innendedekoration 1430-1563*, Worms am Rhein, 1998; N. Riegel, *Santa Maria presso San Celso*, in C. Luitpold Frommel, L. Giordano, R. Schofield (a cura di), *Bramante milanese e l'architettura del Rinascimento lombardo*, Venezia, 2002, pp. 315-338.

29 Riegel, *Santa Maria presso San Celso* cit., pp. 356-357.

30 Ivi, p. 357.

31 Ivi, p. 358.

32 ASMi, *Notarile*, Cosma Brenna, 5000, 5 aprile 1502; Schofield, Sironi, *Bramante* cit., p. 49, doc. 18; e pagamenti per gli *Apostoli* e anche per «testoni» in Riegel, *Santa Maria presso San Celso* cit., pp. 360-361.

33 Ivi, p. 361.

34 Sfortunatamente l'aspetto di Santa Maria presso San Celso a quella data ci è interdetto dalle modifiche che avvengono già pochi anni dopo la chiusura del cantiere. Segnalo in questa sede il ritrovamento di alcuni elementi in stucco da parte dalla restauratrice Angela Baila, che ringrazio, nell'ambito dei recenti interventi ai sottotetti: si tratta di mascheroni che coprono le teste delle chiavi metalliche collocate alle reni della grande volta a botte costruita sulla navata centrale e che sono visibili al di sopra delle volte delle attuali navate laterali, ossia in corrispondenza della porzione muraria che, a detta degli studiosi, dovrebbe appartenere alla fase quattrocentesca del cantiere. A una prima osservazione non parrebbero elementi quattrocenteschi, ma almeno della prima metà del Cinquecento, e restano comunque tutti da studiare.

35 J. Gritti, *Donato Bramante e il battesimo di Francesco Sforza conte di Pavia*, «Arte lombarda», 188, 2020/1, pp. 32-52.

36 Ivi, pp. 38-39, 50, doc. 24.

37 Ivi, pp. 39-40.

38 ASMi, *Notarile*, 3824, 17 novembre 1486; Schofield, Sironi, *Bramante* cit., p. 48, doc. 11 (ii).

39 Cesariano, *Di Lucio Vitruvio Pollione* cit., c. CXIIIv (da qui tutte le citazioni testuali successive).

40 Per la menzione del passo legato al castello di Vigevano già L. Giordano, *Costruire la città. La dinastia Visconteo-Sforzesca e Vigevano. 1.2. L'età di Ludovico il Moro*, Vigevano, 2012, p. 78; per la corte Vecchia o corte dell'Arengo in epoca sforzesca si vedano J. Gritti, F. Repishti, *Francesco Sforza e il palazzo ducale di Milano*, «Libri & documenti», XLII- XLIII, 2016-2017 (2019), pp. 27-55; J. Gritti, F. Repishti, *The Sforzas and the Palazzo Ducale of Milan between Filarete and Leonardo*, «Leonardo Studies», in corso di pubblicazione.

41 Gritti, Repishti, *Francesco Sforza* cit., pp. 50-53.

Domenico Fontana and the Art of Stucco: Roman Building Sites*

Serena Quagliaroli, Giulia Spoltore

Beginnings as a Plasterer in Rome

Retracing Domenico Fontana's career as plasterer offers an opportunity to focus on certain issues regarding building sites and the art of stucco in the second half of the sixteenth century.[1] Fontana signalled a turning point for the definition of the ideal architect, who was now also to be regarded as an engineer and technician.[2] As recent studies have shown, this had consequences for site management.[3] The analysis of Fontana's activity as a plasterer has to be framed within a more general reconsideration of the use of stucco in decorative and architectural building sites.

Little attention has been given to Fontana's activity as a plasterer. This is to some extent a consequence of the conservation history of works that have been altered by renovation or completely lost. Regarding his initial training, Giovanni Baglione writes: 'essercitossi a lavorare di stucchi, e ne divenne buon maestro' ('he trained in stucco work and became an excellent craftsman').[4] This aspect, neglected in Giovan Pietro Bellori's biography,[5] has remained a marginal one in studies, and the bibliography on his building sites offers only a few references to it.

Domenico Fontana was born in Melide, on the shore of Lake Lugano in 1543. Bellori records that he moved to Rome at the age of twenty, following his older brother, Giovanni.[6] Here, he established himself as a mason and plasterer. Between May and July 1568, he is documented at Villa d'Este in Tivoli (fig. 1) and in the archival records his payment is included with that of the painters.[7] Several companies of painters directed by Livio Agresti and Girolamo Muziano led the site. And here, Fontana formed relationships of mutual trust and esteem with other *maestri*, working side-by-side with them on the scaffolding: the painter Giovanni Paolo Severi from Pesaro, then active at Casino Felice and the staircase of the Lateran Palace,[8] as well as Cesare Nebbia from Orvieto,[9] who would become one of the most important painters of the Sistine age, and others. Fontana worked on the stuccoes and, as the *mandati di pagamento sciolti* of the *Computisteria Ducale* shows, he was paid 10 *scudi di moneta* for

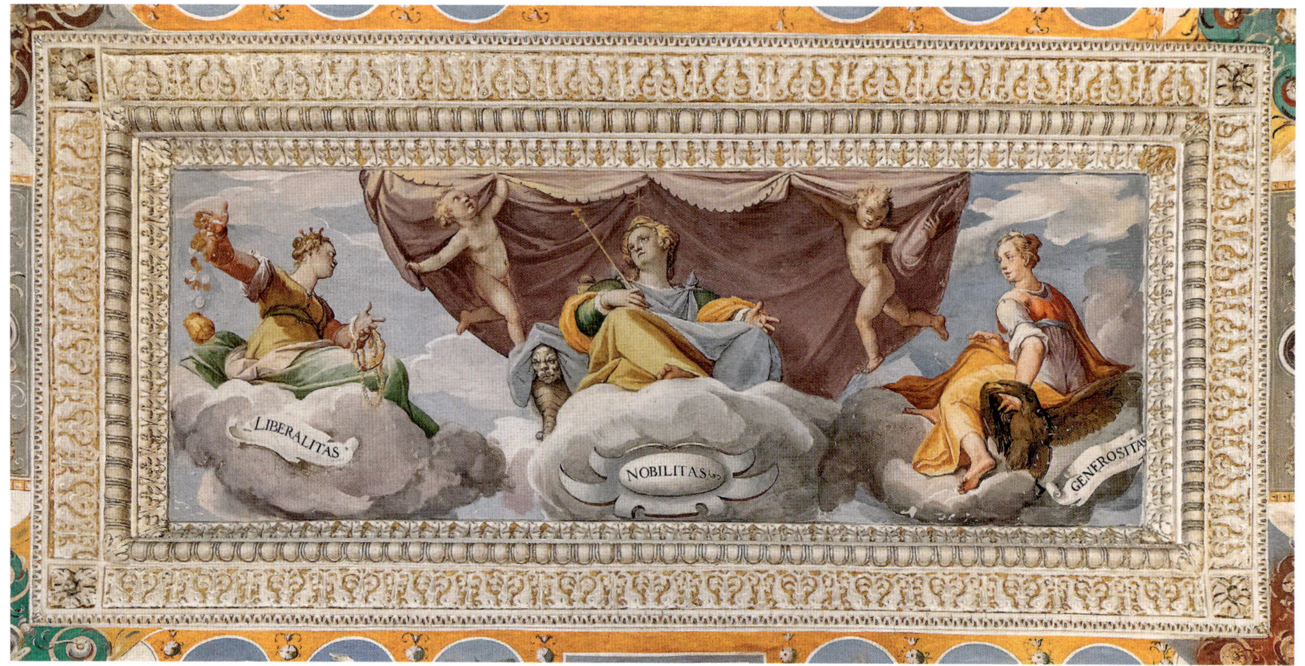

fig. 1
Tivoli, Villa d'Este, Salone of the Virtues, stucco decoration of the vault, 1568.

a month's work. It is not yet possible, however, to identify the sections on which he worked.

In an essay published in 2002, Flavia Colonna records Fontana's presence as a plasterer at Santo Spirito in Sassia. She published this information without archival references but indicated the year 1574.[10] The decorative building site active at this time in the church was the Holy Trinity chapel (fig. 2), with the elderly painter Livio Agresti directing the whole decorative campaign. His presence supports an attribution to Fontana, due to their presence together at Villa d'Este, but one puzzling aspect is the emphatically sculptural use of stucco, which does not seem to align with Fontana's inclinations, given his commitment to the use of stucco as architectural decoration.

The documents show that, in December 1574, Fontana received 15 *scudi* on behalf of Agresti, who was probably sick. It is possible to deduce from his will (22 January 1575)[11] that Agresti spent time in the Santo Spirito in Sassia hospital due to an illness.

The document attests to a close relationship between Agresti and Fontana, but not Fontana's involvement in this decorative site. So far, the only contact point between the two is the Villa d'Este. It is, therefore, an interesting question whether this relationship of trust, perhaps begun in 1568 or earlier, might suggest that Fontana worked in Livio Agresti's enterprise or very close to him and that he might have worked alongside Biagio Betti and Andrea Aretino on the walls of the Tiburtine rooms on the first floor. This would mean that, by 1574, Fontana was well acquainted with the painter.

In the 1570s, Fontana received many commissions, accepting some small jobs as a plasterer and a substantial number of decorative assignments. In 1572, he was paid for the 'cucchiglia di stucco fatta sopra l'architrave a piè la scala del palazo [...] a tutte sue spese di chiodi, fili di rame, polvere di marmo così indicato da m. Jacomo della porta.'[12] (the 'stucco shell made above the architrave at the foot of the palace staircase [...] all at his expense of nails, copper wire, marble dust as indicated by m. Jacomo della Porta') made that year in the Palazzo dei Conservatori, one of the larger city building sites, where other *stuccatori*, such as Andrea Aretino,[13] also worked. Fontana was mentioned only for the manufacture of this shell on the lintel and his payment was handled directly by the architect Giacomo Della Porta. The document makes it possible to hypothesize that Fontana was not working as a plasterer in Marchionne Cremona's company or for Meo Bassi,[14] but rather that he was self-employed and, in this case, furnished all the materials – the nails, copper wires and marble dust – himself. Bedon recognised the shell as the one on the lintel of the inner door of the *scalone*.[15] In December 1572, Fontana is documented for stucco works in Cardinal Ricci's villa on the Pincio hill. Ricci was probably one of the most important patrons to help advance Fontana's career. It is likely that Fontana was engaged by Giacomo Della Porta to execute stucco decorations in the vault of the *salone* of Villa Ricci (later Medici); he was paid 263 *scudi* and 71 *baiocchi* for his work (**fig. 3**). Furthermore, from the account book of 1 January 1573, it is possible to deduce that he must have been paid for the stucco work done, and to be done, in the *Salone* of the gallery of Villa Ricci.[16]

Ricci died in 1574 and Fontana should have received 174 *scudi*. However, it is hard to establish what Fontana actually did for Ricci and what is related to later projects financed by the Ceuli family and then by Sacchetti. Today, lavish stucco decoration fills the entire gallery wall (**fig. 4**). At the base, there is a simple decorative system that highlights and emphasises the windows and doors with frames; in the middle, fresco scenes alternate with

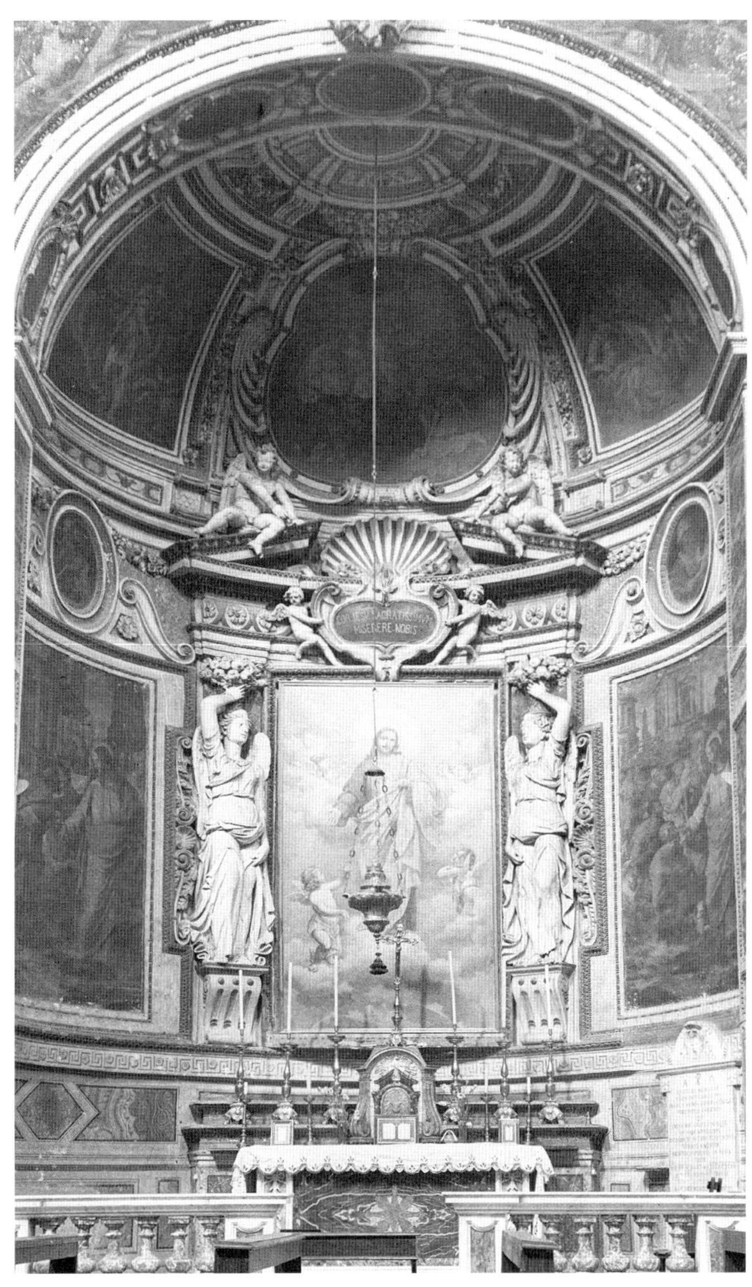

fig. 2
Rome, Church of Santo Spirito in Saxia, Holy Trinity chapel, stucco decoration of the altar, *c.* 1574.

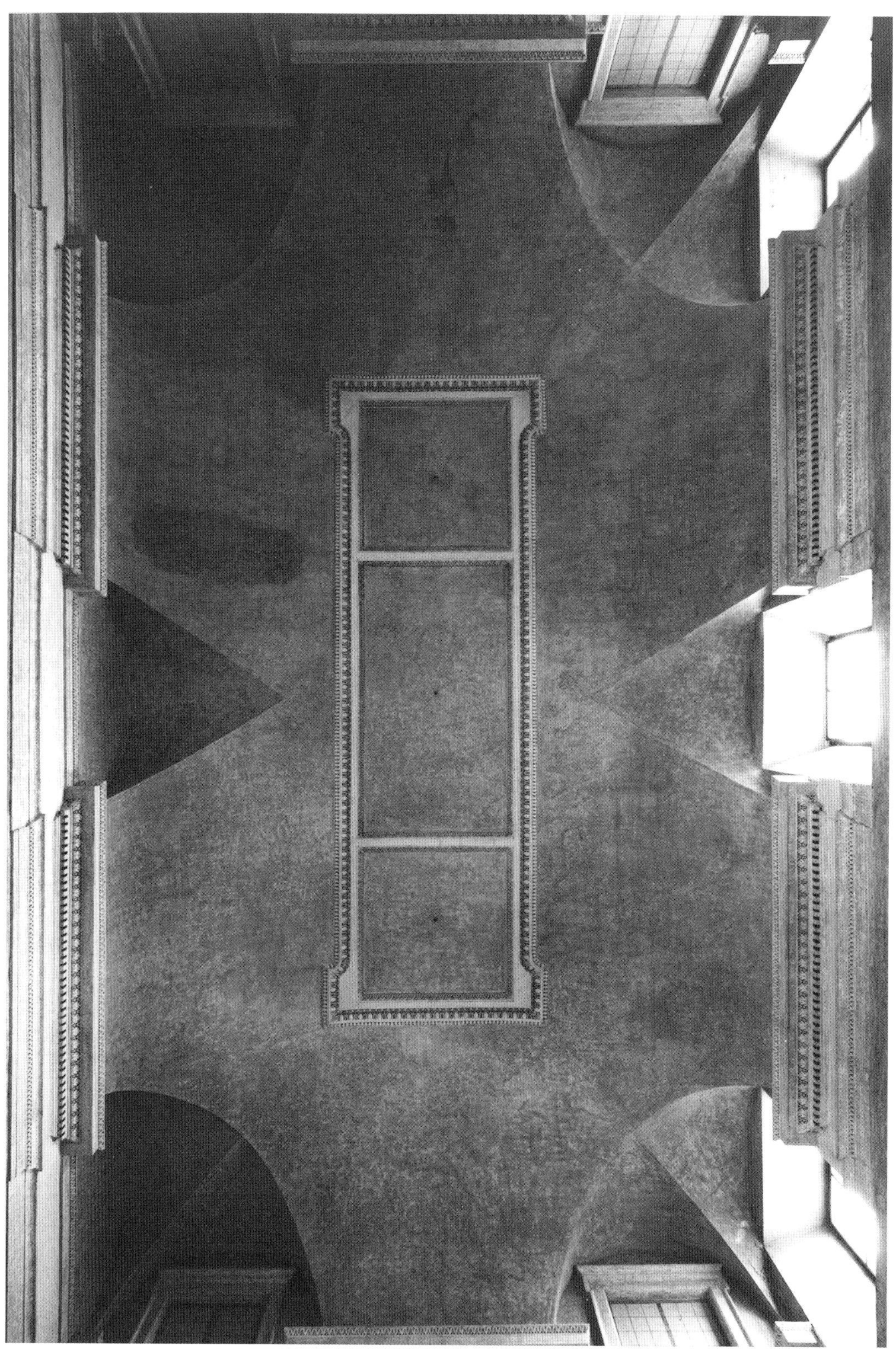

fig. 3
Rome, Villa Medici (Ricci), Salone, stucco decoration of the vault, *c.* 1572.

circular frames – *clipei* – containing marble busts and with applied pilasters running behind them, above which there is a rich frieze in which stucco *efebi* hold back curtains to reveal biblical scenes.

What we see now is a palimpsest, the result of several restylings very close in time to one another, and it is challenging to deduce Fontana's contribution. Sickel pointed out that all the frescoes are by Giacomo Rocchetti and Michele Alberti. These two multi-faceted artists, painters and plasterers, pupils of Daniele da Volterra, worked on the frescoes, but probably also on the frames around them, which are very similar to those in the Conservatori chapel.[17] The frieze at the base of the coffered ceiling and the frames in the middle of the wall above the doors and windows are especially homogeneous.

The frames in the middle, with the figures of prophets, are particularly suited to the space that seems to have already been established by the door and window frames. The latter could, therefore, belong to an initial decorative campaign directed by Fontana – a hypothesis that would be corroborated by the use of very diverse decorative elements in the two different series of frames.[18] However, the lack of documentation with regard to the phases makes it difficult to formulate a definitive statement on the matter.

fig. 4
Rome, Palazzo Ricci-Sacchetti, Salone (inside view), stucco decoration on the walls, 1573.

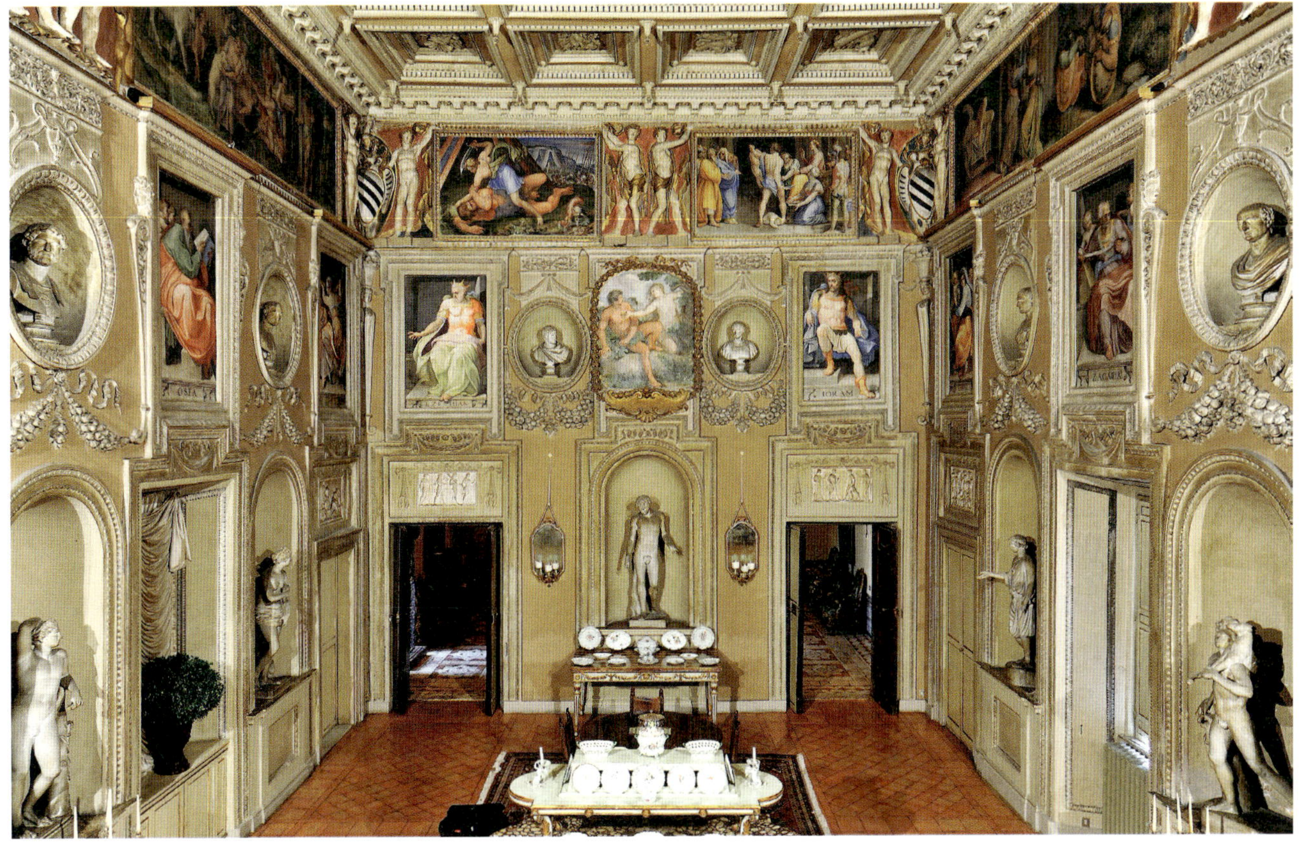

In 1575, as Livia Nocchi has pointed out, Cardinal Donato Cesi commissioned Fontana to produce a stucco framework for an image of the Virgin (now lost) for his chapel in the church of San Vitale.[19]

In the same year, between November and December, it is possible to add another record to Fontana's career. New documents note him at Santa Maria dell'Orazione e Morte in via Giulia. The confraternity funded the building site and in the account book of Paolo Sogliani, 'deputato della fabbrica', Fontana was paid as *istuccatore* the sum of 36 scudi and 5 baiocchi.[20] There, he worked with Giovanni Maria, probably the same Giovanni Maria from Coldrerio with whom he worked in San Luigi dei Francesi,[21] and with Giovanni Domenico and Antonio Gallo *scalpellino* (stone carver).[22]

Stucco at Santa Maria in Vallicella

Between 1576 and 1579 we find the *stuccatore* at work in the church of Santa Maria in Vallicella.[23] During these years, Fontana worked assiduously on the decorative site, he was paid weekly, at an average of 40 *scudi* per month. Work on the stucco started after 1 October 1576, when three *magistri,* or 'chiefs', (Ambrogio, Anselmo? and Francesco) and three boys were paid 'per fare i ponti per li stuccatori' ('to put up scaffolding for the stucco workers').[24] Payments were made on the same day for 'lots of nails' and the transport of marble powder from Ripa, Rome's river port, in order to make the stucco.[25] On this project, however, Fontana did not have the freedom to act as *impresario,* to supply the materials *a tutta roba* ('all-included'), as on future occasions: this is attested to by the separate payments made to Giovanni Cola da Benevento,[26] who is paid for hundreds of *scorzi* of stucco.[27] This must perhaps be recognized as a method typical of the Oratorian Fathers.[28]

The payments, therefore, with supplies already deducted, are substantial (1,349 *scudi* and 7 *baiocchi*)[29] and Fontana managed the site with Raffaello Sangallo, his business partner.[30] They stipulated a *poliza,* or contract, with the Fathers, but this has never been found.[31] The architect Matteo da Castello supervised the work of the plasterers, dealing with measuring the frames and confirming that the payment complied with what had been agreed in the contract.[32] Raffaello was very present at the worksite between the end of 1577 and early 1578, but it was Fontana who received most of the payments, in part through his nephews Bastiano and Carlo Maderno, who were therefore probably active at the site.[33]Also present was *Francesco stuccatore,* who was probably directly employed by Raffaello.[34]

The payments on account do not tell us much, with rare references to *cornice* and to *manifattura di stucco* and more frequently to *lavori di stucco.*[35] Fontana's work in the Vallicella was destroyed by the remaking of the nave vault and the opening of the side chapels, which occurred between 1586 and 1588. Archival documents state that the altars were located where the balustrades now stand.[36]

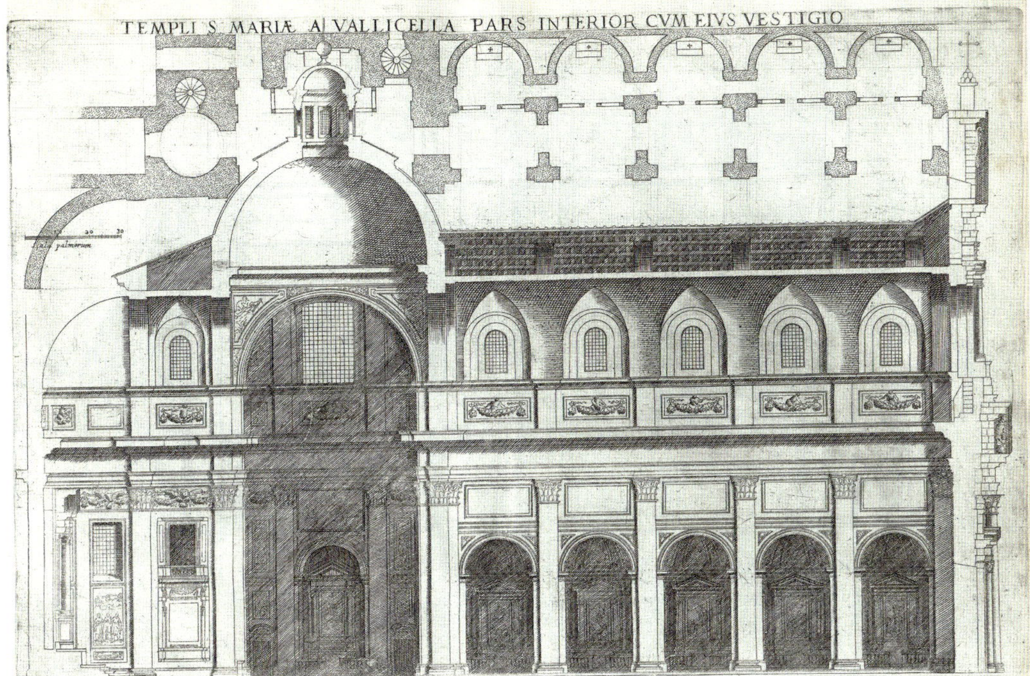

fig. 5
Valérien Regnart, *Interior of S. Maria in Vallicella* (longitudinal section), 1641–42, from *Praecipua Urbis Romanae templa 1641–1642*, Rome, 1650, f. 27.

Comparison of the sources allows us to formulate certain credible hypotheses.

We know that the church's founder, Filippo Neri, still alive while Fontana was working, despised stucco in its most exuberant form and was inspired by buildings of the early Christian age.[37] The dialogue written by Virgilio Spada (1649), based on more abundant archival documentation and the voices of eyewitnesses, confirms that the stuccos extended to the flat ceiling of the nave and the frames (probably including those of the galleries along the nave that were filled in shortly after).[38] A later engraving by Valérien Regnart[39] **(fig. 5)** shows the decoration of the nave after the demolition and before the baroque restyling: the austerity of this second version of the nave decoration conveys a credible idea of what had been there before.

After 1579, Fontana was involved in decorating the Lavaiana chapel in Santa Maria in Vallicella, together with Cesare Nebbia, who was invited to paint the altarpiece.[40] Fontana was paid 85 *scudi* and 97 *baiocchi* for the chapel stucco inside and outside the facade 'sino all'architrave, tutta sua roba', 'up to the architrave, all materials included'. This, with the exception of the materials that an unknown dealer called Francesco who brought 'i chiodi per mettere fra gli stucchi et chiodi grossi per fermare lornamento [sic] grande', 'the nails to place between the stuccos and big nails to fix the large ornament', (plausibly a coat of arms or the altar).[41] Nothing remains of the stucco decoration. The partial demolition of 1586, as reported by the sources, damaged the works and only allowed certain movable items to be saved.

In these accounts, the only paid painting works are those by Nebbia and the gilder is not paid for the stuccos. So it is reasonable to imagine stuccos without gilding, unless, possibly, this was due to an oversight by the document's compiler. Did the chapel not have fresco decorations? We can imagine that the chapel facade had an architectural framework and that features were emphasised in stucco or perhaps two angels, like victories, lay on the arch, on the model of the nave of Madonna dei Monti.[42]

This last option seems the least likely: the payment is not a great amount, considering that Fontana also had to provide the materials. We could assume that he concentrated the decoration on the interior wall of the chapel, probably dividing it by means of rich frames, and perhaps ribbons and festoons of fruits, as he had practised doing at Villa d'Este and Palazzo Ricci. However, this remains a matter of hypotheses.

Stucco and Stucco Workers at San Luigi dei Francesi

While working on the stucco decorations in Santa Maria in Vallicella, the industrious Fontana never missed a chance to obtain commissions as a mason, as testified by the interesting case of the church of San Luigi dei Francesi.[43] Possibly thanks to the intermediation of Cardinal Ippolito d'Este – the owner of the above-mentioned sumptuous villa at Tivoli – Fontana succeeded in joining the large team of workers active in the construction site of the national church of the French community in Rome. Both Ippolito and his younger nephew Luigi had been appointed protectors of French affairs at the Papal Court and had access to funds that they gladly invested in the transformation of the church and some neighbouring properties.[44] Other significant figures present at both San Luigi dei Francesi and Tivoli were Giovanni Alberto Galvani, first *capomastro* of the church and then of the villa,[45] and the previously mentioned Raffaello da Sangallo, a stonecutter and sculptor documented at Tivoli with Fontana and then active in the church of San Luigi dei Francesi between 1579 and 1580.[46] Raffaello (often registered as Raffaele) worked together with Fontana in the church of Santa Maria in Vallicella in 1576 and following years.[47] He was probably the same artist entrusted with the stucco cladding (*opera di stucco*) of the hemicycle in the Belvedere courtyard between 1564 and 1565,[48] as well as the figure active in the Gregorian Chapel in St Peter's Basilica in the Vatican in 1578.[49] He is also to be recognised in the *Raphael Sangallus florentinus scultor in urbe* mentioned in archival documents from 1576 and 1587 discovered by Antonino Bertolotti.[50]

Unfortunately, none of Fontana's works in San Luigi dei Francesi exist today, since everything was destroyed during the church's later transformations.[51] Thanks to archive documentation, we are at least able to gain an insight into the working system.[52] The functioning of the San Luigi building site turns out to be very different from the one that characterises the enterprises entrusted to Fontana and his brothers by Pope Sixtus V. In the San Luigi accounts, Fontana appears for the first time in December 1574, working as a mason together with Giovanni Maria Virgo da Coltre (i.e. from Coldrerio, now in Canton Ticino),[53] who had been active on the building site for at least a decade before being replaced by his nephew, Lorenzo.[54] After November 1576, Fontana basically managed the building site alone: at first recorded simply as a mason and later as *capomastro della fabbrica*, 'site chief',[55] he is referred to as 'architect of the church' (*Architetto della Chiesa*) from 1581 onwards.[56] Among other tasks, he was responsible for the supply of lime, which was obviously essential for both masonry and stucco works. Receipts show that the lime came mostly from Tivoli, but also from the limestone of the Botteghe Oscure.[57] Lime from Tivoli, despite the transport, turned out to be more advantageous, costing 6 *iuli*, while the lime from Botteghe Oscure cost 6 *iuli* and 4 *baiocchi per rubbio*.

During almost ten years of activity in San Luigi, Fontana did not undertake any stucco work, but the documents note the presence of several stucco workers on the site who received payments directly from the treasurer of San Luigi dei Francesi. In 1564, before Domenico's arrival, a payment is recorded to Benedetto Fiorentino, a Florentine stucco worker who was paid for unspecified *lavori di stucco* on the altar.[58] Another example regards the stucco worker Pietro da Mucio (perhaps Muggio, in today's Valle di Muggio in Canton Ticino), who is mentioned in an evaluation report dated 1573, stating that he had decorated an unspecified arch, with its pillars and windows.[59] Pietro also received one *scudo* and 60 *baiocchi*, 'per polvere de marmoro dafare dello stucho et stampe': in other words, he provided the marble dust required by the traditional formula and the moulds to create serial decorative patterns.[60] The two expert stucco workers called to judge Pietro's work, Giovanni da Correggio and Giacomo Cupilli da Cremona, have not yet been identified in documents relating to other Roman sites, while Stefano da Trento, the stucco worker who signed on behalf of Giovanni (because he was illiterate), was Stefano Fuccari, a famous stucco worker active on numerous Roman building sites at the end of the sixteenth century.[61] Giacomo from Cremona reappears in the San Luigi records on 26 January 1575, when he confirmed having received 9 *scudi* and 30 *baiocchi*, *per lavoro fatto de stuccho*, 'for work done in stucco'. Again, there is reason to believe that these stucco decorations concerned only the architectural surfaces, since the payment was countersigned by the *capomastro*, Giovanni Maria from Coldrerio.[62]

In addition to the presence of numerous craftsmen from today's Canton Ticino – some of whom were related to each other – we can observe that the stucco workers involved on the San Luigi dei Francesi building site appear to be professional figures who operated independently of the mason or architect Domenico Fontana. Fontana's working system in the great Sistine enterprises turns out to be completely different: as prime examples, we will now briefly analyse the Chapel of the Nativity in Santa Maria Maggiore and the Lateran Palace, both of which are well preserved and for which there exists extensive archival documentation.

Stucco under Sistine Patronage

The Chapel of the Nativity is better known as the Sistine Chapel after its patron, Pope Sixtus V (1585–90), born Felice Peretti.[63] Work on the chapel started in January 1585, but, when the patron was elected pope on 24 April of the same year, the project obviously changed, due to the increased availability of funds.[64] As Federico Bellini has noted, for the Sistine Chapel, while Fontana had bricklayers, masons, carpenters, and stucco workers at his direct disposal, as well as the materials they needed, his 'enterprise' was far from self-sufficient: he lacked stonemasons, blacksmiths, gilders, painters and sculptors. Fontana eventually received 23,800 *scudi*, but the whole chapel cost 88,500 *scudi*.[65] Fontana took the role of architect here, but he was also site manager, as evidenced by the *Misura e stima* dated 3 September 1587, a valuable document attesting to all the work carried out by the 'Fontana enterprise' and the related fees.[66]

It is noticeable that, in the documents, among the entries corresponding to every single operation for which Fontana was directly responsible, we find all the stucco works: they are listed without distinction, along with the masonry works, flooring, rubble removal, etc. The entries concerning stucco are of various types, including generic *colla di stucco*, 'stucco glue', the surface coverings and the modelling of the projecting figures. To give just a few examples, beginning with the interior of the west wall, here we find records regarding the shaping and *stuccatura* of the soffit, the so-called *sottarco grande*, the 'great under-arch': the surface is divided into nine rectangular fields, five larger and four smaller, each with a frame fashioned with moulds; within these there are four figures in low relief, four cherub heads and an epitaph dedicated to the Pope. All of these together were valued at 22 *scudi*.[67]

On the two lateral vaults and the vault above the papal throne, we find mention of the three oval fields designed for the frescoes (fig. 6). Nails and copper wire were used to shape the stucco frames, which were subsequently decorated using various types of mould. The account describes the six shells, each with 'its arabesque foliage with its lion masks' and the twelve festoons with twelve bouquets, also made of stucco and fashioned around several nails that ensured anchorage to the wall.[68] The use of copper wire to form the main internal structure of all the protruding elements is also testified to by the twelve angelic figures executed 'in full relief', valued alone at a total of 144 *scudi* (fig. 7).[69] The account lists the stucco on the pediments, the *frontespizi*, 'frontispieces', detailing the types of mould used for the frames. It also describes the decorative patterns inside the vertical fields: candlesticks, branches and flowers, and thuribles.[70]

The eight festoons at the apex of the dome, again made with nails and copper wire, were priced at 24 *scudi*, while the eight angels that surmount the festoons were judged to cost 40 *scudi*.[71]

Among these items we can easily recognize the four figures at the corners of the

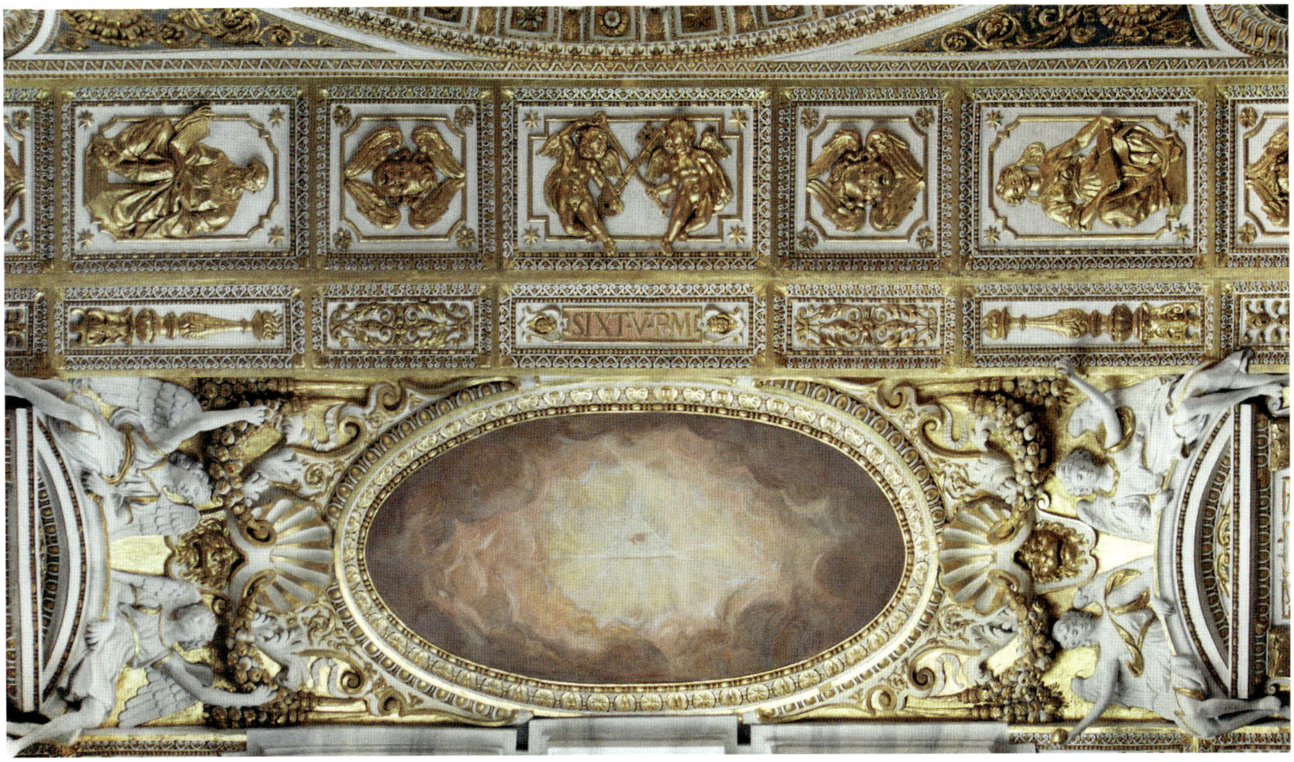

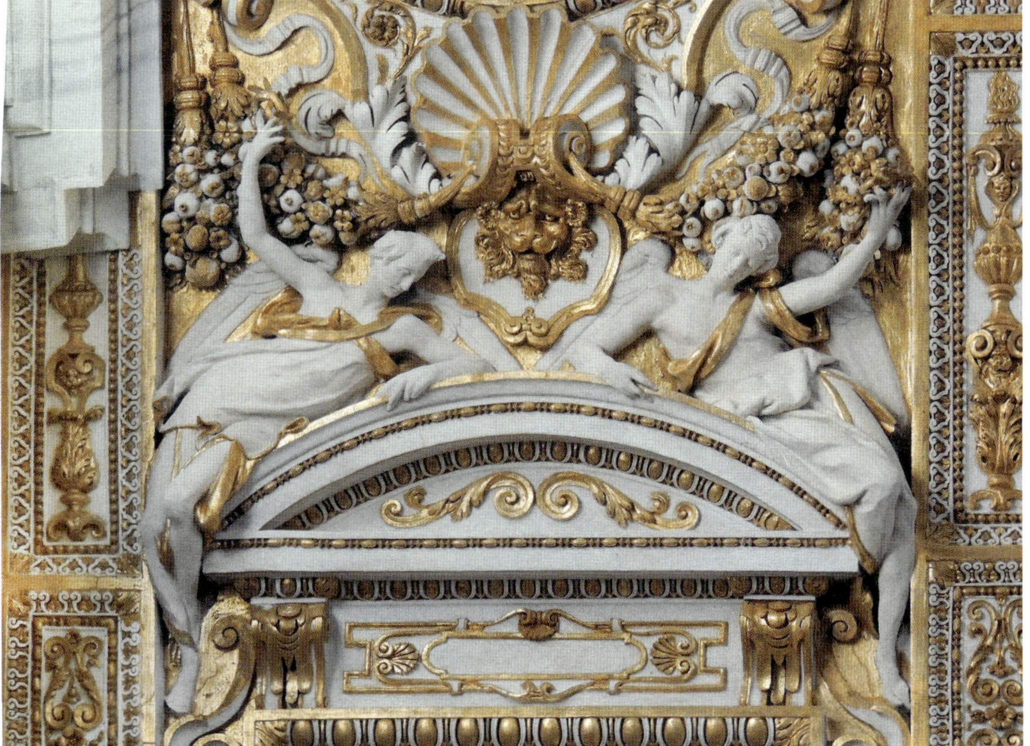

fig. 6
Rome, Basilica of Santa Maria Maggiore, stucco decoration of one of the side vaults of the Sistine chapel, *c.* 1585–89.

fig. 7
Rome, Basilica of Santa Maria Maggiore, details of the stucco decoration of one of the side vaults of the Sistine chapel, *c.* 1585–89.

figs. 8–9
Angels riding a garland, *c.* 1585–89. Rome, Basilica of Santa Maria Maggiore, Sistine chapel.

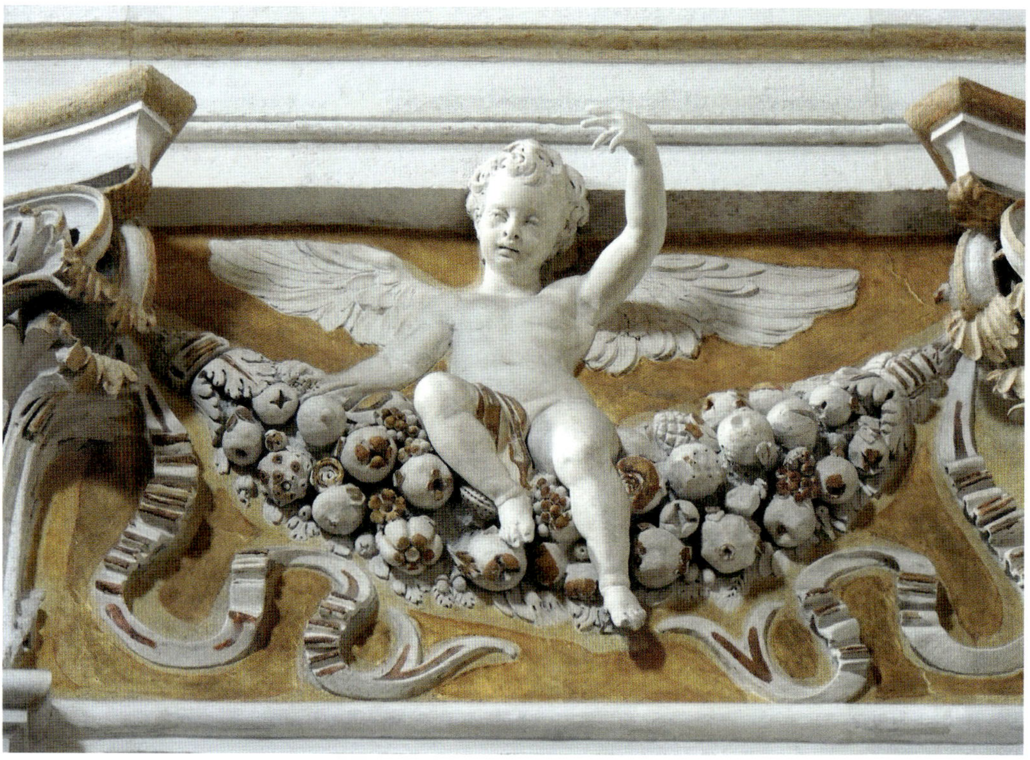

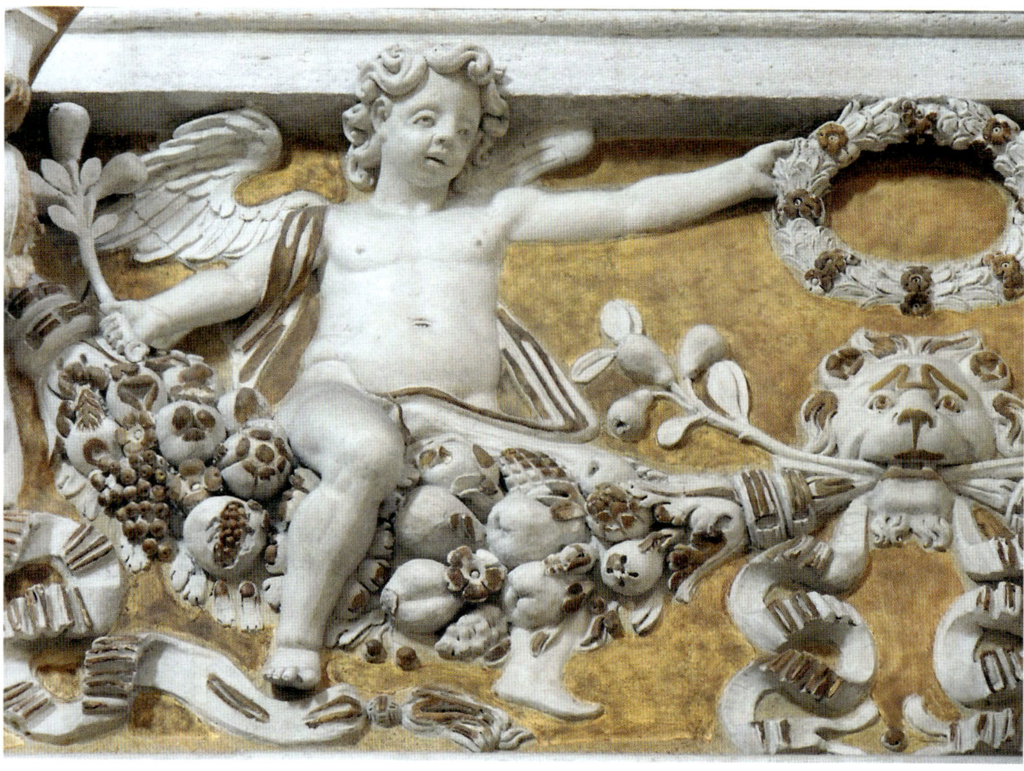

arches, valued, together with their respective brick bases, at a total of 60 *scudi*.[72] Surprisingly, no artist is mentioned for these figures, even though they are close to being proper sculptures.

All the evident stylistic differences testify to the collaboration of several stucco workers on the scaffolding installed by Fontana. For example, differences in the angels riding garlands in the upper section of the walls are conspicuous **(figs. 8-9)**.

A final observation on elements shared by the Sistine Chapel and the Lateran Palace concerns the fact that the gilding of the stuccos was postponed to a later stage and entrusted to the two painters responsible for the frescoes and the canvases, Cesare Nebbia and Giovanni Guerra.[73] Giovanni Baglione described their collaboration in one sentence: 'Cesare Nebbia faceva li disegni, e Giovanni Guerra da Modena compartiva gli uomini' ('Cesare Nebbia made the drawings and Giovanni Guerra allocated the men').[74] It is inferred that a number of artists executed the frescoes under their instructions, with Baglione mentioning several of them by name, while others, still unfortunately unknown, handled the gilding. Guerra and Nebbia, together with their collaborators, operated in the Sistine Chapel between June 1586 and the end of the year 1587, receiving a payment of 5,700 *scudi*.[75]

The apartment that served as an institutional and representative space for the Pope lay in the Lateran Palace. Immediately after his election, Sixtus V turned his attention to the ancient group of ruined buildings that together formed the Lateran *Patriarchium*.[76] The papal apartment was fashioned during the Lateran Palace's second, and most demanding, phase of construction.[77] On this extensive construction site, Domenico Fontana was again able to count on a large team of collaborators – including Giovanni Guerra and Cesare Nebbia – but decided to personally deal with everything concerning the so-called *lavori di muro*, 'wall works', which were eventually evaluated at a cost of 86,964.39 *scudi* (later reduced to 81,000).[78]

As pointed out by Maria Felicia Nicoletti, in the measures and estimates released on 14 November 1589, Domenico explicitly included the *hornamenti di stucco* among the works pertaining to the mason and, in this case, too, we find them mixed together with all the wall works, the setting up of the vaults, the transportation of the materials, etc.[79] In the small chapel **(fig. 10)**, the structural works and the stucco decorations are mentioned together: the frames, the festoons of fruit, the cherub heads, the so-called 'Medusa heads', and the emblems of Sixtus V. It was in fact a well-estimated stucco work valued at no less than 148 *scudi*.[80]

The stucco works in the Room of David are apparently less developed and characterized by simpler details – only the frames and the small cherub heads in the corners are mentioned – but nevertheless the work was evaluated at a total of 218 *scudi*: evidently the six different types of frames, although executed with moulds, required great expertise in their detailed execution and a significant quantity of material.[81]

Definitely richer are the stuccos in the Room of Solomon **(fig. 11)**. The various frames are clearly described in the records: for the most part they were executed using

fig. 10
Rome, Lateran Palace, Chapel, stucco and fresco decoration of the vault, c. 1586–89.

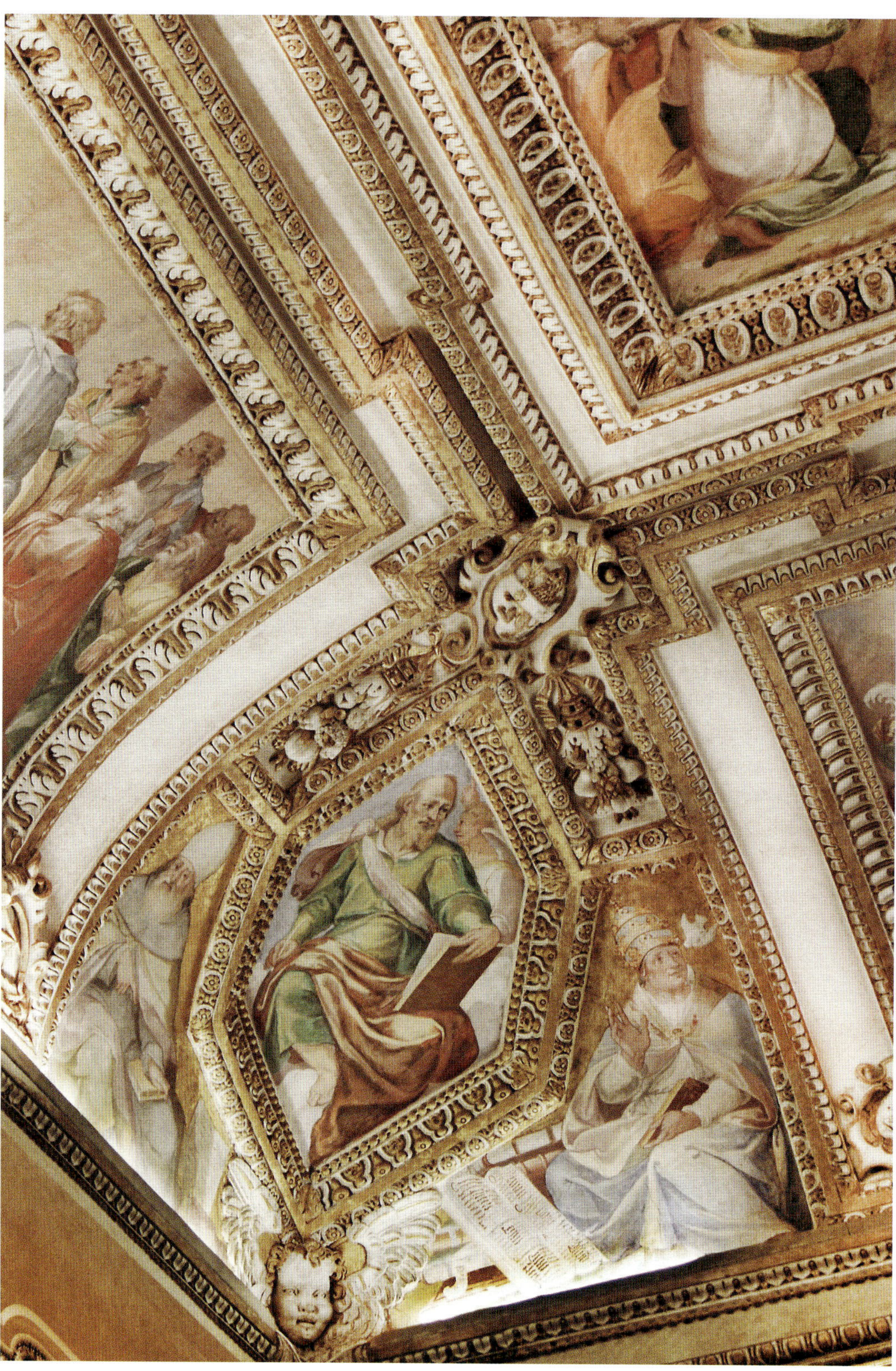

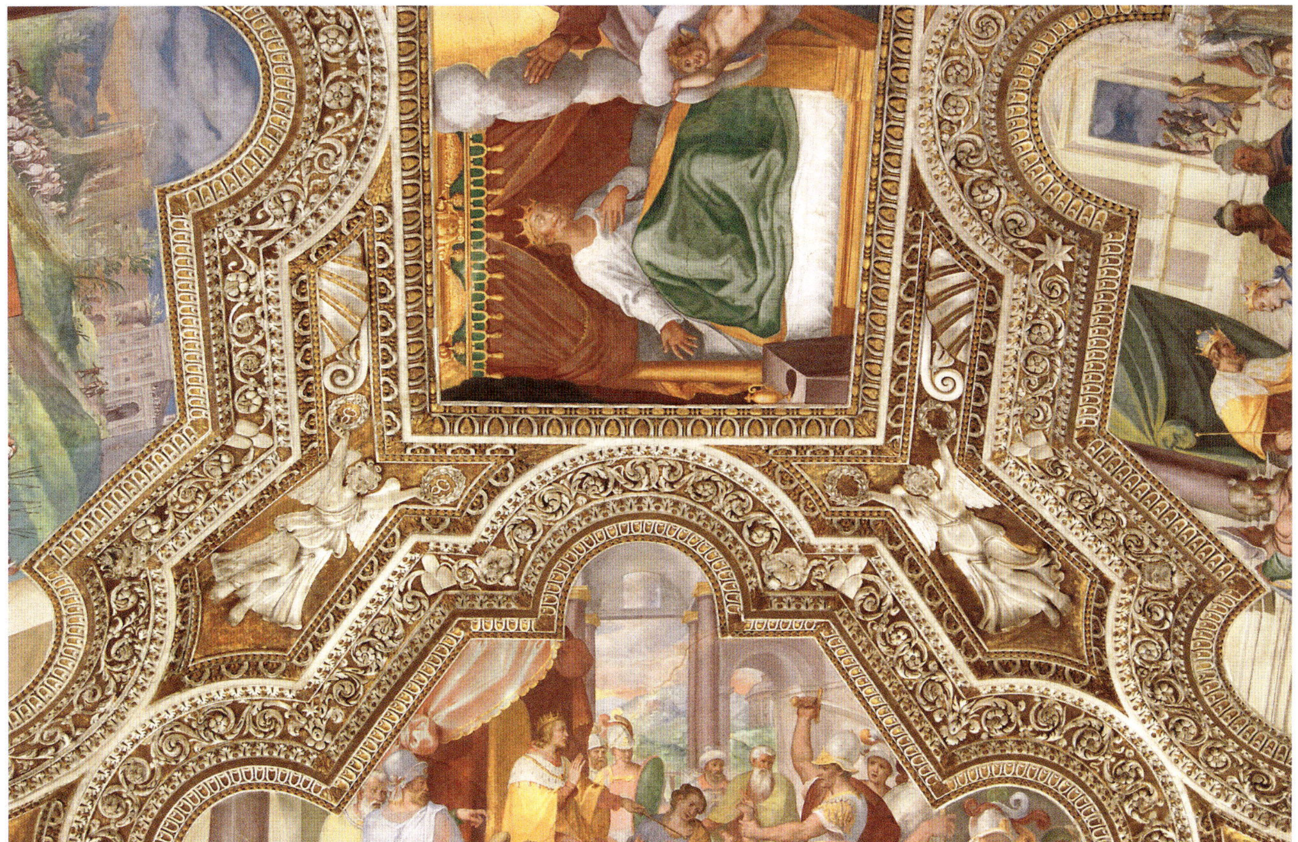

fig. 11
Rome, Lateran Palace, Room of Solomon, stucco and fresco decoration of the vault, c. 1586–89.

moulds, but some details appear to be hand-modelled, such as the lion heads, the three mountains and the stars from the Pope's coat of arms, as well as the four angelic figures holding crowns (fig. 12).[82]

In the inner courtyard of the palace, the twenty-eight terms that adorn the highest part of the walls are executed in stucco. Conceived as feminine herms, they show a certain variety that suggests the involvement of several plasterers (fig. 13). As often happens in the documentation, the records specify that the stucco should be *stucco di marmo* (marble stucco), whereas sometimes, on site, *stucco di travertino*, travertine stucco, was used instead, especially to cover pilasters, corbels and other architectural elements.[83]

As planned, the Nebbia-Guerra duo led the large group of painters – for whom Fontana's men set up the scaffolding – and handled the gilding of the stuccoes on this site, too. Interestingly, a separate entry concerning the wooden ceiling of the main room, the *Salone dei Pontefici* (today's *Sala della Conciliazione*), tells us that a professional gilder, Giovanni Smeriglio, was commissioned to gild this surface – which is in fact made of wood, not stucco.[84]

On 28 January 1588, the five *periti* (expert surveyors) elected on the one hand by the pope's representatives and on the other by the two painters, stated that *Cesare*

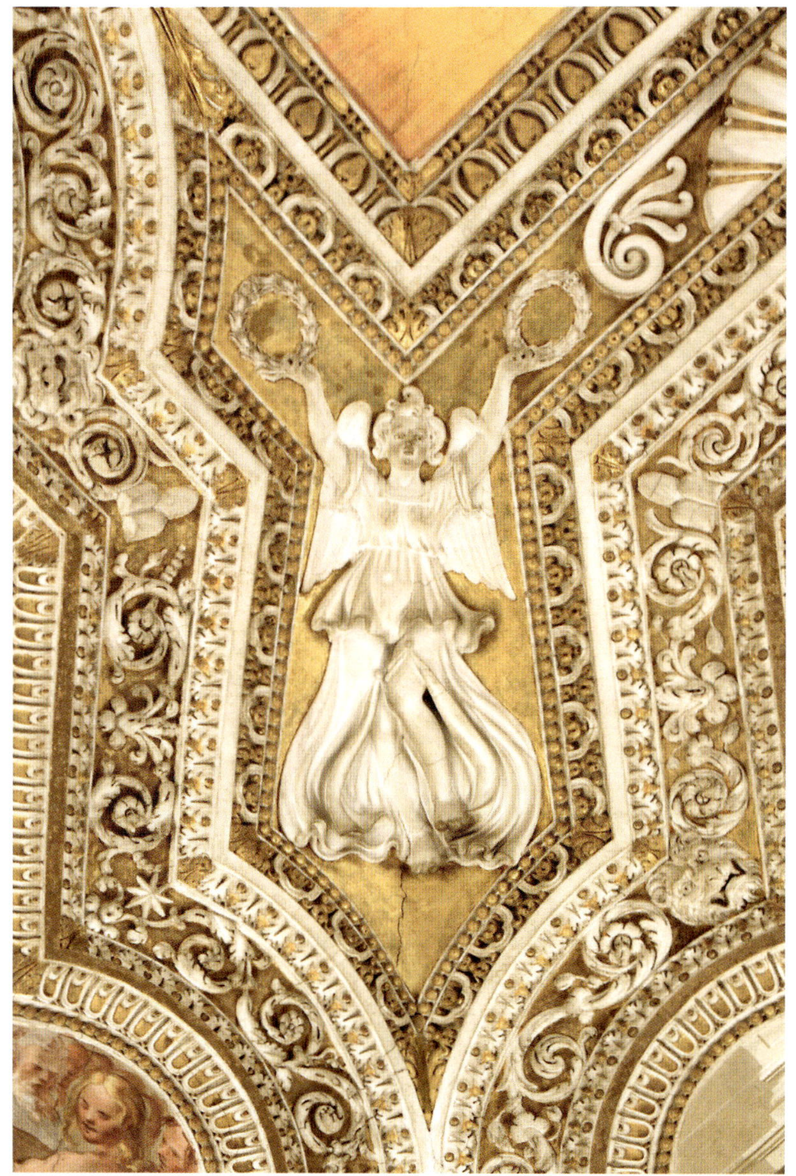

fig. 12
Rome, Lateran Palace, Room of Solomon, detail of the stucco decoration of the vault, c. 1586–89.

Nebbi et maestro Giovanni Guerra Pittori et compagni should be remunerated with the sum of 4,318 *scudi* (then reduced to 3,585) for 'diverse pitture et mettiture d'oro et pitture sgraffiate in calce tinta di colore variato [...] in multi luoghi di San Giovanni' ('various paintings and gilding and *sgraffiti* on lime painted in different colours [...] in several places in the Lateran Palace').[85] Actually, although the exact valuation of the gilding of the stuccoes alone cannot be established, the documents indicate that two *periti* were called to judge solely *l'oro et gli ornamenti*, the 'gold and ornaments': for the pope, Adriano Rainaldi, and for the painters, Matteo Neroni, two artists Fontana knew very well, since the latter is recorded at Villa d'Este in Tivoli, and the former was familiar with Fontana's worksite at San Luigi dei Francesi.[86]

Conclusion

In Fontana's two Sistine building sites, stucco is primarily used to delimit the fields reserved for frescoes or to exalt the architectural structure, moulding frames and decorating them with serial patterns. Protruding figures and three-dimensional inserts are very limited and often not of a very high level of quality: there are clear anatomical weaknesses in the figures and it seems that the stucco workers struggled to define realistic corporeity under the clothes. The reason for these weaknesses can be explained by the fact that Fontana relied on a workforce trained only within the building site; he did not employ artists who also possessed training in the so-called high arts, and in particular in sculpture.

The general low quality is evident if one compares the stucco figures of Fontana's enterprises with those from the immediately preceding period or the period that followed soon after. Regarding the latter, the most eloquent example is offered by

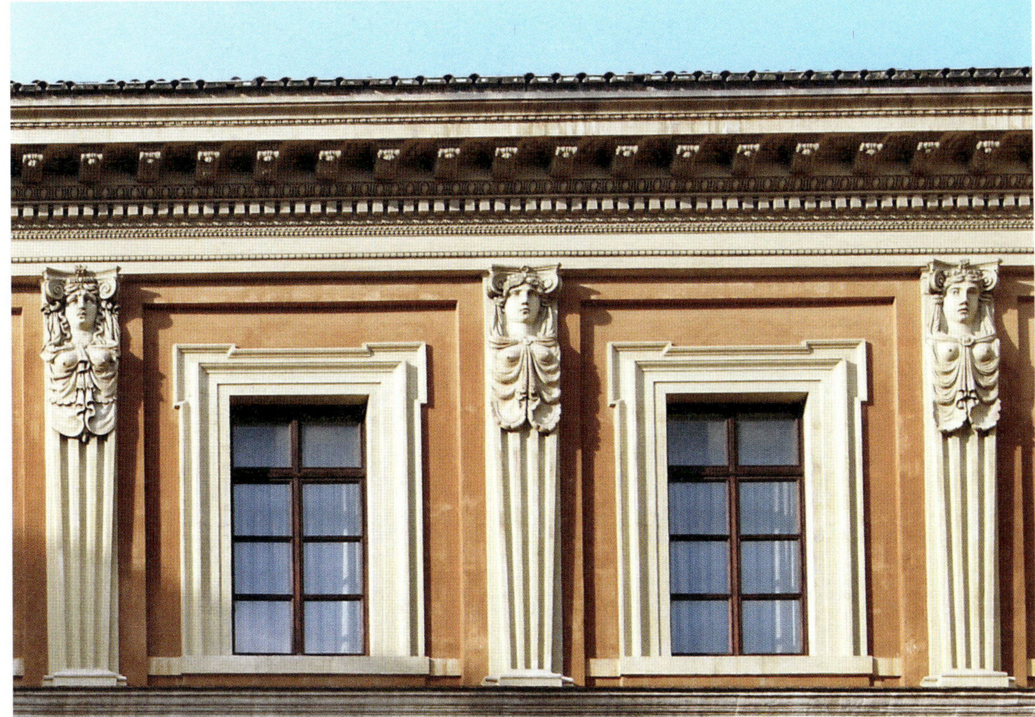

fig. 13
Rome, Lateran Palace, inner courtyard, stucco terms in the upper register, c. 1586–89.

Ambrogio Buonvicino's figures in the Pauline Chapel, a brand-new chapel, fashioned at the beginning of the seventeenth century in Santa Maria Maggiore, that took the Sistine Chapel as its model (figs. 14–15).[87] In this case, the four stucco angels at the base of the dome are of great quality: three-dimensionally modelled, they appear accurate and anatomically well-structured. Not surprisingly, Buonvicino was also an excellent sculptor in marble.

In the period prior to Fontana's, it was much more common for the entire design of the stucco decoration to come from an artist trained in painting – and sometimes also in sculpture: in the Roman context, see for example Perino del Vaga, Daniele da Volterra and Giulio Mazzoni.[88]

The observations here collected, while brief, provide an insight into both Fontana's vision of stucco, derived from his own personal experience, and the transformation in management of the architectural and decorative building sites that occurred in the last quarter of the sixteenth century. The type of stuccoes preferred by Fontana undoubtedly responded better to the new forms of building site management, with the aim of achieving greater efficiency and speed, even at the cost of making small sacrifices regarding the quality of individual elements.

fig. 14
Anonymous stucco artist (from the Fontana team), seated figure in stucco, *c.* 1585–89. Rome, Basilica of Santa Maria Maggiore, Sistine chapel.

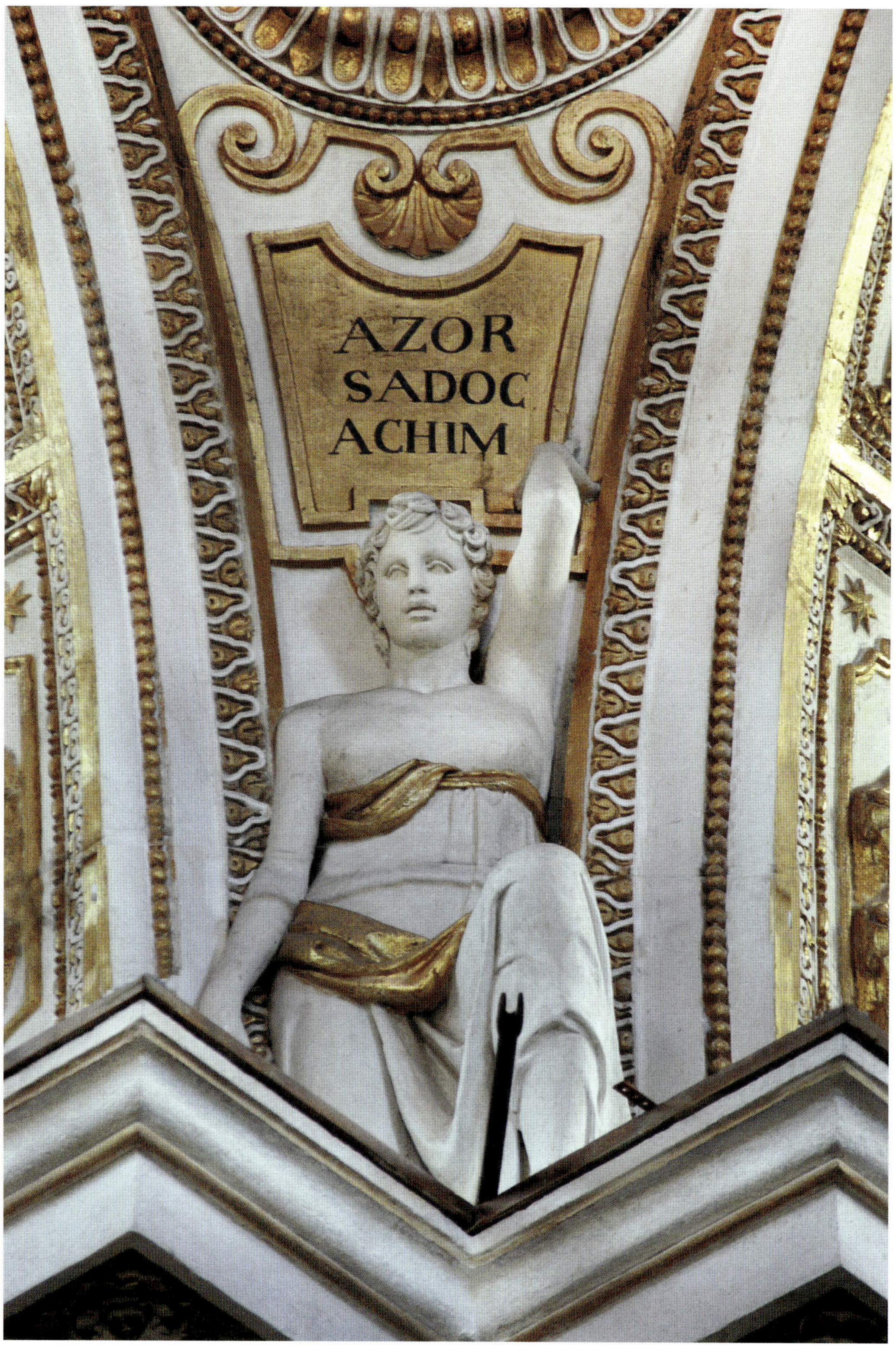

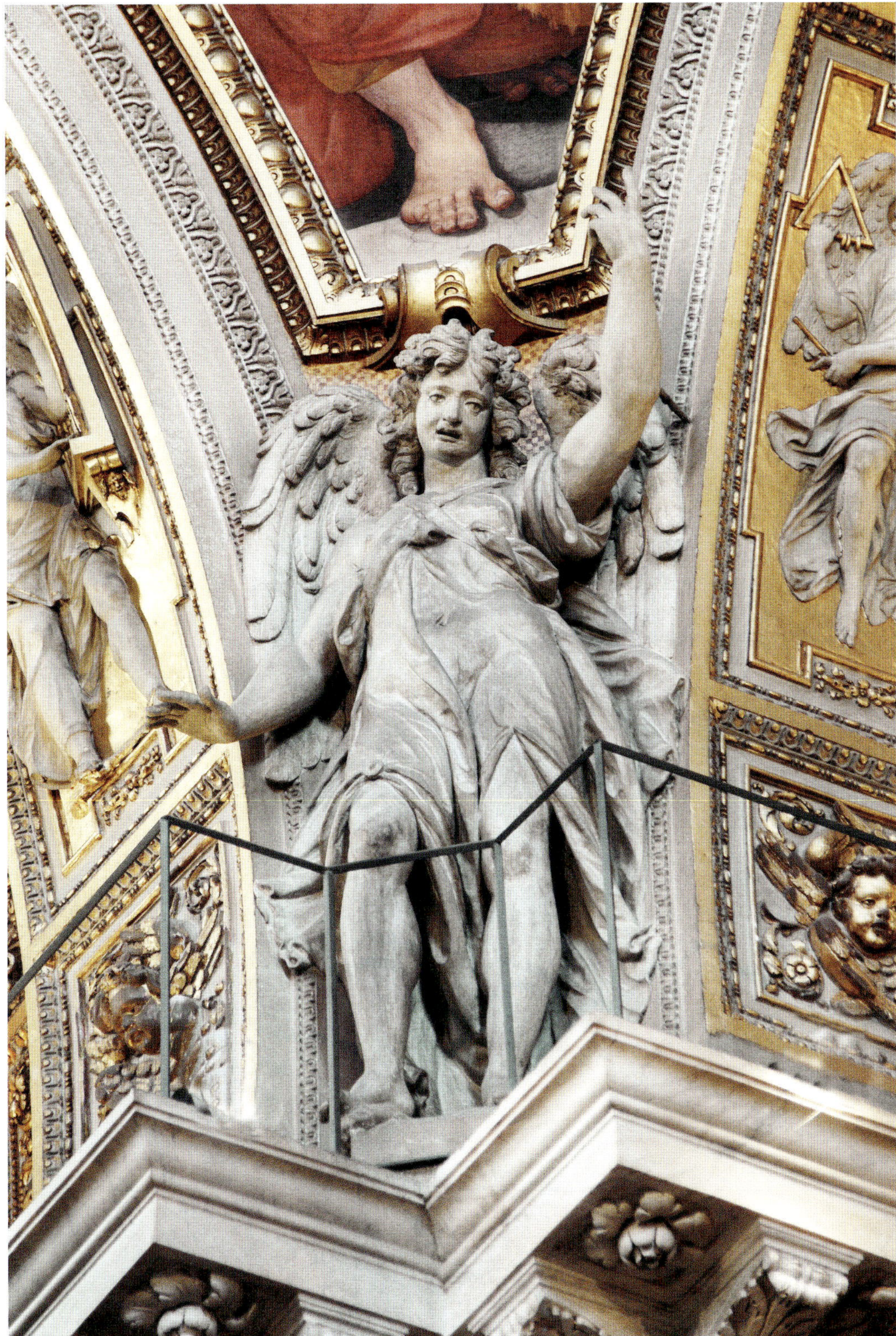

fig. 15
Ambrogio Buonvicino, stucco figure, 1612. Rome, Basilica of Santa Maria Maggiore, Pauline chapel.

* This contribution presents some results of the research conducted by the two authors as members of the SNSF Agora Project CRAGP1_199500 *The "invention of many works". Domenico Fontana (1543-1607) and his building works*. Giulia Spoltore wrote parts 1 and 2, Serena Quagliaroli parts 3 and 4.

1 On Domenico Fontana, see N. Navone, L. Tedeschi, P. Tosini (eds.), *Le 'invenzioni di tante opere'. Domenico Fontana (1543–1607) e i suoi cantieri* (Rome, 2022); regarding his activity in the field of stucco see, in the same publication, S. Quagliaroli, G. Spoltore, 'La consuetudine di Domenico Fontana con lo stucco', in N. Navone, L. Tedeschi, P. Tosini (eds.), *Le 'invenzioni di tante opere'. Domenico Fontana (1543–1607) e i suoi cantieri* (Rome, 2022, pp. 23–48).

2 G. Curcio, 'Del Trasporto dell'Obelisco Vaticano e sua Erezione', in Id. (ed.), *Il Tempio Vaticano 1694. Carlo Fontana* (Milan, 2003, pp. CLXX–CLXXXVII).

3 M.F. Nicoletti, 'Un cantiere nel cantiere: Domenico Fontana e la costruzione con "non piccola difficultà" della cappella di Sisto V (1585–1590)', in M.F. Nicoletti, P.C. Verde (eds.), *Pratiche architettoniche a confronto nei cantieri italiani della seconda metà del Cinquecento* (Milan, 2019, pp. 161–97); in the same publication, see P.C. Verde, '"C'ha bisognato usarvi una diligentia quasi maravigliosa". Il cantiere dell'acquedotto dell'acqua Felice 1585–1587: il successo di Giovanni Fontana' (pp. 119–60).

4 G. Baglione, *Le vite de' pittori, scultori et architetti dal pontificato di Gregorio XIII del 1572 in fino ai tempi di papa Urbano VIII nel 1642* (Rome,1642; ed. Rome, 2023, I, p. 245).

5 G.P. Bellori, *Le vite de'pittori, scultori et architetti moderni*, ed. E. Borea, G. Previtali, 2 vols. (Rome, 1672; ed. Turin, 2009, I, pp. 149–75).

6 Ibid., p.152; see also A. Bedon, *Il Campidoglio. Storia di un monumento civile nella Roma papale* (Milan, 2008 p. 39); S. Pierguidi, 'Il ruolo di Domenico Fontana nella scelta dei pittori sistini', in G. Bonaccorso, M. Fagiolo (eds.), *Studi sui Fontana. Una dinastia di architetti ticinesi a Roma tra Manierismo e Barocco* (Rome, 2008, pp. 71–80).

7 D.R. Coffin, *The Villa d'Este at Tivoli* (Princeton, 1960, p. 47, n. 22).

8 Ibid., p. 44; A. Zuccari, *I pittori di Sisto V* (Rome, 1992): R. Torchetti, 'Giovanni Paolo Severi', in M.L. Madonna (ed.), *La Roma di Sisto V. Le arti e la cultura* (Rome, 1993, pp. 544–45).

9 Zuccari (op. cit. note 7); R. Eitel-Porter, 'Artistic Co-Operation in Late Sixteenth-Century Rome: the Sistine Chapel in S. Maria Maggiore and the Scala Santa', *The Burlington Magazine*, 139 (1997, pp. 452–62); Id., *Der Zeichener und Maler Cesare Nebbia: 1536–1614* (Munich: 2009); Pierguidi (op. cit. note 6).

10 F. Colonna, 'Architetti e maestranze in sette secoli di storia nell'Ospedale di Santo Spirito a Roma', *Rivista Storica del Lazio*, 10 (2002, fasc. 16, pp. 93–124).

11 Archivio di Stato di Roma (hereafter ASR), *Archivio del Tribunale dell'Auditor Camerae*, vol. 7060, ff. 119 r–v, 128 r. in F. Spazzoli, 'Livio Agresti attualità di un piccolo maestro', *Studi Romagnoli* 23 (1972, pp. 63–96, p. 86).

12 P. Pecchiai, *Il Campidoglio nel Cinquecento, sulla scorta dei documenti* (Rome 1950), pp. 133–34; C. Pietrangeli, 'La scala del Palazzo dei Conservatori', *Capitolivm*, XLII, 1967, pp. 370–83.

13 S. Quagliaroli, G. Spoltore, 'Stucco e ornamento nel pontificato Boncompagni', in F. Bertini, D. Delle Fave (eds.), *Gregorio XIII Boncompagni. Un quadro nel quadro. 'Per speculum et in aenigmate'*, conference proceedings (Rome, 2019, pp. 109–45); C. Violini, 'Aretino Andrea', in A. Di Sante (ed.), *Pittori e mosaicisti nella fabbrica di San Pietro. Un repertorio dagli archivi della basilica vaticana*, with V. Balzarotti, A. Gauvain, I, *Da Giulio II ad Alessandro VII*, forthcoming.

14 Bedon (op. cit. note 6), pp. 205–33; on Melchiorre Cremona see A. Bertolotti, *Artisti lombardi a Roma nei secoli XV, XVI e XVII*, 2 vols. (Rome, 1881; ed. Bologna, 1985, I, pp. 181, 227, 230), on his provenance, Settignano, see P. Tosini, '"Pirro Ligorio Neapolitan Painter", 1534–1549. (With a New Addition on His Late Activity as an Architect)', in F. Loffredo, G. Vagenheim, *Pirro Ligorio's World Antiquarianism, Classical Erudition and the Visual Arts in the Late Renaissance* (Leiden-Boston, 2019, pp. 296–323); about Bartolomeo Bassi see Ch.L. Frommel, 'La villa Médicis et la typologie de la villa italienne à le Renaissance', in *La Villa Médicis*, II, *Études* (Rome, 1991, pp. 317–41, p. 328 note 58); *La Villa Médicis: le fonti documentarie* (Rome, 2010, V, p. 156 n. 367); A. Di Castro, 'Rivestimenti e tarsi marmoree a Roma tra il Cinquecento e il Seicento', in A. Di Castro (ed.), *Marmorari e argentieri a Roma e nel Lazio tra Cinquecento e Seicento. i committenti, i documenti, le opere* (Rome, 1994, pp. 26–47), Quagliaroli, Spoltore (op. cit. note 1), pp. 24–5.

15 Bedon (op. cit. note 6), p. 231, n. 53.

16 S.B. Butters, *Le cardinal Ferdinand de Médicis*, in *La Villa Médicis*, II, *Études*, (op. cit. note 14), p. 176, n. 44; P.N. Pagliara, *Matériaux structures et techniques mis en œuvre dans la construction de la villa Médicis*, ibid. (p. 217, n. 6); *La Villa Médicis: le fonti documentarie* (op. cit. note 14), p. 140, n. 329, p. 156 n. 367. On the decoration of the Palace in via Giulia, see V. Catalucci, A. Cipparrone, 'La decorazione del piano nobile di palazzo Ricci-Sacchetti a Roma', *Ricerche di storia dell'arte* (2007, nos. 91–2, pp. 93–105); L. Sickel, 'Jacopo Rocchetti alias Giacomo Rocca. Ein Protagonist der frühen Sammlungsgeschichte von Michelangelos Zeichnungen', in C. Echinger-Maurach, A. Gnann, J. Poeschke (eds.), *Michelangelo als Zeichner*, conference proceedings (Münster, 2013, pp. 73–96).

17 Quagliaroli, Spoltore (op. cit. note 13); M. Marongiu, 'Tommaso de' Cavalieri e l'eredità di Daniele da Volterra: Michele Alberti e Jacopo Rocchetti nel palazzo dei Conservatori', in B. Agosti, M. Marongiu (eds.), *Tommaso de' Cavalieri. Arbitro del gusto nella Roma della seconda metà del Cinquecento*, conference proceedings (Rome, 2020, I, pp. 131–64).

18 We are very grateful to Nicolas Cordon, who shared his materials on the Palace with us.

19 L. Nocchi, 'Il cardinale Pier Donato Cesi (1522–1586)', in G. de Petra, P. Monacchia (eds.), *I Cesi di Acquasparta, la dimora di Federico il Linceo e le accademie in Umbria*

nell'età moderna, conference proceedings (Perugia, 2017, p. 255).

20 Archivio Storico Diocesano di Roma, Ariciconfraternita di Santa Maria dell'Orazione e Morte, palchetto 154–56, b. 546. A study by Giulia Spoltore on this church is in preparation. See A. Bevignani, 'L'arciconfraternita di S. Maria dell'orazione e morte in Roma e le sue rappresentazioni sacre', *Archivio della S. Società Romana di Storia Patria* 33 (1910, fasc. 1-4, pp. 5–176); H. Hager, *S. Maria dell'Orazione e Morte* (Rome, 1964).

21 I am grateful to Serena Quagliaroli for suggesting this hypothesis. About San Luigi dei Francesi see below with bibliography.

22 M. Fratarcangeli, G. Lerza, *Architetti e maestranze lombarde a Roma (1590–1667). Tensioni e nuovi esiti formative* (Pescara, 2009, p. 241).

23 S. Kummer, *Anfänge und Ausbreitung der Stuckdekoration im Römischen Kirchenraum (1500–1600)* (Tübingen, 1987, p. 116); C. Barbieri, S. Barchiesi, D. Ferrara, *Santa Maria in Vallicella. Chiesa Nuova* (Rome, 1995).

24 Archivio della Congregazione dell'Oratorio di Roma (hereafter ACOR), C I 24, f. 46v.

25 Ibid.

26 Ibid., ff. 69v, 73r, 80v. Matteo da Castello also sporadically supplied materials for the stucco (ibid., f. 47v). Other materials, such as nails, wire and lime, are mentioned in the accounts, but these could have been used for other works at the site (ibid., ff. 73r, 75r, 76r/v). It is possible, though somewhat uncertain, to identify Giovanni Cola with Giovanni Cola di Franco, who would later work in Naples (S. Savarese, *Francesco Grimaldi e l'architettura della Controriforma a Napoli* [Rome, 1986, pp. 116–26]).

27 A *scorzo* is a kind of little *bigoncio*, or 'tub', called *bigonsetto*. G. Valadier, *L'Architettura pratica dettata nella scuola e cattedra dell'insigne Accademia di San Luca*, (Rome, 1828–39, III, p. 164).

28 See below.

29 See ACOR, C I 24, ff. 109v, 115v, 116 r, 126v.

30 Ibid., f. 76r. On Raffaello, see below, part 3.

31 ACOR, C I 24, f. 126v.

32 This procedure, which is very common in architectural construction sites, in this case is explicit in only one documentary mention: 'Ma.ro Dom.co di conto de avere adi 3 di febraro 1577 scudi centosettantuno b. 60 di m.ta sono per la stuccatura detta cornice misurata da m.ro Matteo Bartolini per essere canne ventisei a scudi sei et b. sei la canna come apare per il conto' ACOR, C I 24, f. 110r.

33 Ibid., f. 116r.

34 Ibid., f. 75r.

35 Ibid., ff. 45v-46r/v.

36 Ibid., f. 8r; see also J. Hess, 'Contributi alla storia della Chiesa Nuova (S. Maria in Vallicella)', in Id., *Kunstgeschichtliche Studien zu Reinssance und Barock*, 2 vols. (Rome, 1967, I, pp. 353–82, p. 357).

37 Barbieri, Barchiesi, Ferrara (op. cit. note 23), pp. 22–4; A. Bianco, 'La Chiesa Nuova prima del Giubileo 1575', in G.S. Ghia (ed.), *La Salvazione Umana. Il ciclo della Chiesa Nuova in cerca di un mecenate* (Rome, 2018), p. 72 note 39, with bibliography.

38 G. Incisa della Rocchetta, 'Un dialogo del P. Virgilio Spada sulla fabbrica dei Filippini', *Archivio della Società Romana di Storia Patria* 90 (1967 [1968], pp. 165–211, p. 172).

39 Hess (op. cit. note 36), p. 358, n. 10; P. Fuhring, 'Valérien Regnart and the representation of architecture in early seventeenth century Rome', in E. Leuschner (ed.), *Ein privilegierts Medium und die Bildkulturen Europas. Römischen Studien der Bibliotheca Hertziana* 32 (2012, 4, pp. 257–77).

40 After the demolition, the new patron of the chapel, Diego del Campo, gave the painting to the painter Egidio della Riviera, as part of the fee for the new painting. Cf. V. Segreto, 'La cappella dello Spirito Santo in S. Maria in Vallicella: documenti e note', *Studi romani* 41 (1994 [1993], pp. 278–96, p. 283).

41 Segreto (op. cit. note 40), ASR, Fondo Spada Veralli, b. 496 [unnumbered sheets].

42 Kummer (op. cit. note 23), pp. 223–67.

43 On the church see S. Roberto, *San Luigi dei Francesi. La fabbrica di una chiesa nazionale nella Roma del '500* (Rome, 2005).

44 Ibid., pp. 71, 81.

45 From 1560, Galvani was employed at Tivoli with the title of *architetto* at a monthly salary of six *scudi*; around 1569, he also designed the architectural grotto of the Fountain of the Emperors; see D.R. Coffin, *The Villa d'Este at Tivoli* (Princeton, 1960, pp. 23, 93–4, 101).

46 Raffaello was employed at Tivoli between 1566 and 1570: together with the stonecutter Biasiotto, he provided a central court for the Villa, refurbishing the cloister of the previous monastery with a classical travertine arcade on three sides. They also carved stone windows, door frames, and chimney pieces inside the apartments and erected a two-story loggia at the centre of the northwest side of the Villa overlooking the gardens. Raffaello worked on the Fountain of the Owl, the Fountain of the Emperors and the Oval Fountain; see Coffin (op. cit. note 45), pp. 9–11, 22–3, 29–30. In 1579, Raphael executed the floor of the apsidal area of San Luigi dei Francesi within the transformations supervised by Fontana; see Roberto (op. cit. note 43), p. 123.

47 Quagliaroli, Spoltore (op. cit. note 1); M.F. Nicoletti, 'Della Trasportatione dell'obelisco Vaticano: dal manoscritto al trattato di Domenico Fontana. Il frammento inedito della Biblioteca Nazionale Centrale di Firenze', in N. Navone, L. Tedeschi, P. Tosini (eds.), *Le 'invenzioni di tante opere'. Domenico Fontana (1543–1607) e i suoi cantieri* (Rome, 2022, pp. 263–90, p. 289 note 88). Regarding Fontana inside the Vallicella worksite, see part 2 above.

48 ASR, Camerale I, Fabbriche, 1521, ff. 111r, 113v, 115v, 116v, 120v, 122r, 132r.

49 See E. Lamouche, 'La cappella Gregoriana nella basilica vaticana: il cantiere della decorazione attraverso i documenti della Tesoreria Segreta pontificia (1578–1584)', in Nicoletti, Verde (op. cit. note 3), pp. 23–45, p. 45).

50 A. Bertolotti, *Nuovi documenti intorno all'architetto Antonio da Sangallo (il Giovane) ed alla sua famiglia*, (Rome 1892, p. 20).

51 See Roberto (op. cit. note 43), p. 87.

52 The archival documentation is preserved at the Archives de Pieux Etablissements de la France à Rome et Lorette, in Rome (APEFRL). The author would like to express her gratitude to the Archive administrators and to Michela Berti for her valuable help during the research.

53 APEFRL, Liasse 38, Fasc. I (unnumbered sheets); mentioned in Roberto (op. cit. note 43), p. 239. The document is signed by Giovanni Pietro Perlasca from Lugano, Fontana's brother-in-law (Perlasca was married to Fontana's sister, Elisabetta), who also worked on the worksite of San Luigi dei Francesi as an '*imbiancatore*', 'whitewasher'.

54 APEFRL, Liasse 38, Fasc. II; mentioned in Roberto (op. cit. note 43), p. 240.

55 For example, he is recorded as *capomastro della fabbrica* on 24 October 1578: APEFRL, Liasse 38, fasc. III.

56 Ibid., Liasse 39, fasc. II.

57 For instance, on 28 May 1578 from Tivoli, the transport being supervised by Fontana's nephew Bastiano; on 20 September 1578 from Botteghe Oscure: ibid., fasc. I.

58 Ibid., Reg. 101, f. 78r. Mentioned, with some uncertainty regarding the name Benedetto/Bernardo, in Roberto (op. cit. note 45), pp. 101, 227. This artist could with difficulty be identified as Benedetto Bramanti (see his biography in Antoni, Hermanin in Di Sante [op. cit. note 13]), but rather more likely as the stuccatore Benedetto Ricci from Romena (located between Florence and Arezzo), who worked in the Gregorian Chapel in St Peter's between 1578 and 1579 (see Lamouche [op. cit. note 49], pp. 37, 42 note 78) and in Sant'Atanasio dei Greci in 1584 (P. Hoffmann [ed.], *Guide rionali di Roma. Rione IV. Campo Marzio, parte III* [Rome, 1981]; Quagliaroli [op. cit. note 1], p. 97 note 56); or he might be someone not otherwise documented.

59 APEFRL, Liasse 38, fasc. I; mentioned in Roberto (op. cit. note 43), p. 239.

60 APEFRL, Liasse 38, fasc. I.

61 On Stefano Fuccari, see M. Pupillo, s.v. 'Fuccari, Stefano', in *Dizionario biografico degli Italiani* (Rome, 1998, 50, pp. 668–69); Id., 'Ancora su Stefano Fuccari. La carriera di uno stuccatore trentino a Roma tra Cinque e Seicento: documenti e considerazioni', in L. Dal Prà, L. Giacomelli, A. Spiriti (eds.), *Passaggi a nord-est: gli stuccatori dei laghi lombardi tra arte, tecnica e restauro*, conference proceedings (Trent, 2011, pp. 133–43); A. Pampalone, 'Lo stuccatore Stefano Fuccari: ipotesi, precisazioni e aggiunte', in A. Vannugli (ed.), Amica veritas. *Studi di storia dell'arte in onore di Claudio Strinati*, (Rome, 2020, pp. 329–41).

62 APEFRL, Liasse 38, fasc. II; mentioned also in Roberto (op. cit. note 43), p. 239.

63 On Sixtus V as a patron, see M.L. Madonna (ed.), *Roma di Sisto V. Le arti e la cultura*, (Rome, 1993). Regarding the chapel's construction history, see K. Schwager, 'Zur Bautätigkeit Sixtus V. an S. Maria Maggiore in Rom', *Miscellanea Bibliothecae Hertzianae* (1961, pp. 324–54); H. Ost, *Die Cappella Sistina in Santa Maria Maggiore*, in G. Bandmann *et al.* (eds.), *Kunst als Bedeutungsträger: Gedenkschrift für Günter Bandmann* (Berlin, 1978, pp. 279–303); for a further analysis, see S. Ostrow, *Art and Spirituality in Counter-Reformation Rome: the Sistine and Pauline Chapels in S. Maria Maggiore* (Cambridge, 1996, pp. 23–62). Maria Felicia Nicoletti has recently studied the entire worksite (op. cit. note 3).

64 See ibid., pp. 163–64.

65 F. Bellini, *L'organismo cupolato della cappella Sistina in Santa Maria Maggiore*, in G. Curcio, N. Navone, S. Villari (eds.), *Studi su Domenico Fontana, 1543–1607*, conference proceedings (Mendrisio, 2011, pp. 105–25, p. 106).

66 Archivio Apostolico Vaticano (hereafter AAV), A.A., Arm. B, Libro 7.

67 Ibid., f. 10r: 'Pel egetto stuccatura del sottarco grande di stucco dove si entra nella cappella nel muro della faccia con 9 sfondati 5 grandi e 4 piccoli con una stampa attorno [...] con 4 figurette di basso rilievo con 4 teste di cherubini con lettere epitaffio Sistus V P. M. longhezza braccia 28 di vano larghezza 5 stimati ogni cosa insieme _ scudi 22.'

68 Ibid., f. 14r: 'Pel bozzo e stuccatura di 3 ovati con chiodi filo di rame dove sonno le figure grandi sotto detti arconi longhi luno intorno palmi 37 larghi 1 1/4 tutti 3 insieme con 3 stampe grandi con fascia _ scudi 30. Pel 6 conchiglie e 12 cantucci e suoi fogliami arabeschi con sue mascare di leone che fanno hornamento attorno detti 3 ovati sotto a dette volte insieme stimati _ scudi 60. Per 12 festoni interi con 12 mazzi che fanno 1/2 festostone [sic] che scappano di dette conchiglie con suoi svollazzi accanto dette mascare tutti fatti con suoi sbozzi chiodi filo di rame e stimati tutti insieme _ scudi 54'.

69 Ibid.: 'Per 12 figure fatte sopra li frontespitii sopra li quadri grandi sotto dette volte al luno palmi 10 con sue ale et hornamenti attorno et in mano stimati insieme _ scudi 144'.

70 Ibid.: 'Pel egetto e stuccatura di 6 frontespitii sopra li quadri grandi nella volta dove sonno sopra le suddette figure longhe luno palmi 8 di egetto palmi 1 con stampe et una gola e gocciolatoio et ovato con fogliami nel timpano con chiodi e filo di rame stimati insieme _ scudi 18'2'.

71 Ibid., f. 16v: 'per il bozzo stuccatura chiodi filo di rame che fanno gli 8 festoni attorno al giro della cappella incima alla cupola con suoi volazzi di tutto tondo stimati _ scudi 24. Per numero 8 angeli ignudi che stanno a cavallo a detti festoni di tutto rilievo con le ale alti luno palmi 6 stimati insieme _ scudi 40'.

72 Ibid., f. 14v: 'Per le 4 figure che stanno impiedi nelli 4 anguli delle arconi che mostrano di reggiere le cartelle e fanno ornamento vestita al luna palmi 11 con sua base sotto alta palmi 1 1/2 larga 2 3/4 di mattoni stuccate ornate insieme stimate _ scudi 60.'

73 Several studies focused on these two artists and their role within Fontana's worksites, see at least L. Spezzaferro, 'Il recupero del Rinascimento', in *Storia dell'arte italiana. VI.1. Cinquecento e Seicento* (Turin, 1981, pp. 185–274, pp. 202–3); Zuccari (op. cit. note 8); M. Bevilacqua, 'L'organizzazione dei cantieri pittorici sistini: note sul rapporto tra botteghe e committenza', in Madonna (op. cit. note 63), pp. 35–46; Eitel-Porter (op. cit. note 9); Pierguidi (op. cit. note 6); P. Tosini, *Progettualità e modelli per la pittura nei cantieri romani di Domenico Fontana: nuove acquisizioni*, in Navone, Tedeschi, Tosini (op. cit. note 1), pp. 49-70.

74 Baglione (op. cit. note 4), I, p. 339.

75 AAV, A.A., Arm. B, Libro 7, f. 94r. Their work was initially valued at 6,214 scudi and later reduced to 5,700, but the two painters declared themselves satisfied, nonetheless.

76 On the Lateran, see C. Pietrangeli (ed.), *Il Palazzo Apostolico Lateranense* (Florence, 1991); C. Mandel, *Sixtus V and the Lateran Palace* (Rome, 1994); A. Ippoliti, *Il Palazzo Apostolico del Laterano* (Rome, 2008). On 30 May 1589, the pope officially inaugurated the

new palace (ibid., p. 19 note 62).

77 See Ippoliti (op. cit. note 76), p. 18.

78 AAV, A.A, ARM B 18, f. 117r.

79 Nicoletti (op. cit. note 3), p. 172. AAV, A.A., Arm. B, 18, f. 12r.

80 Ibid., f. 73v: 'Per l'hornamento attorno alli 17 quadri sotto la volta sopra detta cappella imp?li cinque quadri grandi hanno numero 5 stampe per uno et li quadri delle cantonate ne hanno 3 intagliati et nelli cantonati di detta volta vi sonno 4 imprese di Nostro Signore con 8 festoni et suoi legacci con 4 carubini nelle cantonate et soi ali et numero 8 cartellette et numero 4 teste di metusa nelle cantonate delli quadri con diversi risalti et orecchie et nelle altre 4 cartellette Monti con le corone stimati insieme _ scudi 148'.

81 Ibid., f. 74r: 'Per l'agetto et stuccatura che fa l'hornamento di stucco attorno alli quadri depinti più il quadro di mezzo con 4 quadri accanto nelle facce con diversi risalti con 4 ovati nelle cantonate con 2 quadretti sopra li quadri grandi tra lun quadro et latro con 4 teste di carubini nelle cantonate con 6 stampe attorno a tutti li detti quadri intagliati con 2 paternostri un archetto doi ovoli et un guscio stimati insieme ogni cosa _ scudi 218'.

82 Ibid., f. 75r: 'Per lagetto e stuccatura dell'hornamento attorno alli cinque quadri in detta volta sopra detta stanza li quattro quadri anno ognuno di loro 3 mezzi tondi nelle facciate con li risalti con li risalti [sic] che fanno [...] quali hanno ognuno di loro numero 6 stampe 2 paternostri un archetto 2 foglie un gusgio un fogliame lavorato a mano attorno a detti quattro quadri fra luna stampa et laltra con numero 16 mascari di leone et monti et stelle con 4 figurine nelle 4 cantonate con laltri hornamenti insieme stimati_ scudi 217'.

83 Ibid., f. 100r: 'Per legetto stuccatura et bozzatura di numero 28 termini che stanno attorno detto cortile che reggono la cornice con un capitello sopra composito con un mascherone et suoi panni fatti ad uso di termini con sue scannellature sotto con 2 membretti et sua basa et zoccolo sotto il muro et stuccatura di marmoro ogni cosa insieme alta luno palmi 26 larga palmi 3 1/2 stimati insieme tutti 28 _ scudi 420'. Regarding the travertine stucco, see the following examples: f. 66v: 'Per la stuccatura di detti [contropilastri] di polvere di trevertino et pilastri sotto larco nella grossezza del muro che esce su la loggia longa insieme 842 alta palmi 823 [...] _ scudi 5,92'; f. 102r: 'per l'agetto et stuccatura di n. 28 archi intavolati sotto a detta cornice Dorica longa per tutte 4 le facce palmi 756 stesi con il dritto alto palmi 1 1/4 con una gola et bastoncino stuccati di polvere di travertino _ scudi 75,60'.

84 Ibid., ff. 192r–93r.

85 Ibid., ff. 204r–10r.

86 Ibid., f. 208r. On Matteo Neroni, see S. De Mieri, s.v. 'Neroni, Matteo', in *Dizionario biografico degli Italiani* (Rome, 2013, 78, pp. 286–87). Adriano Rainaldi from Norcia, painter, gilder and architect was the father of the architect Girolamo; about him, see I. Salvagni, *Da 'Universitas' ad 'Academia'. La corporazione dei Pittori nella chiesa di san Luca a Roma 1478–1588*, (Rome, 2012, pp. 110, 137, 139–41, 149–50, 155–58); regarding his presence at San Luigi dei Francesi between 1577 and 1594, see Roberto (op. cit. note 43), pp. 121, 190–91. The other *periti* were the painters 'Giovanni Capitio' (Ivan Gapić; see L. Borić, 'A Forgotten "Schiavone": A Reconstruction of the Artistic Profile of Ivan Gapić (Giovanni da Cherso), Vasari's "assai buon maestro delle grottesche"', in G. Capriotti, F. Coltrinari, J. Gudelj (eds.), *Visualizing Past in a Foreign Country: Schiavoni/Illyrian Confraternities and Colleges in Early Modern Italy in Comparative Perspective. Il Capitale culturale. Studies on the Value of Cultural Heritage*. Supplement [2018, no. 7, pp. 119–36]) and Jacopo Rocchetti (also known as Giacomo Rocca; see L. Sickel, 'Die Fresken in der 'Galleria' des Palazzo Sacchetti: Jacopo Rocchetti und Michele Alberti reproduzieren Entwürfe ihrer Lehrer Michelangelo und Daniele da Volterra für die Bankiersfamilie Ceuli', *Römisches Jahrbuch der Bibliotheca Hertziana* 41 [2013–14 (2017), pp. 293–322]), and the painter and architect Tommaso Laureti (see M. Grasso, s.v. 'Laureti, Tommaso', in *Dizionario biografico degli Italiani*, (Rome, 1998, 64, pp. 84–8).

87 On the Pauline Chapel in Santa Maria Maggiore, see Ostrow (op. cit. note 63), pp. 138–42; on Buonvicino's sculptures, see M.C. Dorati da Empoli, 'Gli scultori della Cappella Paolina in Santa Maria Maggiore', *Commentari* 18 (1967, pp. 231–60, p. 249).

88 On Perino, see B. Agosti, S. Ginzburg (eds.), *Perino del Vaga per Michelangelo. La spalliera del 'Giudizio universale' nella Galleria Spada* (Rome, 2021); on Daniele: V. Romani (ed.), *Daniele da Volterra amico di Michelangelo*, exh. cat. (Florence, 2003); on Mazzoni: S. Quagliaroli, *Colore, stucco, marmo nel Cinquecento. Il percorso di Giulio Mazzoni* (Rome, 2022).

«Cartellami, camei, grotteschi, e altri simili stravaganze»: protagonisti e modalità della diffusione della decorazione in stucco a Genova tra XVI e XVII secolo

Roberto Santamaria

Il ruolo rivestito da Genova nell'arte dello stucco in Italia e i risvolti, anche internazionali, che alla fine del secolo XVII maturarono in seno alle maestranze dei Laghi da secoli attive nella città ligure, contribuendo così alla nascita e alla diffusione del gusto della plastica tardo barocca e rococò, sono fatti ormai assodati.[1] Al contrario, le origini e lo sviluppo di questa espressione artistica in ambito genovese sono temi ancora molto lacunosi che peraltro stanno suscitando un interesse sempre più crescente.[2] Anche il presente lavoro, che certo non colmerà queste lacune, si inserisce in tale contesto e, seguendo le tracce lasciate dai documenti d'archivio, alcuni noti ma riletti con più attenzione e altri inediti, tenta di mettere a fuoco le sfuggenti maestranze che tra la seconda metà del secolo XVI e il primo ventennio del XVII si muovono nell'orbita di artisti più affermati, oltre a chiarire le modalità del loro inserimento nei cantieri, perlopiù gestiti da architetti e pittori, nei quali il disegno progettuale costituisce un elemento primario e irrinunciabile per gli stuccatori.

La scarsa conoscenza dell'arte plastica genovese di questo periodo dipende molto dagli ancora imprecisati contorni che riguardano i suoi protagonisti. Al di là delle note e ben caratterizzate personalità provenienti da fuori Genova che introducono questa tecnica in città e sulle quali si tornerà a breve, occorre sottolineare l'assenza di una specifica «arte» degli stuccatori locali che invece sarebbe del tutto coerente in una società, come quella genovese di epoca moderna, connotata da una forte settorializzazione del lavoro alla quale, quasi di norma, corrispondono specifiche corporazioni di mestiere.[3] L'attività dello stuccatore, essenzialmente decorativa ma fortemente legata al costruire, resta così a metà strada tra i muratori e gli scultori del marmo, due arti – non a caso – in origine unite e poi separatesi nel 1599 dopo un lungo e tortuoso percorso, chiarito con esattezza solo di recente.[4] Tuttavia, la realizzazione di un nutrito numero di opere cinquecentesche in stucco, in buona parte distrutte ma ricordate dalle fonti, è chiaro indizio di un fenomeno che rivestì una notevole importanza nelle vicende artistiche genovesi e che attende ancora una sua più consona collocazione, sia come movimento autonomo sia come anello di congiunzione e di dialogo con l'architettura e la pittura.

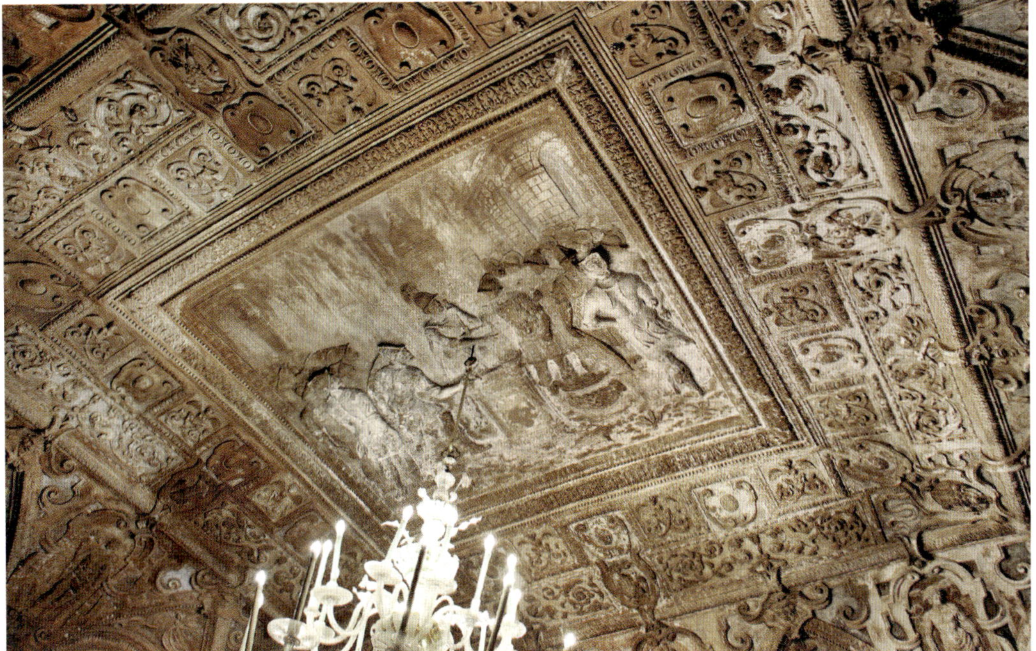

fig. 1
Marcello Sparzo, sala del Tributo di Brenno, *post* 1586. Genova, villa del Principe.

Raffaele Soprani, nelle fondamentali biografie degli artisti operanti a Genova fino ai suoi tempi, tra le maestranze dedite a questa attività cita solo l'urbinate Marcello Sparzo (?-*post* 1619), «solitario per tal magistero, si come l'operare di stucco (così 'l dicevano infin da que' giorni) incominci e finisca con lui».[5] Sparzo a Genova lavora anche a villa del Principe, la dimora extraurbana di Andrea Doria (1466-1560) che costituisce la culla dell'arte dello stucco in ambito genovese (**fig. 1**).[6] Infatti, essa muove i suoi primi passi proprio nella villa del sobborgo di Fassolo dove l'antica tecnica, da poco riscoperta nella *Domus Aurea* e reintrodotta nelle logge Vaticane da Giovanni da Udine (1487-1564),[7] viene importata da Perin del Vaga (1501-1547) e messa in atto grazie al collaudato sistema operativo romano di derivazione raffaellesca, un fatto che determina enormi conseguenze sulle maestranze locali, e in particolare – come si vedrà in seguito – su quelle di origine ceresiana.

Tale contesto costituì l'*humus* per dare vita a una fertile stagione artistica nella quale lo stucco entra in dialogo o, a seconda dei casi, in competizione con la decorazione ad affresco (ma talvolta anche con quella in marmo), un'età aurea testimoniata dalle splendide facciate dei palazzi Spinola Pessagno in salita Santa Caterina,[8] Lomellino in Strada Nuova (**fig. 2**)[9] e Imperiale a Campetto.[10] Questi edifici si rifanno a illustri esempi della cultura romana rinascimentale affondanti le loro radici nella classicità, come palazzo Branconio dell'Aquila (1520 circa), casa Crivelli (1538-1539) o palazzo Capodiferro Spada (1549-1550),[11] ma sono anche concettualmente e tecnicamente vicini all'uso estensivo dello stucco, caratterizzato da elementi fortemente in rilievo e aggettanti assimilabili a veri e propri brani scultorei, che viene messo in atto nella galleria del castello di Fontainebleau (**fig. 3**), dove – al pari di Genova – trovano riparo

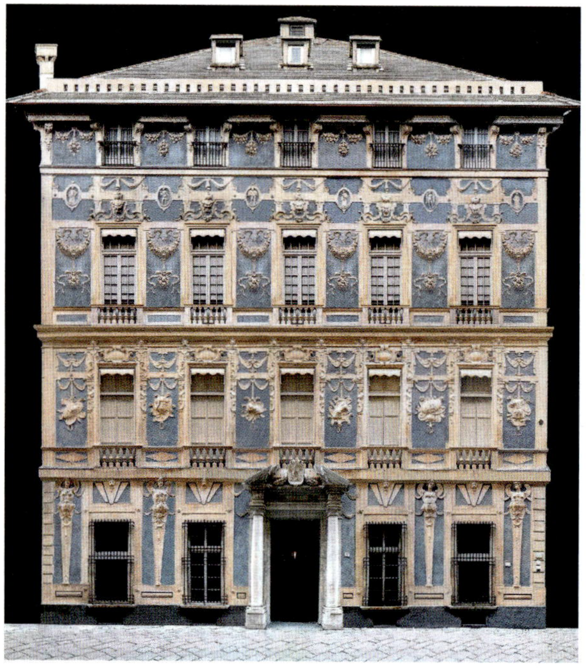

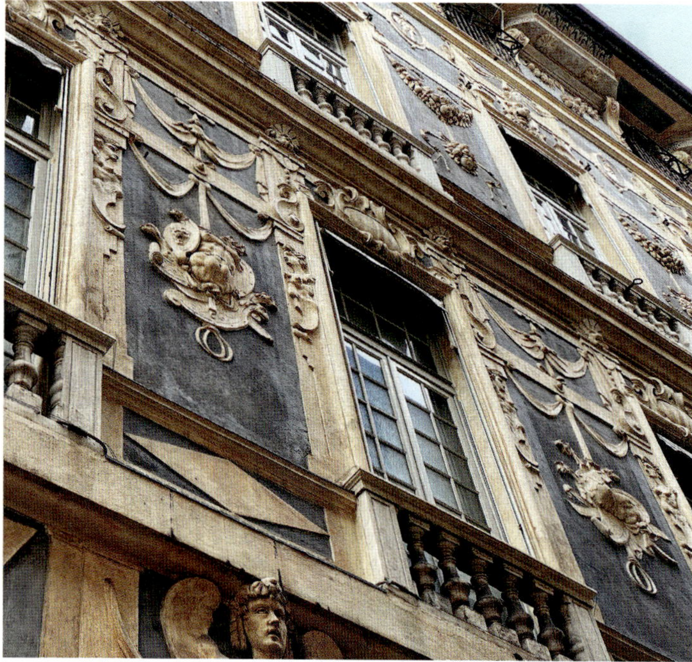

fig. 2
Marcello Sparzo, facciata del palazzo di Nicolosio Lomellino, inizio del XVII secolo. Genova, Strada Nuova.

artisti in fuga da Roma dopo il Sacco del 1527, e nella quale sono perfezionati accorgimenti materici e strutturali che probabilmente nella città ligure potevano essere compresi e adottati senza grossi problemi.[12] Il recepimento attraverso la circolazione delle stampe di questi modelli da parte delle maestranze locali e la loro proposta alla nobiltà genovese, evidentemente attenta non solo alle questioni economiche,[13] determinò una serie di committenze che, per numero e qualità, pone Genova tra i più importanti centri italiani dello stucco nella seconda metà del secolo XVI.[14]

La precedente citazione di Soprani stride con la ricordata proliferazione di opere che dai prospetti esterni si allarga agli interni di edifici religiosi come San Matteo[15] e San Rocco di Granarolo,[16] ma è sintomatica della tipicità delle maestranze dedite alla lavorazione dello stucco, quantomeno nella sua prima stagione genovese, quella appunto cinquecentesca, il cui preminente inserimento nell'attività di cantieri coordinati da architetti o pittori di fatto preclude loro la possibilità di emergere e di distinguersi. Infatti, Federigo Alizeri, il principale storiografo ligure ottocentesco, forte di instancabili ricerche tra gli atti dei notai genovesi, al nome di Sparzo aggiunge quelli di altri stuccatori attivi a Genova, tutti – non a caso – rimasti nel cono d'ombra degli architetti o dei pittori. Così come avvenuto per muratori e scalpellini, buona parte degli stuccatori ricordati dalle fonti sono eredi dei *magistri antelami* di provenienza luganese,[17] ma in questo ambito riescono comunque a emergere almeno due personalità il cui cognome rimanda chiaramente a un'origine genovese. Il primo è Oberto Piccardo fu Agostino, che nel 1551 lavora per un importante committente come Adamo Centurione (1486 circa-1568) nella ora scomparsa chiesa di Santa Maria degli Angeli, dove «offerse disegni suoi proprj»[18] a un supervisore d'eccezione, Galeazzo

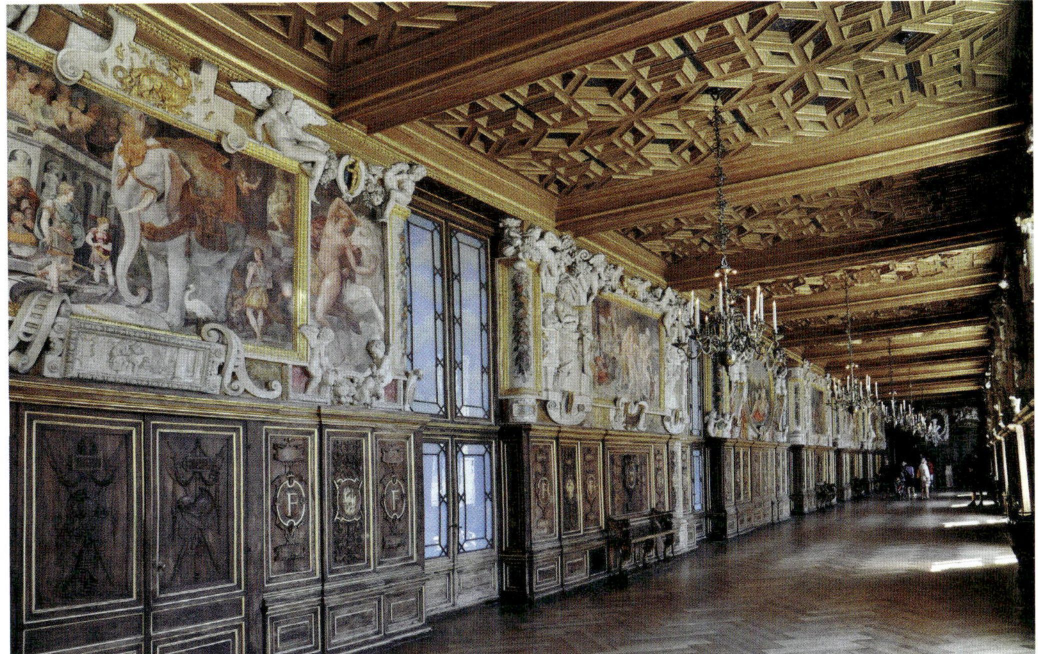

fig. 3
Château de Fontainebleau, Galleria di Francesco I, *ante* 1563.

Alessi (1512-1572), il che presuppone uno stretto legame del potente banchiere con l'architetto perugino. Soprattutto interessante è poi la figura di Stefano Storace fu Bartolomeo, secondo Alizeri «del tutto ignorato dal Soprani» e dal 1594 in poi fedele collaboratore di Sparzo, tanto che «ben poco Marcello senza il consorzio o l'aiuto dell'altro» fece a Genova e, almeno in un caso, fuori Liguria.[19] Per delineare la fisionomia professionale di Storace può essere utile notare come egli si formi nell'ambiente dei *magistri antelami* cui apparteneva il padre, Bartolomeo, che nel 1564 troviamo impiegato con questa specifica professionale in una villa di Genova Pegli per lavori giudicati dall'architetto Giovanni Ponzello.[20] Ma è più significativo il fatto che in entrambi i casi ricordati da Alizeri l'attività dei due stuccatori genovesi sia legata, o meglio subordinata, a personaggi forestieri di più alto profilo come Alessi e Sparzo, quasi a stabilire una gerarchia che relega gli stuccatori, e nello specifico quelli locali, nelle retrovie.

Proprio Alessi fu un importante propagatore della moda dello stucco a Genova, sia pure in forme diverse rispetto alla scuola di Perino.[21] Alessi, infatti, instaura un proficuo rapporto di collaborazione con le maestranze attive a Genova, in particolare quelle di provenienza ceresiana.[22] Ciò avviene in una fase nella quale le novità nella decorazione plastica, introdotte da Perino vent'anni prima, sono state assimilate e declinate dagli stuccatori locali in una maniera certo meno raffinata ma largamente diffusa, in ragione del moltiplicarsi dei cantieri che si verifica in città a metà secolo, quando viene aperta Strada Nuova,[23] il cui avanzamento è possibile grazie anche alla formazione di dinamiche società tra più soggetti che consentono di potere lavorare con celerità in fabbriche molto impegnative, spesso simultanee. A Genova questa

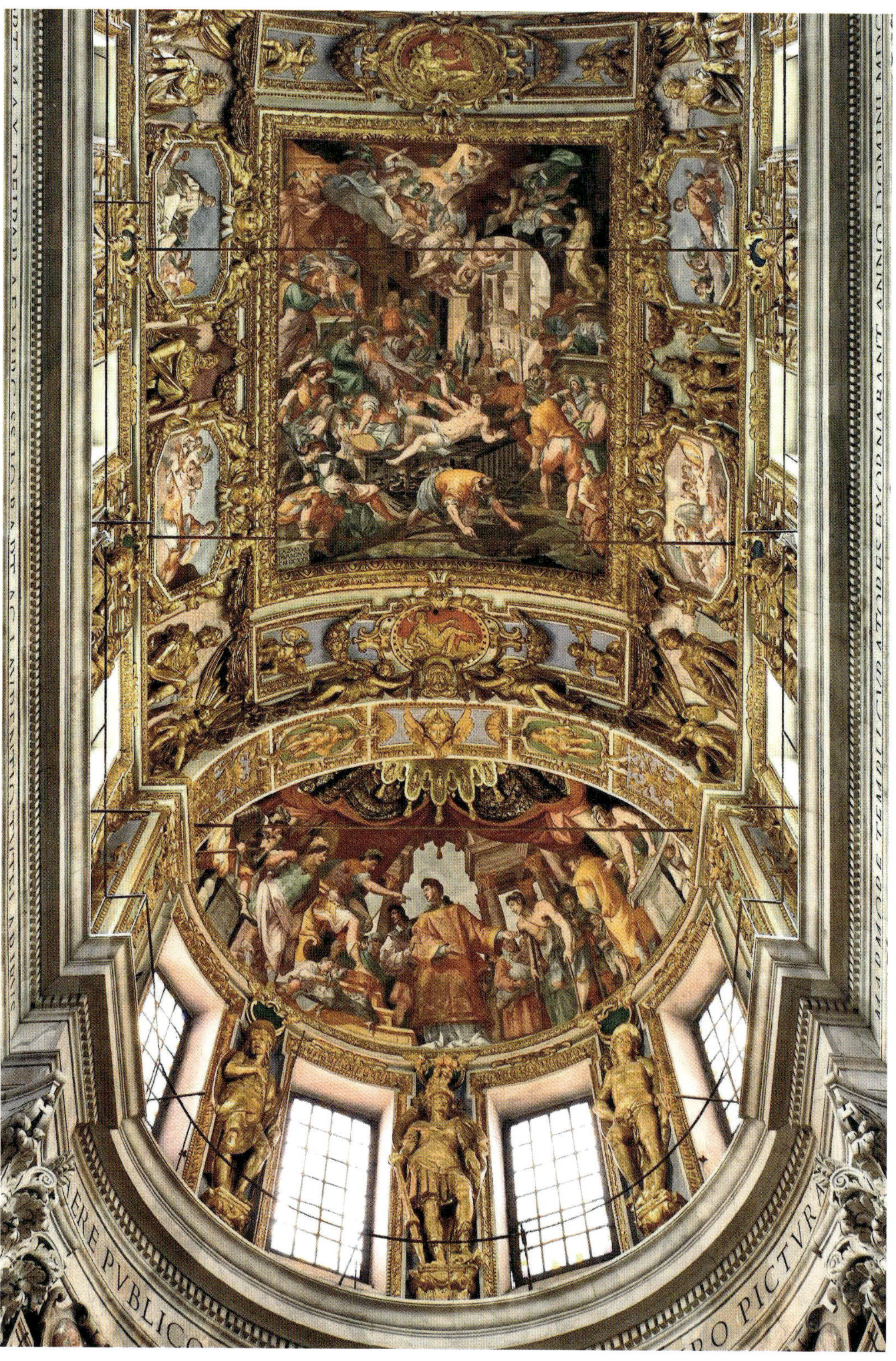

fig. 4
Marcello Sparzo, Antonio e Francesco Casella, decorazione a stucco, *post* 1619. Genova, cattedrale di San Lorenzo, catino absidale.

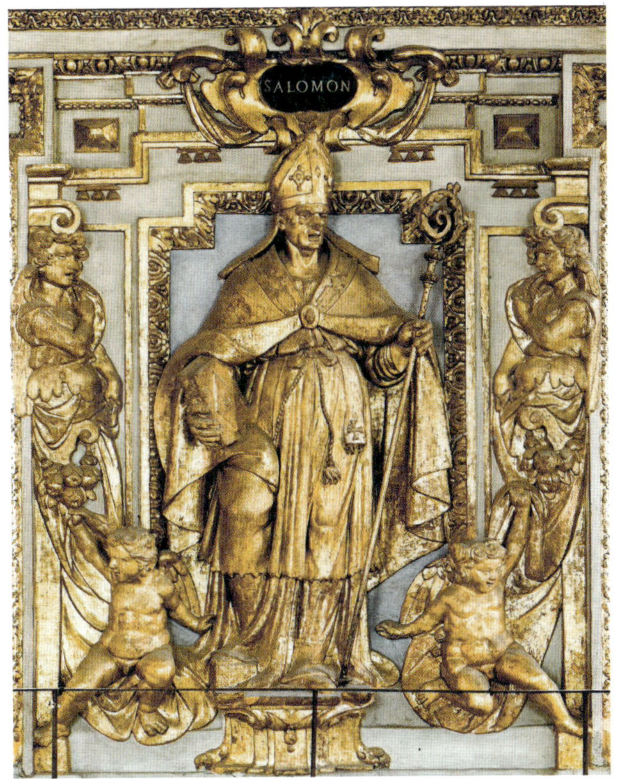

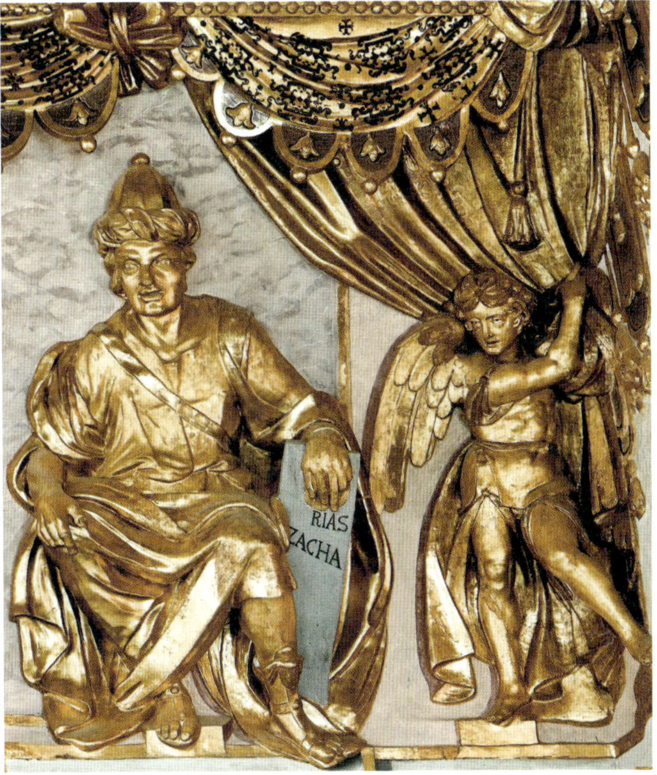

figg. 5-6
Marcello Sparzo, *San Salomone* e *San Zaccaria*, *post* 1619. Genova, cattedrale di San Lorenzo, tribuna absidale.

forma organizzativa è comunque una prassi che coinvolge, per esempio, anche i marmorari,[24] e che Sparzo adotta nel suo soggiorno genovese almeno in un'altra occasione, cioè quando realizza insieme ad Antonio Casella fu Ambrogio un'inedita opera che vede l'urbinate ancora vivente e soprattutto attivo in città allo scadere del secondo decennio del Seicento.[25] La sede è la più prestigiosa possibile: la cattedrale di San Lorenzo, della quale gli «Illustrissimos Dominos Deputatos fabricae Sancti Laurentij Genuae intendunt exornari, facere stuco chorum dicte ecclesie» (fig. 4).[26] Ne dà conto una carta notarile del 1619 che non è un atto di committenza, ma la ratifica della decisione di Sparzo e Casella di effettuare, «pro maiori perfectione operis», una «recognitio» sui luoghi per stabilire la spartizione dei lavori allora deliberati dalla Fabbrica del duomo. Il documento è cronologicamente coerente con l'intervento di decorazione del coro di San Lorenzo concluso nel 1624, anno che compare nel fregio del cornicione, e, ancora di più, con l'affresco centrale con il *Martirio di san Lorenzo* datato 1622 dal suo autore, Lazzaro Tavarone (1556-1641), il quale secondo Alizeri «inventò e disegnò gli ornamenti di plastica posti a decorare le medaglie».[27] I due disegni preliminari di Tavarone, che sono stati messi in relazione con la decorazione del presbiterio della cattedrale genovese,[28] potrebbero quindi costituire parte del materiale messo a disposizione di Sparzo e Casella per realizzare attorno agli affreschi questo articolato apparato di elementi decorativi e figurativi in stucco, esaltati da una ricchissima finitura a oro e connotati da modalità stilistiche differenti.

fig. 7
Antonio Casella,
San Giovanni Battista,
1626. Genova, San Pietro
in Banchi.

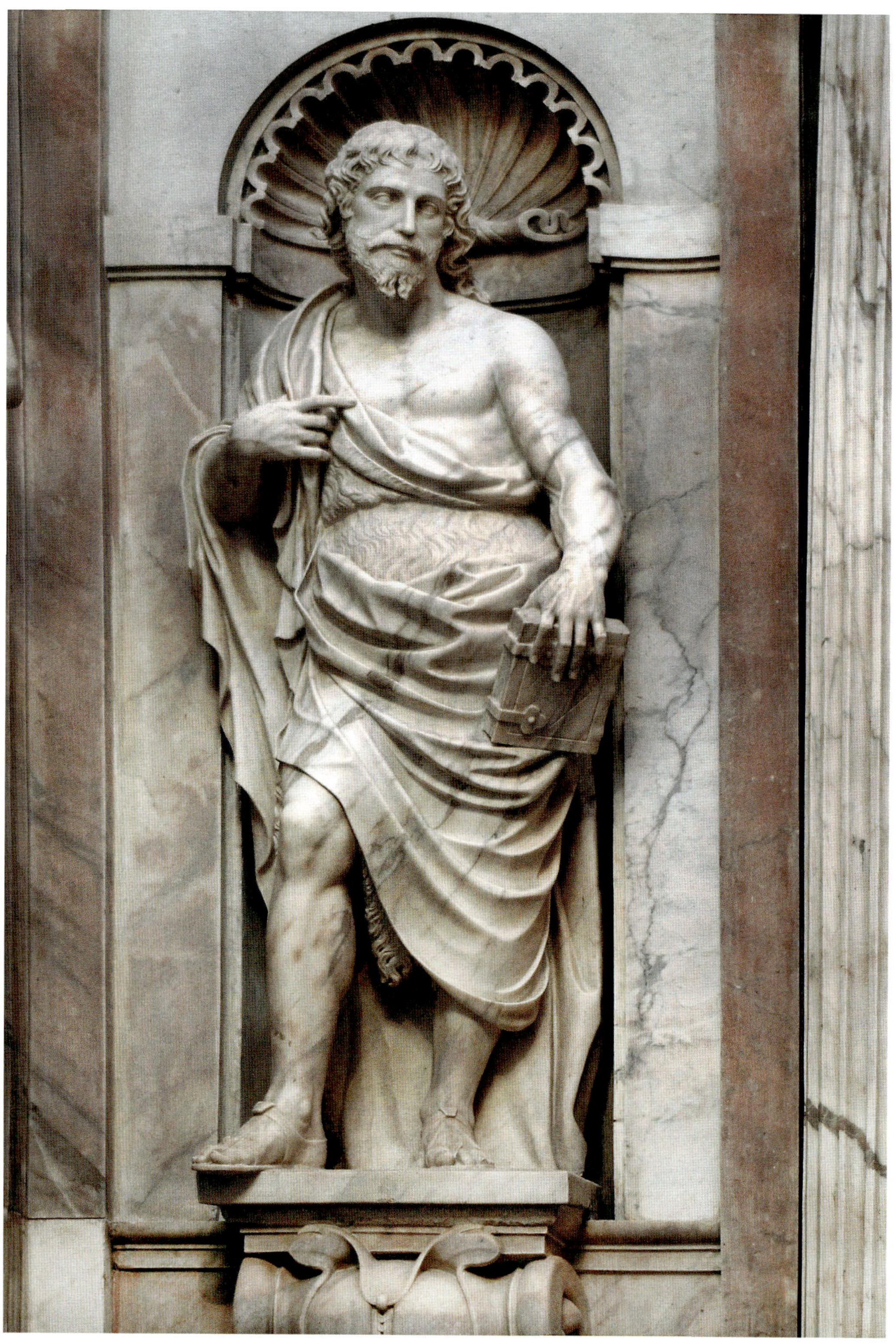

Coerenti con le note capacità di Sparzo di plasmare su ampia scala appaiono i grandi santi e profeti del catino absidale (figg. 5-6). Ma alcune figure minori e il complessivo apparato decorativo rimandano ad altra mano. Lo suggerisce anche il documento del 1619 che non manca di rivelare come Casella, tra le clausole dell'accordo col socio, proponga l'ingaggio di suo fratello Francesco «pro coadiutore usque ad finem operis», attribuendogli una paga da stabilirsi d'intesa con Sparzo entro quindici giorni dall'inizio dei lavori.

Qualche anno dopo questo impegno, i due fratelli risultano indipendenti e attivi nella chiesa di San Pietro in Banchi, dove in precedenza avevano lavorato Sparzo e Storace.[29] Nel 1626 troviamo così i Casella impiegati nel cantiere della cappella dell'Immacolata Concezione, monumentale *ex voto* eretto dalla Repubblica genovese dopo la pestilenza del 1579, gestito allora dal più importante impresario edile della città tra Cinque e Seicento, Daniele Casella (1556 circa-1646), un altro caronese, probabilmente loro parente.[30] Subentrando nel 1583-1584 a Taddeo Carlone (1543-1615) nella conduzione del cantiere, Daniele vi attiva il tipico *modus operandi* delle botteghe ceresiane attive a Genova da secoli, i cui cardini sono costituiti dal clan familiare e dalla corporazione di mestiere.[31] In tale contesto egli chiama Antonio Casella a eseguire tre statue marmoree,[32] il cui atteggiamento posato e classicheggiante sembra rimandare ai santi Giovanni Battista, Giorgio e Sebastiano della tribuna del presbiterio di San Lorenzo (fig. 7), e delega a suo fratello Francesco la realizzazione degli stucchi che riquadrano gli affreschi di Andrea Ansaldo (1584-1638),[33] nei quali ritroviamo festoni con frutta e nappine simili a quelli che compaiono attorno alle figure bibliche del coro di San Lorenzo (figg. 8-9). Scolpire il marmo e plasmare lo stucco assumono in Antonio Casella le due facce di una stessa medaglia, una versatilità che nel 1628 mostra anche Francesco nel fornire, insieme a Domenico Paracca fu Giovanni, alcuni pilastri in marmo nell'ambito dell'addizione al cinquecentesco palazzo Imperiale nella quale – tuttavia – i due fratelli risultano incaricati di «guarnire, lavorare et ornare di stucco la facciata della Casa in Campetto di detto signor Gio. Vincenzo contigua et annexa all'altra sua casa già guarnita e finita, quale al presente ha incorporato et incorpora et unisce con detta casa finita».[34] L'operato in stucco dei Casella si estende su una superficie «che è di longhezza palmi quarantadui in circa in quali entrano per ogni piano fenestre tre e pilastri quattro e tutti quelli spatii e siti che in detta facciata sono e di altezza dal dado di Finale sotto li mezzani sino al cornicione del tetto inclusovi esso cornicione; et in tutti li spatii, pilastri e siti di detta facciata farvi e lavorarvi di stucco, tutti quelli ornamenti, figure e lavoro che vi entrano e possono capire acciò resti in tutto e per tutto conforme li altri ornamenti, figure e lavori di stucco che sono alla facciata contigua a detta casa finita e dell'istessa misura, rilevo, sporto, qualità e forma e di buona materia, stabile, bene fata e bene composta con chiodi e ferri necessarii, senza crepatura acciò il lavoro sia stabile, unito e ben conditionato, e il tutto confacente al sudetto di detta casa finita». Si trattava, in sostanza, di raccordare nuovi stucchi con quelli realizzati dal Bergamasco nel secolo precedente. In

figg. 8-9
Francesco Casella, confronto tra gli elementi decorativi della cappella dell'Immacolata Concezione in San Pietro in Banchi, 1626 (sopra) e della tribuna absidale della cattedrale di San Lorenzo a Genova, *post* 1619 (sotto).

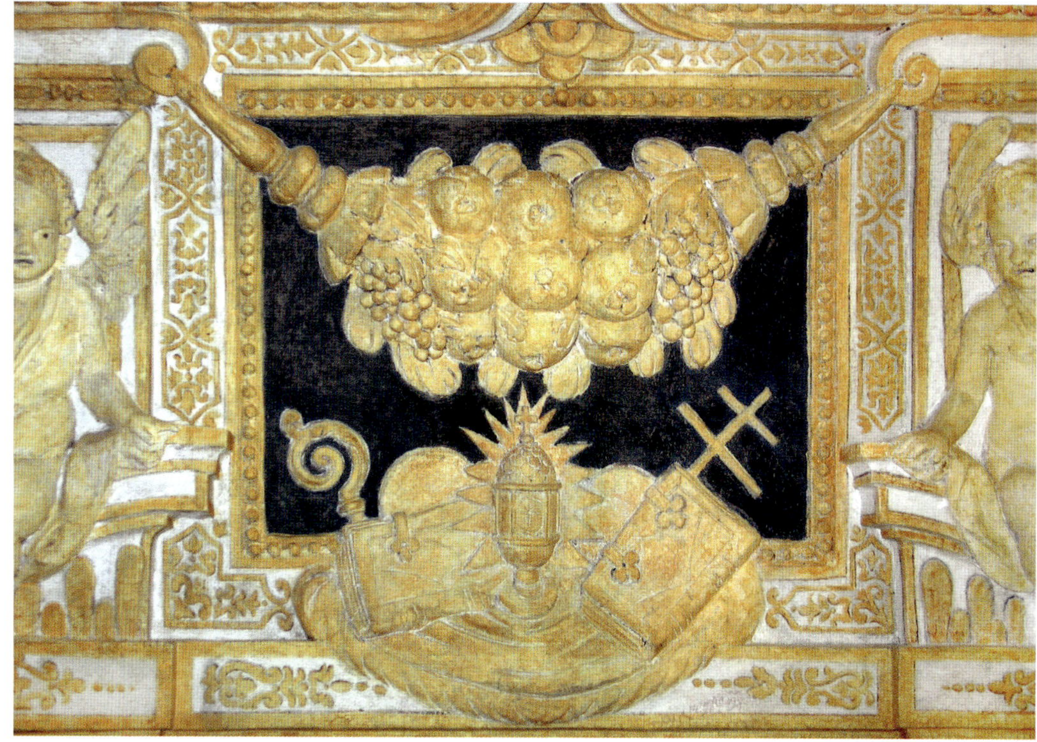

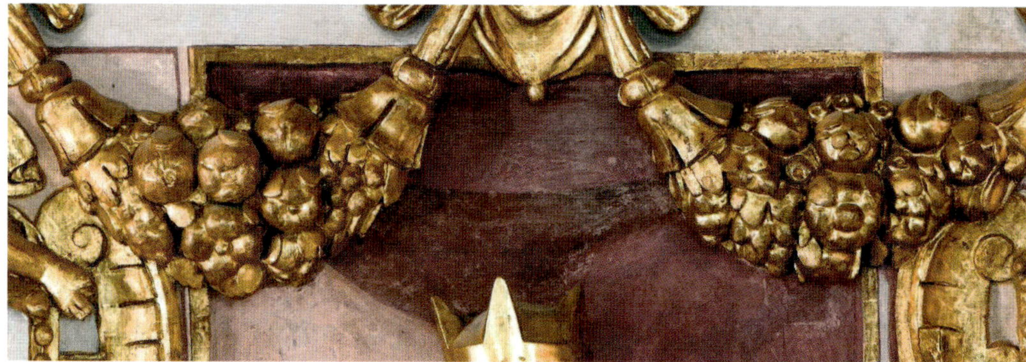

questa occasione, inoltre, i Casella sono incaricati della realizzazione di «tutte quelle tavole risaltate e suoi risalti et anco il pilastro che termina detta nuova facciata sino al cornixone e li parapeti de balconi sono di marmore et in questa nuova facciata han da essere si come si faranno di stucco confacente però al più possibile alli sudetti di marmore [...] con tutti li fogliami, lavori, ordini, rose, modiglioni, intagli, dentelli et altri lavori conforme all'altro cornisione et alli altri dadi di detta casa finita». Il desiderio del committente, qui rappresentato da suo figlio Francesco Maria, è quindi di utilizzare lo stucco a similitudine del marmo. Ma, quanto al cornicione e ai dadi, al patrizio genovese spetta di «farli tirar fuori di grezo e sbozati per arte di mazzacano et anco detta facciata, dove fusse necessario farla ripascere e drizzare almeno con riga per arte de mazzacani, riempiendola di calcina e materia drizzata con riga al solito, eccetto però li ponti che come qui sotto dirà debbano farsi da detti Cazella». Infine, anche in questo caso, ai caronesi è richiesto di impiegare la versatilità già notata altrove, visto che Imperiale commissiona loro di «fare e construere e mettere in lavoro a detta facciata et a nuovo cioè alle tre finestre delle mezz'arie sopra le botteghe, li guarnimenti e telari di marmore alti per luce palmi 8 e larghi palmi 5 ½ et alle tre finestre de mezzani parimente li telari o sia guarnimento di marmore [...] con sopra il suo frisio di marmore e sua cornice pure di marmore».

Quella di stuccatore deve essere stata comunque l'attività principale di colui che, come suggeriscono le sue ultime volontà, risulta il minore dei fratelli Casella.[35] Il testamento di Francesco, redatto il 2 febbraio 1636 nella sua casa di Carona dove egli era rientrato, probabilmente in maniera definitiva, certifica una volta di più lo stretto legame delle maestranze dei Laghi con i luoghi d'origine, un filo mai interrotto nell'intero corso della loro vita.[36] Sono da ricondurre a questo contesto le donazioni di Francesco alle fabbriche caronesi della parrocchiale di San Giorgio e Andrea (in particolare per la cappella di San Domenico) e della chiesa di Santa Maria d'Ongero. Fittissima è poi la rete di parentele stretta con famiglie accomunate dall'attività professionale. Infatti, risultano destinatari di legati il nipote Andrea, figlio di sua sorella Maddalena e di Giulio Aprile, e Maddalena, figlia del fratello Antonio (nel frattempo defunto) e moglie di Giovanni Battista Solari. In mancanza di discendenti diretti egli nomina erede il nipote Camillo Ambrogio, figlio di suo fratello Antonio, che però non dovette seguire le orme del padre e dello zio, visto che Francesco assegna ad altri nipoti, Giovanni Battista Solari e Bernardo Solari, «omnes tiipos vulgo di stampe da stucho que dictus testator habet in civitate Ianue sed designa in carta ipsius testatoris conservandos per dicto Camilo Ambrosio eius nepos et heres». I modelli a stampa, ben distinti dai disegni originali, unici oggetti (esclusa la generica «mobilia») citati nel testamento e così necessari al mestiere, forse in previsione di un auspicato ritorno erano restati a Genova, dove gli affari del testatore, compresa la vendita della sua casa, vengono affidati ancora a due caronesi dimoranti nella città ligure, Giovan Pietro Scala e Giovanni Domenico Casella.

Citando a profusione i Casella, una nota famiglia originaria di Carona,[37] borgo affacciato sul lago di Lugano che fu «un semenzaio di scultori»,[38] siamo dunque definitivamente entrati in quel variegato mondo delle maestranze dei Laghi che, a dispetto del giudizio non certo lusinghiero riservato loro dal toscanocentrico Giorgio Vasari, tanta parte ebbero pure nella storia artistica genovese e che, con l'adattabilità che le contraddistingueva, risultano già a metà Cinquecento tra i più pronti e affidabili interlocutori della committenza genovese anche nella produzione plastica, un settore nel quale si sono gradatamente ma velocemente specializzati.

Ad esempio, proprio «de Lacu Lugani»[39] proveniva il «magister stuchi Antonius Luganus», denominazione che nasconde un cognome ancora ignoto, figlio di Giovanni Pietro, che nel 1565 si accorda con uno tra i più importanti nobiluomini genovesi del tempo, Battista Grimaldi Oliva (1517-1595),[40] allora impegnato nella decorazione

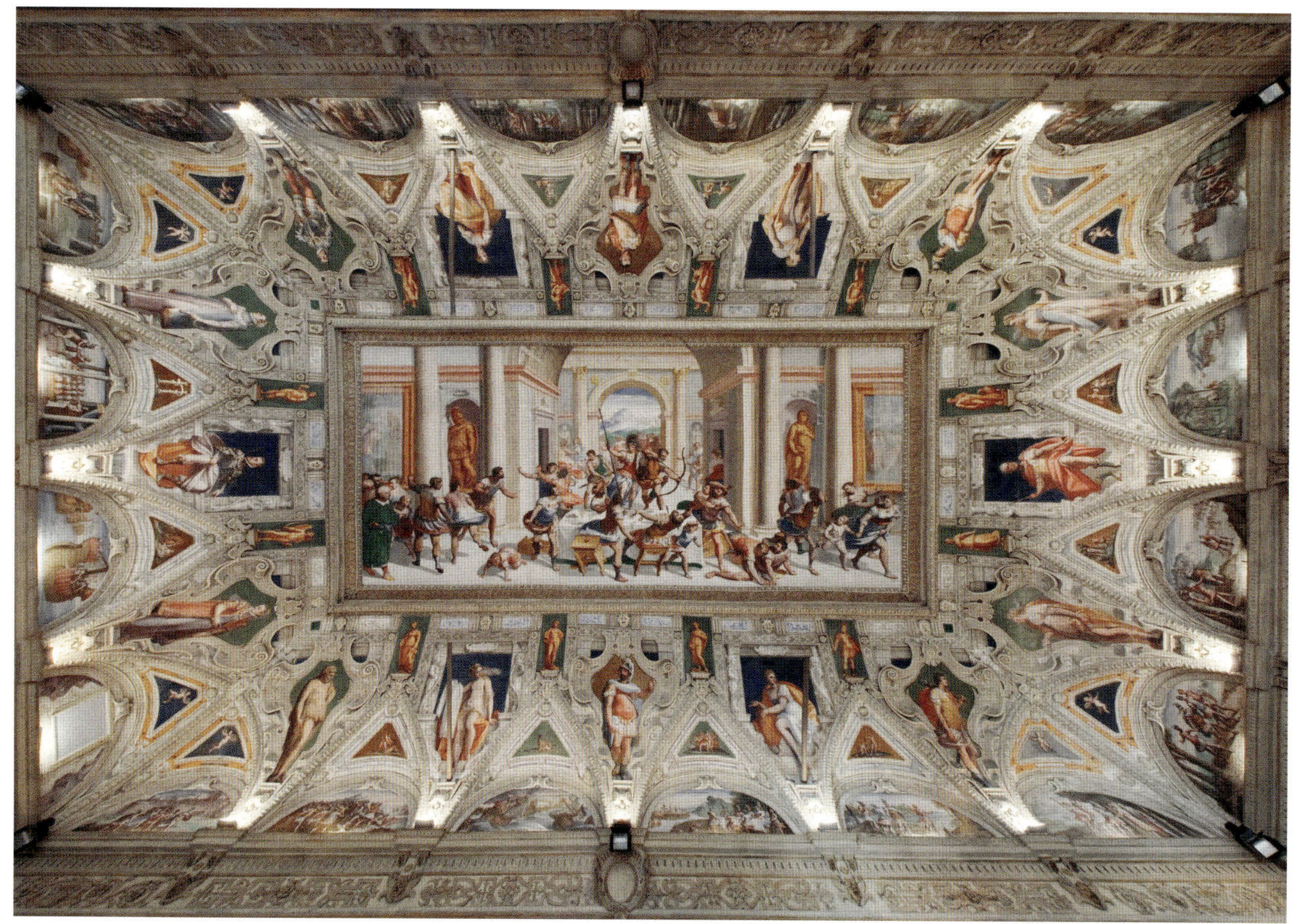

fig. 10
Antonio da Lugano (su progetto di Giovanni Battista Castello), stucchi della sala di *Ulisse che saetta i proci*, 1565 circa. Genova, palazzo Grimaldi della Meridiana, secondo piano nobile.

del suo palazzo in piazza della Meridiana. In questo caso l'opera è conservata **(fig. 10)** e, unitamente alle indicazioni fornite dal precisissimo atto di committenza, consente alcune riflessioni sulle modalità di conduzione di un cantiere nel cuore del *Siglo de los Genoveses*.[41] L'ufficialità del documento impone al notaio l'uso del latino, che però è limitato alle parti introduttive e finali del documento, mentre la dettagliata descrizione dei «laboreria» viene redatto «vulgari sermone [...] ad requisicionem dicti magistri Antonii pro faciliori intelligentia», già questa una attestazione della spiccata personalità dello stuccatore, probabilmente illetterato ma determinato a stabilire patti chiari. La promessa è fatta al committente, ma l'atto rimanda continuamente alla figura del Bergamasco.[42] Costui, definito «pitore», assume qui la funzione di progettista e supervisore della decorazione della grande sala del secondo piano nobile, il cui affresco centrale rappresentante *Ulisse che saetta i proci* viene invece realizzato dal suo collega e concorrente Luca Cambiaso (1527-1585).[43] Castello fornisce ad Antonio da Lugano «sagome» in scala 1:1 da utilizzare nella cornice su cui è impostata la volta della sala e certamente i più volte citati tre «disegni» (che infatti «restano apreso de dito maistro Baptista de volontà de le parte a ciò se posia sempre havere ricorso a esso et vedere la verità»), autentiche e sole guide dell'opera dello stuccatore luganese, la quale si manifesta nella «maschia cornice intagliata a fregi»[44] e in una complessa e replicata serie di cartelle, cornici, nicchie, metope e mascheroni che si integrano magistralmente con le superfici affrescate, creando piani sovrapposti e conferendo loro profondità, il tutto realizzato di «stucho di relevo di larghessa altessa secondo sarà ordinato da dito maistro Baptista». Il committente è tenuto a provvedere «calsina, arena, mattoni e chiape che bisognerano per tale opera», mentre «del resto de ogni speza de che sorte se voglia, così de la manefatura, come acomodare li ponti de dita opera, polvere, chiodi et ogni altra cossa et farsi acomodare la calsina et suministrare in tuto, specte la speza a dito maistro Antonio».[45] Quest'ultimo è, a sua volta, referente per una piccola *équipe* alle sue dipendenze, visto che si munisce di «trei huomeni in sua compagnia, tuti boni maistri experti per lo bisogno», maestranze che restano anonime ma che certo concorsero col «magister stuchi» a realizzare, per usare le estasiate parole di Soprani, «gratiosissimi [...] ornamenti di bassorilievo fatti in stucco, aiutati in qualche parte dalla Pittura, fra i quali sono molti interrompimenti di cartellami, camei, grotteschi, e altri simili stravaganze».[46]

La figura del Bergamasco si staglia come elemento di spicco per la cultura dello stucco a Genova, sia in termini di proposte decorative che si rifanno a modelli romani ma che vengono originalmente elaborati e armoniosamente inseriti in opere di ampia concezione architettonica, sia quale personalità che riesce a entrare in stretta sintonia con le maestranze ceresiane attive nella città ligure nella seconda metà del Cinquecento, contribuendo all'aggiornamento e alla formazione di una solida cultura dello stucco che consentirà loro di proporsi, nel secolo successivo, come specialisti del settore a una platea di dimensione europea.[47] In particolare, il ruolo egemone di Castello emerge nei contratti stipulati per la gestione di diversi cantieri aperti a Genova nella seconda metà del secolo XVI,[48] dove lo stucco si affianca alle altre tecniche artistiche, concorrendo quindi alla creazione di una serie di opere, alcune conservate altre perdute, nelle quali architettura, scultura e pittura dialogano tra loro con un'armonia che verrà raggiunta forse solo nella stagione della grande decorazione barocca.[49] Per quanto attiene allo stucco, certamente Castello mette in campo un ampio bagaglio di conoscenze, soprattutto quelle attinte nel corso del suo viaggio romano che lo portò a studiare opere plastiche capitali come quelle impaginate dalla scuola raffaellesca a villa Madama e, in Vaticano, nella sala Regia e nelle logge. La nostra conoscenza dell'organizzazione interna dei cantieri sotto il controllo di Castello è incompleta, ma la sua produzione architettonica a Genova è tale da potere affermare che essa venne gestita grazie a una suddivisione meticolosa del lavoro – come avveniva nella bottega raffaellesca e specificamente perinesca, un metodo che Vasari esemplifica citando proprio il caso genovese della villa del Principe. In particolare, quale elemento di raccordo tra le arti coinvolte, risulta di grande importanza il ricorso sistematico al disegno progettuale che, tra le altre cose, funge da *medium* per conferire all'opera una sua coerenza stilistica.[50]

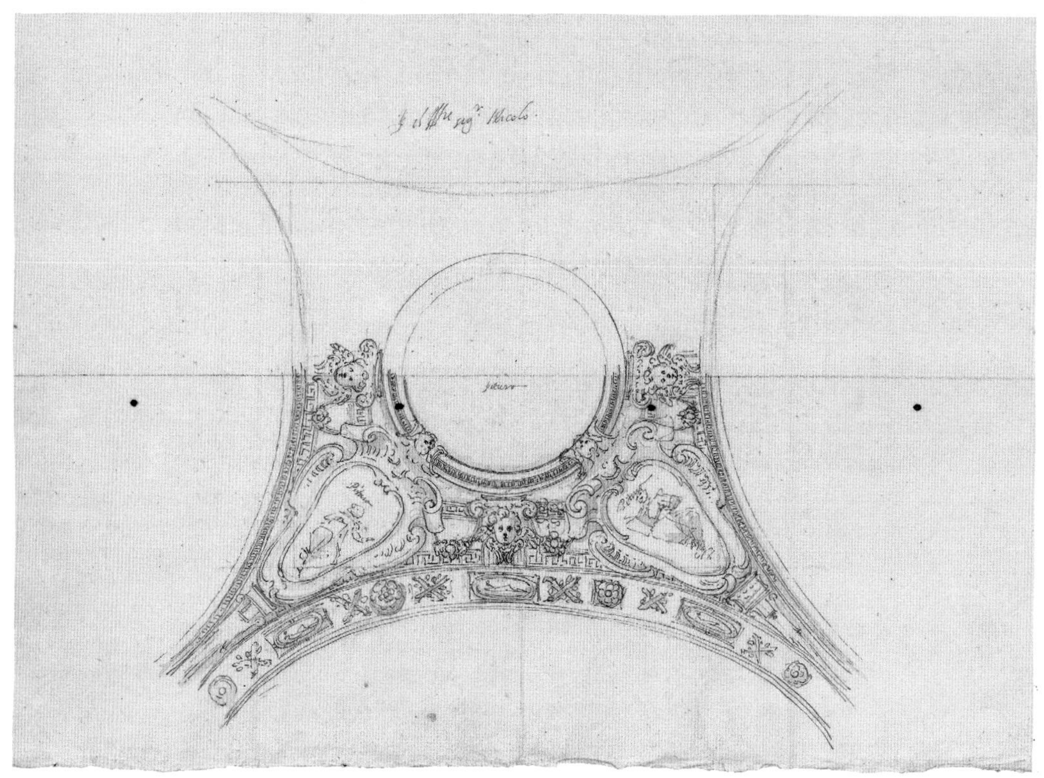

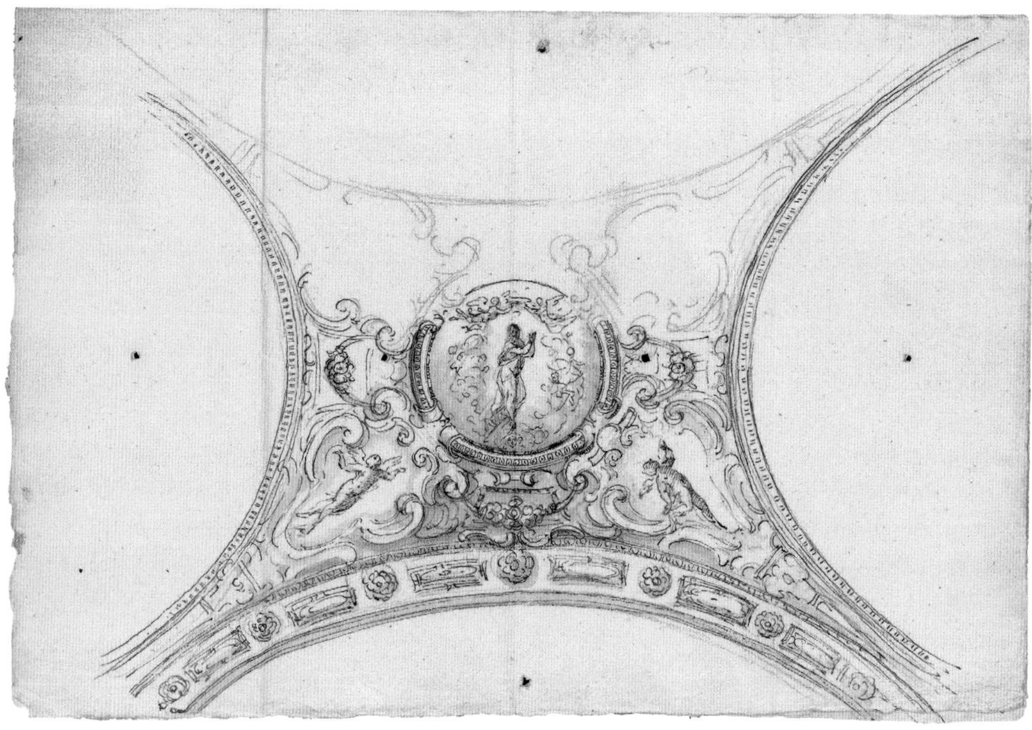

figg. 11-12
Matteo Canevari, progetti per la decorazione a stucco delle cappelle di Ottaviano e Nicolò Doria nella chiesa di San Matteo a Genova, 1586. Genova, Archivio di Stato, Notai antichi 3991, Nicolò Zoagli, 7 luglio 1586, docc. 97-98.

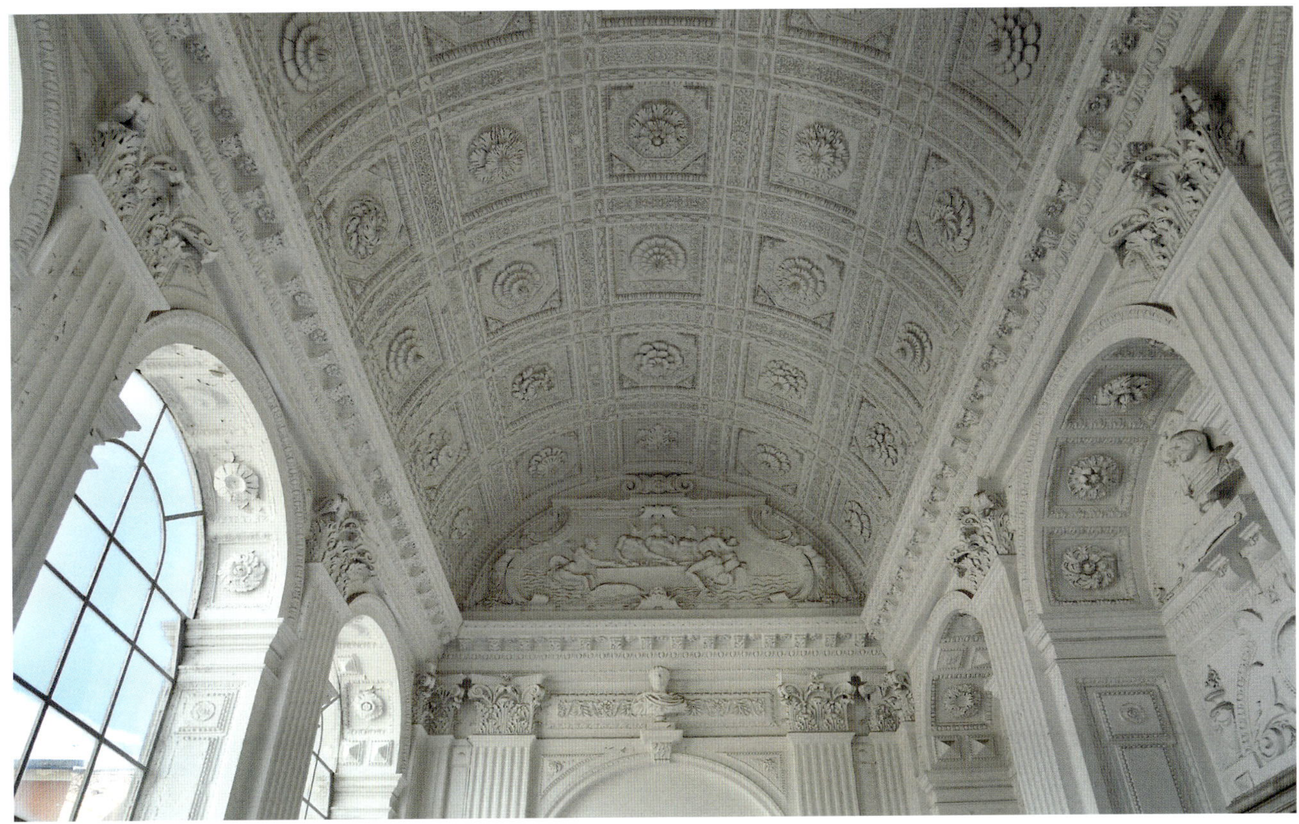

fig. 13
Andrea da Carona, stucchi della loggia, 1567 circa. Genova-Sampierdarena, villa Grimaldi «la Fortezza».

Il catalogo dei disegni di Bergamasco non contempla nessuno dei progetti per stucchi che sono invece regolarmente citati negli atti di committenza ai quali vengono allegati nel momento della stipula dell'*instrumentum* notarile, ma che subito dopo passano nelle mani del progettista che li avrebbe impiegati in cantiere. Forse la loro mancata conservazione dipende proprio da questo uso molto pratico e anche dalla dimensione dei fogli, che non doveva essere indifferente. Al di là del caso di Castello, sono infatti rari i disegni propedeutici a opere plastiche giunti fino ai giorni nostri, cosa che invece non è successa per le opere in marmo,[51] un fatto di cui ci si può rammaricare osservando la finezza esecutiva della coppia di progetti eseguita nel 1586, «iuxta modellum in presenti instrumento infilsandum», da o per «Magister Matheus Canevarius de villa Lanzo status Mediolani» per le due cappelle terminali delle navate minori nella chiesa di San Matteo, patronato di Ottaviano e Nicolò Doria (figg. 11-12).[52] In questo che fu il primo edificio sacro della città decorato prevalentemente a stucco, l'opera di Canevari costituisce il naturale completamento dell'apparato plastico precedentemente steso da Giovanni Antonio Montorsoli (1507-1563) e Silvio Cosini (1495-*post* 1549) e poi dal Bergamasco:[53] un passaggio di testimone dalla scuola toscana a quella lombarda assai significativo.

Non a caso, la realizzazione dei progetti di Castello viene preferibilmente affidata a collaboratori certamente di sua fiducia che, in base ai pochi documenti disponibili,

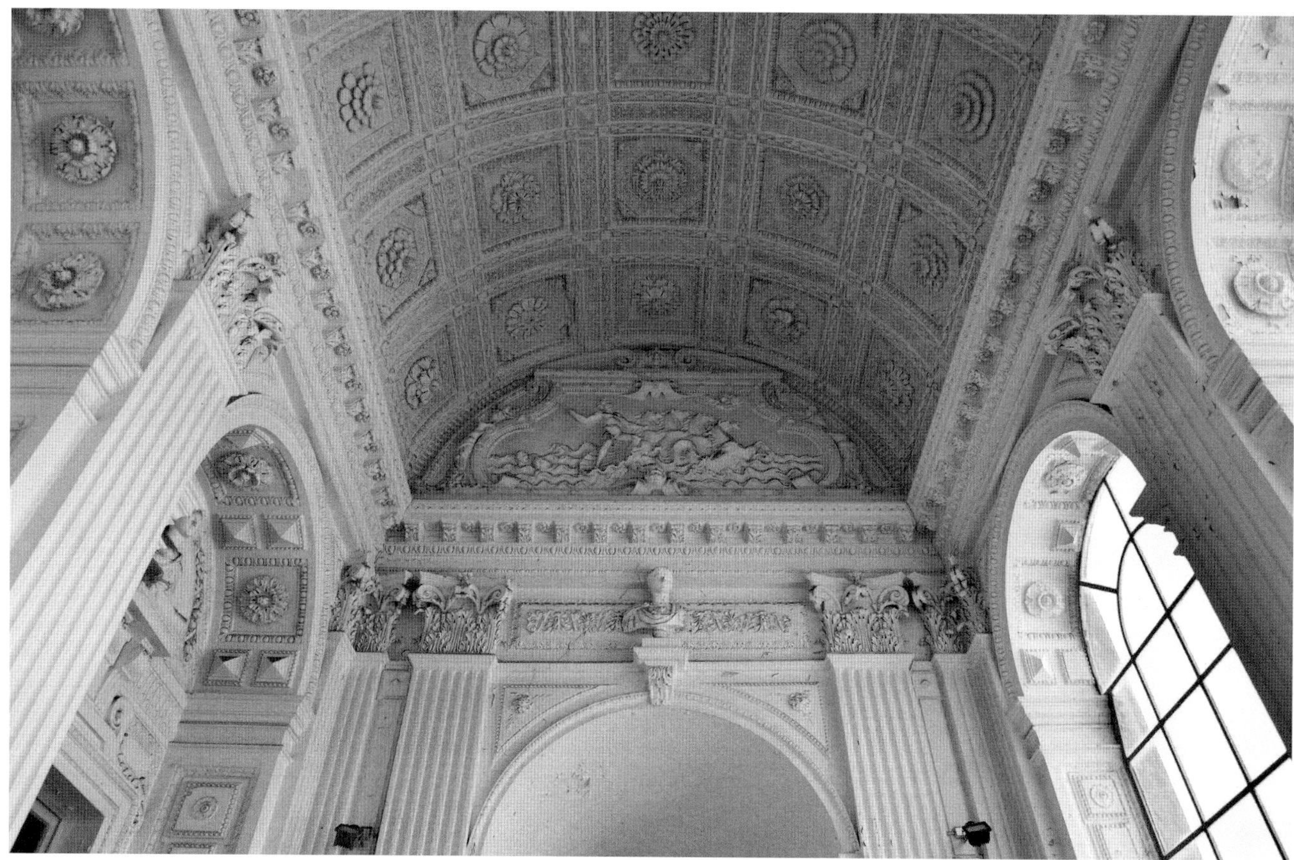

fig. 14
Luca Cambiaso, *Scena marina*, 1567. Genova-Sampierdarena, villa Grimaldi «la Fortezza», loggia, lato corto di sinistra.

come indica il citato caso di Antonio da Lugano, vanno ricercati tra i «molti lombardi» che Vasari ricorda appena nel cantiere della villa del Principe.[54] Di una generazione successiva a questi anonimi maestri, tra i quali vi erano comunque personaggi del calibro di Niccolò da Corte (*ante* 1507-1552), Giovanni Giacomo Della Porta (1485-1555) e il figlio di questi Guglielmo (1515 circa-1577),[55] è un'altra coppia di fratelli, pure questi caronesi, Andrea e Battista Aprile, figli di Martino. «Niuno meglio di lui soddisfece al Castello», dice Alizeri di Andrea,[56] attribuendogli senza svelare le sue fonti gli stucchi di due fabbriche dove è attivo Castello, cioè palazzo Spinola Pessagno in salita Santa Caterina[57] e ancora «i bellissimi [stucchi], che dentro il portico e lungo la loggia del palazzo Cataldi in via Nuova, incorniciano i freschi del Bergamasco, o ne variano le linee d'architettura».[58] Documentati sono invece gli interventi nel 1569 all'Annunziata di Portoria nella perduta cappella Cicala, dove Andrea Aprile promette di prestare la sua opera «ut vulgo dicitur de stucho, exclusis auro, pictura, marmora, et exclusa ancona eiusdem»[59] e poi ancora «a' servizi del Grimaldi, per fregi così delle logge che del prospetto al suntuoso palazzo di villa ch'egli [ancora Battista] innalzava in Sampierdarena, e anche quivi a governo del Bergamasco che ne dava i modelli di sua mano».[60] Di questo lavoro, realizzato per un personaggio che le fonti additano come il principale committente di stucchi nella Genova della seconda metà del secolo, è conservata una dettagliata descrizione contenuta nell'*obligatio* del 24 marzo 1567. In essa, «Andrea da Carona q. Martino de valle Lugani» promette «de fabricare de relevo cum stucho in ogni bontà e perfectione e belessa a satisfazione de detto magnifico signor Battista, la logia che resta in lo ingresso de la sala de lo palacio de deto magnifico signor Battista sitto in la villa de Sancto Petro de Arena, conforme a li disegni infrascribendi» (fig. 13).[61] A carico del committente sono le spese «di calsina, chiodi, filo de ferro et altre cose bizognerano», mentre lo stuccatore si impegna a «fare pestare lo marmoro [che] bizognerà per deta opera»: una specifica importante, perché cita la polvere di marmo, cioè l'«ingrediente» essenziale della ricetta dell'antico stucco romano che vediamo così riproposto a Genova e qui arrivato da Roma, probabilmente tramite Perino.[62] D'altra parte il porto ligure era, fin dal Medioevo, il principale centro di raccolta del marmo bianco di Carrara e gli inventari delle botteghe dei marmorari citano spesso la presenza di marmi in scaglie, se non proprio di polvere di marmo, *in primis* necessaria per la lucidatura delle loro opere ma certamente a disposizione dei colleghi stuccatori con i quali, come si è visto, essi stessi collaborano o, addirittura, si identificano.[63] Gli stucchi della «Fortezza» sono eseguiti da Andrea Aprile con l'aiuto del fratello Battista e di un altro maestro, non altrimenti nominato, e interessano, nello specifico, tre parti distinte: «la volta di deta logia [...] le quatro facie che restano in deta logia [...] et li doi sordeti che vano uno sopra la scala e l'artro in testa de la logia».[64] Per quest'ultima sezione di lavoro, corrispondente ai due archi collocati sopra la scala e in testa alla loggia, «doverà esso maestro Andrea, como promete a deto magnifico signor Battista presente et aceptante, far fare et fabricare una historieta di relevo da maestro Lucho Camblaxio» (fig. 14).[65] In questo caso, quindi, lo stuccatore è incaricato, sotto la sua responsabilità, di coinvolgere il principale pittore di Genova in un'opera plastica (e non sarà la sola volta per Cambiaso):[66] un ultimo ma significativo esempio della fluidità esistente tra le diverse arti, senz'altro maggiore rispetto a quanto si creda e che, per essere meglio compresa, in particolare per quanto concerne lo stucco, avrà ancora bisogno di ulteriori approfondimenti.

1 Si vedano i pioneristici saggi di E. Arslan, *Premessa*, in E. Arslan (a cura di), *Arte e artisti dei laghi lombardi. II. Gli stuccatori dal Barocco al Rococò*, Como, 1964, pp. IX-XVI ed E. Gavazza, *Apporti "lombardi" alla decorazione a stucco tra '600 e '700 a Genova*, in E. Arslan (a cura di), *Arte* cit., pp. 49-70, seguiti da E. Gavazza, *Stucco e decorazione tra Sei e Settecento a Genova. Le connessioni di Lombardia*, in *Artisti lombardi e centro di produzione italiani nel Settecento, Interscambi, modelli, tecniche, committenti e cantieri. Studi in onore di Rossana Bossaglia*, Bergamo, 1995, pp. 19-23; E. Gavazza, *Le compresenze. Pittori "forestieri" – artisti e artigiani dello stucco*, in E. Gavazza, L. Magnani, *Pittura e decorazione a Genova e in Liguria nel Settecento*, Genova, 2000, pp. 61-136; E. Gavazza, *Dai laghi lombardi l'arte degli stuccatori. Pratica, diffusione, aggiornamento del gusto*, in P. Boccardo, C. Di Fabio (a cura di), *Genova e l'Europa continentale. Opere, artisti, committenti, collezionisti*, Cinisello Balsamo, 2004, pp. 158-173; S. Bianchi, *I cantieri dei Cantoni. Relazioni, opere, vicissitudini di una famiglia della Svizzera italiana in Liguria (secoli XVI-XVIII)*, Genova, 2013, *passim*.

2 Tra i lavori più recenti si citano S. Hanke, *Die Macht der Giganten Zu einem verlorenen*

Jupiter des Marcello Sparzo und der Genueser Kolossalplastik des 16. Jahrhunderts, «Römisches Jahrbuch für Kunstgeschichte», 39, 2009-2010 (2012), pp. 165-186; G. Extermann, *Tra Roma e Genova. Il contributo di Galeazzo Alessi e Giovanni Battista Castello alla decorazione in stucco*, «Bollettino d'arte», VII, 2022, volume speciale, pp. 61-74.

3 G. Casarino, *Maestri e garzoni nella società genovese fra XV e XVI secolo. Profilo e itinerario quantitativo della ricerca*, «Quaderni del centro di studio sulla storia della tecnica del CNR», numero fuori serie, Genova 1988; E. Grendi, *Confraternite e mestieri nella Genova settecentesca*, «Miscellanea di storia ligure», IV, 1966, pp. 237-265.

4 R. Santamaria, *Marmor nostrum in Mare Nostrum. Genova e l'affermazione di una Repubblica del marmo nell'Età moderna*, in corso di stampa.

5 «Consumò Marcello Sparzo d'Urbino la sua prima gioventù nella buona scola di quei Stuccatori, che fiorirono a tempi di Raffaele, e di Perino; perloché essendo riuscito assai prattico di quel mestiero, et havendo fatti in Roma molti lavori con grand'applauso, se ne venne ad habitare in Genova, dove continuò l'essercitio della sua professione fin all'ultimo di sua vita, che durò poco meno di un secolo». R. Soprani, *Le vite de' pittori, scoltori et architetti genovesi e de' forastieri che in Genova operarono con alcuni ritratti degli stessi*, Genova, 1674, p. 298.

6 P. Boccardo, *Andrea Doria e le arti. Committenza e mecenatismo a Genova*, Roma-Milano, 1989; L. Stagno, *Palazzo del Principe. Villa di Andrea Doria*, Genova, 2005.

7 G. Vasari, *Le vite de' più eccellenti pittori scultori ed architettori* (1568), VI, a cura di G. Milanesi, Firenze, 1881, p. 552.

8 L'edificio viene progettato da Giovanni Battista Castello, detto il Bergamasco (1509 circa-1569), a partire dal 1558; mancano dati documentari per la successiva decorazione. S. Rulli, *Il palazzo e i suoi proprietari*, in G. Montanari, S. Rulli, *Palazzo Spinola Pessagno in Genova*, Perugia, 2020, pp. 7-31.

9 Progettato anch'esso dal Bergamasco a partire dal 1563, l'intervento di Sparzo è attestato oltre mezzo secolo dopo, nel 1606. F.R. Pesenti, *Marcello Sparzo nel Seicento tra Genova e Urbino*, «Trasparenze», 10, 2000, pp. 3-16; E. Parma, *La decorazione a stucco*, in G. Bozzo, B. Merlano, M. Rabino (a cura di), *Palazzo Nicolosio Lomellino di Strada Nuova a Genova*, Milano, 2004, pp. 25-30. Recentemente è riemerso il soffitto di un salotto dell'ala di levante del secondo piano che era considerato perduto. G. Bozzo, *La volta ritrovata di Marcello Sparzo col Duello di Enea e Turno*, in G. Bozzo, B. Merlano, G. Peirano, *Palazzo Lomellino di Strada Nuova a Genova. Ritrovamenti e restauri*, Genova, 2019, pp. 61-67.

10 Il palazzo si può dire completato e decorato secondo le intenzioni del suo progettista, ancora il Bergamasco, attorno al 1562. G. Montanari, *Palazzo Imperiale di Campetto in Genova*, Perugia, 2017.

11 C. Conforti, G. Sapori (a cura di), *Palazzi del Cinquecento a Roma*, «Bollettino d'arte», volume speciale, Roma, 2016, *passim*.

12 V. Auclair, *L'invention décorative de la galerie François Ier au château de Fontainebleau*, «Seizième siècle», 3, 2007, pp. 9-35.

13 Tale connotazione, contrariamente alla *communis opinio* che vede la classe dirigente genovese poco educata alle lettere, si sta sempre meglio delineando. Cfr. da ultimo G. Montanari, *Libri dipinti statue. Rapporti e relazioni tra raccolte librarie, collezionismo e produzione artistica a Genova tra XVI e XVIII*, Genova, 2015.

14 A Genova si può parlare «quasi di una civiltà dello stucco». F.R. Pesenti, *Monumenti genovesi. S. Rocco, i Viale e Marcello Sparzo*, «Trasparenze», 7, 1999, p. 3.

15 La decorazione della chiesa dei Doria avviene in due fasi. All'opera di Giovanni Antonio Montorsoli e Silvio Cosini che tra 1542 e 1547 lavorano alla crociera, al presbiterio e alla cripta, segue l'intervento del Bergamasco e Luca Cambiaso nelle navate tra il 1557 e il 1559 circa. E. Parma, *Un pantheon per il Principe*, in *La scultura a Genova e in Liguria*, I, *Dalle origini al Cinquecento*, Genova, 1987, pp. 290-303; Boccardo, *Andrea Doria* cit., pp. 89-104.

16 I lavori, commissionati dalla famiglia Viale, vengono realizzati in due momenti distinti: il primo, riguardante le navate, tra 1603 e 1606, il secondo dedicato al coro tra 1615 e 1617, cioè dopo il rientro di Sparzo dai soggiorni di Torino e Urbino. Pesenti, *Monumenti* cit., pp. 3-18; Pesenti, *Marcello Sparzo* cit., pp. 3-16.

17 S. Della Torre, T. Mannoni, V. Pracchi (a cura di), *Magistri d'Europa. Eventi, relazioni, strutture della migrazione di artisti e costruttori dei laghi lombardi*, atti del convegno (Como, 1996), Como, 1997, *passim*.

18 Archivio di Stato di Genova (da questo momento ASGe), Notai antichi 2304, Matteo Sivori, 23 ottobre 1551, pubblicato e trascritto in F. Alizeri, *Notizie dei Professori del Disegno in Liguria dalle origini al secolo XVI*, VI, Genova, 1880, pp. 211-212.

19 Alizeri, *Notizie* cit., VI, pp. 218-219. Nel 1596 viene concordata l'esecuzione di stucchi della cappella del Rosario nella chiesa pavese di San Tommaso. Come testimoniato dagli atti di committenza, la società Sparzo-Storace risulta attivata nella cappella De Marini (1585) e nel coro (1603) della chiesa genovese di San Pietro in Banchi, in Santa Maria della Pace (Alizeri, *Notizie* cit., VI, pp. 217-225) e probabilmente nella già citata chiesa di San Rocco di Granarolo.

20 ASGe, Notai antichi 2550, Agostino Cibo Peirano, 6 agosto 1564.

21 Lo stucco è largamente impiegato nella prima opera genovese di Alessi, villa Giustiniani (1548-1550). S. Rulli, *Villa Giustiniani Cambiaso*, in L. Magnani (a cura di), *Città, Ateneo, Immagine. Patrimonio storico artistico e sede dell'Università di Genova*, Genova, 2014, pp. 175-188, con bibliografia precedente. Per le influenze di Alessi sulle maestranze locali cfr. Extermann, *Tra Roma* cit., pp. 63-66.

22 E. Poleggi, *La condizione sociale dell'architetto e i grandi committenti dell'epoca alessiana*, in *Galeazzo Alessi e l'architettura del Cinquecento*, atti del convegno (Genova, 1974), Genova, 1975, pp. 359-368; E. Poleggi, *Capi d'opera ed architetti a Genova (secc. XIII-XVIII)*, in A. Guarducci (a cura di), *Forme ed evoluzione del lavoro in Europa: XIII-XVIII secc.*, atti della tredicesima settimana di studio, Firenze, 1991, pp. 787-796.

23 E. Poleggi, *Strada Nuova. Una lottizzazione del Cinquecento a Genova*, Genova, 1972.

24 Sulle società delle maestranze a Genova cfr. R. Santamaria, *Transiti temporanei e trasferimenti definitivi: la plurisecolare presenza dei maestri della regione dei Laghi a Genova*, in *Interpreting Italians Abroad: The Migration of Ticinese Architects across Europe in the Early Modern Era*, a cura di S. Lynch, in corso di stampa.

25 Come si è visto (cfr. nota 5), Soprani lo dice morto quasi centenario.

26 ASGe, Notai antichi 5963, Gio. Andrea Celesia, 19 ottobre 1619. Salvo diversa indicazione, le citazioni che seguono sono tratte da questo documento.

27 F. Alizeri, *Guida artistica per la città di Genova*, I, Genova, 1846, p. 39.

28 P. Boccardo, *Presbiterio*, in A.R. Calderoni Masetti, G. Wolf (a cura di), *La Cattedrale di San Lorenzo a Genova*, Modena, 2012, p. 378.

29 A loro si deve la decorazione a stucco del coro e della perduta cappella De Marini. Alizeri, *Notizie* cit., VI, pp. 223-224.

30 R. Santamaria, *La cappella dell'Immacolata Concezione nella chiesa di San Pietro in Banchi a Genova. Dinamiche di lavoro all'interno della bottega di Daniele Casella*, «Arte lombarda», 144, 2005/2, pp. 51-53.

31 R. Santamaria, *L'arte dei marmorari lombardi a Genova. Cultura figurativa e conflitti corporativi fra Cinquecento e Settecento*, «Studi di storia delle arti», 10 (2000-2003), pp. 63-76.

32 Le statue rappresentano i santi Giovanni Battista, Sebastiano e Rocco. La quarta statua, quella di san Giorgio, fu eseguita da Martino Rezzi, altro luganese che svolge la sua carriera a Genova.

33 R. Santamaria, *«D.O.M. DEIPARAE VIRGINIS CONCEPTIONI»: la cappella del Voto e il suo patrimonio artistico*, in R. Pizzone (a cura di), *San Pietro in Banchi: nuova chiave di lettura per San Pietro della Porta a Genova. Studi e restauri negli anni 1985-2006*, Roma, 2008, pp. 138-149.

34 ASGe, Notai antichi 5187, Stefano Solari, 1 giugno 1628, doc. 492. Salvo diversa indicazione, le citazioni che seguono sono tratte da questo documento.

35 ASGe, Notai antichi 6107, Giovanni Battista Castiglione. Si tratta della copia spedita a Genova, visto che il testamento viene redatto dal notaio Bartolomeo Lobbia di Campione.

36 S. Bianchi, *La «patria» altrove. Quartieri, confraternite e corporazioni per salvaguardare l'identità (Ticino e città d'Italia secoli XVI- XVII)*, «Annuario svizzero di storia economica e sociale», 29, 2015, pp. 67-92.

37 E. Agustoni, F. Bianchi, *I Casella di Carona*, Lugano, 2001.

38 A. Bertolotti, *Artisti Svizzeri in Roma nei sec. XV, XVI, XVII. Studi e ricerche negli Archivi Romani*, «Bollettino storico della Svizzera Italiana», VII, 1-2 (gennaio-febbraio), 1885, p. 6.

39 ASGe, Notai antichi 2052, Giovanni Battista Carosso, 19 luglio 1565, pubblicato e trascritto in Alizeri, *Notizie* cit., VI, pp. 204-207. Salvo diversa indicazione, le citazioni che seguono sono tratte da questo documento.

40 Questi, figlio di Gerolamo fu Giorgio, è persona distinta dal suo omonimo figlio di Gerolamo «Cardinale», bibliofilo in contatto con l'ambiente umanista italiano, per il quale Galeazzo Alessi ideò un bagno che suscitò l'ammirazione di Giorgio Vasari. R. Melai, *Il palazzo di Girolamo Grimaldi a san Francesco di Castelletto*, in *Studi in memoria di Teofilo Ossian de Negri*, I, Genova, 1986, pp. 70-80.

41 La fortunata definizione fu usata per la prima volta da Felipe Ruiz Martín in un'opera, stesa nel 1971 ma rimasta inedita, intitolata appunto *El Siglo de los Genoveses en Castilla (1528-1627); capitalismo cosmopolita y capitalismos nacionales*.

42 Per la sua conoscenza resta imprescindibile G. Rosso del Brenna, *Giovanni Battista Castello*, in *I pittori bergamaschi dal XIII al XIX secolo*, II, *Il Cinquecento*, Bergamo, 1976, pp. 377-487. Per un rapido profilo biografico di questo artista con relativa bibliografia cfr. E. Parma, *Castello Gio. Battista detto il Bergamasco*, in E. Parma (a cura di), *La pittura in Liguria. Il Cinquecento*, Recco, 1999, pp. 385-387. Per la sua attività progettuale cfr. M. Labò, *Giovanni Battista Castello, architetto*, in M. Labò, *I palazzi di Genova di P.P. Rubens e altri scritti d'architettura*, Genova, 1970, pp. 29-36. Un aggiornamento della sua attività genovese si legge in P. Boccardo, C. Di Fabio, *L'attività di Giovanni Battista Castello il Bergamasco a Genova: un artista e la sua cultura tra Roma e Fontainebleau*, in P. Boccardo, F. Boggero, C. Di Fabio, L. Magnani (a cura di), *Luca Cambiaso un maestro del Cinquecento europeo*, catalogo della mostra, Cinisello Balsamo, 2007, pp. 85-111.

43 L. Magnani, *Storia, epica e mito: l'arte pittorica di Luca Cambiaso in Palazzo Grimaldi*, in (G. Bozzo, L. Magnani, G. Rossini (a cura di), *Palazzo Grimaldi della Meridiana. Una dimora aristocratica genovese*, Genova, 2010, pp. 79-110.

44 Alizeri, *Notizie* cit., VI, p. 203.

45 Gli aspetti tecnici e materiali dell'arte dello stucco a Genova sono affrontati, con puntuali riscontri documentari, in A. Boato, A. Decri, *Stucchi Genovesi*, in *Lo stucco. Cultura, tecnologia, conoscenza*, atti del convegno, Venezia, 2001, pp. 71-80.

46 Soprani, *Le vite* cit., p. 43.

47 Indagano questo aspetto G. Jean, S. Zumbühl, *The Art and Industry of the Ticinese Stuccatori from the 16th to the 17th Century*, progetto FNS 160092 (1.6.2015-31.12.2018), a cura della Scuola universitaria professionale della Svizzera Italiana. Cfr. il dettaglio su <https://www.supsi.ch>, consultato il 4 novembre 2023.

48 Per esempio, il Bergamasco ha un ruolo di assoluto rilievo nei cantieri residenziali di Vincenzo Imperiale a Campetto (dal 1555), Tobia Pallavicino (dal 1558) e Nicolosio Lomellino (dal 1559) in Strada Nuova e, subentrando nel 1565 a Bernardo Spazio, nella villa di Battista Grimaldi a Genova Sampierdarena detta «la Fortezza». È da sottolineare il fatto che l'artista progetta o decora la residenza extraurbana di quasi tutti i nobili genovesi per i quali costruisce il palazzo di città. In ambito religioso, Castello riveste la stessa funzione nelle cappelle di Anton Maria Grimaldi in San Francesco di Castelletto (1562), Franco Lercari in San Lorenzo (1564) e in due opere all'Annunziata di Portoria, cioè il coro di patronato Grimaldi (1563) e la cappella di Leonardo Gentile (1565). Molti dei capitolati di questi cantieri sono pubblicati in G. Rosso del Brenna, *Giovanni Battista Castello* cit., pp. 377-487.

49 E. Gavazza, *Lo spazio dipinto. Il grande affresco genovese nel '600*, Genova, 1989.

50 S. Amadio, *Allestire una parete: disegni per la decorazione ad affresco nei palazzi romani*, in Conforti, Sapori (a cura di), *Palazzi* cit., pp. 53-82.

51 R. Santamaria, *«Iuxta modellum»: disegni progettuali di altari genovesi fra XVI e XVIII secolo*, in S. de Cavi (a cura di), *Dibujo y ornamento. Estudios en honor de Fuensanta García de la Torre. Trazas y dibujos de artes decorativas entre Portugal, España, Italia, Malta y Grecia*, Córdoba-Roma, 2015, pp. 308-321.

52 ASGe, Notai antichi 3991, Nicolò Zoagli, 7 luglio 1586, docc. 97-98, *Transactio*. La paternità delle cappelle era nota a F. Alizeri, *Guida illustrativa del cittadino e del forastiero per la città di Genova e sue adiacenze*, Genova, 1875, p. 101. I disegni sono pubblicati in Boato, Decri, *Stucchi* cit., pp. 71-79, tav. 2; nuovamente in G.A. Chiappori, *Contributo sull'intervento decorativo tardo cinquecentesco in San Matteo*, «Studi di storia delle arti», 11, 2012, pp. 73-84 e, da ultimo, in S. Bianchi, R. Santamaria, *A Genova «Ogni lavoro dovrà esser forte, sicuro, buono et bello». Cantieri e maestranze nel "Siglo de los Genoveses"*, in M.F. Nicoletti, P.C. Verde (a cura di), *Pratiche architettoniche a confronto nei cantieri italiani della seconda metà del Cinquecento*, atti del convegno, Mendrisio 2019, pp. 83-96, figg. 6-7.

53 Cfr. nota 15.

54 A Fassolo Perino realizzò «Quattro camere, guidate da lui e fatte condurre da' suoi garzoni, dando loro però i disegni così degli stucchi come delle storie, figure, e grottesche, che infinito numero, chi poco e chi assai vi lavorarono: come Luzio Romano, che vi fece molte opere di grottesche e di stucchi, e molti Lombardi». Vasari, *Le vite* cit., V, p. 616.

55 Extermann, *Tra Roma* cit.

56 Alizeri, *Notizie* cit., VI, p. 206.

57 Alizeri, *Guida* cit., p. 231. Cfr. anche nota 8.

58 Alizeri, *Notizie* cit., VI, p. 207. Si tratta del già citato palazzo di Tobia Pallavicino, poi passato ai Carrega e quindi ai Cataldi, ora sede della Camera di commercio di Genova.

59 Ivi, p. 208.

60 Ivi, p. 207.

61 Il compenso è fissato in L. 750, di cui 100 date in acconto con un eventuale premio di L. 50. ASGe, Notai antichi 2052, Giovanni Battista Carosso, 24 marzo 1567, citato e regestato in M. Labò, *Studi di architettura genovese. La villa di Battista Grimaldi a Sampierdarena e il palazzo D'Oria in "Strada Nuova"*, «L'arte», XXIX, 1926, pp. 272-273. Salvo diversa indicazione, le citazioni che seguono sono tratte da questo documento. Ringrazio Alfonso Assini per la verifica sull'originale del documento che ha consentito di correggere alcuni errori di trascrizione di Labò.

62 Giovanni da Udine, dopo vari esperimenti, «finalmente fatto pestare scaglie del più bianco marmo che si trovasse, ridottolo in polvere sottile e stacciatolo, lo mescolò con calcina di trevertino bianco; e trovò che così veniva fatto senza dubbio niuno il vero stucco antico con tutte quelle parti che in quello aveva disiderato». G. Vasari, *Le vite* cit., VI, p. 552. In direzione opposta, si segnala l'apporto fornito dalle maestranze attive a Genova nella creazione di una finitura per i prospetti esterni, detta «colla alla genovese», largamente adottata a Roma tra 1580 e 1630 a partire dal fronte su via Crescenzi di palazzo Giustiniani commissionato dalla famiglia genovese dei Vento. E. Pallottino, *Stucchi in esterno: la nuova scabrosità delle superfici nell'architettura del Seicento romano; precedenti di una tecnica borrominiana tra Como, Genova e Roma*, in M. Kahn Rossi, M. Franciolli (a cura di), *Il giovane Borromini. Dagli esordi a San Carlo alle Quattro Fontane*, catalogo della mostra, Milano, 1999, pp. 315-321.

63 Per esempio, nel 1629 i periti Giuseppe Ferrandino e Gio. Maria Pellone valutano L. 8 la «polvere di marmo» rinvenuta nella bottega genovese di Gio. Giacomo Porta q. Antonio: ASGe, Notai antichi 6259, Giovanni Battista Banchero, 9 maggio 1629. Cfr. anche M.C. Galassi, *Marcello Sparzo plasticatore per Giovanni Andrea Doria*, in *Giovanni Andrea Doria e Loano. La chiesa di S. Agostino*, Loano, 1999, pp. 77-94, in particolare nota 48.

64 Ogni sezione era illustrata da appositi disegni, sottoscritti dalle parti in sede contrattuale e poi consegnati allo stuccatore. Da notare che in quello delle pareti «resta atacato uno disegneto cum uno busto et arma cum ornamenti che resterà sopra la porta dela intrata dela sala».

65 Il racconto si sviluppa in due lunette, nelle quali sono rappresentate un convito di divinità marine e forse il tema del *Quos ego* tratto dall'Eneide. M. Labò, *Palazzo D*, in Labò, *I palazzi* cit., p. 60.

66 Nel 1565, il pittore realizzerà la statua marmorea della *Fortezza* per la cappella di Franco Lercari nella cattedrale di Genova. R. Santamaria, *«Il tempo ha fatto gran distruzioni nei tesori del Lercaro»: origine e dispersione della raccolta di Franco Lercari, committente e collezionista di Luca Cambiaso*, in *Luca Cambiaso. Ricerche e restauri*, atti del convegno, «Accademia ligure di studi e ricerche», XLVI, 2009, pp. 103-134. Sull'intervento di Cambiaso a villa Grimaldi cfr. B. Suida Manning, W. Suida, *Luca Cambiaso, la vita e le opere*, Milano, 1958, pp. 219-220.

Salzburg as an Early Centre of Ticino Stucco Work

Manfred Koller

At the beginning of his reign in 1598, Salzburg's prince-archbishop Wolf Dietrich von Raitenau brought Italian-speaking artists from Southern Switzerland (now Canton Ticino) to encourage an artistic renewal in the city.[1] In the course of this modernisation, stucco room decorations were at the forefront, due to the variety of forms and effects that could be achieved with this technique and also because they could be executed relatively quickly and cheaply.[2] The revival of ancient stucco relief techniques had begun in Florence as long ago as the early Renaissance with Donatello, as shown in his sacristy ceiling at San Lorenzo, created around 1430:[3] here, a lime-based stucco with the addition of brick dust was built up in three layers over an armature of iron nail heads. In Rome, stucco decoration on a large scale only became established with the discovery of the 'grottoes' in Emperor Nero's Domus Aurea from the 1490s onwards (as well as being used for facades such as Palazzo Spada). In the following years, the use of these techniques spread rapidly to northern Italy (Mantua) and on to France (Fontainebleau) and Germany (Munich).[4]

Between 1576 and 1581 Wolf Dietrich studied in Italy, giving him ample opportunity to become acquainted with the stucco exemplars in Rome, Florence and Northern Italy. From 1598 until the completion of the cathedral around 1630, the most interesting stucco decorations in Central Europe were created in Salzburg based on these models. Some of these have been completely lost (due to the rebuilding of the Alte and Neue Residenz, Chapter House and the old Borromäum), and examples mentioned in the inventory have also been greatly altered due to subsequent interventions. This is because stucco restoration outside Vienna is one of the most loss-prone chapters in the history of post-Baroque restoration in Austria.[5] Since art-historical evaluations are usually based only on the deceptive appearance from a distance, little attention has been paid to the special technical qualities of Salzburg's stucco decorations of this period. The building activity in Salzburg is probably similar to that in neighbouring Munich, where in 1610 Duke Maximilian reported that decisions were made without an architect in charge when 'the workers were consulted on the various needs (because each of them is an expert in a particular field)'.[6]

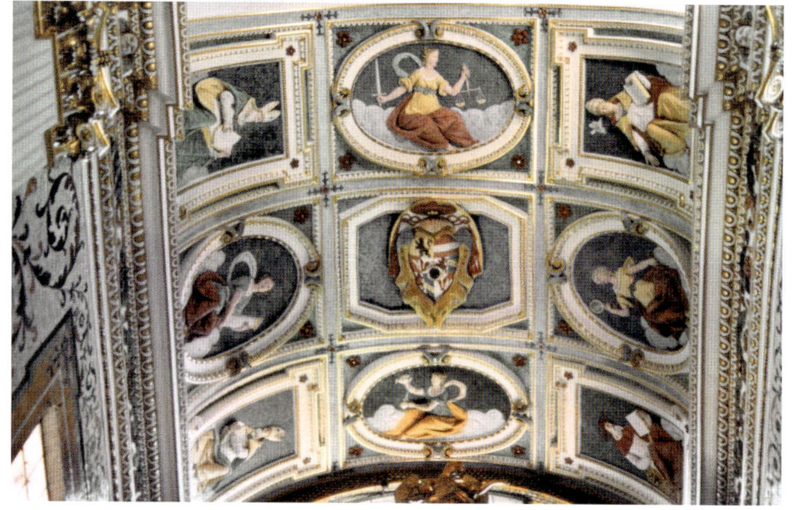

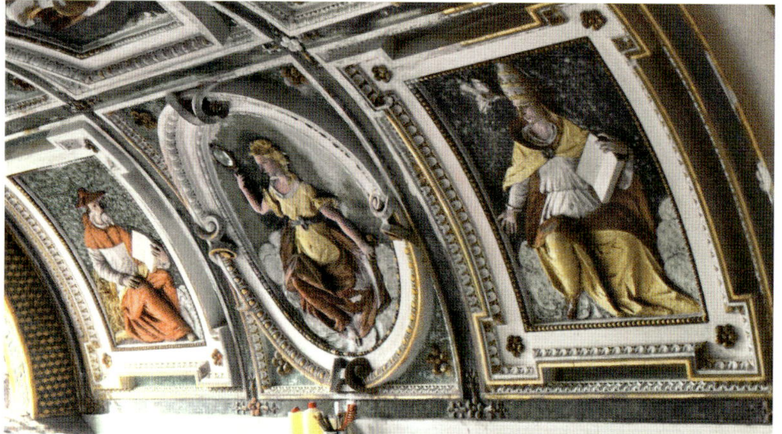

In the broader context of the stucco techniques that can be traced in Austria, the stucco materials used in Salzburg around 1600 were examined in the natural science laboratory of the Federal Monuments Office.[7] In addition, material analyses were carried out for current restoration measures in Salzburg, in particular for the stucco ceilings in Wolf Dietrich's mausoleum in St Sebastian's Cemetery **(figs. 1–5)** and the coloured stucco ceilings in the new building of the Salzburg Residenz from the time of Archbishop Markus Sittikus, Wolf Dietrich's successor **(figs. 6–7)**.[8]

White Stucco

So-called 'white stucco' is composed of dolomitic lime with alabaster and quartz grains in various grain sizes, depending on the underlay and top layers, both for modelling and embossed stucco areas as well as plaster smoothing of vertical walls. These raw materials were all available near the city of Salzburg. The well-established gypsum deposits south of Salzburg extend as far as Werfen.[9] For dolomite rock, Alois Kieslinger names two previously used deposits in the immediate surroundings of the city (Gaisberg and Kapuzinerberg) where there was also a lime kiln.[10] Historical extraction of alabaster is documented from a quarry south of Werfen. In the eighteenth century, there are reports of 'gypsum collectors' who sometimes found chunks of gypsum lying around in the countryside. Gypsum quarry owners south of Salzburg also built gypsum mills.[11] The main use of grey lime from dolomite rock for Baroque stucco work in Austria amounts to about a quarter of the evidence so far, with a focus on Salzburg.[12]

fig. 1
Salzburg, St Sebastian Cemetery, Mausoleum of Archbishop Wolf Dietrich von Raitenau, choir vault with coloured stuccoes, c. 1600.

fig. 2
Salzburg, St Sebastian Cemetery, Mausoleum of Archbishop Wolf Dietrich von Raitenau, right side, lower zone.

The Coloured Stucco Ceilings in the Neue Residenz on Residenzplatz and in Archbishop Wolf Dietrich's Mausoleum in St Sebastian's Cemetery.

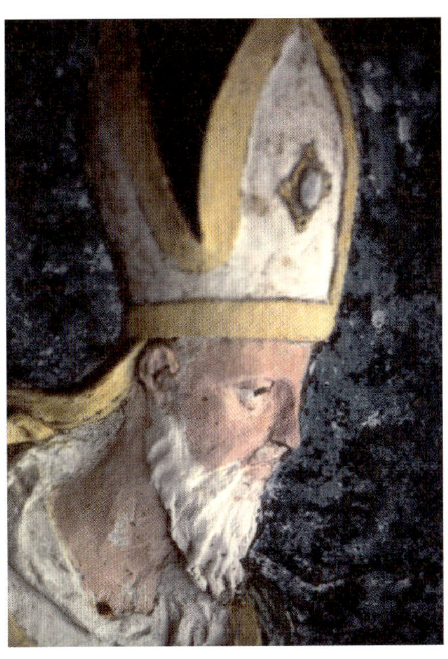

fig. 3
Salzburg, St Sebastian Cemetery, Mausoleum of Archbishop Wolf Dietrich von Raitenau, figure of a Bishop, scratched colour stucco that has lost its coloured glass incrustation.

The basic stucco composition of these two case studies corresponds to the aforementioned 'white stucco'. In addition, the ceilings of the mausoleum (also called the Gabriel Chapel) in St Sebastian's Cemetery and in four state rooms on the second floor of the Neue Residenz (Hall of Virtues, Glory Hall, Estates Hall, Commander's Hall) were decorated with relief stuccoes in red, blue and green. In a lunette of the Estates Hall, a shield with the date MDCII (1602) is inserted in the centre of the stucco composition (fig. 7). In these ceilings, the colouring is not executed as a simple coat of paint, but through an elaborate layering technique: above the white stucco lies a layer of modelled stucco coloured principally with mineral pigments and on top of this a final incrustation on the still fresh coloured stucco with glass splinters of the same colour, and in the flesh areas, rounded, small, whitish stones (made of Untersberg limestone marble?) were pressed into a pink stucco mass (fig. 4).

The stucco profiles of the stitch caps in the Ständesaal (Stall Hall) are executed in yellow-coloured stucco on the frame profiles, accompanied by red-painted pearl bars and two different white egg and dart motifs. The areas between the coloured stucco fields show white polished stucco. The figural relief fields in the compartments of the ceilings of these four halls in the new building also feature coloured stucco with corresponding glass incrustations, related to the representation. Material analyses carried out in the natural science laboratory of the Federal Monuments Office in Vienna revealed areas painted using the following pigments: cobalt-based smalt blue, red ochres and malachite (mixed with pale ores – indicating a possible origin from Schwaz in Tyrol). The coarse-grained incrustations consist of cobalt-based smalt blue, red copper oxide glass and green lead glass containing copper. The chemical composition of these fragments of coloured glass reminded laboratory director Paschinger of very similar analysis results from medieval coloured windows from Salzburg. It is therefore reasonable to assume that these incrustations are the result of recycling coloured glass left over after the destruction of the old cathedral before it was rebuilt.

Unfortunately, eighty to ninety per cent of the original surfaces on these painted ceilings in the Neue Residenz were destroyed during the restorations of 1949–55 due to the unrecognized significance of these works by the provincial conservator responsible at the time and the lack of expertise of the academic sculptor Norbert König from Saalfelden who carried out the work (figs. 3, 7).[13] Also, at that time, no precise material examinations were carried out, nor were the remains of the last existing overpaintings left, so that today we cannot judge the previous state.

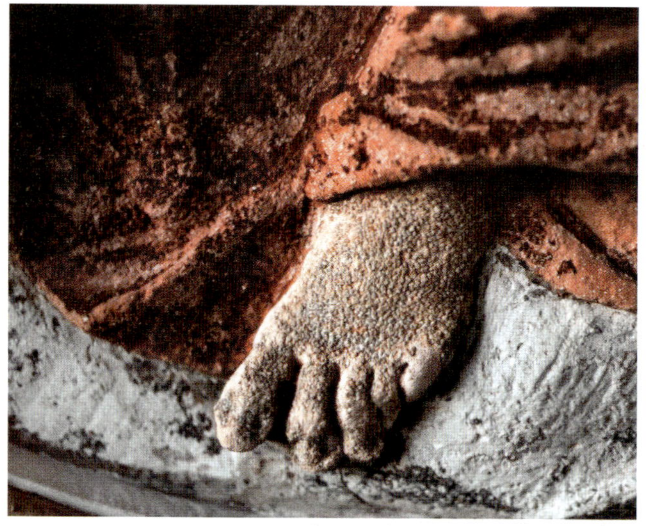

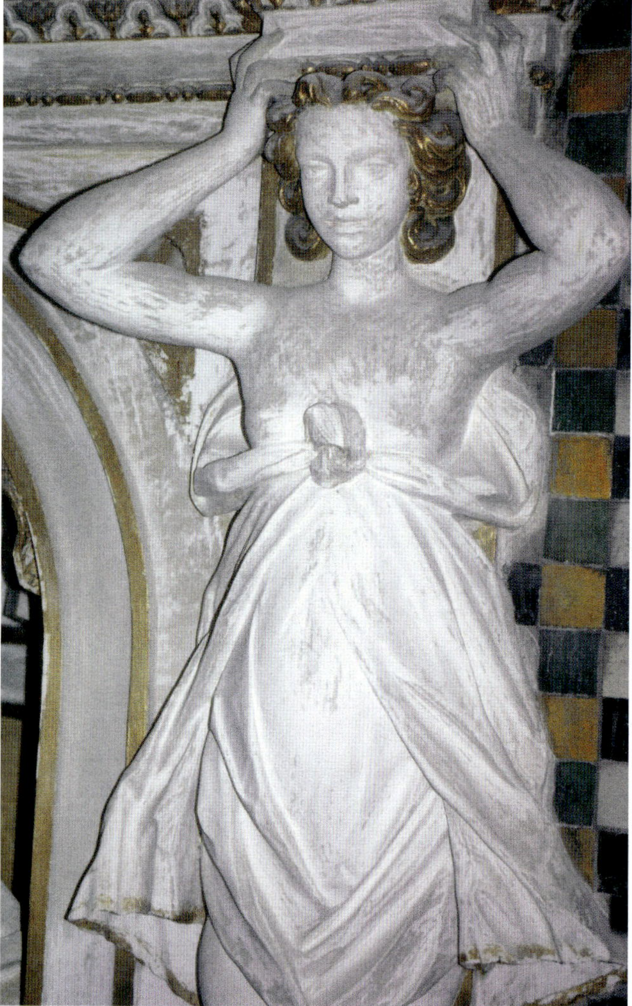

Presumably, the removal of the stable overpaintings in oil technique damaged the delicate surfaces of the incrustations, and the smooth surfaces of the white ground that were heavily scratched with mechanical tools. After this kind of 'uncovering', losses were retouched with animal glue paints, and everything was unified in colour. As a result, all we see today are dull, uniform-coloured surfaces. The original impression, on the other hand, must have offered – especially when artificially lit with candles – a virtuoso play of light and shadow of the surfaces with shining and glittering effects of the glass incrustations, as can still be observed in the recently restored Salzburg grottoes. In the latter, however, leaf metal coatings – completely absent here – also play a role.[14]

The condition of the stucco work on the barrel vault in the presbytery of the Wolf Dietrich Mausoleum in the centre of St Sebastian's Cemetery is hardly better than in the Neue Residenz. Only here, the Baroque stucco work has been overpainted with animal glue and oil paints, in areas that are still visible today. Likewise, the faces of the relief figures are badly disfigured by rough scraping, while their feet still bear the original granular incrustation (fig. 4). The white stucco figure in a wall niche showed remnants of red lips, dark pupils and eyebrows but unfortunately it was roughly cleaned with wire (?) brushes by a gilder before the 1987 national exhibition (fig. 5). Although the management of the Federal Office for the Protection of Monuments in Vienna was already making efforts to improve the qualifications of the conservator-restorers in around 1950, stucco restoration as a special field still received far too little attention in the 'provinces' at that time, and unfortunately still does in some cases today.[15]

The Plasterer Elia Castello

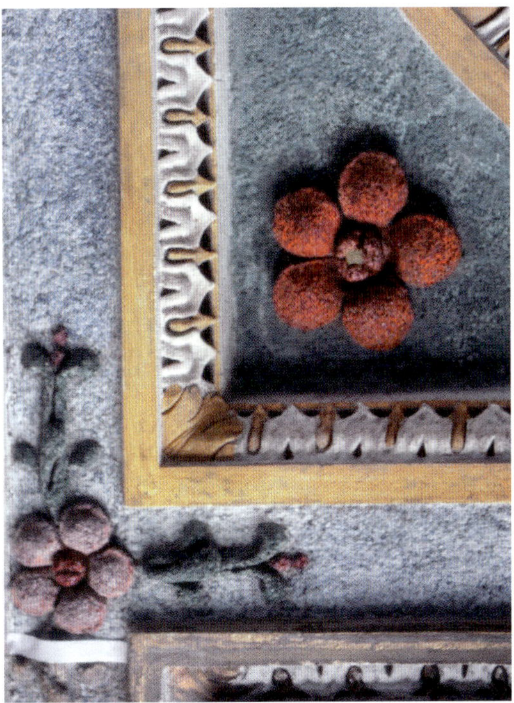

fig. 4
Salzburg, St Sebastian Cemetery, Mausoleum of Archbishop Wolf Dietrich von Raitenau, stucco figure with original pink marble incrustation.

fig. 5
Salzburg, St Sebastian Cemetery, Mausoleum of Archbishop Wolf Dietrich von Raitenau, stucco caryatid with scratched original surface.

fig. 6
Salzburg, Neue Residenz, Ständesaal, colour stucco room by Elia Castello, 1602.

The inscription in the Estates Hall of the Neue Residenz clearly identifies this work as the work of Elia Castello as plasterer, and it was executed in 1602.[16] As a result of his work on the mausoleum, Castello was buried in a monumental wall tomb in the St Sebastian Cemetery, which had been built by Wolf Dietrich in 1600 on the model of Italian *Campi Santi* (**fig. 8**).[17] The tomb's red and white marble aedicule with pilasters and triangular pediment encloses an oval niche with the white marble bust of the deceased above a large inscription panel. The author knows of no comparable funerary monument north of the Alps for a Baroque artist, let alone a plasterer. He died at the age of thirty on 23 December 1602, and this monument was erected for him by his brothers Pietro and Antonio. They too were active as plasterers.[18]

Incrustations of various techniques and materials were common in the sixteenth century, initially for the decoration of artificial grottoes.[19] According to Pliny's *Natural History* (Book 36), as the seat of the Muses, these were mainly designed with tufa stones and various mosaics.[20] Fine incrustations with roundish quartz stones on solid-coloured modelling stucco are also found later in the *Sala terrena* of Schloss Traun in Petronell on the Danube, made around 1670. The original stucco relief in the castle chapel was executed by Johann Castello in 1677, and the murals were painted by Carpoforo Tencalla, both these men continued the tradition of itinerant artists from southern Switzerland working in Austria (**fig. 9**).

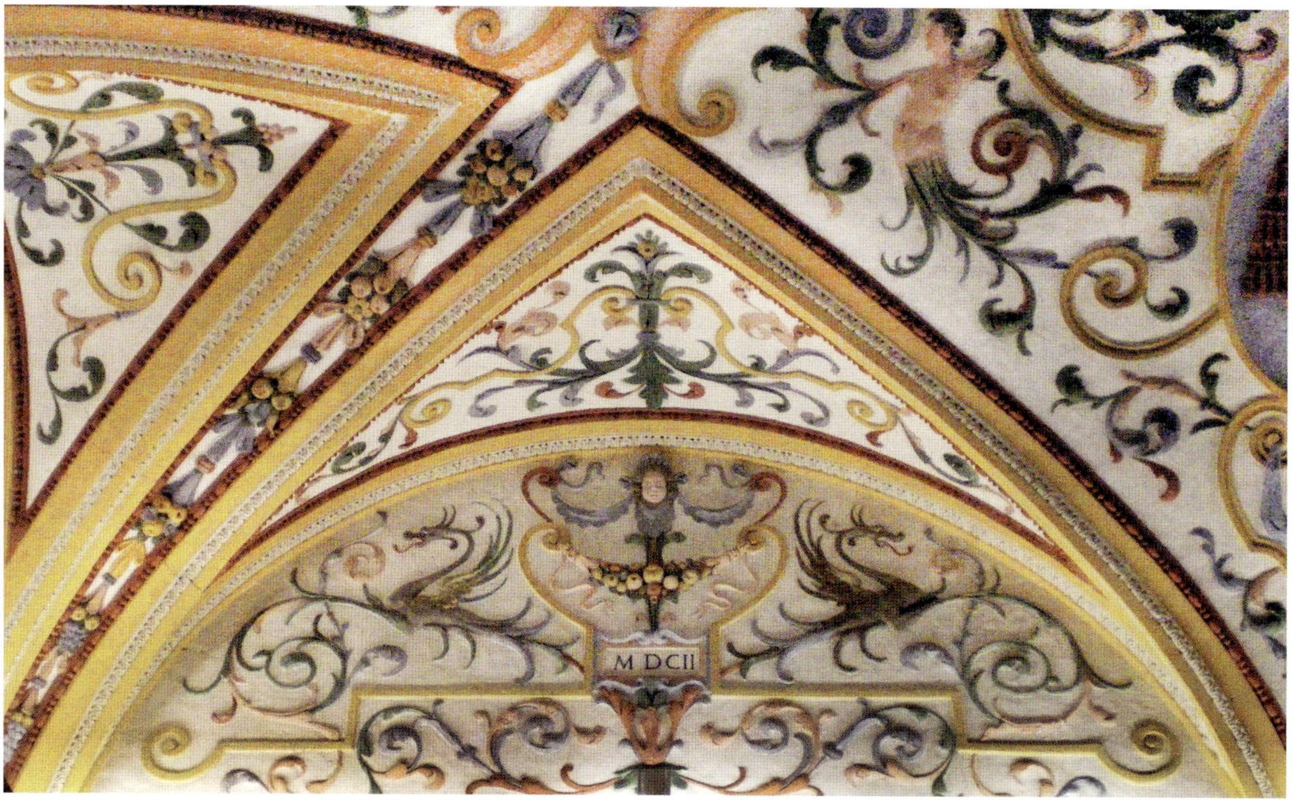

fig. 7
Salzburg, Neue Residenz, scratched original colour stucco surface.

fig. 8
Salzburg, St Sebastian cemetery, wall tomb for Elia Castello, 1602.

fig. 9
Petronell, Lower Austria, Traun Castle, Sala terrena. Incrusted relief stucco, comparable to Salzburg (suggesting the participation of Elia Castello's brothers).

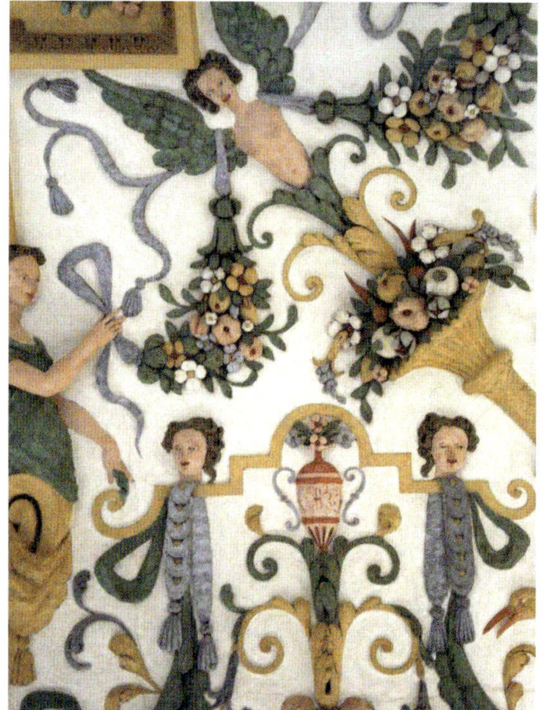

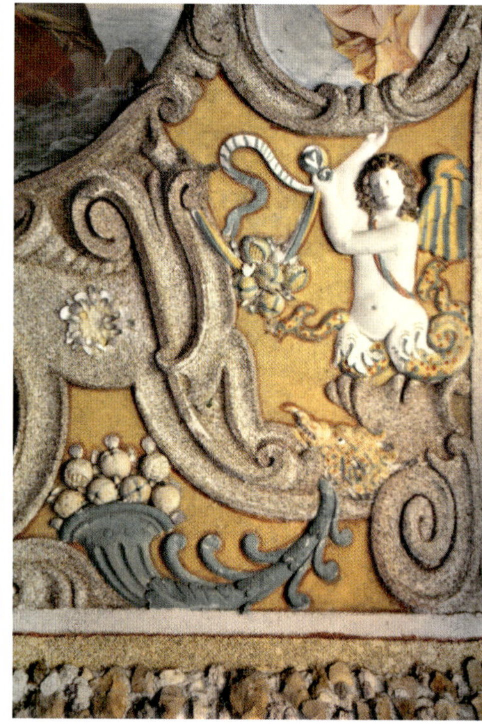

1 *Fürsterzbischof Wolf Dietrich von Raitenau. Gründer des barocken Salzburg*, exh. cat. (Salzburg, 1987); A. Ducke, T. Habersatter (eds.), *Wolf Dietrich von Raitenau. Auf den Spuren des Fürsterzbischofs im Dom Quartier Salzburg* (Salzburg, 2017).

2 Arthur Saliger, 'Stuck um 1600', in *Wolf Dietrich* (op. cit. note 1), pp. 251–57.

3 C. Danti, I. Lapi Ballerini, P. Ruschi, C. Sisi (eds.), *Donatello e la sagrestia vecchia di San Lorenzo* (Florence, 1986).

4 Manfred Koller, Hubert Paschinger, Helmut Richard, 'Historische Stuckarbeiten in Österreich – Technik, Färbelung, Erhaltung', *Restauratorenblätter* 9 (1987-88, pp. 162-71).

5 Ibid., p. 168.

6 'Die werchleith, so derzue underschiedlich vonnöten, mit iren vorschlägen (weil yeder sich auf sein arbeit versteet) angehert'. M. Koller, 'Die neuen Techniken in der Kunst Salzburgs um 1600', *Barockberichte* 5/6 (1992, pp. 197–201, p. 199).

7 Koller, Paschinger, Richard (op. cit. note 4), pl. p. 167.

8 M. Koller, H. Paschinger, J. Anders, M. Spurny, R. Huber, 'Die Farbstuckdecken Erzbischofs Wolf Dietrich in Salzburg', *Restauratorenblätter* 9 (1987-88, pp. 183–90).

9 A. Kieslinger, *Die nutzbaren Gesteine Salzburgs* (Salzburg: 1986, p. 372, fig. 122).

10 Kieslinger (op. cit. note 9), p. 373.

11 Ibid.

12 Koller, Paschinger, Richard (op. cit. note 4), pl. p. 167.

13 Koller, Paschinger, Anders, Spurny, Huber (op. cit. note 8).

14 M. Koller, 'Die Grotten von Schloss Hellbrunn', *Barockberichte* 14-15 (1997, pp. 548-58).

15 M. Koller, 'Staatlich anerkannte Restauratoren in Österreich – Eine Notlösung der Nachkriegszeit', in *Österreichische Zeitschrift für Kunst und Denkmalpflege* 72 (2023, pp. 41-9).

16 F. Wagner, 'Zur Herkunft der um 1600 in Salzburg tätigen Stukkateure' *Barockberichte* 5-6 (1992, p. 149).

17 *Dehio-Handbuch der Kunstdenkmäler Österreichs* (Salzburg, 1986, p. 620).

18 Wagner (op. cit. note 16).

19 B. Rietzsch, *Künstliche Grotten des 16. Und 17. Jahrhunderts* (Munich, 1987).

20 Cajus Plinius Secundus, *Naturgeschichte*, part 3 (Darmstadt, 1968, pp. 517, 520).

Techniques and Market Conditions: Stucco Masters in German Countries in the Sixteenth and Seventeenth Centuries

Barbara Rinn-Kupka

Stucco from this period in Germany shows a striking range of finishes and techniques (fig. 1).[1] Until recent times, most decorations dating from before approximately 1630 did not enjoy large success among art historians.[2] Unfortunately, there are no detailed technical studies for many of these examples. This paper seeks to answer why there were so many different types of design.

The history of stucco in Germany after 1500 began with the rediscovery of ancient Roman stucco decorations in Rome. The first decorations in Germany that reflected these discoveries were created soon after 1530. Italian artists found their way north of the Alps arriving in southern Germany. An outstanding example of this transmission is the so-called 'Italian Building' (Italienische Bau) at the city residence of the Bavarian Duke Ludwig X at Landshut.[3] While the slightly older, street-side part of the building was later given a new façade, the rear wing of the complex still shows its original appearance from its construction between 1537 and 1543 (fig. 2). Having risen to the position of co-regent in 1514, Ludwig had become acquainted with upper Italian architecture through family connections, especially the Palazzo Te in Mantua, and then had the street wing of his residence in Landshut extended with buildings in the new Italian style to form a four-sided complex. For this purpose, he had recruited craftsmen in Northern Italy. Designs were supplied by the architect of the Palazzo Te,

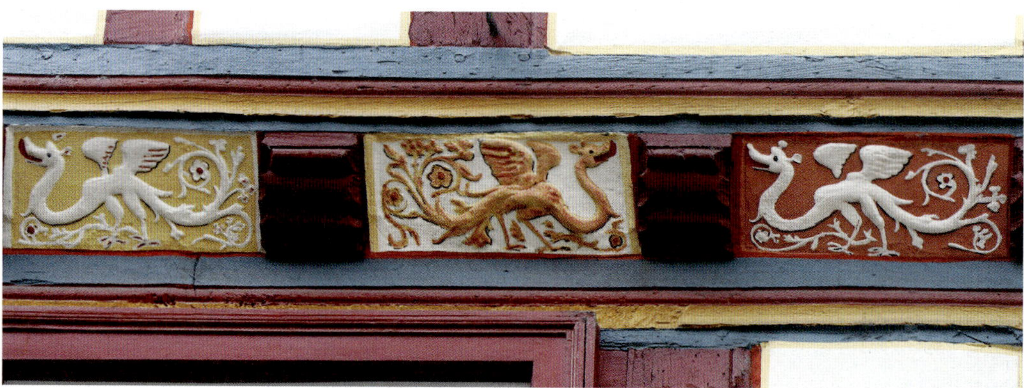

fig. 1
Limburg an der Lahn, Hesse, stucco on the facade of Salzgasse 21, 1578.

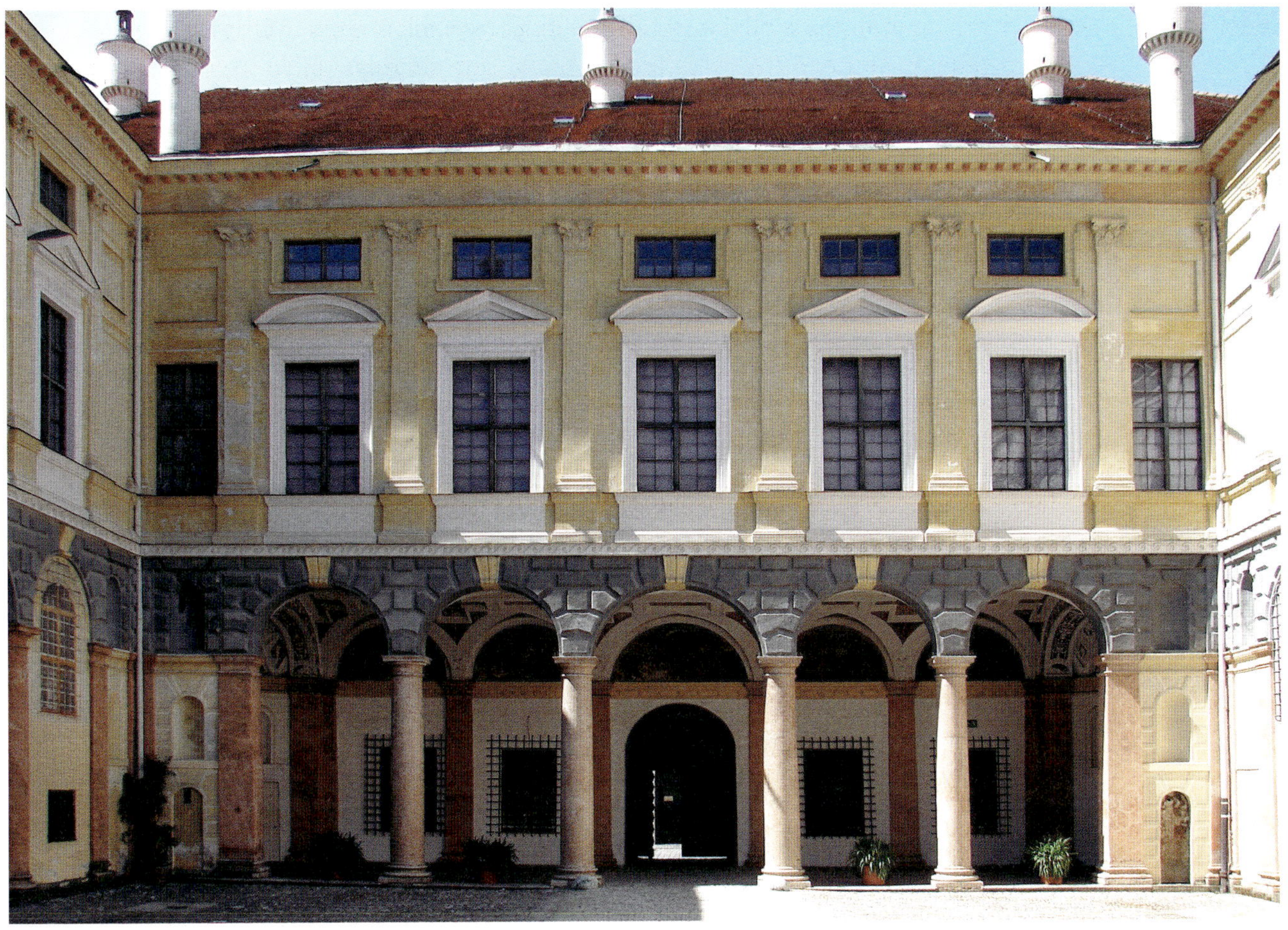

fig. 2
Landshut (Bavaria), inner courtyard of the former city residence.

Giulio Romano (1499–1546), who had first-hand knowledge of antique Roman decorations. He travelled to Landshut at least once – in 1539 – to check the implementation of the plans. Given this building history, it is not surprising that the loggia in Landshut, and its decorations, show similarities to that of the Palazzo Te in Mantua, including the colour schemes of the surfaces. The Italian building in Landshut is considered one of the first and most important Renaissance buildings north of the Alps. It is interesting for the history of stucco in Germany that Duke Ludwig commissioned German painters to paint the decorations but hired artists from Mantua for the stuccowork. This indicates that he had no German forces at his disposal for this special artistic technique. As late as 1599, German craftsmen from the artist villages around the convent of Wessobrunn were sent from Bavaria to Mantua to study stucco techniques on site, so even more than fifty years later there was still a need to catch up.

This comparatively direct path therefore brought techniques and material knowledge about stucco decoration to Germany along with the people. At such 'mixed' building sites, it was of course possible for German workers to see and copy techniques and material applications. Some of the *stuccatori* working in Landshut possibly remained

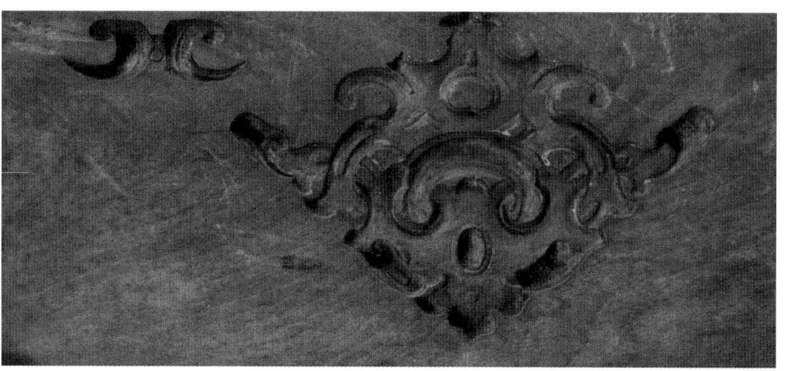

fig. 3
Wooden model with Renaissance motifs, probably 17th century. Private collection.

in Germany or formed the core of new workshops there, as indicated by the stucco decoration of an open passage vault of Neuburg Castle on the Danube, probably created shortly after 1538 and definitely before 1601.[4]

The stucco decoration in Neuburg lies directly on the brickwork and consists of a 1 cm thick base mortar in the ratio lime/gypsum 4:1 with very little sand aggregate and, interestingly, without reinforcing hair or fibre additives. The profiles of the coffered ceiling were drawn on site and then partly modelled directly by means of frieze decorations using very fine gypsum. Cast relief plates made of lime were inserted into the surfaces and glued in place with gypsum. In addition, reliefs of portrait heads placed on circular surfaces, partly in lime and partly in terracotta were added. In the case of the lime stucco portraits, a basic mould was cast, which was then worked on and completed with individualised material applications. The procedure was almost the same for the terracotta heads, which received corresponding adjustments before being fired. The coffered ceiling was coloured with a whitewash (*Schlemme*), while the stucco corner rosettes were set off in yellow with red contours, and the portrait heads were painted in a natural range of colours against iridescent backgrounds.

The design and technique in Höllerich Castle in Upper Franconia, dating from 1561 onwards, are quite different. These decorations, which continue to fight for survival today, are one of the oldest-known examples of another stucco style.[5] The base layer is covered by decorations made with wooden stamps. Specialist craftsmen later took the wooden moulds used at Höllerich to Schmalkalden in Thuringia, where they were used again between 1570 and 1590, by which time they were showing clear signs of wear. For these decorations at Schmalkalden, fresh clay-straw mixtures formed a base on which only a very thin layer of lime stucco was applied, into which, after smoothing, stamping was carried out. Stucco decorations were also created in Thuringia at this time with ornaments designed with moulds. For this purpose, the moulds, mostly made of wood **(fig. 3)**, were filled with lime stucco material and presumably attached directly to the surface. An example of this kind of work remained in a decoration of the 'Hohes Haus' in Beichlingen from 1577.[6] The stucco consisted of lime, sand and a little gypsum, as well as fine animal hair, some animal glue with small additions of unburnt lime. As far as examined, most of the Thuringian stamped and moulded decorations received only a uniform white or grey finish. The situation is similar for related groups of frieze-stucco (*Friesrahmen*) decorations that have survived in Hesse and Westphalia. The stucco friezes on the façade of a half-timbered house in Limburg an der Lahn, which can be dated to 1578, also belong to this group (fig. 1). No investigations have yet been carried out into their material or the original surface colour. The motifs are similar to designs from the late Middle Ages; and they are among the oldest preserved exterior stuccowork in Germany. This technique remained very popular in Limburg an der Lahn and was still executed there (with geometric forms as motifs) until around 1660.[7]

In contrast to the mostly whitish *Friesrahmen* decorations, multi-coloured surfaces characterise the sculptural design of animal friezes, which, from the second half of the sixteenth century to the beginning of the seventeenth century, found their place in the upper wall area of some castles and other prestigious residential buildings. They mostly show scenes of deer hunting, often with applied real antlers. The oldest of these is a frieze at Güstrow Castle in Mecklenburg, West Pomerania, created in 1568 by Christoph Pahr – one of the so-called 'brothers Pahr'. The templates for this type of stuccoed decoration are seen in French examples.

In Cologne – one of the trade centres of Germany at the time – the first stucco decorations of the modern era can be documented in the period after 1545. From about 1590 onwards, examples became more numerous, but none from before 1650 has survived. Until about 1600, illustrations show mainly stamped and incised decorations with friezes and small-scale motifs in whitish colours on the upper wall area, as well as on stuccoed beamed ceilings; after 1600, wooden moulds come into use. Where these were investigated before their total loss, they were made of lime stucco on a clay base. Beams were often extended in a curved manner with tufa, wood or brick fragments before being stuccoed over. Examples from the neighbouring Netherlands, which are often closely related to Cologne stuccowork, are shown in Wijnand Freling's chapter in this book.[8]

The archival evidence for this comes some two hundred years later: Cologne plaster-workers left an important clue for our understanding of why so many technically and materially varied works were created. In a written notification from around 1750, they stated that after wooden ceilings had fallen into disuse, they had introduced new surface forms and had developed something that was in their opinion at least equal to stucco.[9] In short, they knew the original Italian stucco and its technique only from hearsay, but they developed their own ideas about how to come up with new, lighter ceiling coverings using plaster.

This statement conclusively summarises the background of the diversity of German stucco before 1630, reflecting the different ways in which the newly discovered Italian decorations came into the country. Five channels of transmission can be identified:

1. via artists who were present in Rome or Mantua or were recruited from these environments, decorations such as those of the 'Italian building' in Landshut came about.

2. via artists who knew the imitations from Rome or knew decorations by artists from Italy. This is where the origins of decorations such as the early works at

Höchstädt Castle on the Danube and the animal friezes that the Pahr brothers executed on their buildings can be found.

3. via artists and craftsmen who had learned about the new forms from hearsay. These include the Cologne stucco artists who, as clay suppliers (clay processors), painters, sculptors, stonemasons or plasterers (called 'pliesterers' in Cologne and the surrounding area and 'weißbinder' in Frankfurt am Main) wanted to follow the idea of a new interior design and used what they knew or considered useful for this purpose.

4. via drawings and graphics that recorded decorative schemes. Dutch and Flemish artists made numerous sketches of the different grotesques and designs after their own visits to Rome or after sketches made by other travellers to Rome. The still-quite-new medium of printing also played its part, since now not only could artists easily reproduce their works, but they could also achieve wider distribution through appropriately designed book decorations. This made it possible for the knowledge of new forms to come together with the knowledge of new techniques in even the most hidden places, usually without knowledge of the originals and their appearance.

5. via artists and craftsmen who travelled to look for new places of work and opportunities to earn money. For the reception of the Renaissance north of the Alps, it should be remembered that religious unrest in the powerful art metropolises of Flanders and Holland forced many to flee and then to build new livelihoods elsewhere, taking their artistic skills with them. A similar effect led many Ticinese and Lombard plasterers to Germany at the end of the seventeenth century in search of new opportunities. At the same time in the second half of the sixteenth century, with the Reformation, the number of religiously motivated commissions for sculptors and painters declined. They had to reorient themselves, especially in areas that adopted Calvinism.

The large number of Protestant stucco motifs in Thuringia can be explained by the fact that precisely in these regions people were looking for new forms of self-expression that stood out from older Catholic tradition. For the predominantly Catholic Ticinese and Lombard plasterers, working for Protestant clients was not a difficulty, it was just inconvenient because they then had to travel further from their places of work to attend Catholic masses.

For craftsmen who suffered from the strictness of the German guild laws, stucco decoration offered a new opportunity. Work made using moulds and stamps was artistically rather low-grade, since the form had already been produced and could be reused until it was worn out. Practised plasterers, painters or otherwise less-skilled craftsmen could use them to create new interior designs for less demanding clients. Templates came from graphic sheets by the so-called 'minor masters' like in Limburg an der Lahn, more elaborate representations of animals, themes, figures or groups of figures were supplied by the numerous draughtsmen and graphic artists of the Dutch and Flemish art centres, where, as for example in Antwerp, the rediscovered antiquity was almost exclusively realised in paintings or graphics and, at least initially, rarely in stucco decorations. These graphic models were mostly transposed 1:1. They set the tone for decorative motifs in central and northern Germany.

Since gypsum was only available in a few regions in Germany, in the late sixteenth century people adopted more readily available materials: clay and lime. In central and northern Germany, where half-timber construction was dominant, clay bases for lime stucco ceilings also had the advantage that movements in the wood could be absorbed by the clay.[10] Lime stucco ceilings with a clay base can therefore be observed in more rural regions until well into the nineteenth century.

Similar to the Thuringians with their stamped and moulded stucco ceilings, the craftsmen of Cologne, inspired by knowledge of antique stucco, created their own lime-stucco ceiling decorations, so-called 'Cologne ceilings', which were executed in the Cologne area for almost three hundred years and, as a kind of Baroque decor success, even found buyers in neighbouring north-western countries and far-off regions.[11] The motif of the winged *putto*'s head, which originated in the Renaissance, was used here, executed by mould, until the middle of the eighteenth century.

Wilhelm Vernuken (or Vernukken; Kalkar or Wesel around 1542–Kassel 1607) had a typical curriculum vitae for an early German stucco artist. Born the son of a wood sculptor in the Lower Rhine region, which had converted to Protestant and Calvinist religions, he initially worked together with his father as a (wood) carver. When he left for Cologne in 1565, he was admitted to the stonemasons' guild and, by acquiring practical experience, had the opportunity to become a master builder and to become acquainted with the latest designs from Flemish art centres. In 1575, he went to the court of Hesse-Kassel as a master builder, where another of his skills, '*gips schneiden*' (plaster cutting), was explicitly mentioned in his contract. In accordance with their activity, most German plasterers were initially referred to as lime cutters, later also as '*Gipser*' (gypsum workers) or plasterers (*pliesteres*), although the designation had no verifiable connection with the material used. After about 1650, the term lime cutter slowly died out. The term '*Gipser*' is also used for artist stucco workers in Germany until well into the eighteenth century.

All plasterers who aspired to do more than stamp designs into a lime stucco surface needed employees to work on site and were therefore required to run a workshop. When Wilhelm Vernuken began working at the court, stucco decorations were also created in the buildings of the Kassel sovereign,[12] which testify that the stucco workshop employed by the master builder was familiar with models from Flemish and Dutch regions and at the same time also knew various stucco techniques. The restorer and stucco worker Carmen Diehl was able to examine the material and surface treatment of a funeral chapel in St Goar from 1592, which was decorated under Vernuken.[13] Her cross-section (fig. 4) shows part of the wall design of the chapel. It reveals the use of both cast stucco and coloured stucco marble panels as well as drawn and moulded stucco elements. In other areas of the chapel, the workshop also used embossed stucco and moulds, the sculpted figures were freely modelled

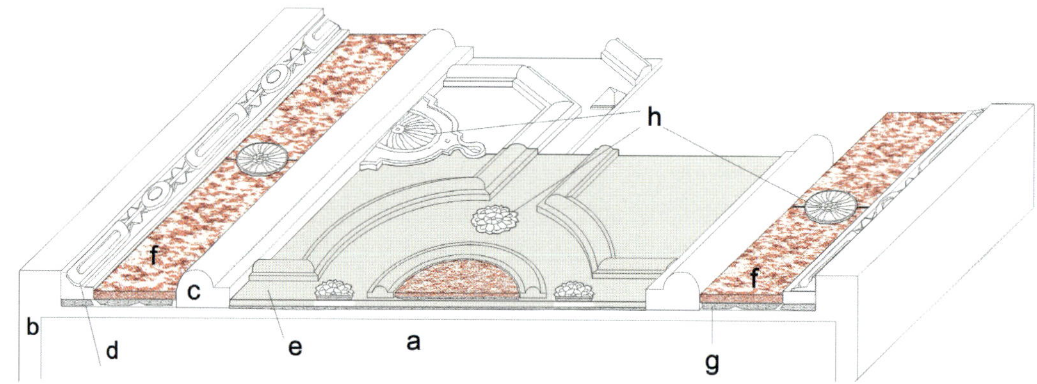

fig. 4
St Goar (Rhineland-Palatinate), Collegiate church, Burial chapel, wall scheme, stucco from 1592:
a. Brickwork
b. Plastering
c. Modelled profile
d. Decorative modelled profile
e. Prefabricated stucco panel
f. Prefabricated stucco marble panel
g. Setting mortar
h. Inserted cast stucco decorations

around an iron reinforcement and details such as eyes and hair were then reworked with pointed tools after setting. According to Diehl's research, a layer of lime stucco about 2 cm thick applied with a lime spatula served as a base layer on the vault as well as a levelling layer, on top of which a layer of plaster stucco (about 1.5 to 2 cm thick) was applied. The works in Schmalkalden, which were created under Vernuken's supervision around 1590, also prove that even if the surfaces remained white, smaller elements were gilded or silvered and figures were also given red lips and cheeks.[14]

After around 1610, the variety of materials used in the centre and north of Germany came to an end. The time of experimentation seemed to be over and lime stucco established itself in the form of moulded stucco. German craftsmen stucco workers, now in at least the second generation, had become more experienced and had found their own forms that served local and sometimes also supra-regional customers. From around 1630 onwards, lime stucco work began to look more similar. Models from the Dutch and Flemish areas dominated (fig. 5). Above all, sculptural graphics by artists such as Hendrik Goltzius (1558–1616) served as templates for Ticino stucco workers well into the eighteenth century.[15] In addition, stucco decorations were more often coloured, even if it was only a greyish or yellowish tone with partially offset motif details. Model moulds remained an issue; they could be filled better with lime material that shrinks in the setting process. However, many lime stucco mixtures are characterised by a very high proportion of hair, at least in the base layer, as can be clearly seen in the section of a lime stucco ceiling (over a clay base) dated 1630, from a stucco workshop operating in Thuringia (fig. 6). The fine top layer is very thin; the uppermost layers visible in the picture show another problem: the obscuring of surface texture through improper application of layers of paint over many years of use. This lime stucco ceiling was also evidently given a lime or lime-casein finish while it was still fresh, which bonded particularly firmly to the base material. Such a finishing layer is mentioned in a 1685 paper by Joachim von Sandrart and has been found on many stucco decorations in Germany where it is still sometimes mistaken for a first layer of paint.[16]

Even though it is not possible to achieve sharp edges with lime stucco which limits

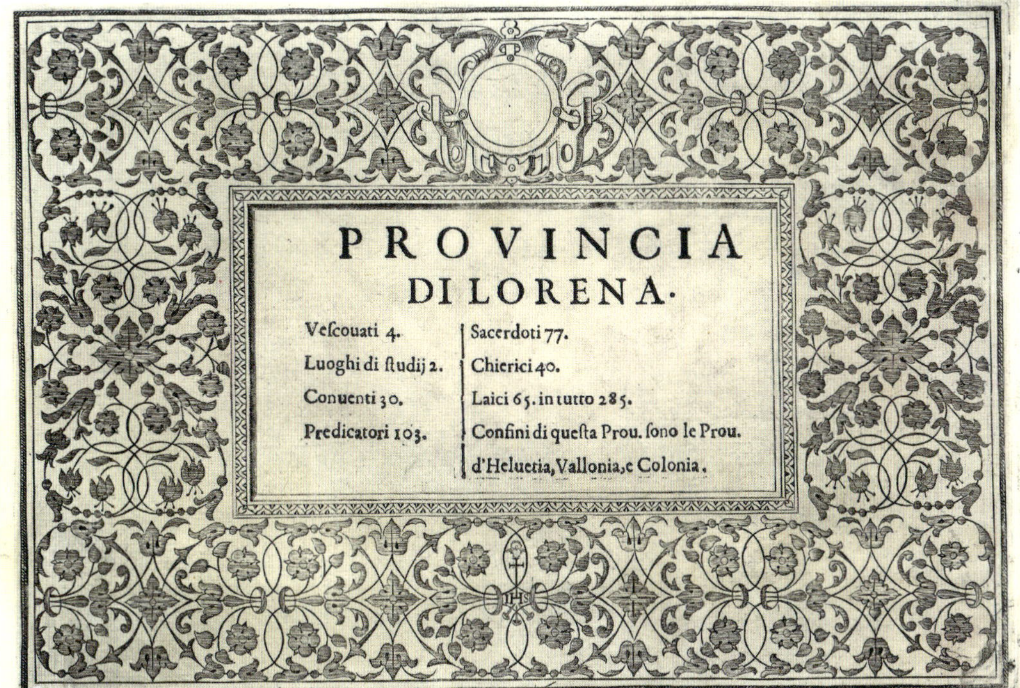

PROVINCIA
DI LORENA.

Vescouati 4.	Sacerdoti 77.
Luoghi di studij 2.	Chierici 40.
Conuenti 30.	Laici 65. in tutto 285.
Predicatori 103.	Confini di questa Prou. sono le Prou. d'Heluetia, Vallonia, e Colonia.

fig. 5
Book decoration from a German publication on Lorraine, around 1600. Private collection.

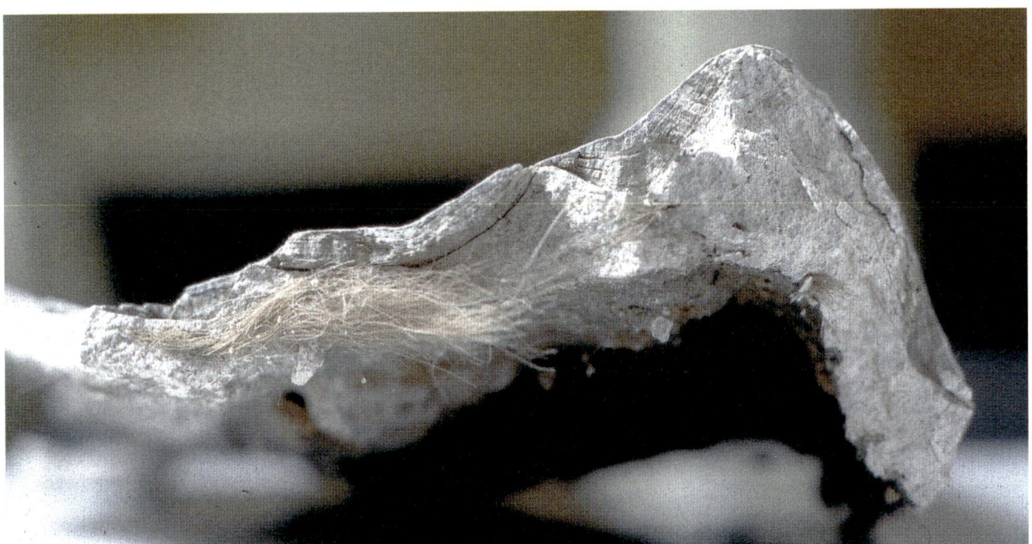

fig. 6
Cut of lime stucco from 1630 over clay ground (not photographed here). Private collection.

its artistic expressiveness, it remained the usual material in central and northern Germany until well into the seventeenth century, apart from commissions from extremely ambitious clients or those with good contacts with the decorators in Ticino and/or Italy.

From 1630 onwards, a number of German stucco artists in the middle and north seem to have come from the Lower Rhine. In places like Kalkar, important wood sculptors had been active in the Middle Ages, and their descendants and workshop

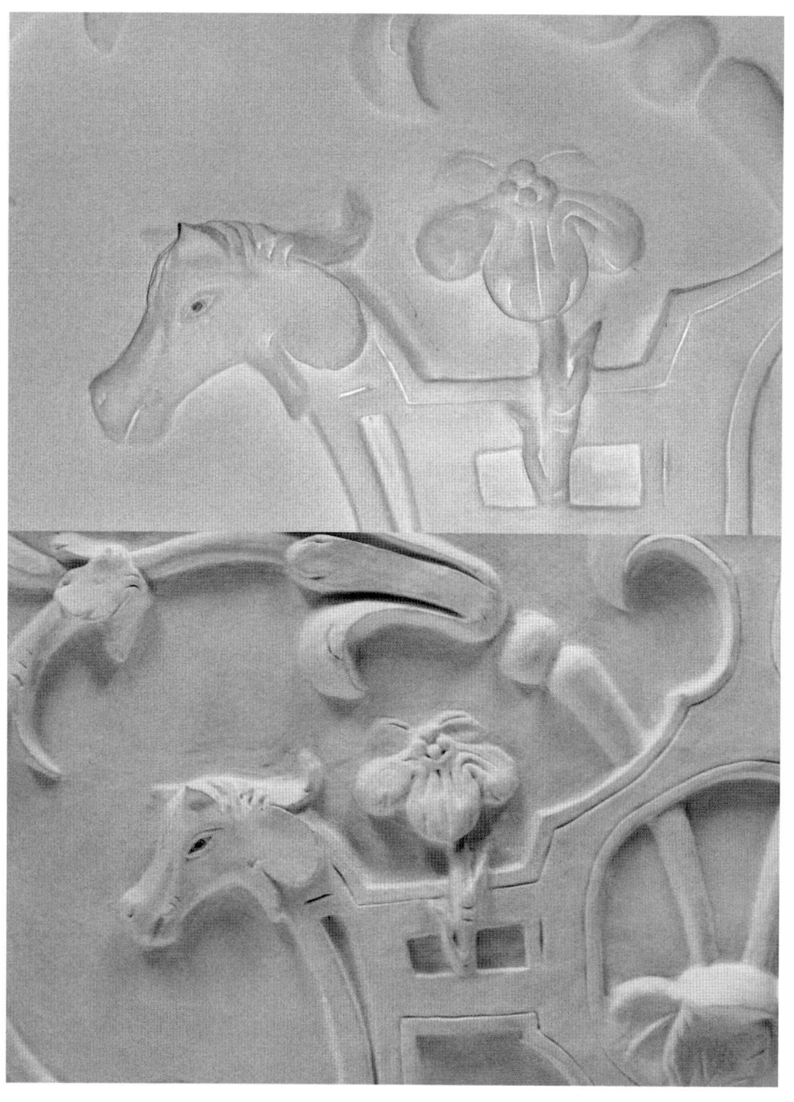

fig. 7
Zons (Rhineland), Kreismuseum. Detail of the stucco ceiling from 1652 before and after cleaning and partial uncovering.

employees now sought new fields of activity. For part of the seventeenth century some of the towns and villages in this area, like Wesel, belonged directly to the Netherlands. Unfortunately, almost no stucco ceilings have survived in this region, but in the Netherlands there are mentions of stucco artists whose origins refer to the Lower Rhine. One of the last surviving stucco ceilings from the Lower Rhine by an unknown workshop leader with the initials 'I E' was created in 1652 in Emmerich am Rhein and is now in the Kreismuseum in Zons. It serves as an example for this group of lime stucco ceilings, which are in a kind of German transitional style that can neither be assigned to the Renaissance, nor to the Baroque. This stucco ceiling formerly rested on a clay base, the lime stucco material contained deer hair to consolidate the plaster, higher areas were reinforced with wood in the ceiling base. Apart from whitish remnants of paint, there are no further traces of paint on the surface. The eyes of all the figures (**fig. 7**) had been specially treated. The pupils were given hatchings that were blackened with charcoal so that the figure could 'look'. As is often the case with stucco work in Germany, these details had subsequently been overpainted so that the figurative representations remained 'blind' – a fact that was quite acceptable to some of the occupants of such rooms who did not like to be looked at by figures from a ceiling. Even though a general instruction to uncover stucco work was questioned in 2008 with good reason,[17] the non-visibility of the full artistic range of the works poses a problem for acceptance and thus also for conservation.

In the case of the Zons stucco ceiling, this was solved in an exemplary manner by carefully removing only subsequent pools of paint in recesses and otherwise limiting the exposure to the charred hatchings of the pupils. However, this was only possible there, because there were fewer whitewash layers on the stucco profiles.

This stucco decoration shows what could be determined for many similar ones in

Germany up to the eighteenth century. The relief images in the centres of the surfaces could be traced back to graphic sources, the figures outside frames represent the repertoire of the stucco workshop, which was certainly developed by the workshop itself and naturally adapted to the client's wishes.

Using the example of the Ticino stucco artists working in northern Germany, it was possible to provide more precise evidence of the passing on of templates.[18] One of them – the team of Giuseppe Mogia – was active from around 1698 onwards in Hamburg and throughout northern Germany for a wide variety of clients. Clearly graphic templates as well as duplicated design drawings or books were passed down to subsequent generations as valued possessions.[19] This workshop demonstrably submitted its own designs to clients, as is shown by the fact that the leading architect Leonhard Christoph Sturm (1669–1719) urged the Mogia workshop in Neustadt-Glewe to vary their designs more. Architect Johann Friedrich Künnecke (d. 1738) was faced with the fact that in 1729, only Mogia had negotiated with the count personally, when drawing up a contract with the head of the workshop, Joseph/Giuseppe Mogia (born 1664 as Giuseppe Cometti from Devoggio near Argono – buried 1739 in Hamburg-Altona). Künnecke only knew of the promised benefits from the mouth of the stucco worker.

In the Mogia workshop the last act of the stucco artist was to blacken the pierced pupil points with charcoal and sometimes to apply individual colour hints to hair and lips. Then, as far as we know, the still-fresh stucco surface was given a finishing coat of lime-casein; the decorative painter had to take care of any colouring or painterly additions within the frames, as the plasterers were not normally responsible for this. From around the middle of the seventeenth century, improved techniques and materials began to triumph in Germany with the appearance of Ticino and Lombard stucco workers.

Another representative is Johann/Giovanni de Baerni/Paerni, who is recorded as Jan van Paernie (or similar) from the 'Netherlands' (thus presumably from the Lower Rhine) in Hesse, but whose family were decorators in Ticino. They were based in the village of Balerna. In 1686, Johann left one of the most self-confident stucco signatures in Germany on the balustrade in the chapel of Greifenstein Castle in Hesse, which was stuccoed by him and his workshop. A *putto* (certainly formerly also provided with pupil indentations that have been painted over today) leans on a tendril band and holds a coat of arms as well as a banner with his proof of work **(fig. 8)**. He later went to work in Thuringia.

With stucco artists like him and the Mogias, real experts introduced skills and work results that had previously been unattainable for most German workshops. In Ticino and Lombard workshops, no one had to learn their father's trade, unlike the German guild system. In the Ticino and Lombard regions illegitimate and second-born sons also had a chance.[20] In the often large families there, one might easily come into contact with many different creative forces, operating on the most diverse building sites. They all had to learn drawing and much more as a plasterer. Children were trained

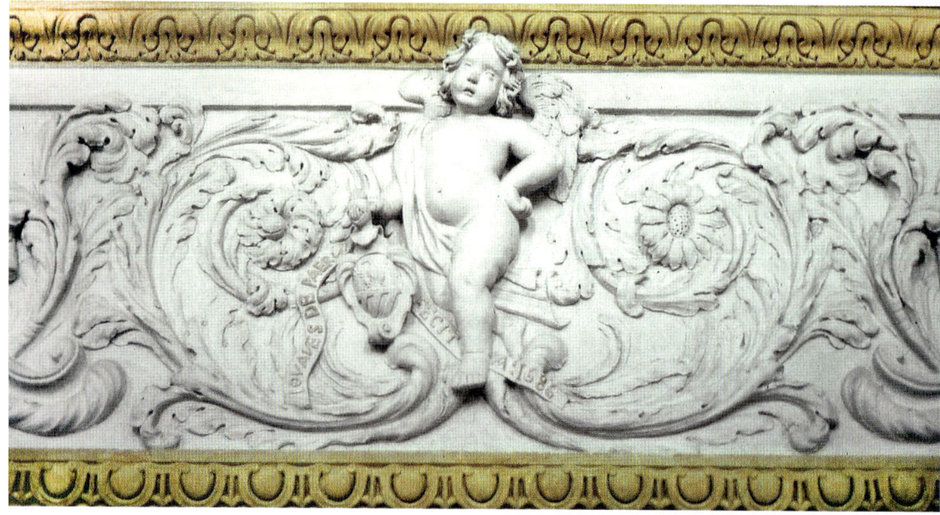

fig. 8
Greifenstein (Hesse).
Detail from the parapet of the castle chapel, stucco signed 1686.

from an early age, in some cases as young as ten years old. The Ticino or Lombard forces could work as fully trained plasterers in expert teams, without obligation to a master craftsman. Quarter-ceiling by quarter-ceiling they executed what they personally did best: profiles, in German '*Quadraturen*', figures or ornaments.

Only plasterers from the artists' villages around the convent of Wessobrunn enjoyed similar advantages in Germany. Even if there was no academy in the monastery itself, there were undoubtedly meetings in the winter months, where families, some of whom had been active in different areas of building for generations, met and exchanged ideas. After 1690, they too began to catch up and became recognised for their high-quality decorative work.

The material usually used, whose composition can be assumed to be a workshop secret, was now more multi-layered. This can be seen clearly in a stucco fragment of Joseph Mogia's work **(fig. 9)**. The gypsum-stucco (in his case usually with a high lime content) is laid over reed. Beneath a now somewhat thicker fine-white visible layer (see above), the base layer contains, in addition to the usual ingredients, finely dispersed animal hair, straw, grated charcoal and grated brick (as the documentary evidence states). For this type of stucco, there is also an oral tradition of admixtures of urine or wine as a retardant, as well as animal glue. As glue water, it could also contribute to the suppleness, like milk or almond oil. The list of possible admixtures is large.

Joseph Mogia and his workshop staff may not have been among the stars of the so-called 'Italian' stucco artists, but they demonstrably formed figures themselves, largely modelling stucco directly on site (*Antragstuck*).

Shortly after 1690, plaster stucco gained acceptance over lime stucco in Germany as the better surface material. The particular lime stucco tradition described here had a further effect on the history of stucco in Germany. The professional image of the (craft) stucco worker had emerged, someone who – quite self-confidently – did not

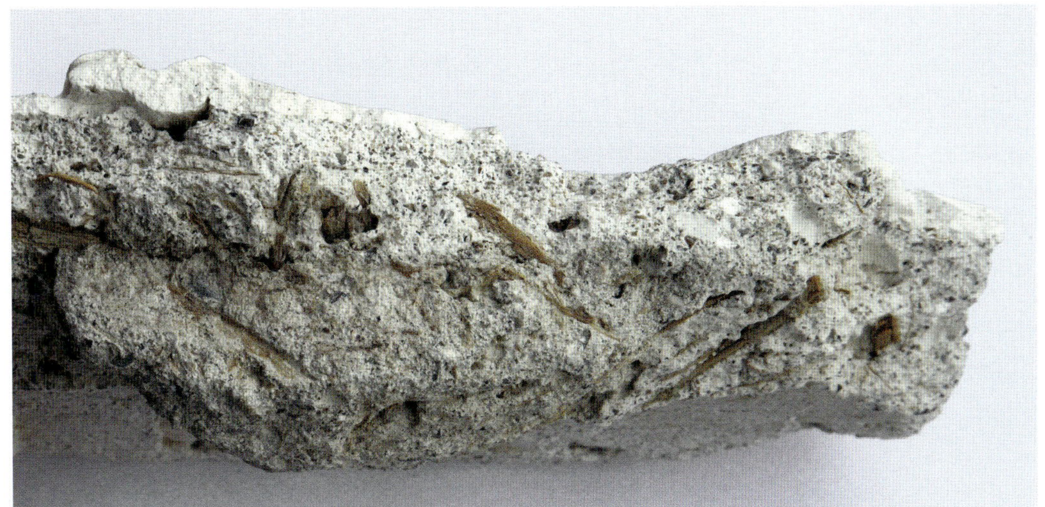

fig. 9
Cut plaster stucco from a Ticinese workshop, active 1698–1739. Private collection.

see why he should not enjoy the privileges of free art that were granted to (artist) stuccoers at the time. The plasterer craftsmen organised in guilds, like the 'Weißbinder' (white binders) (in Frankfurt am Main) or the stonemasons (in Cologne), began to complain: all plasterers should observe guild rules. This development led to lawsuits in some cities in the mid-eighteenth century, of which the Frankfurt trial was the most significant for German stucco history, as it was tried before the highest court in the land.[21]

The collision of the two directions at this comparatively late point can be explained by the fact that, from around 1720 onwards, stucco workers in craft workshops had, on the one hand, become much more self-confident and skilled and, on the other, stucco was now an indispensable part of the living and representative rooms of the middle classes in Germany and therefore a great deal of money could be earned.

If the distinction between craftsmen and artist stucco-workers in Germany is not taken into account, the author believes that it is hard to summarise Germany's stucco history in a meaningful way. However, this national peculiarity may also explain why so many German art-historians still consider seventeenth and eighteenth-century stucco-workers to be only craftsmen.

With their skills, their good networks and their system of cooperation, often involving several artist stucco-workers, great flexibly as specialists for ornamentation or figures under one leader, the so-called Italian workshops quickly dominated the stucco market. After 1700 and until around 1780, stucco became an indispensable artistic element of sophisticated interior decoration in prestigious residential and representative buildings in Germany. Their stucco, also described by contemporaries as 'Italian', was preceded by the reputation of the best works in this art. Only in the south did individual stucco artists from the artists' villages around the convent of Wessobrunn grow up to rival them. The heyday of 'Italian' stucco in Germany, lasted until around 1730. It is the period in which, among other examples, the stucco decoration at

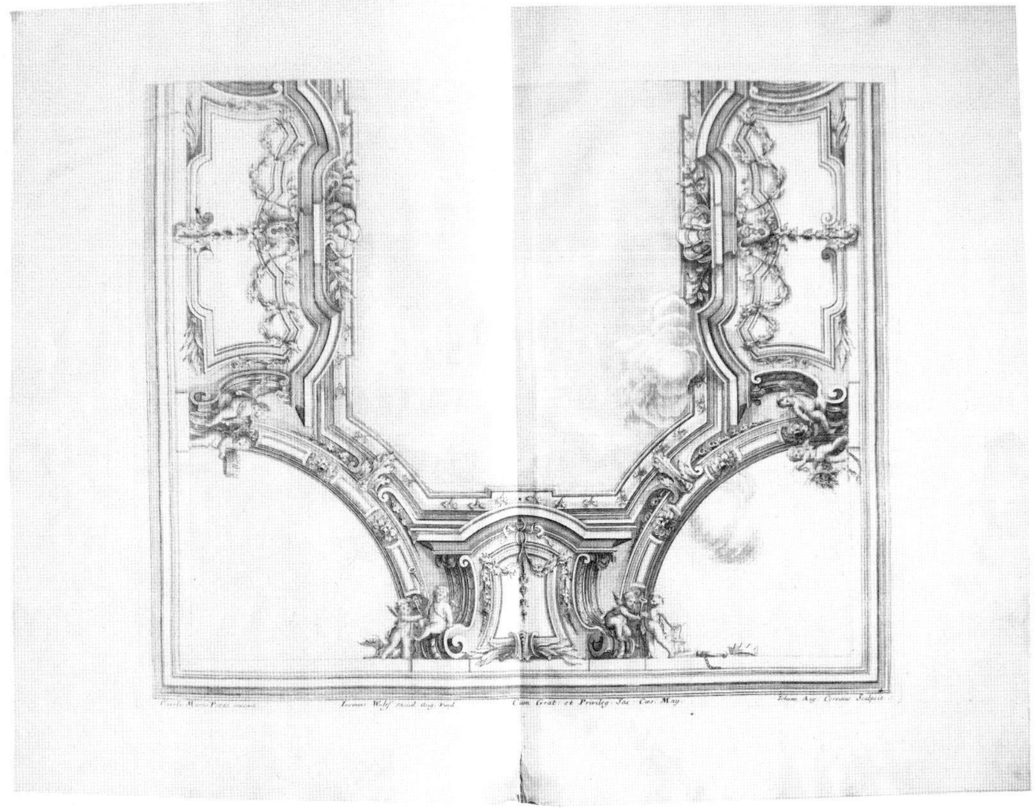

fig. 10
Carlo Maria Pozzi, *Artis sculptoriae, vulgo stuccatoriae paradigmata* (Augsburg, 1708, pl. 4). Private collection.

Ottobeuren convent falls. The popularity of 'Italian' stucco-work, especially north of Würzburg and as far as the Danish royal court, meant that an artist stucco worker like Carlo Maria Pozzi (1676–1747) could dare to publish his own model book of designs for builders in Augsburg in 1708.[22] His *Artis sculptoriae, vulgo stuccatoriae paradigmata*, engraved by the graphic artist Johann August Corvinus and published by Jeremias Wolf, could have been the starting point of an even steeper career ascent if *Perspectiva pictorum et architectorum* by Andrea Pozzo (1642–1709) had not appeared in the same place shortly afterwards. Then the master builder, graphic artist and non-plasterer Paul Decker (1677–1713) published volume one of his *Fürstlicher Baumeister / Oder Architectura Civilis* [...] which quickly outstripped Pozzi's work from 1711 onwards. Decker showed decorations in the so-called *Bandelwerkdekor*, which soon became popular with German clients and which, from around 1725, was an integral part of modern stucco decorations of the time. The Decker work was printed in several editions, and its author was still considered famous in 1750.[23] Pozzi's folio volume of eight plates (fig. 10) in the so called 'Italian style' of the early High Baroque characterised the Late Baroque period in Germany. The drawings can be easily removed from the volume as individual double pages (measuring cm 43.3 × 56.2) for use on the building site. It remained the only publication of a stucco artist's own designs in Germany.

1 Unless otherwise stated, all information is taken from B. Rinn-Kupka, *Stuck in Deutschland, Von der Frühgeschichte bis in die Gegenwart* (Regensburg, 2018). When the term 'Germany' is used in the following, it refers to the many countries, territories and areas that make up today's Germany.

2 Until recent times, these decorations did not enjoy large success among art historians. The first steps were taken at a conference in Würzburg in 2008 by L. Schreiber-Knaus, 'Deutsche Stuckarbeiten der Renaissancezeit – Stempel- und Modelstuckdekorationen von 1570–1630', in J. Pursche (ed.), *Stuck des 17. und 18. Jahrhunderts. Geschichte – Technik – Erhaltung*, ICOMOS Hefte des Deutschen Nationalkomitees (Würzburg, 2010, 50, pp. 160–68).

3 K. Endemann, 'Giulio Romano und Andrea Palladio. Die Landshuter Residenz Herzog Ludwigs X. und ihre Rezeption in den frühen Palastkonzepten Palladios', *Zeitschrift für Kunstgeschichte* 1 (2017, pp. 35–82).

4 K. Häffner, F. Schrorer, 'Die Stuckdecken der Renaissanceschlösser von Neuburg/ Donau und Höchstädt a. d. Donau', in Pursche (op. cit. note 2), pp. 189–96, p. 189). All information on material and technique concerning Neuburg is taken from this publication.

5 Schreiber-Knaus (op. cit. note 2), p. 189. All information on materials and technique concerning Höllerich/Beichlingen is taken from there. Schreiber-Knaus named this group of works after the techniques used, which were, however, also applied to other examples. Rinn-Kupka proposed the name 'Friesrahmendekorationen' (frieze frame decorations) in 2018; Rinn-Kupka (op. cit. note 1), pp. 114–17.

6 Schreiber-Knaus (op. cit. note 2), pp. 161–65.

7 It might have continued even longer if the plasterer Eugenio Castelli, a member of the Castelli family from Ticino, had not settled in the small town in Hesse from at least 1714 on.

8 See also B. Rinn, 'De "Kölner Decke". Een Keulse stucbestseller bereikt Nederland', in *Rijksdienst voor het cultureel Erfgoed* (Zwolle, 2010, pp. 188–201).

9 Notification: HAStK, Best. 95, no. 143, p. 205. See: B. Rinn, 'Die "Kölner Decke"– ein bis in die Niederlande exportierter Stuckbestseller der Barockzeit', in *Geschichte in Köln*, (Cologne, 2008, 55, pp. 34–62, p. 50).

10 Clay stucco ceilings have not yet been researched in detail. Clay shrinkage was probably diminished by adding straw to the mix.

11 B. Rinn, '"Das wollen wir auch [...]": die "Kölner Decke", ein Exportschlager des 17. Jahrhunderts', in Stefan Lewejohann (ed.): *Köln in unheiligen Zeiten* (Cologne *et al.*, 2014, pp. 110-15).

12 Moritz von Hessen-Kassel (1572–1632), Landgraf of Hessen-Kassel (1592–1627).

13 C. Diehl, *Die Grabkapelle des Landgrafen Philipp II. von Hessen-Rheinfels und seiner Ehefrau Anna-Elisabeth in der evangelischen Stiftskirche von St. Goar. Untersuchung der Grabkapelle, insbesondere der 1592 entstandenen Stuckausstattung – Erfassung der Technologie, der Schäden und Überlegungen zur Konservierung.* Diplomarbeit an der Fachhochschule Köln, 2002. All information on materials and techniques at St Goar is taken from there. See also C. Diehl, 'Die restaurierte Stuckausstattung der Landgrafen-Grablege (St Goar)', *Jahrbuch für westdeutsche Landesgeschichte* 29 (2003, pp. 63–77).

14 More detailed research on surviving Renaissance stuccowork in Germany is highly desirable.

15 B. Rinn, *Italienische Stukkateure zwischen Elbe und Ostsee: Stuckdekoration des Spätbarock in Norddeutschland und Dänemark* (Kiel, 1999, p. 278).

16 B. Rinn (op. cit. note 13), p. 301. See also: J.U. Freiherr von Cramer, *Wetzlarische Nebenstunden* [...], *Fünfzehnter Theil*, part 15 (Ulm, 1759, pp. 110–55, p. 122).

17 M. Koller, 'Viel Stuck und wenig Fresko. Technologieforschung und Restaurierung von Stuck in Österreich seit 1945', in Pursche (op. cit. note 4), pp. 85–94, here pp. 88–9.

18 Rinn (op. cit. note 15), pp. 21–198.

19 A spectacular find from Ticino in this respect is the sketchbook from the Cantone family of stucco artists, which was used from 1582 until at least 1738. B.L. Grandjean, *Stukarbejder I Danmark 1660–1800* (Herning, 1994, pp. 136–37).

20 An illegitimate son becoming a master was unthinkable in the guild system of German cities.

21 J.U. Freiherr von Cramer (op. cit. note 16), pp. 110–54.

22 C. Casey, 'Carlo Maria Pozzi, stuccatore', *Zeitschrift für Schweizerische Archäologie und Kunstgeschichte* 70 (2013, no. 4, pp. 279–92).

23 J.U. Freiherr von Cramer (op. cit. note 16), p. 127.

Interior Stucco Work of the Sixteenth and Seventeenth Centuries in The Netherlands

Wijnand Freling

Ceilings in the Netherlands were traditionally constructed in wood and the development of stucco started only sparingly during the sixteenth and seventeenth centuries. Application on a much larger scale took place in the eighteenth century. Nevertheless, an important development can be seen from the sixteenth century onwards. In some places, a clear affinity in style with surrounding countries can be seen and, to some extent, foreign plasterers carried out the work.

A difference can be made in the structure and use of materials in stucco: a loam layer, made from a mixture of fine clay, sand and natural fibres with a lime or gypsum plaster finish or a structure in different layers of lime and lime gypsum mortars. On the plaster ceilings, frames are drawn, ornaments and decorations are modelled. Moulds are also used to apply decorations to the wet plastic plaster. In the seventeenth century, plaster casters cast ornaments in moulds and sold them.

In the sixteenth and seventeenth centuries, Italian stucco artists were working in various palaces in the neighbouring countries. They brought the Renaissance style from Italy to France and England, among other countries. At the end of the seventeenth century the fashion shifted towards more plastered ceilings. In addition to native plasterers, Italians from Ticino and the surrounding area created large-scale ornamented plasterwork in the Republic (later Netherlandish and Belgian) interiors.

The Netherlands in the Sixteenth Century

Apart from the smoothly plastered and painted Romanesque and Gothic vaults and walls of North Netherlandish churches, ornamented stucco work appears on a very limited scale in the Netherlands in the sixteenth century. In the Berckepoort in Dordrecht, the wine merchant Matthijs Berck had a decorated stucco ceiling installed between the crossbeams and joists around 1562 (fig. 1). The construction consisted of split stakes nailed to the crossbeams and joist trusses and the flat parts of the ceiling. A loam layer was then applied with a thin coat of plaster on top, onto which the ornamentation was applied. The ornamentation consisted partly of cast lions' heads and flower buds placed on the stucco in high relief and partly of stamped Renaissance decorations, in very shallow depths. Fragments of a beam covered with stucco and decorated with various figurations were discovered in the attic and a similar stucco ceiling was found in Voorstraat 250, another house in Dordrecht.

Castles at Binch, Mariemont and Boussu in the Hainaut region of the Southern Netherlands, built around the middle of the sixteenth century were provided with stucco decorations. The influence of Francesco Primaticcio from Fontainebleau[1] was reflected in these projects by the artists who were involved: the sculptor Jacques de Broeucq (1505–84) and the Italian stuccator and plasterer Luc Lange.[2] Lange was active at the castle of Binch between 1550 and 1553.[3] He can be seen as the bringer of the Italian Renaissance to the Low Countries. It is possible that he was able to make use of casting moulds from Fontainebleau as he may have worked for Primaticcio at Fontainebleau between 1541 and 1547.[4] Unfortunately, these castles were destroyed.

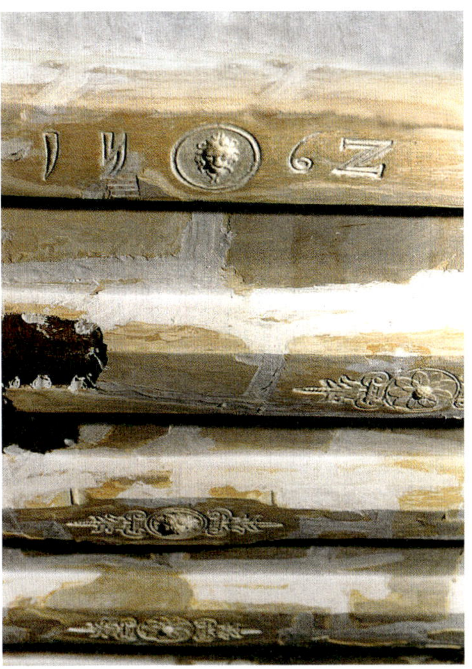

fig. 1
Dordrecht, Berckepoort, loam plaster ceiling with cast and stamped ornaments.

The same fate occurred at the palace of Nonsuch in Surrey, England, built by order of Henry VIII. Even more lavishly decorated under Italian influences (1547–1600) with plasterers and decorators such as Nicola Bellini di Modena, Toto del Nunziata and Perino del Vaga from Florence, this became the absolute showpiece of Renaissance architecture. The castle was demolished in 1682–83 to settle the Countess of Castlemaine's debts.[5] In addition to the Italians, English stucco artists were also busy. Only one of them, Charles Williams, went to Italy in 1547 to learn the technique. At Hardwick Hall, Abraham Smith with other English stucco artists initiated late Elizabethan stucco in 1592.[6]

A sixteenth-century example can be found in the Southern Netherlands at Tournai Cathedral. Here the chancel apse (dated 1570–73) is decorated with mannerist mouldings and sculpture in stucco, by Cornelis Floris de Vriendt in the style of the Venetian Jacopo Sansovino.[7]

Further interior stucco from the sixteenth century survives in the castle of Güstrow (1563–64) in Germany. At Sønderborg Slot in Denmark there are sculpted keystones, including a Medusa head in stucco, in the ribbed and vaulted ceiling (1568–70) with clear references to Flemish sources and Tønder Slot has stucco by Johann Baptist Pahr from 1582. Together with Antoni Watz, Pahr also worked at Kalmer Slot in Sweden in the periods 1560–62 and 1572–85.[8] Watz also worked at Uppsala Castle around 1580.[9]

The Netherlands in the Seventeenth Century

Only in a few places can seventeenth-century sculptural stucco still be found in the Netherlands. At Poelestraat 37 in Groningen, remnants of a stucco ceiling that was made between 1616 and 1635 are still present. The ornamentation is compared by Barbara Rinn[10] to the now completed reconstruction of the Renaissance stucco ceiling in Goldene Waage in Frankfurt that was made in the period 1616–19.

At Castle Wolfrath in Born, the Netherlands, the walls of a room were decorated in 1634 with busts and associated attributes of four church fathers: Ambrose, Gregory, Jerome and Augustine (fig. 2). The entrance to this cabinet is decorated on the inside with a plaster frieze with the inscription 'salvs exevntibus'.[11] These stucco figures were commissioned by Philips Hendrik Bentinck and made by means of a layer composed of a mixture of clay and sand then covered with a stucco layer. There are no comparable examples in the Netherlands. Given Bentinck's international connections and that his wife came from the Munich area, it is possible that this work was influenced by stucco artists from Bavaria.

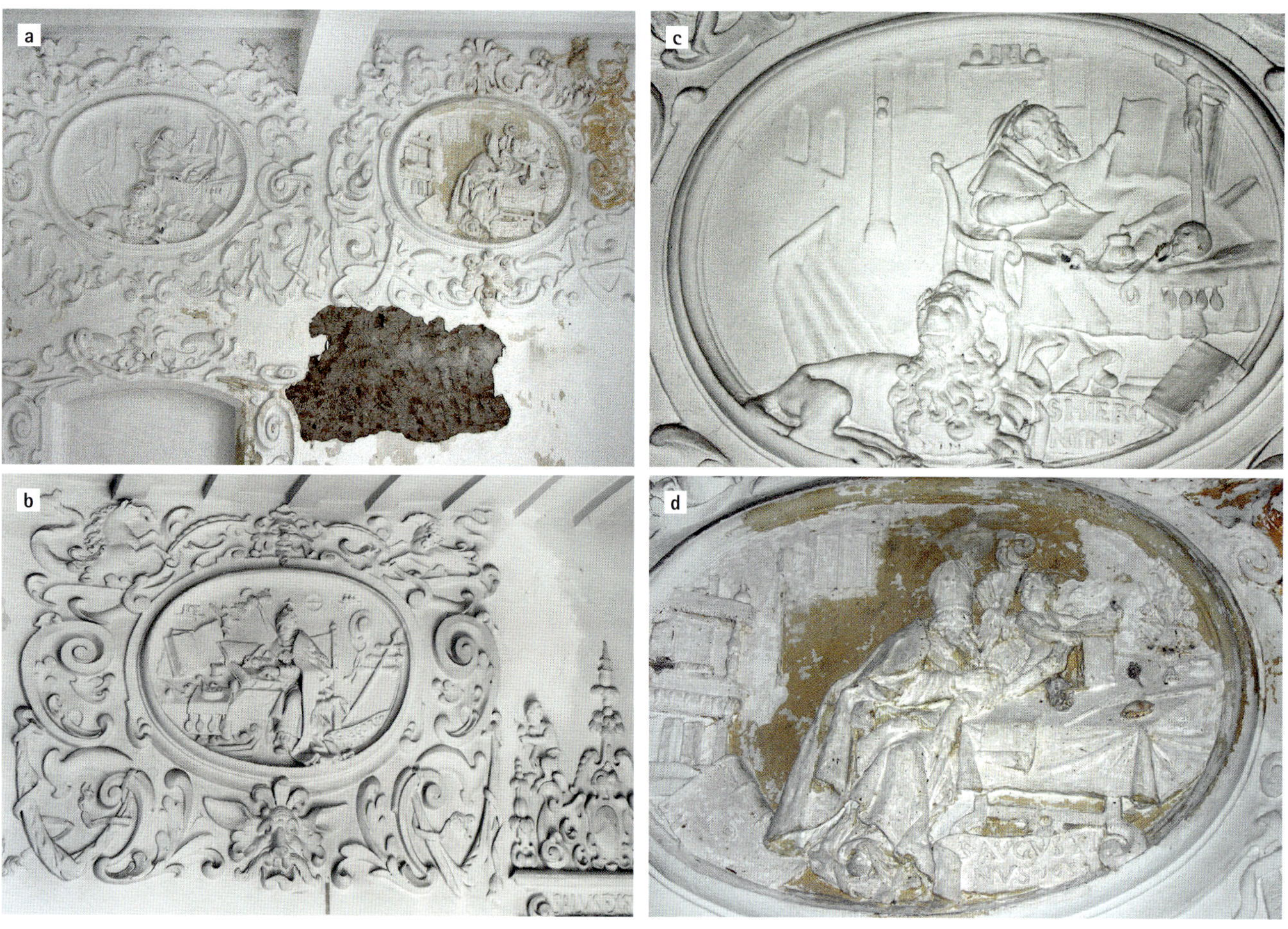

figs. 2a–d
Born, Castle Wolfrath, cabinet, loam plaster walls with church fathers (**b.** Gregory; **c.** Jerome; **d.** Augustine).

The small cabinet next to the great hall in Deventer Town Hall has a simply decorated stucco ceiling from 1662 with a large cove moulding in which *putti* with various attributes are depicted. The flat central section is divided into a large circular frame with a symmetrical decoration within that includes volutes. In the four corners palm leaves enclose coats of arms.

In Doornenburg Castle in the Lingewaard, a stucco ceiling was installed between the joists in the knights' hall around 1666. In the central medallion is a knight on horseback, representing Gijsbrecht van Amstel in tournament clothes, surrounded by four widely fanning palmettes that almost completely fill the area between the joists **(fig. 3)**. In one of the medallions the monogram of Van Amstel was present. The ribbed mouldings are also found on clay stucco ceilings in Limburg.[12] The decoration in the fields has no comparable examples in the Netherlands. The stucco ceiling was lost during the Second World War. The construction and material composition can no longer be traced. There is a possibility that this was a mud plaster ceiling.[13]

Around 1673, the noble nuns of Stift Thorn had a Loreto Chapel built as a copy of the little house of Nazareth in Loreto, Italy. The interior is decorated with stucco in the Baroque style which suggests that foreign plasterers were involved. As the client, the nuns probably made an important contribution in developing their own style of decoration.[14] A similar suspicion applies to the stucco ceiling in the hall of Doetinchem Slangenburg Castle, dating from 1680–90. Here too, there are no comparable examples in the Netherlands or surrounding countries. Richly fanning acanthus leaves fill the entire ceiling.

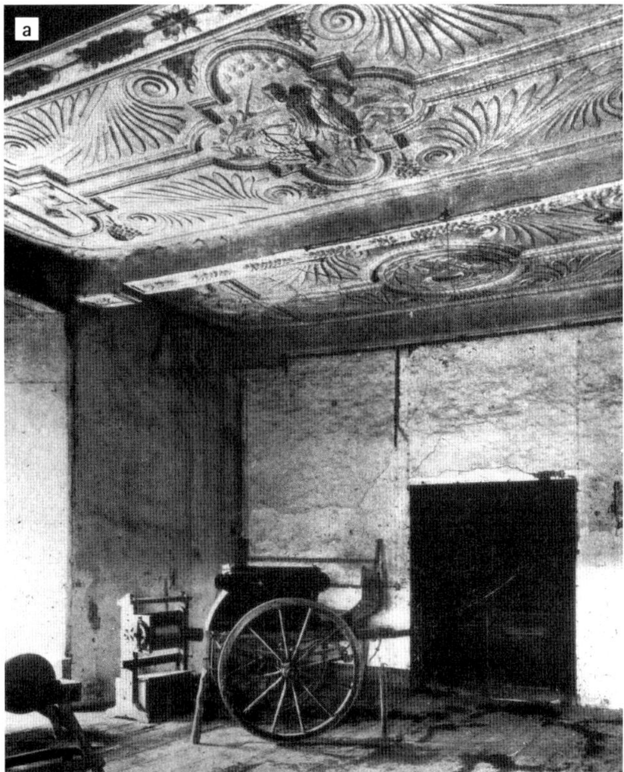

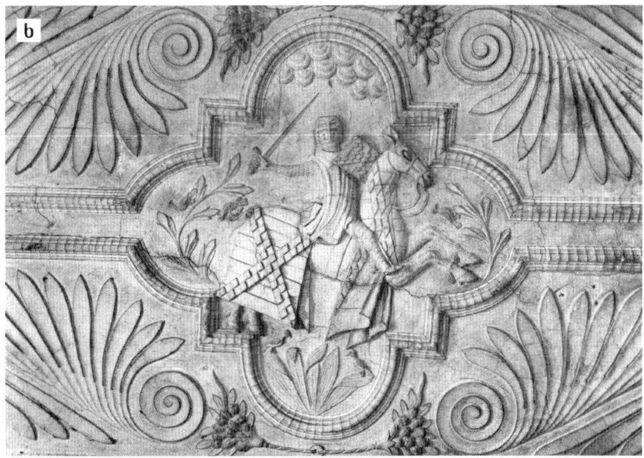

figs. 3a–b
Doornenburg Castle, stucco ceiling with representation of Gijsbrecht van Amstel (**b.** detail of Gijsbrecht van Amstel).

The stucco work in Amerongen Castle, Het Nijenhuis in Heino and in Pieterskerkgracht 9 in Leiden from the last quarter of the seventeenth century fits very well into the international style development. Unfortunately, the names of designers and plasterers are missing. We can also see this international Baroque style in Paleis Het Loo in the period 1693–7. Based on a design by Daniel Marot, the Italian stucco artists Giovanni Battista Luraghi and Andrea Casella made stucco ceilings in Queen Sophie's

fig. 4
Zwolle, Koestraat 10, loam plaster ceiling, 17th century.

sitting room, King William III's bedroom, the chapel and the library.[15]

Wattle and Daub Plaster Ceilings

In the seventeenth century there was a large increase in ceilings fabricated in a loam mortar with plastered and decorated crossbeams and joists. In part, these ceilings are related to the so-called 'Kölner Decken'[16] with richly ornamented crossbeams and joists. Examples can be seen at Plompetorengracht 11 in Utrecht; in the hall and council chamber of the Oude Raadhuis at Zuthpen; at Koestraat 10 in Zwolle; at Jutphaas castle, Rijnhuizen; and at Putstraat 5–7 in Sittard.[17]

At Plompetorengracht 11 in Utrecht, two clay stucco ceilings emerged during a rearrangement of the property. In the right rear room, the crossbeams feature rich decoration comparable to the Kölner Decken, in the left upstairs room, the crossbeams and joists are encrusted with simple decorations. The clay stucco ceilings in the Old Council House of Zutphen were made by Jan Craeckenborgh van Cleef in 1639. He received one hundred and twenty Carolus guilders for his work.[18]

On a room on the second floor of Rapenburg 65 in Leiden, a clay stucco ceiling was commissioned by the merchant Matthias van Overbeke, from Cologne, around 1630.[19] Stylistically, it corresponds to the clay stucco ceilings in Zutphen and Zwolle. The same applies to the ceiling in the front room of Koestraat 10 in Zwolle (fig. 4). The intermediate fields contain mouldings and simple decorations, executed in a lime mortar drawn and sculpted in the clay on site. The seventeenth-century stucco ceiling in Zwolle is finished with a nineteenth-century imitation-oak painting.

In Rijnhuizen Castle, the seventeenth-century clay stucco ceiling was finished with painted oak in the second half of the nineteenth century, just as in Koestraat 10 in Zwolle. The visitor is thus confused. It seems that this is a traditional oak crossbeam and joist ceiling from the seventeenth century, of which there are still one or two others in the Netherlands.

The other group of clay or loam stucco ceilings have crossbeams, covered with clay or loam and lime, and sometimes richly ornamented fields between the crossbeams. At Voorstraat 31 in Brielle the same stamping technique was used as in the Bercke-poort more than a century earlier (fig. 5). Such decorations are much more widespread. Other examples in the Netherlands are castle Grasbroek with stamped paw prints; At Nobelstraat 34 in Brielle which has the same figurations as at Voorstraat 31 in the same town. In Germany, Anholt castle has a sixteenth-century stucco ceiling in the Green Room; and in the Weser area Höxter, Lemgo, Braunschweig and Blomberg among others have comparable decorations.[20]

In Belgium the monastery on the Kerkstraat in Lier has stamped decorations on the sides and underside of the crossbeams in the antechamber.[21]

By far the largest amount of clay stucco ceilings are the encased crossbeams with flat fields between them. The fields are often decorated with mouldings in geometric patterns and sometimes enriched with medallions with bas-reliefs. Such stucco ceilings can be found over much of northwestern Europe. Among the striking examples in the Netherlands are Boxmeer Castle (1686) which bears the signature 'Hen Hansche ft',[22] and without signature Kapittelstraat 4 in Sittard, Schoenmakerstraat 16 in Roermond, the wedding room in Deventer Town Hall and in Keizerstraat 35 in Utrecht.

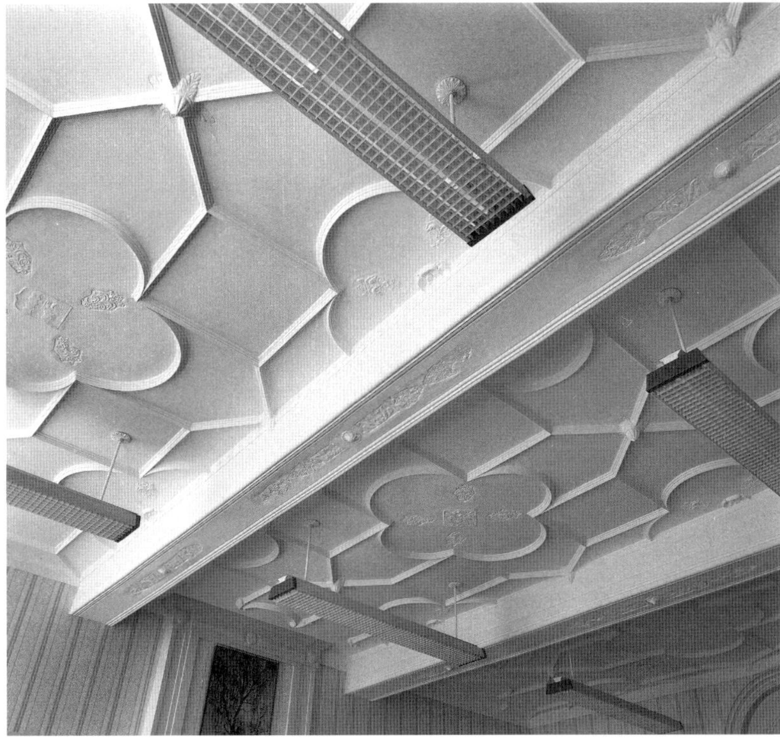

fig. 5
Brielle, Voorstraat 31, loam plaster ceiling, 17th century.

Sculptural Work in the Southern Netherlands

In the park of Gaasbeek Castle, a small oval-shaped building was constructed around 1623. The domed vault has a richly ornamented stucco ceiling with life-size figures, grotesques, ornaments and a number of panels (**fig. 6**). The panels enclose representations in relief which are then covered in coloured granules. From a distance it looks as if a very fine mosaic has been applied.[23]

Jan Christiaan Hansche was a seventeenth-century plasterer and sculptor who created sculptural work in the Southern Netherlands.[24] His work includes sculptures in stucco that project from thirty centimetres to a metre from the stucco ceiling. He is known to have produced sculpture between 1653 and 1685. The archives of the Park Abbey in Leuven reveal that he had three permanent employees: Henderick Daelmans, Giliam Speltiens, and Henderick Rossea.[25] This spectacular stucco work is present in the brewers' house in Ghent, the castle of Modave and in the Abbey of Heverlee near Leuven. Whether the stucco in Kleve had the same sculptural forms is impossible to ascertain from the old photographs.

It is unclear where Hansche got his inspiration for sculptural stucco that emerges

fig. 6a–d
Gloriette, Gaasbeek Castle, renaissance ceiling with fine crusted pottery and stoneware glued on the stucco reliefs in the panels (**b.** detail of a ceiling panel; **c.** panel with a scene in relief, partly covered with coloured grained stoneware; **d.** detail of the coloured stoneware).

from the ceiling in high relief, but it can be found in Germany in the Rittersaal in Burg Breuberg (*c.* 1613), and in the Red Salon of Heidecksburg Castle in Rudolstadt, created by Heinrich Schacht in 1636, a stucco ceiling from 1652 in Emmerich,[26] and stucco decorations from 1602 in the court apothecary of Sondershausen Castle.[27] The high reliefs of *Venus and Mercury* and *Apollo and Diana* in stucco medallions in Heidecksburg bear some resemblance to Hansche's high relief. The stucco in Sondershausen fits much better with his work in Castle Horst and the sacristy of St Charles Borromeo in Antwerp which is executed in less-high relief. For the figurative filling in of the surfaces in various ceilings, Van Vaek provides a wonderful overview which we will return to later.[28] Further north in Sweden at Skokloster Slot in Uppland, the

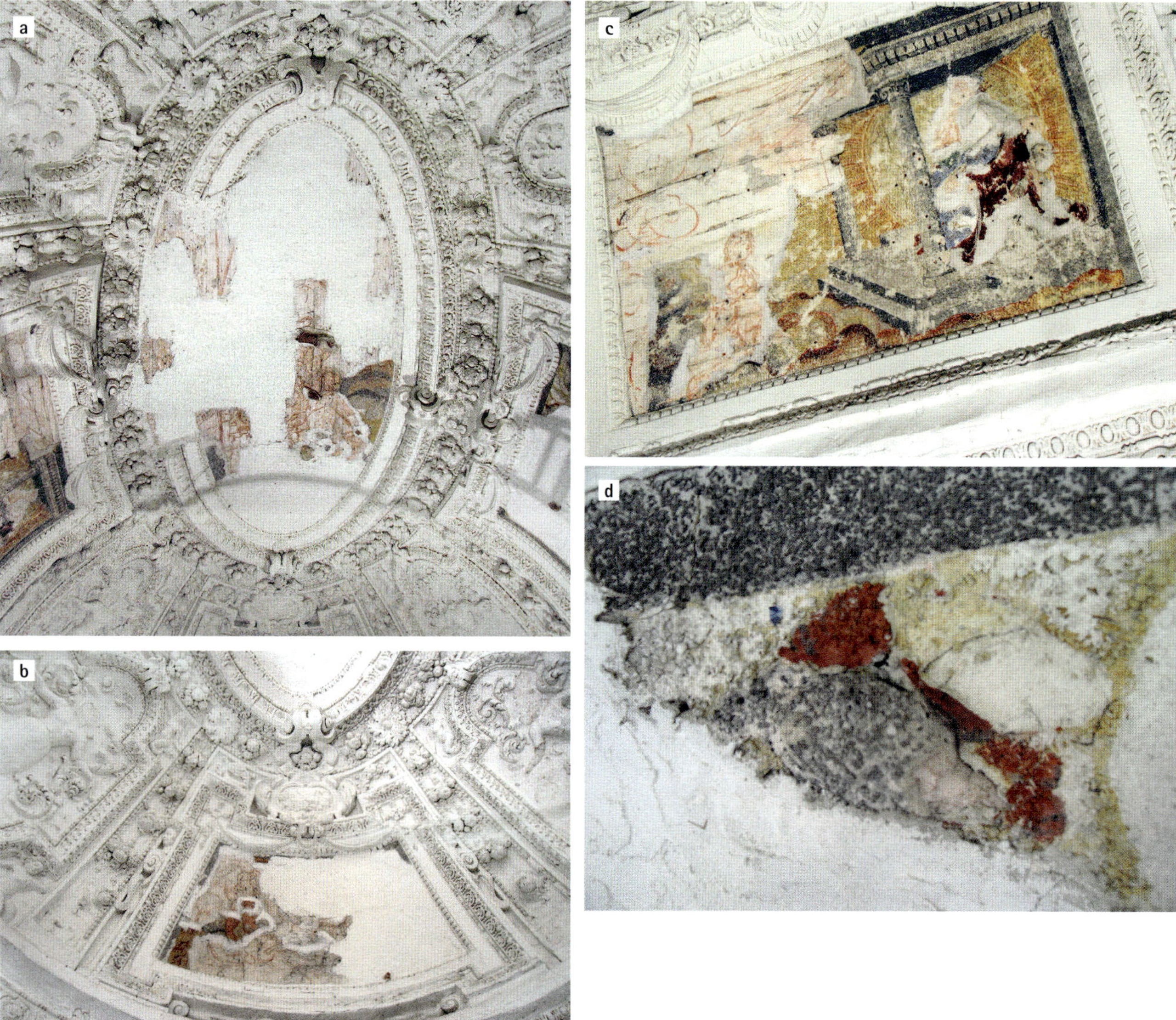

stucco in the King's Hall bears some resemblance to Hansche's work. The central configuration with the dragon scene was executed in high relief and polychromed by the stucco artist Hans Zauch, from Bavaria, together with Giovanni Anthoni in 1663–64. In the corners there are medallions symbolizing the four continents.[29]

In the audience room of Modave Castle, Hansche modelled for his client, Jean-Caspar-Ferdinand de Marchin, knightly figures on horseback projecting almost a metre from the ceiling in the period 1666–72, and these figures flank the family tree applied to the stucco ceiling (fig. 7). The whole thing is polychromed. In two other rooms, the Labours of Hercules are depicted in the stucco ceilings based on the engravings of Cornelis Cort. In the high-relief of his fight with the nine-headed Hydra of Lerna,

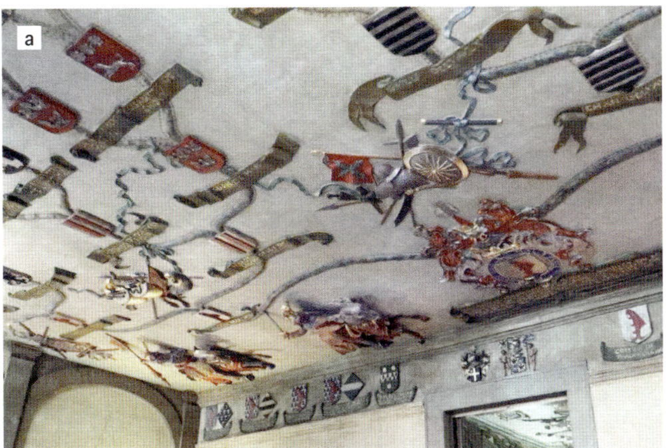

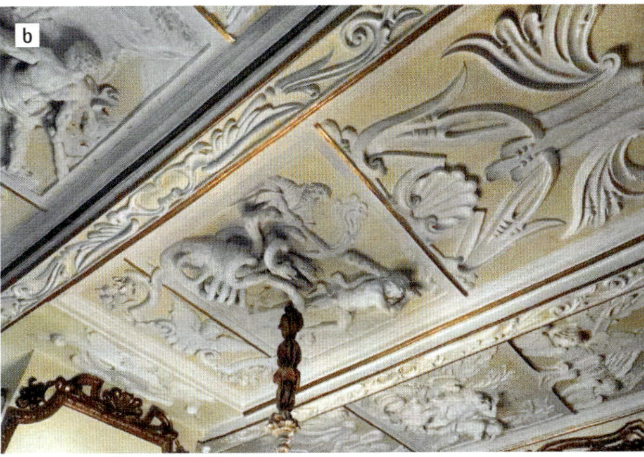

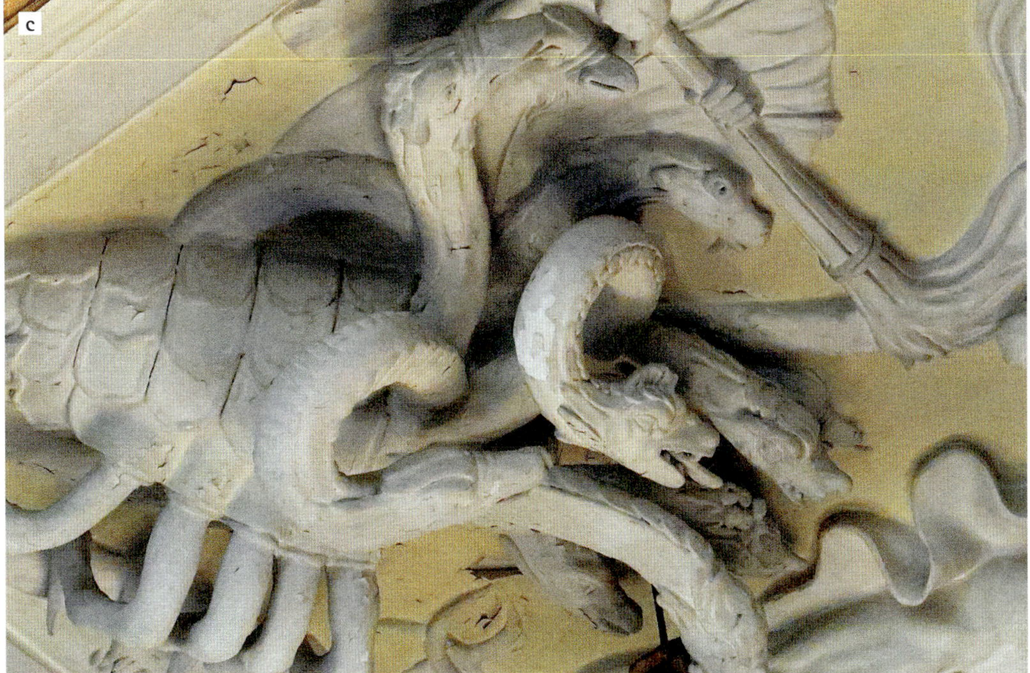

figs. 7a–c
Modave Castle, ceiling of the entrance hall with sculpted stucco works by Hansche (**b.** ceiling with the Labours of Hercules; **c.** Hydra in one of the Labours of Hercules).

Hansche's qualities as a 'calck carver' (stucco-carver) came into their own. Hansche's hand is also abundantly present in other rooms in the castle.[30]

In 1673 Hansche was commissioned to decorate the ceiling, 16 by 7 meters, in the meeting room of the Ghent Brewers' Guild with sculptured stucco. In addition to the coat of arms bearing the tools of the brewmaster, he also depicted the Labours of Hercules. The ceiling decoration of the Fall of Phaeton is particularly spectacular. If the Labours of Hercules are linked in the imagination to virtue, bravery, overconfidence and recklessness, then this theme fits in with the ideas of the guild.

At the Norbertine Abbey in Heverlee in 1672, Hansche was commissioned to produce scenes from the life of St Norbert on the vaulted stucco ceiling of the library. And in 1679 Hansche continued his sculptural work in high relief in the refectory of the abbey. The stucco ceiling consists of five compartments separated by covered with stucco and richly decorated cross-beams with a depiction of The Last Supper in the middle compartment.

Hansche drew his inspiration for the stucco work on three ceilings in Horst Castle from C. de Passe, from Georg Rollenhagen's *Nucleus Emblematum Selectissimorum* (1611–13) and from Ovid's *Metamorphoses*.[31] These ceilings were completed by about 1655.

Cast Ornaments

Cast plaster ornaments were first applied to stucco ceilings in the Renaissance. In addition to his work as a craftsman with on-site modelling, the plasterer could easily apply repetitive elements using castings. The oldest application in the Netherlands can be found in the Berckepoort in Dordrecht.[32] In the clay stucco ceiling from 1562, the lions' heads and flower buds are cast in plaster. In addition, images were applied in deep relief by means of stamps in the still wet plaster layer. In this combination, an ornamented Renaissance stucco ceiling was created. In the old town hall of Zutphen, the repeating elements – lions' heads, strings of pearls – were also cast. At Plompetorengracht 11 in Utrecht, among other things, the rosettes were cast.[33]

A very different application of this method can be seen in the seventeenth-century cast chimney cheeks in the Netherlands. Such chimney cheeks are found in the Havezathe De Eese in Eesveen, made around 1621, and in Dekema State in Jelsum after 1622. In Rotterdam similar cast chimney cheeks survive, probably from Leuvehaven 39 (fig. 8).[34] Each vertical support consists of three parts: a base with a lion's head, a caryatid, and a console in the shape of a female head. At Dekema State, two statues were placed on each side of the chimney, and these were provided with double consoles. Mid-seventeenth-century specifications mention 'baked, cast and plastered' posts. In Leiden, the 'master post-master' Jeroen Henricx van der Mey (1616–67) was active with his brother Jan van der Mey (1611–?).[35] In 1702, Jeroen's

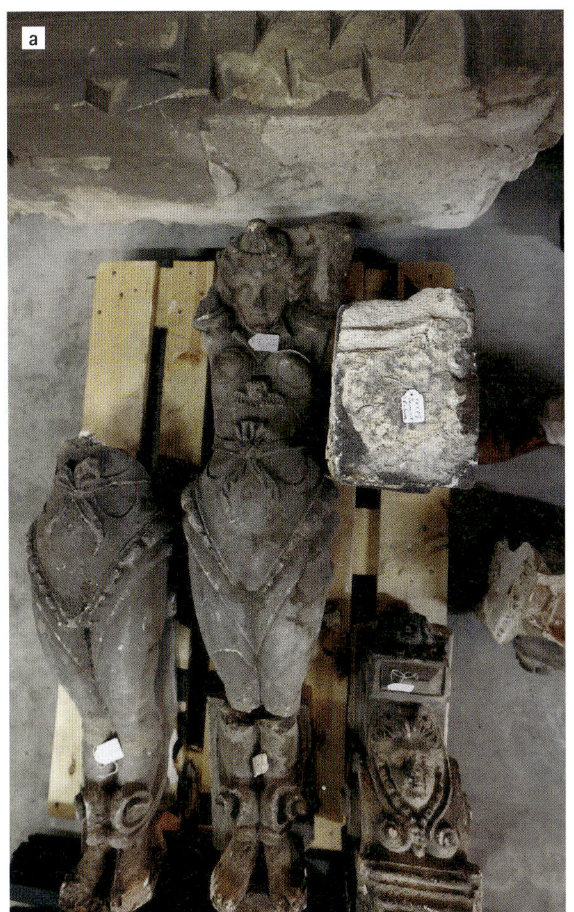

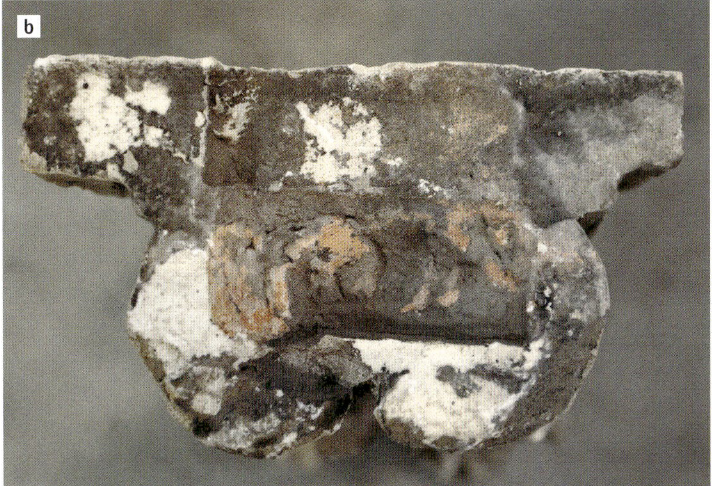

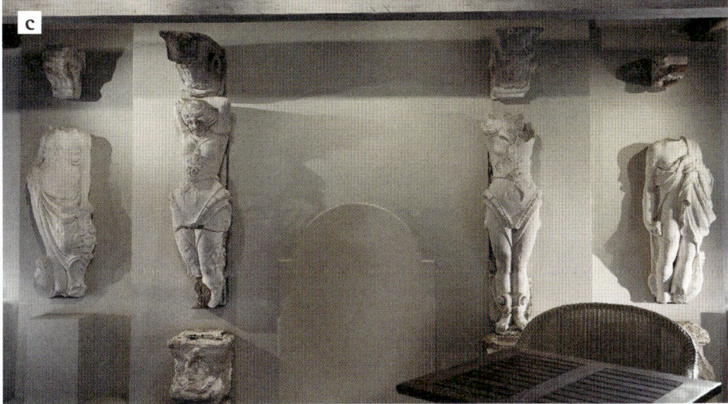

figs. 8a–c
Rotterdam, Leuvehaven 39, cast chimneypiece, seventeenth century. Found in the harbour after the bombing of Rotterdam in the Second World War. The surface is a black crust of burned plaster (**b.** cross section of a cast; **c.** chimneypiece at Dekema State).

son was a member of the St Luke's Guild in Leiden where he was listed as a 'picture caster'. Apparently, the market for plaster casts in the seventeenth century was already large enough to justify such enterprises. Giorgio Vasari mentions wooden counter moulds.[36] The mould was dusted with marble powder and then the mortar was pressed into it. After curing, the mould was unloaded and could be placed on a wall or ceiling. Alternatively, the mould would be pressed against the ceiling to give the mortar its decorative shape.

In 1772 P.N. Sprengel wrote that during the winter period a stucco artist could make cast parts that could later be joined together on a ceiling. He also stated that a stucco artist was merely a sculptor who decorated with stucco. According to Sprengel a sculptor could do stucco work in an emergency provided he had sufficient knowledge of the material.[37] A good example of this in the Netherlands are father and son Ignatius and Jan van Logteren who worked as sculptors and stucco artists in Amsterdam and its surroundings in the last quarter of the seventeenth century and the first half of the eighteenth.[38]

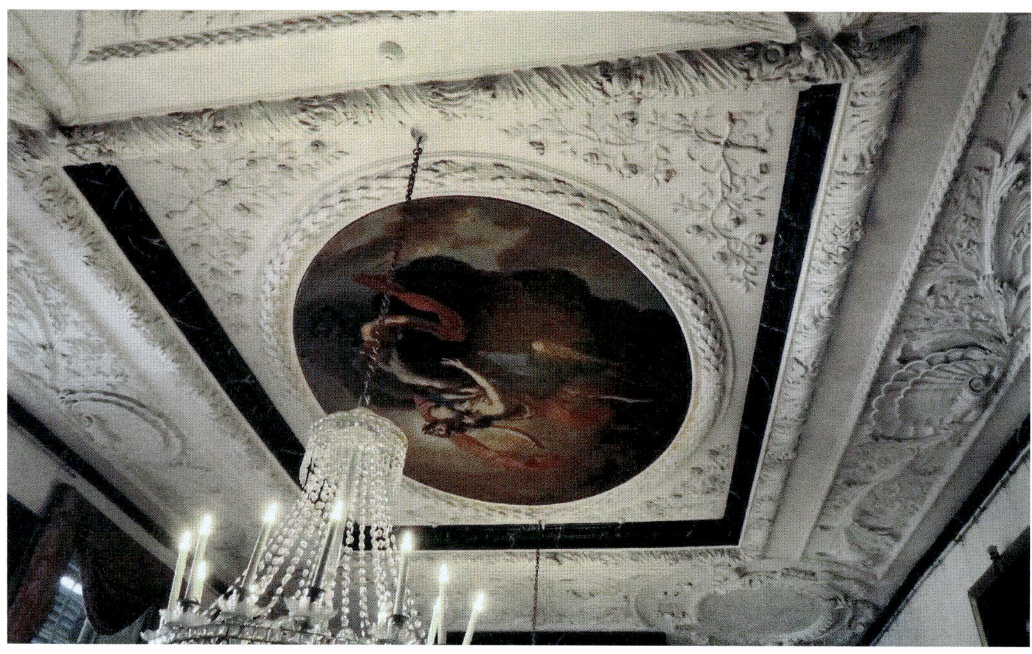

fig. 9
Amerongen Castle, Great Hall, stucco ceiling.

The Emergence of Interior Stucco in the Netherlands in the late Seventeenth Century

In 1685 the Huguenot artist Daniel Marot fled from Paris to the Northern Netherlands after the revocation of the Edict of Nantes. In Paris his career as an ornamental printmaker and architect had been successful. In the Northern Netherlands, he adapted his style to create the Dutch Louis XIV style.[39] Executed by different craftsmen, his interior designs came to life. The wooden and painted ceilings of the seventeenth century were replaced by his designs executed in stucco by both Dutch and Italian stucco artists. Designs and ornamental prints were 'translated' by these craftsmen into three-dimensional representations on walls and ceilings.

Architects and other designers used prints to make it possible for a client to choose what he or she would like to see applied to an interior. Variations were often brought together in one print: four different corner solutions, different mouldings, cartouches and other elements. Narrative subjects were often taken from other sample books. The most famous is the *Iconologia* by Cesare Ripa,[40] translated and issued in Dutch in 1644. From the flat surface, the plasterer could translate the chosen design into a three-dimensional result: mouldings, ornaments and sculptures.

At the end of the seventeenth century English interiors also became influential for the design of a lot of ceilings in the Republic. We have already seen this at the Nijenhuis in Heino and Amerongen Castle where the stucco ceiling in the Great Hall is richly decorated with acanthus leaves, birds and mouldings **(fig. 9)**. At Middachten Castle, Godard van Reede jr. had his vestibule and staircase decorated with stucco in 1695. His heroic deeds are depicted in stucco garlands in the dome of the stairwell. The work is carried out by local 'plasterer' Jacob Heusely along with Italians Francesco Orsolino and Johannes Sima (fig. 10). This design does not yet incorporate the views of Daniel Marot.

The hand of Daniel Marot can, however, be found in The Hague at, among others, Huis Huguetan and Huis Schuylenburch, Huis van Wassenaar-Obdam and Huis ten Bosch. With his Dutch Louis XIV style he had a lot of influence in the interior design in the first half of the eighteenth century in the Netherlands.

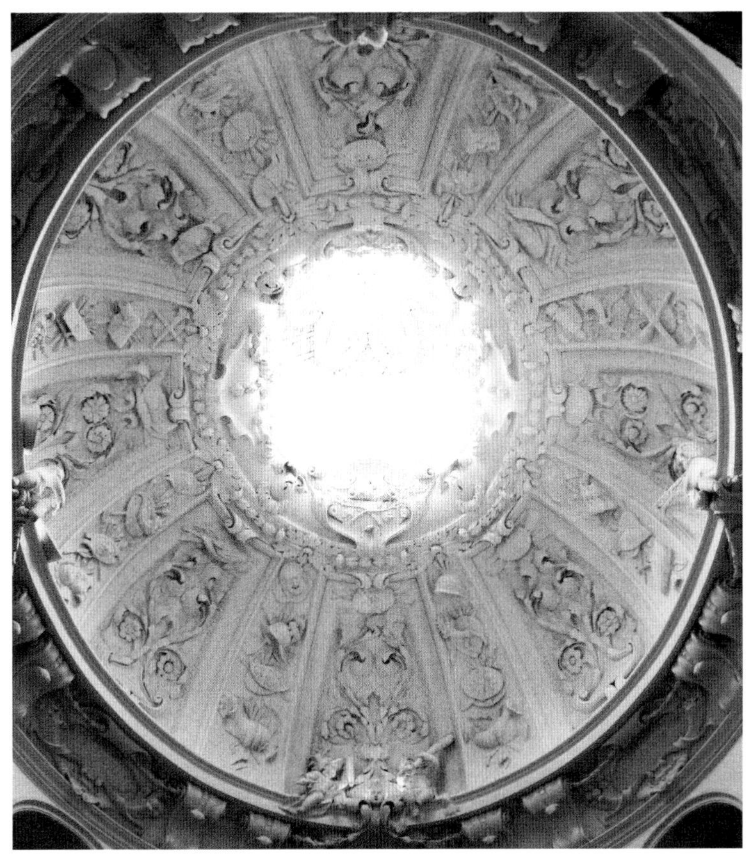

fig. 10
Middachten Castle, stuccoed dome over the staircase.

Italian Stuccoists in the Netherlands

First-generation Italian stuccatori came at the end of the seventeenth century into the Northern Netherlands. There were no restrictions for them, except Amsterdam, because there were no guild organisations. In some places they worked together with local stucco artists. The main entrance hall and staircase at Middachten castle was decorated by the Italians Francesco Orsolino and Johannes Sima with the aid of the local craftsman and stuccoist Jacob Heusely in a well-established collaboration. An explosion of stucco interior decorations came in the first half of the eighteenth century. Italian stuccatori from the region of present Canton Ticino, such as Bollina, Albisetti, Barberino, Beretta, Castelli, Castoldi, Laghi, Luraghi, Orsolino and Sima came to Holland in one or two generations of stucco workers and made numerous stucco and plaster ceilings. Some of them also worked as sculptors (Johannes Sima) and architects (Joseph Bollina). As well as these foreigners there were local stuccoists and sculptors at work, such as Van Logteren, Husly, Viervant and Van Gorkum.

In the past thirty years research about Netherlandish ornamental stucco and plaster has given us new design insights, and information about the makers and use of materials. Today's knowledge and awareness provide better protection for these ceilings.

1 The workshop that did the stucco and painting work at Fontainebleau for François Ier starting in 1532 included Primaticcio (1504–70), Nicolò dell'Abate (1512–71), Jacopo Rosso Fiorentino (1494–1540) and a lot of other craftsmen; see S. Béguin, S. Pressouyre *et al.*, *La Galerie François I au château de Fontainebleau* (Paris, 1972, pp. 27–34).

2 J. Debergh, 'Luc Lange "molleur en plattre" actif en Hainaut entre 1550 et 1553', *Revue belge d'archéologie et d'histoire de l'art* 59 (1990, pp. 75–90) and F. Giot, *Stuc et stucateurs en Belgique* (Liege, 2017, p. 44).

3 For his work at the castle of Binch between 23 July 1550 and 22 September 1551 Lange received 798 livres and for 23 September 1551–23 June 1552, 410 livres, 8 sols; see Debergh (op. cit. note 2), p. 86.

4 Giot (op. cit. note 2), p. 44.

5 G. Bankart, *The Art of the Plasterer* (London, 1908, pp. 42–6). Other English country houses mentioned by Bankart where Italian *stuccatori* worked are Longleat, Hardwick Old Hall and Loseley.

6 Bankart (op. cit. note 5), p. 43.

7 Giot (op. cit. note 2), p. 45.

8 B.L. Grandjean, *Stukarbejder i Danmark* (Herning, 1994 p. 24). In Denmark, prime examples of sixteenth-century ornamental stucco exist at Hollufgaard (1577–81), Nykøbing (1581), Königsberg (1586), Gottorp (1595), Weichersheim (1597); see also G. Benzon, *Gamle danske lofter* (København, 1980, pp. 52ff).

9 S. Karling, 'Les stucateurs italiens en Suede', in E. Arslan (ed.), *Arte e artisti dei Laghi Lombardi* (Como, 1964, II, pp. 291–302).

10 Information kindly sent by B. Rinn to researchers Taco Tel and Jan van der Hoeve in Groningen.

11 In Dutch 'gezegend (is) degene die naar buiten gaat', and in English good health to those who depart.

12 See in Sittard: Molenbeekstraat 11, Putstraat 5 and 7, Kapittelstraat 4; in Roermond Schoenmakersstraat 16; Grasbroek castle near Sittard; in Maaseik (Belgium, near Roermond) Bosstraat 21, Markt 33 and 47.

13 W.V.J. Freling, *Stucwerk in het Nederlandse woonhuis uit de 17[e] en 18[e] eeuw* (Leeuwarden, 1993 [1996], pp. 274–75).

14 Perhaps a comparison with the work of Christiaan Hansche in the library of the Abbey of Heverlee is appropriate here, although this work is more plastic and richly ornamented. Hansche's work will be discussed below.

15 Freling (op. cit. note 13), pp. 273–74.

16 These decorated stucco-ceilings are wide-spread around Cologne in Germany as well as some places in the Netherlands.

17 For a comprehensive overview, see Freling (op. cit. note 13), pp. 95ff.

18 It is not a significant sum of money, but it covers all the roles of the craftsman: design, execution and costs.

19 W. Fock, 'Stucwerk in Leiden', in Th.H. Lunsingh Scheurleer *et al.*, *Het Rapenburg, Geschiedenis van een Leidse Gracht* (Leiden, 1992, pp. 79–133).

20 G. Fischer, 'Balkendecken mit Preßstuck im Wesergebiet um 1600', in *Adelshöfe in Westfalen* (Munich, 1989, pp. 170–91).

21 Personal observation in 1995.

22 W.V.J. Freling, *Stucwerk, hechtwerk in het kasteel van Boxmeer* (Boxmeer, 1996).

23 Personal observation in 2005–6.

24 Hansche's best-known works in Belgium are the ceilings of the sacristy of St Charles Borromeo, Château Horst, Château Beaulieu, Château Modave, Château de Saint-Fontaine, the church of Franc-Waret, Heverlee Parkabbey library and refectory, Ghent brouwershuis and in Germany, Kleef Hotel Zum Grossen Kurfürsten. This last ceiling has been lost.

25 M. Van Vaek, 'Beelden van Omhoog', *Monumenten & Landschappen*, 16 (1997, no. 5, pp. 21–55).

26 B. Rinn-Kupka, *Stuck in Deutschland* (Regensburg, 2018, pp. 130–31).

27 J. Grootaers and J. Verbeke, 'Calcsnyder Ian Christiaan Hansche in de refter van de Parkabdij in Heverlee', *Monumenten & Landschappen* 5 (2020, pp. 27-46). H. Baier-Schröcke, *Der Stuckdekor in Thüringen* (Berlin, 1968, p. 125); Giot (op. cit. note 2), pp. 49–52.

28 Van Vaek (op. cit. note 25).

29 T. Fulton, 'Stuckaturen', *Barockens Konst* (Lund, 1997, pp. 274–301).

30 C. Carpeaux (ed.), *Décors intérieurs en Wallonie* (Brussels, 2005, III, pp. 12–63).

31 Van Vaek (op. cit. note 25).

32 W. Freling, 'Een leemstucplafond uit 1562 in de Berckepoort te Dordrecht', in E.J. Nusselder *et al.* (eds.), *Instandhouding Jaarboek Monumentenzorg* (Zwolle-Zeist, 1999, pp. 234–40).

33 J. van der Hoeve, 'De "Kölner Decke" van Plompetorengracht 11', in E. Koldeweij (ed.), *Stuc Kunst en Techniek* (Amersfoort-Zwolle, 2010, pp. 206–15).

34 These pieces are stored in the depot of Museum Rotterdam: www.museumrotterdam.nl/collection-sculpture. The casting is dated between 1575 and 1650.

35 B. Olde Meierink, 'Gipsgietwerk in Nederland in de zeventiende eeuw', in Koldeweij (op. cit. note 33), pp. 230–43; Freling (op. cit. note 13), p. 182.

36 G. Beard, *Stucco and Decorative Plasterwork in Europe* (London, 1983, p. 12).

37 P.N. Sprengel, *Handwerke und Künste in Tabellen, Bearbeitung der Erd- und Steinarten* (Berlin, 1772, pp. 225–28).

38 P.M. Fischer, *Ignatius en Jan van Logteren Beeldhouwers en Stuckunstenaars in het Amsterdam van de 18de eeuw* (Alphen aan de Rijn, 2005).

39 M.D. Ozinga, *Daniel Marot, de schepper van de Hollanschen Lodewijk XIV-stijl* (Amsterdam, 1938). Marot's works in The Netherlands include Zeist, Paleis Het Loo, Huis te Voorst, Fagel's Dome, Huis Schuylenburch, Huis Huguetan and Huis ten Bosch in The Hague. P. Jessen, *Das Ornamentwerk des Daniel Marot* (Berlin, 1892); K. Ottenheym (ed.), *Daniel Marot Vormgever van een deftig bestaan* (Zutphen, 1988).

40 C. Ripa, *Iconologia, overo Descrittione dell'imagini universali cavate dall'Antichità et da altri luoghi* (Rome, 1593).

An Introduction to Danish Stucco Decorations c. 1550–1750

Casper Thorhauge Briggs-Mønsted

Since at least the early 1600s, stucco has been an important feature of Danish interiors commissioned by the king and members of the nobility. Like many previous art forms, the art of stucco was imported to Denmark via foreign specialists from various regions of Europe. This survey of stucco made in Denmark between 1550 and 1750 is based on the extensive studies of Danish art historian Bredo L. Grandjean (1916–86).[1] For many years, Grandjean worked on a book dedicated to this artform, but from 1945 his job as the director of the archive, library and museum of the Royal Danish Porcelain Factory demanded his attention. Grandjean never finished his manuscript. His wife Christy Grandjean, with the help of the Danish art historian Harald Langberg (1919–2003), went on to publish it in 1994. *Stukarbejder i Danmark 1660–1800* (*Stucco Works in Denmark 1660–1800*) should therefore be read as an unfinished, albeit extensive, piece of research into an important and relatively untouched piece of Danish art and architectural history.

Reading Grandjean's study, readers will find a vast amount of information about the stylistic characteristics of a long list of stucco works, both preserved and lost, and even more about the large group of predominantly foreign stucco specialists working in Denmark. In this text I have included a number of Grandjean's examples, but obviously it has not been possible to include them all. Instead, I have selected those that he dedicates the most pages to, while also keeping in mind that what I present should be exemplary of the styles and origins of stucco workers active that characterizes a given time. Following Grandjean's example, I have divided the examples into four periods: before 1600, 1600–60, 1660–1700, and 1700–50.

Grandjean's comments on stylistic characteristics as well as the biographical information that he provides form the basis of this text. The Kingdom of Denmark was on the periphery of the European continent, but in no way disconnected from it. The art and architectural history of Denmark makes an interesting and so far relatively underexplored part of European cultural history.

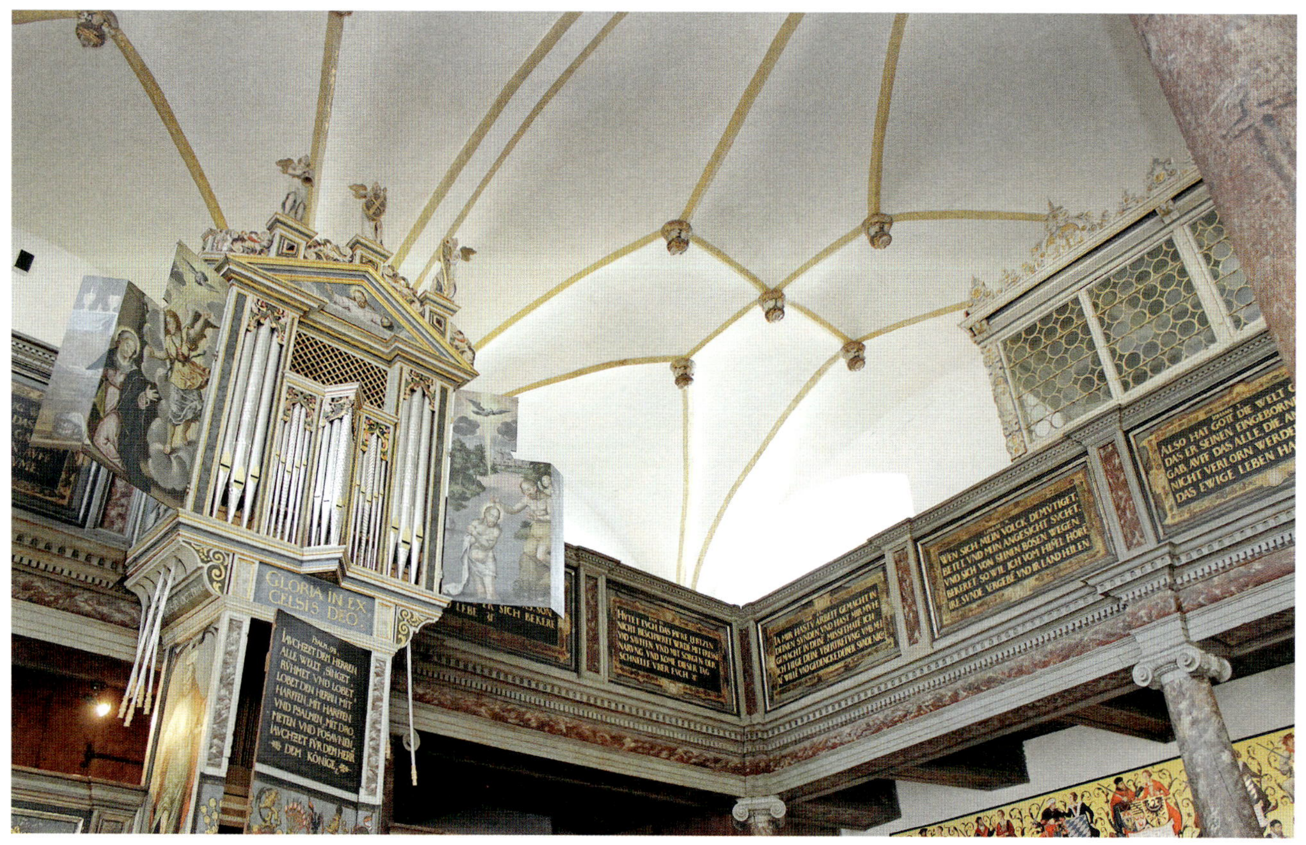

fig. 1
Jutland, Sønderborg Castle, chapel. The protruding ornaments decorating the vaulted ceiling, 1568–70, are some of the oldest preserved stucco decorations in Denmark.

Before 1600

Some of the earliest stucco works in Denmark are those in the chapel at Sønderborg Castle (Sønderborg Slot) in the southern part of the Jutland (Jylland) peninsula. Here, stucco ornaments in the shape of medusa heads on a base ornamented with fruits and children's faces can be found protruding from the groins of the vaulted chapel ceiling (fig. 1). These decorations date to the time when Dorothea (*c.* 1511–71), wife of Christian III (1503–59), had the northern wing of the castle refurbished as a chapel in 1568–70. Presumably, it was designed by the architect and master builder at the Danish court, Hercules von Oberberg (†1602), who was in charge of the project. He was familiar with the ornamental designs of the Flemish sculptor Cornelis Floris (1513/14–1605) and he is likely to have found inspiration for his decorations in them.

In the ten years following Von Oberberg's work at Sønderborg Castle, stucco became increasingly widespread as a type of ornamentation for architecture. The 1570s were a boom time as Frederik II (1534–88) commissioned extensive remodellings at two of his residences. The old fortress of Krogen in the town of Helsingør, north of Copenhagen, and the manor house of Hillerødsholm in the town of Hillerød were both modernized and turned into up-to-date castles, that is, Kronborg Castle (Kronborg

Slot) and Frederiksborg Castle (Frederiksborg Slot), respectively. The earliest reference to an individual working in the stucco trade in Denmark is the 1575 listing of a plasterer called Hans Wyntrauch, of unknown origin, working on the decorations for Frederiksborg Castle and for the following ten years he served as the master of the decorative projects at Kronborg Castle. The names of three of the plasterers working under his leadership are known. Bonaventura Streckfinger, who had previously been employed at Uppsala Castle near Stockholm, is mentioned in the financial records of the period 1570–80; Dirch Dønniker in 1576, and Pether Dønniker in 1585 when he left the project.[2]

Another example of stucco from the late sixteenth century is a frieze of sculpted deer made in the 1580s for the ceiling of a room in the tower at the now lost Tønder Castle (Tønder Slot) in southern Jutland. The frieze was probably similar to the 'Rotwildfries' made for the banqueting hall at Güstrow Castle in 1570. Another influence from Güstrow Castle can be seen in several examples of flat bands of plaster in geometrical patterns covering the groins and cells of vaulted ceilings. According to Grandjean, this is the same type of ornamentation (which he calls 'a kind of coffering'), as that found on the ceiling of the hunting hall at Güstrow. Additional Danish examples can be found in the manor houses of Hollufgaard, Engelsholm, Ørbæklunde, Lykkesholm, and Herridslevgaard.

1600–1660

Frederik II's son, Christian IV (1577–1648) also liked to commission new buildings and to modernize those he already owned. Thus, in the beginning of the seventeenth century, he commissioned a new summer residence outside the walls of Copenhagen, known as Rosenborg Castle (Rosenborg Slot), and he also decided to replace Frederiksborg Castle. In both these major projects stucco was an integral part of the decorations. According to Grandjean, it is probable that Christian IV's great interest in stucco was due to his close relations to England where this type of decoration had gained wide popularity during the sixteenth century. Christian IV's sister Anne was married to James I of England and Ireland (James VI of Scotland), whom the Danish king visited in England in 1606. Accounts of his stay show that he visited several English castles rich in stuccoworks including Theobalds, Nonsuch, Somerset House and Hampton Court.

In 1607, Christian IV hired a plasterer named Vilhelm Korffer of unknown nationality to lead the decoration of the royal apartments at Frederiksborg. As most of the castle's interiors were destroyed in a devastating fire in 1859, the majority of Korffer's decorations no longer survive. A limited number of original ceilings, however, do still survive in the castle and drawings in the archives of the Danish National Museum show others. From this evidence it is possible to piece together Korffer's

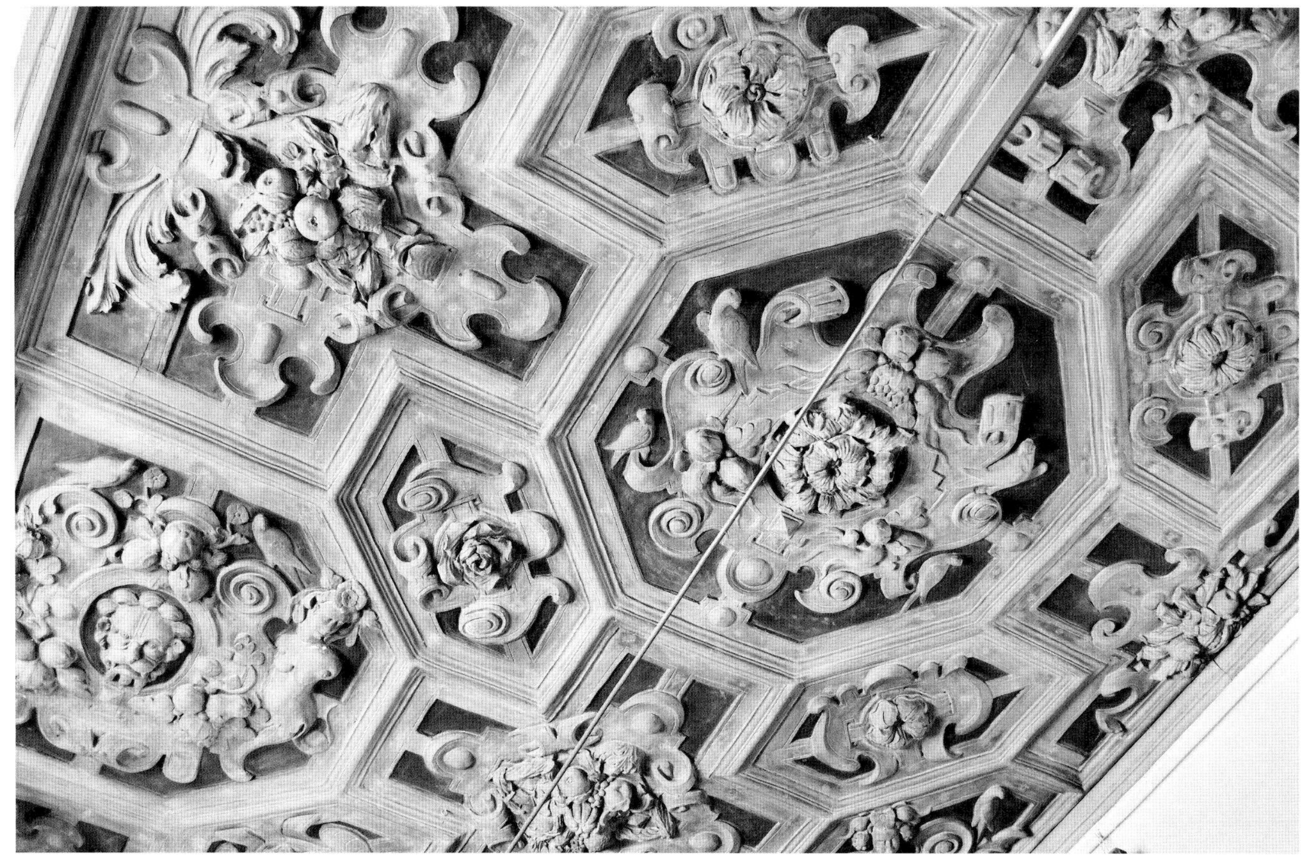

fig. 2
Copenhagen, Rosenborg Castle, northern end of the ground-floor stone corridor.

style, which Granjean defines as a mix of German and Flemish ornamentation, dominated by scrolls, cartouches, and geometric strapwork patterns. Another plasterer working at Frederiksborg was Valentin Dressler 'von Schmalkalden' (†1619) who was probably trained by the plasterer Hans Becker working at Wilhelmsburg Castle in Schmalkalden. Dressler also participated in the decoration of Rosenborg where he worked on the ceiling of the great hall, which was replaced in the early 1700s. Dressler's stucco decorations for the ceiling of the stone corridor at the castle, however, are still preserved in the northern end of the hallway and are defined by strapwork cartouches within a geometric pattern (**fig. 2**). Grandjean notes that this pattern is identical to one found in the Santa Costanza Mausoleum in Rome that Sebastiano Serlio (*c.* 1475–1554) recorded under the name 'il tempio di Bacco'.[3] More sculptural examples of Dressler's work can be found in the abundant stucco ornamentation that decorates the vaulted ceiling of the chapel at Frederiksborg. Here, Dressler's angel figures sculpted in relatively low relief in the cells of the vaults are preserved as the oldest surviving examples of large stucco figures on Danish ground (**fig. 3**). In addition to this, Dressler's angels also show how stucco decorations of this period not only could be gilded but also painted.

As late as in the 1630s, plasterers were working on decorative projects for Rosenborg

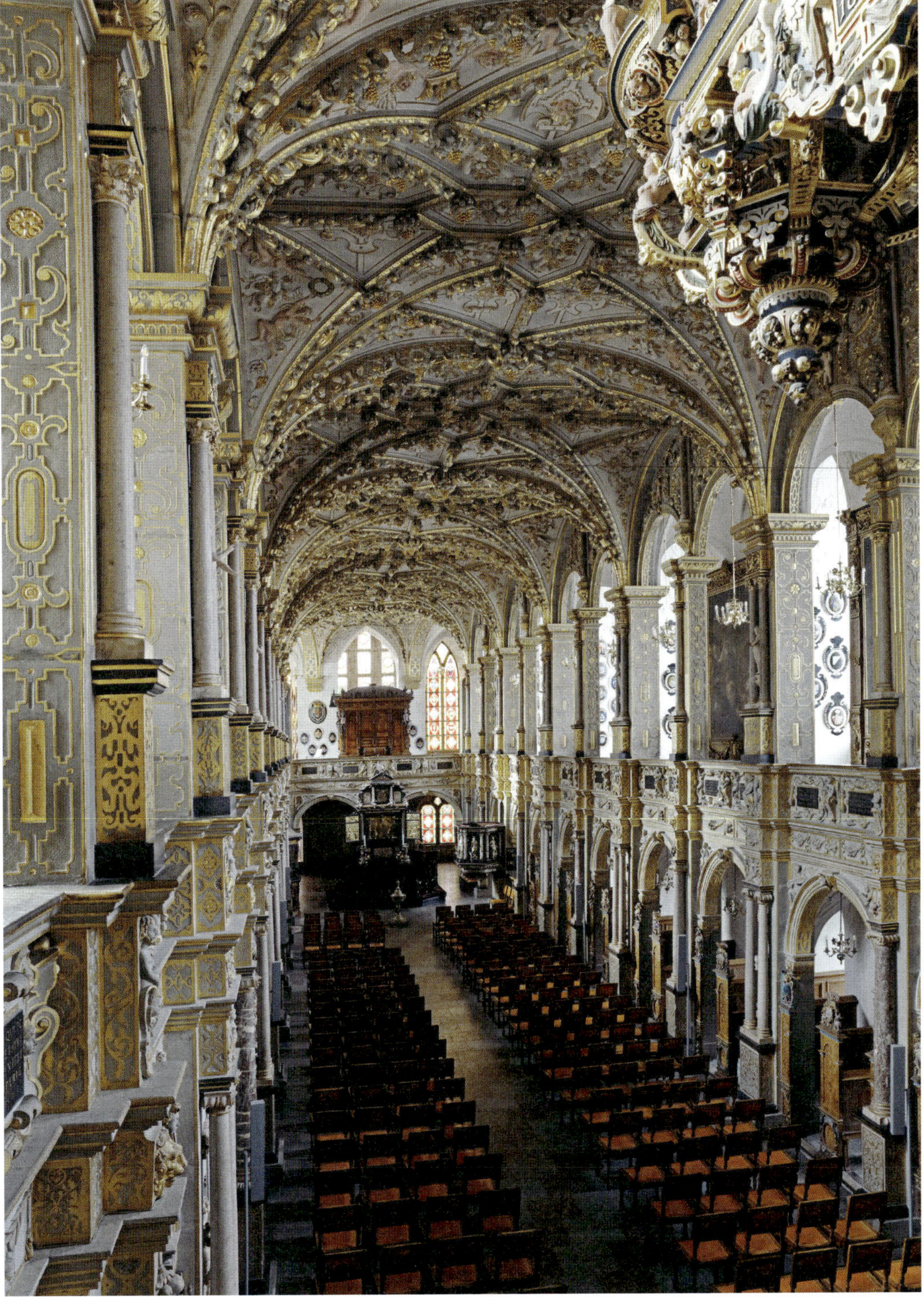

fig. 3
Hillerød (north of Copenhagen), Frederiksborg Castle. The lavish stucco ceiling includes the oldest surviving examples of larger stucco figures in Demark.

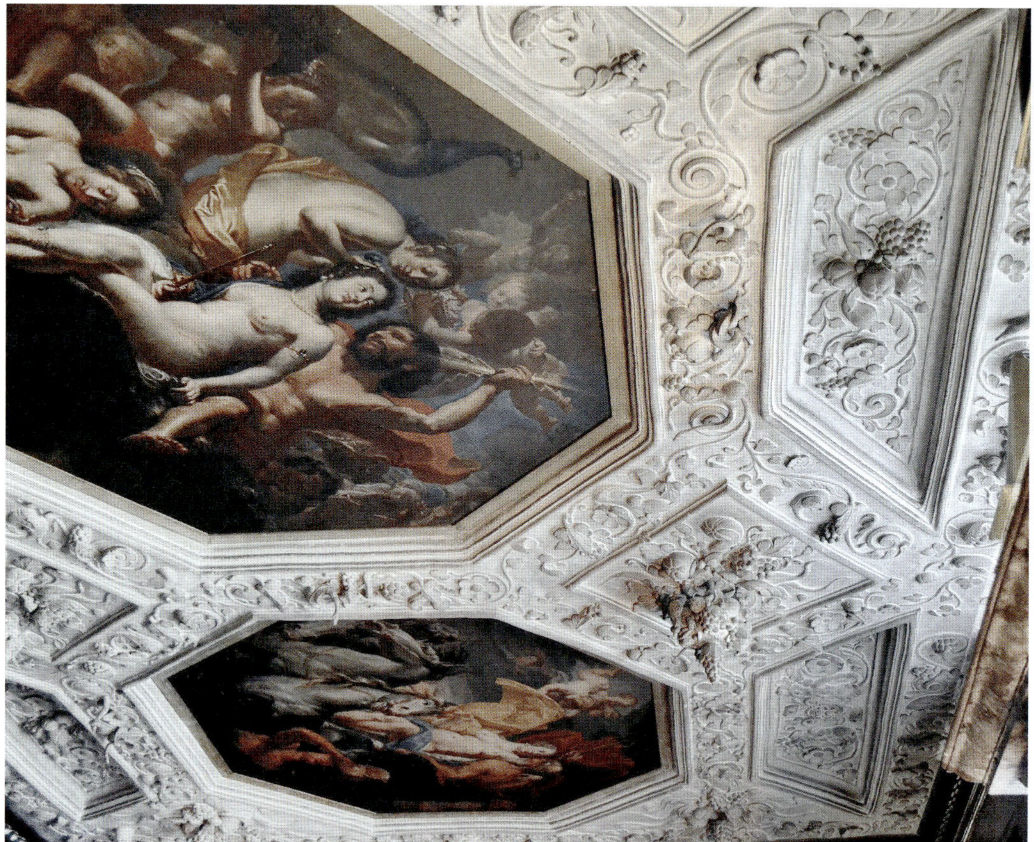

fig. 4
Copenhagen, Rosenborg Castle, Christian IV's bedroom (stucco ceiling), 1630s.

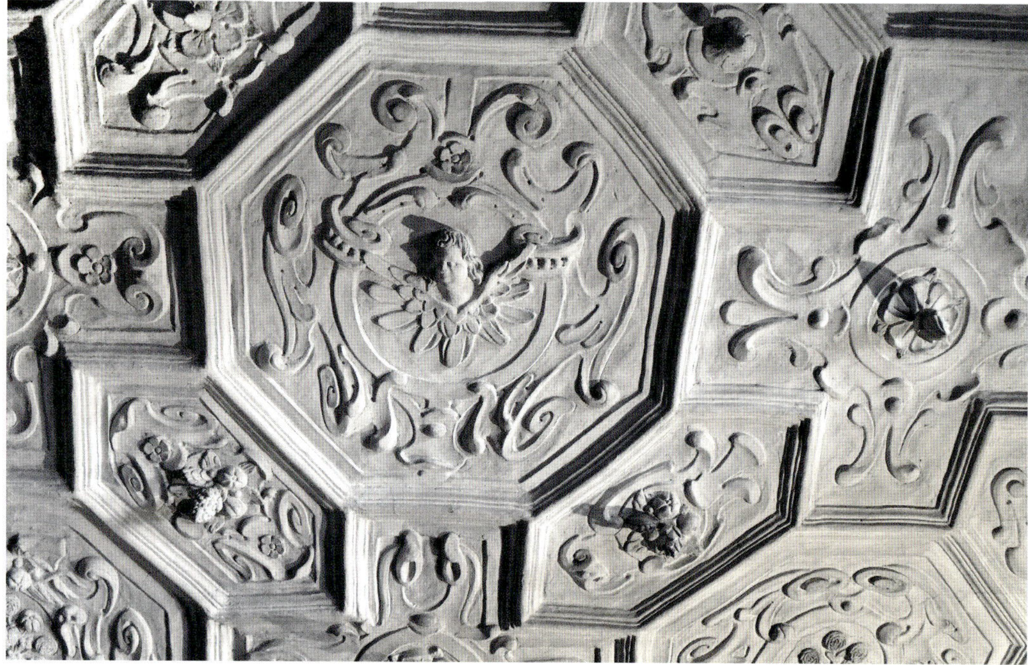

fig. 5
Copenhagen, Rosenborg Castle, so-called 'Dark Room' (stucco ceiling), 1630s. The earliest Danish examples of *bruskbarok*.

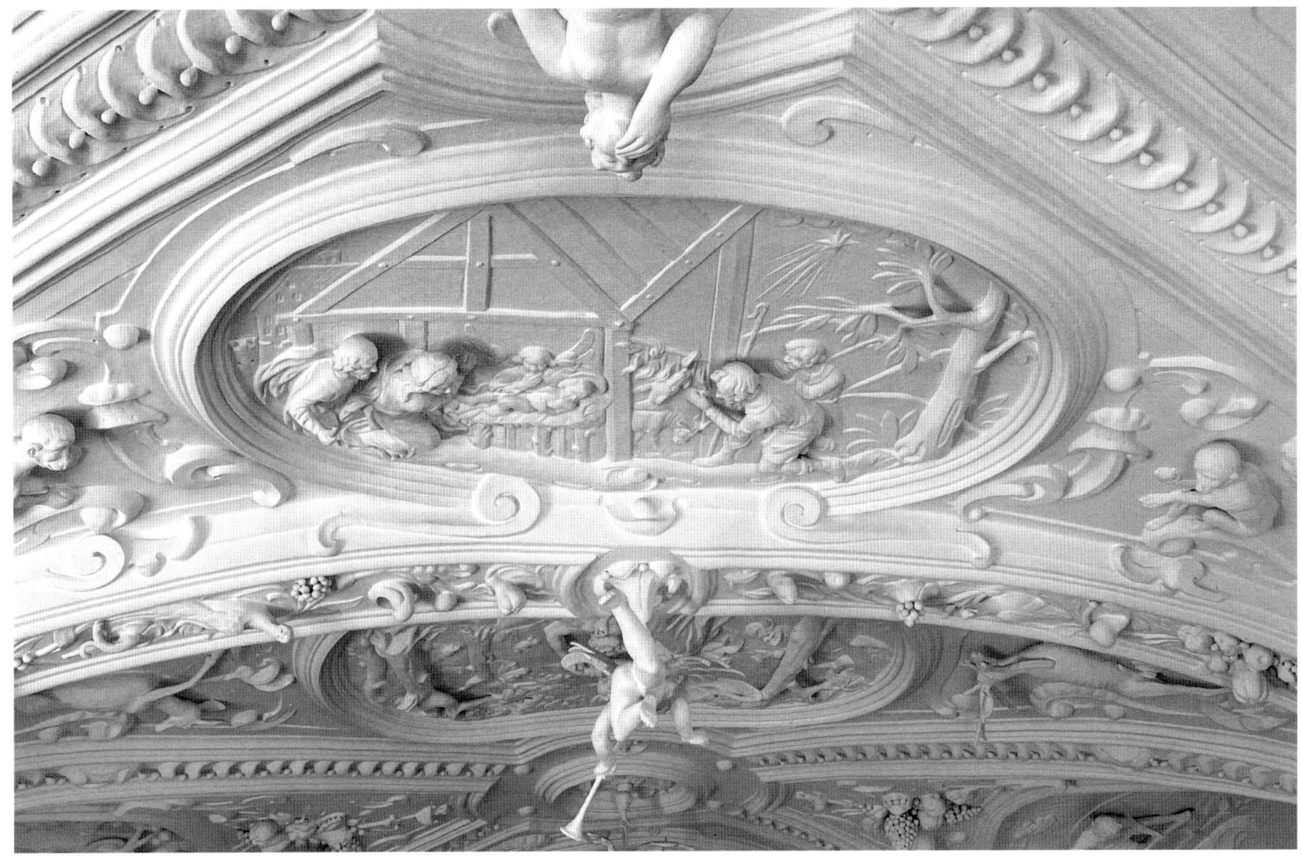

fig. 6
Jutland, Tjele Manor, Erik Grubbe's chamber. Figural relief, stucco ceiling, presumably from 1650s.

Castle. According to Grandjean, it seems that at this time three ceilings at the ground floor were renewed. Hans Jørgen Rittel was the master responsible for the ceiling of Christian IV's Winter Room, which, by 1636, had to be taken down and reinstalled after the supporting wooden beams had been renewed. This ceiling was replaced again in the early 1700s. The ceiling in Christian IV's bedroom as well as the ceiling of the so-called 'dark room' of the castle were also renewed in the 1630s. Both ceilings survive to this day; the latter shows the oldest preserved ornaments in the style of *bruskbarok* (auricular style in English, *Knorpelbarock* in German) in Denmark (figs. 4-5). The designer of these two new ceilings is unknown, but due to certain stylistic similarities Grandjean speculates that the leading plasterer may have been affiliated with the unknown workshop that made the decorations for the stone hall at Sövdeborg Castle in Scania in the late sixteenth century. A curiosity of Grandjean's description of the ceiling decorations in the dark room is that he characterizes this particular style of ornamentation as a 'degenerationsfænomen' (a phenomenon of degeneration).[4] Another way of putting it could be to describe it as a mannerist style, which seems fair when the decorations of the dark room are compared to Dressler's in the stone corridor. The two ceilings share the same geometric pattern, as the plasterer of the dark room copied that of the stone corridor in an effort to maintain a cohesive

fig. 7
Schackenborg Castle, winter dining room (central relief in the stucco ceiling), 1664–67.

decoration between the interiors that used to be connected. The style of the cartouches in the two ceilings, however, differs. Indications of the scrolls and geometrical shapes of the strapwork in Dressler's stucco work are present in the dark room ceiling, but they seem to have been pulled into long and organic auricular ornament.

Stucco decorations that include figural reliefs would have been present in the manor houses around Denmark before 1660, according to Grandjean. Only one example, presumably from the 1650s, at Tjele Manor (Tjele Gods) in Jutland has survived to this day. Here, in Erik Grubbe's chamber, a stucco ceiling depicts Biblical stories sculpted in relatively high relief within oval frames (fig. 6). Besides the religious scenes, the ceiling decorations are dominated by characteristic shapes of *bruskbarok* as well as foliage, angels, monkeys and protruding bunches of grapes and other fruits. The sculpting of the *putto* projecting from the centre of the ceiling, together with the strict over-all composition leads Grandjean to speculate that the unknown plasterer may have found inspiration from decorations in the Vatican. This, however, cannot be verified nor can other sources of inspiration be identified and Grandjean thus concludes that this master most likely was a gifted eclectic, who pieced together his designs from ideas taken from several different sources. These may have included Piscator's bible from 1643, illustrated by Petrus de Todes, and Dürer's *Small Passion* from 1511.[5] Grandjean does not go so far as to draw this conclusion, but he speculates that the plasterer Jens Jensen Vind, known for stucco works in Oslo from the mid-seventeenth century, may have been the master behind the ceiling at Tjele. Vind, however, is not known to have worked as a plasterer outside Norway, either before or after he arrived in Norway to participate in the decoration of Akershus in 1638.

1660–1700

At Schackenborg Manor (Schackenborg Slot) built for the Danish count and field marshal Hans Schack (1609–76) in southern Jutland, three stucco ceilings have been preserved from the construction of the house between 1664 and 1667. While the ceiling decorations according to Grandjean may lack artistic quality, they are unusual for their time and significant because they testify to a change in style. Where the plasterers who worked on the ceilings came from is unknown, but their style is defined by Grandjean as a mix of the typical shapes of strapwork and Italian-French stylistic elements such as the central laurel wreath in the dining room (fig. 7). Around the same time, Frederik III (1609–70) also wanted to bring the art of stucco imitations of marble from southern Europe to Denmark. In 1667 with the help of a Dane travelling the continent, the king finally succeeded in inviting three specialists in the field to his court. One of these was Francesco Bruno from Naples, whose work today is known from a tabletop at Rosenborg Castle and possibly the imitations decorating the walls of the marble chamber at the same castle (fig. 8). The two other specialists have not

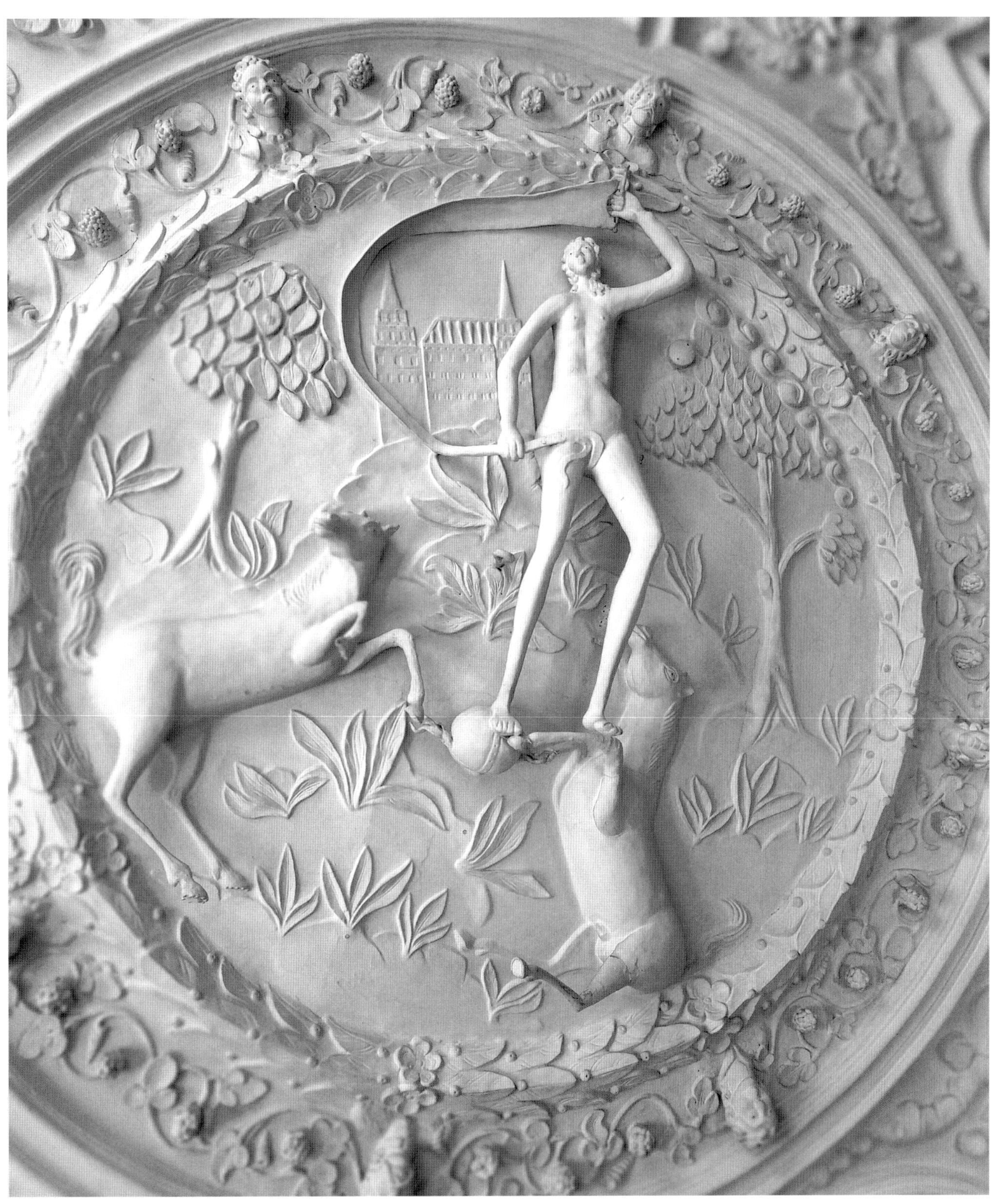

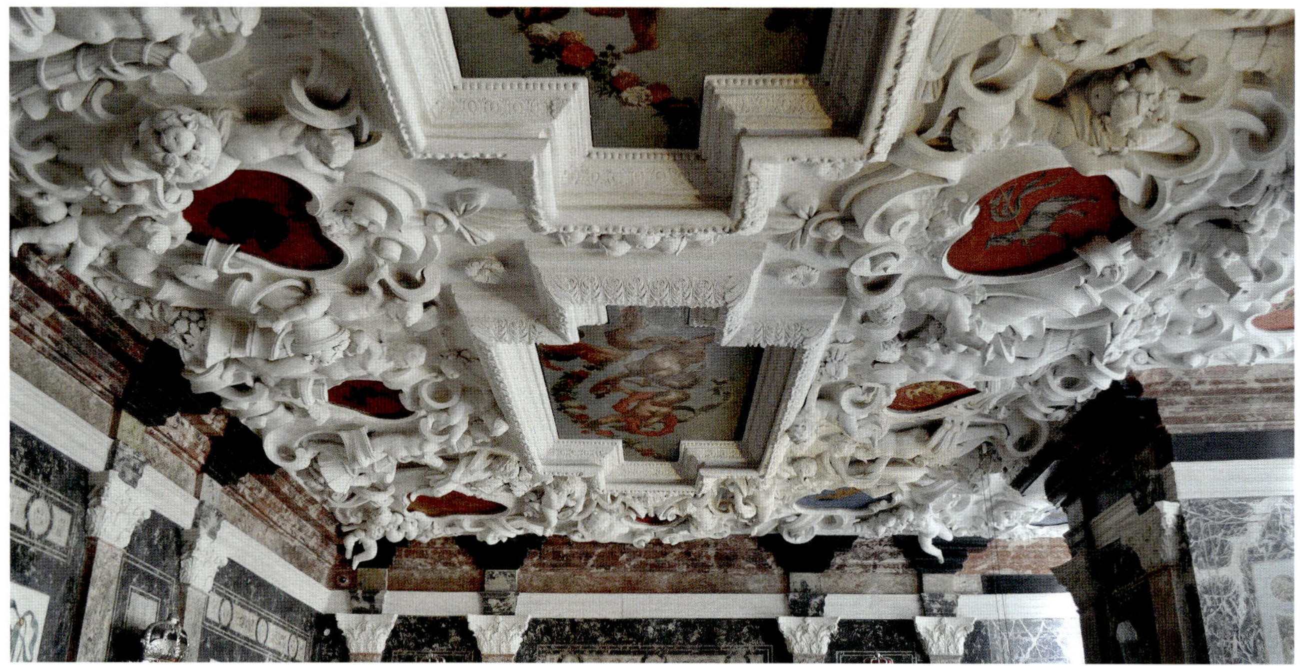

fig. 8
Copenhagen, Rosenborg Castle, the marble chamber with stucco ceiling and walls of scagliola from 1668 (the room was restaurated in 2011-12).

been identified, but Grandjean speculates that an Italian *stuccatore* called Santino who is mentioned in a medical bill from 1668 may have been one of them.

The walls of the marble chamber at Rosenborg are covered in *scagliola* crowned by a ceiling with stucco ornaments in plump baroque style. As such, the chamber stands as testimony to Italian influence on Danish architecture. It differs from the auricular shapes of the stucco decorations in the dark room or those of Abel Schrøder the Younger's (1602/03–76) altarpiece in Holmens Kirke in Copenhagen made only six years prior to the ceiling of the marble chamber where figures, fruits, flowers and other types of foliage together with scrolls somewhat reminiscent of those of *bruskbarok* and strapwork seem to have been let loose. The ceiling decorations are, in Grandjean's opinion, artistically unsuccessful in terms of their overall composition but nonetheless they reveal higher artistic quality in terms of the sculpting of individual figures and ornaments. The chamber did not offer dimensions suitable for this type of stucco ceiling; it is too small and covered by a flat rather than coved ceiling. As a result, the decorations including the *putti* above the cornices are not placed in an upright position and the illusion of the figures supporting the frames of the ceiling paintings fails. Rather than appearing to sit on top of the cartouches, the figures seem cramped into a space that is too narrow for them. The style of the cartouches is defined by heavy scrolls in high relief as well as masks, which leads Grandjean to note that stylistically they seem somewhat related to the decorations made by Rosso Fiorentino (1494–1540) and Francesco Primaticcio (1504/5–70) for Fontainebleau around 1530.

In 1669, the now-lost pleasure palace Sophie Amalienborg was constructed in

Copenhagen. To decorate the interiors Queen Sophie Amalie hired two French and two Italian stucco masters in 1669 and 1670 respectively. The French plasterers were called Claude and Etienne Le Coffre, and the Italians Ottativo and Bernardo Carone.[6] In the spring of 1671 Bernardo died, leaving Ottativo to work alone with the Le Coffre brothers. The queen had the southerners decorate the prominent state rooms, including her audience chamber. Based on a written description of the chamber from 1685, it is possible to conclude that the stucco decorations were inspired by French taste. Grandjean speculates that this may have been the result of the king's general builder Lambert van Haven's (1630–95) ownership of several engravings by the French architect Jean Marot (*c.* 1619–79). In the years before his appointment as the king's master builder as well as the first Danish court painter in 1671, Van Haven went on a study trip around Europe bringing back new ideas.

In 1681, when Christian V (1646–99) commissioned a new audience chamber for Frederiksborg Castle, the interior was also decorated according to French and Italian standards of the time. Absolute monarchy had been introduced by the king's father in 1660, and the new hall was meant to provide a proper stage for the absolute sovereign. It took Lambert van Haven and the sculptors and stucco artists who worked on the project five years to finish it. Morten Grønvold (also known as Grünwaldt) of unknown origin and Christian Nerger from Saxony were active from the beginning to the end of it, while Claude Le Coffre and one Giovanni Abondiostatio[7] joined in 1686. Presumably, Le Coffre and Abondiostatio made the sculptural elements of *putti* and garlands resting on the cornice above the window openings in the high cove of the square ceiling (fig. 9). Grønvold's first assignment seems to have been decorations for the privy passage leading from the castle across the moat to the new audience chamber. He seems to have been replaced on the king's order in 1683, after which Jan van Verelt, also known as Jan Hollænder (Jan Dutchman), took over, and created the decorations for the passage, which can still be seen today. The ornamentation of the ceiling is defined by lush acanthus leaves and fruit garlands of Flemish style while the shells and wreaths of leaves with rosettes are copied from an engraving by Jean Lepautre (1618–82).[8] The stucco decorations that frame the doors at each end of the passage show curtains held open by *putti* and Grandjean believes that Van Haven could have been inspired by what he saw in Rome during his study trip in 1668–70. One such source could be Bernini's decorations for the arch in the Sala Ducale in the Vatican or perhaps another design by Lepautre. Van Haven may also have found inspiration from what he saw in Rome when he started working on the decorative designs for Church of Our Saviour (Vor Frelsers Kirke) in Copenhagen in 1693. For this project, which Grandjean defines as Van Haven's masterpiece, he employed Christian Nerger again. Grandjean believes that the master builder may have found the inspiration for placing the figures of the evangelists in the cells of the central vault from Bernini's San Tomaso di Villanova in Castel Gandolfo.

Around 1700, the construction of Clausholm Manor (Clausholm Slot) for Count

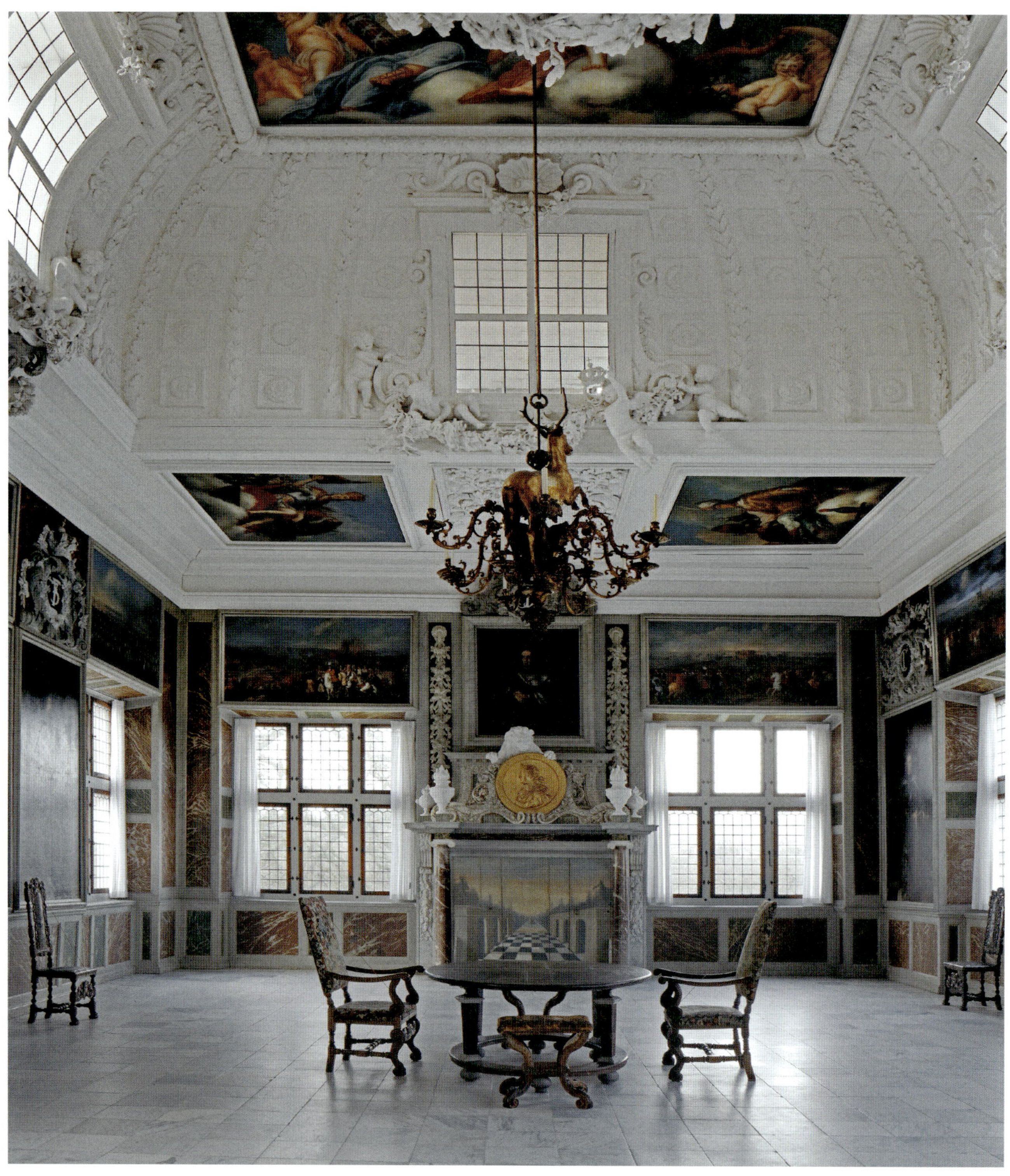

Conrad Reventlow (1644–1708), located south of the town of Randers in Jutland, was completed. Two suites of rooms were decorated with stucco works ornamenting the coved ceilings, door frames, and fireplaces and all have certain stylistic qualities in common (fig. 10). Similar cornices with copious ornaments, friezes of rosettes, consoles, acanthus leaves and shells among other things can be found throughout the interiors. In the coves above the cornices, a mixture of hybrid figures, busts, sections with architecture such as balustrades, shells, festoons and other types of foliage can be found, sometimes covering the edges of the central field of the ceilings as well. Grandjean lists three, possibly four, plasterers who worked on the decorations at Clausholm. Presumably all were from the canton of Ticino: Francesco Quadri, Domenico Carbonetti (b. 1664), possibly his brother Pietro too, and one Carlo Tagliati. It has been noted by Harald Langberg that the last name Tagliati bears close resemblance to the Italian word 'intagliatore', which signifies a carver, for example a stone carver, or stone cutter ('tagliapietre'). This has led Langberg to believe that Tagliati was not the actual surname of Carlo, but instead a trade-specific artist name. He is likely to have been from Ticino like his colleagues.[9]

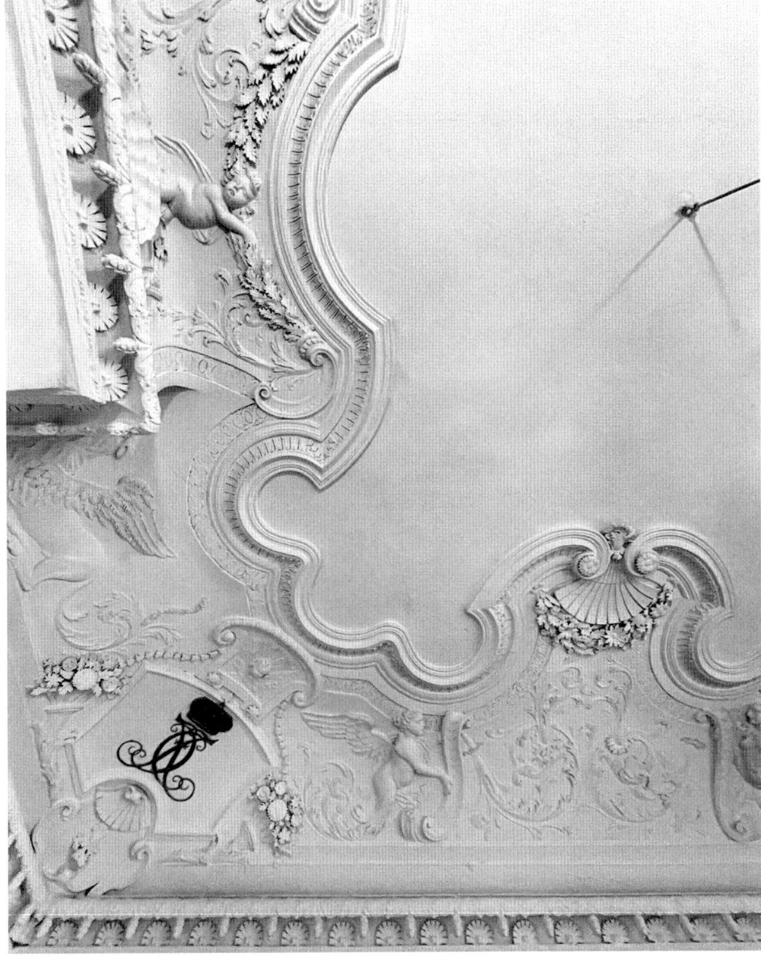

fig. 9
Hillerød (north of Copenhagen), Frederiksborg Castle, 1681–86.

fig. 10
Jutland, Clausholm Manor, stucco ceiling, *c.* 1700.

The decorations of the ceilings and fireplaces at Clausholm indicate inspiration from multiple collections of ornamental designs circulating Europe at the time. Grandjean finds details that are either directly or more loosely copied from Otto van Veen's *Amorum Emblemata* (1608), Pierre Bullet's *Livre nouveau de cheminées* (c. 1690), engravings by Jean Lepautre, Antoine Pierretz's *Livre d'architecture de porte et cheminées* (1647), and Jean Cotelle's *Livre de divers ornemens pour plafond* (undated). Although this seems to show that the decorations were predominately influenced by French designs, Grandjean notes that the profiles delimiting the central planes from the coves of the ceilings are broken up into dramatic curves more typical of Italian stucco decorations. To exemplify this point, he draws parallels between the ceilings at Clausholm and both exterior and interior decorations at Palazzo Grillo in Rome. In Germany, too, this motif found its expression in the manor of Gut Farve in Holstein as well as in the ceilings of the now lost Palais Wartenberg in Berlin.

1700–1750

In 1699, Frederik IV ascended the Danish throne. Grandjean describes his reign (1699–1730) as the golden age of stucco decorations in Denmark. The king showed genuine interest in architecture and commissioned several new buildings and renovation projects. This brought many foreign artists to Denmark, who not only worked in stucco but also in wood and stone. The stucco works of this period are of a greater artistic quality, and for the first time they are defined by an equal amount of figurative and decorative elements. One prominent example of such stucco works from the early 1700s is the new ceiling of the great hall at Rosenborg Castle made between 1705 and 1707. As a replacement for the ceiling from the time of his great-grandfather Christian IV, Frederik IV had a barrel-vaulted ceiling installed that was decorated with modern stucco works. These decorations were to glorify the king and thus depict his political successes such as the liberation of the serfs as well his more universal merits as a monarch shown in allegorical figures (fig. 11). Originally, the plan was to have the political events depicted in four ceiling paintings by the court painter Benoît Le Coffre (1671–1722), but for unknown reasons the king decided to have them shown in stucco reliefs instead. Perhaps an indication of the status of stucco works at that time.

The overall composition of the ceiling was designed by the court sculptor Friedrich Ehbisch (†1748) who worked together with the chief builder at court Wilhelm Friedrich von Platen (1667–1732). Several different plasterers executed the designs and as a result varying skills and techniques can be identified in the individual sections. For the representation of political events from the king's reign, Grandjean thinks it likely that the German plasterers Frantz Biener and Gottfried Jøch followed cartoons by Le Coffre. For the allegorical figures, such as those representing the four continents and Libertas handing a cap of freedom to the liberated serfs, Ehbisch seems to have provided the plasterers with designs based on Cesare Ripa's *Iconologia*.[10] As for the positions of the four figures representing the continents resting on the cornice, Grandjean speculates that they may be the result of Biener's and Jøch's potential acquaintance with similar figures in the now lost royal palace in Berlin. Jøch's tasks are not specified in any known accounts, but Biener is known to have been paid for one of the reliefs and three of the allegories of continents. The fourth one was executed by the sculptor Leonhard Schwabe, who also worked on several of the reliefs. Other plasterers known to have worked on the stucco decorations for the ceiling of the great hall include an Italian called Antoni Auzoni, Carlo Maria Pozzi,[11] Christian Knebel, Matthias Scheidlinger as well as several apprentices and other assistants. Of these, Pozzi

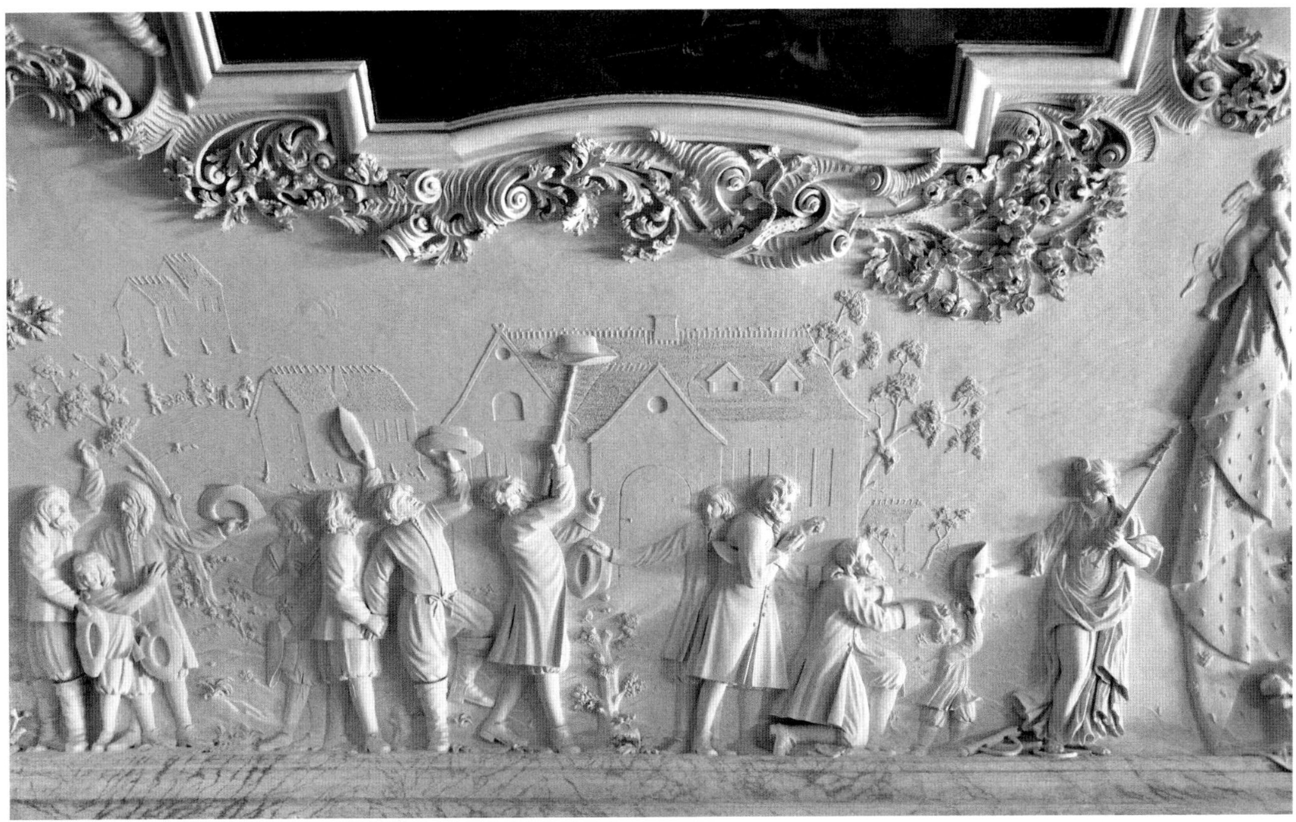

fig. 11
Copenhagen, Rosenborg Castle, figural relief in the stucco ceiling of the great hall (*Liberation of the Serfs*), 1705–7.

deserves some extra attention as he is the only of the stucco workers known to have worked in Denmark to publish a series of his own ornamental designs for ceiling decorations. In 1708, his series of eight ornamental plates was published under the title *Artis sculptoriae paradigmata* by the Augsburg printmaker Johann August Corvinus (1683–1738). Pozzi dedicated it to his former employer, master builder Von Platen.

When Rosenborg was constructed in the early 1600s it was meant to be a summer residence outside the walls of Copenhagen, but by the time of Frederik IV the city had grown so much that he felt the need to have a new leisure palace erected. Frederiksberg Palace (Frederiksberg Slot) was erected on Frederiksberg Bakke, a hill close to Copenhagen. Its interiors were decorated with stucco works. Of craftsmen known to have worked on these, Grandjean lists Joano Brenta, Antonio Parini, Giuseppe Rigas, and Joan Pietro Bellasio (also known as Giovanni Pietro Bellasio) who, according to the accounts of his payment, must have been the leading artist of the group. Shortly after the construction had been completed, the king decided to have the palace enlarged and several new stucco works were made. In the years 1707–9, Francesco Quadri and Domenico Carbonetti, known for their works at Clausholm, were placed in charge of the new decorations.

Decorative work on the coved ceiling of the chapel at Frederiksberg Palace is mentioned for the first time in 1708. The Viennese sculptor Johann Christoffer Sturmberg

(†1722) made his Danish debut as the designer of two reliefs illustrating the victory of Christianity over heresy and idolatry. These are placed at each end of a large painting showing the Adoration of the Lamb from Revelations, painted by the court painter Hendrick Krock (1671–1738) and installed in around 1709. In the northern relief, Fides personified as a woman sitting on a winged globe with a Bible and a chalice in her hands is seen throwing idolatry out of the ceiling (fig. 12). As is typical at that time and in accordance with Ripa's *Iconologia*, idolatry is shown as an elderly woman with barren breasts and a censer in her hand. Sculpted in high relief as she is, it seems as if the figure is quite literally falling out of the skies. For this relief, Grandjean believes, Sturmberg found his inspiration from two sculptural groups depicting the same allegorical motifs in the Gesù in Rome. He describes Sturmberg's reliefs as a mix of Pierre Legros the Younger's (1666–1719) and Jean-Baptiste Théodon's (1646–1713) works flanking the altar of St Ignazio's tomb in the Roman church. For the relief at the other end of the palace chapel ceiling showing another figure being 'expelled' from the ceiling, Grandjean does not list a known source of inspiration.

Between 1720 and 1722, Sturmberg also worked on decorations for Fredensborg Palace (Fredensborg Slot), which is yet another leisure palace commissioned by Frederik IV located north of Copenhagen. This time Sturmberg worked together with his brother Johan Adam Sturmberg (1683–1741) as well as Auzoni, who was known for his work at Rosenborg Castle, and an apprentice called Simon Carl Stanley (1703–61). Stanley would go on to become court sculptor and a professor at the Danish Royal Academy of Arts in 1752. For the figurative reliefs decorating his ceilings at Fredensborg, Sturmberg drew inspiration from an illustrated version of Ovid's *Metamorphoses*, possibly the one published by Sigismund Feyerabend (1528–90) in 1581. In addition, he took guidance from one of the designs in Pozzi's 1708 series for the decoration of at least one interior. Another plasterer from Ticino, previously mentioned as having executed stucco works at Clausholm, Carlo Enrico Brenno[12] worked at Fredensborg simultaneously with Sturmberg and Auzoni. Here, he oversaw the decoration of the two grandest interiors of the palace, the cupola hall and the garden room as his first major project in Denmark.

Auzoni, Brenno, and Johan Adam Sturmberg together with another plasterer called Abraham Stoy (*c.* 1697–1734) all were also involved in the decorative projects related to the king's modernization of the medieval Copenhagen Castle (Københavns Slot) in the 1720s. In 1721 Auzoni executed the first decorations, and in 1726–28 Brenno, Stoy, and J. A. Sturmberg were responsible for several more. In 1726, Brenno executed stucco decorations for the king's audience chamber and bedroom as well for the queen's bedroom, dining room and antechamber. In these cases, he did not design the decorations himself, but the following year he proposed two designs for ceilings in the audience chamber and the crown prince's dining room. These, according to Grandjean, were the first examples of stucco decorations that employed foreshortened architecture to create the illusion of an open ceiling like that of Italian *quadratura*

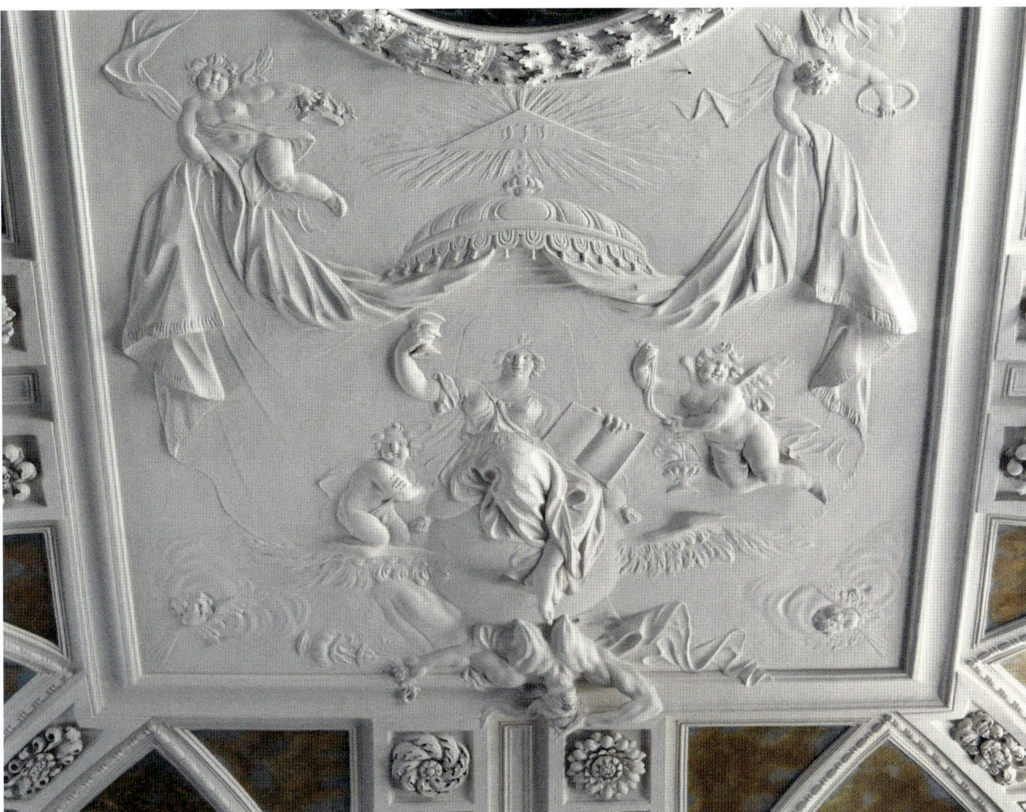

fig. 12
Copenhagen, Frederiksberg Palace, figural relief in stucco ceiling of the palace chapel (*Fides defeating Idolatry*), c. 1708.

paintings. Even though this tendency was known in Danish ceiling paintings from as early as the mid-seventeenth century, the designs by Brenno from the 1720s show the fully developed motif for the first time in Denmark. In around 1724, Brenno also included this type of motif in his stucco decorations for several ceilings at Clausholm.

Like his father, Christian VI (1699–1746) commissioned several new grand palaces, including the now lost Hirschholm Palace (Hirschholm Slot) that was constructed between 1729 and 1732 north of Copenhagen as a pleasure palace for Queen Sophie Magdalene. Vast sums were spent on stucco decorations for the new palace, and Giovanni (Jouanes) Andreoli from Ticino was in charge of their execution. Most likely, he brought several workers with him from his home region to work on the project, and Grandjean found mentions of two workers, Carlo Fossati and Carlo Pozzi (not to be confused with Carlo Maria Pozzi) leaving the canton for Copenhagen in 1731.[13] The work of Andreoli and his colleagues included extensive decorations for the great hall of the palace, not only for the ceiling but also for the walls. This large interior spanned two floors with a gallery at the first floor and a coved ceiling crowing it all. Andreoli and his team decorated all sections of it, creating niches, door and painting frames, wall panels, pilasters, and of course the ceiling which, however was mostly covered in paintings rather than stucco decorations in the centre as well as in the cove. In the sections around the corners the Ticino craftsmen executed rich stucco

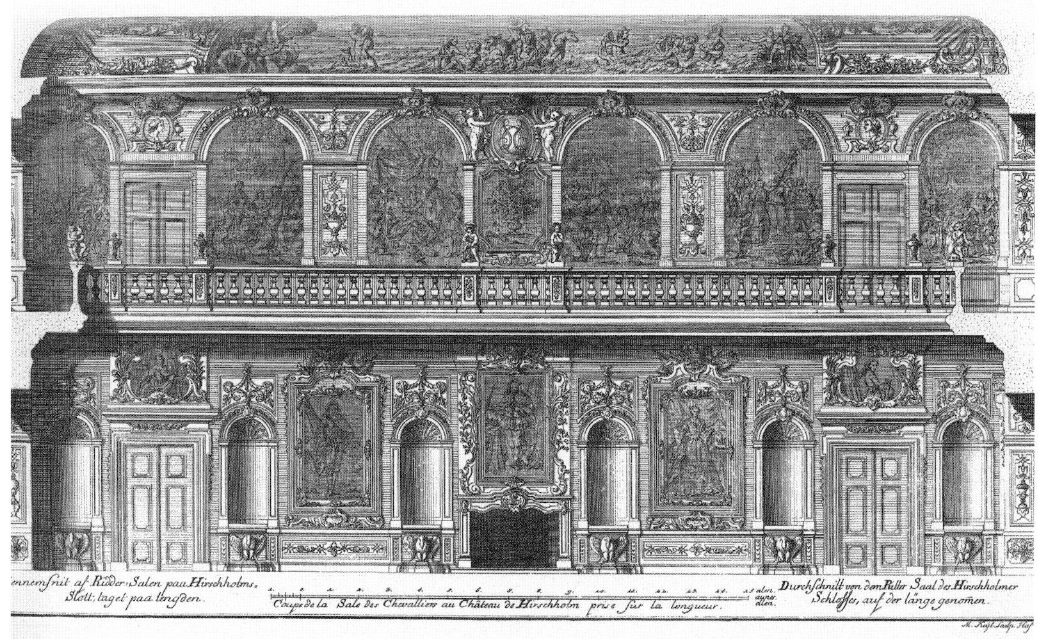

fig. 13
Table from Lauritz de Thura's atlas of Danish architecture *Den Danske Vitruvius* from 1746-49 showing the interior decorations of the great hall at the now lost Hirscholm Palace.

decorations that were subsequently gilded **(fig. 13)**. The financial records also show that Andreoli was skilled in the technique of scagliola, which he used to decorate two fireplaces with imitations of white, red and black marble.

Another plasterer, Giulio Francesco Guione (1695–1771), also from Ticino, designed rococo-style decorations for the ceilings and at least one parquet floor for the private rooms of the queen at Hirschholm. On a sketch by Guione, the artist has noted that mirrors were to be mounted into the design of delicate rocaille ornaments intended for one of the ceilings. Whether this plan was ever accomplished is unknown, but the idea was not unheard of at the time. The fascination with mirrors was common all over Europe and surviving decorations for the great hall in Christian VI's hunting lodge called The Hermitage (Eremitageslottet), north of Copenhagen, from the time of its construction in 1734–*c.* 1738 offer an example of how mirrors could be integrated into stucco works. Here, the Danish master builder Lauritz de Thurah (1707–59) included mirrors in both the wall decorations above the fireplace and in the ceiling **(fig. 14)**.

From 1733 to around 1750, what is today generally known as the *first* Christiansborg Palace (Christiansborg Slot) was constructed on Christian VI's orders as a replacement for the old Copenhagen Castle. In 1794 the palace burnt down, and subsequently a second palace was erected only to burn down in 1884 after which a third Christiansborg Palace was built at the beginning of the twentieth century. This is the one that survives. The first palace was decorated by a long list of known and unknown plasterers and sculptors. Several masters together with their groups of apprentices and other labourers worked concurrently on different interiors in the palace. This meant that the new grand edifice meant to glorify the king and the realm

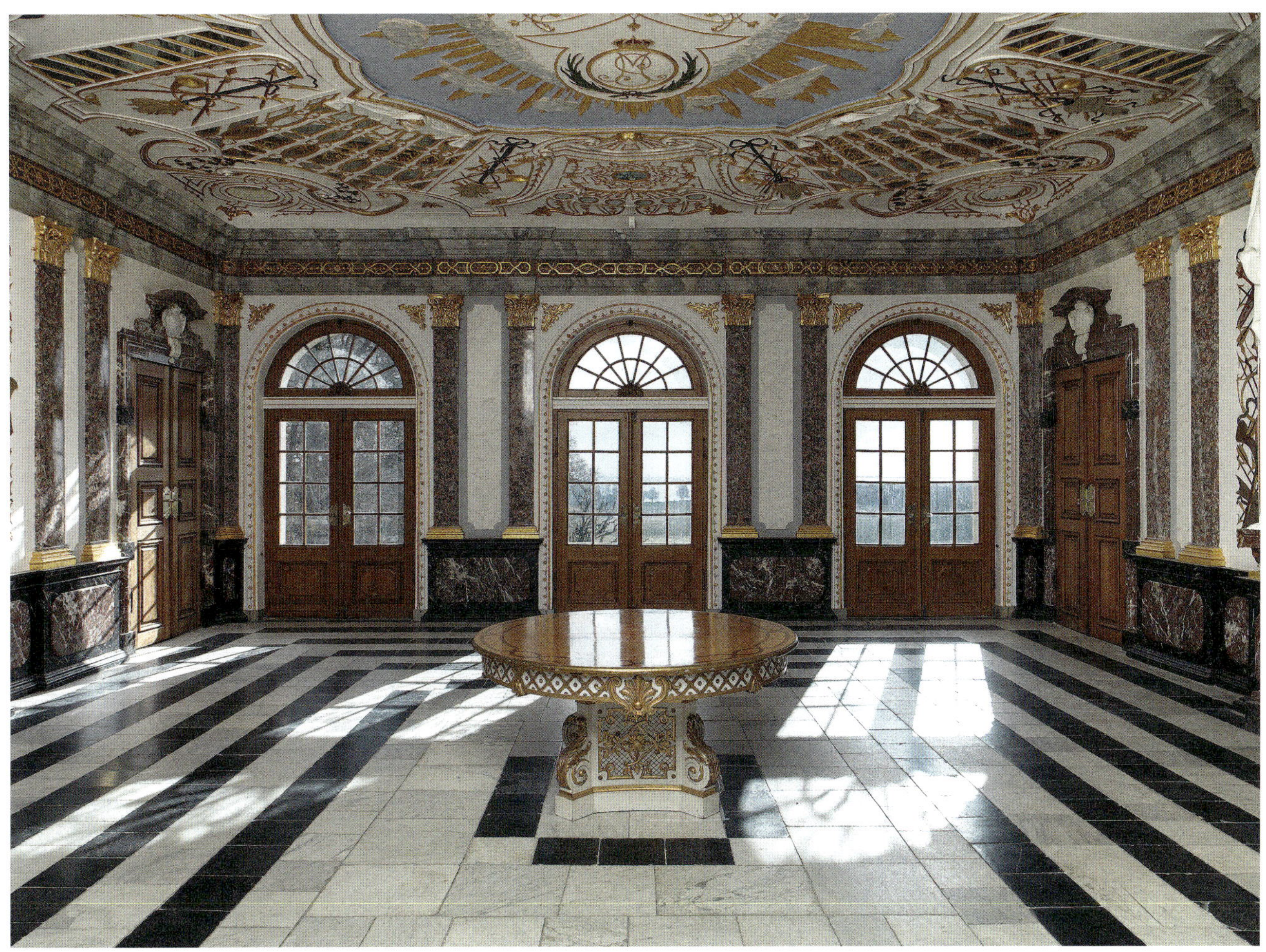

fig. 14
The Hermitage (near Copenhagen), the dining hall. The stucco decorations in the ceiling and above the fireplace from 1734–c. 1738 include pieces of mirror glass.

would be finished as fast as possible in accordance with Christian VI's orders. It did, however, also lead to competition among the different master plasterers who, among other things, would try to persuade each other's most talented apprentices to work for them instead. The court builders Lauritz de Thurah and Nicolai Eigtved (1701–54) who were in charge of the interior décor of the palace, were keen on keeping the foreign masters in town as they would not easily be replaced in a Nordic country like Denmark. Thus, when one of the masters, Guione who also worked on the decorations for Hirschholm Palace, was accused of stealing from the building materials he did not lose his job, as would normally have been expected but merely received a written warning. This demonstrates how important foreign specialists in the decorative arts were to building projects in Denmark at that time.

Most of the stucco workers employed at the new royal residence in Copenhagen were from Ticino. The first two masters to be hired by Eigtved and Thurah in 1736 were Brenno, who had previously worked on decorations for Fredensborg Palace and Copenhagen Castle, and the Viennese plasterer Johan Paul Steltzer known for his work

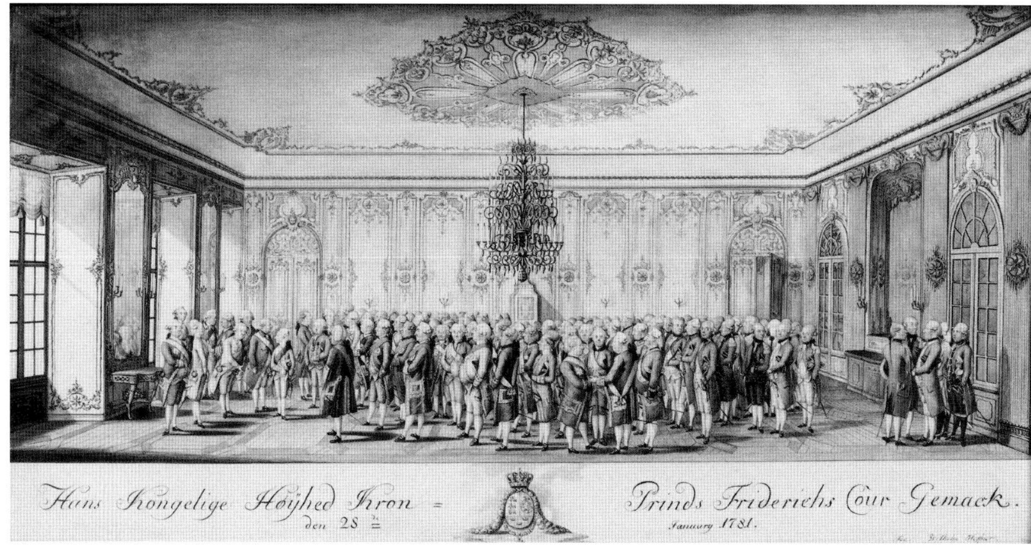

fig. 15
Sketch by Wilhelm Haffner, 1781, showing guests congratulating the heir apparent, prince Frederik on his 13th birthday in one of the state rooms at the first Christiansborg Palace.

for The Hermitage. Shortly after, when it became clear that two men were not sufficient to complete all the decorations on schedule, more men were hired. Bartholomeo Tolla, probably also from Ticino, Guione, and yet another plasterer from Ticino, Carlo Staffieri, joined the project over the following years. Staffieri only stayed for a short period, presumably because he did not succeed in underselling his work to outcompete the other stucco masters nor persuade one of Tolla's most talented apprentices to come work for him instead. The French sculptor Louis-Agustin Le Clerc (c. 1688–1771) was in charge of the decorative designs for the walls and the ceilings. To create a cohesive scheme across the individual rooms, Le Clerc created designs based on the architectural framework of panelling and so on sketched out by Eigtved and Thurah. However, Brenno, Steltzer, Tolla and Guione had room for their own inventions. When for example Guione and Steltzer were handed only one design to follow for the ornamentation of several ceilings they were expected to invent their own variations of Le Clerc's plan. Late eighteenth-century illustrations of two of the state rooms give a sense of the appearance of the interiors of the first Christiansborg Palace **(fig. 15)**.

This survey covers just a fraction of the history of stucco works in Denmark, but it provides an opportunity for scholars who are not able to read Danish to familiarize themselves with examples of the art of stucco in Denmark. It is a brief introduction to Grandjean's extensive studies, and the history of stucco works in Denmark. Finally, it serves as an invitation to international researchers to include Danish and other examples of stucco work from the periphery of Europe in their analyses.

1 B.L. Grandjean, *Stukarbejder i Danmark 1660–1800* (Herning, 1994). Contrary to what the title suggests, the period that is actually covered in Grandjean's studies is from *c.* 1550 to around 1750, which is also the reason why the title of this paper diverges from that of his book.

2 'Dønniker' is an old Danish word meaning something similar to plasterer, sculptor, and carver.

3 S. Serlio, *Five Books of Architecture: translated out of Italian into Dutch and out Dutch into English* (London, 1611, on-line: https://archive.org/details/firstbookeofarch00serl/page/104/mode/1up (11.07.2024), book III, ch. IV, fol. 8).

4 Grandjean (op. cit. note 1), p. 30.

5 I have not been able to identify this Petrus de Todes. According to Grandjean, the plasterer working at Tjele manor looked to his depiction of Mary and John at Calvary for inspiration.

6 This name may refer to the plasterer's place of birth, Carona, a small village near Lugano.

7 Grandjean (op. cit. note 1) refers to this plasterer as both 'Abondiostatio' and 'Abondio Stazio': Grandjean (op. cit. note 1), pp. 48, 178. It seems likely that this man working in Denmark is the same Abondio Stazio who was born in Massagno, known for his later work in Venice and who would have been 23 years old in 1686.

8 Grandjean does not specify which plate it is. Grandjean (op. cit. note 1), p. 49.

9 H. Langberg, *Clausholms Bygningshistorie* (Copenhagen, 1958, p. 69). Grandjean (op. cit. note 1), p. 54.

10 Ehbisch is known to have owned a French edition from 1748 of this influential emblem book published in 1593. Grandjean (op. cit. note 1), p. 67, n. 126.

11 See C. Casey, 'Carlo Maria Pozzi stuccatore', *Zeitschrift für schweizerische Archäologie und Kunstgeschichte* 70 (2013, no. 4, pp. 279–92).

12 See B. Rinn, *Italienische Stukkateure zwischen Elbe und Ostsee: Stuckdekoration des Spätbarock in Norddeutschland und Dänemark* (Kiel, 1999).

13 Letter dated 10 April 1731 from Giovanni Oldelli from Meride to his brother Antonio in Prague. Archive of the Oldelli family. Local archive of Bellinzona. Grandjean (op. cit. note 1), p. 95, n. 171; see also G. Martinola, *Lettere dai paesi transalpini degli artisti di Meride e dei villaggi vicini* (Bellinzona, 1963, p. 143).

The Profession of Stucco Maker in Seventeenth-Century Lesser Poland

Michał Kurzej

Research on stucco decoration in Poland has mostly been focused on establishing basic data regarding the preeminent works. The lack of archival sources has made questions of authorship hard to ascertain, while problems of the professional profile of the stucco maker and his position in wider artistic circles turned out to be even more complicated. In the seventeenth century, Lesser Poland (Pol. Małopolska) was the biggest of the country's three main regions, comprising the densely populated western provinces of Cracow (Pol. Kraków), Sandomierz and Lublin, as well as sparsely inhabited lands of the Crown Ruthenia (now mostly in Ukraine) with its main city of Lvov (Pol. Lwów. Ukr. Львів).[1]

The cultural centre and state capital was Cracow, which had a remarkable tradition of Italian artistic influences, with numerous Italian speaking artists having worked for the royal court of the last Jagiellonians in the sixteenth century. This influence, however, was limited to a fashion for domed funeral chapels and funerary monuments, while the main types of domestic and ecclesiastical architecture remained traditional and the modest demand for paintings was met by local craftsmen, trained in Central Europe.[2] There is no evidence at all of professional stucco-makers being active in Lesser Poland in the sixteenth century. The only example in the whole country is the decoration of the Town Hall in Poznań, built in 1550–55 by a Luganese Giovanni Battista Quadro (died 1590/1, also recorded as di Quadro or Quadrio).[3]

The turn of the seventeenth century finally brought some changes in church architecture, with the outstanding design of the Collegiate church in Zamość – a city newly founded by Jan Zamoyski (1542–1605), Grand Chancellor and Grand Hetman of the Crown, an influential politician and victorious military commander, as the capital of his large entailed estate. The church was planned as the family mausoleum and was also supposed to take over the function of Cathedral for the Bishopric of Chełm, which ultimately did not happen. The church was built under the supervision of an architect called Bernardo Morando (†1600), whose origin and training are unknown.[4] What is certain, however, is that the chancellor was not only well educated, but also keenly interested in architecture, and he owned an extensive specialist book collection. Taking into account recent knowledge about the role of the founder in shaping the building, it seems very likely that it was Zamoyski himself who made crucial decisions determining the forms of the Zamość church. The floor plan was inspired by the church in Biecz – the most recent splendid parish church in Lesser Poland, but nonetheless very traditional in shape. The extraordinary external appearance of the Collegiate church clearly evokes a vision of antiquity, but its prototype cannot be found in Italian architecture. The closest source is by Philips Galle's (1537–1612) print, showing the temple of Diana in Ephesus after a drawing by Marten van Heemskerk (1498–1574). This Netherlandish etching was probably brought to the attention of the chancellor, who had wide contacts with intellectuals from the Northern Netherlands.[5] But this prototype was of little help in determining the internal appearance. The Zamość church has modest but important vaulting decorations, with stucco frames that employed classical ornaments such as Ionic cymatium and astragal. The frames are decorated with moulds, in the form of winged heads. The origins of this type of decoration can be traced to works by Raphael but their link to Italian art is rather remote. Their closest counterparts can be found in the Silver Chapel in Innsbruck (1587).[6] The Zamość decoration turned out to be very influential for the surrounding area.[7] Compositions of frames and plaques were usually made by masonry workshops as part of the plastering and finishing works, and the popularity of decorations of that type limited the opportunities for specialist stucco makers.

As far we know, almost all stucco artists working in Poland were foreigners. Many probably came from around Lake Lugano. In spite of its geographical and political fragmentation (the area was divided between the Duchy of Milan and the bailiwicks of Lugano and Mendrisio, dependencies of the Swiss Confederation, as well as between the Diocese of Como and that of Milan). Nonetheless, this region appears to be a single artistic entity that has been of tremendous importance for the art of Lesser Poland in the seventeenth century.[8] As strangers to Polish society, in searching for work, the stucco workers relied on their own family connections. This prevented them from joining the local guilds, which had relatively little power to force them to join the organisations. The guild system was arranged according to the materials used by a given craft, so stucco makers could have argued that they did not belong to any of the medieval guilds, even though their art was close to that of wood- or stone carvers, or to builders. Moreover, guilds had no power to interfere in works executed outside towns, and very little authority even if the work was located within the town limits but under the protection of a noble employer. Consequently, very few stucco makers are mentioned in the guild archives, which are usually the only Polish documentary sources regarding artists from the seventeenth century. So, until the last decades of the century, there are very few mentions of stucco makers, and most conclusions have to be drawn from formal analysis of the works.

The early years of the seventeenth century marked an important artistic breakthrough in Lesser Poland, which was connected to the refurbishing of the north-eastern

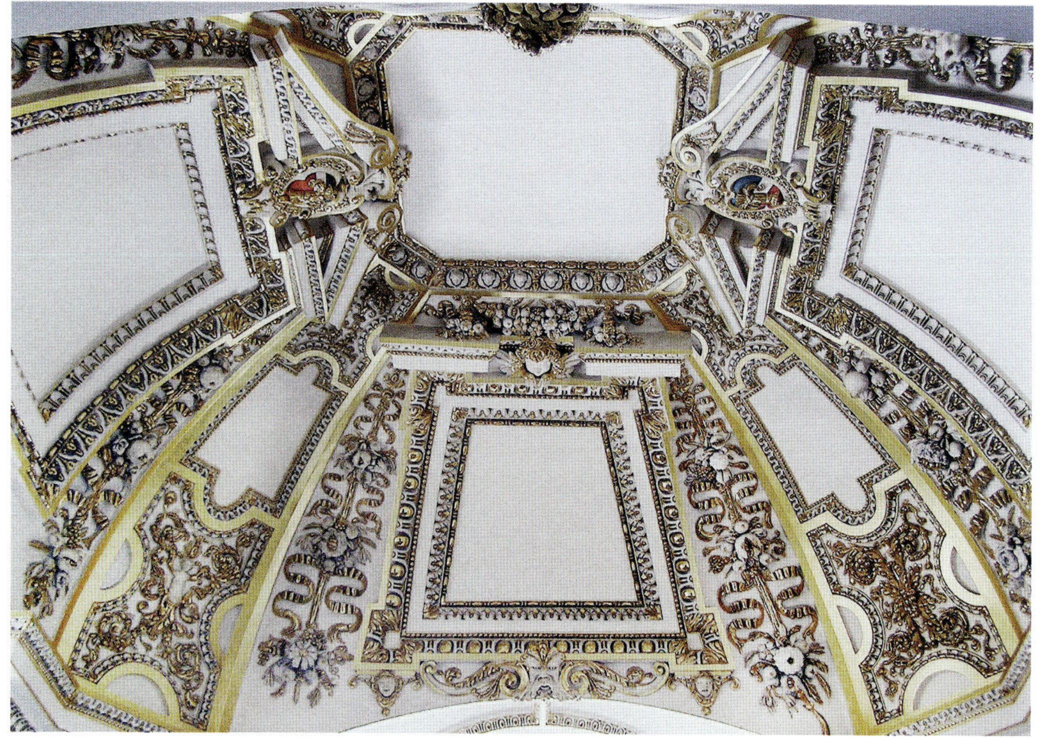

fig. 1
Cracow, Wawel Castle, stucco decoration of a study on the first floor of the north-east tower, c. 1602.

part of Cracow royal castle which had been destroyed by fire in 1595. The works were supervised by the king's architect Giovanni Trevano (†1642) from Lugano. Among his contractors were his relatives: the very capable stonemason Ambrogio Meacci (dates unknown), the remarkable Venetian painter Tommaso Dolabella (*c.* 1570–1650) and a mysterious stucco maker who decorated the vaults of several small rooms **(fig. 1)**, such as chambers on two stories of a corner tower and in the king's private chapel. These decorations are the first high-quality works made in stucco in Lesser Poland and they remained an isolated example of this craft for almost two decades. They are composed of architectural ornaments framing fields intended for paintings, surrounded with floral garlands, winged heads and grotesque masks. The origin of this type of decoration can be convincingly traced to Rome.[9] What is particularly interesting is the fact that the next example of such decoration can be found in a building carried out by Trevano.[10] It is the main Jesuit church in Cracow, dedicated to Sts Peter and Paul, designed on the pattern of the Gesù in Rome by Giovanni de Rossi (1538–1610), but completed after major construction problems with the dome support, under the supervision of Trevano in 1619.[11] It was most likely around this date that the stucco decoration of the apse was carried out. Its ornamentation is similar to that in the castle, but additionally there are statues in niches and the framed fields are filled with stucco reliefs instead of paintings **(fig. 2)**. They show scenes of the martyrdoms of the church's patron saints, based on prints by Hendrick Goltzius (1558–1616) after drawings by Maarten de Vos (1532–1603) and images of Jesuit saints, after prints by

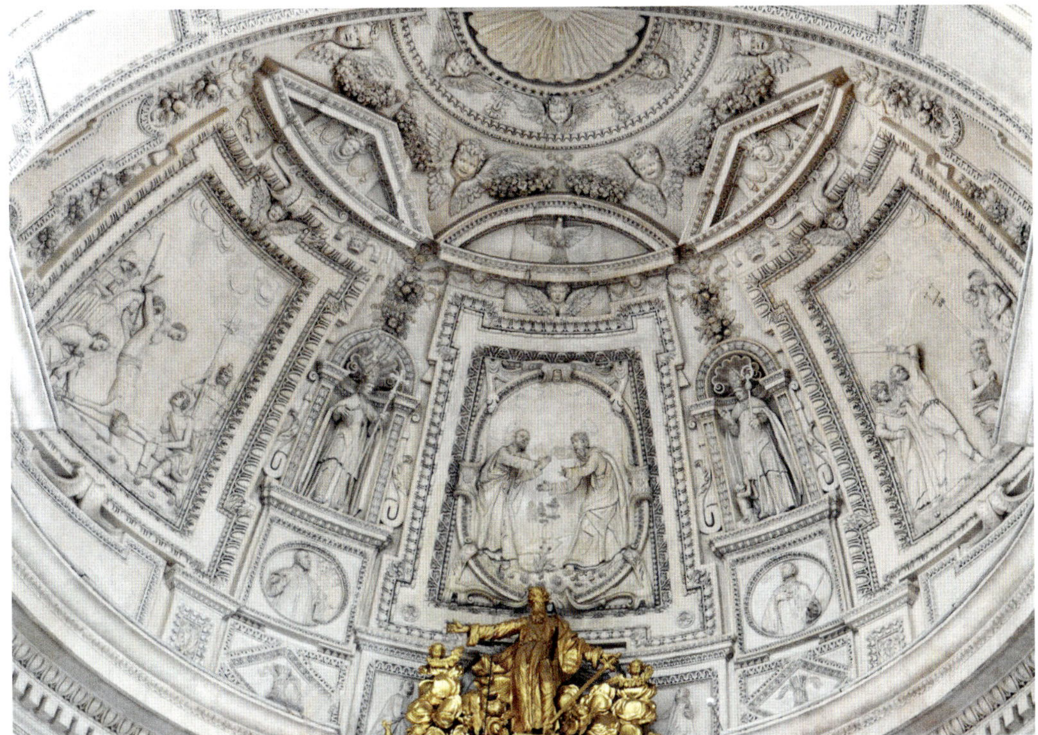

fig. 2
Cracow, Sts Peter and Paul's church, stucco decoration of the apse, before 1619.

another Antwerp artist – Schelte à Bolswert (1586–1659) – after Peter Paul Rubens (1577–1640) and Anton Wierix (c. 1552–c. 1604).[12]

Some works were also started in the crossing, but they were probably never completed, so there are only architectural decorations and empty frames in the pendentives and dome. This may indicate that the stucco workshop had only temporarily collaborated with a specialist in making reliefs and figures, who for some reason was no longer available at the second stage of works. It can be assumed that this situation shows a common distinction between the stucco makers who made ornaments, called *decoratori* in Italian, and the more talented and skilled craftsmen who were additionally capable of making figures and reliefs, known as *plasticatori*.[13] Ornamental parts of the decoration in Sts Peter and Paul reveal extensive similarities with the stucco work in the royal castle. This leads to the conclusion that both were executed by the same master, whose identity, unfortunately, cannot be established. The only clue has been found in a letter to Tomasz Zamoyski (1594–1638) from the Cracow Jesuit Przemysław Rudnicki († 1636), who recommended to the former the services of 'Giovanni, the stucco maker of His Royal Highness', who had decorated the vaulting of the apse in the Jesuit church in Cracow.[14] It seems possible that Giovanni was responsible at least for the figural parts of this decoration, but the question of his profession remains open. It is unclear if he also designed the decoration, and moreover, what his connection with the royal architect was. We do not know whether he was a long-term member of Trevano's team, an independent master who gained

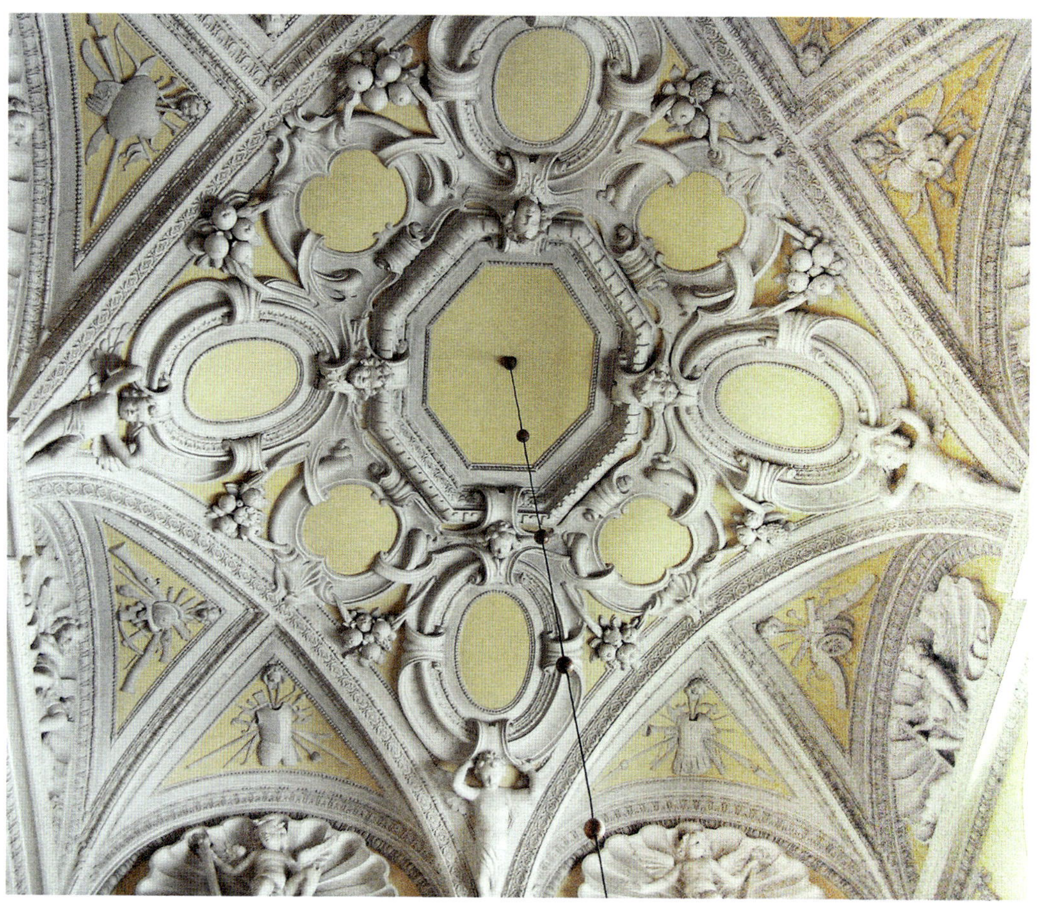

fig. 3
Zamość, Collegiate church (now cathedral), stucco decoration of the Zamoyski chapel, c. 1634.

the admiration of the architect as well as the king, or maybe he should be identified with Trevano himself, who could also have been qualified as stuccoist, as well as his architectural and managerial abilities.[15] This is definitely one of the most important puzzles concerning early modern stucco production in Poland.

A detailed comparison of the figures and ornaments (especially faces, frames, postures and fruit garlands) indicates that in the end Zamoyski did not hire the artist recommended by the Cracow Jesuit. Instead, in Zamość, he probably employed another anonymous stucco maker (**fig. 3**), who in 1635 had decorated the central bay of the Carmelite church in Nowy Wiśnicz (**fig. 4**). Both works are distinguished by high quality figures of angels, which are quite similar to another mysterious work – the stucco decorations in the Camaldolese church in Bielany near Cracow. Its main part, executed around 1633, consists of plasterwork in four pairs of chapels. Three of them, which open directly to the nave, have vaultings covered with frames, adorned with floral garlands and figures of angels, which enclose paintings, but the westernmost pair, on the ground floor of the towers in the façade, are decorated with big herm pilasters in the corners and reliefs in the pendentives. One of the chapels, donated by Ladislaus IV (1595–1648), is singled out with a large stucco cartouche bearing the royal

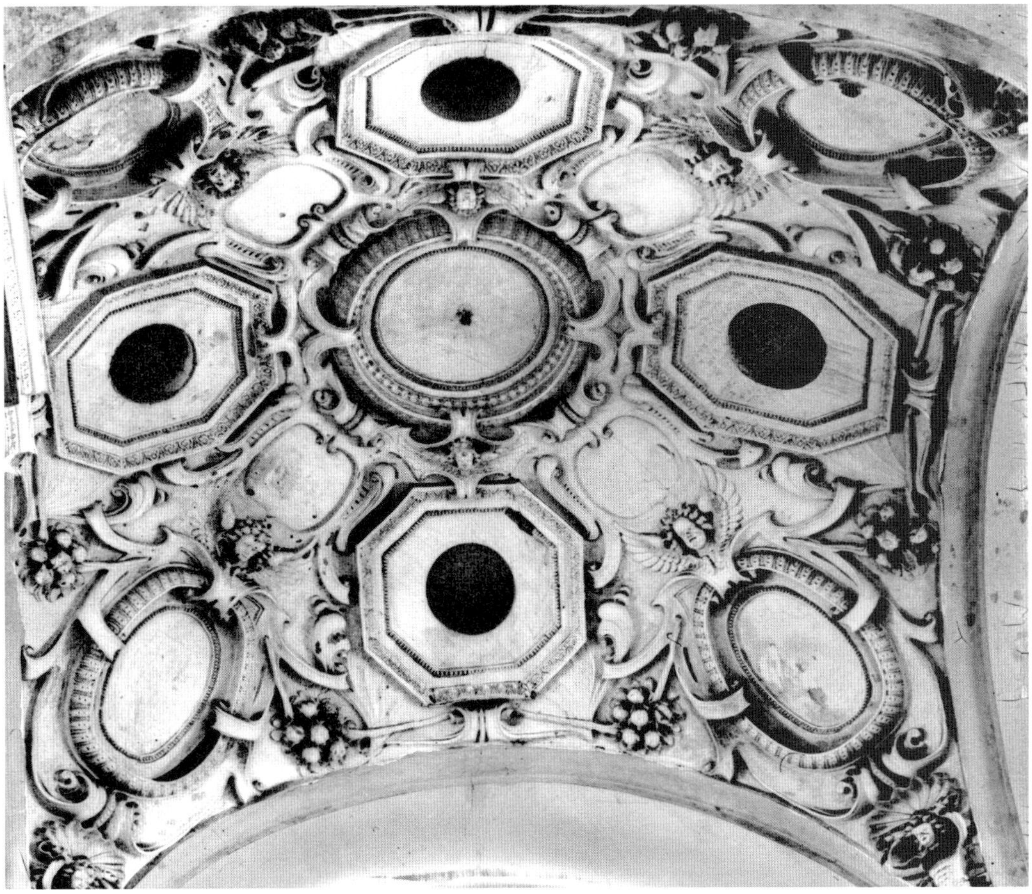

fig. 4
Nowy Wiśnicz, Carmelite church, stucco decoration of the crossing.

coat of arms, supported by angels. It is the only part of the decoration whose maker has been identified, thanks to an archival record of a payment for a stucco maker 'Philibert'.[16] His last name was not mentioned, but he may likely be identified with Filiberto Lucchese (1606–66), who later became an eminent architect at the imperial court in Vienna; the decorations in Bielany would have been his first known works.[17] It seems likely that all the chapels in Bielany were decorated at the same time, by a group of stucco makers with only one main *plasticatore*, so this 'Philibert' would also have been involved in making figures in other chapels (**fig. 5**), which exhibit some details particularly reminiscent of his works in Bernstein (Hung. Borostyánkő) Castle. Moreover, as decorations in Bielany, Zamość and Wiśnicz are linked not only with outstanding artistic quality, but also with some unusual motifs (e.g. *putti* holding a conch over their heads), it can be assumed that Lucchese was involved in making all these works. Such a hypothesis implies that the artist started his career as a stucco maker in Poland, where he could have been active *c.* 1633–35, before he became a renowned architect at the imperial court in Vienna.

The process of executing stucco decorations in Bielany can be compared to that in the second biggest complex of such decorations in Cracow, namely chapels in the

fig. 5
Bielany (near Cracow), Chapel of Sts Nicolaus, Adalbert and Jerome (later of the Holy Cross), c. 1633, detail of stucco decoration.

previously mentioned church of Sts Peter and Paul. As in Bielany, the chapels in the Jesuit church had different private patrons, but unlike in the Camaldolese church, the vaults were not all decorated at once. The earliest decoration – in the St Ignatius Chapel – was executed in 1638. Its modelling is rather crude, but it represents a new type of composition, based on four cartouche frames divided by wide ornamental bands. This basic scheme was later followed by various artists, accidentally found by other benefactors, until the last vault was completed sixty years later.[18]

For a long time all those decorations were attributed to Giovanni Battista Falconi (dates unknown) – an artist believed to have been the most important stucco maker active in Poland in the mid-seventeenth century. The problem, however, is that his fame originates from an obsolete monograph, based purely on attributions, which for the most part turned out to be incorrect, having been based on only superficial similarities.[19] A great number of works linked to Falconi in this way can be compared with just one written archival mention. The courtier of Ladislaus IV, Stanisław Oświęcim (c. 1605–57), wrote in his memoir that in 1647 he had made an agreement with Falconi concerning decoration of his family chapel in Krosno (fig. 6), and that he had brought the stucco maker from the town of Klimontów, so it can be assumed that Falconi had also worked there – almost certainly on the decoration of the collegiate church, where his characteristic ornament is preserved in the frieze. It was most likely part of a larger undertaking which was partially destroyed or remained unfinished. Following a comparison based on the use of the same moulds and the similarities in the modelling of ornaments in these two works, Falconi's *œuvre* should be limited to a group of decorations which includes the St Charles Borromeo Chapel that had been added to the church in Niepołomice (1640), the Cetner family chapel by the Dominican church in Podkamień (Ukr. Підкамінь, c. 1644), the palace chapel in Podhorce (Ukr. Підгірці; c. 1644?), the church of the Franciscan Nuns in Rzeszów (before 1649), the St Francis Xavier Chapel in Sts Peter and Paul in Cracow (before 1649), a study in the tower of the castle in Baranów (1640s) and the collegiate church in Łowicz (1653–54). His last known work – in the Tyszkiewicz family chapel

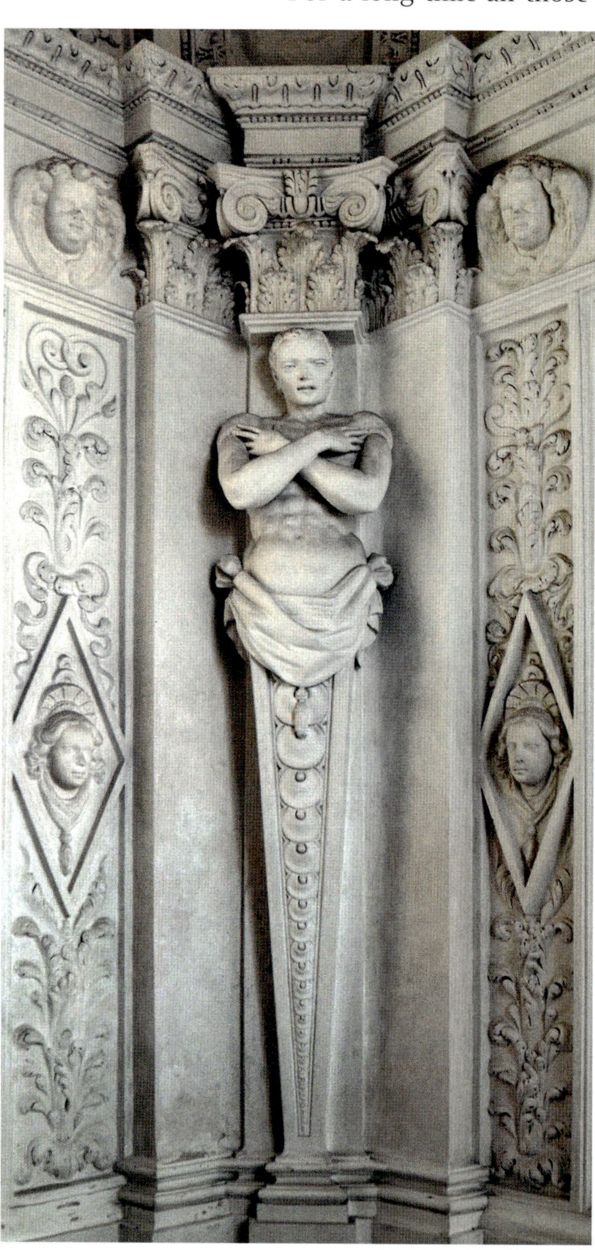

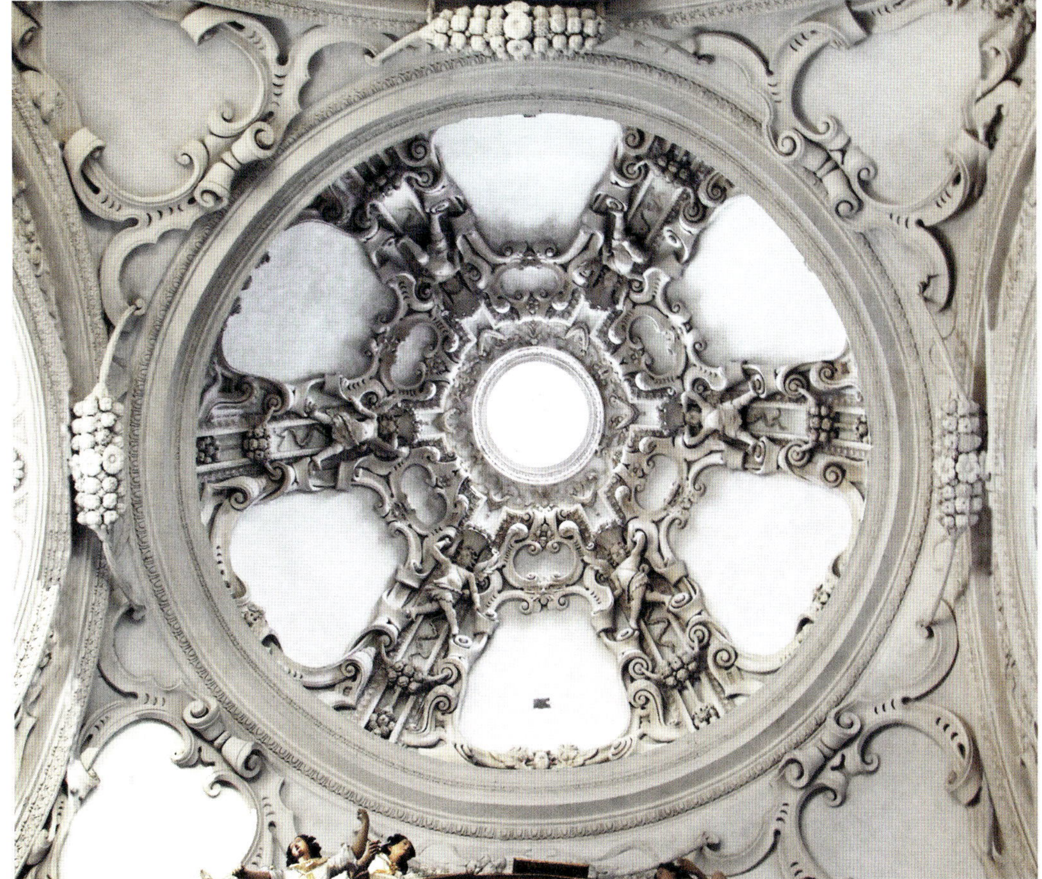

fig. 6
Giovanni Battista Falconi, stucco decoration of the dome, 1647-48. Krosno, Minorite church, the Oświęcim family chapel.

at the Dominican church in Lublin (1654–58) – is the only decoration signed with his initials and it is unusual, because it features a set of large-scale figures.[20]

Research has been focused on determining Falconi's *œuvre*, but other important matters have remained totally unclear. The first is the artist's origin. Aldo Crivelli associated him with an important artistic family from Rovio,[21] and his conclusion was accepted by later scholars,[22] but there are no traces of his genealogical connection with its members, so one can assume that this conclusion was based only on the family name. Nor is anything certain about his training.[23] An even more interesting problem is Falconi's job profile. In older Polish literature a supposition was made that he might have also worked as an architect[24] or stone sculptor,[25] but buildings with decorations that could be linked to him do not really have much in common, either in their architectural design, or in stonework decoration or sculpture. But inability to identify his works is not proof that they did not exist, especially if we take into account a royal privilege granted to Falconi with regard to his unnamed works in marble. This document allowed Falconi to act freely in any of his businesses, beyond the scope of the provincial, civic or guild authorities, no matter what craft he was involved in.[26]

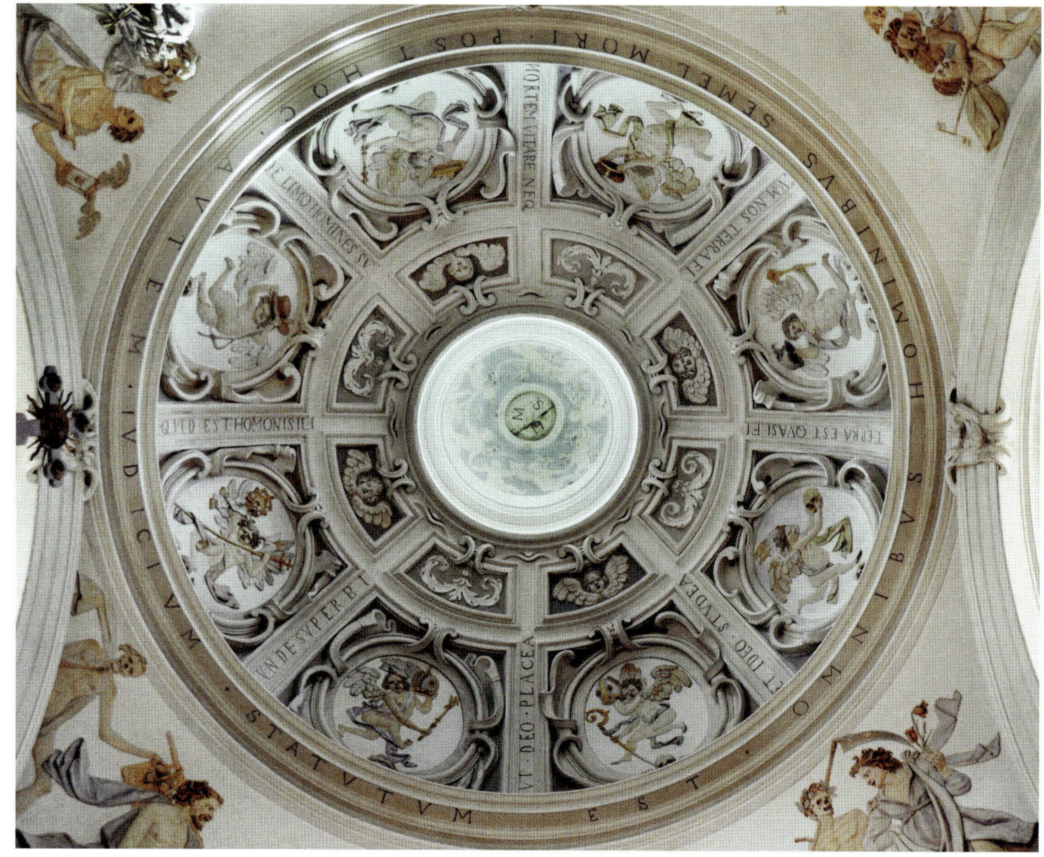

fig. 7
Master of Tarłów, stucco decoration of the dome, c. 1647. Tarłów, Parish church, Christ chapel.

The case of Falconi can be compared with an eminent artist, his contemporary, about whom even less is known. This anonymous stucco maker, active, like Falconi, mostly in the 1640s, is known as the Master of Tarłów – from the place where his main work was made. Tarłów was a small private town with a parish church designed as the owner's family mausoleum. The complex decoration of the church consists of coloured stucco reliefs and terracotta statues – both of the highest artistic quality. The most famous parts are genre scenes, showing people of various ages, status and profession meeting their deaths. The flat coloured reliefs seem more painterly than three-dimensional. Some minor elements of this cycle are based on woodcuts from Hans Holbein's (1497/1498–1543) *Dance of Death* cycle, made more than a hundred years earlier, while the decoration of the dome (fig. 7) is modelled on a woodcut of the *Wheel of Death* by Andrea Andreani (1540–1623) after a design by Giovanni Fortuna (1535–1611).[27] It is likely that the original colours of these stuccoes were much more saturated and vivid than they are now, probably similar to the restored altar in a chapel of the parish church in Kazimierz Dolny (fig. 8), which is believed to be a work by the same master. His third known work is the decoration of the Loreto House in Gołąb, where again low reliefs were applied, together with in-the-round terracotta statues – mostly emulating postures of Michelangelo's *Moses*. Despite its poor condition, characteristic motifs link this decoration to the two previously discussed. Unlike in the case of Falconi, here all buildings of the group have remarkable similarities in proportions, vaulting, and architectural orders, which leads us to a question of a relationship between their architect and decorator. They might have been regular collaborators, or even the same person. The only certain thing is that the Master of Tarłów was a sculptor of extraordinary talent, surpassing any artist active in Poland at the time, including those working in much more popular materials such as wood and stone. For this reason, the question of his identity counts among the greatest puzzles of seventeenth-century art in Poland. We know nothing about his origin or training, but his skills in modelling terracotta may point to northern Italy.[28]

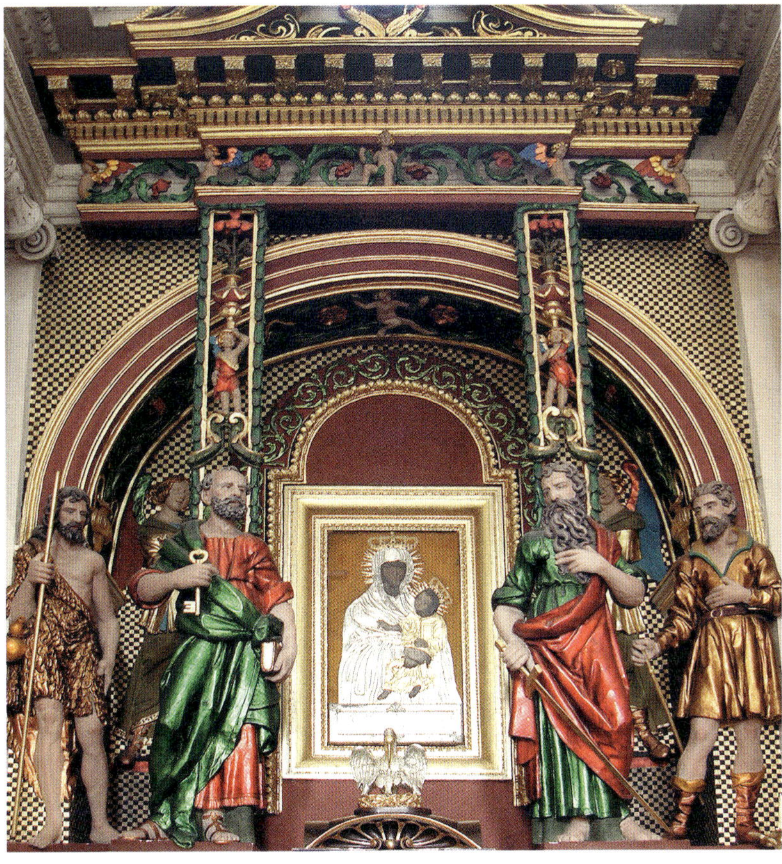

fig. 8
Master of Tarłów, altar, before 1650. Kazimierz Dolny, Parish church, Chapel of the Assumption.

The Master of Tarłów, Falconi and many other artists ended their activity in Poland around the mid-seventeenth century. For Poland it was a period of devastating invasions by Cossacks, Swedes, Transylvanians and Russians, which halted all building activity and ended the artistic boom, started during the reign of the first two kings from the House of Vasa. The next decades brought gradual restoration, carried out with limited resources and mostly low-skilled local contractors, while the distinguished foreign artists were probably still too expensive or difficult to encourage to work in a remote and sparsely populated country. But at the time stucco decoration was popular and fashionable. Above all, dome decorations in burial chapels employed stucco cartouches to frame paintings. In some prestigious buildings stuccoes are of inferior quality to the stonework, modelled without skill in a way that might indicate the work of a local craftsman with little experience in that material and only indirect knowledge of Italian art.

Two remarkable examples can be found in chapels in Cracow cathedral. The chapel of Bishop Jakub Zadzik (1582–1642) (**fig. 9**), was probably completed shortly before the wars (*c.* 1647), with stuccoes that appear to be cut in a dry mass, rather than moulded wet. The work may have been done by the same anonymous workshop that made the stone part of the decoration. The other case is the Vasa Chapel (**fig. 10**).

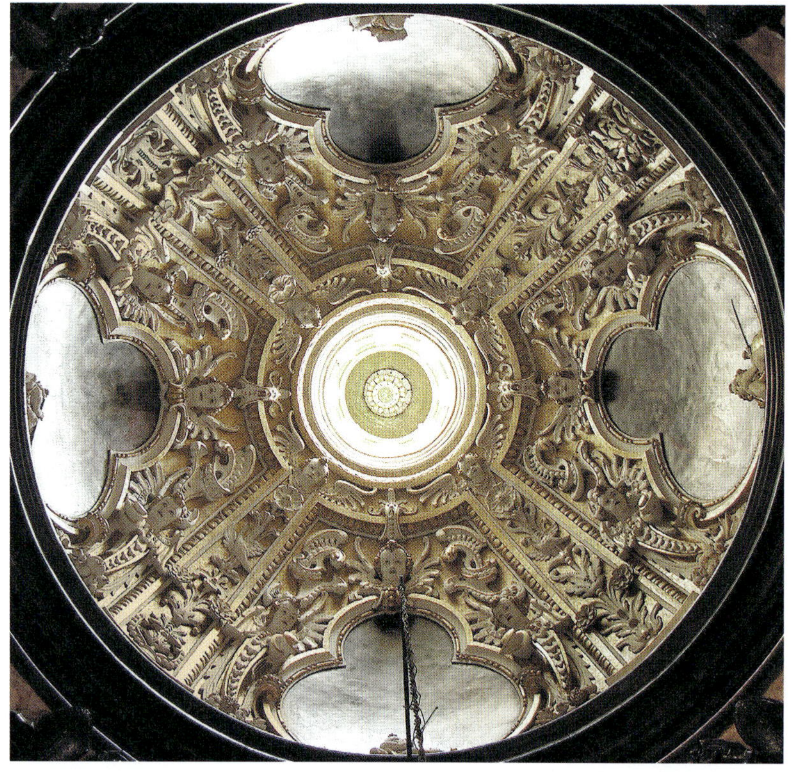

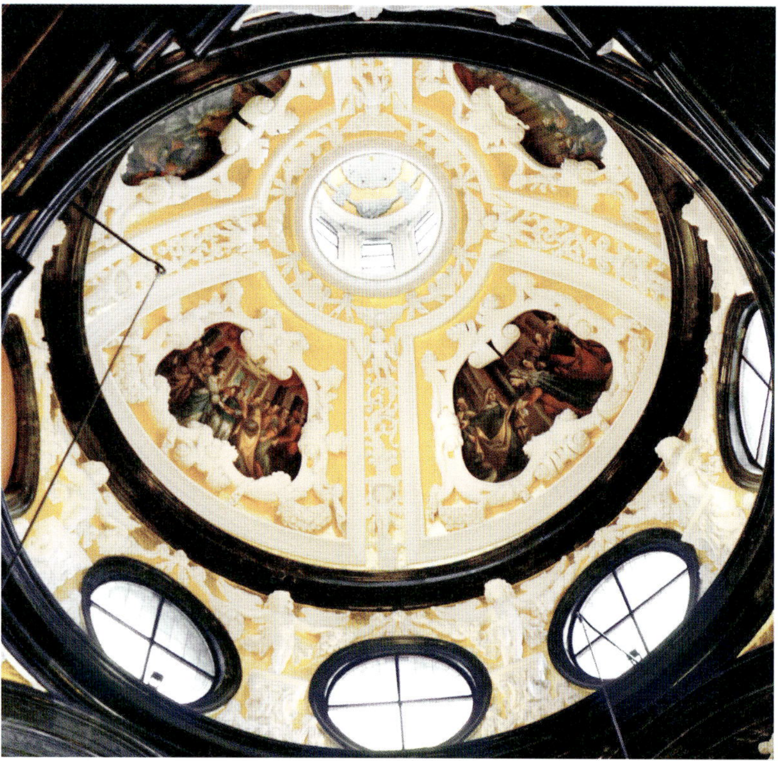

The exterior was designed to look like a copy of the famous Jagiellonian Mausoleum known as Sigismund's Chapel, built by Bartolomeo Berecci (*c.* 1470–1537) in 1519–33. But the interior was decorated in a totally different manner, with black marble wall cladding and contrasting white stucco decoration in the dome. The figures (evangelists in the pendentives and angels in the drum), have significant errors in anatomy, and the cartouches are moulded coarsely and unskilfully. The low quality of the decoration is surprising, considering the prestige of the site. Nothing is known about the author, nor has he been linked to any other work, but atypical use of auricular ornaments indicates that he was more familiar with northern art than with Italian.[29]

In the third quarter of the seventeenth century artists specialising in stucco were probably few, and the artistic quality that they could offer was significantly inferior to craftsmen of the first half of the century. As none of them is known from archival sources, their *œuvre* can only be determined on the basis of formal analysis. The most important master is the one who decorated two prestigious chapels with widely venerated images of the Holy Virgin in two most famous sanctuaries of the province of Cracow Voivodeship. His first known work, from *c.* 1667, is the oval dome in the Lady Chapel in Kalwaria Zebrzydowska. In 1670 the same craftsman was hired to decorate the Holy Cross Chapel in the Jesuit church in Cracow, and

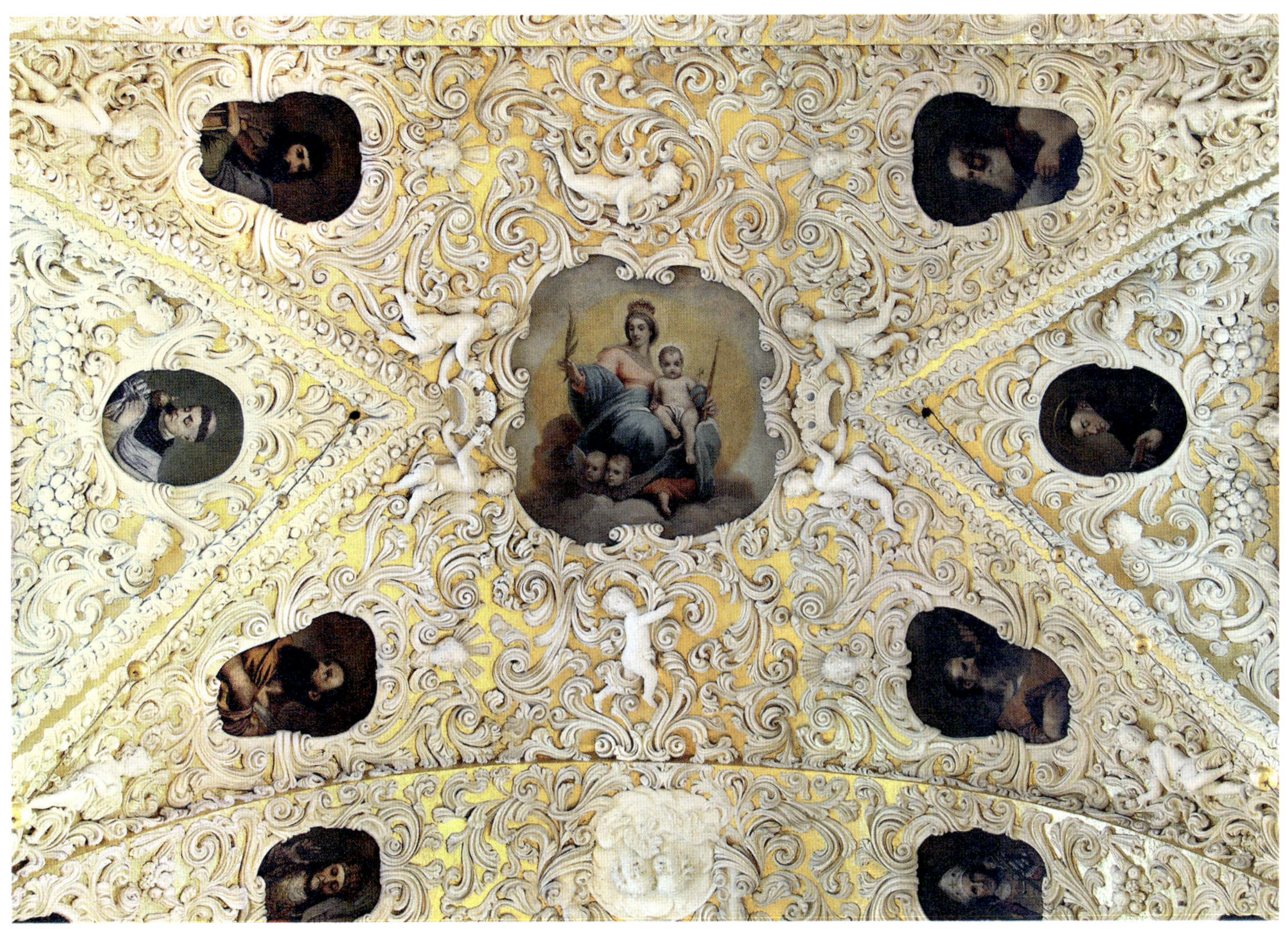

before 1676 he worked in the Denhoff family chapel at the church at Jasna Góra near Częstochowa. Despite the differing shapes of the chapels, the compositions are of the same type – with voluminous cartouches filled with paintings – but the last work (after 1683, before 1689), is different. It ornaments the most important chapel of the Jasna Góra monastery, which houses the image of the Black Madonna. Almost the whole surface of the barrel vault of the nave is thickly covered with bands of ornament (**fig. 11**).[30] The peculiar richness of the decoration might seem appropriate to the rank of the place, but it also shows the search for a new type of composition. Like any other stucco work from that time in Lesser Poland, it does not show any significant influence of recent Roman art.

The lack of qualified stucco makers meant that some decorations were made by local stonemasons, builders or sculptors. Such a broadening of professional competences is exemplified in the work of Kazimierz Kaliski (*c.* 1640–1714) – a member of the woodcarvers' guild in Kazimierz near Cracow – much lauded for his wooden crucifixions, who passed this varied profile of professional activity to his son (born *c.* 1660) of the same name, so their works and archival references are sometimes

fig. 9
Cracow, Cathedral, Chapel of Bishop Jakub Zadzik, stucco decoration of the dome, *c.* 1647.

fig. 10
Cracow, Cathedral, Vasa chapel, stucco decoration of the dome, *c.* 1666.

fig. 11
Jasna Góra, Lady chapel, stucco decoration of the nave vaulting, after 1683-before 1689.

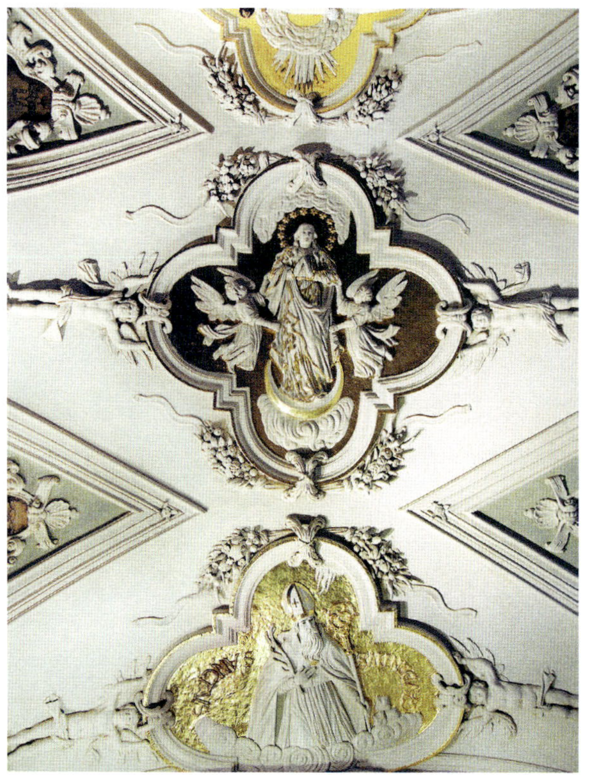

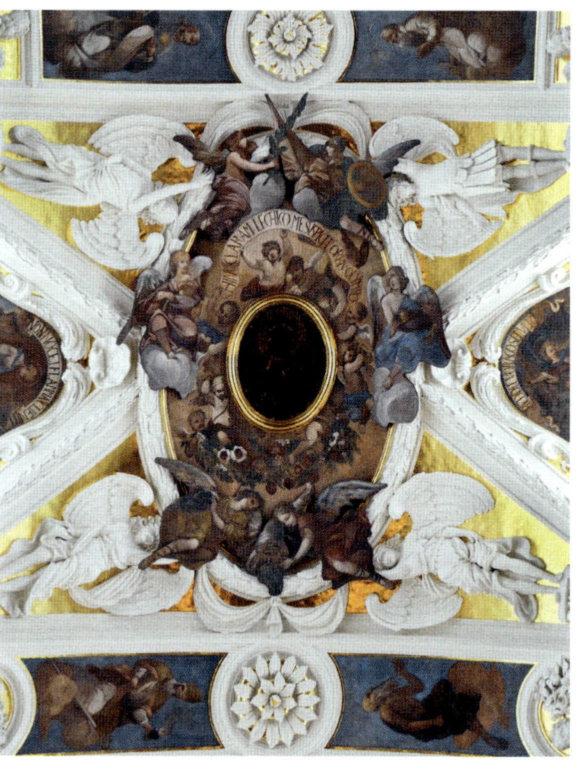

difficult to distinguish.[31] It was most likely Kaliski the Elder who executed three polychrome stucco statues, in the niches of a staircase in the Carmelite friary in the Cracow suburb of Piasek, in 1674. In this case the figures are less interesting than the architectural design of the staircase which was evidently modelled on the great staircase in the Venetian monastery of San Giorgio Maggiore, designed by Baldassare Longhena (1597–1682). Kaliski the Elder also executed some traditional stucco vaulting decorations, like those in the inner sacristy of St Mary's church in Cracow **(fig. 12)**, which he signed and dated 1692. It is atypical, because the main framed fields are filled with reliefs instead of paintings, but its only link to Italian art is the person of the patron – a wealthy merchant and major Jan Gaudenty Zacherla (†1696), whose father had moved to Cracow from Brescia. Zacherla decided to commemorate his origin with an image of St Gaudenzio, a bishop of Brescia and his name patron, on the sacristy's vaulting.[32]

The most important church building project of that time in Lesser Poland was the restoration of the basilica at Jasna Góra, that had been damaged by fire in 1690. Stucco decoration, covering the vaults of the whole church, was made in 1692–93, just after Domenico del Signore (†1714) completed the reconstruction.[33] The authorship of the stuccoes is unclear, but they were probably by a group of mediocre stucco makers, assembled *ad hoc* for this work. Some of them can be linked to works in Silesia and Greater Poland, where they could have collaborated with Alberto Bianco (dates unknown). The poor quality of the decoration is especially evident in the angels, which are more like unintended caricatures of human figures.[34] This remarkable example of very poor quality decoration in a highly prestigious building, reveals the great need for skilled stucco makers in the region – a niche that was soon filled by Baldassarre Fontana, a great artist who had arrived in Poland in 1693.[35] The final appearance of the Jasna Góra decoration has been significantly corrected with paintings by the Silesian Karl Tanquart (†1704, Pol. Karol Dankwart), who extended his frescoes beyond the frames, partially covering the figures (**fig. 13**). His works, finished on 23 October 1695, are the first of this type in the region, and open a new way of designing interior decoration, combining moulded and painted parts.[36]

The examples discussed here indicate that the profession of the stucco maker changed in time – not only over the course of the century, but also during the activity of each artist, who had to adjust to the changing demands of the market, as well as being open to new opportunities and making use of newly learned skills. Such a conclusion encourages renewed discussion of issues that might have appeared to have already been closed for a long time, and to point out gaps in our knowledge. Comparing different case studies from all over Europe and having the opportunity to delve into different social realities provides an important opportunity to look at these masters, skills and competences from new perspectives.

fig. 12
Kazimierz Kaliski (the Elder?), stucco decoration of the vaulting, 1692. Cracow, St Mary's church, inner sacristy.

fig. 13
Jasna Góra, Pauline monastery, chancel, vaulting of the middle bay, stucco decoration, 1692–93, and paintings (by Karl Tanquart), 1694–95.

1 Z. Gloger, *Geografia historyczna ziem dawnej Polski* (Kraków, 1900), p. 172.

2 For a short overview of art in Lesser Poland in the early modern period see P. Krasny, 'Vom Anfang des 16. bis zum Ende des 18. Jahrhunderts', in W. Bałus and D. Popp (eds.), *Dehio-Handbuch Kunstdenkmäler in Polen. Kleinpolen* (Berlin, 2020, 1 , pp. 49–65).

3 On decoration of the Town Hall in Poznań see T. Jakimowicz, 'Ład kosmosu, ład państwa, ład miasta. Dekoracja sklepienia Sali Renesansowej ratusza,' *Kronika Miasta Poznania* 2 (2004, pp. 81–98).

4 J. Kowalczyk, *Kolegiata w Zamościu* (Warszawa, 1968).

5 M. Kurzej, 'The Collegiate Church in Zamość in the Context of European Architecture', in R. Skowroska, H. Flachenecker (eds.), *Leben zwischen und mit den Kulturen* (Toruń, 2015), pp. 169–86).

6 P. Krasny, M. Kurzej, 'Siedemnastowieczne listwowe dekoracje sklepienne w Polsce i ich europejski kontekst', *Biuletyn Historii Sztuki* 86 (2024, pp. 77–110).

7 M. Kurzej, *Siedemnastowieczne sztukaterie w Małopolsce* (Kraków, 2012, pp. 187, 191).

8 In earlier scientific literature artists coming from the Swiss part of the Lugano region used to be called 'Ticinesi' despite the fact that the canton of this name had not been created until 1803, while those from the Duchy of Milan part of the area were usually referred to using the names of the particular valleys they originated from. A characteristic example of an anachronistic approach to historical geography is the work by Aldo Crivelli who not only called early modern artists *Ticinesi* but also discussed their activities within the twentieth-century state borders: A. Crivelli, *Artisti ticinesi dal Baltico al Mar Nero. Svezia – Polonia – Cecoslovacchia – Austria – Jugoslavia – Ungheria – Romania – Turchia. Catalogo Critico* (Locarno, 1969). About the identification of inhabitants of the bailwicks of Lugano and Mendrisio before canton Ticino was created see A. Morinini, *Il nome e la lingua. Studi e documenti di storia linguistica svizzero-italiana* (Tübingen, 2021 pp. 18–33).

9 K. Kuczman, 'Przełom wawelski', in T. Hrankowska (ed.), *Sztuka XVII wieku w Polsce. Materiały Sesji Stowarzyszenia Historyków Sztuki Kraków, grudzień 1993* (Warszawa, 1994, pp. 163–76). As the best examples of this type of decoration in Rome, Kuczman nominated stuccoes in the chapels of Sta Maria Maggiore.

10 Kurzej (op. cit. note 7), pp. 118–21.

11 A. Małkiewicz, *Theoria et praxis. Studia z dziejów sztuki nowożytnej i jej teorii* (Kraków, 2000, pp. 187–256).

12 B. Frey-Stecowa, 'Dekoracja stiukowa w apsydzie prezbiterium kościoła śś. Piotra i Pawła w Krakowie i jej pierwowzory graficzne', in J.K. Ostrowski, P. Krasny, W. Bałus (eds.), *Praxis atque theoria. Studia ofiarowane profesorowi Adamowi Małkiewiczowi* (Kraków, 2006, pp. 161–78).

13 For the specialisation of the *decoratori* and *plasticatori*, see G. Beard, *Stucco and Decorative Plasterwork in Europe* (London, 1983, p. 16).

14 J. Kowalczyk, 'Płyta nagrobna i stiuki w kaplicy hetmana Jana Zamoyskiego przy kolegiacie w Zamościu', *Biuletyn Historii Sztuki* 24 (1962, no. 2, p. 233). The letter does not give the year in which it was written, but according to Kowalczyk it was 1634. He erroneously identified the stucco maker with Giovanni Falconi.

15 Kurzej (op. cit. note 7), p. 121.

16 Ibid., pp. 122–23. The church in Wiśnicz was destroyed by Germans in 1941,

but its decoration is known from archival photographs.

17 P. Fidler, s.v. 'Philiberto [Filiberto] Luchese', in J. Turner (ed.), *The Dictionary of Art* (Oxford, 1998, 19, p. 770); P. Fidler, *Architektúra seicenta: stavitelia, architekti a stavby viedenského dvorského okruhu v Rakúsku, Čechách, na Morave a na Slovensku v 17. storočí* (Bratislava, 2015, p. 146). Concerning Filiberto Lucchese see also J. Zapletalová, 'Due fratelli oltralpe: Giovanni Domenico e la rete artistica di Filiberto Lucchese', in J. Zapletalová, M. Viganò (eds.), *Libro delli Dinari. Viaggi e affari di Giovanni Domenico Lucchese, mastro stuccatore da Melide all'Europa 1648–1670* (Bellinzona, 2021, pp. 115–46).

18 Kurzej (op. cit. note 7), pp. 338–41.

19 See A. Bochnak, *Giovanni Battista Falconi* (Kraków, 1925).

20 Kurzej (op. cit. note 7), pp. 124–35, with an overview of the state of research on Falconi.

21 A. Crivelli, *Artisti ticinesi dal Baltico al Mar Nero. Svezia – Polonia – Cecoslovacchia – Austria – Jugoslavia – Ungheria – Romania – Turchia. Catalogo Critico* (Locarno, 1969, p. 44).

22 For recent publications see: L. Facchin, 'La dinastia dei Falconi di Rovio tra gli stati della penisola italiana e la Polonia', in P. Łopatkiewicz (ed.) *Artisti italiani nelle terre sud-est della Repubblica Polacca nell'epoca moderna* (Rzeszów-Łańcut, 2016), p. 47. With regard to Falconi's *œuvre*, this paper is unreliable, because the author ignored the literature in Polish.

23 Karpowicz came to the conclusion that Falconi was an apprentice of Giovanni Serodine from Ascona: M. Karpowicz, *Artisti ticinesi in Polonia nel '600* (Bellinzona, 1983 p. 102), while Laura Facchin (op. cit. note 22), pp. 51-2, pointed to similarities linking his works with the workshop of Isidoro Bianchi.

24 J. Gajewski, 'Falconi w Podkamieniu oraz jego dzieła architektoniczno-rzeźbiarskie (problematyka artystyczna i zagadnienie odbioru)', *Ikonotheka. Prace Instytutu Historii Sztuki Uniwersytetu Warszawskiego* 5 (1993, p. 80).

25 M. Karpowicz, *Artisti ticinesi in Polonia nella prima metà del '600* (Manno, 2002), pp. 193–99.

26 On Falconi's privilege see J. Kowalczyk, 'Architektoniczno-rzeźbiarskie dzieło Falconiego w Lublinie (Kaplica św. Krzyża przy kościele Dominikanów),' *Biuletyn Historii Sztuki* 24 (1962, no. 1, p. 41).

27 The print models for stucco decoration in Tarłów have been identified by M. Leśniakowska, 'Tarłow – Sarmata ars Moriendi', *Biuletyn Historii Sztuki* 46 (1962, nos. 2-3, pp. 155–85). For the entire iconographic programme of the church decoration see M. Kurzej, 'Między narodzinami, śmiercią na zbawieniem – próba interpretacji sztukaterii w Tarłowie', in I. Rolska-Boruch, *Studia nad sztuką renesansu i baroku* (Lublin, 2010, 10, pp. 179–87).

28 Kurzej (op. cit. note 7), pp. 139–45.

29 Ibid., pp. 364–66.

30 Ibid., pp. 146–47.

31 M. Kurzej, 'Kazimierz Kaliski i syn – rzeźbiarze krakowscy ostatniej tercji wieku XVII', *Rocznik Krakowski* 77 (2001, pp. 35–53).

32 Kurzej (op. cit. note 7), pp. 371, 380.

33 M. Wardzyński, 'Barokowa odbudowa kościoła paulinów na Jasnej Górze (1690–1696) na tle działalności północnolombardzkich warsztatów budowlano-stiukatorskich w Europie Środkowej', *Studia Claromontana* 26 (2008, pp. 415–54).

34 Kurzej (op. cit. note 7), pp. 290–9.

35 See in this volume, pp. 341-59.

36 For Tanquart see A. Jirka, 'Obrazy Karla Dankwarta v Jezuitskem kostele ve Znojmě', in *Umĕleckohistoricky Sbornik* (Brno, 1985), pp. 270–71; M. Karpowicz, 'Karl Dankwart, malarz znany i nieznany', in, A. Kozieł, B. Lejman (ed.), *Willmann i inni. Malarstwo,rysunek i grafika na Śląsku i w krajach ościennych w XVII i XVIII wieku* (Wrocław, 2002, pp. 164–75); A. Ptak, 'Początki kariery artystycznej 'Nobilis Caroli Danquart Pictoris Regis Natione Sueci, Acolla Nyssensis' na Śląsku', in M. Biernat, P. Krasny, J. Wolanska (eds.), *Prolegomena. Materiały Spotkania Doktorantow Historii Sztuki Krakow 13–15 października 2003* (Kraków, 2005, pp. 103–12); A. Kozieł, 'Szwed i jezuici. Karl Dankwart i jego nieznane prace malarskie dla nyskich i kłodzkich jezuitów', in J. Harazimowicz, P. Oszczanowski, M. Wisłocki (eds.), *Po obu stronach Bałtyku. Wzajemne relacje między Skandynawią a Europą Środkową* (Wrocław, 2006, 2, pp. 265–76); A. Muła, 'Karl Dankwart – szwedzki malarz i jego związki z dworem biskupa Franciszka Ludwika von Pfalz-Neuburg', ibid., pp. 277–85; A. Ptak-Gusin, 'Karola Dankwarta podróże artystyczne z Nysy do Krakowa', in K. Brzezina, J. Wolanska (eds.), *Barok i barokizacja. Materiały sesji Oddziału Krakowskiego Stowarzyszenia Historykow Sztuki, Krakow 3–4 XII 2004* (Kraków, 2007, pp. 191–202); A. Kozieł, "Gdzie ci Włosi, prawdziwi tacy [...]' Barokowe malarstwo freskowe na Śląsku a włoscy malarze-freskanci', in R. Sulewska, M. Smolinski (eds.), *Artyści znad jezior lombardzkich w nowożytnej Europie. Studia dedykowane pamięci Profesora Mariusza Karpowicza* (Warszawa, 2015, pp. 193–202); M. Kurzej, 'Aranżacja prezbiterium kościoła Klarysek w Starym Sączu', *Modus* 16 (2016, pp. 17–20); M. Kurzej, *Depingere fas est. Sebastian Piskorski jako konceptor i prowizor* (Cracow, 2018, pp. 279–80).

La dicotomia tra scultori e stuccatori nella plastica tardo barocca romana: il cantiere di Santa Cecilia in San Carlo ai Catinari (con una nota sui restauri della sala Regia)

Vittoria Brunetti

La cappella di Santa Cecilia in San Carlo ai Catinari (fig. 1) venne costruita e decorata su progetto del pittore e architetto Antonio Gherardi tra il 1693 e il 1699.[1] La commissione proveniva dalla Congregazione dei Musici, che ottenne la concessione del sito dai padri barnabiti di San Carlo ai Catinari e richiese a Gherardi una decorazione a tema musicale, dominata sull'altare dalla tela raffigurante la santa dello stesso pittore.[2] Il tema informa buona parte della decorazione a stucco: lo Spirito Santo, Cecilia e otto teste di cherubino sulla copertura della camera superiore, gli angeli musicanti sulla balaustra che sormonta l'oculo della cupola (fig. 2) e, sulle pareti laterali, i putti cantanti e gli angeli che dovevano recare libri o spartiti (figg. 5-6), oggi visibili solo sulla parete di sinistra.

La guidistica romana non ha dato troppa importanza al complesso decorativo, limitandosi a una laconica menzione degli stucchi ed esaltando piuttosto il progettista e autore del dipinto: «Trovasi appresso la cappella di Santa Cecilia tutta ornata di stucchi, eretta con disegno d'Antonio Gherardi, il di cui quadro che rappresenta la detta santa è opera del medesimo».[3]

Il primo contributo alla ricostruzione documentaria del cantiere è offerto nel 1970 da Remo Giazotto. Lo studioso, nel volume dedicato alla storia dell'Accademia di Santa Cecilia, segnalava nell'archivio dell'istituzione alcuni documenti – poi per lungo tempo non rintracciati – contenenti le «polizze» e gli ordini di pagamento agli artisti, suddivisi per tipologia di maestranza (ottonari, falegnami, chiavari ecc.). Giazotto ne elencava semplicemente i nomi, menzionando tra gli stuccatori – senza fare distinzioni – Francesco Barozzi, Michele Maglia (Michel Maille), Giuseppe Bilancioni, Giovanni Battista Giorgini (confuso con il fratello Simone), Lorenzo Ottoni e Jean-Baptiste Théodon.[4]

Sulla base di questi nomi, Thomas Pickrel ha provato ad assegnare le singole parti decorative: un lavoro lungo, fatto di proposte e rettifiche,[5] in parte limitato dalle poche informazioni a disposizione su alcuni di questi artisti, all'epoca e in parte ancora oggi non del tutto studiati.

Si tratta infatti di autori eterogenei per età, provenienza e formazione: da un lato

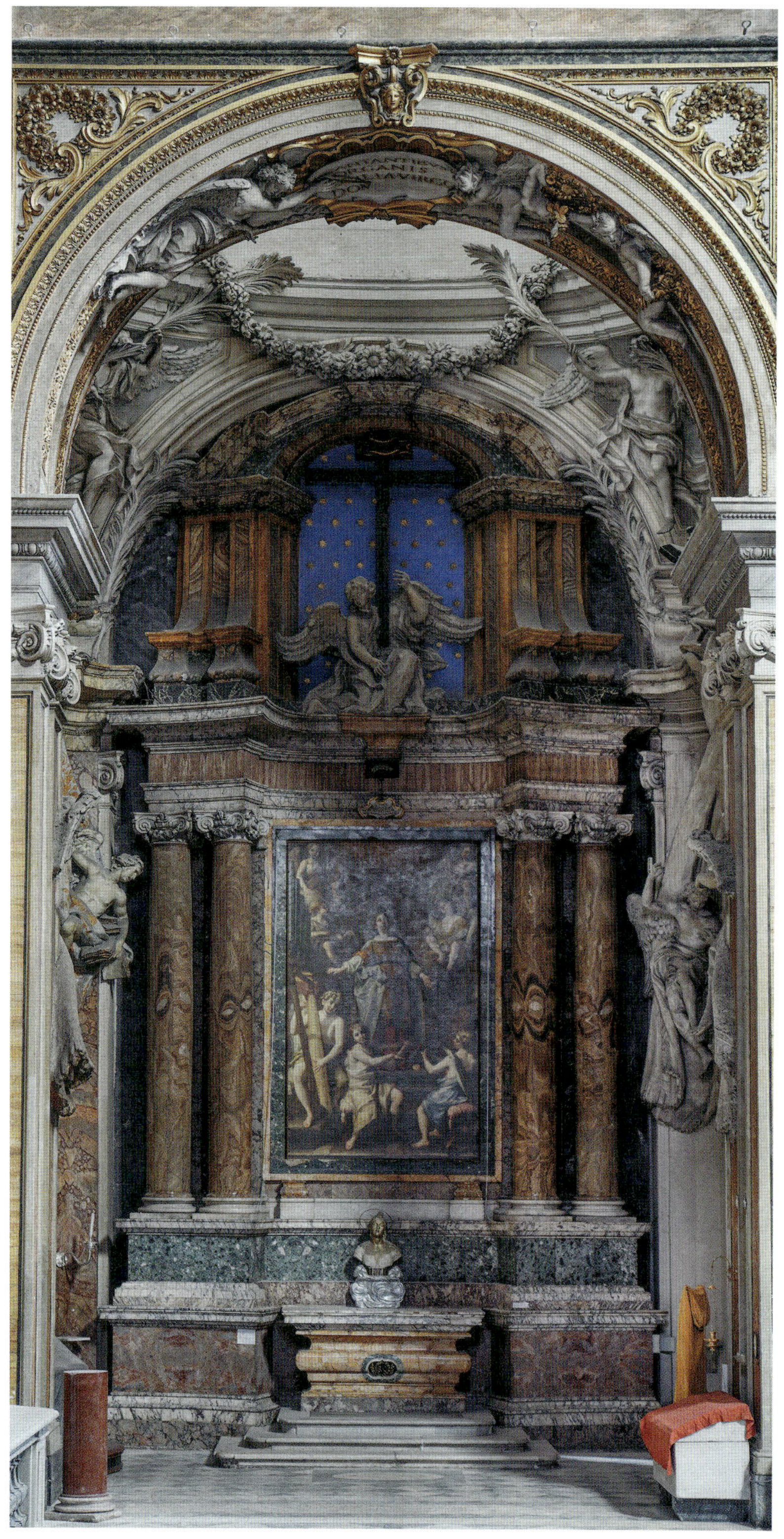

gli scultori, Maille, Théodon e Ottoni,[6] i cui rapporti di collaborazione si erano cristallizzati in seno a istituzioni come l'Accademia di Francia e di San Luca,[7] grazie alla partecipazione alla medesima bottega, a cantieri corali[8] o alla protezione dallo stesso mecenate;[9] dall'altra gli stuccatori – Barozzi, Bilancioni e, come vedremo, Pietro Porciani –,[10] ognuno attivo in una determinata fase del cantiere e con la propria squadra di collaboratori (purtroppo ignoti). Non è dunque possibile parlare di vere e proprie compagnie, basate su rapporti di parentela, se si escludono ovviamente i fratelli Simone e Giovan Battista Giorgini, rispettivamente scultore (seppure di minor fama rispetto ai già citati) e scalpellino.[11]

Spetta quindi al rigoroso studio di Paola Ferraris, che nel 1991 analizzò gli *Atti delle congregazioni generali e segrete* e tre volumi contabili, la definitiva assegnazione e datazione dei diversi interventi.[12]

Oggi, considerando il rinvenimento dei documenti menzionati da Giazotto,[13] abbiamo a disposizione la quasi completa documentazione del cantiere: i già citati atti della Congregazione;[14] l'«Entrata e uscita della Cappella»;[15] un libro mastro intitolato «Fabbrica della Cappella»;[16] alcune liste di spesa; le polizze – ossia i contratti, qui stilati in forma privata con la specifica «da valersene come per pubblico instrumento» –; alcune ricevute e altra interessante documentazione relativa a successive scialbature e restauri.[17]

L'insieme dei documenti offre il quadro di un cantiere dominato da rapporti di forza tipicamente romani: una struttura piramidale con al vertice l'architetto e una netta distinzione tra scultori e stuccatori, i primi incaricati di realizzare esclusivamente le figure, i secondi autori delle modanature architettoniche e delle parti ornamentali.

Si aggiunga che Gherardi decise di affidare a stuccatori professionisti e non ai muratori l'esecuzione di modanature e parti decorative, un tema oggetto di discussione a Roma, come dimostra la nota affermazione di Virgilio Spada sul cantiere di San Giovanni in Laterano nel 1650: «è stile di dar il lavor de stucchi alli capomastri muratori, che hanno fatto la medesima fabbrica, stante l'havere i ponti fatti, e la connessione che ha un lavoro con l'altro».[18] Il padre oratoriano lamentava quindi che fosse consuetudine a Roma affidare i lavori da stuccatore ai muratori che avevano costruito il sito, sia per la necessità di riutilizzare le medesime impalcature sia per la contiguità tra l'esecuzione delle strutture e il loro rivestimento. Una lamentela che però non segna una reale inversione di tendenza: la prassi a Roma rimane variegata, come dimostrano diverse imprese decorative promosse dalla Fabbrica di San Pietro nel primo quarto del Settecento, che vedranno in quel sito il costante utilizzo del capomastro muratore Domenico Alfieri come responsabile degli stucchi decorativi.[19]

Tornando alla progressione delle fasi del cantiere di Santa Cecilia, in un primo momento (con pagamenti tra giugno e ottobre 1694) l'imprenditore-stuccatore Barozzi operò con la sua squadra sulla cupola e sulla concamerazione superiore, eseguendo il rivestimento in calce e pozzolana e la maggior parte delle membrature architettoniche.[20] Il primo scultore coinvolto fu Maille, che eseguì nell'estate del 1694 il bassorilievo con *Santa Cecilia* e le teste di cherubino sulla copertura della camera superiore **(fig. 2)**.[21] Nel frattempo, nel novembre 1694 un nuovo capo stuccatore, Bilancioni, era subentrato a Barozzi.[22] Non sono chiari i motivi del passaggio di consegne, forse riconducibili alla diversa forma

fig. 1
Antonio Gherardi (su progetto di), cappella di Santa Cecilia, 1693-1699. Roma, San Carlo ai Catinari.

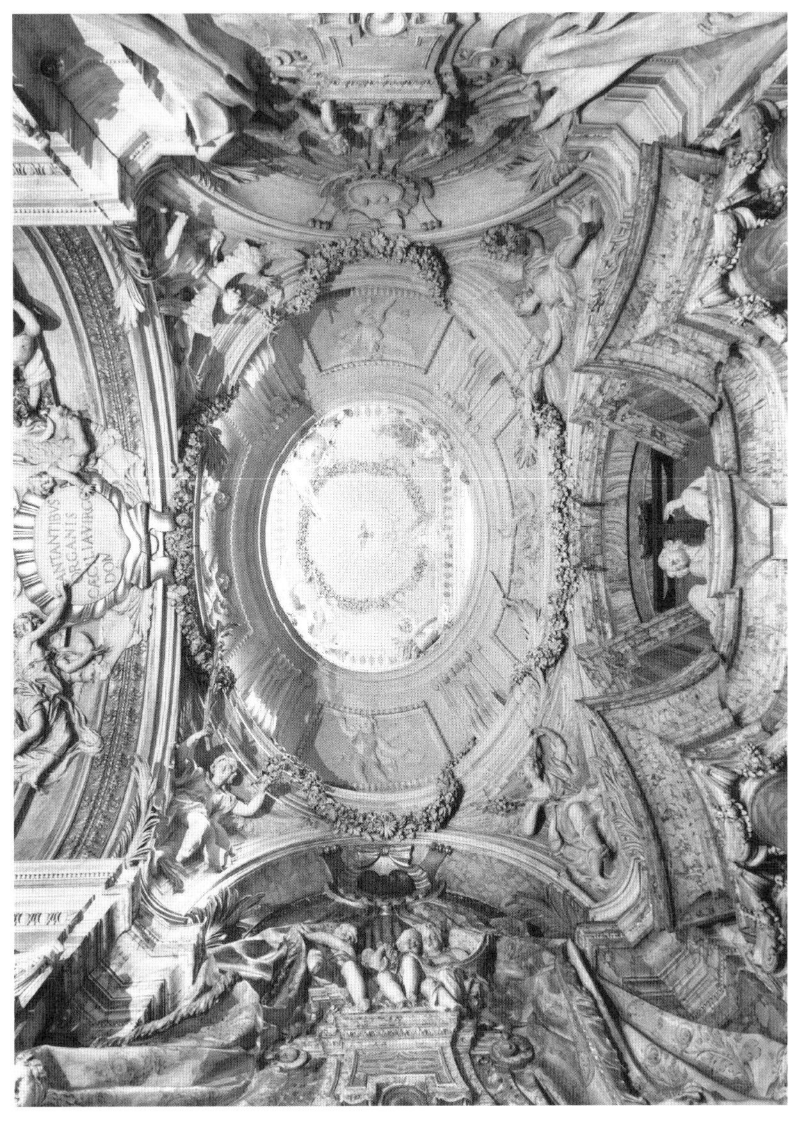

fig. 2
Antonio Gherardi (su progetto di), cupola, 1694-1695. Roma, San Carlo ai Catinari, cappella di Santa Cecilia.

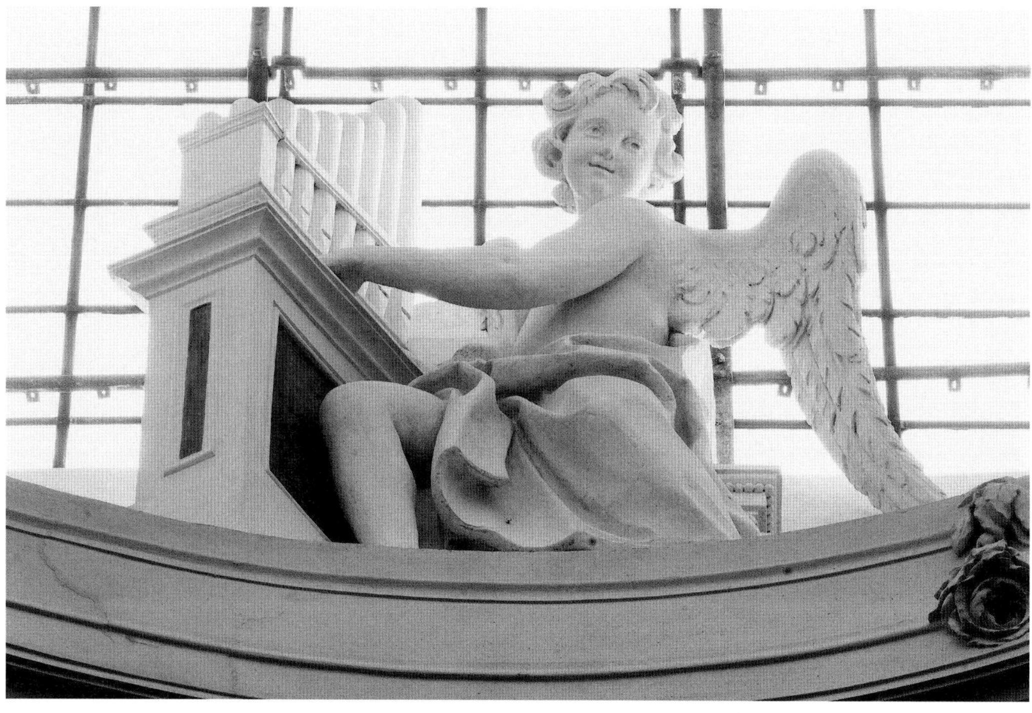

fig. 3
Michel Maille, Giuseppe Bilancioni, *Angelo con organo*, 1694-1695. Roma, San Carlo ai Catinari, cappella di Santa Cecilia, lanterna.

retributiva richiesta dai due stuccatori: a giornata per Barozzi, a cottimo per Bilancioni. Sicuramente la nota delle spese chiarisce che il licenziamento del primo causò alcune difficoltà, giacché si dovettero disfare e riconsegnare i suoi ponteggi e montarne di nuovi.[23]

Successivamente Maille si rivolse ai pennacchi della cupola (**fig. 2**) per modellare i quattro angeli ad altorilievo.[24] È interessante notare come nella lista di spese della Congregazione figuri l'acquisto di un vero ramo di palma, utilizzato da Bilancioni come modello per completare le figure di Maille,[25] un indizio sul controllo esercitato da Gherardi sulla perfetta esecuzione delle singole parti decorative. Sarà ancora Bilancioni, quando Maille eseguirà l'*Angelo con l'organo* (**fig. 3**),[26] a completare lo strumento – considerato alla stregua di un elemento architettonico – come dimostra il primo contratto da lui firmato.

Nel frattempo, Simone Giorgini era stato ingaggiato per l'esecuzione di quattro *Angeli musicanti* a tutto tondo da porsi sulla balaustra che sormonta l'oculo della cupola (**fig. 4**), per i quali abbiamo sia i pagamenti che il contratto. Le statue, pagate appena 10 scudi l'una tra l'ottobre e il novembre del 1694, stando all'ipotesi di Ferraris furono richieste in gran fretta perché fossero pronte entro il 22 novembre, in occasione della festa di santa Cecilia.[27] Il contratto, datato 7 settembre, è piuttosto generico e dimostra una certa fiducia nei confronti dell'artista, tanto da non specificare gli attributi musicali dei singoli angeli. Allo stesso tempo la Congregazione si tutela affermando che, in caso di mancato rispetto da parte dello scultore del termine stabilito (9 novembre), egli avrebbe dovuto accettare di vedere le sue figure

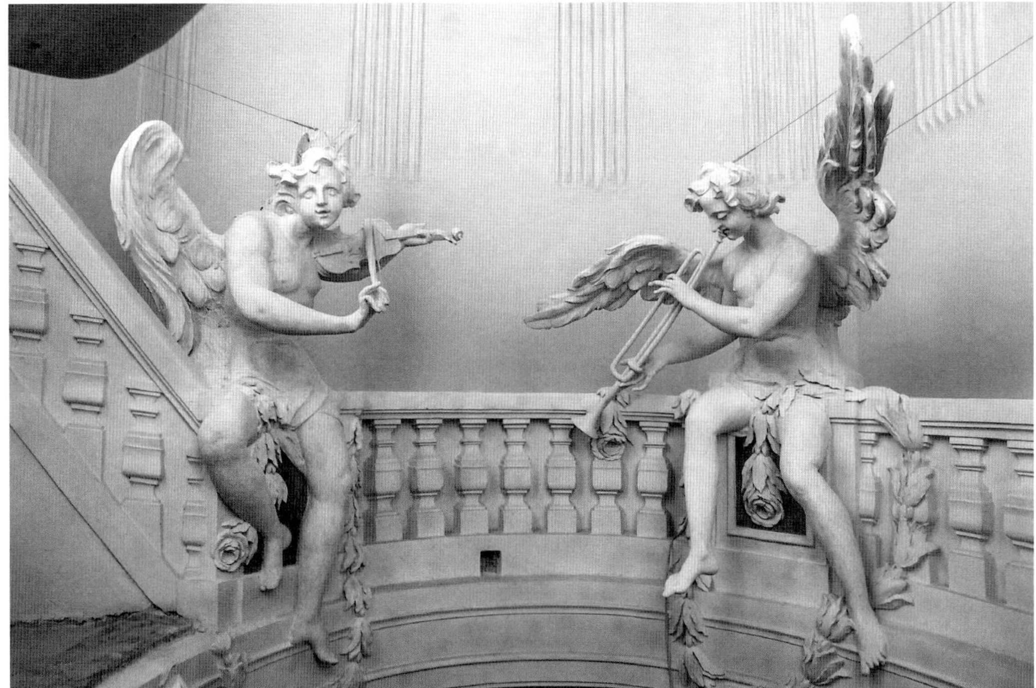

fig. 4
Simone Giorgini, *Angeli musicanti*, 1694-1695. Roma, San Carlo ai Catinari, cappella di Santa Cecilia, lanterna.

completate da qualcun altro.[28] Giorgini evidentemente le realizzò in tempo, ma con risultati non eccelsi. Infatti, nel settembre del 1695 gli venne chiesto di intervenire su due angeli, per «agiustarli» a sue spese.[29] Successivamente gli vennero forniti un grosso ferro, carta da disegno e della creta, da associare con ogni probabilità all'esecuzione di veri e propri modelli,[30] sintomo che era venuta meno la fiducia nei confronti del suo operato, su cui occorreva quindi esercitare una più stretta supervisione. Nell'ottobre del 1695 Giorgini firmò un secondo contratto, in cui si specifica che egli avrebbe dovuto eseguire «un'altra statua in luogo dell'altra da me fatta [...] cioè quella a mano dritta verso l'altare di detta cappella [angelo con violino] e detto angelo rifarlo di miglior perfettione à sodisfattione di detta congregazione» entro il termine di quaranta giorni.[31] E ancora a novembre risulta pagato un ignoto scultore per aver aiutato Giorgini a «finire li quattro angeli in tempo della festa di Santa Cecilia».[32] Per Ferraris l'esecuzione dell'Angelo con l'organo di Maille e il rifacimento di quello con il violino avevano infatti indotto a eseguire alcune correzioni ottiche per una più adeguata visione delle sculture dal basso.[33]

L'impiego di Ottoni e Théodon da parte della Congregazione dei Musici si deve probabilmente alla mediazione del cardinale Pietro Ottoboni – protettore dell'istituzione dal febbraio del 1691 – che sembra aver favorito l'ingaggio di maestranze provenienti dal cantiere dell'altare di Sant'Ignazio nella chiesa del Gesù, dove entrambi erano attivi.[34] I due artisti quindi, forti della partecipazione a cantieri importanti come la cappella del Battesimo in San Pietro e appunto l'altare del Gesù, videro loro riservata la realizzazione delle sculture di maggiore evidenza, per collocazione e dimensioni:

fig. 5
Lorenzo Ottoni, *Angeli e putti cantanti*, 1695. Roma, San Carlo ai Catinari, cappella di Santa Cecilia, parete destra.

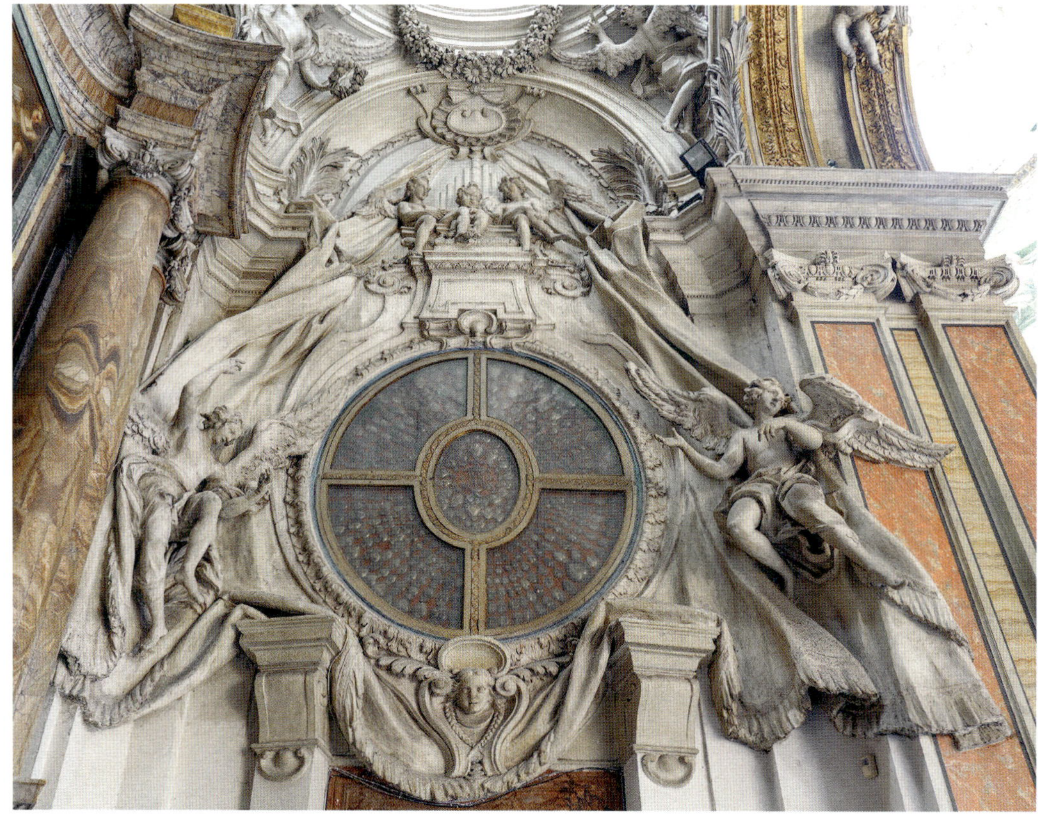

per Ottoni si tratta degli angeli a tutto tondo che sorreggono il panno che rivela l'ovato con *ex voto* sulla parete destra, per Théodon delle sculture speculari su quella sinistra; eseguirono inoltre i *Putti cantanti* nel coronamento e il drappeggio delle rispettive pareti (**figg. 5-6**). Al romano furono commissionati anche l'angelo e i putti ad altorilievo, quasi tutto tondo nel sottarco d'ingresso (**fig. 7**). Per questi lavori, certamente conclusi entro la festa di santa Cecilia il 22 novembre del 1695, i due scultori ricevettero pagamenti dilazionati tra il 1697 e il 1700, per un totale di 60 scudi a Théodon e 80 a Ottoni.[35] Quasi tutti i pagamenti, rinvenuti da Ferraris, hanno trovato riscontro nei contratti firmati dagli artisti il 21 agosto 1695.[36]

L'inedito contratto intestato a Porciani conferma l'avvicendarsi nel cantiere di diversi stuccatori (prima Barozzi, poi Bilancioni e infine Porciani) e permette di assegnare a lui l'esecuzione delle parti decorative – pilastri, cartelle, foglie d'acanto – attorno e sopra gli ovali,[37] che in origine avrebbero dovuto svelare dei dipinti di Gherardi, mai realizzati.[38] Una circostanza fortuita che portò lo stucco a dominare nella cappella rispetto alla pittura.

La volontà di utilizzare questo materiale, certamente giustificata *in primis* da motivi economici,[39] può dipendere anche da una particolare propensione di Gherardi nei confronti delle sue potenzialità,[40] ma dovette sollevare delle perplessità prima della messa in opera dell'altare in marmo. Difatti, nei sunti triennali degli atti del collegio

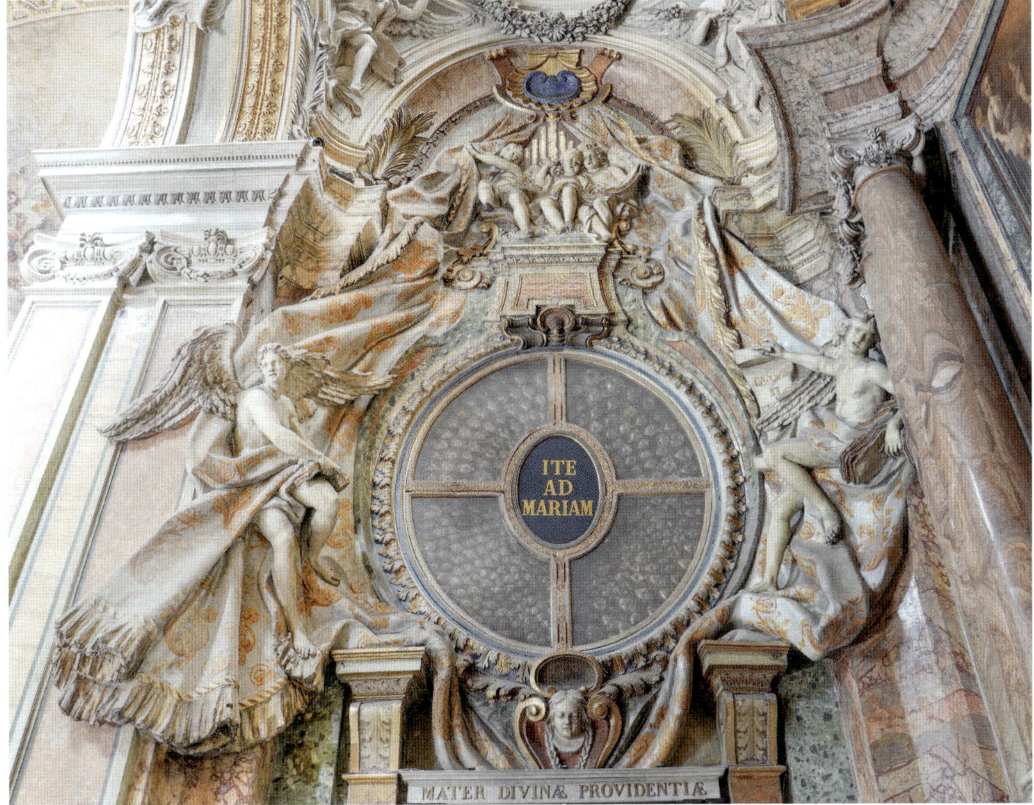

fig. 6
Jean-Baptiste Théodon, *Angeli e putti cantanti*, 1695. Roma, San Carlo ai Catinari, cappella di Santa Cecilia, parete sinistra.

dei barnabiti per gli anni 1695-1698 già si confrontava la cappella con la Roma «marmorea», in un periodo – gli anni Novanta – che vantava l'apertura di diversi cantieri sfarzosi: «Sacellum S. Ceciliae, quod aliquot ab hinc annis musicorum congregationi cum iure sepulturae, concessum initio huius triennii plastico, eleganti quidem, sed Romae rudi vestierat ornamento, nunc meliori fortuna pretiosum, quo fulciatur, lapidem expectat. Iam parata materies, mandatum opus, admotaque operi manus consummationem sollicitant [...]».[41]

Venendo all'analisi dei documenti, la già citata lista delle spese, organizzata in ordine cronologico, fornisce i prezzi dei materiali costitutivi a peso o per tipologia di fornitura, ad esempio: «Per viaggi di pozzolana, carrette 5 = scudi 1,50»; «Tre decine di gesso da presa = scudi 0,18»; «Chiodi diversi a ragione di 4 baiocchi la libra, libre 12 = scudi 0,48»; «6 scorzi di polvere di marmo = scudi 0,42»; «Filo di ferro a ragione di 13 baiocchi la libra, libre 4 = scudi 0,52; «Filo di ferro sottile chiamato Ardea, libre 3 ½ = scudi 0,55 ½»;[42] «Filo di ferro chiamato passaperla, più sottile, libre 3 = scudi 0,48».[43] Gli ordini vengo fatti a più riprese, a seconda delle necessità del cantiere.[44] Nella lista figurano anche i materiali utilizzati per la fase preparatoria: la cera per il modello di Gherardi, la creta per realizzare quello delle foglie dell'ovato, la terra nera per disegnare – connessa da Ferraris alla possibilità da parte di Gherardi di abbozzare il disegno delle partizioni sulle pareti laterali –,[45] tutte dimostrazioni dell'attenta

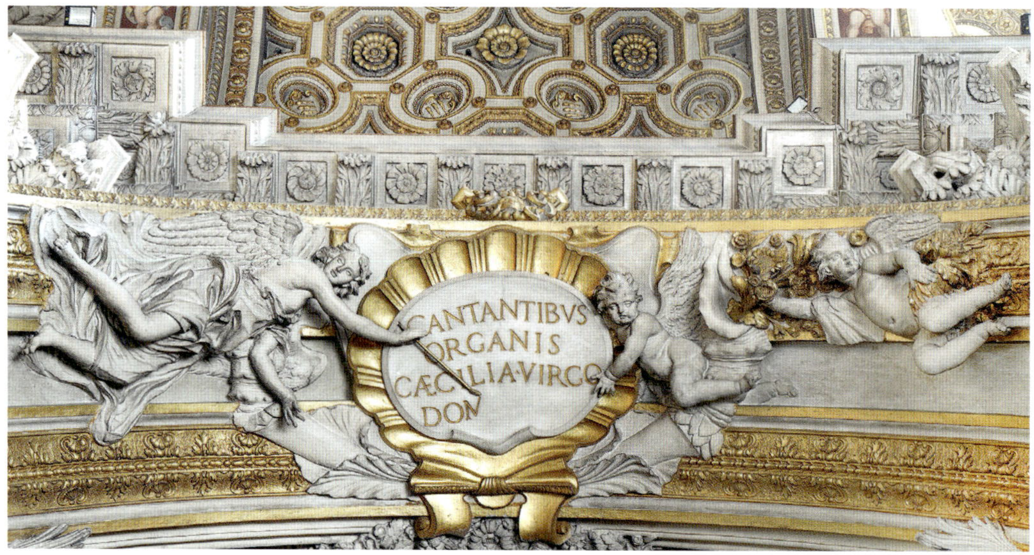

fig. 7
Lorenzo Ottoni, *Angeli*, 1695. Roma, San Carlo ai Catinari, cappella di Santa Cecilia, sottarco di ingresso.

direzione dell'architetto, che inoltre aveva affidato a Giovanni Battista Giorgini l'esecuzione del modello in terracotta dell'altare della cappella.[46] E ancora la lista enumera il materiale ausiliario per completare la decorazione: tre fogli di latta serviti per realizzare i libri o gli spartiti in mano agli angeli, un'asticella di faggio per l'angelo che scrive nel sottarco, il denaro dato all'intagliatore di lettere.

Altre voci elencano i costi per l'acquisto e la fabbricazione di utensili e materiali – per esempio la cottura del filo di ferro, l'acquisto di una limetta per tagliare i chiodi, la riparazione di due crivelli – e tutto ciò di cui necessita il sito per occasioni particolari, come il noleggio di arazzi per la festa della santa. Molte di queste forniture sono riscontrabili nei conti dei vari ferrari, chiavari e chiodaroli.[47]

Dai contratti invece si evince il particolare rapporto tra la direzione e gli artisti coinvolti. Si verifica una netta differenza nel margine di autonomia espressiva lasciata agli stuccatori rispetto agli scultori: i contratti dei primi sono più specifici, come il secondo firmato da Bilancioni, che ovviamente fa riferimento all'utilizzo delle «mostre e modanature» di Gherardi e che descrive con estrema precisione la qualità dei fiori che deve eseguire per i festoni che ricadono dall'imposta della cupola.[48]

Più generiche le indicazioni che vengono date agli scultori per gli angeli:[49] abbiamo già visto il caso di Giorgini lasciato libero, almeno inizialmente, di scegliere gli strumenti musicali da realizzare, mentre Ottoni e Théodon firmano lo stesso contratto generico il 21 agosto 1695 in cui si impegnano a eseguire i putti cantanti, il panno e gli angeli che dovevano tenere in mano carte o libri. Il documento specifica che i lavori debbano essere svolti in «conformità e piacere di detto signor Antonio Gherardi», ma solo nella postilla dedicata agli angeli del sottarco affidati a Ottoni si fa riferimento a un disegno (di cui non sappiamo il grado di compiutezza).[50] La menzione del modello grafico è invece prassi nei contratti relativi a molti altri cantieri, specie con opere marmoree, il cui eventuale rifacimento avrebbe avuto costi ben più elevati.

Dal punto di vista del trattamento economico la parcella sembra derivare anche dalla maturità artistica e dalla fama raggiunta dal singolo scultore: non è un caso che Simone Giorgini ottenga appena 10 scudi per angelo, mentre Maille, artista molto richiesto in questo periodo, per i quattro angeli ad altorilievo e quello con l'organo ne prenda più del doppio. Ci sono poi alcune strategie economiche messe in campo dalla Congregazione: Théodon e Ottoni per l'esecuzione delle pareti laterali accettano di eseguire il lavoro pur sapendo che verranno pagati quando l'istituzione avrà la disponibilità economica.

Considerando le numerose scialbature subite dal complesso non è facile analizzare quello che è l'approccio degli scultori nei confronti del *medium*, ossia se sia stato lavorato con la precisa volontà di imitare il marmo oppure enfatizzando la velocità ed espressività tipica dello stucco, anche se la decisione di lasciare la superficie priva di colore potrebbe portare nella prima direzione. Come è stato già notato da Alicja Adamczak, Théodon, alla prima esperienza nota con lo stucco, si riaggancia alla tradizione francese – per quanto mediata dai disegni di Giovan Francesco Romanelli –[51] eseguendo figure debitrici delle opere eseguite con questo materiale da Michel Anguier per l'appartamento d'estate di Anna d'Austria al Louvre;[52] ma soprattutto il francese dedica allo stucco la stessa acribia esecutiva, le stesse forme chiuse e maestose che impiega nel marmo,[53] mentre Ottoni e soprattutto Maille, pienamente inseriti nella tradizione di casa, utilizzano panneggi più schiacciati e arrovellati.[54] Infine, a una visione ravvicinata, soprattutto le figure di Maille e Giorgini nella camera superiore mostrano evidenti distorsioni proporzionali, funzionali a una corretta visione dal basso.[55]

Il risultato apparentemente deludente ottenuto da Ottoni sulla parete destra (fig. 5) – attribuitagli su base stilistica – va però ricontestualizzato alla luce dei numerosi «restauri» subiti dagli stucchi tra metà Settecento e metà Novecento.[56] Sebbene nella documentazione rintracciata non venga mai specificata l'esatta entità degli interventi, limitandosi a dire che gli stucchi sono stati ripuliti, restaurati o parzialmente rifatti, è evidente dall'analisi autoptica che sono proprio le figure di Ottoni ad aver subito più specifiche manomissioni – per esempio le mani dell'angelo di sinistra sono state rifatte a partire da metà avambraccio, mentre nell'esemplare di destra la sostituzione sembra partire dal gomito – e infatti in entrambi sono assenti carte o libri, espressamente citati dal contratto degli scultori. Inoltre, l'*Angelo con il crocifisso* eseguito da Maille nel 1699 per l'altare, a conclusione della decorazione, reca oggi una semplice croce.

L'intera cappella è stata imbiancata e ridipinta più volte. Anche il panno di Théodon, colorato a differenza di quello di Ottoni, sembra essere il risultato di un tentativo posteriore – a dire il vero ben riuscito – di replicare la policromia del panno della sala Ducale in Vaticano (1656-1657).[57] L'invenzione berniniana fu certamente un punto di riferimento per il progetto di Gherardi, che non sembrerebbe però averne voluto o potuto (per questione di tempo o denaro) replicare la policromia e gli inserti dorati, che non sono menzionati in nessun documento coevo, e che si devono probabilmente a uno dei numerosi interventi sette-ottocenteschi, comunque successivi al 1736, quando padre Francesco Valle definisce il lavoro «tutto di stucco, non indorato» o di «semplice stucco».[58] D'altronde all'inizio dell'Ottocento lo stesso panno della sala Ducale subì una totale ridipintura.[59] Altro prototipo in stucco potrebbe essere l'altare maggiore di San Francesco da Paola ai Monti su disegno di Giovanni Antonio de' Rossi (1655). L'utilizzo del panno è invece già al centro di altri due progetti di Gherardi: l'arco della tribuna nella chiesa di Santa Maria in Trivio, con uno splendido panno bianco e oro, eseguito, secondo un recente studio, da Ercole Ferrata (1677), e la decorazione dell'altare maggiore della chiesa del Santissimo Sudario dei Piemontesi – per ovvie ragioni in tutt'altra forma – realizzato da Pietro Mentinovese nel 1688-1689.[60] Una predilezione, quella dell'architetto e pittore per questo genere di ornamentazioni, su cui poterebbero aver influito anche altre soluzioni berniniane, sempre in stucco, come il drappo del *Costantino* vaticano e quello del celebre specchio di Cristina di Svezia.[61]

La questione delle manomissioni subite dalla cappella chiama in causa il tema del restauro, particolarmente significativo per le decorazioni a stucco anche in tempi relativamente brevi rispetto alla esecuzione originaria, interessando, come in questo caso, le parti più aggettanti, probabilmente urtate durante i lavori di ridipintura.[62]

A questo riguardo mi sembra interessante analizzare un documento, segnalato da Maria Cristina Dorati da Empoli e mai discusso, relativo al restauro degli stucchi cinquecenteschi della sala Regia nel palazzo Apostolico in Vaticano (fig. 8),[63] sia perché permette di approcciare il tema del restauro dello stucco in epoca barocca, sia perché rappresenta l'unica tipologia di scrittura che non è stata possibile rintracciare per il cantiere di San Carlo ai Catinari: le cosiddette «giustificazioni di pagamento», che danno conto del lavoro dal punto di vista dello scultore, il quale elenca ogni singolo intervento effettuato sull'opera. Il conto di lavori in questione è firmato proprio da Ottoni che, a partire dal 1700 sotto Clemente XI, sarà restauratore di punta del nuovo pontefice, incaricato di intervenire nel 1703 sul noto museo di modelli al Belvedere – affiancato da Porciani e altri –,[64] e approdando nel 1711, insieme a una squadra di collaboratori, alle pareti della sala Regia.

Queste appartenevano a due fasi distinte della storia decorativa dell'ambiente: il fregio superiore, eccetto la parete nord, è di epoca farnesiana (1545-1549) e fu ideato e realizzato sotto la supervisione di Perin del Vaga (sostituito alla morte, nel 1547, da Daniele da Volterra). Gli stucchi sulla parte più bassa delle pareti furono eseguiti a partire dal 1561 sotto la direzione di Ricciarelli ma si conclusero, sul lato nord, negli anni Settanta, dopo la sua morte.[65]

Il documento, non privo di qualche incoerenza, sembra rivelare che l'intervento abbia avuto inizio sugli stucchi della parete sud – quella che divide la sala Regia dalla cappella Paolina – per procedere in senso antiorario sulla parete est (caratterizzata da tre porte che conducono rispettivamente alla loggia delle Benedizioni, al cortile del Maresciallo e alla sala Ducale). Il restauro sembrerebbe proseguire sulla parete nord per poi terminare sulla ovest, che è adiacente alla cappella Sistina e poi alla scala

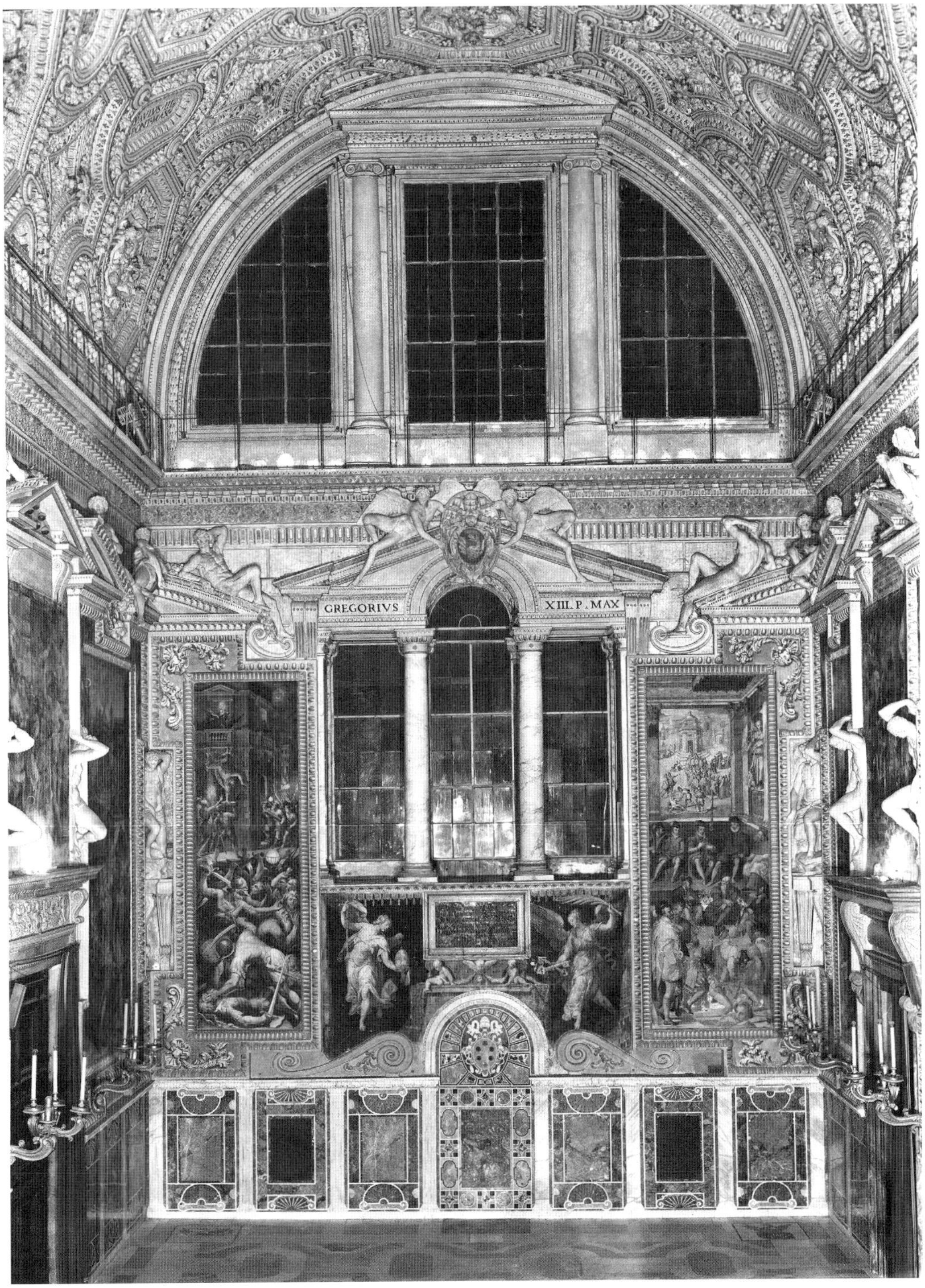

fig. 8
Città del Vaticano, palazzo Apostolico, sala Regia, parete nord.

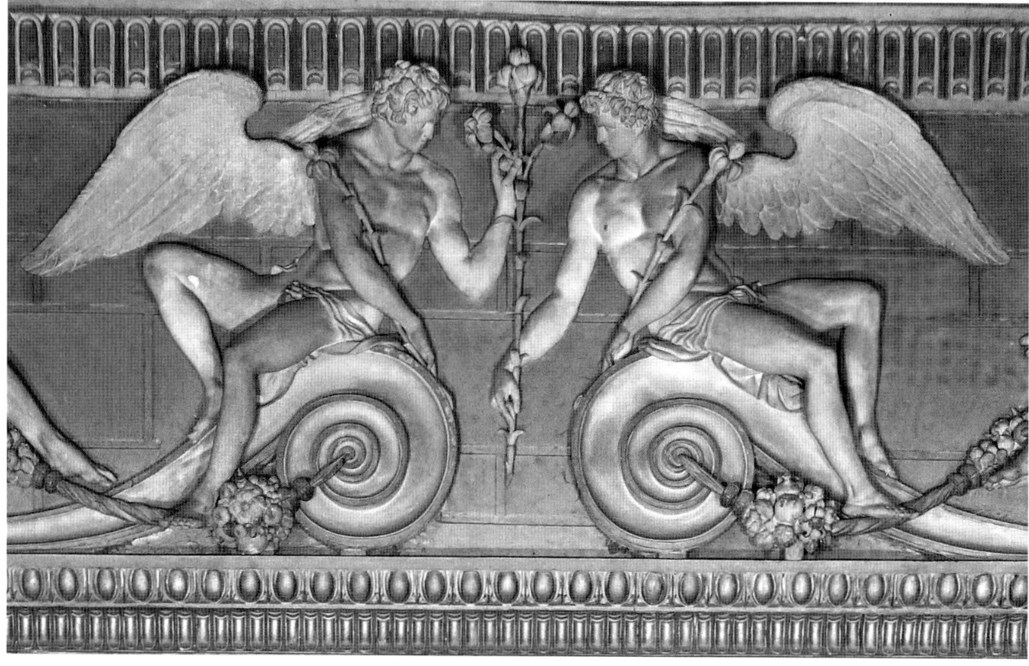

fig. 9
Perino del Vaga (su progetto di?), Daniele da Volterra (e collaboratori), *Angeli con giglio*, 1545-1549. Città del Vaticano, palazzo Apostolico, sala Regia, fregio superiore, parete est.

Regia (indicata da Ottoni come «scala del Costantino»). Proprio alcuni interventi su quest'ultima parete, inframmezzati da quelli sulla parete opposta – la est –, creano confusione nella progressione appena descritta, che va intesa come di massima giacché, in fondo al conto, Ottoni specifica di aver utilizzato alcuni uomini in momenti diversi per trasportare i ponteggi in varie aree della sala, secondo le necessità, anche dove era già intervenuto.[66]

Da un punto di vista tecnico non ci sono novità rispetto a quanto effettuato per il museo di modelli: Ottoni scrosta, riattacca, «termina», «finisce in accompagnamento dell'antico» molte delle parti aggettanti degli ignudi e degli angeli. L'artista non si dilunga sulla tecnica utilizzata anche se in passato, solo per restauri particolarmente delicati, era arrivato a eseguire un modello esemplato sul pezzo originale plasmandone poi la forma con lo stucco su un'anima di verzelle e chiodi.[67] Procederò quindi portando a esempio alcuni casi, non mancando di ricordare che, a differenza di altre giustificazioni, il criterio descrittivo di Ottoni sembra puramente visivo, per cui non solo ciò che è «a mano destra» è effettivamente a destra per chi guarda, ma la maggior parte delle volte anche gli arti (destro o sinistro) lo sono dal punto di vista di chi osserva la parete. Su quella est, sopra alla porta che conduce alla loggia delle Benedizioni, è un bellissimo ignudo barbuto pertinente alla prima fase di decorazione plastica della sala, a cui Ottoni rifà alcune parti alle braccia e alle gambe, a tal punto consumate che era visibile la malta di corpo, motivo per cui Ottoni realizza nuovamente la finitura con diverso spessore.[68] Lo scultore esegue in seguito il braccio alzato che tiene il pomo sull'ignudo del frontespizio superiore,[69] per poi operare sulla coppia di angeli «che tengono dui gigli» sopra *L'incontro fra Alessandro III e Federico*

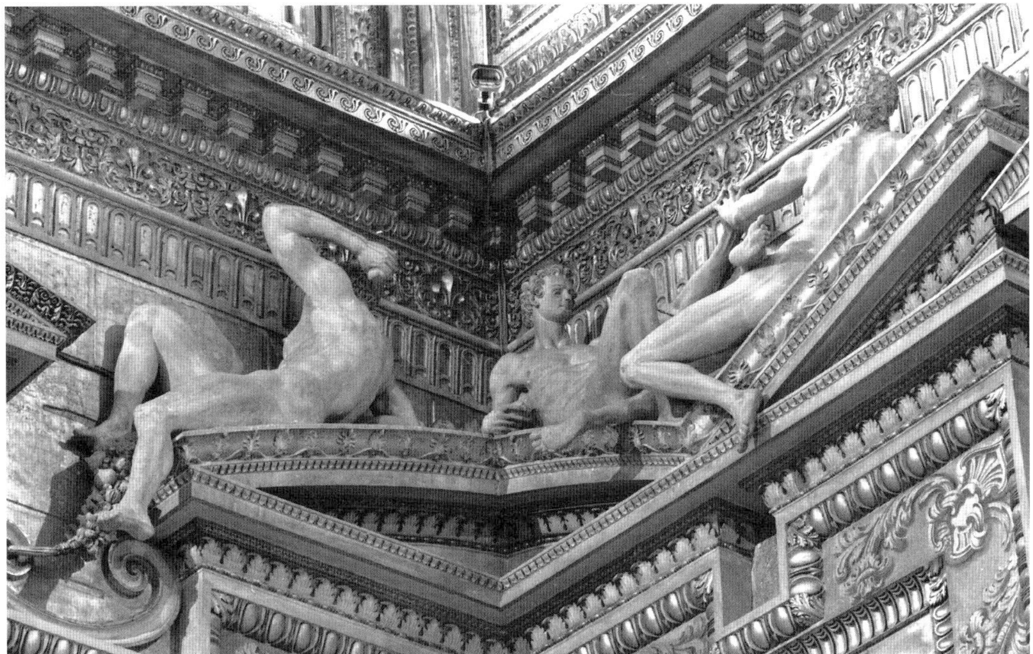

fig. 10
Daniele da Volterra (e collaboratori), *Ignudi*, 1561-1572. Città del Vaticano, palazzo Apostolico, sala Regia, fregio superiore, angolo tra le pareti est e nord.

Barbarossa a Venezia di Giuseppe Porta; in particolare a quello di destra «riferma» il cosiddetto «polpone», che sembrerebbe indicare la parte aggettante dell'ala destra (fig. 9).[70] Rifà inoltre a entrambi gli angeli diversi pezzi, tra cui le dita che reggono i fiori. Sempre sulla parete est, quasi all'angolo con la nord, Ottoni lavora a due figure di ignudi (fig. 10); è interessante notare come si approcci al loro complesso incrocio di gambe: ancora con una catena di ferro la vecchia armatura della figura di destra al muro e, lamentando la scomodità dell'operazione, esegue un restauro dopo l'altro, a causa della particolare fragilità di quelle statue.[71] Passando, come ultimo esempio, ai due angeli che tengono l'arme sul fregio della parete nord (fig. 8), lo scultore modifica il capo, il collo e il torso dell'angelo di sinistra, rifacendo la spalla sinistra e il «polpone» dell'ala destra.[72] Questa e altre integrazioni sembrano piuttosto maldestre e non all'altezza delle qualità di Ottoni come plasticatore: possiamo immaginare infatti che la sala Regia, nel corso dei secoli, sia stata oggetto di ulteriori restauri che hanno in buona parte sostituito le integrazioni dello scultore romano.

Ho esposto solo un assaggio dei numerosi interventi di Ottoni nella sala Regia, così come in quella Ducale e in diversi luoghi della basilica, utile però a comprendere come il restauro fosse parte integrante della carriera di uno scultore, non solo per le opere in marmo, ma anche in stucco. Restauri e rifacimenti così estesi da mettere in dubbio, in qualche caso, l'attribuzione di quelle opere plastiche.

1 P. Ferraris, *Antonio Gherardi e la cappella di Santa Cecilia in San Carlo ai Catinari a Roma*, «Studi di storia dell'arte», a. II, 1991, pp. 213-241.

2 La prima dichiarazione di intenti della Congregazione risale all'estate del 1685, Ferraris, *Antonio Gherardi* cit., p. 213. La pala venne commissionata nel 1688, quando il progetto della cappella era ancora affidato a Carlo Rainaldi, ivi, p. 214; si veda anche A. Roca De Amicis, *La cappella di Santa Cecilia in San Carlo ai Catinari a Roma: nuove osservazioni su architettura e musica*, «Opus», n.s., 4, 2020, pp. 51-62.

3 F. Titi, F. Posterla, *Nuovo studio di pittura, scoltura ed architettura nelle chiese di Roma*, Roma, 1721, p. 95.

4 R. Giazotto, *Quattro secoli di storia dell'Accademia Nazionale di Santa Cecilia*, I, Roma, 1970, p. 395 nota 26. Prima di lui Alberto Riccoboni aveva attribuito su base stilistica tutti gli stucchi della cappella a Filippo Carcani, A. Riccoboni, *Roma nell'arte. La scultura nell'evo moderno dal Quattrocento ad oggi*, Roma, 1942, p. 230. Si segnala che nell'elenco degli stuccatori stilato da Giazotto figurano erroneamente alcuni scalpellini.

5 Ai tempi della tesi di dottorato, incentrata sull'attività di Antonio Gherardi, lo studioso statunitense assegnava a Maille e Théodon l'esecuzione delle pareti laterali della cappella (senza specificare la partizione del lavoro) e a Bilancioni gli *Angeli musicanti* sulla balaustra, T. Pickrel, *Antonio Gherardi, painter and architect of the late baroque in Rome*, tesi di dottorato, University of Kansas, 1981, pp. 232-239, in particolare pp. 234 e 237-238, 332-336, doc. 23 (A-J). Per stessa ammissione dello studioso, i documenti emersi (alcuni atti di Congregazione e delle ricevute) erano frammentari e difficilmente inquadrabili nel complicato cantiere della cappella, considerato lo stato di disordine in cui versava l'archivio, in procinto di essere riorganizzato da Giazotto. Successivamente Pickrel rivide la propria posizione introducendo il nome di Ottoni per gli *Angeli musicanti* e la decorazione dell'arco di ingresso; identificò invece, sulla base di un documento riprodotto da Giazotto, la mano di Maille nell'*Angelo che regge il crocifisso* sul fastigio dell'altare e, per affinità stilistica, attribuì allo stesso artista gli *Angeli* nei pennacchi della cupola e la parete destra della cappella; assegnò quindi a Théodon l'esecuzione di quella sinistra. T. Pickrel, *Maglia, Theodon and Ottoni at S. Carlo ai Catinari. A note on the sculptures in the chapel of S. Cecilia*, «Antologia di belle arti», n.s., a. VIII, 23/24, 1984, pp. 27-37. Per il rapporto tra architettura e musica si vedano T. Pickrel, *L'élan de la musique. Antonio Gherardi's chapel of Santa Cecilia and the Congregazione dei Musici in Rome*, «Storia dell'arte», 61, 1987, pp. 237-254 e Roca De Amicis, *La cappella* cit.

6 Gli estremi biografici dei tre scultori sono, rispettivamente, Saint-Claude 1643 circa-Roma 1703 (C. Giometti, s.v. *Maille, Michel*, in *Dizionario biografico degli Italiani*, 67, Roma, 2006, pp. 544-548); Roma 1648-1736 (C. Giometti, s.v. *Ottoni, Lorenzo*, in *Dizionario biografico degli Italiani*, 80, Roma, 2014, pp. 16-22; cfr. anche V. Brunetti, *"Basilicae Vaticanae Sculptor". Lorenzo Ottoni e il sistema della scultura a Roma tra fine Sei e primo Settecento*, tesi di dottorato, Scuola Normale Superiore, 2021, relatrice L. Simonato); Vendrest 1646-Parigi 1713 (F. Souchal, *French sculptors of the 17th and 18th centuries*, III, Oxford, 1987, pp. 287-304; cfr. anche A. Adamczak, *De Paris à Rome: Jean-Baptiste Théodon (1645-1713) et la sculpture française après Bernin*, tesi di dottorato, Sorbonne, 2009, relatore A. Mérot).

7 È il caso del sodalizio tra Ottoni e Théodon, iniziato intorno al 1686, quando il primo aiutò il secondo nell'esecuzione dei modelli in cera e gesso per il gruppo raffigurante *Peto e Arria* (Parigi, Louvre, inv. MR2029) ordinatogli dalla corte francese. M.A. de Montaiglon (a cura di), *Correspondance des directeurs de l'Académie de France à Rome avec les surintendants des bâtiments, publiée d'apres les manuscrits des Archives nationales. I (1666-1694)*, Paris, 1887, pp. 269, 352.

8 Come Maille e Ottoni, che avevano entrambi frequentato la bottega di Ercole Ferrata, condividendo l'esordio pubblico nel colonnato di San Pietro e altri cantieri successivi.

9 Si veda *infra*.

10 Barozzi, di cui sono ignoti luogo e data di nascita, sembrerebbe il più anziano perché già attivo nel 1662 nel cantiere del colonnato di San Pietro (M. Villani, *Il Colonnato di piazza S. Pietro. Opera che fra le antiche poche ne ha pari, fra le moderne nessuna*, Roma, 2016, p. 160). Bilancioni, presumibilmente nato a Roma intorno al 1657, è qui alla prima esperienza con Gherardi, ma tornerà a collaborare con lui nella cappella di Sant'Anna nella chiesa dei Santi Venanzio e Ansuino (1697) e in quella di Santa Teresa in Santa Maria in Traspontina (1698; si veda V. Casale, *Diaspore e ricomposizioni. Gherardi, Cerruti, Grecolini, Garzi, Masucci ai Santi Venanzio ed Ansuino in Roma*, in M. Natale (a cura di), *Scritti di storia dell'arte in onore di Federico Zeri*, II, Milano, 1984, pp. 736-754, p. 739); nei primi del Settecento si trasferirà a Foligno dove morirà nel 1727 (F. Bettoni, B. Marinelli, *Foligno. Itinerari dentro e fuori le mura*, Foligno, 2001, pp. 40, 155, 238). Su Pietro Porciani, qui documentato per la prima volta, si vedano A. Valeriani, *Le decorazioni in stucco di primo Settecento in San Francesco di Paola a Roma e l'attività degli stuccatori Carlo e Pietro Porciani*, «Bollettino d'arte», s. 6, a. 82, 78, 1993, pp. 49-66, in particolare p. 53 e A. Pampalone, *Lorenzo Ottoni scultore e restauratore clementino (1700-1721): l'origine del Museo dei Modelli di Scultura*, in E. Debenedetti (a cura di), *Sculture romane del Settecento. III. La professione dello scultore*, Roma, 2003, pp. 9-49.

11 Simone Giorgini è documentato a Roma tra il 1677 e il 1712 (A. Uguccioni, s.v. *Giorgini, Simone*, in *Dizionario biografico degli Italiani*, 55, Roma, 2001, pp. 340-342). È interessante notare che tutti gli artisti citati, con la sola eccezione di Barozzi e Théodon, saranno di lì a poco presenti – seppure con compiti diversi – nel cantiere decorativo di Santa Maria dell'Orto (S. de Cavi, *S. Maria dell'Orto in Trastevere (1699-1727). Nuovi documenti, precisazioni e aggiunte al catalogo di Simone e Giovan Battista Giorgini, Michele Maglia, Carlo Porciani, Leonardo Retti, Camillo Rusconi ed alcuni stuccatori romani*, in E. Debenedetti (a cura di), *L'arte per i giubilei e tra i giubilei del Settecento, Arciconfraternite, chiese, artisti*, I, Roma, 1999, pp. 97-140). In questa occasione a Bilancioni saranno allogati anche elementi figurativi a tutto tondo.

12 Ferraris, *Antonio Gherardi* cit.

13 Tra questi, i contratti firmati da Ottoni e Théodon sono stati recentemente segnalati da Alicja Adamczak (A. Adamczak, *Un sculpteur du roi au service des papes. Jean-Baptiste Théodon dans la Rome post-berninienne*, «Bulletin de l'association des historiens de l'art italien», 2011, pp. 106-113, p. 111). La studiosa, nella tesi di dottorato incentrata su Théodon, che ho potuto consultare solo parzialmente, ha trascritto il contratto intestato allo scultore francese. Adamczak, *De Paris* cit., p. 617.

14 Segnatura attuale: Archivio Storico dell'Accademia di Santa Cecilia (da questo momento ASAC), Archivio Preunitario, Registri, Atti Costitutivi, I. Atti delle Congregazioni Generali e Segrete, 1684-1716.

15 Segnatura attuale: ASAC, Archivio Preunitario, Registri, Contabilità, I. Entrate e Uscite del Camerlengo, vol. 2, "Nota dell'entrata e dell'uscita della Congregazione", 1681-1697, e vol. 3, "Nota dell'entrata e dell'uscita della Congregazione", 1697-1714, a cui deve aggiungersi il vol. 4, "Nota dell'entrata e dell'uscita della Congregazione", 1698-1711. I primi due volumi corrispondono ad *Amministrazione* 2° e 3°, 1681-1697 e 1697-1718, consultati da Ferraris, alla quale si rimanda per la ricostruzione dei pagamenti. I pagamenti diretti a Ottoni e Théodon, contenuti nei voll. 2-3, sono trascritti in Brunetti, *"Basilicae Vaticanae Sculptor"* cit., pp. 361-362, doc. B.

16 Segnatura attuale: ASAC, Archivio Preunitario, Registri, Contabilità, VI. Cappelle, vol. 1, "Nota delle spese fatte per la fabbrica della cappella di S. Cecilia in S. Carlo a' Catenari in Roma", 1694-1696. Si tratta del registro contabile della Fabbrica della cappella analizzato da Ferraris, alla quale sempre si rimanda.

17 ASAC, Archivio Preunitario, carteggio, categoria II: contabilità, b. 52, fascc. 8-15. La busta e i fascicoli non corrispondono a quanto indicato da Remo Giazotto, ma il loro contenuto sì.

18 C. Giometti, *"Li stucchi sono bellissimi, e ricchissimi d'oro". La fortuna della decorazione in stucco a Roma in epoca tardo-barocca*, in A. Lipińska (a cura di), *Materiał rzeźby. Między techniką a semantyką*, Wrocław, 2009, pp. 349-366, p. 354.

19 Brunetti, *"Basilicae Vaticanae Sculptor"* cit., pp. 525-528, n. 96; 537-539, n. 99. La tesi, incentrata sulla figura di Lorenzo Ottoni, è di prossima pubblicazione.

20 Ferraris, *Antonio Gherardi* cit., p. 216.

21 *Ibidem*.

22 Ferraris (*Antonio Gherardi* cit., p. 217) ipotizza di poter attribuire a Bilancioni le quattro specchiature con *Putti* in bassorilievo recanti emblemi di santa Cecilia e la definizione delle balaustrate che fanno da cornice alla copertura della camera superiore, assegnandogli invece per via documentaria i festoni floreali che scendono dai costoloni e i rami di palma retti dagli angeli sui pennacchi di Maille. Il ritrovamento delle polizze intestate allo stuccatore, datate rispettivamente 1 ottobre e 29 novembre 1694, conferma questa supposizione, specificando inoltre che si era impegnato a terminare l'organetto, che Maille avrebbe di lì a poco dotato di un angelo, e diverse altre modanature architettoniche. Unico dubbio è quello relativo ai *Putti* in bassorilievo, perché il contratto fa riferimento a quattro cartelloni, ma non specifica se egli si dovesse occupare anche della loro decorazione interna. ASAC, Archivio Preunitario, carteggio, categoria II: contabilità, b. 52, fasc. 12, "Fabbrica della cappella di S. Cecilia: scarpellini e stuccatori", 1694-1824. I contratti di Bilancioni sono trascritti in Brunetti, *"Basilicae Vaticanae Sculptor"* cit., pp. 357-359, docc. A2, A4.

23 ASAC, Archivio Preunitario, carteggio, categoria II: contabilità, b. 52, fasc. 15, "Fabbrica della cappella di S. Cecilia: miscellanea di liste, conti e stima fatta dei lavori", 1694-1699, n. 17, sotto la data del 6 ottobre 1694.

24 Ferraris, *Antonio Gherardi* cit., p. 216. Il contratto è in ASAC, Archivio Preunitario, carteggio, categoria II: contabilità, b. 52, fasc. 12, trascritto in Brunetti, *"Basilicae Vaticanae Sculptor"* cit., p. 358, doc. A3.

25 «E più per un ramo di palma grande per lo stuccatore per fare al naturale alli angeli della cappella 0,30». ASAC, Archivio Preunitario, carteggio, categoria II: contabilità, b. 52, fasc. 15, n. 17, sotto la data del 15 marzo 1695.

26 Ferraris, *Antonio Gherardi* cit., p. 217.

27 Ivi, pp. 217, 228-229 nota 30. Si noti il rapidissimo tempo di esecuzione.

28 ASAC, Archivio Preunitario, carteggio, categoria II: contabilità, b. 52, fasc. 12, trascritto in Brunetti, *"Basilicae Vaticanae Sculptor"* cit., p. 357, doc. A1. Il termine di consegna, in caso di inadempienza da parte dello scultore, avrebbe permesso un certo margine di tempo prima della festa del 22. La circostanza conferma l'ipotesi di Ferraris, che d'altronde si basa su quanto avvenne in occasione della stessa ricorrenza l'anno successivo. Si veda *infra*.

29 Ferraris, *Antonio Gherardi* cit., p. 218. L'accesso al vano della camera superiore è permesso da una porta posta sulla terrazza della chiesa che assicurava la possibilità di manutenere l'ambiente. Per l'accesso alla camera si veda Roca De Amicis, *La cappella* cit., p. 62. Probabilmente il ponte restaurato «per Giorgini» già nell'agosto del 1695 doveva essere calato dall'alto e non costruito da terra.

30 Ferraris, *Antonio Gherardi* cit., p. 219. A ogni modo la richiesta di rifacimento suona proprio come una rettifica a un lavoro che, per cause di forza maggiore, doveva essere stato realizzato in linee generali, vista la collocazione elevata, e in fretta e furia entro una certa data.

31 ASAC, Archivio Preunitario, carteggio, categoria II: contabilità, b. 52, fasc. 12, trascritto in Brunetti, *"Basilicae Vaticanae Sculptor"* cit., pp. 360-361, doc. A8. La Congregazione, evidentemente, sperava di non incorrere in ulteriori modifiche e quindi lasciò ampio margine a Giorgini per condurre il lavoro a regola d'arte. Il contratto di ottobre non si riferisce quindi ai due angeli da aggiustare ma a un terzo intervento dello scultore. Cfr. Ferraris, *Antonio Gherardi* cit., p. 219.

32 Ivi, p. 230 nota 40.

33 Ivi, p. 219.

34 Prima Ottoni e Théodon e poi, dal gennaio del 1697, gli scalpellini Caselli. Ferraris, *Antonio Gherardi* cit., p. 220. Anche i fratelli Giorgini furono attivi, a più riprese, nella chiesa del Gesù. Si veda Uguccioni, s.v. *Giorgini, Simone* cit., p. 340. Per il cantiere dell'altare di Sant'Ignazio si vedano P. Pecchiai, *Il Gesù di Roma*, Roma, 1952, pp. 139-196 e E.A. Levy, *A canonical work of an uncanonical era. Re-reading the chapel of Saint Ignatius (1693-1699) in the Gesù of Rome*, 2 voll., tesi di dottorato, Princeton University, 1993, relatore I. Lavin.

35 Ferraris, *Antonio Gherardi* cit., p. 218.

36 ASAC, Archivio Preunitario, carteggio, categoria II: contabilità, b. 52, fasc. 12, trascritti in Brunetti, *"Basilicae Vaticanae Sculptor"* cit., pp. 359-360, docc. A6-A7.

37 Porciani si impegnava, in una data imprecisata del 1695, a realizzare «dui ovati intagliati con una foglia e sotto a deti ovati dui carteloni lisci con un poco de cimasa con li pilastri rustichi e una cartella nel mezo con fogliami a torno di sopera a detti ovatti un altra cartella con un ramo di gigli per parte, e altri ornamenti che sono sotto alli putti» per il prezzo di 20 scudi. Si stabiliva inoltre che i materiali sarebbero stati forniti dalla Congregazione e che avrebbe usufruito dell'opera di un garzone per il tempo di una giornata, esclusa la «veglia», ASAC, Archivio Preunitario, carteggio, categoria II: contabilità, b. 52, fasc. 12. Il contratto (trascritto in Brunetti, *"Basilicae Vaticanae Sculptor"* cit., p. 359, doc. A5) fa luce sul suo contributo alla decorazione delle pareti laterali che finora era rimasto ignoto.

38 Ferraris, *Antonio Gherardi* cit., p. 218.

39 Il primo progetto, originariamente affidato a Carlo Rainaldi, prevedeva un utilizzo estensivo del marmo e, stando alle condizioni imposte dai barnabiti, non sarebbe dovuto costare meno di 3000 scudi. La richiesta innescò le titubanze della Congregazione dei Musici che optarono, dopo la morte di Rainaldi, per la decorazione a stucco progettata da Gherardi; si veda Ferraris, *Antonio Gherardi* cit., p. 214.

40 Si veda *infra*.

41 L.M. Cacciari, *Memorie intorno alla chiesa de' SS. Biagio e Carlo a' Catinari in Roma*, Roma, 1861, p. 40 nota 1, parzialmente trascritto in Ferraris, *Antonio Gherardi* cit., p. 233 nota 64.

42 Potrebbe trattarsi di un ferro lavorato, cfr. <https://www.google.it/books/edition/Tariffa_generale_delle_gabelle_tassative/RnT-qedW7BYC?hl=it&gbpv=1&dq=ardea+fil+-di+ferro&pg=PA28&printsec=frontcover>.

43 ASAC, Archivio Preunitario, carteggio, categoria II: contabilità, b. 52, fasc. 15, n. 17, *passim*.

44 Purtroppo, la documentazione non offre indicazioni specifiche sulle ricette e l'esatta proporzione degli ingredienti. Possiamo solo immaginare, visti i materiali elencati dalla nota, che sia stato impiegato il tipico stucco romano: una prima stesura di malta composta di calce, sabbia e pozzolana e lo strato finale realizzato con calce e polvere di marmo, con ogni probabilità proveniente da Carrara, considerata la vasta presenza sulla piazza romana di mercanti di marmo originari di lì e con stretti legami parentali negli ambienti di estrazione. Si vedano J. Montagu, *Roman baroque sculpture. The industry of art*, New Haven-London, 1989, p. 23 per il mercato romano dei marmi e P. Ferrazzi, *Santa Maria dell'Orto in Trastevere. Restauri e osservazioni sulle tecniche esecutive*, in E. Debenedetti (a cura di), *L'arte* cit., pp. 141-159, p. 146 per i restauri e l'osservazione sulla tecnica esecutiva degli stucchi nel cantiere di Santa Maria dell'Orto a cavallo del secolo, eseguiti in gran parte dagli stessi protagonisti della cappella di Santa Cecilia.

45 Ferraris, *Antonio Gherardi* cit., p. 218.

46 L'ordine ai fabbricieri di provvedere al pagamento, firmato da Gherardi, recita: «Signori fabricieri si compiaceranno far pagare al signor Giovanni Battista Giorgini sei piastre, sono per un rigalo d'aver fatto il modello di creta per l'altare di Santa Cecilia in San Carlo ai Catenari, questo dì 4 gennaro 1695», ASAC, Archivio Preunitario, carteggio, categoria II: contabilità, b. 52, fasc. 12.

47 ASAC, Archivio Preunitario, carteggio, categoria II: contabilità, b. 52, fasc. 14.

48 «[...] segue similmente le quatro cascate di festoni di fiori che caderano dalli cartoci delli sudeti carteloni per sino alla cima delli archi diverso di fiori e fro[n]de, cicerosca [?], girasoli, tulipani, capanele [campanule] e gili [gigli] con sue scapate e palme per dove gli sarano ordinate dal sudeto signor Antonio Gherardi».

49 Per le analogie con il cantiere tardo barocco di San Silvestro in Capite, si veda M. Coppolaro, *Gli interventi di fine Seicento nella chiesa San Silvestro in Capite (1680-1696). Un cantiere romano nella confluenza tardo barocca*, tesi di dottorato, Sapienza Università di Roma, 2020, relatore S. Pierguidi.

50 Si trascrive per brevità solo il contratto di Ottoni, dotato di una postilla relativa all'esecuzione delle figure sull'arcone di ingresso alla cappella: «Io Infrascritto essendo stato ricchiesto per parte della Congregazione delli signori musici di Roma dal signor Antonio Gherardi architetto della cappella di Santa Cecilia in San Carlo à Catinari della medesima Congregazione à fare un laterale cioè un gran padiglione nella parte superiore e tre angeletti che cantono e più abasso doi angeli grandi con carte in mano ò libri e prometto anche di finir detto lavoro per la festa di detta Santa prossima di questo med.mo anno et il sudetto lavoro farlo nella conformità e piacere di detto signor Antonio Gherardi. E di più prometto anche di aspettare la recognitione [retribuzione] promessami dalla medesima Congregazione non ostante un anno, ma anche due secondo sarà più comodo alla detta Congregazione e il sudetto laterale contentandome di un regalo o vero recognitione di scudi sessanta. Et in fede questo di 21 agosto 1695. Io Lorenzo Ottoni mi obligo come sopra mano propria. E più mi obligo parimente di fare il sottarco della cappella di detta (†) con un angelo grande e due putti per prezzo (†) rigalo di scudi venticinque d'accordo con il signor Antonio Gherardi Architetto nell'istessa conformità del disegno e questo ancora prometto aspettarmi ancora dentro il tempo prefisso dell'laterale come sopra questo di 21 Agosto 1695. Io Lorenzo Ottoni mi obligo come sopra mano propria».

51 Cfr. S. Loire, *Peintures italiennes du XVIIe siècle du musée du Louvre. Florence, Gênes, Lombardie, Naples, Rome et Venise*, Paris, 2006, p. 270 e *passim* con bibliografia.

52 Adamczak, *De Paris* cit., p. 404; Adamczak, *Un sculpteur* cit., p. 111. Cfr. Loire, *Peintures* cit., p. 270 e *passim* con bibliografia.

53 Adamczak, *De Paris* cit., p. 405.

54 Per la tendenza di Maille a dare al marmo l'impressione di una lavorazione a stucco si veda C. Giometti, *Nuovi contributi per Michel Maille scultore in marmo*, «Prospettiva», 117/118, 2005 (2006), pp. 173-182, nn. 117-118.

55 T. Pickrel, *Maglia* cit., p. 36.

56 Oltre ai documenti rintracciati in ASAC, Archivio Preunitario, carteggio, categoria II: contabilità, b. 52, fascc. 8, 10, 12-13

(trascritti in Brunetti, *"Basilicae Vaticanae Sculptor"* cit., pp. 362-364, doc. C), si veda anche Soprintendenza speciale archeologia belle arti e paesaggio di Roma, Archivio corrente, Perizia di spesa n. 258 "Lavori di restauro degli affreschi, stucchi, ornati e statue della chiesa di San Carlo ai Catinari - cappella di S. Cecilia", 16-12-1962, sotto la direzione di Luigi Salerno. Il restauro, poi affidato a Vittorio Federici, prevedeva la «rimozione delle parti fatiscenti» e il «rifacimento di dette parti e di quelle mancanti come piedi, braccia ed altri elementi o [sic] in stucco romano a perfetta somiglianza dell'originale», una pulitura generale, la velatura dei nuovi inserti e la ripresa pittorica della colorazione a tempera o dorata, eseguita nell'Ottocento (*infra*). A questo intervento dovrebbero risalire le integrazioni degli angeli di Giorgini, che nel tempo avevano perso parte degli strumenti (come si vede da alcune foto storiche conservate presso la fototeca della Biblioteca Hertziana). Proprio gli esemplari «protesi sulla curva della ringhiera» erano stati oggetto nel 1961 di una segnalazione del parroco Giuseppe De Ruggiero alla Soprintendenza ai monumenti del Lazio, a causa della continua caduta di materiale. Ringrazio la dottoressa Alessandra Acconci per avermi guidata nella consultazione del materiale d'archivio della Soprintendenza.

57 Della stessa opinione Adamczak, *De Paris* cit., p. 404, che però dissente sulla datazione della tinta, ascrivendola a Théodon.

58 Ferraris, *Antonio Gherardi* cit., p. 233 nota 64. Si veda anche p. 218.

59 L. Simonato, *Il Palazzo Apostolico Vaticano*, in M. Boiteux *et al.* (a cura di), *Vaticano Barocco. Arte, architettura e cerimoniale*, Milano, 2014, pp. 272-313, pp. 308-309.

60 Per entrambi i progetti si veda T. Pickrel, *Two stucco sculpture groups by Antonio Gherardi*, «Antologia di belle arti», a. II, 7-8, 1978, pp. 216-224. Per le novità attributive su Santa Maria in Trivio, S. de Cavi, *Drawing and artistic collaboration in S. Maria in Trivio, Rome. Notes on Giacomo Amato, Antonio Gherardi, Ercole Ferrata and Bartolomeo Merelli*, «Storia dell'arte», n.s., 1-2, 2021, pp. 198-217. La studiosa riconduce il progetto dell'arco trionfale e quello del rivestimento della navata all'architetto siciliano Giacomo Amato, assegnando invece al probabile disegno di Gherardi l'elaborazione degli stucchi poi eseguiti da Ferrata.

61 Numerose, ovviamente, anche le opere di Gian Lorenzo Bernini che prevedono l'utilizzo di un panno marmoreo: per esempio la *Tomba di Alessandro VII* nella basilica di San Pietro e la *Beata Ludovica Albertoni* in San Francesco a Ripa.

62 Sui problemi di ammaloramento complessivo degli stucchi della cappella di Santa Cecilia (cfr. *supra* e nota 56) sono probabilmente intervenute, come di consueto, oltre alle azioni umane (di pulitura, scialbo ecc.), anche le fratture dovute al processo di arrugginimento del fil di ferro.

63 Archivio di Stato di Roma, Camerale I, Giustificazioni di tesoreria, b. 361, fasc. 4, segnalato in M.C. Dorati da Empoli, *Pier Leone Ghezzi e il contesto artistico della prima metà del Settecento. Documenti d'archivio*, Roma, 2017, p. 203. Si offre qui un assaggio di una più ampia disamina confluita nella monografia su Ottoni di prossima pubblicazione.

64 Pampalone, *Lorenzo Ottoni* cit.

65 Per il contributo più aggiornato sulla decorazione plastica si veda S. Quagliaroli, *Colore, stucco, marmo nel Cinquecento. Il percorso di Giulio Mazzoni*, Roma, 2022, pp. 43-46, 108-111; per la decorazione pittorica A. Celletti, *Autorappresentazione papale ed età della Riforma: gli affreschi della Sala Regia vaticana*, «EuroStudium», 26, gennaio -marzo, 2013, pp. 4-142.

66 «E più speso per il gesso, stucco, calce et altre materie, e giornate del garzone per la servitù dello scultore, et altre giornate d'huomini in diversi tempi per il trasporto del castello in diversi luoghi secondo il bisogno attorno alla detta Sala Regia, più volte trasportato dove già haveva servito a causa delli stuccatori sc. 7».

67 Così avvenne per il grande modello in stucco dell'*Angelo con la croce*, eseguito per la loggia delle reliquie di sant'Elena, realizzato da Andrea Bolgi e Stefano Speranza nel 1634 (Archivio della Reverenda Fabbrica di San Pietro). Pampalone, *Lorenzo Ottoni* cit., pp. 17-18.

68 «Per haver rifatto al braccio destro e alla gamba sinistra, che stende, e alla coscia similmente destra alcuni rappezzi, che erano scrostati fino al abbozzatura della calce, finiti di stucco di diverse grandezze, e riunite molte altre crepature e rifermate e unite all'anticho sc. 1».

69 «Per haver rifatto il destro braccio che alza e tiene un pomo con sua armatura di ferro e tessura di ferro filato, abbozzato con gesso e terminato di stucco, accompagnato all'attaccatura, e riunito in molte parti dove era scostato, unito con lo stucco all'anticho sc. 2,00».

70 «Per haver rifatto alla fighura dalla parte destra tutta la punta del ala, e rifermato il polpone della detta, che sporge in fuori, rifermata con ferro e gesso e ristuccata in alcune parti dove era offesa sc. 1,00». Ringrazio Serena Quagliaroli per aver discusso con me la terminologia utilizzata dallo scultore.

71 «Per haver rifermato con scommodo, per l'impedimento delle fighure, l'armatura anticha di ferro con una catena di ferro, fatto di bugho e ingessato la detta catena al muro, e alla coscia destra fermata, che stava per cadere, e scarnita fino alla detta armatura e abbozzata con calce e fatta di novo di stucco in accompagnamento del antico sc. 0,50».

Per haver fatto la metà della gamba e del piede di detta fighura, essendo tutta infranta per il motivo, che ha fatto la coscia suddetta per il peso che tirava, abbozzata di calce e terminata di stucco e accompagnato l'anticho sc. 1,00».

72 «Al angelo a mano sinistra: per haver fatto uno scalzo a tergo alla testa con tutta diligenza per non fracassarla, scalzata fino all'armatura di ferro e messoci una catena di verzella, inginocchiata da dui porte e ingessata alla detta testa, e nella schiena per il trabboccho che haveva, e rifermata con gesso all'armatura anticha e riunita con lo stuccho sc. 0,80; Per haver rifermato il mento con parte della faccia staccata, scarnita e riempita di gesso, ritaccata [sic] al vecchio, e rifatto di novo la metà della parte destra e tutto il collo fino all'attaccatura della spalla e all'orecchia, finita di stucco sc. 0,60; Per haver rifatto di novo la spalla sinistra del braccio, che stende al arme, e rifermato che crollava e risarcito parte del torso fino al fiancho sinistro, e la coscia, che era sollevata, e riunito all'antico con lo stucco sc. 1,50. Per haver rifatto di novo il polpone del ala destra con alcune penne, che erano cadute, accompagnate al anticho sc. 0,90».

Stucco Decoration in L'Aquila in the Second Half of the Seventeenth Century: Projects, Designs and Masters

Carlotta Brovadan

> Lastly, in Abruzzo, the outrageous desecration of Santa Maria di Collemaggio in L'Aquila, where a noble Baroque interior was destroyed in order to fabricate a Gothic church – of which not a single arch had survived.[1]

With these words Cesare Brandi – the 'father' of the modern discipline of restoration and conservation of cultural heritage – spoke out against the interventions carried out between 1970 and 1972 to 'restore' the church of Santa Maria di Collemaggio to how it might have looked at the end of the thirteenth century.[2]

Promoted by Mario Moretti, who was at the time the *Soprintendente ai monumenti e alle gallerie* in Abruzzo, the work entailed the destruction of the extensive stucco cycles in the nave and high altar apse (figs. 1-2), which had been executed in the 1670s and had survived the 1703 earthquake. The latest in a series of so-called *restauri di liberazione* carried out in the region between the 1940s and the 1970s,[3] the intervention in Santa Maria di Collemaggio was harshly criticized at a national level, but supported by local politicians and the public who shared the romanticized idea of L'Aquila as the medieval city of Pope Celestine V.[4]

The seismic events that repeatedly struck the city in the Early Modern period have made it very difficult for scholars to be certain when and how stucco decorations were first introduced in Abruzzo: documentary sources and the scant surviving evidence suggest that they spread during the second half of the sixteenth century[5] and became widely used to renovate L'Aquila's most important buildings in the seventeenth century. The great earthquake of 1703 was a crucial watershed: on the one hand it destroyed most of the decorations executed in the previous centuries, on the other it triggered a wave of architectural and artistic transformation. In fact, it was in the decades immediately following that catastrophe that stucco masters created the interiors we see today in churches such as San Bernardino and Santa Maria del Suffragio, so much so that at least until the 1970s it was common, even among scholars, to relate the introduction of Roman Baroque features in L'Aquila to the early eighteenth-century rebuilding campaign, rather than recognising late seventeenth-century

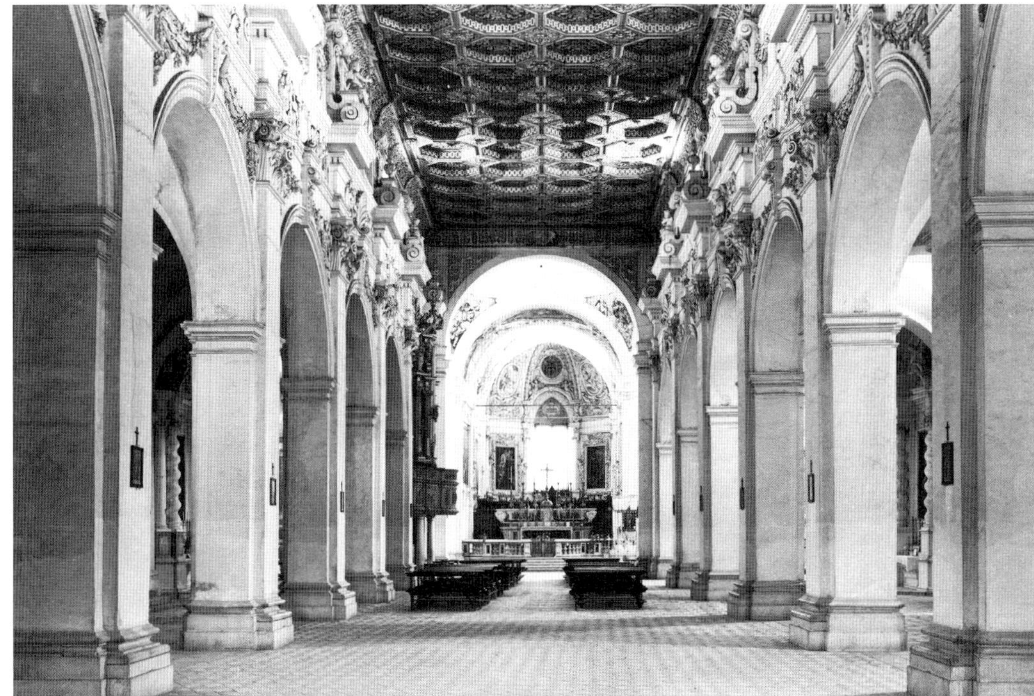

fig. 1
L'Aquila, Santa Maria di Collemaggio, interior before the 1970–72 restoration.

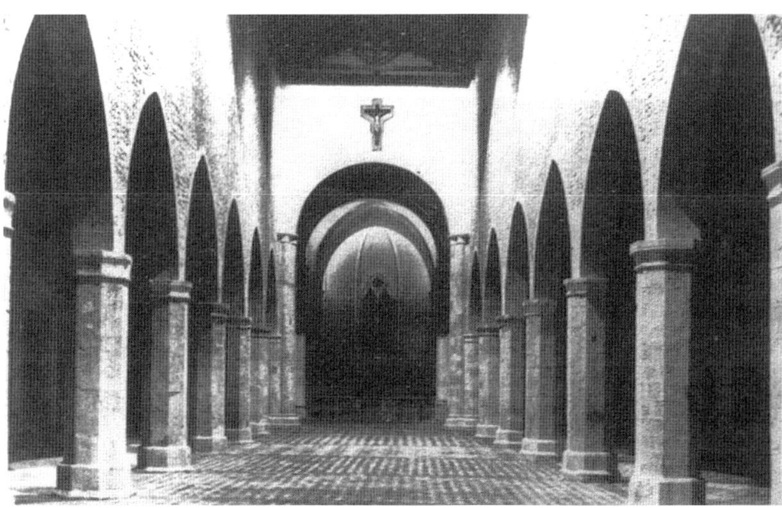

fig. 2
L'Aquila, Santa Maria di Collemaggio, interior after the 1970–72 restoration (from M. Moretti, *Collemaggio*, Rome,1972).

characteristics. This lack of understanding, combined with ill-concealed contempt for Baroque art, is evident in statements supporting Moretti's interventions in Collemaggio. For example, Walter Capezzali, president of the *Deputazione di Storia Patria negli Abruzzi* from 1994 to 2021, deemed those stucco cycles to be 'structures [...] from a period adequately represented by other buildings in L'Aquila'[6] (as if that were enough to justify their destruction!). The demolished decorations were also regarded as 'an expression of provincial bad taste, [...] an inelegant and heavy covering, whose decorations revealed the work of crude plasterers, rather than refined stucco masters'[7] who did nothing more than 'conceal the old Gothic structures [...] under botched Baroque stucco works executed without either the intention to renovate or the finesse that would have made them an example of culture.'[8]

Largely lost in the 1703 earthquake, deprived of the key evidence of Collemaggio and left on the sidelines of research for most of the twentieth century, the artistic campaigns promoted in L'Aquila in the second half of the seventeenth century have only recently begun to attract attention at a national level. In his key contributions on Abruzzo in the Early Modern period, Raffaele Colapietra offered valuable insights by means of the analysis of previously unpublished archival sources that allowed him to recognize a process of

> programmatic renovation of the city's religious buildings that began immediately after the great plague of 1656 and developed independently from the earthquake of February 1703; a cultural choice, not a dictate of fashion, which therefore implies a renewal of the artist's own style and a dynamism of the society that influences him, worthy of the most careful examination.[9]

The artist mentioned by Colapietra is Francesco Bedeschini (1626–99), who was L'Aquila's most prominent painter of his time. He supervised the renovation of many important buildings and managed to influence the taste and the artistic choices of his hometown. Scholars have established his importance in spreading Baroque features in the city throughout the course of his career,[10] which had already been vividly outlined in the eighteenth century by Bishop Anton Ludovico Antinori: 'with his designs, he decorated the main churches of the city, the rooms of the Palazzo del Magistrato, and the public theatre according to the modern style.'[11]

His role as the *inventor* or *pictor* entrusted with the design of many of the decorations commissioned at that time is reflected in the one hundred and thirty-one books of drawings[12] that he bequeathed to his son Carlantonio and ended up on sale on the Roman antiques market in the mid-eighteenth century. A few of those albums are now held in foreign museums and offer a glimpse of Baroque L'Aquila just prior to the 1703 earthquake.[13]

The importance of the stucco cycles undertaken during the period here discussed is easily understood if one considers the significance of some of the buildings that were decorated: the Cathedral, the churches of San Filippo Neri, San Bernardino, Santa Maria di Collemaggio, and the Palazzo Pubblico. This chapter presents a reconsideration of case studies that have been previously published with specific focus on Bedeschini's role: the most relevant projects in seventeenth-century L'Aquila and the related documentary sources are discussed to provide better knowledge of the stucco masters involved, their relations with clients, and the working procedures (materials, professional fees, clauses, deadlines etc.).[14]

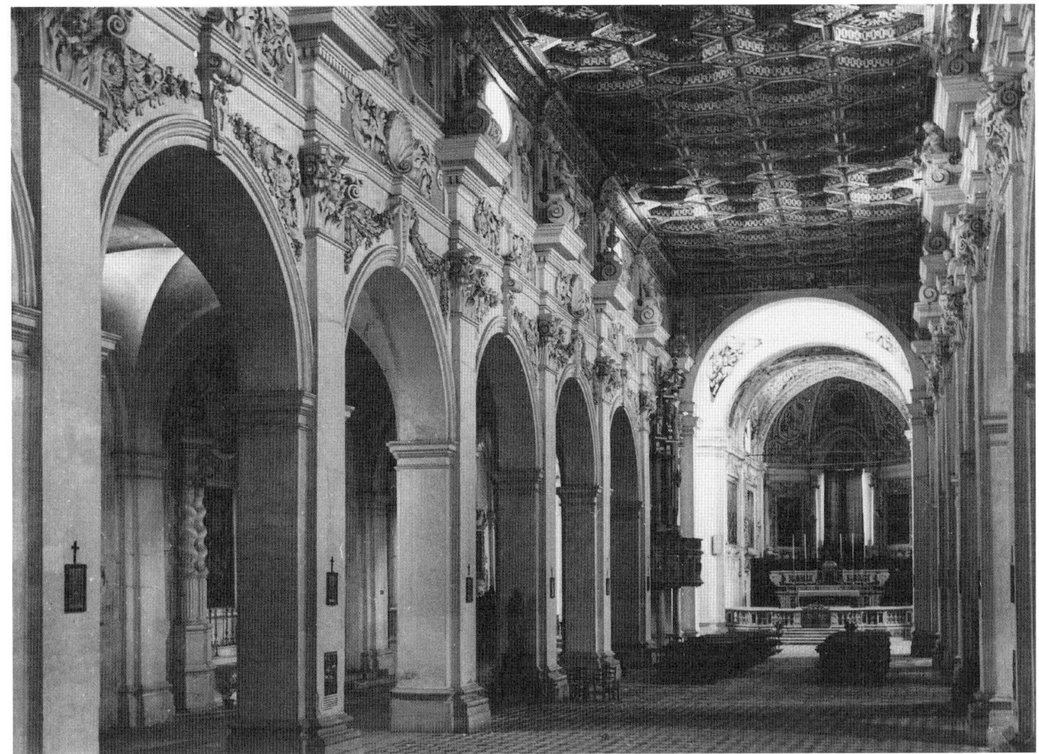

fig. 3
L'Aquila, Santa Maria di Collemaggio, nave and high altar area before the 1970–72 restoration.

L'Aquila Cathedral and the Basilica of Santa Maria di Collemaggio

The stucco campaigns in Santa Maria di Collemaggio were executed by Ercole Ferradini. He belonged to a family who had moved from 'Lombardy' to Abruzzo a few decades earlier, as attested by the fact that the family name Ferradini was recorded in L'Aquila at least since the beginning of the seventeenth century.[15]

Between 1655 and 1661, Ercole and his brother Giovanni Battista were among the masters involved in the project at the Oratory of St Anthony of Padua, the construction and decoration of which were sponsored by the de Nardis family in the mid-1640s. The work is well documented in the *Introitus et Exitus* book for the period 1646–1787.[16] Although this building will not be discussed here, it is nevertheless worthy of mention as a sort of 'incunabulum' of Baroque art in L'Aquila, with the sculpture of its eponymous saint on the front by Ercole Ferrata.[17]

At the end of 1662 Ferradini was called upon to work in the prestigious setting of the Cathedral, where the first renovation campaigns, completely destroyed in 1703, had been undertaken in the 1640s:[18] on 20 December, he and Francesco Pozzi 'milanese' were entrusted with the stucco decorations of the arch in front of the altar dedicated to the Madonna del Carmine. These were to include the Chapter's coat of arms and two large figures of angels.[19] The work was to be carried out within four months for a total fee of 40 ducats to be paid in three instalments (10 ducats once the *aristero*

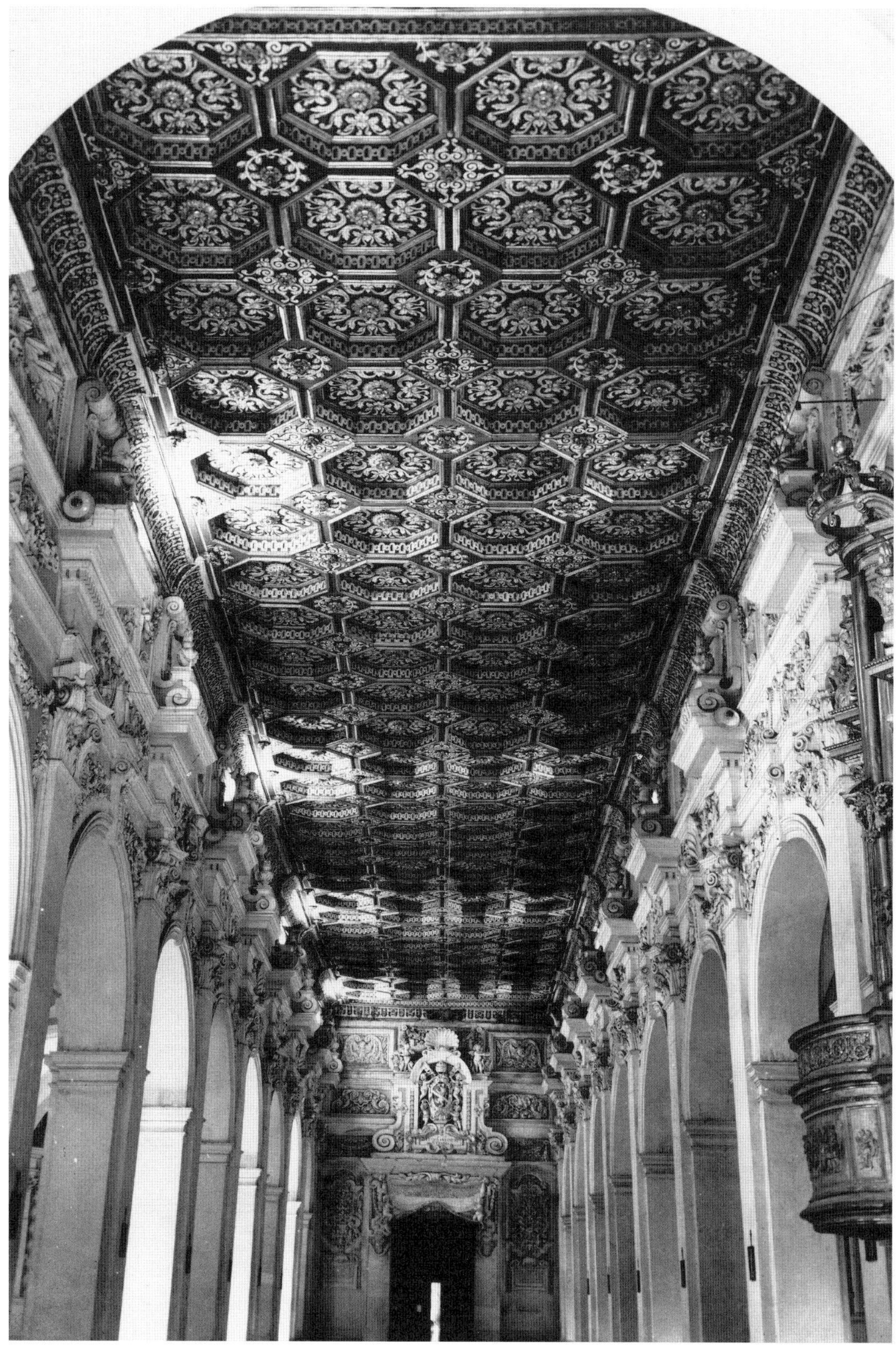

fig. 4
L'Aquila, Santa Maria di Collemaggio, nave and counter façade before the 1970–72 restoration.

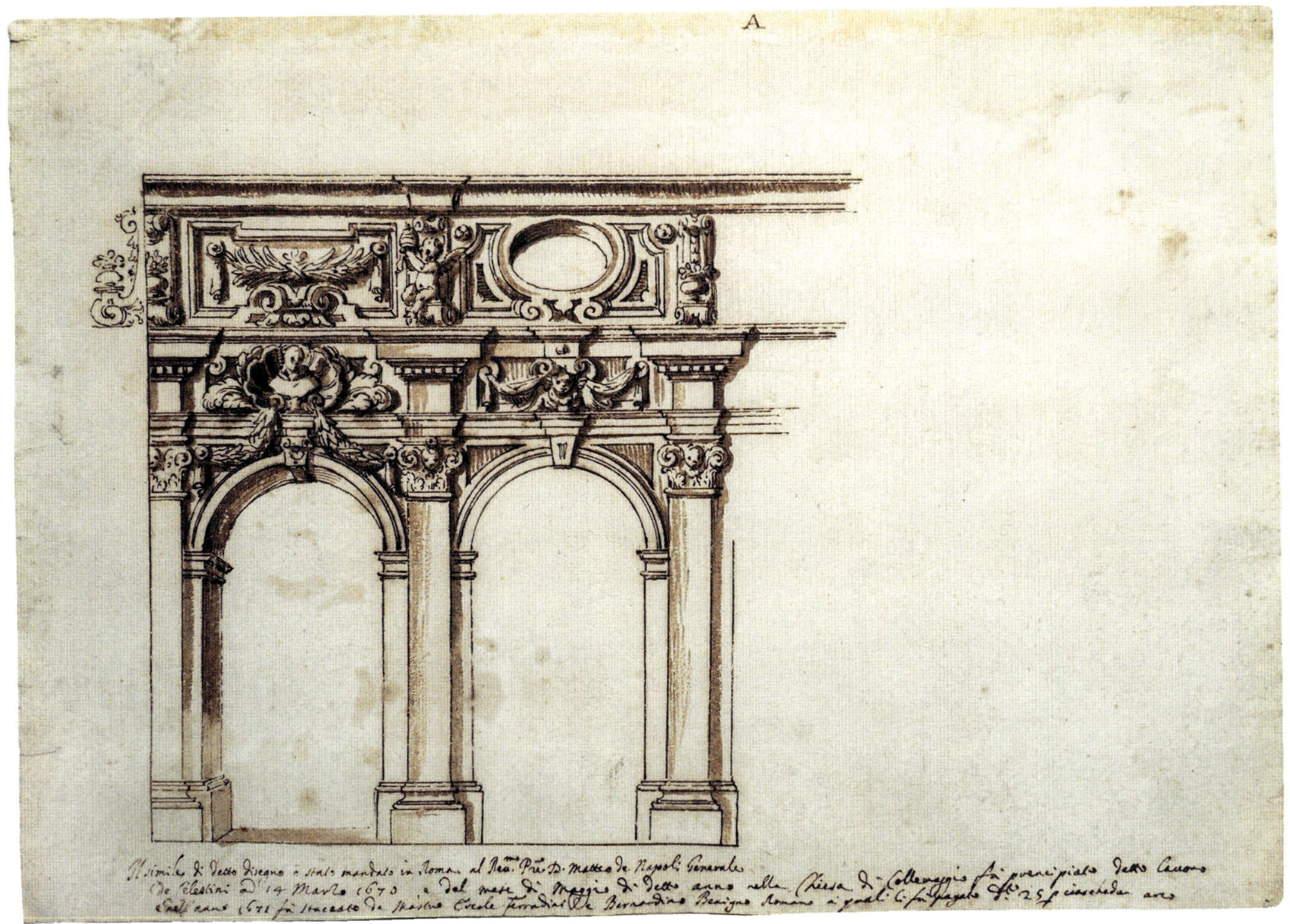

– i.e. the scaffolding – had been built, 15 halfway through the job, and the remaining 15 on completion). Giuseppe Agnifili, who served as agent of the Chapter, was responsible for providing all the materials needed to erect the scaffold.[20] The masters were also required to follow a design to be presented by Bedeschini and the example of a similar arch already decorated in the church of San Filippo Neri.[21]

fig. 5
Francesco Bedeschini, *Study for the decoration of Santa Maria di Collemaggio*. Private Collection.

The ornamental campaigns of Santa Maria di Collemaggio (1670–71, 1673, **figs. 1, 3, 4**) confirm Ercole's leading position in the field of stucco work. If the interior of the church had been spared by Moretti, we would have been able to compare documentary sources relating to the commission by the Celestine Order with what was executed by Ferradini and his associate Bernardino Benigni.[22] As it is today, however, we can only examine a few historic photographs in comparison with two contracts and a drawing provided once again by Bedeschini.

In 1998 Enzo Borsellino published a sketch (**fig. 5**) in which a design for the stucco decoration of two of the arches of the nave is accompanied by a later text summarizing the phases of the artistic undertaking:

A similar drawing was sent on 14 March 1670 to the Most Reverend Matteo da Napoli, Abbot General of the Celestine Order, in Rome; the said work was begun in the church of Collemaggio in May 1670 and in 1671 the stucco works were carried out by master Ercole Ferradini and Bernardino Benigno from Rome, who were paid 25 ducats for each arch.[23]

Based on the archival evidence made available by Colapietra on the collaboration between Ercole and Francesco Bedeschini in the Cathedral and in the main apse area of Collemaggio,[24] Borsellino correctly attributed the drawing to Bedeschini and highlighted the slight differences between what was planned and what was done.

The contract dated 7 May 1670 that regulated the execution of the stucco decoration in the nave has recently been discovered.[25] It is of particular significance because it stipulates specific provisions intended to ensure the success of the project, thus showing the clients' awareness of the complexity of the work they were commissioning. Ercole was required to follow Bedeschini's design, which he had received from the friars.[26] He pledged to begin the decoration as early as 9 May 1670 and carry it out without any interruption or delay by committing himself to hire at least two collaborators.[27] For their part, the Celestine Fathers would supply all the materials needed so that Ferradini and his associates would only have to focus on working.[28]

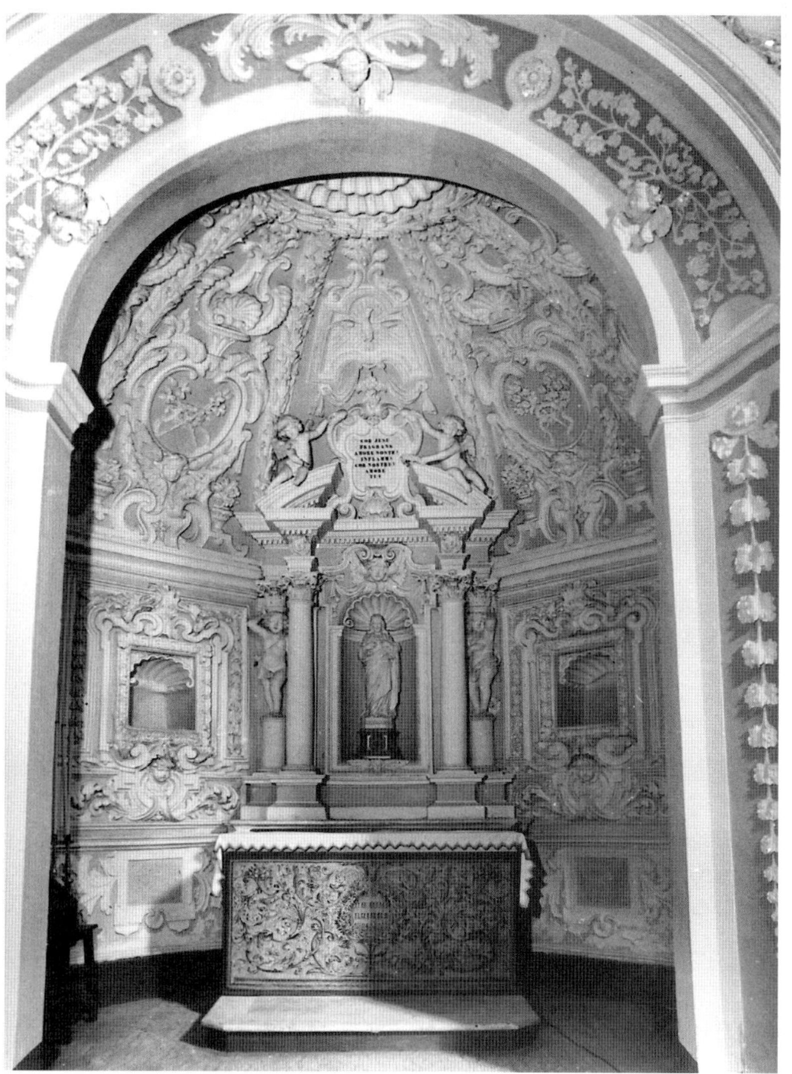

fig. 6
L'Aquila, Santa Lucia, stucco decorations, first chapel on the left.

Since it was not feasible to estimate the cost of such an undertaking in advance, it was agreed that 105 ducats were to be deposited with the Milanese merchant Stefano Marchi until the completion of the decoration. Only then was Bedeschini to assess its quality and its compliance with the drawing he had provided and were the patrons to decide whether to pay Ferradini a daily wage, a lump sum, or a fee determined by two experts in stucco work.[29]

Further conclusions can be drawn if one compares the inscription on the sketch with the terms of the contract.

As the church is the original house of the Celestine Order, where Pope Celestine V's body is preserved, a drawing had been sent to Rome in March 1670 to be approved directly by Matteo da Napoli, the Abbot General of the Order: this authorization to proceed must already have been issued when the friars of Collemaggio made their arrangement with Ferradini, so that the latter received the design to be followed and promised to begin working within two days of signing the contract. Ercole alone had officially been entrusted with the stucco cycle, but he hired Bernardino Benigni, who is mentioned at the bottom of Bedeschini's drawing, to be his assistant at the site, as provided for in the agreement. Furthermore, they completed the ornamentation by 1671 and were paid 25 ducats for each of the 16 arches, a total of 400 ducats (almost four times the sum deposited with Stefano Marchi in May 1670).

It is reasonable to assume that Ferradini and Benigni executed what Bedeschini had designed in a manner that satisfied the Celestine Fathers so much that in 1673 both the masters were once again employed to decorate the high altar area.[30]

All the materials needed[31] were to be supplied by the friars, who agreed to pay the stucco workers a fee of 230 ducats. Three years earlier, the Order and Ferradini had arranged for the decoration of the nave to begin two days after the contract was signed, but work on the walls and ceiling of the high altar area was scheduled to start a month and a half after the agreement, perhaps to give Bedeschini time to complete the design, which had not yet been delivered to the patrons when Ferradini and Benigni were hired.[32]

If one looks at the photographs that document the state of the main apse before the demolitions of 1970–72, it is possible to recognize the most typical elements of Bedeschini's decorative repertoire (garlands, vases and half-shells, cartouches, cherubs and angels). Such ornamental patterns still survive, for example, in the first chapel on the left in the church of Santa Lucia (**fig. 6**), the design of which can be attributed to Bedeschini on stylistic grounds, given the current lack of archival evidence.[33]

The Basilica of San Bernardino

The stucco masters mentioned so far belong to the large group of *milanesi* settled in L'Aquila, but the ornamentations of the chapel dedicated to San Bernardino in the basilica of the same name offer the opportunity to analyse the dynamics of commissioning a non-resident artist. The sculptor Tommaso Amantini (1625–75) was born in Urbania, in a family originally from the area between Lombardy and Ticino; he moved to Rome in 1648 where he joined the workshop of Ercole Ferrata,[34] and then spent most of his career in the Marche region, working mainly for the local Oratorian congregations.[35]

The decoration ordered by the Franciscans in 1669 did not survive the earthquake of 1703 and was replaced by frescoes by the Neapolitan painter Girolamo Cenatiempo

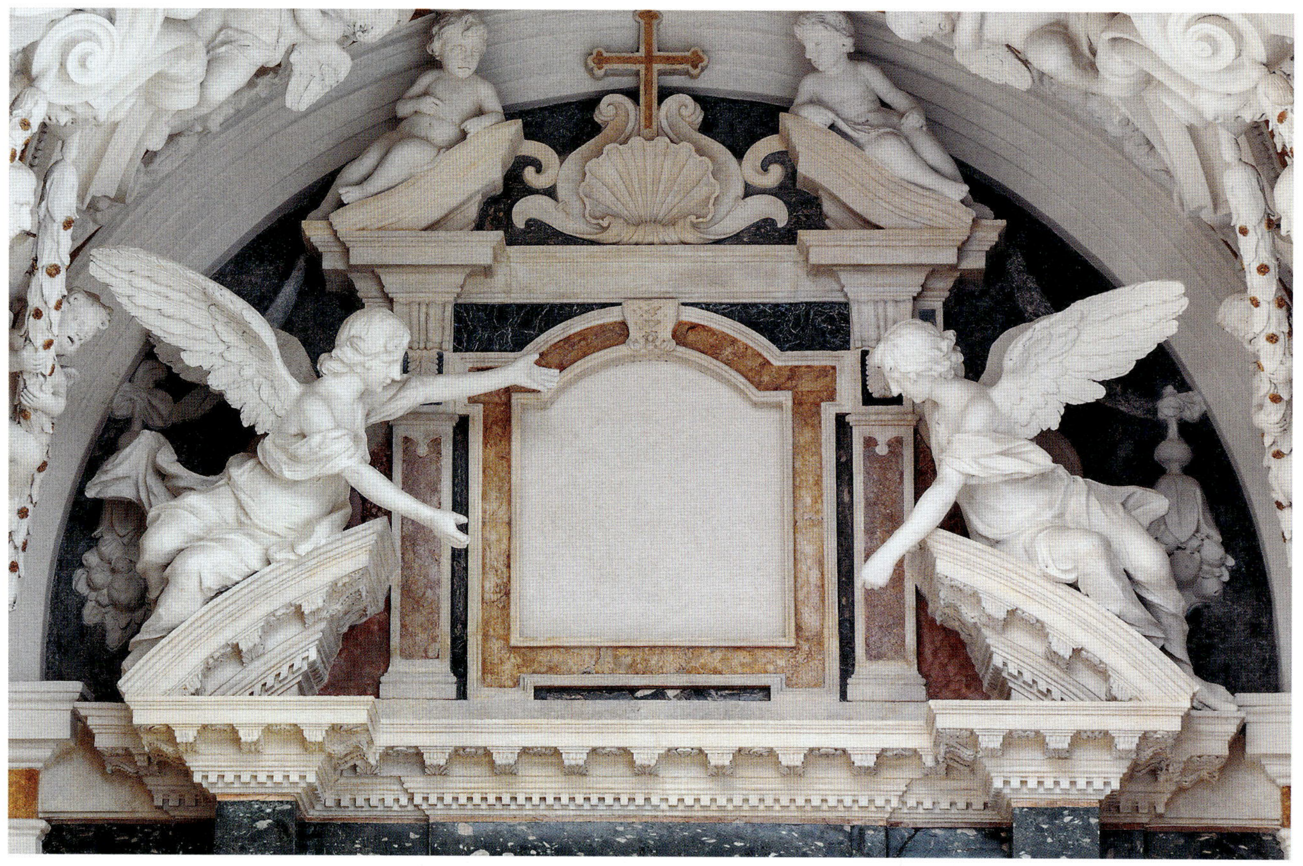

fig. 7
Tommaso Amantini, stucco decorations. L'Aquila, San Filippo Neri, Chapel of the Assumption of the Virgin.

(1709) and sumptuous marble fittings by Bernardo and Baldassarre Ferradini (1711),[36] but thanks to Colapietra's studies we can examine the arrangement regulating the execution of the stucco cycle in the most sacred place for Franciscan Observance, where San Bernadino's body lies in the mausoleum by Silvestro dell'Aquila.[37] The document allowed Colapietra to ascribe the design of the campaign to Francesco Bedeschini, but it was only with the subsequent contribution by Luca Pezzuto that the name of the master hired to carry out the intervention was revealed.[38] So far, these findings have not been taken into consideration in wider studies on Amantini and they deserve further analysis.

The agreement struck on 28 June 1669 between the friars and Amantini provides elements to confirm that Amantini had already worked in L'Aquila: the contract for San Bernardino was signed in the house of the Oratorians[39] and among the witnesses was Filippo Carli who – according to a manuscript dated 1718[40] – had commissioned the stucco ornamentation of his family's chapel in San Filippo Neri from a certain Giovanni Battista Amantino. Given the circumstances testified by the notary document and the stylistic similarities with other works by Amantini, I consider that the Carli chapel (**fig. 7**) and the two surviving figures of *Prophets* in the niches under the dome – also ascribed to Giovanni Battista Amantino by the early eighteenth-century account – were executed by the Marchigian artist between 1664 and August 1665 and that the key role in the artist's arrival in L'Aquila had been played by Giovanni Battista Magnante (1603–69), a prominent figure in the local Congregation of the Oratory and in the devotional life of the city.[41] This theory has recently been confirmed by the discovery of a letter sent from L'Aquila on 8 August 1664 by Magnante, who expressed to the Fathers of the Oratory of Ascoli Piceno his satisfaction with two figures executed by Amantini.[42]

The work for Filippo Carli probably made a favourable impression in L'Aquila and in 1669 Amantini was entrusted with the outstandingly prestigious task of decorating the entire chapel of San Bernardino 'from the drum at the top, down to the bottom, that is to say, down to the marble pedestals there.'[43]

Again, the designs were requested (hardly surprisingly) from Francesco Bedeschini: four sketches that can definitely be connected to this commission are preserved at the Kunstbibliothek in Berlin and exemplify what patrons gave to stucco workers in similar cases; one bears the inscription 'Drawings made for the Chapel of San Bernardino of L'Aquila number 14'[44] **(fig. 8)**, the others depict rectangular panels decorated with cartouches that frame episodes from the life of the Saint and other exuberant motifs typical of Bedeschini's repertoire **(fig. 9)**.[45]

Unlike the contracts analysed so far, the agreement struck between Amantini and the Franciscans' agent, Lorenzo Fonticola, dwelt at length on the decorations to be executed by the stucco master, as is evident if one compares the extent of the provisions regarding the motifs to be employed in San Bernardino and, for example, in Collemaggio **(figs. 10-11)**. The arrangement also required Bedeschini to exercise more direct and constant supervision on site, specifying in several passages that Amantini was obliged to follow not only the designs he had received, but also the choices made by the painter on a case-by-case basis.[46]

The contract provided for the work to be completed by the end of 1670, and perhaps offers an explanation for why the sculptor abruptly left Ascoli Piceno in May 1670, interrupting the decorative campaign that he had agreed to execute in the church of San Filippo Neri on 27 September 1669.[47]

The Franciscans pledged to pay Amantini a total of 300 ducats. He was to receive his fee in three instalments (80 ducats by November 1669, 160 by November 1670 and the remaining 60 by November 1671, one year after the expected completion of the stucco cycle). The necessary materials were to be supplied by the clients. However, probably because of the significance of the undertaking they were commissioning, the patrons requested a sort of warranty from the master, who committed himself to restoring the decoration at his own expense if any damage ascribable to his own negligence in carrying out the work was to occur within the next two or three years.[48] This provision may indicate the clients' (or their entourage's) awareness of the potential risks associated with a lack of technical expertise or too rapid execution, and the consequences for stucco cycles within even a short period of time.

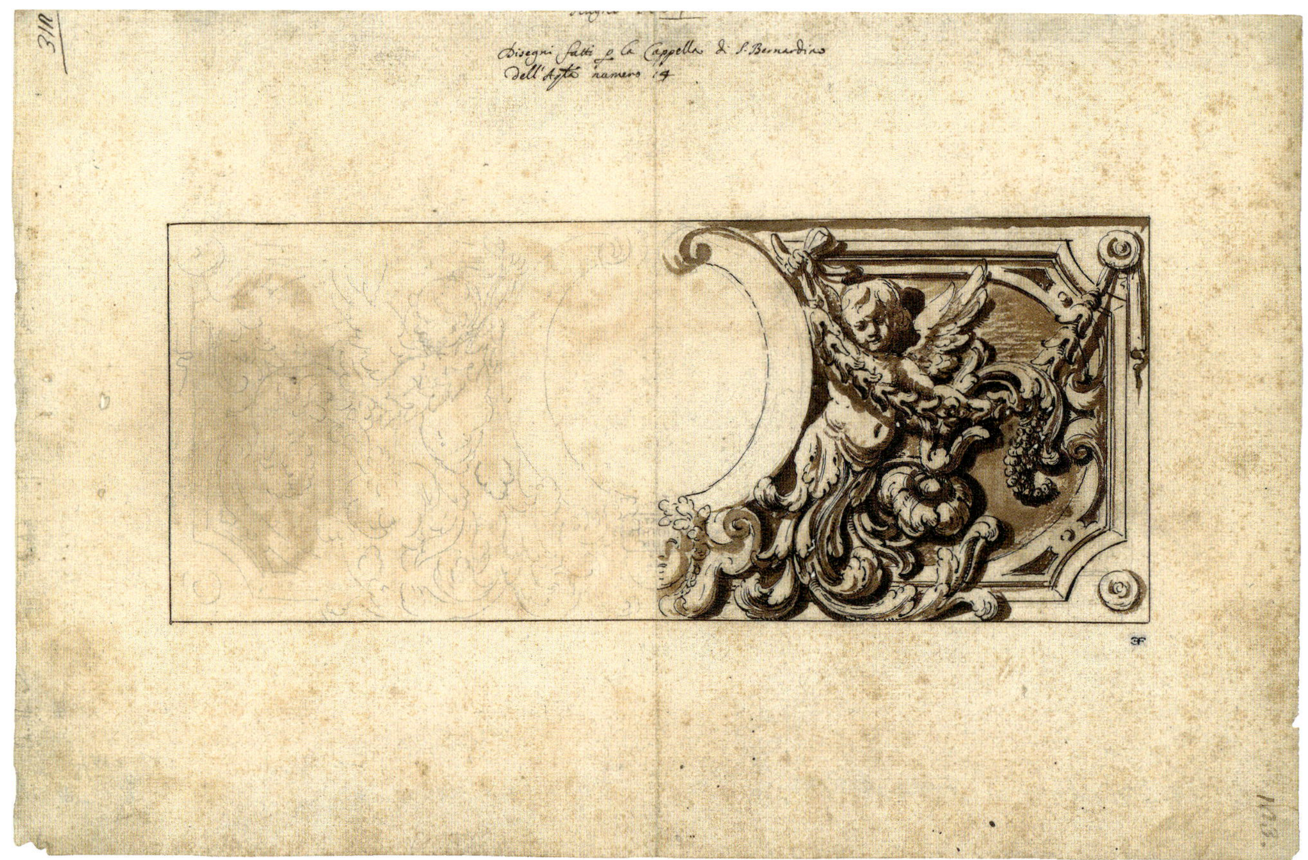

fig. 8
Francesco Bedeschini, *Study for the decoration of the chapel of San Bernardino*. Berlin, Kunstbibliothek, inv. HDZ 6410o.

The Palazzo Pubblico

Further remarkable evidence of patrons' early interest in ensuring the conservation of stucco decorations may be found in the last project to be analysed here.

In 1688 the members of the *Magistrato*, the governing body of the city, promoted a campaign of self-celebration and self-fashioning through images in the Palazzo Pubblico, which was then used as their seat and had been enlarged and renovated in the previous century for Margaret of Parma, daughter of Charles V and governor of L'Aquila between 1572 and 1586.

Even though the interior of the building was severely damaged in 1703 and completely remodelled in the nineteenth century, the original planning documents in the Archivio di Stato in L'Aquila and three drawings by Francesco Bedeschini[49] (figs. 12- 13) allow us to reconstruct the setting up, in five rooms of the palace, of a collection of portraits of illustrious men born in, or associated with, L'Aquila – somehow comparable to Paolo Giovio's *Portraits of Learned Men* – that was completed in 1694.[50] Of the first three chambers, one, nearing completion in May 1688, was to display the portraits of two popes and eight cardinals; the second, already well under way in

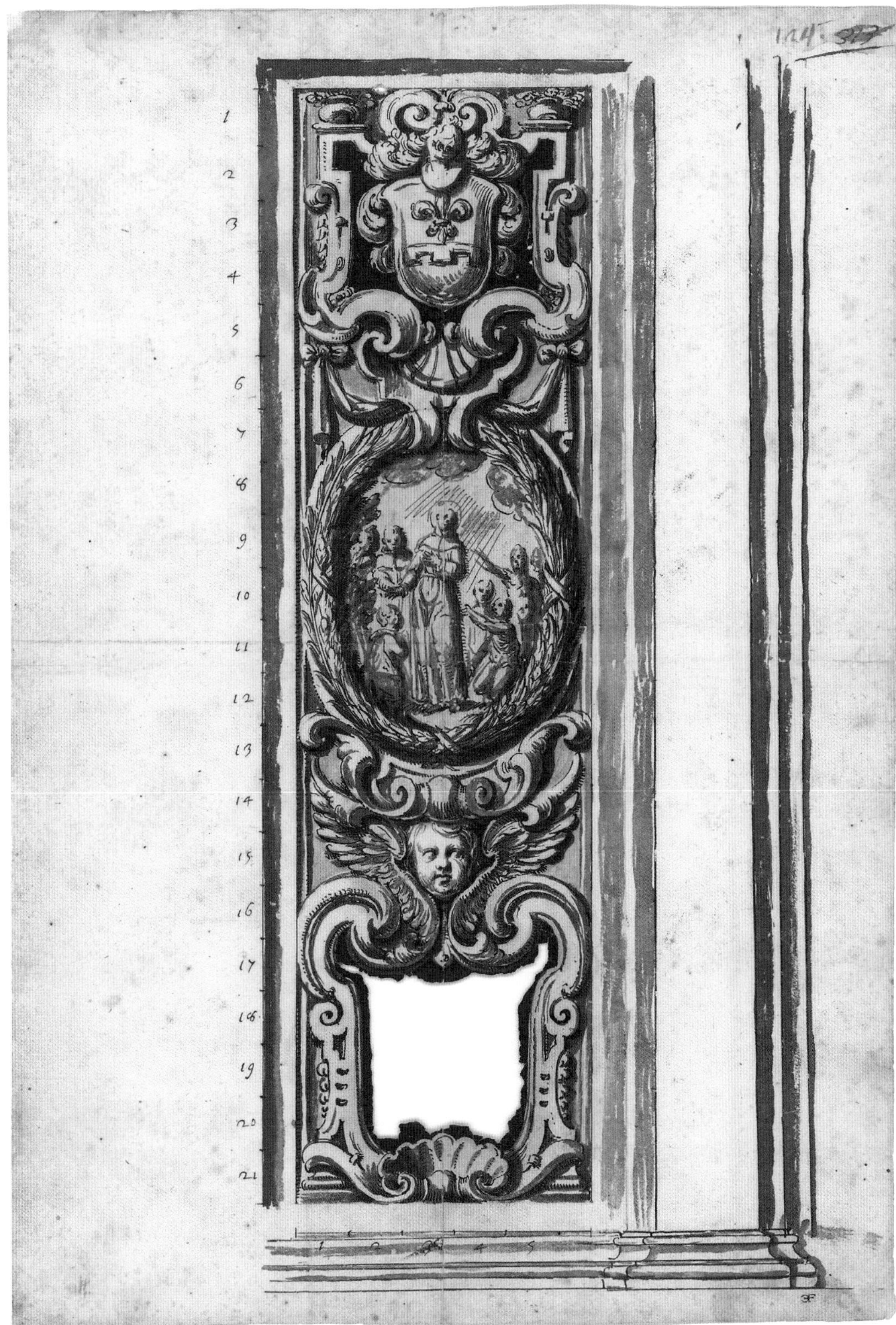

fig. 9
Francesco Bedeschini, *Study for the decoration of the chapel of San Bernardino*. Berlin, Kunstbibliothek, inv. HDZ 6410a.

fig. 10
Contract for the decoration of the chapel of San Bernardino in L'Aquila (with the description of the decorations to be executed highlighted), ASAq, Archivio Notarile, Filippo Magnante, b. 935, vol. V, ff. 34v-5r, 28 June 1669.

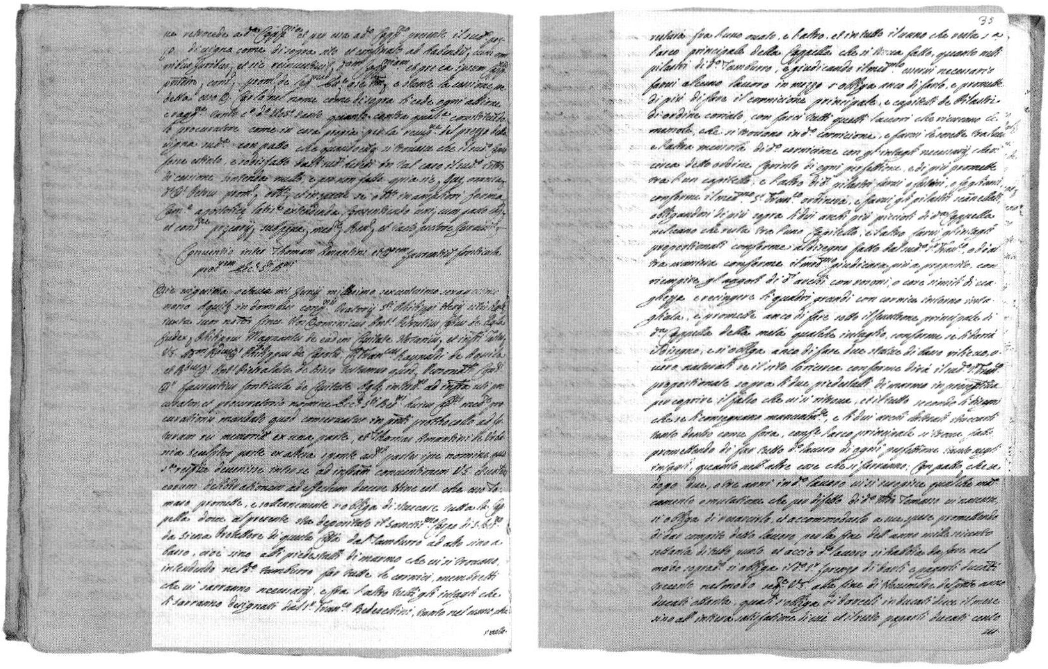

fig. 11
Contract for the decoration of the high altar area of Santa Maria di Collemaggio in L'Aquila (with the description of the decorations to be executed highlighted), ASAq, Archivio Notarile, Filippo Magnante, b. 935, vol. IX, ff. 14r–v, 17 January 1673.

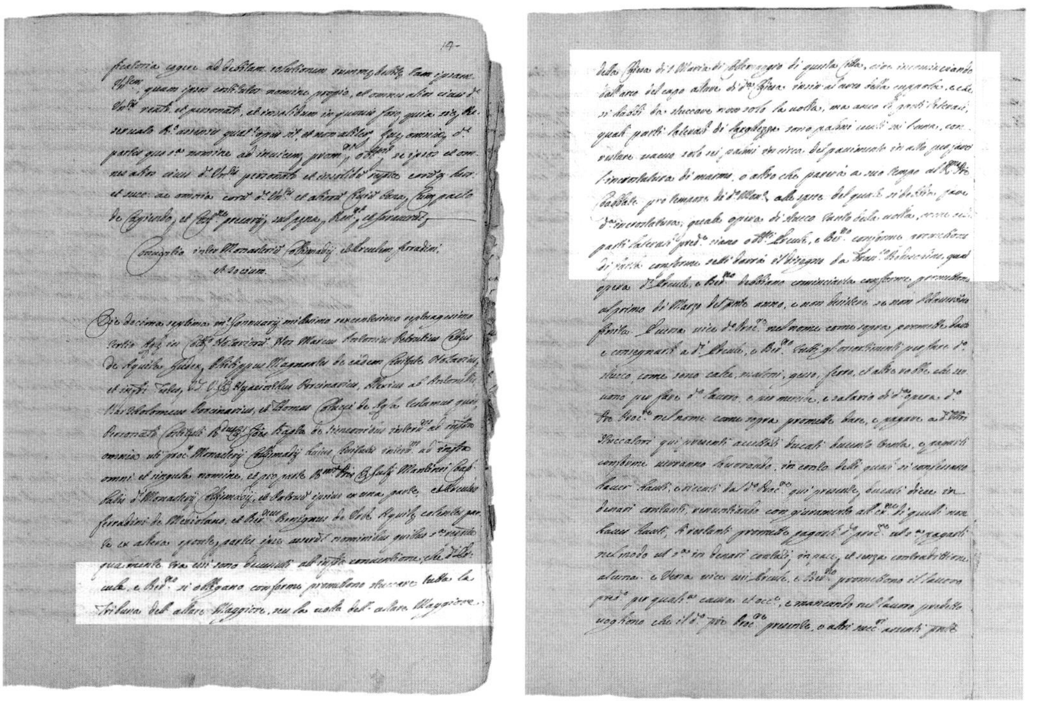

October 1688, was dedicated to twenty bishops and clerics; on 10 October 1688, the *Magistrato* decided that the third chamber was to be decorated with the portraits of thirty-one blessed ones as well as some sacred images.[51]

The paintings, whose subjects were selected by the *camerlengo* Stefano Alferi and Giovan Matteo Brancadori, were commissioned from Cesare Fantetti;[52] they were to be framed in stucco designed by Bedeschini and executed by the brothers Giuseppe, Antonio, and Francesco Del Grande.

The Del Grande family, originally from Lombardy, is known to have lived in L'Aquila at least since the end of the sixteenth century.[53] In 1688 Giuseppe had already been admitted to citizenship, as is evidenced by documentary sources relating to the Palazzo Pubblico which underline, with a sense of pride, how the whole commission was to be carried out by fellow-citizen artists worthy of being mentioned in an inscription added to the ornamentation of the first chamber.[54]

It is interesting to observe how the project was funded: the first room was decorated at the expense of the Bishop of Porfirio, Giuseppe Eusanio, who donated 100 ducats, while the second was paid for thanks to contributions from numerous citizens, including the Bishop of Fondi, Filippo Alferi Ossorio and, again, Giuseppe Eusanio. The cost of the third chamber was estimated at approximately 60 ducats, and it was eventually agreed that the masters would work for free ('gratis, e senza alcuna mercede') but would be appointed for life superintendents ('vicarii') of the fountain of the Palace, thus enjoying the significant tax exemptions associated with that position.[55]

The governing body of L'Aquila, when commissioning the stucco cycles, explicitly provided for a sort of 'scheduled maintenance plan', arranging with the Del Grande brothers that each year they would clean and, if necessary, restore the decorations in exchange for an additional tax waiver for their entire family.[56]

Conclusion

The permanent presence in Abruzzo of foreigners from the region between Lombardy and Ticino is attested as early as the mid-fifteenth century. A large portion of them were craftsmen (especially stone masons, carpenters, hydraulic engineers and stucco workers).[57] In the seventeenth century, the 'Milanese' population not only helped the wealthy families to show their importance, decorating some of L'Aquila's most significant churches and palaces, but were themselves actively engaged in sponsoring artistic campaigns: in 1639 they began to renovate the chapel of Sts Ambrogio and Carlo Borromeo in the Cathedral,[58] introducing Baroque features to the building, and in 1664 they obtained the concession of the Oratory of the Conception in the Basilica of San Bernardino.[59] In 1674 carpenters from Lombardy struck a deal with their colleagues from L'Aquila to merge and form a single guild

fig. 12
Francesco Bedeschini, *Study for the decoration of the room of illustrious literary men in the Palazzo Pubblico*. Private Collection.

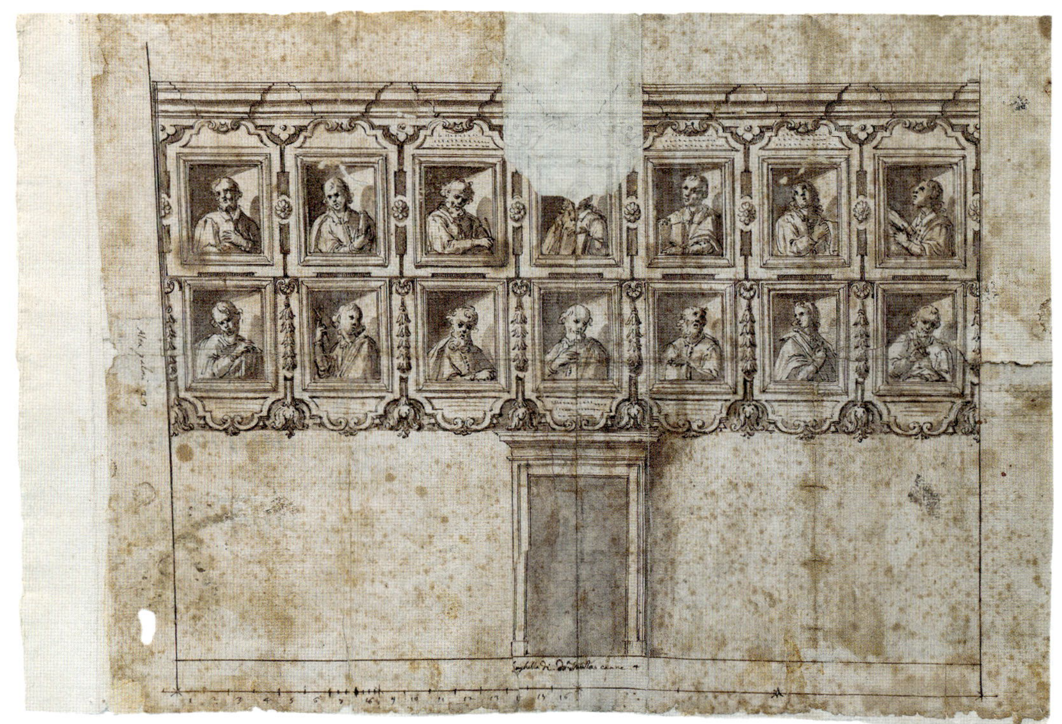

fig. 13
Francesco Bedeschini, *Study for the decoration of the room of illustrious military men in the Palazzo Pubblico*. Private Collection.

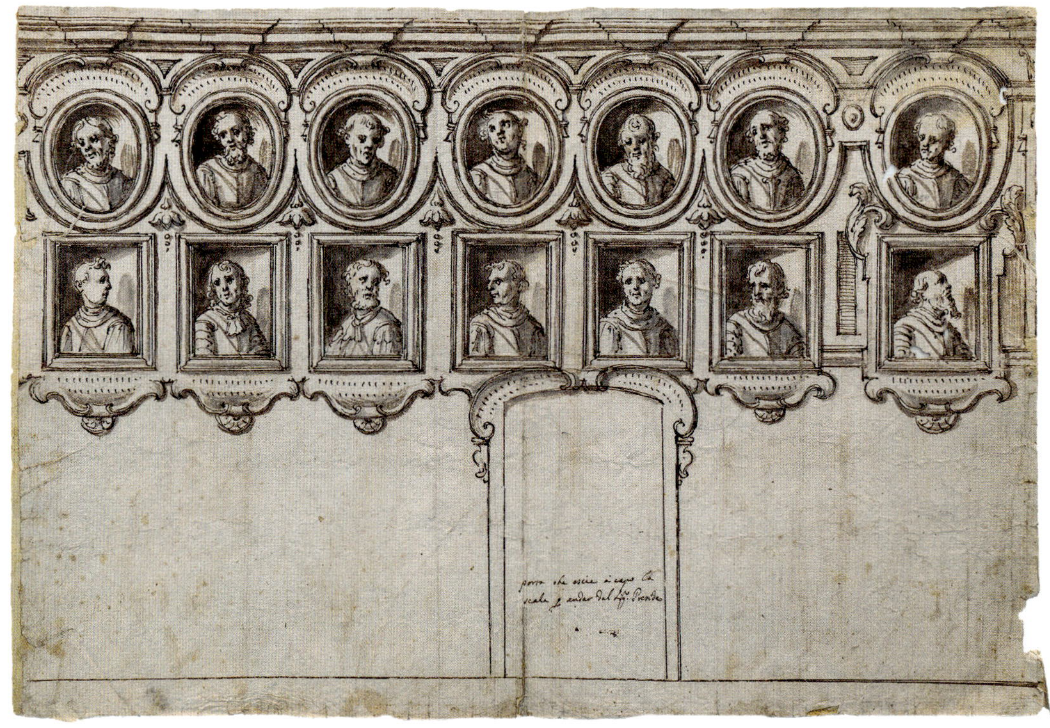

that would manage the chapel of San Giuseppe in the church of Santa Maria ad Civitatem, indicating integration into their host society.[60]

Although the hegemonic role played by Francesco Bedeschini in L'Aquila is evident, the primary sources that have so far been discovered relate to agreements between stucco workers and their clients, while it remains to be clarified how Bedeschini's relationships with patrons and masters were regulated. That question has been addressed here, at least partially. Notarial documents concerning Santa Maria di Collemaggio and San Bernardino show that the Celestine Order requested the artist to evaluate Ercole Ferradini's work after its completion, while the Franciscans wanted the decorations to be carried out almost as a joint effort between Francesco and Tommaso Amantini. Furthermore, in San Bernardino and the Palazzo Pubblico the clients entrusted Amantini and the Del Grande brothers not only with the execution of the stucco campaigns, but under different contractual terms also with their maintenance.

It is well known that the catastrophe of 1703 offered many artists and masters the opportunity to move to L'Aquila and participate in the reconstruction. Investigations into the previous century show that the same had happened after the 1646 earthquake and the 1656 plague, when families such as the Del Grande and the Ferradini established themselves in the field of stucco work, thus shaping the appearance of the city not only in the second half of the seventeenth century but, with their descendants, also in the eighteenth century. Ultimately, although in different ways, history repeats itself.

1 C. Brandi, s.v. 'Restauro', in *Enciclopedia Italiana. Quarta appendice: PL–Z (1961–1978)*, (Rome, 1981 pp. 210–11), https://www.treccani.it/enciclopedia/restauro/. ('Per ultimo in Abruzzo lo scempio inaudito di Santa Maria di Collemaggio a L'Aquila, dove distruggendo un nobile interno barocco è stata inventata una chiesa gotica, di cui non era sopravvissuta neanche una sola arcata': all English translations of quoted passages are my own).

2 For a critical discussion of the intervention (described in depth in M. Moretti, *Collemaggio* [Rome, 1972]) in the light of the modern theory of restoration see G. Miarelli Mariani, *Monumenti nel tempo: Per una storia del restauro in Abruzzo e Molise* (Rome, 1979, pp. 20–1); V. Pace, 'Ancora sulla tutela del patrimonio artistico: Restauri ai monumenti dell'Abruzzo', *Paragone* 22 (1971, no. 261, pp. 71–82); E. Borsellino, 'Santa Maria di Collemaggio: Un disegno poco noto e un restauro molto discusso', in A. Forlani Tempesti, S. Prosperi Valenti Rodinò (eds.), *Per Luigi Grassi: Disegno e disegni* (Rimini, 1998, pp. 324–37, pp. 330–1); Carla Bartolomucci, 'La dialettica tra eresie e ortodossie nei restauri in Abruzzo, dagli anni Sessanta all'attuale "ricostruzione" post sismica', in G. Biscontin, G. Driussi (eds.), *Eresia ed ortodossia nel restauro: Progetti e realizzazioni* (Marghera, 2016, pp. 683–94).

3 For an overview on the topic see Bartolomucci (op. cit. note 2), pp. 683–94.

4 See the newspaper articles collected in Moretti (op. cit. note 2), pp. 69–115.

5 M. Maccherini, L. Pezzuto, 'Un'apertura sul problema dello stucco in Abruzzo nel XVI secolo', in A. Giannotti, S. Quagliaroli, G. Spoltore, P. Tosini (eds.), *Lo stucco nell'età della Maniera: cantieri, maestranze, modelli, Bollettino d'Arte*, special issue (2022), pp. 129–46.

6 W. Capezzali, 'Il restauro di Collemaggio tra le accuse e le incertezze', *L'Aquilasette*, 20 July 1972, quoted in Moretti (op. cit., note 2), p. 119 ('strutture [...] di un'epoca che trae tranquillamente da altri

"documenti architettonici aquilani" la più valida e non intaccabile testimonianza'). See also W. Capezzali, 'Io difendo il soprintendente Moretti', *Il Centro*, 12 September 2014.

7 O. Guerrieri, 20 September 1971, quoted in Moretti (op. cit. note 2), p. 79 ('una espressione di cattivo gusto paesano, [...] una inelegante e pesante rivestitura, dove gli ornati denunciavano il lavoro di rozzi gessari, anziché di stuccatori rifiniti').

8 G. de Marchis, 'Non vanno "contestati i restauri di Collemaggio"', *Il Messaggero*, 4 November 1971, Abruzzo edition, quoted in Moretti (op. cit. note 2), p. 90 ('mascherare le vecchie strutture gotiche [...] con una pasticceria di intonaci alla moda barocca senza né una volontà di ristrutturazione, né alcuna finezza di esecuzione che ne possano fare un esempio di cultura').

9 R. Colapietra, 'Fonti per la storia d'Abruzzo: La bibliografia del Fucinese', *Rivista abruzzese* 32 (1979, no. 1, pp. 21–32, p. 23; '"modernamento" programmatico delle strutture architettoniche ecclesiastiche cittadine che prende vita all'indomani della grande peste del 1656 e si sviluppa precocemente ed autonomamente rispetto al terremoto del febbraio 1703, una scelta di cultura e non una necessità della moda, che presuppone dunque un aggiornamento dell'artista, ed un dinamismo nella società che lo esprime e lo condiziona, degni del più attento esame'). Other works by the same author will be cited where appropriate.

10 U. Chierici, s.v. 'Bedeschini', in *Dizionario biografico degli Italiani* (Rome, 1970, 7, pp. 518–20), https://www.treccani.it/enciclopedia/bedeschini_(Dizionario-Biografico)/; Borsellino (op. cit. note 2), pp. 324–37; L. Monini, s.v. 'Bedeschini, Francesco', in E. Di Carlo (ed.), *Gente d'Abruzzo: Dizionario biografico* (Castelli, 2006, 1, pp. 265–70); L. Pezzuto, 'Novità su alcuni "petits maîtres" del Seicento tra L'Aquila, Roma e Ascoli Piceno: Francesco Bedeschini, Cesare Fantetti, Ludovico Trasi', *Horti Hesperidum* 4 (2014, no. 1, pp. 147–205); L. Pezzuto, '"Nobilmente e per mero genio". Francesco Bedeschini per L'Aquila Barocca', in M. Maccherini, L. Pezzuto, S. Prosperi Valenti Rodinò, F. Zalabra (eds.), *Giulio Cesare e Francesco Bedeschini. Disegno e invenzione all'Aquila nel Seicento*, exh. cat. (Rome-Naples, 2023, pp. 71–85). The research of Howard Coutts on Bedeschini as designer of maiolica paved the way for an international appreciation of the artist: H. Coutts, 'Bedeschini and Grue: a fruitful collaboration', in T. Wilson (ed.), *Italian Renaissance Pottery: Papers written in association with a colloquium at the British Museum* (London, 1991, pp. 183–86); H. Coutts, 'Francesco Bedeschini: Designer of Maiolica', *Apollo* 125 (1987, no. 304, pp. 401–3); H. Coutts, 'Francesco Bedeschini, disegnatore di maiolica', *Centro Studi per la Storia della Ceramica Meridionale: Quaderno* 4 (1985-1986, pp. 5–12). For the date of the artist's death see G. Simone, 'Santa Maria di Collemaggio: La basilica e alcuni artisti che vi operarono tra XVI e XVIII sec.', *Fedelmente* 12 (2020, no. 2, pp. 151–231, p. 204).

11 A.L. Antinori, 'Annali degli Abruzzi' [eighteenth century], MS, vol. 23, fol. 286, L'Aquila, Biblioteca Regionale Salvatore Tommasi ('aveva co' suoi disegni abbellito alla moderna maniera le principali chiese della città, le stanze del quarto del Palazzo del Magistrato e renduto più cospicuo e vago il teatro pubblico per nuove invenzioni'). On the bishop, see G. Boffi, s.v. 'Antinori, Anton Ludovico', in E. Di Carlo (ed.), *Gente d'Abruzzo: Dizionario biografico* (Castelli, 2006, 1, pp. 127–30, with previous bibliography).

12 L'Aquila, Archivio di Stato (ASAq), Archivio Notarile, Tommaso Filippo Petruzio Celi, b. 1090, vol. III, f. 14v, 31 January 1695: first mentioned in R. Colapietra, *L'Aquila dell'Antinori: Strutture sociali ed urbane della città nel Sei e Settecento; Volume I – Il Seicento*. Vol. 2 of *Antinoriana: Studi per il bicentenario della morte di Anton Ludovico Antinori* (L'Aquila, 1978, p. 875, no. 165).

13 See the list in Coutts 1987 (op. cit. note 10), p. 403. Following Luca Pezzuto's research, one of Bedeschini's books of drawings has recently been acquired on the antique market by the Fondazione Cassa di Risparmio della provincia dell'Aquila and displayed, together with other sketches, in the exhibition held at the Museo Nazionale d'Abruzzo (F. Bedeschini, '*Libro di disegni*', in Maccherini *et al*. [op. cit. note 10], pp. 254–56, no. III.17).

14 The digital images and the complete transcriptions of the documents here cited will be made available on the website of the *Fonti per la storia dell'arte dell'Italia di Mezzo – FiDM* project, promoted by the University of L'Aquila (www.fidm.it). For the analysis of the sites of San Bernardino, Santa Maria di Collemaggio, and Palazzo Pubblico in relation to Bedeschini's career see Pezzuto 2014 (op. cit. note 10), pp. 147–68. This contribution is part of a broader research promoted by the University of L'Aquila in collaboration with the Centro Studi per la Storia dello Stucco in Età Moderna e Contemporanea and aimed at an in-depth analysis of the stucco decorations executed between the sixteenth and the early nineteenth century in Abruzzo and the surrounding areas. Among other activities, the project featured a summer school program (*Le vie dello stucco in Abruzzo*, L'Aquila, 12–17 September 2022) and the international conference *La decorazione a stucco nell'«Italia di mezzo» (XVI–XIX secolo): marginalità, confini, circolazione* (L'Aquila, 16–17 September 2022).

15 Colapietra (op. cit. note 12), p. 802; R. Torlontano, s.v. 'Ferradini', in *Dizionario biografico degli Italiani* (Rome, 1996, 46, pp. 409–11), https://www.treccani.it/enciclopediaferradini_(Dizionario-Biografico)/.

16 On the building and the phases of its decoration see Soprintendenza per i beni ambientali, architettonici, artistici e storici per l'Abruzzo (ed.), *L'oratorio di S. Antonio da Padova e gli argenti del conservatorio di S. Maria della misericordia a L'Aquila* (L'Aquila, 1985); R. Colapietra, 'Il libro della fabbrica della chiesa di S. Antonio di Padova alL'Aquila, 1646–1746', *Napoli Nobilissima*, 4th ser., 30 (1991, nos. 3-4, pp. 122–34); O. Antonini, *Architettura religiosa aquilana*, 2 vols. (rev. ed. Todi, 2010, 2, pp. 40–58).

17 Ferrata's stay in L'Aquila is mentioned in F. Baldinucci, *Notizie de' professori del disegno da Cimabue in qua* [...], 6 vols. (Florence, 1681–1728, 6, p. 519). I will briefly return to the account of the Florentine biographer later in this contribution (see note 41). On the topic see also M. Fiaschi,

'Ercole Ferrata: nuovi documenti e nuove attribuzioni', *Studi romani* 47 (1999, nos. 1-2, pp. 43–53).

18 Colapietra (op. cit. note 12), pp. 1070–72.

19 'L'armi del Reverendissimo Capitolo, et doi angeloni'; this and the subsequent quotations relating to the Cathedral are from ASAq, Archivio Notarile, Giovanni Vespetti, b. 791, vol. XXXIV, ff. 359r–v, 20 December 1662, first mentioned in Colapietra (op. cit. note 12), pp. 1071–72.

20 'Per fare l'aristero, acciò comodamente si possi stuccare detto arco'.

21 'Detto stuccare s'habbi da fare conforme al desegno, che farà Francesco Bedeschini, et che sia conforme l'arco di San Filippo Neri'. This last provision has led scholars to suggest Bedeschini's involvement in the renovation of the church dedicated to San Filippo Neri. For further considerations supporting this idea, with both stylistic and historical data, see C. Brovadan, 'Tommaso Amantini stuccatore nell'Italia "di mezzo"', in *La decorazione a stucco nell'«Italia di mezzo» (XVI–XIX secolo): marginalità, confini, circolazione*, conference proceedings (forthcoming).

22 Bernardino Benigni, referred to as 'romano' in archival records, was also active in the second half of the 1680s in the collegiate church of Santa Maria Assunta in Antrodoco, see V. Di Flavio, 'Antrodoco nei documenti ecclesiastici del secolo di Carlo Cesi', in *Carlo Cesi: Pittore e incisore del Seicento tra ambiente cortonesco e classicismo marattiano, 1622–1682*, exh. cat. (Rieti, 1987, pp. 167-96, p. 176).

23 Borsellino (op. cit. note 2), pp. 324–37 ('Il simile di detto disegno è stato mandato in Roma al Reverendissimo Priore Don Matteo da Napoli Generale de Celestini a 14 Marzo 1670, e dal mese di Maggio di detto anno nella chiesa di Collemaggio fu prencipiato detto lavoro e nell'anno 1671 fu stuccato da Mastro Ercole Ferradini e Bernardino Benigno Romano ai quali fu pagato ducati 25 per ciaschedun arco'). See also F. Bedeschini, '*Progetto per la decorazione interna della basilica di Santa Maria di Collemaggio*', in Maccherini *et al.* (op. cit. note 10), pp. 216–17, no. III.3.

24 See note 30.

25 ASAq, Archivio Notarile, Giovanni Vespetti, b. 792, vol. XLII, ff. 47r–8v, 7 May 1670: Simone (op. cit. note 10), pp. 219–21. The subsequent quotations relating to the nave are from the above document.

26 'Fatto da Francesco Bedeschini quale se l'è consegnato da detti Reverendi Padri'.

27 'Altri maestri simili a sé [...] almeno al numero di doi altri'.

28 'Talmente che detto Ercule non habbi se nonche a lavorarlo et metterci le sue fatighe con l'altri che pigliarà in aiuto'.

29 'A ragione di giornate o pure convenire a prezzo difinito o veramente rimettere il prezzo ad arbitrio di doi persone esperte di detta professione di stuccatore'.

30 They were required to 'stuccare tutta la tribuna dell'altare maggiore, seu la volta dell'altare maggiore [...], cioè incominciando dall'arco del capo altare di detta chiesa insin al arco della cuppola, e che si habbi da stuccare non solo la volta, ma anco le parti laterali, quali parti laterali di larghezza sono palmi venti sei l'una, con restare vacuo solo sei palmi in circa del pavimento in alto per farvi l'incrostatura di marmo.' This and the subsequent quotations relating to the main apse area are from ASAq, Archivio Notarile, Filippo Magnante, b. 935, vol. IX, ff. 14r–5r, 17 January 1673: first mentioned in Colapietra (op. cit. note 12), p. 1158.

31 'Calce, mattoni, gesso, ferro et altre robbe che servono per fare detto lavoro'.

32 The stucco masters promised to work 'conforme se li darà il disegno da Francesco Bedeschini'.

33 Antonini (op. cit. note 16), 2, p. 78.

34 In a complaint against the stucco master Francesco Agustone, Amantini referred to Ferrata as his 'compare': A. Bertolotti, 'Artisti urbinati in Roma prima del secolo XVIII', *Il Raffaello* 12 (1880, no. 17, pp. 257–67, p. 260).

35 He worked in Osimo's Cathedral before 1660 (Bertolotti [op. cit. note 34], p. 260); in Ascoli Piceno (in the churches of Santa Maria delle Vergini and Angelo Custode around 1663, and in San Filippo Neri in 1669–70: G. Fabiani, s.v. 'Amantini, Tommaso', *Dizionario biografico degli Italiani* [Rome, 1960, 2, p. 633], https://www.treccani.it/enciclopedia/tommaso-amantini_(Dizionario-Biografico)/); in Jesi (in 1665–66 and again in 1667, in the renovation of the church of San Giovanni Battista promoted by the Oratorian Fathers: A. Pastori, 'Storia ed arte nella ristrutturazione della chiesa di S. Giovanni Battista in Jesi', in F. Emanuelli (ed.), *La Congregazione dell'Oratorio di San Filippo Neri nelle Marche del '600* (Fiesole, 1996, pp. 291-304, pp. 295–97); and in Fossombrone (around 1674), see S. Paradisi, 'La chiesa di S. Filippo Neri a Fossombrone', in F. Emanuelli (ed.), *La Congregazione dell'Oratorio di San Filippo Neri nelle Marche del '600* (Fiesole, 1996, pp. 359-64, pp. 362-4). On Amantini see also A. Patrignani (ed.), *Tommaso Amantini: Scultore barocco a Urbania*, exh. cat. (Urbino, 2013, with previous bibliography).

36 M. Maccherini, 'La decorazione della cappella di San Bernardino', in M. D'Antonio, M. Maccherini (eds.), *Il restauro della cappella di San Bernardino all'Aquila* (Pescara, 2018, pp. 61–9, with previous bibliography).

37 ASAq, Archivio Notarile, Filippo Magnante, b. 935, vol. V, ff. 34v–5v, 28 June 1669: first mentioned in Colapietra (op. cit. note 12), p. 1129.

38 Pezzuto 2014 (op. cit. note 10), pp. 162–64.

39 This fact, already mentioned in S. Boero, *San Filippo Neri e gli Oratoriani dell'Aquila: 'Particolarmente il clero havea bisogno d'esser riformato'* (Ariccia, 2017, p. 89), has recently been noted also by G. Simone (op. cit. note 10), p. 197, no. 166, who, however, only goes so far as to suggest a possible connection between the work site of the Oratorian church and Amantini's presence in L'Aquila. On the building, see L. Vicari, 'La Chiesa di S. Filippo Neri e il barocco aquilano', *Bullettino della Deputazione Abruzzese di Storia Patria* 63 (1973, pp. 423–40); Colapietra (op. cit. note 12), pp. 1084–88; Antonini (op. cit. note 16), 2, pp. 30–9. For an overview on the Congregation of the Oratory in L'Aquila see Boero, *San Filippo Neri* (with previous bibliography).

40 'Notizie delle pitture, sculture e chiese che si vedono nella città dell'Aquila avanzate dopo il terremoto avvenuto nel 1703' [1718], MS, ASAq, Fondo Dragonetti-de Torres, sez. II, s. IV, b. 29, f. 2r: transcribed in L. Arbace (ed.), *Pittura del Seicento in Abruzzo tra Roma e Napoli: Oltre Caravaggio*, exh. cat. (Rome-Naples, 2014, pp. 167–68); for a critical edition and comment, see D. Colantonio, '"Notizie delle pitture, sculture e chiese che si vedono nella città dell'Aquila avanzate dopo il terremoto avvenuto nel 1703". Edizione critica e commento del ms. del 1718 (ASAq, fondo Dragonetti-de Torres, sez. II, s. IV, b. 29, f. 9)', Master's Thesis, Università degli Studi dell'Aquila, 2022.

41 T. Baldassini, *Vita del servo di Dio P. Gio. Battista Magnanti della Congregatione dell'Oratorio dell'Aquila* [...] (Jesi, 1681); S. Boero, *Eresia e santità. Giambattista Magnante tra corti cardinalizie e Inquisizione* (Milan, 2022). Given Magnante's influence in L'Aquila, I am inclined to believe that he is also to be identified with the Oratorian Father who, according to Filippo Baldinucci (op. cit. note 17), 6, p. 519, gave Ercole Ferrata letters of recommendation addressed to Virgilio Spada, a member of Oratory in Rome and the brother of Cardinal Bernardino Spada: on the topic see Brovadan (op. cit. note 21).

42 Archivio di Stato di Ascoli Piceno (ASAp), Archivio dei Filippini, Casella 15.1, *Lettere diverse*, no. 17, 8 August 1664; the letter was located by Luca Pezzuto who is preparing with me and Stefano Boero an in-depth study on the role of Magnante as art agent among L'Aquila, Ascoli Piceno, and Rome. See Brovadan (op. cit. note 21) for further considerations on Amantini's works in San Filippo Neri, whose interior – due to its state of conservation – is what best illustrates nowadays the artistic developments ongoing in L'Aquila during the second half of the seventeenth century.

43 'Dal tamburo ad alto sino a basso, cioè sino alli piedestalli di marmo che vi si trovano'. This and the subsequent quotations relating to San Bernardino are from ASAq, Archivio Notarile, Filippo Magnante, b. 935, vol. V, ff. 34v–6v, 28 June 1669: first mentioned in Colapietra (op. cit. note 12), p. 1129.

44 'Disegni fatti per la Cappella di S. Bernardino dell'Aquila numero 14'.

45 Berlin, Kunstbibliothek, HDZ 6410a, b, c, o. Ten other drawings by Bedeschini are preserved in the same collection (HDZ 6410d–n, attributed to the artist in S. Jacob (ed.), *Italienische Zeichnungen der Kunstbibliothek Berlin: Architektur und Dekoration 16. bis 18. Jahrhundert* (Berlin, 1975, p. 114, nos. 528a–o), but whether they belong to the group of designs for San Bernardino or not is worthy of further investigation due to their provenance from a dismembered album with two different page numbering systems. See also F. Bedeschini, '*Studi per la decorazione in stucco della cappella di San Bernardino*', in Maccherini *et al.* (op. cit. note 10), pp. 210–13, no. III.1.

46 This is the case, for example, of two stucco statues to be modelled in low or high relief according to Bedeschini's appraisal: 'Si obliga anco di fare due statue di basso rilievo, o vero naturali se il sito lo ricerca conforme dirà il suddetto signor Francesco.'

47 Amantini had pledged to carry out the extensive stucco cycle requested by the Oratorian Fathers of Ascoli Piceno by 26 May 1670, however on 13 September 1670 the clients were forced to hire Domenico and Marco Capobianchi to complete the work that he had abandoned half-done, see G. Fabiani, *Artisti del Sei- e Settecento in Ascoli* (Ascoli Piceno, 1961, pp. 161, 163). So far, subsequent studies have not been able to find out why Amantini left the city.

48 'Con patto che se dopo due, o tre anni in detto lavoro vi si scoprisse qualche mancamento o mutatione che per difetto di detto maestro Tomasso vi nascesse, si obliga di resarcirlo, et accomodarlo a sue spese.'

49 The sketches, related to the two rooms decorated between 1689 and 1694 with the portraits of famous literary and military men, were published by Franco G. Maria Battistella (F. Bedeschini, '*Progetti per le decorazioni a stucco delle stanze dei Signori del Magistrato all'Aquila*', in Maccherini *et al.* [op. cit. note 10], pp. 218-19, no. III.4); they are currently in the process of being generously donated to the Museo Nazionale d'Abruzzo (L'Aquila) by a private collector.

50 On the undertaking see note 49 and Colapietra (op. cit. note 12), pp. 873–74; Pezzuto 2014 (op. cit. note 10), pp. 154–56; C. Fantetti, '*Ritratto di Agatone I*', in Maccherini *et al.* (op. cit. note 10), pp. 132–33, no. I.8. A similar project had been suggested more than a century earlier by Bernardino Cirillo (1500–75), but nothing came of this idea despite the efforts of the annalist: M.R. Pizzoni, 'Luoghi e protagonisti delle «arti pregiate» nell'Aquila di Marino Caprucci', in L. Pezzuto, M.R. Pizzoni (eds.), *La relazione dell'entrata di Margherita d'Austria (18 maggio 1569) e la Descrizione della città dell'Aquila di Marino Caprucci* (L'Aquila, 2018, pp. 49-85, pp. 54–5).

51 'Beati et huomini vissuti in concetti di buona vita'. ASAq, Archivio Civico Aquilano (ACA), T35, ff. 355v–57r, 19 May 1688; ff. 370v–81r, 10 October 1688; ff. 385v–86r, 21 November 1688: first mentioned in Colapietra (op. cit. note 12), pp. 873–74.

52 Only the portrait of Pope Agatho I seems to have survived. Fantetti was a prolific engraver known for having published a series of prints from Raphael's Vatican loggias: Pezzuto 2014 (op. cit. note 10), pp. 168–73.

53 Colapietra (op. cit. note 12), p. 802. Giuseppe, Antonio and Francesco were the sons of Domenico Del Grande, who had already died when the three stucco masters were entrusted with the decorations here addressed (ASAq, ACA, T35, f. 378v). Antonio should not be mistaken for his namesake, architect Antonio Del Grande, who was active in Rome and died in 1679 (on the latter see L. Maggi, *Antonio Del Grande. Per un 'altro' Seicento romano* [Florence, 2006]).

54 '[...] per far riconoscere che l'opera di detta stanza sia stata fatta per l'intiero tutta da nostri cittadini aquilani, apponere li nomi delli suddetti, cioè in ciascheduno de quadri di detto Cesare Fantitti, et in piedi di detto cartellone di detto Francesco Bedeschini, come inventore, di detto lavoro, e di

detto Maestro Giuseppe del Grande stuccatore': ASAq, ACA, T35, f. 356v.

55 '[...] debbano essi Giuseppe e fratelli Del Grande essere esenti, et immuni dal pagamento delle regie collette, et annue impositioni' (ASAq, ACA, T35, f. 379r).

56 ASAq, ACA, T35, ff. 385v–86r: 'ritrovandosi le dette due stanze abbellite, e la detta altra stanza da abbellirsi lavorata da stucchi, che con il tratto del tempo verrebbero ad annegrirsi, e deteriorarsi, si è pensato che detti Giuseppe Del Grande e fratelli siano obligati una volta per ciasched'anno ripulirli, et essendo guasti, o rotti in alcuna parte riaccomodarli gratis e senza alcuna mercede da darseli; con che all'incontro debbano li suddetti in contracambio di dette loro future fatighe essere immuni et esenti dal pagamento della tassetta che al presente si esigge in luogo della gabella grande, e altro peso che per l'appresso in vece di detta tassetta si ponesse' ('Since the stucco decorations completed in the said two rooms and to be executed in the other one may turn black or be damaged with the passing of time, it has been suggested that Giuseppe Del Grande and his brothers shall be bound to clean them once a year and restore them if they suffer any damage, for free and without any remuneration; in exchange for the aforementioned tasks, they shall be exempt from the payment of the *tassetta* which is currently levied in lieu of the *gabella grande*, and any other tax which may replace the *tassetta* in the future').

57 A. De Matteis, *L'Aquila e il contado: Demografia e fiscalità (secoli XV–XVIII)* (Naples, 1973, pp. 86–7); Colapietra (op. cit. note 12), pp. 749, 793–803; M. Pasqua, 'Le maestranze lombarde in epoca barocca e la loro presenza in Abruzzo', in R. Torlontano (ed.), *Abruzzo. Il Barocco negato: Aspetti dell'Arte del Seicento e Settecento* (Rome, 2010, pp. 79–87).

58 The chapel had been founded by the 'fabbricatori della nazione lombarda' in 1458: M. Chini, *Silvestro Aquilano e l'arte in Aquila nella II metà del sec. XV* (L'Aquila, 1954, pp. 208–9, p. 255, no. 4). For the renovation see: Colapietra (op. cit. note 12), p. 1070.

59 Ibid., p. 1128.

60 Ibid., pp. 845-46, no. 83, p. 857, no. 119.

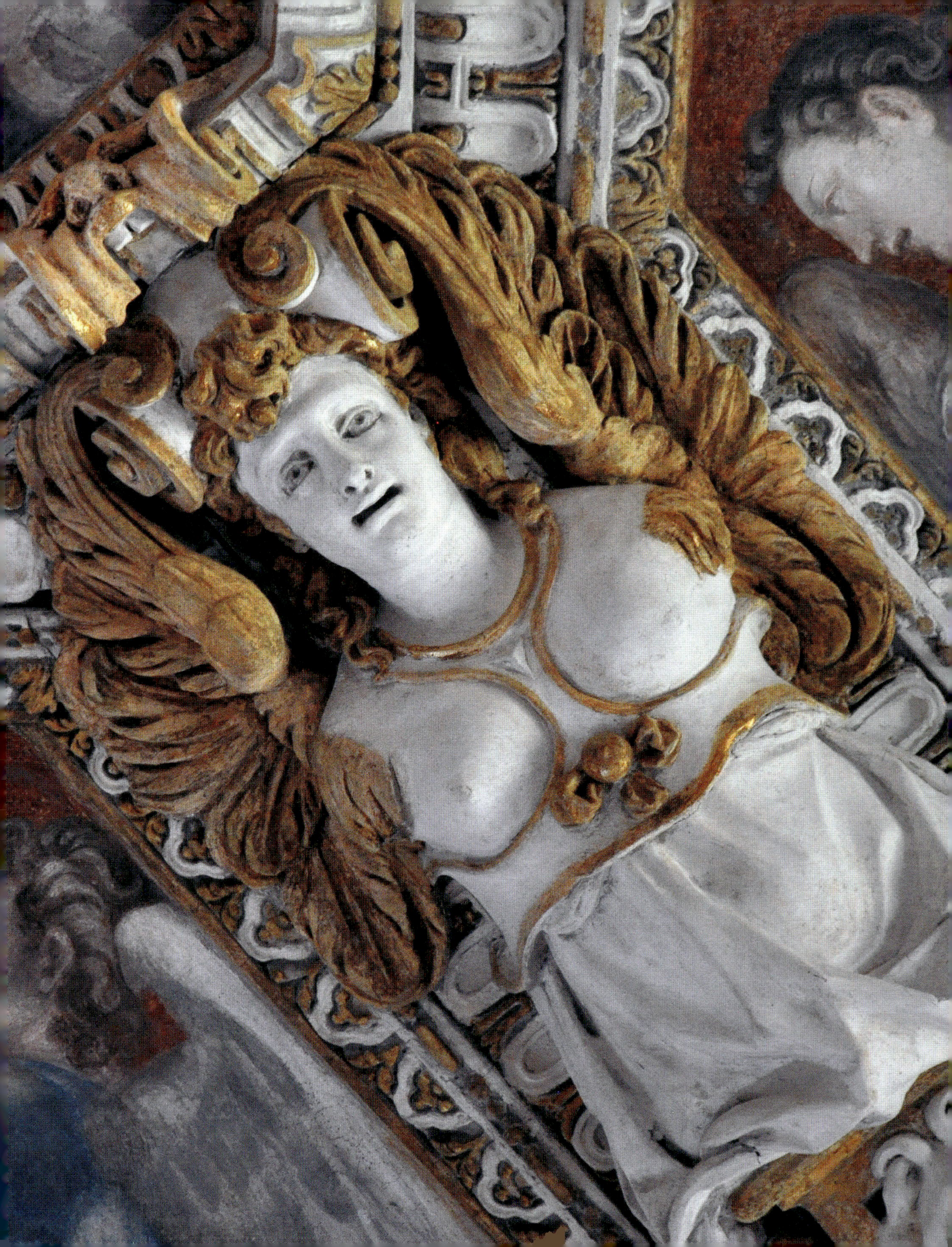

The Art of Stucco Making: Materials and Workmanship

Qualche esempio sull'uso del disegno nelle pratiche di bottega degli stuccatori lombardi e luganesi*

Massimo Romeri

La questione del disegno all'interno delle vaste e variabili pratiche di bottega degli stuccatori tra fine Cinque e Seicento non si affronta agevolmente. Questo intervento sarà perciò tutt'altro che esaustivo ponendo qualche problema sul tavolo della ricerca attraverso alcuni casi lombardi su cui sarà possibile ragionare.

Per gli stuccatori, la pratica del disegno si dovette affinare solo in alcuni contesti, di pari passo con la ricerca di autonomia dello stuccatore dall'architetto, o dall'artista-impresario. Nei casi – non pochi – di dipendenza da modelli altrui, gli stuccatori continuano a utilizzare forme tradizionali e progetti impostati da altri, presentandosi come artigiani altamente specializzati, il cui lavoro resta però subordinato alle idee e alle «forme di carta» fornite dall'architetto o dall'artista che dirige il cantiere.[1]

Si sono conservati molti disegni cinque e seicenteschi preparatori alla decorazione a stucco, ma pochissimi di questi sono direttamente attribuibili a stuccatori. Di contro, esistono alcune testimonianze documentarie sull'esercizio del disegno da parte degli apprendisti, desumibili dai *pacta* tra il padre del garzone e il maestro di bottega.[2] I tirocinanti dovevano prepararsi su modelli forniti da quest'ultimo: album, prototipi, schizzi, progetti decorativi e sicuramente diverse stampe.

I campioni da analizzare potrebbero essere numerosi. Ne illustro qui alcuni in contesti di primo piano, utili anche a circoscrivere la cultura figurativa su cui si innesta l'attività (e il successo) della bottega luganese di Alessandro Casella, l'ultimo dei tre esempi qui portati.

I primi due casi vanno calati nella Milano d'inizio Seicento, un ambiente in cui è ancora vivissima la cultura della Maniera e il rapporto tra pratiche artistiche e invenzioni sfugge a un inquadramento troppo semplice. Se pensiamo a maestri come Giulio Cesare Procaccini o a Giovan Battista Crespi, detto il Cerano, non ci dobbiamo limitare a considerarli pittori. Sono personalità complesse, in grado di guidare officine poliedriche in imprese di alto profilo, effimere e non, grazie a un'integrazione di lavoro artistico, ricerche e applicazioni tecniche, con una modalità che affonda le

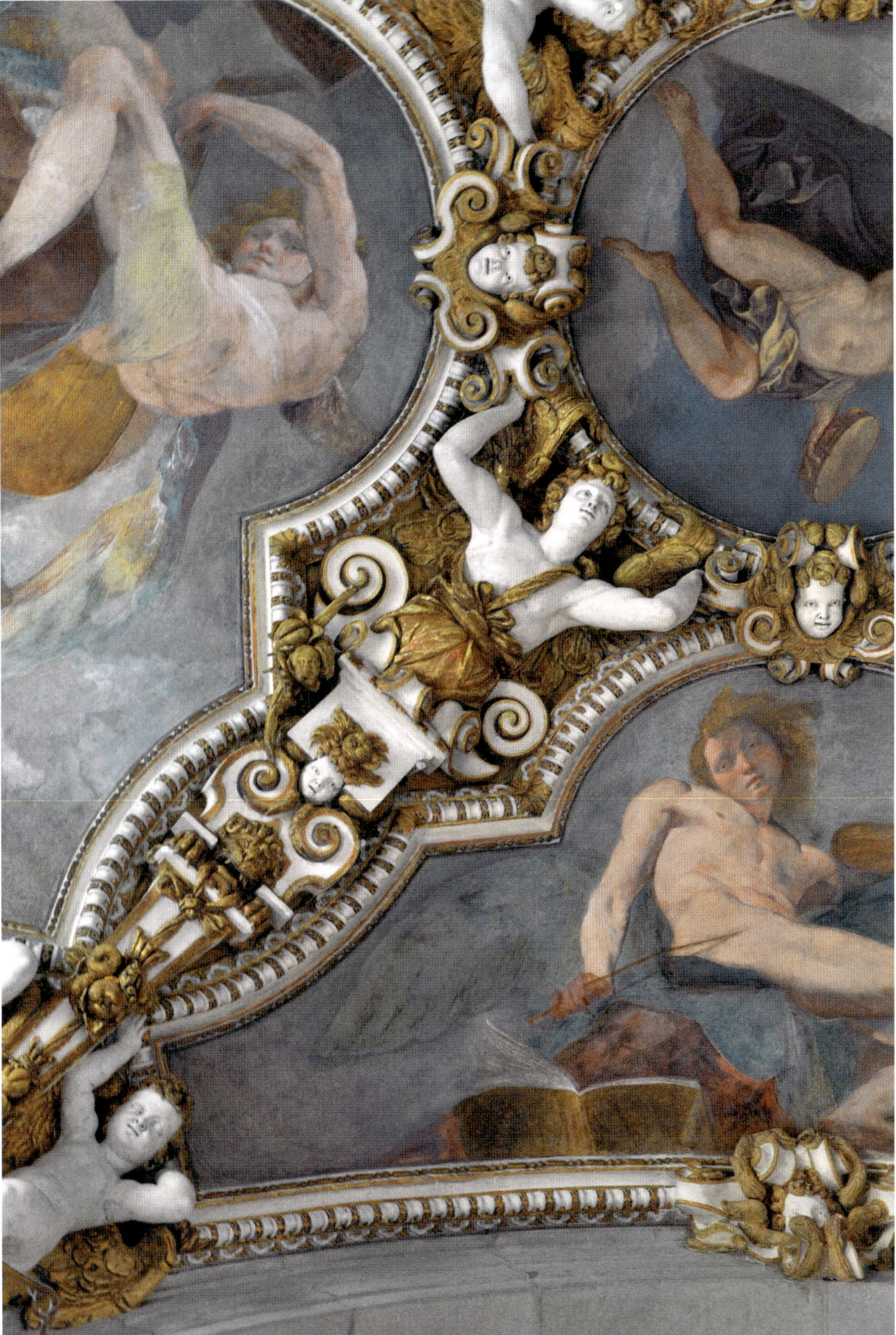

fig. 1
Giovanni Battista Crespi detto il Cerano, partito decorativo con erme angeliche e angeli, 1602 circa. Milano, Santa Maria presso San Celso, volta della cappella (prima campata della navata di sinistra).

proprie radici nella lezione raffaellesca. Tra l'idea e l'implementazione sono perciò comprese diverse fasi e coinvolte personalità specializzate, in una concatenazione di competenze. Così è nella grande Fabbrica del duomo, ma anche nelle prestigiose imprese plastiche di San Paolo Converso o di Santa Maria dei Miracoli presso San Celso.

Nei lavori deliberati dal Capitolo di quest'ultima chiesa, «sino l'Anno 1601», per «abelire, ornare e compire con stucchi, oro e Pitture le cappelle laterali», sono coinvolti tre artisti: Cerano per quattro cappelle, Giulio Cesare Procaccini e Giovan Battista della Rovere per due ciascuno.[3] Cerano e Procaccini si impegnano anche nella realizzazione degli stucchi, non così il Fiammenghino. Ma se Cerano, con la sua bottega, mantiene l'impegno, Procaccini nel febbraio 1602 «non attendeva conforme al bisogno nel mettere li stucchi nelle volte».[4] I deputati incaricano perciò altri stuccatori «acciò compiscano con ogni celerità possibile». Nel procedere rapido dei lavori, Giulio Cesare scalpita: chiede che «si facciano i ponti per adornare de stucchi la Capella [dei Santi Nazaro e Celso] dirimpetto à quella che già si lavora secondo il suo dissegno [la cappella della Pietà], acciochè egli possia fra tanto depingere la prima mentre li stucchatori lavoravano la seconda».[5] A questo momento si può forse associare il pagamento a «Pietro Maria Goro stuccatore» per «li ponti per due capelle».[6]

Nell'estate del 1602 Giovan Andrea Biffi, scultore della Fabbrica del duomo, già coinvolto in imprese che avevano a monte richieste a Camillo Procaccini,[7] ha concluso la decorazione a stucco di due volte, verosimilmente quelle della terza campata delle due navate laterali, e sollecita un pagamento.[8] Sui ponteggi salgono quindi Fiammenghino[9] e Procaccini. Quest'ultimo di lì a poco consegna gli affreschi della cappella della Pietà (nella quarta campata della navata di sinistra).[10] Il 13 luglio 1603 i deputati della Fabbrica cominciano a tirare le fila dei lavori: Procaccini ha terminato da diversi mesi «l'opera della capella che è a man sinistra nell'ingresso della chiesa» e «va facendo» quella sul lato opposto dedicata ai Santi Nazaro e Celso. Il pittore «chiede l'istesso pagamento che si darà al Cerano per la sua». Anche Fiammenghino, insieme al fratello Mauro, ha nel frattempo dipinto e fatto dorare una delle due volte con gli stucchi di Biffi.[11] L'anno dopo sarà terminata anche la seconda.[12]

Gli artisti coinvolti sono tra i più innovativi del momento nella città lombarda. Il cantiere finisce così per diventare un laboratorio sperimentale. Dal punto di vista dello stucco è Crespi a imporsi: le sue cornici (**fig. 1**) sono rese vitali da soluzioni che danno maggiore spazio alla parte figurativa. Il modellato è vibrante, pieno, talvolta raffinatissimo; i putti vivaci e le cariatidi angeliche, come personaggi da Sacro Monte, esprimono sentimenti, tentando un dialogo partecipato con l'osservatore.

Nelle volte poi dipinte da Procaccini gli stuccatori si ritrovano a interpretare dei disegni forniti dall'artista; Giulio Cesare ha lasciato campo libero a un'impresa di modellatori che dovette far fronte all'impegno in poco tempo, includendo più maestranze, com'è evidente dalle differenze nella resa plastica, negli sbalzi qualitativi e nelle difficoltà di gestione delle armature (**fig. 2**).[13] C'è, in alcuni brani dei soffitti della

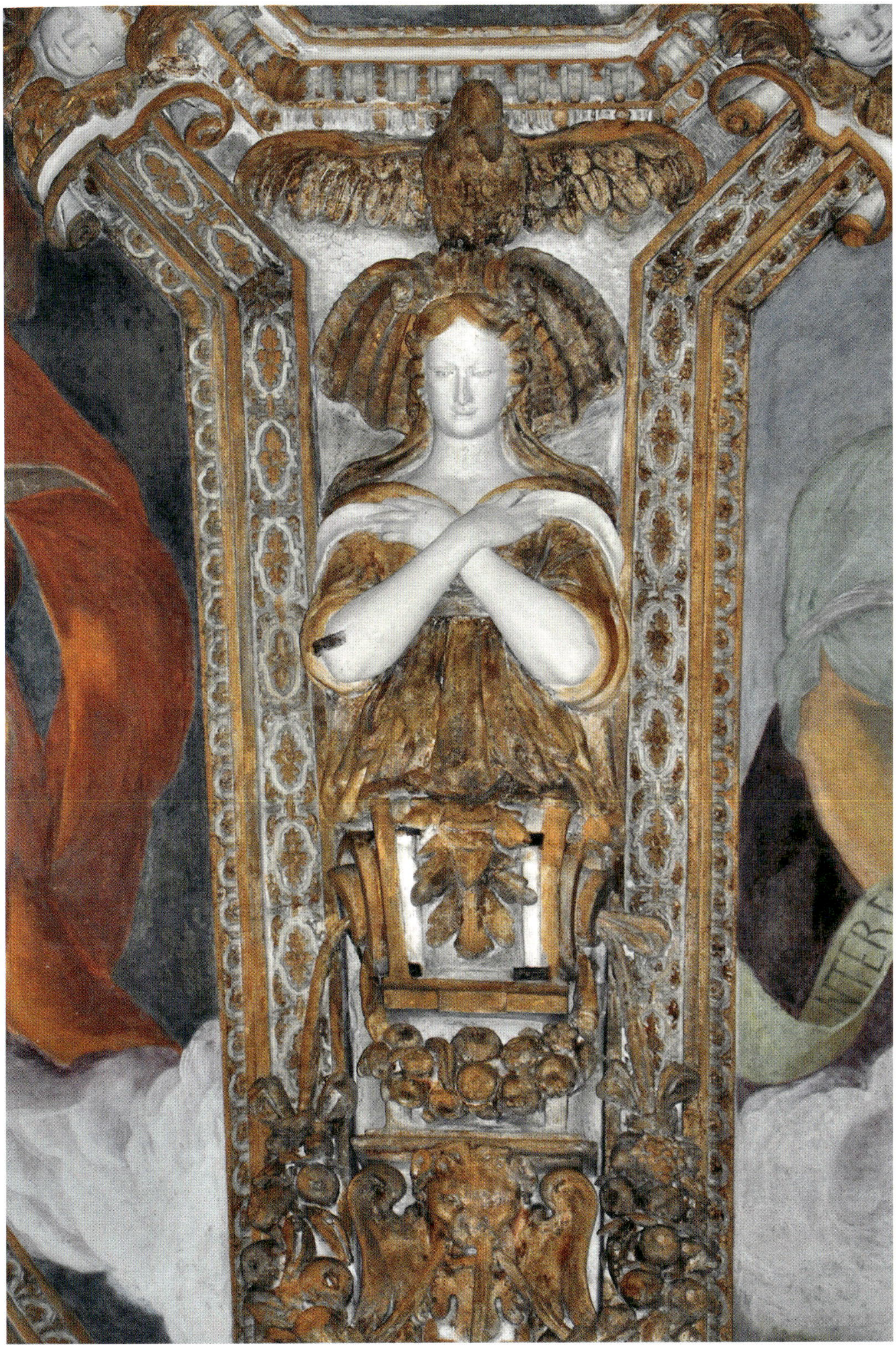

fig. 2
Pietro Maria Goro e Giulio Cesare Procaccini (?), partito decorativo con erma angelica, 1602. Milano, Santa Maria presso San Celso, volta della cappella dei Santi Nazaro e Celso.

fig. 3
Pietro Maria Goro e Giulio Cesare Procaccini (?), stucchi; Giulio Cesare Procaccini, affreschi, 1602. Milano, Santa Maria presso San Celso, volta della cappella della Pietà.

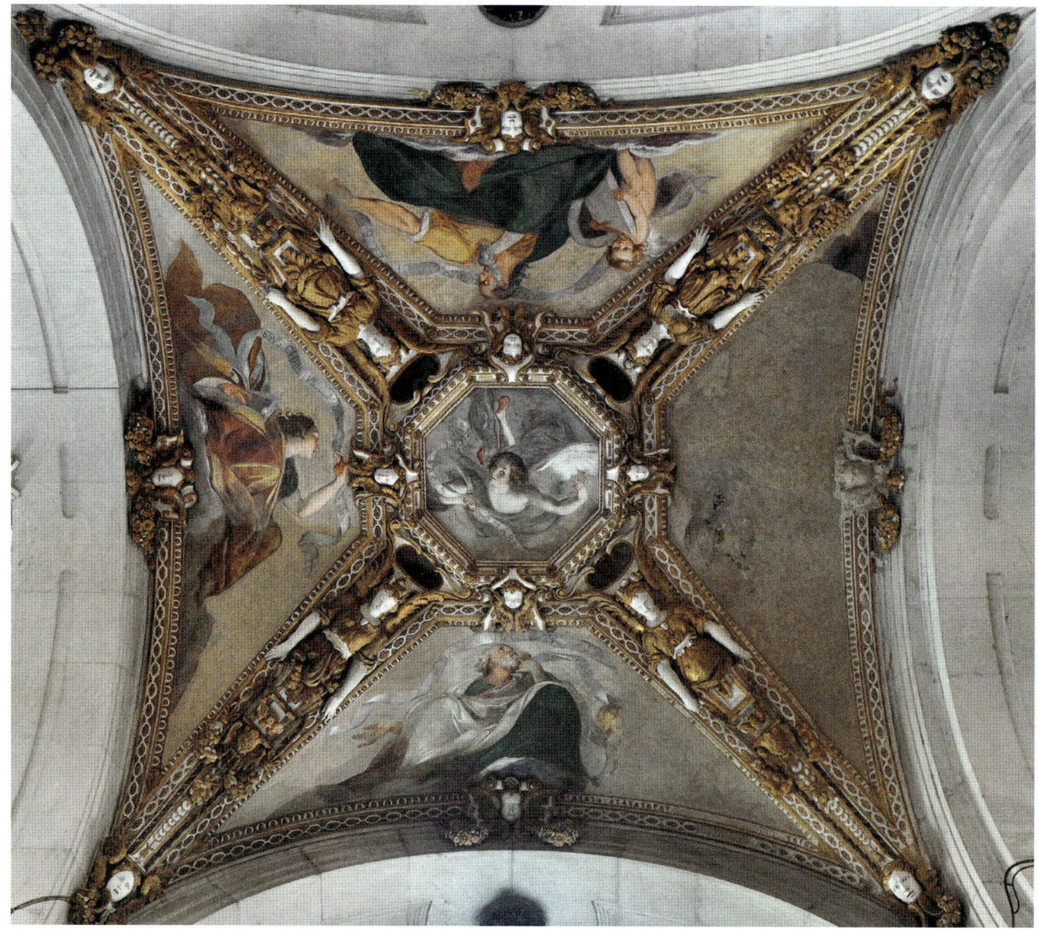

quarta campata (di entrambe le navate, **fig. 3**), la stessa espressività marcata, a tratti grottesca, delle volte di Biffi **(figg. 5-6)** dove nastri, ghirlande, piume e capelli sono trattati con un'incisiva naturalezza. Nelle cappelle di Procaccini le figure maggiori sono però più affusolate e sinuose **(fig. 4)**, come se fosse intervenuto, almeno dando dei suggerimenti per le rifiniture finali, proprio Giulio Cesare, magari prima che giurasse «di mai più por le mani su i ferri, e tutto dedicatosi a' pennelli».[14] Le volte vanno appunto lette in coppia, e tra le due coppie ci sono differenze anche nel progetto iniziale: quelle ideate da Procaccini giocano su elementi più sottili, elegantemente misurati, dopo l'addomesticamento dei suoi umori più caricati e grotteschi. Negli apparati a stucco delle cappelle di San Sebastiano e della Crocifissione quello stesso tipo di repertorio è investito da un rapporto più stringente con le invenzioni di Cerano: i putti all'imposta delle vele cercano di sfuggire a simmetrie troppo meccaniche con piccoli accorgimenti, mentre una vena sardonica, tra maschere leonine mollemente dilatate e le espressività marcate delle erme angeliche, dipende strettamente da quella, più sottilmente e intelligentemente formulata, delle vicine campate di Crespi.

Tra le carte dell'archivio si sono conservati alcuni progetti per la decorazione a

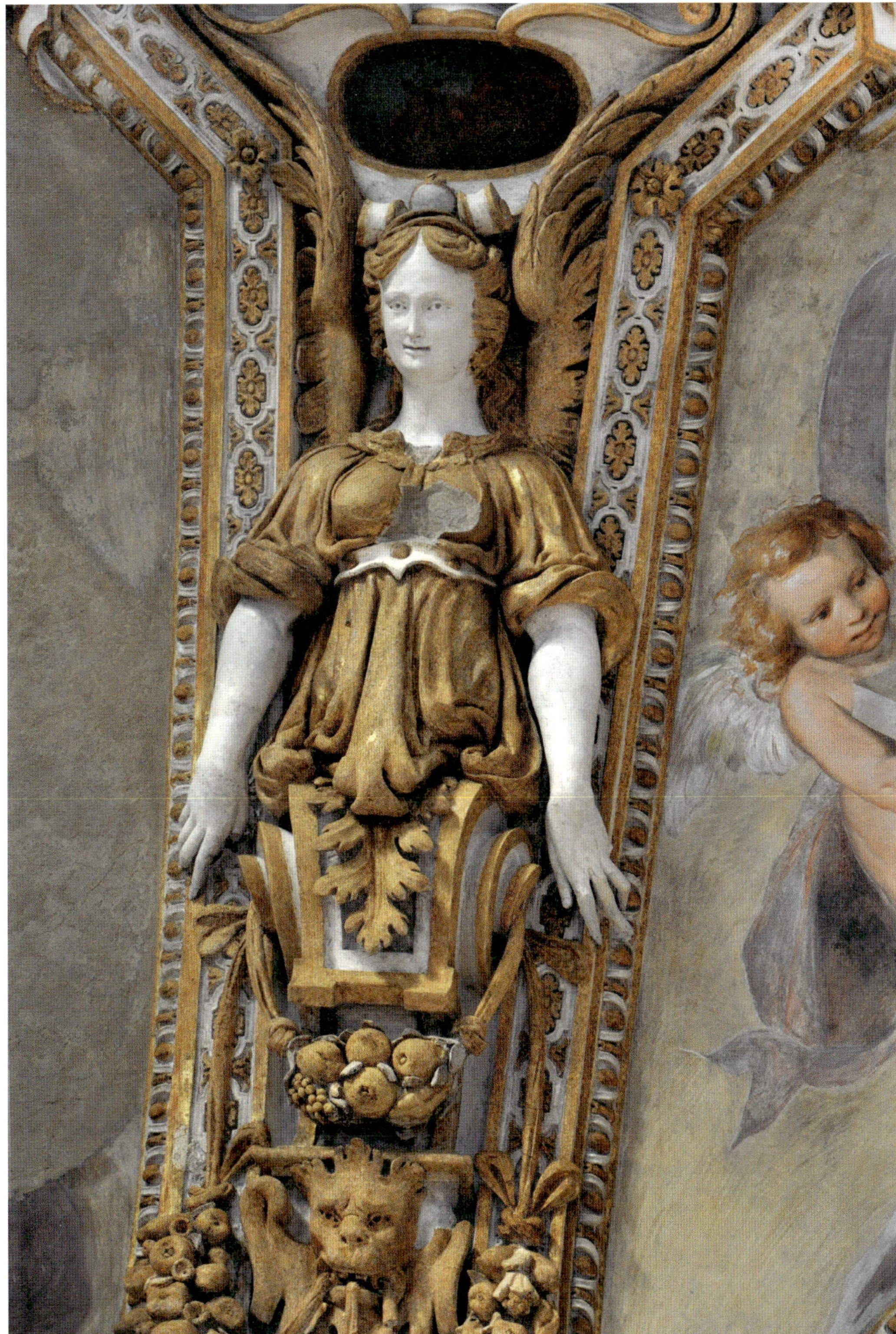

fig. 4
Pietro Maria Goro e Giulio Cesare Procaccini (?), partito decorativo con erma angelica, 1602. Milano, Santa Maria presso San Celso, volta della cappella della Pietà.

fig. 5
Andrea Biffi, stucchi; Giovan Battista e Giovanni Mauro della Rovere detti Fiammenghini, affreschi, 1602-1604. Milano, Santa Maria presso San Celso, volta della cappella di San Sebastiano.

fig. 6
Andrea Biffi, partito decorativo con erma angelica, 1602. Milano, Santa Maria presso San Celso, volta della cappella di San Sebastiano.

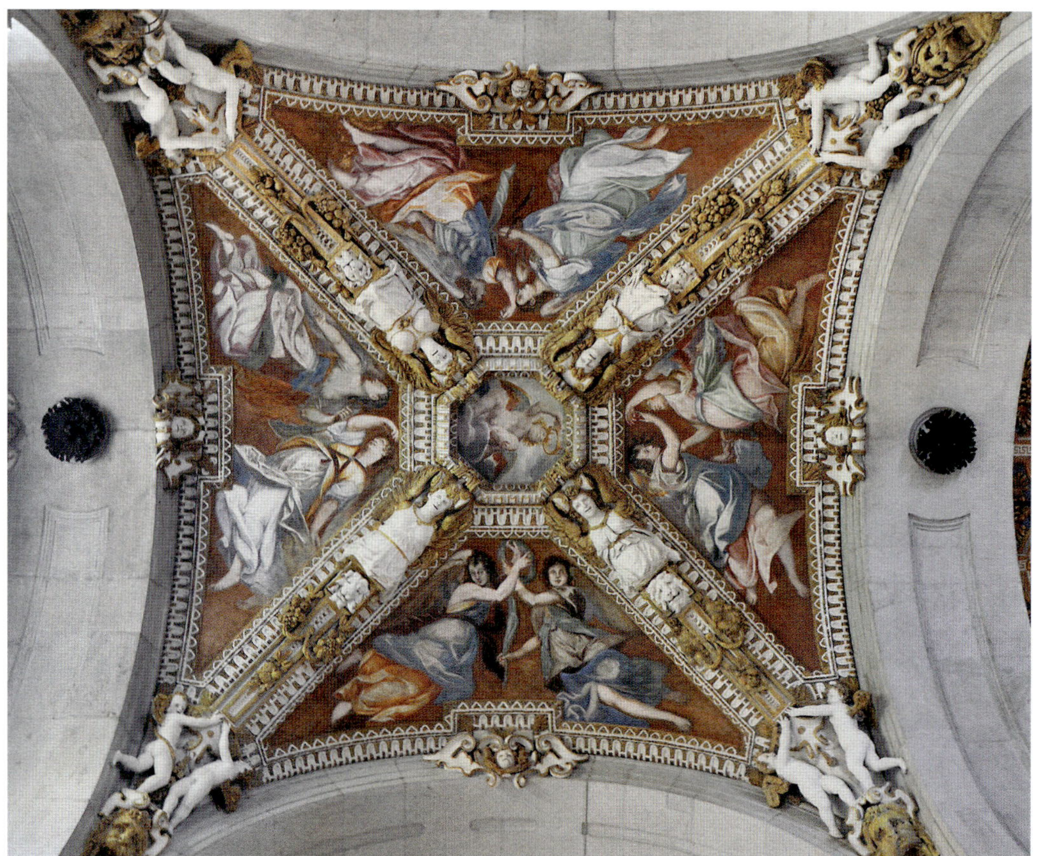

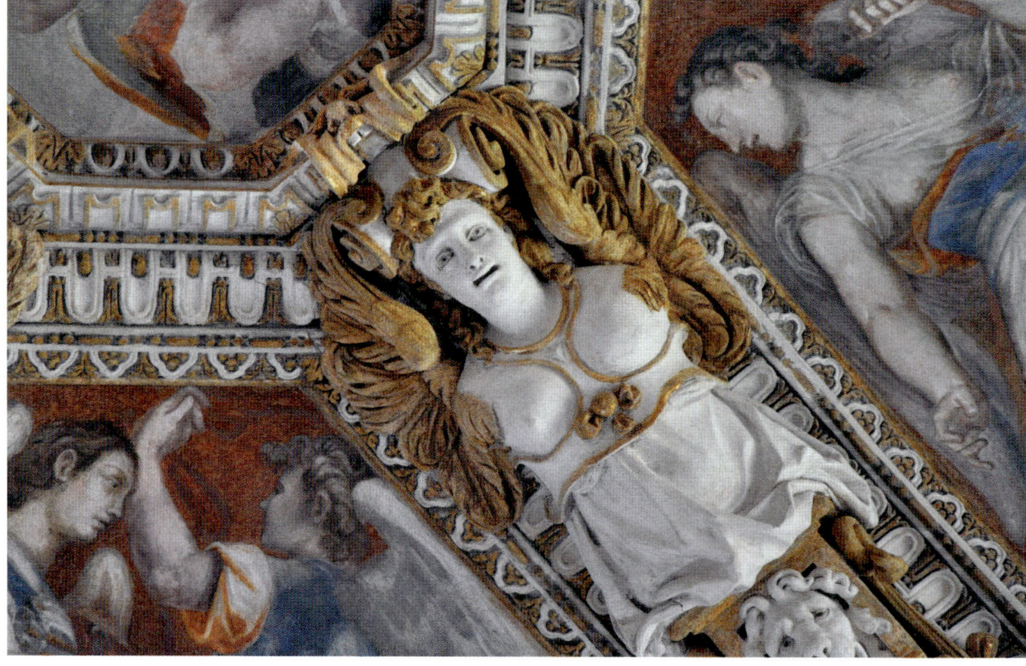

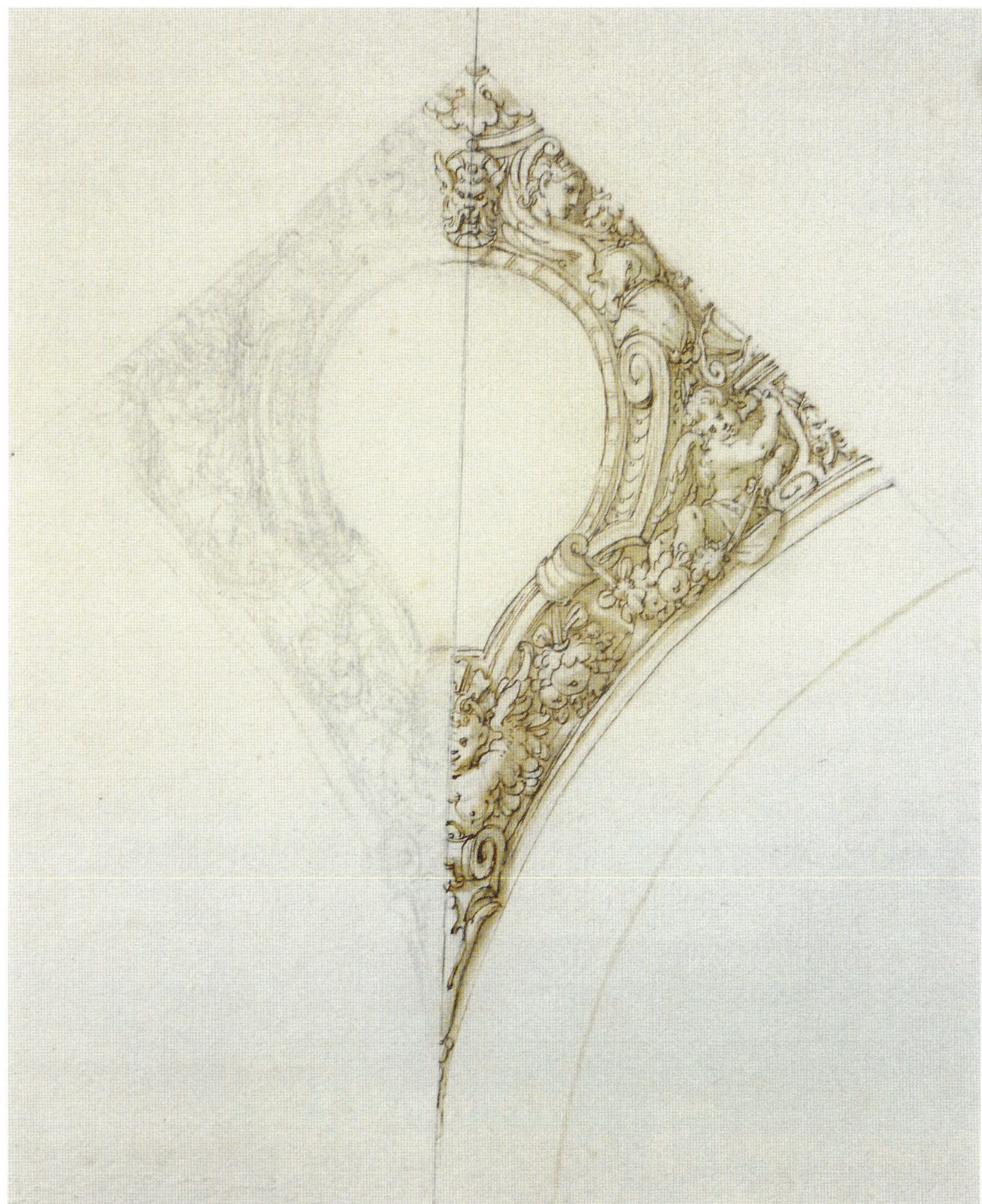

fig. 7
Bottega di Camillo Procaccini, progetto decorativo per una volta a stucco, 1601. Milano, Archivio Storico Diocesano.

stucco di volte architettonicamente del tutto compatibili con quelle della chiesa (figg. 7-9).[15] Sono tre disegni ben rifiniti a matita nera, penna e acquerello seppia. Non sono i modelli degli stucchi realizzati, il loro vocabolario ornamentale è però molto simile, seppur caricato di invenzioni gustose (e di difficile realizzazione tecnica) poi non presenti nell'opera, come le ceste parmigianinesche ricolme di frutta, i volti velati coronati da valve di conchiglia e le teste caprine. Tutti elementi che si rintracciano in opere di Camillo Procaccini: le stesse erme con canestri si ritrovano negli affreschi

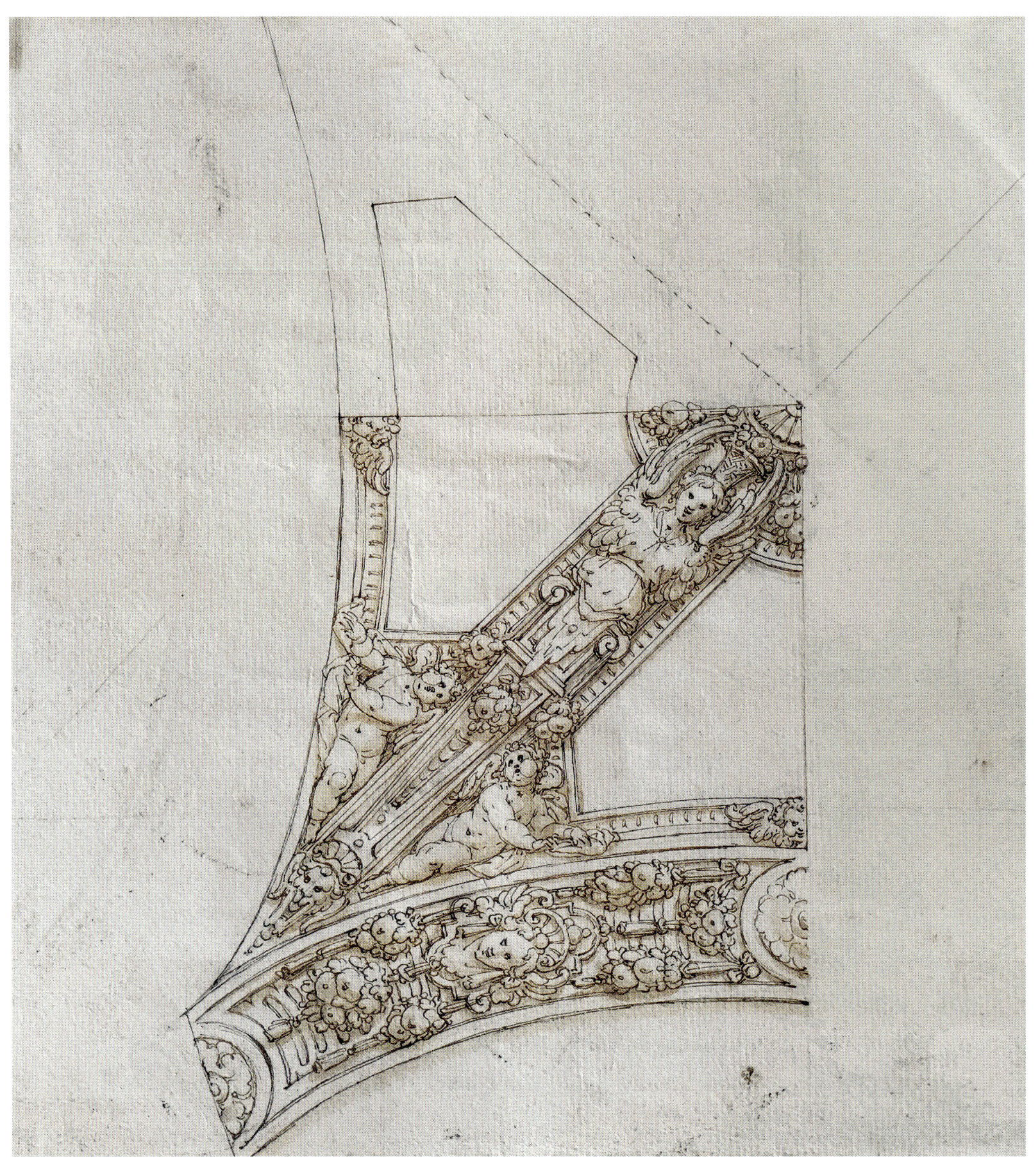

fig. 8
Bottega di Camillo Procaccini, progetto decorativo per una volta a stucco, 1601. Milano, Archivio Storico Diocesano.

di Lainate (1587-1589) e in quelli della volta con *Cristo in gloria con angeli musicanti, san Prospero e san Venerio* in San Prospero a Reggio Emilia (1597-1598) **(fig. 10)**; le conchiglie, le teste caprine, ritmano le decorazioni ricche d'accenni profani del coro (1596-1597 circa) e poco dopo della cappella di San Diego d'Alcalà in Sant'Angelo a Milano (1610 circa), mentre le erme angeliche con braccia stese e incrociate sono riproposte vent'anni dopo nella volta del coro dei Santi Paolo e Barnaba, sempre a Milano (1624-1625).[16]

Come si è visto, i tre disegni sono compatibili con la cultura di Camillo Procaccini. Al pittore era stata richiesta la pala della cappella dell'Assunzione, concessa in patronato a Giorgio Secco, conte di Mozzanica, dall'estate 1600. Non esistono certezze

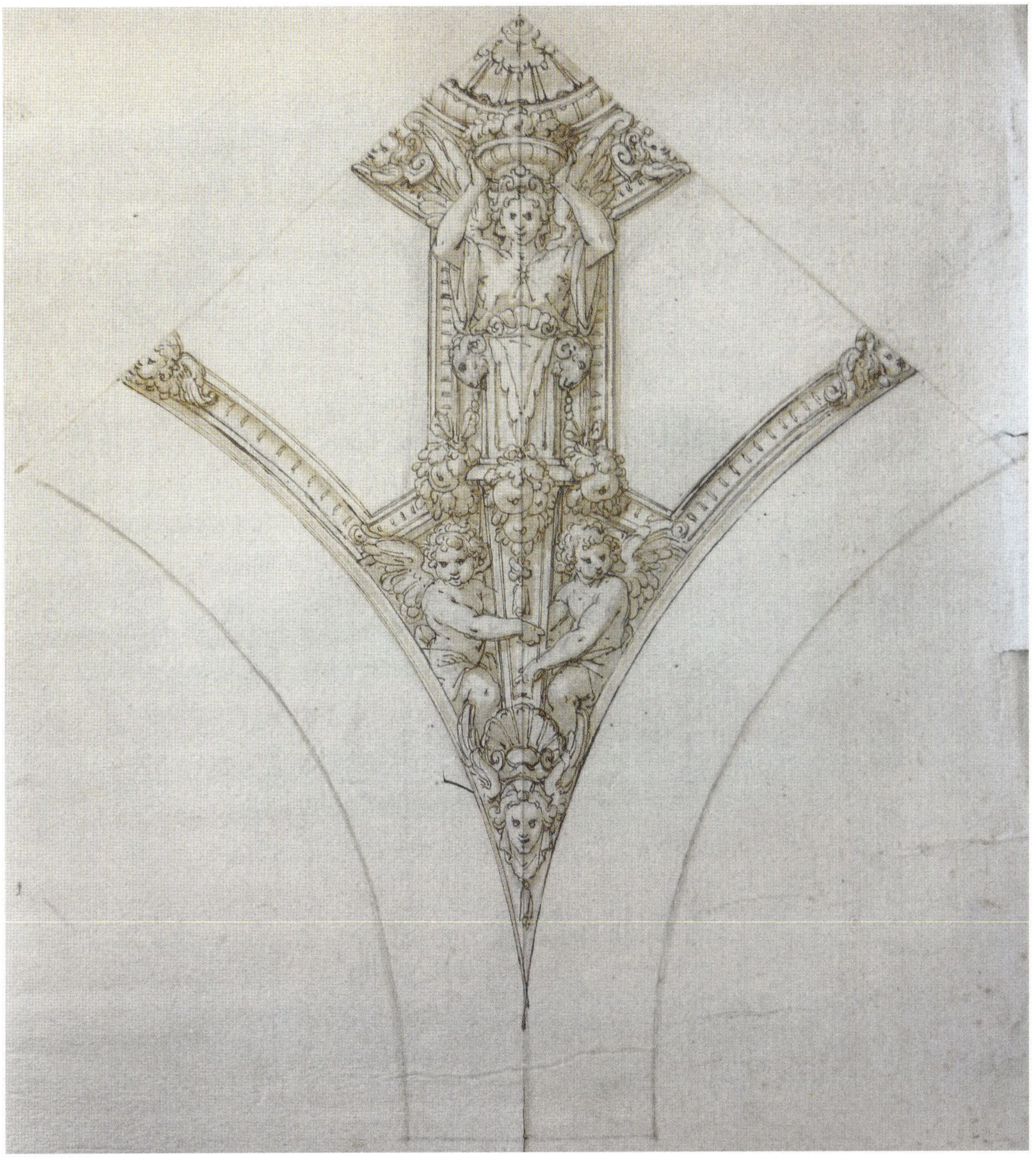

fig. 9
Bottega di Camillo Procaccini, progetto decorativo per una volta a stucco, 1601. Milano, Archivio Storico Diocesano.

sulla datazione dell'*Assunzione*, che si può scalare subito dopo i lavori che hanno interessato la cappella a partire dal luglio 1601.[17] Non stupirebbe quindi un coinvolgimento del maestro nella contemporanea rielaborazione degli spazi delle navate laterali: la nuova decorazione delle prime quattro campate segna uno scarto di gusto importante rispetto agli stucchi di metà Cinquecento di Andrea de Conti, con un balzo in avanti a cui aveva già contribuito il fratello minore di Camillo, Giulio Cesare, impegnato come scultore della Fabbrica dal 1595.[18]

I tre fogli qui presentati si associano quindi a questo momento, come fossero ipotesi rimaste su carta da esibire alla committenza, e insieme modelli per Biffi e gli altri stuccatori. Non trovano confronti con la produzione grafica di Giulio Cesare,[19] mentre

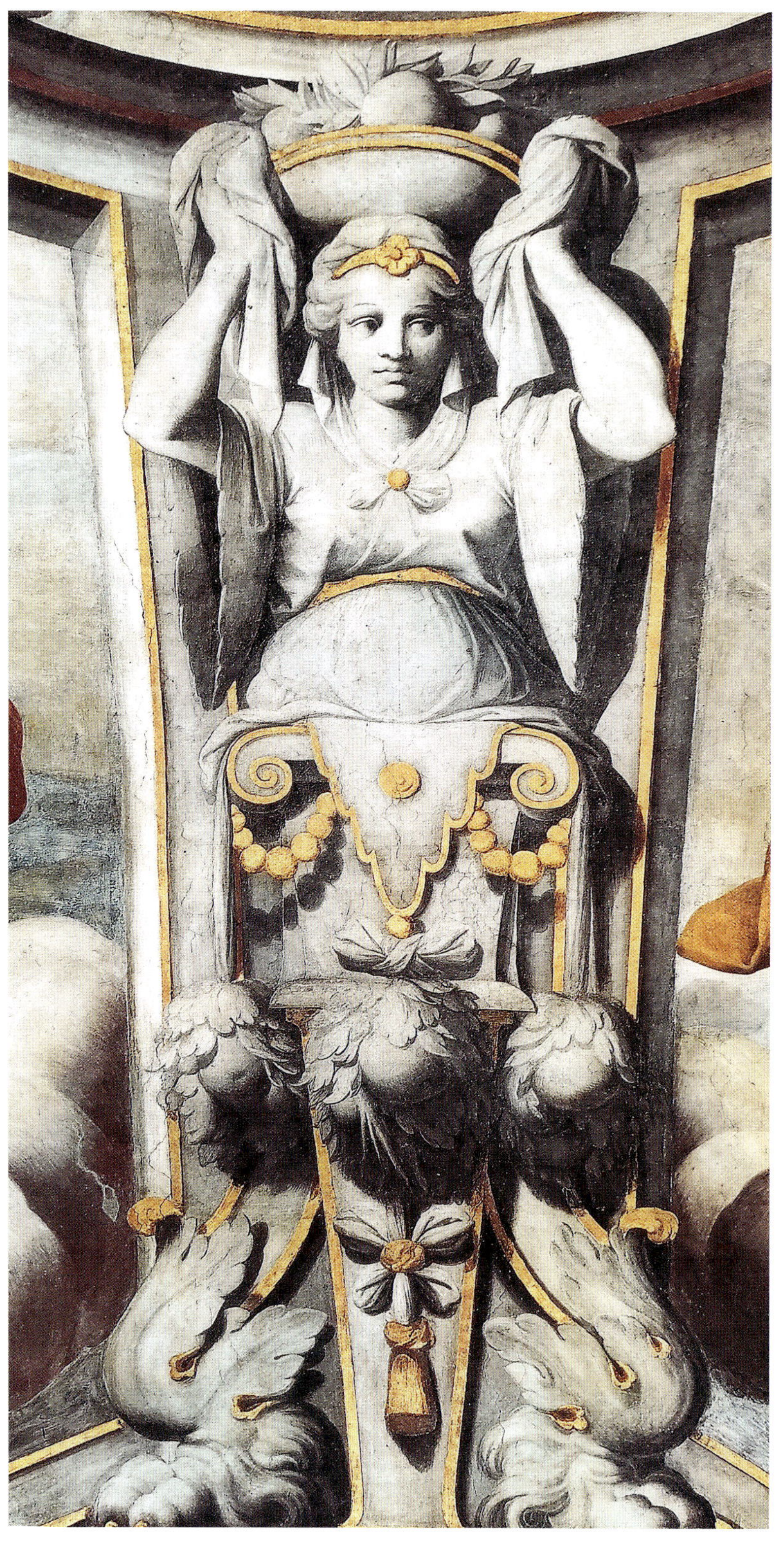

non mancano gli agganci con disegni di Camillo, soprattutto con alcuni dei suoi bozzetti preliminari all'esecuzione scultorea.[20] Come questi, sono meticolosi, dando una minima indicazione dei volumi, ma sono anche sufficientemente attraenti per essere presentati ai fabbricieri.

Il secondo esempio – la cappella di San Michele Arcangelo in Sant'Angelo a Milano – è idealmente legato al primo ed è in qualche modo una conseguenza di quel cantiere sperimentale.

La decorazione è commissionata a Panfilo Nuvolone nel 1610 dalla famiglia Sansoni e conclusa solo sette anni dopo.[21] L'insieme dei dipinti e degli stucchi illustra, attraverso le *Storie di Sansone*, le virtù manifestate dai personaggi della famiglia lì sepolti. L'ornato, caratterizzato da una parte figurativa preponderante, ha un ruolo fondamentale, accompagnando e ritmando la narrazione; le campate di Santa Maria presso San Celso – soprattutto quelle inventate da Cerano – sono un prototipo evidente.

È ancora conservato il progetto relativo alla volta (fig. 11). Sul foglio sono presenti quattro soluzioni alternative – tra cui quella messa in opera, in assoluto la più «profana» – e un'iscrizione, datata 1614, che funge da contratto. È un patto breve, di tono conciso, come una stretta di mano tradotta su carta dove si esplicita che a Nuvolone saranno pagate le varie spese dei materiali per la decorazione della cappella: il disegno, i «legnami e il ponte et fare il ponte e disfare», i telai dei quadri «et

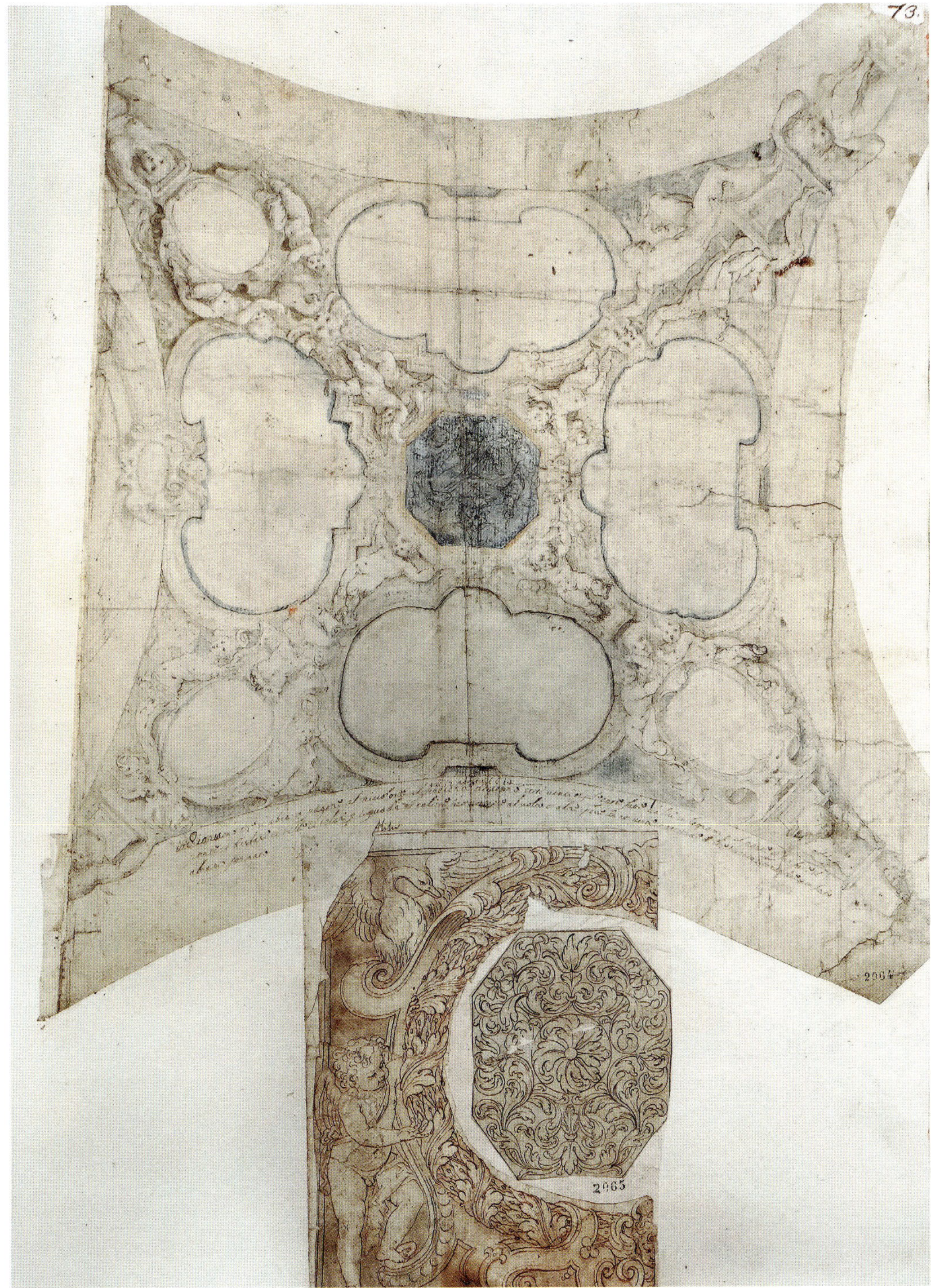

fig. 10
Camillo Procaccini, *Cristo in gloria con angeli musicanti, san Prospero e san Venerio* (particolare), 1597-1598. Reggio Emilia, San Prospero.

fig. 11
Panfilo Nuvolone, *Studio per decorazione a stucco*, 1614 circa. Milano, Veneranda Biblioteca Ambrosiana, Cod. F 238, n. 2064.

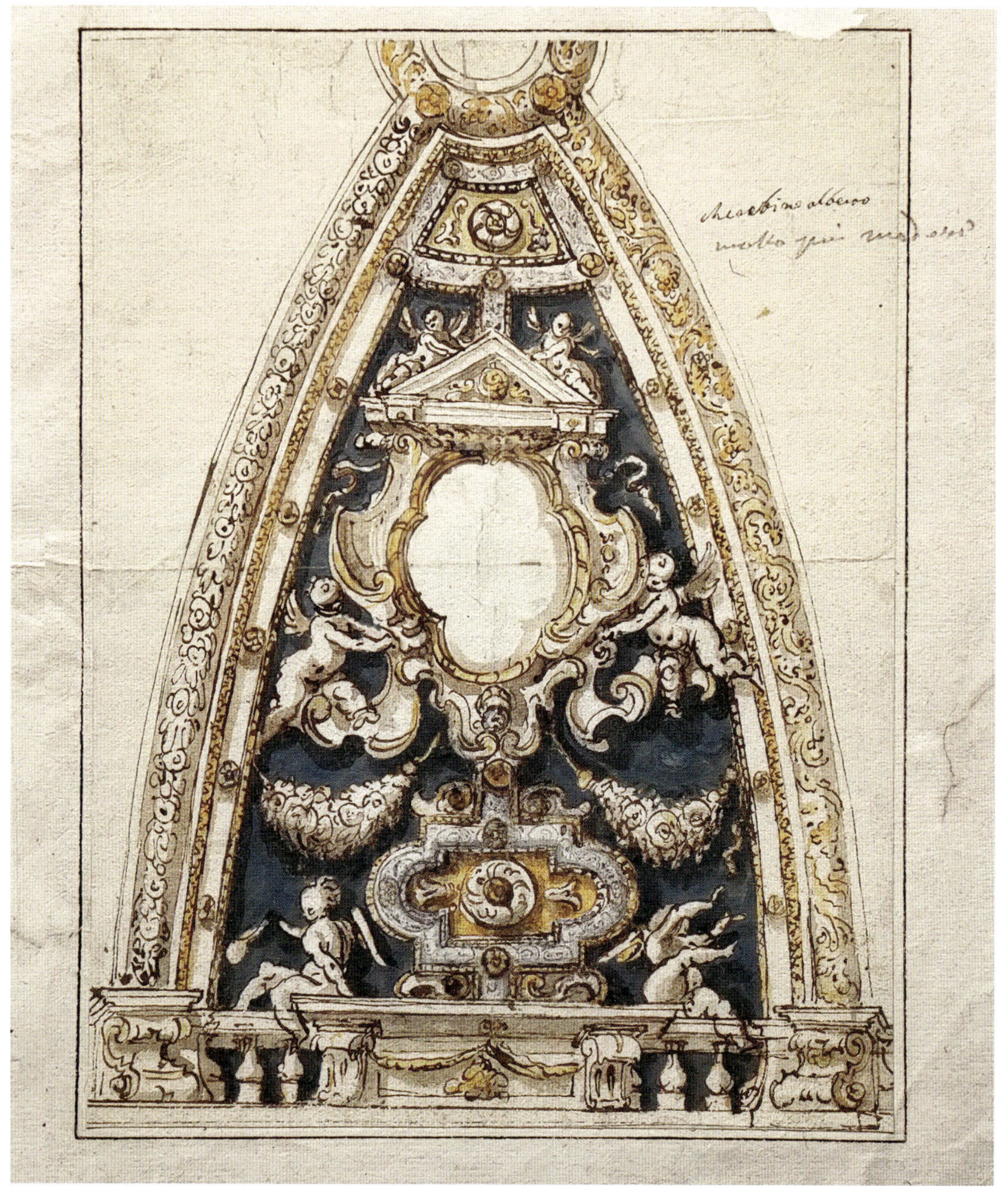

fig. 12
Stuccatore lombardo-ticinese, *Studio per decorazione a stucco*, 1610-1620 circa. Torino, Biblioteca Nazionale, q.BC.42/II, n. 26.

calcina fatta al volto».[22] L'artista è anche il regista dell'impresa: «ogni cosa sarà a disegno di esso Pamfilo», incaricato inoltre di gestire e pagare le diverse maestranze specializzate presenti sul cantiere, stuccatori compresi.[23] Camillo Procaccini, amico di Panfilo, si era comportato allo stesso modo per i decori della cappella della Madonna delle Grazie in Santa Maria di Campagna a Pallanza, realizzati da Alberto Cavalli, o per quelli della cappella dell'Immacolata Concezione in San Francesco Grande a Milano, modellati da Giovanni Battista Pagano.[24]

Il progetto firmato rappresenta una vera e propria garanzia contrattuale, tanto per l'artista che si fa regista e produttore dell'impresa, quanto per la committenza. Ma quando il progetto decorativo non accoglie, come in questo raro caso, un accordo scritto, il disegno si può allegare ai contratti e far sottoscrivere al notaio e ai soggetti coinvolti.[25] In alternativa, una copia può essere consegnata ai committenti come garanzia, così che l'artista «sia tenuto fare le suddette cose di tutta bellezza et senza niun mancamento conforme il disegno, di cosa in cosa».[26] Molti dei fogli ancora conservati, rifiniti anche nei dettagli, colore compreso, sono verosimilmente appartenuti a questa categoria. Ne presento qui uno (fig. 12) anche per introdurre gli ultimi esempi. È un disegno avvicinato da Giovanni Romano alle imprese piemontesi del presbiterio della certosa di Pesio e di Santa Maria delle Grazie ai Palazzi di Vicolungo, accostabile anche ai lavori di Giovanni Antonio Colomba di Arogno in Santa Maria delle Grazie a Brescia e ad altri. Con una sintesi ancora oggi illuminante, lo studioso riconosceva in queste imprese lombarde e piemontesi un rapido aggiornamento, determinato dagli spostamenti delle maestranze su tutta la Penisola, in un intreccio di esperienze che aveva dato vita a uno «stile sovraregionale che solo dopo il 1630 ritroverà caratteri specificatamente locali, legati in primo luogo al sopravvento di distinte famiglie di stuccatori ticinesi».[27]

Arriviamo quindi ad Alessandro Casella.[28] L'unica traccia dell'esistenza di un disegno che doveva essere del tutto simile a quelli appena visti, cioè un progetto d'insieme allegato a un contratto, è nei documenti che riguardano il primo cantiere in cui si riconosce l'intervento dello stuccatore di Carona, a Santa Maria di Campagna a Ponte in Valtellina. Qui, nel 1619, è Bernardo Bianchi di Campione, coetaneo e socio di Casella, a fornire alla fabbriceria alcuni disegni. Nel contratto tra lui e la committenza si specifica infatti che le decorazioni dovranno essere realizzate in modo «conforme al disegno datto il più bello».[29] Di quel foglio però non c'è traccia.

Nei successivi impegni dell'impresa di Bianchi e Casella si misura una rapidissima evoluzione sia in termini stilistici che tecnici. L'affermazione di questa bottega ticinese segue un orientamento generale testimoniato dal successo dei luganesi in molte città europee, ma trova in questi luoghi di frontiera una palestra perfetta per nuove sperimentazioni. Così nella parrocchiale di Castione Andevenno, dove la mostra dell'altare maggiore in marmo nero di Varenna e rosso d'Arzo è disegnata da Gaspare Aprile, evidentemente informato su quanto avevano elaborato a Roma nei primissimi anni del Seicento colleghi perlopiù di origine lombarda o ticinese come Giacomo della Porta, Carlo Maderno o Flaminio Ponzio. Nel 1623-1624 l'impresa Bianchi-Casella aggiunge alla parte marmorea la decorazione plastica, modellando in stucco un *trait d'union* tra l'architettura e la pala.

Due anni dopo un'altra accelerazione in senso narrativo: a San Giorgio a Grosio Bianchi e Casella arredano un'intera cappella (fig. 13), agganciando alle pareti delle forme architettoniche completamente realizzate in stucco, verosimilmente senza l'ausilio di un architetto. Figure e ornato si integrano nella struttura di un'ancona che

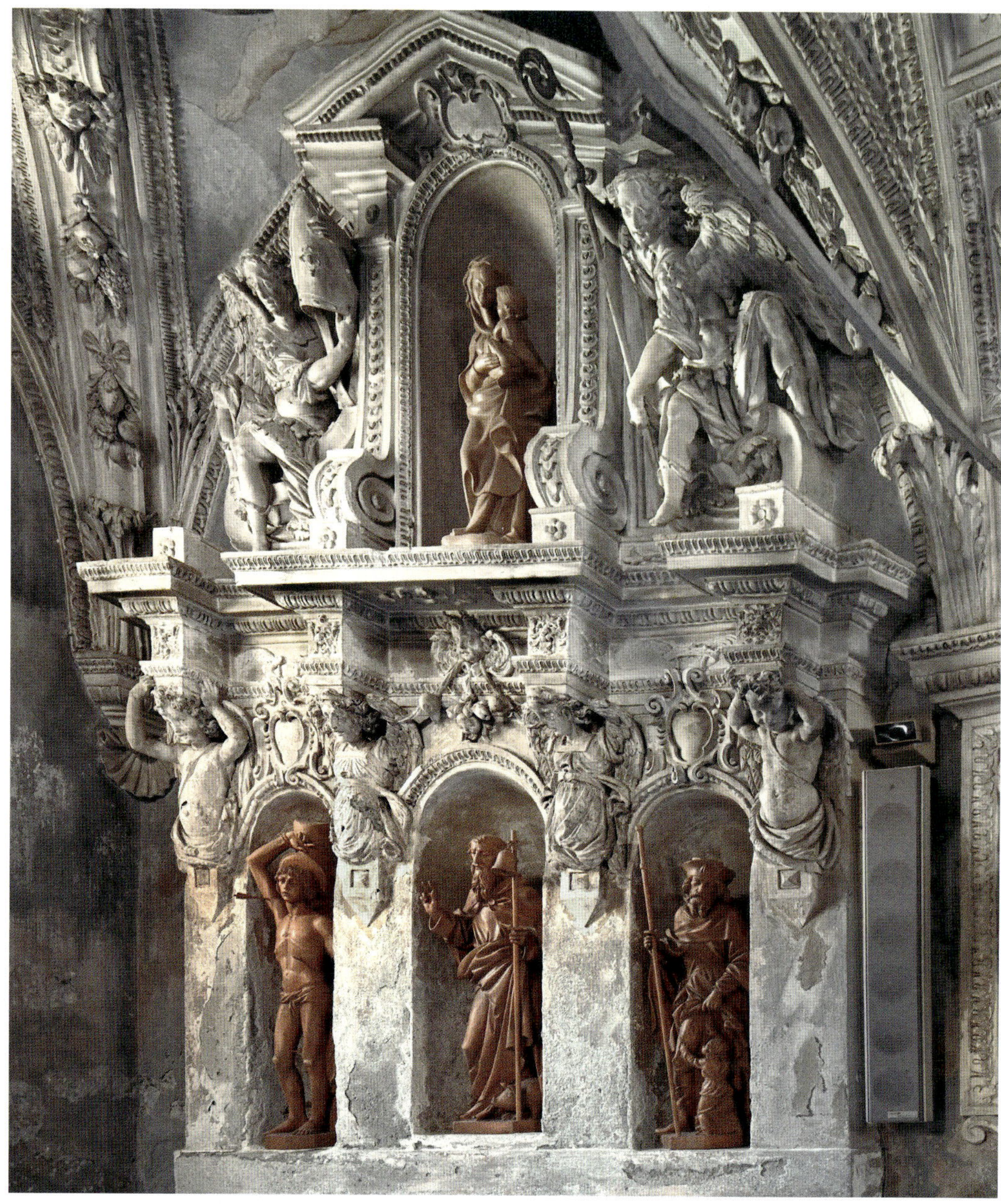

fig. 13
Impresa di Bernardo Bianchi e Alessandro Casella, altare in stucco, 1626. Grosio, San Giorgio, cappella di Sant'Antonio.

fa da *pendant* alla macchina rinascimentale intagliata da Pietro Bussolo e dipinta da Andrea De Passeris per la speculare cappella della Beata Vergine. Non è un unicum: almeno un campione per un uso simile dello stucco è in area ticinese, nelle cappelle del Rosario e di San Giovanni Battista in Santa Maria del Sasso a Morcote.[30]

A Grosio il predominio della parte figurativa, soprattutto nel primo ordine, è completo. Le figure prendono il sopravvento sulle cornici, andando a occupare con il loro modellato potentissimo e fortemente aggettante ogni spazio a disposizione. C'è un ribaltamento tra la cornice e ciò che avrebbe dovuto contenere: né gli affreschi né le sculture lignee nelle nicchie possono stare al passo con gli elementi grotteschi che caratterizzano l'apparato, né con gli angeli loricati, dinoccolati ma eloquenti, che proteggono i simboli della Chiesa insieme a putti-telamoni e cariatidi-arpie. Il messaggio in difesa dell'ortodossia, a pochi anni dalla guerra civile del 1620 che ha interrotto violentemente la convivenza di cattolici e protestanti,[31] è reso chiaramente, così com'è lampante la sintonia con l'arte dei contemporanei come Cerano e Giulio Cesare Procaccini. Arriviamo al punto: il disegno. In prossimità della chiesa di San Giorgio, fuori dal nucleo medievale, a partire proprio dal 1626 si comincia a costruire una nuova chiesa parrocchiale dalle dimensioni spropositate rispetto a quelle dell'abitato. Gli edifici religiosi nati in questi anni nella valle dell'Adda hanno una presenza fisica solenne, a rappresentare la forza di una controriforma tardiva, ma decisa; le nuove chiese si impongono sul paesaggio come le immagini plasmate da Bianchi e Casella al loro interno. Il progetto della parrocchiale di Grosio si deve a Gaspare Aprile, la cui presenza è segnalata più volte nel registro dei conti della fabbriceria, mentre in un'occasione appaiono anche l'«ingegner sign.r Bernardo Biancho», pagato per lavori non specificati insieme «al maestro venuto in compagnia del ditto in[ge]gnier». Non sappiamo se quest'ultimo «maestro» sia Casella, ma il ricorso del termine «ingegnere» per Bianchi, qui e almeno in un'altra occasione, ci può far pensare che il campionese avesse consuetudine anche nella progettazione. Non è un fatto nuovo per uno stuccatore, né stupisce trovare Bernardo, dopo le collaborazioni degli anni precedenti, in un altro cantiere gestito dal caronese Aprile.

La bottega degli stuccatori si compone perciò di un maestro abile nel progettare, che conosce gli elementi dell'architettura, e un altro che sarà citato nei documenti, e si firmerà, come scultore. Da Grosio in poi i loro lavori dimostrano proprio l'unione di queste peculiarità, lasciando alla prima sempre meno spazio. Le abilità plastiche di Casella, la sua «simpatia per la materia», finiscono per esorbitare ulteriormente laddove le figure in stucco si sostituiscono agli elementi architettonici, come a Grosio e nella cappella del Rosario nella parrocchiale di Fusine tra 1626 e 1627. Vale quello che aveva notato Andreina Griseri: secondo la studiosa nei grandi cantieri di questi anni, dove le maestranze luganesi imperversano, non si riconosce una direzione imposta da architetti e committenti quanto un suggerimento, offerto per spingere all'estremo le possibilità del mestiere.[32] Per quanto riguarda gli stuccatori, i loro risultati più alti – tra cui vanno certamente messi quelli appena citati – sfruttano un nuovo equilibrio tra la cornice, quindi l'ornato, e le iconografie centrali, relegate in spazi sempre più contenuti fino a un ribaltamento di prospettiva. Nei margini a stucco si esprime un'autonomia creativa che diventa poi potenzialmente propulsiva, arrivando a modificare la fisionomia degli interni e il loro rapporto con la luce. Le cappelle progettate da Aprile, con le loro planimetrie quadrangolari ricoperte da semplici volte a botte e illuminate da finestre termali, non sono che tele bianche predisposte per i successivi interventi decorativi.

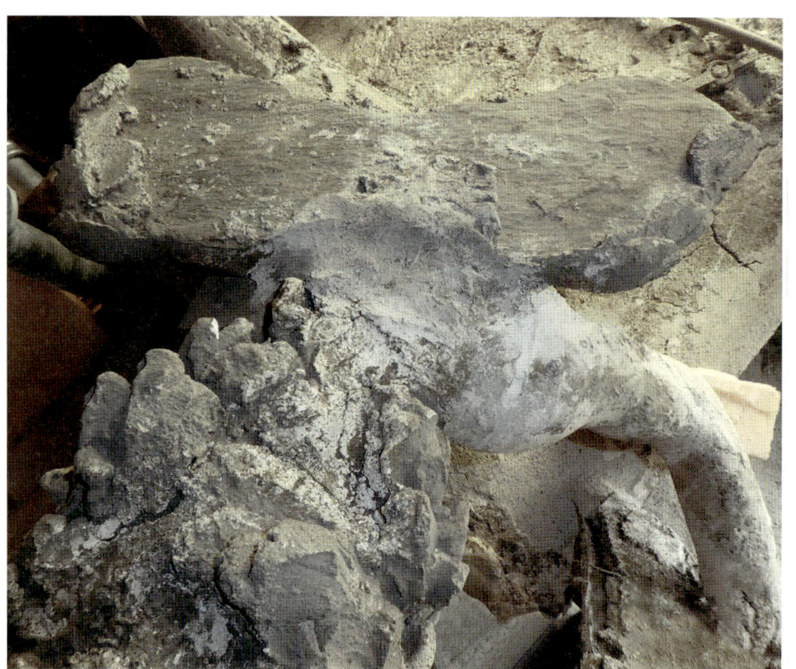

fig. 14
Castione Andevenno, cappella di San Carlo, particolare dell'armatura di un angelo.

Se, quindi, il modellato tende a prevalere con forme sempre più libere nello spazio e complesse dal punto di vista tecnico, è l'apporto del maestro-scultore a imporsi su quello dell'«ingegner».[33] I recenti restauri svolti nella cappella di San Carlo della parrocchiale di Castione Andevenno aiutano a capire meglio le modalità con cui, di fatto, avviene questo superamento.

Bianchi e Casella tornano a Castione nel 1628. La decorazione della cappella si protrae qualche mese, ma la parte plastica dev'essere finita entro novembre, data dell'ultimo pagamento. È però probabile che si risalga sui ponteggi per alcune rifiniture e, soprattutto, per le dorature, dopo la pausa invernale.[34]

Le partiture decorative sono ridotte al minimo, ed è estremamente semplificata la cornice architettonica della pala d'altare. A predominare nella parete di fondo sono le due sculture, quasi a tutto tondo, di *San Biagio* e *San Bernardo di Chiaravalle*, che avanzano nello spazio del vano sfondando i limiti architettonici delle colonne e delle lesene, rischiando di impallare – come diremmo se fossero in una fotografia – la modesta pala di Giovanni Battista Pellizzari. Lo stesso succede agli angeli sull'intradosso dell'arco d'ingresso: superano i limiti delle cornici dando l'impressione di essere appoggiati in modo precario, cercando, protraendosi in avanti e verso il basso, un dialogo visivo con i fedeli. Osservati frontalmente, i loro volti sono allungati in modo innaturale; la stessa cosa accade ai *Profeti* della parte superiore. È infatti privilegiato il punto di vista dalla navata: guardando da sotto in su, quelle che sembrano deformazioni appaiono in realtà come accorgimenti prospettici che amplificano il senso scenografico, spettacolare e drammatico dell'apparato. Sono effetti che devono inevitabilmente essere studiati sul posto e che solo in minima parte possono essere predisposti su carta.

È noto, ed emerge anche nei contributi raccolti in questo volume, come gli stuccatori utilizzino materiali locali, talvolta adattando pragmaticamente ricette e modalità esecutive. A Castione l'ossatura delle figure è creata con strutture di metallo, ma anche con delle rocce scistose sagomate (**fig. 14**), delle *piöde* certamente presenti in abbondanza nel cantiere della chiesa.[35] Le prime sono limitate allo stretto indispensabile, talvolta integrate da elementi di riutilizzo[36] e del tutto prive di rivestimenti in stoffa che avrebbero facilitato l'adesione della malta fresca al metallo. Le lastre litiche sagomate sono invece utilizzate come sostegno per le ali degli angeli sul timpano,

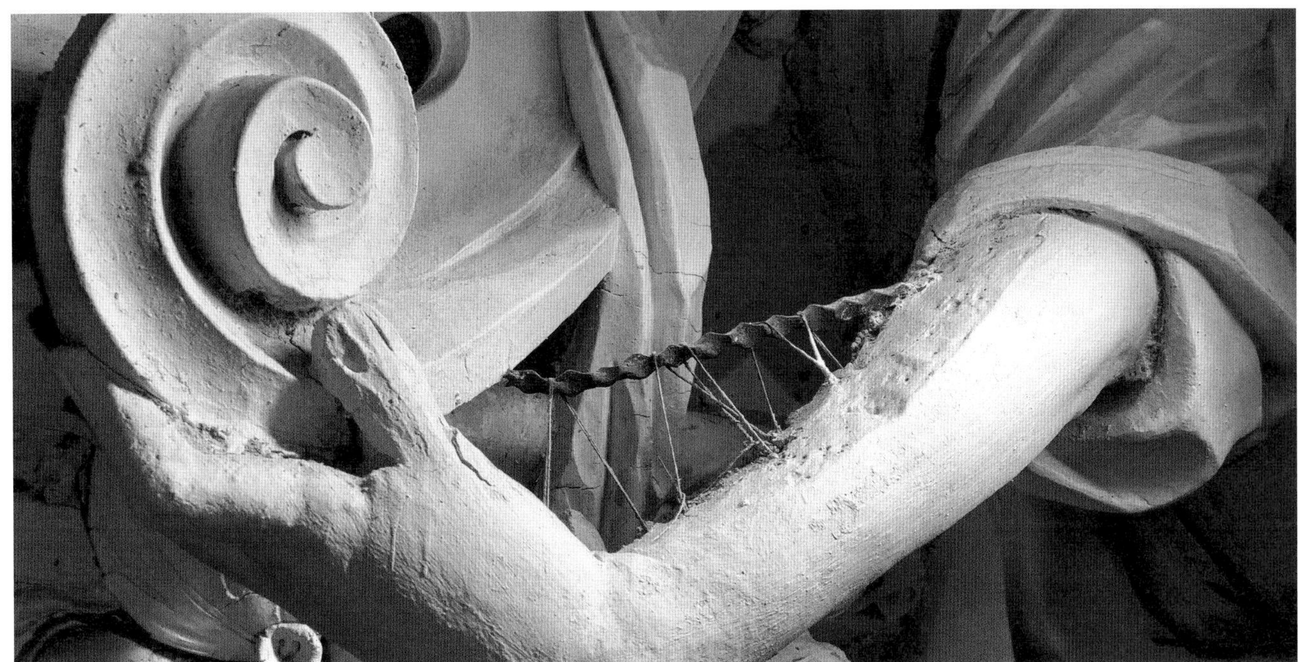

fig. 15
Carona (Lugano), Madonna d'Ongero, particolare dell'armatura di un angelo.

per i cornicioni e per la mitra dei due santi. Hanno tutte il sapore di soluzioni trovate in cantiere sfruttando ciò che era a disposizione con creatività e senso pratico, per assecondare la modellazione rapida e sciolta di Casella.

In un cantiere quasi contemporaneo, cioè nel santuario della Madonna della Neve e di San Carlo a Chiuro, Casella lavora alle statue in facciata, al presbiterio e in almeno una delle cappelle laterali, con una probabile interruzione a causa della diffusione della peste. Rispetto a quelli della cappella di San Carlo di Castione, nella cappella di San Francesco gli aggetti sono relativamente misurati, come se Casella cercasse una proporzione con le dimensioni contenute del vano, e quindi con il punto di vista più ravvicinato dell'osservatore. Per aumentare i contrasti e la percezione dei volumi lo stuccatore ha sfruttato le pose, appoggiando al fondo le ali degli angeli o gli arti di profilo. Su questi contrastano, emergendo, gambe e braccia, soprattutto flesse, lanciate verso la navata. Spessori ridotti implicano chiaramente una maggiore rapidità esecutiva, ma anche un minor ricorso ad armature metalliche e quindi la possibilità di cambiamenti in corso d'opera. Di nuovo, il risultato finale è frutto non tanto, o non solo, di un progetto iniziale, ma è determinato dalle condizioni del luogo e dall'esperienza dello stuccatore.

Un altro esempio utile a definire meglio le modalità di lavoro di questi maestri è quello di Carona. Al santuario del proprio paese natale Casella lavora almeno dal 1640. Con l'esaurimento delle commesse in Valtellina Bianchi e Casella avevano cercato altre strade. Nel 1632 Bianchi è attirato in Moravia, dove affianca i Tencalla, mentre il vecchio socio appare a Torino due anni dopo. In città, probabilmente spinto da Isidoro Bianchi, Casella si afferma in alcuni dei luoghi centrali del potere sabaudo:

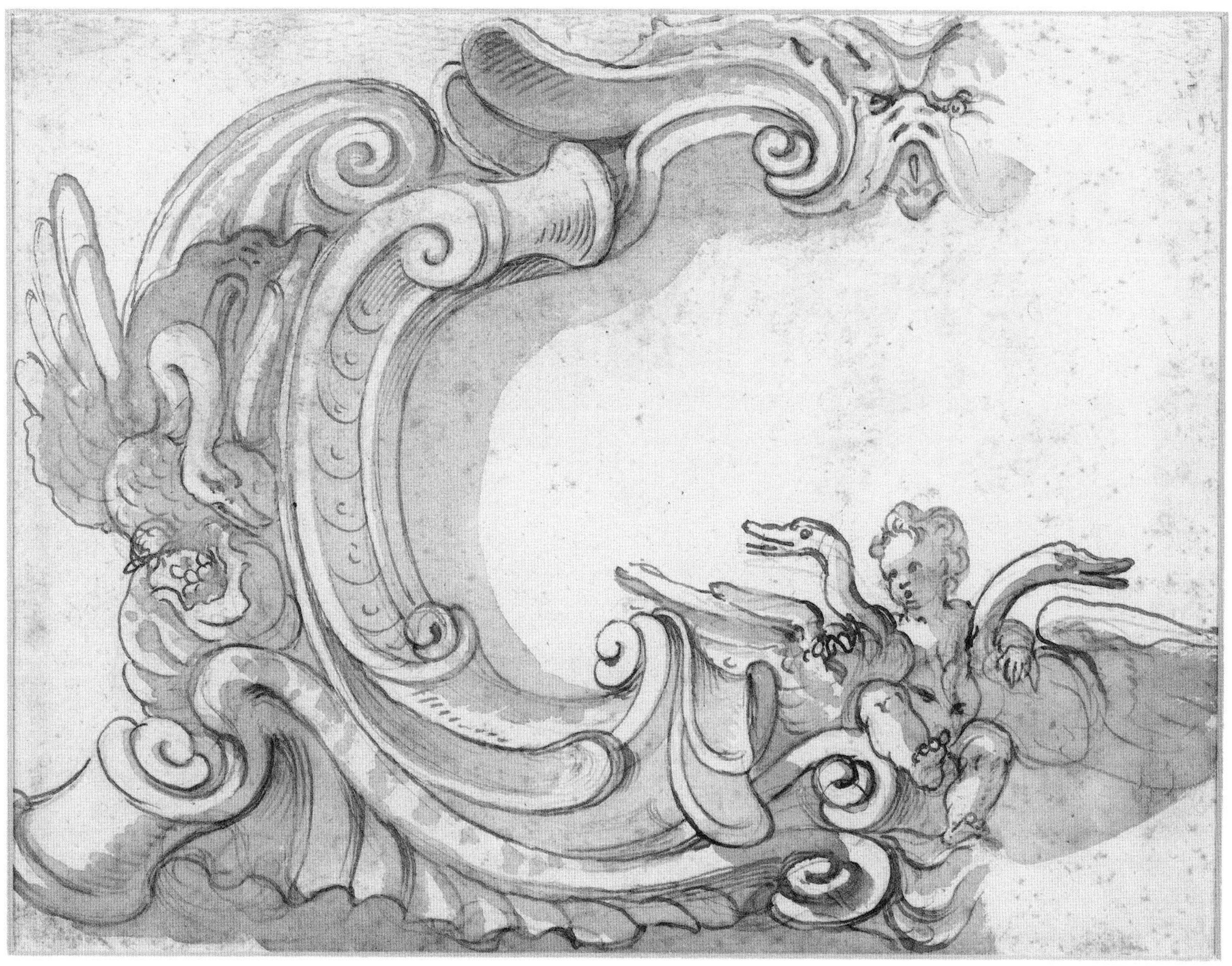

fig. 16
Stuccatore lombardo-ticinese, *Studio per una cartella a stucco*, 1620-1630 circa. Collezione privata.

il castello del Valentino, la vigna di Madama Reale, palazzo Madama. Nel santuario della Madonna d'Ongero di Carona i suoi interventi si devono verosimilmente agganciare ad almeno due periodi di pausa dai cantieri torinesi, con un ritorno in patria di qualche settimana. È consuetudine, per questi stuccatori itineranti, lasciare nel paese d'origine traccia delle proprie abilità, dei propri successi, donando o creando opere: è così per i Silva al santuario di Morbio Inferiore, per i Colomba nella parrocchiale di Arogno, per i Tencalla a San Carpoforo a Bissone e via di seguito.

I primi lavori di Casella al santuario di Carona risalgono al 1640.[37] Le indagini, comprese quelle radiografiche effettuate sulle figure, hanno evidenziato un uso singolare delle armature in ferro. Le vergelle sono state piegate e modificate sul posto, e in qualche caso non seguono l'andamento degli aggetti che dovrebbero sostenere. Altri elementi metallici sono privi di connessioni con lo scheletro principale. Per esempio, nell'angelo di sinistra del transetto, in prossimità del coro, i ferri che sostengono le dita della mano sinistra sono stati inseriti quando la mano era già stata

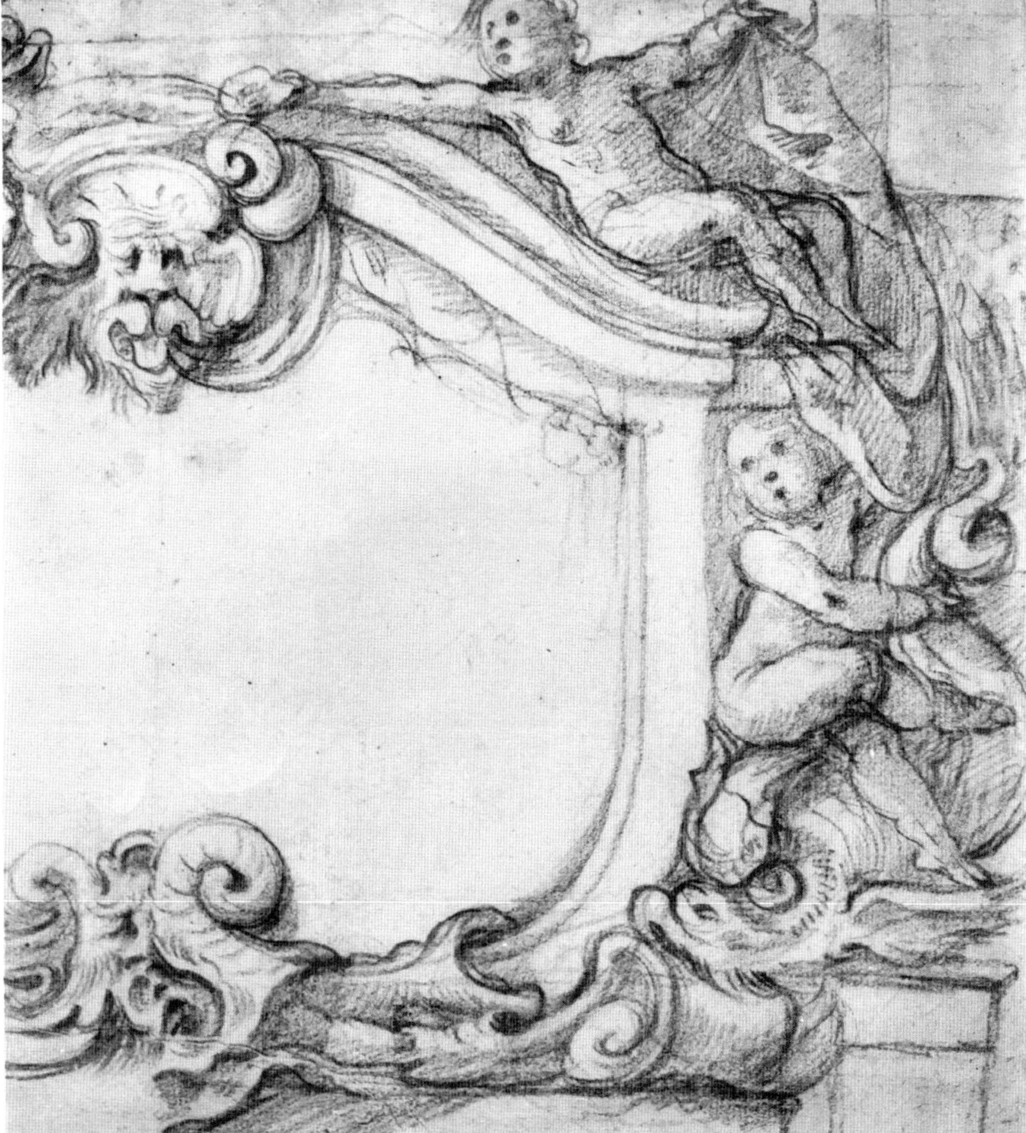

fig. 17
Stuccatore lombardo-ticinese, *Studio per una decorazione a stucco*, 1620-1630 circa. Collezione privata.

plasmata con la malta, e non sono quindi legati alla vergella che sorregge il braccio (fig. 15).[38] C'è poi un uso consistente di fibre vegetali che non si riscontra invece a Castione, utilizzate nella realizzazione di parti del modellato sottili e aggettanti, con tutti i vantaggi del caso: la malta diventa più elastica, il peso diminuisce ed è minore la riduzione di volume durante l'asciugatura, che avviene gradualmente in quanto le fibre trattengono una considerevole quantità d'acqua.

Come a Castione, si utilizza ciò che offre il territorio, rendendo la costruzione di queste figure più immediata e svicolando l'artista da una strutturazione preliminare e rigida della scultura, consentendo modifiche fino all'ultimo.

Da questi ultimi esempi possiamo presumere che per lavori di questo tipo siano esistiti dei progetti d'insieme, e che su queste tracce si siano costruiti gli apparati, ma è altrettanto verosimile che i dettagli delle singole parti siano stati studiati a lavoro in corso, direttamente sui ponteggi, con variazioni e pentimenti dettati sia da necessità contestuali che da esigenze espressive. Come si diceva, una rigida strutturazione della scultura avrebbe limitato le possibilità, arginando la modellazione che potremmo definire dinamica, piena di propositività, talvolta spregiudicata, di un maestro abile come Casella.

Non sono purtroppo noti disegni da avvicinare a questo momento creativo. Viene da pensare che non esistendo più l'interposizione di diverse figure professionali come nei cantieri di fine Cinque e del primo Seicento visti sopra, i maestri stuccatori agiscano in un modo differente, sfruttando dei modelli e un repertorio di bottega stabilizzato, mandato in buona parte a memoria, che si poteva variare e modificare all'occorrenza persino nelle pose e negli ingombri delle figure maggiori. Il disegno può perciò essere utile per la presentazione al committente – e non mancano esempi, come quelli creati a Torino dall'architetto Carlo di Castellamonte,[39] o quelli dell'intelvese Carlo Lurago per il castello di Náchod, in Repubblica Ceca, o, ancora, come i progetti di Maderno, ridisegnati nel dettaglio dal poliedrico Giovan Battista Ricci –,[40] ma quando è lo stesso stuccatore l'inventore dell'insieme decorativo, i modelli cartacei possono in qualche caso diventare superflui, facendo assumere alla plastica quel ruolo generatore che gli riconosce, tra gli altri, Giovanni Paolo Lomazzo.[41]

Resta però almeno una testimonianza su carta associabile con buona sicurezza alla pratica degli stuccatori luganesi degli anni di Casella, o poco dopo: una *suite* di schizzi a penna, sanguigna e carboncino divisa tra diverse collezioni private **(figg. 16-17)**, presentata in più occasioni da Andreina Griseri a partire dal 1967. La studiosa ha pubblicato in tutto diciannove schizzi, riconducendoli all'ambiente dei ticinesi al lavoro al castello del Valentino, i Bianchi e i Casella. Successivamente è stata individuata una numerazione antica che dimostra un'origine comune, da uno stesso album, e si sono aggiunti alla serie altri quattro fogli.[42] È necessaria una piccola integrazione.[43]

È chiara l'aderenza di questo gruppo di disegni alle esperienze degli stuccatori luganesi, se non altro per l'inserimento, in alcuni di essi, di un elemento come la chiocciola. Gli stuccatori dei Laghi lombardi spesso mascherano nella decorazione l'emblema del proprio paese – in questo caso la chiocciola rimanda a Campione – o della propria famiglia.[44]

Per ragioni di stile già altrove specificate questi disegni non si possono però ricollegare direttamente all'esperienza dell'impresa Bianchi-Casella. Quindi di che cosa si tratta? Un primo suggerimento lo ha dato Griseri, confrontando questi schizzi con i cartoni della bottega di Gaudenzio Ferrari:[45] erano, appunto, materiale di bottega. Un canovaccio di soluzioni adattabili, con minime variazioni, a più utilizzi, e su cui si poteva tornare per imparare, ma anche per chiarirsi negli scambi tra maestri, allievi e garzoni.[46]

In conclusione, gli esempi visti sopra si possono dividere per gruppi: nel primo ci sono disegni di presentazione al committente ben rifiniti, che mostrano a volte delle possibilità alternative tra cui scegliere, ma sono anche sufficientemente seducenti per stimolare l'occhio dell'osservatore. Hanno quindi un intento progettuale, ma non solo. Ci sono poi i progetti veri e propri utilizzati dai maestri per indirizzare le maestranze: più rari, presumibilmente sempre o quasi sempre quotati, si sono perlopiù consumati nell'utilizzo in cantiere; dovevano avere un peso molto relativo quando l'ideatore dell'apparato e lo stuccatore erano la stessa persona. Vanno annoverati anche una parte di schizzi, abbozzi, sagome, collezioni di idee, di brani o elementi decorativi che potevano restare in bottega, riutilizzati o meno anche in altri progetti, magari integrati o riprodotti in bella copia, ereditati di padre in figlio, da maestro ad allievo come accadeva per modani, dime, raffetti e stampi. È il caso probabilmente anche dell'album appena visto.

* Le pagine che seguono sarebbero stare diverse senza il confronto fruttuoso con Giovanni Agosti, Agostino Allegri, Giorgio Baruta, Giulio Bora, Odette D'Albo, Giuseppe Dardanello, Alberto Felici, Federico Giani, Giacinta Jean, Giovanni Renzi, Benedetta Spadaccini, Jacopo Stoppa, che ringrazio. Questo contributo rientra tra i prodotti della ricerca afferenti al progetto Erasmus+ Stucco Decoration Across Europe (2022-1-CZ01-KA220-HED-000085652), cofinanziato dall'Unione Europea.

1 Cfr. V. Pracchi, *Tecnologia ed organizzazione edilizia nel territorio di Como: appunti e considerazioni*, in S. Della Torre (a cura di), *Il mestiere di costruire. Documenti per una storia del cantiere. Il caso di Como*, Como, 1992, p. 36.

2 Sui contratti di apprendistato M. Dubini, *I «Pacta ad artem», una fonte per la storia dell'emigrazione*, in *Col bastone e la bisaccia per le strade d'Europa. Migrazioni stagionali di mestiere dall'arco alpino nei secoli XVI-XVIII. Atti di un seminario di studi tenutosi a Bellinzona l'8 e il 9 settembre 1988*, Bellinzona, 1991, pp. 73-81; C. Sibilia, *La formazione delle maestranze nei paesi dei "Magistri Comacini"*, in Della Torre (a cura di), *Il mestiere* cit., pp. 15-28; R. Ceschi, *Rusticità e urbanità. Circolazione di uomini e mercato di devozione*, in L. Damiani Cabrini (a cura di), *Seicento ritrovato. Presenze pittoriche "italiane" nella Lombardia Svizzera tra Cinquecento e Seicento*, catalogo della mostra, Milano, 1996, p. 15.

3 Archivio Storico Diocesano di Milano, Archivio di Santa Maria presso San Celso (da questo momento ASDMi-ASC), *Chiesa*, cart. 16, *Pittura e scultura, Fatture 1570-1690*, fasc. 7, *A ad Z, Procaccini*, 9 luglio 1607. Per i lavori in cui è implicato Cerano, tra cui gli stucchi delle «prime due capelle alle parti degli Huomini» sono pagate 1492 lire, mentre «Per li stucchi dell'altre due Capelle al'altra parte» 1140 lire: P. Venturelli, *Aggiunte e puntualizzazioni per Giovanni Battista Crespi detto il Cerano a Milano: disegno e arti della modellazione. Tra il Duomo, santa Maria presso san Celso e Annibale Fontana*, «Arte cristiana», 826, 2005, pp. 58, 64 nota 15. Gli interventi di Procaccini per la fabbrica sono sintetizzati in P. Cannon-Brookes, *Giulio Cesare Procaccini and the Decoration of Santa Maria presso San Celso in Milan*, «Musées Royaux des Beaux-Arts de Belgique-Bruxelles Bullettin», 23-29, 1974-1980, pp. 127-146.

4 ASDMi-ASC, Amministrazione, *Sedute Registri, 1600-1621*, fasc. 1600-1611, 24 febbraio 1602; G. Berra, *L'attività scultorea di Giulio Cesare Procaccini. Documenti e testimonianze*, Milano, 1991, pp. 68-69.

5 ASDMi-ASC, *Chiesa*, cart. 16, *Pittura e scultura, Fatture 1570-1690*, fasc. 7, *A ad Z, Conti dei Pittori, Adoratori, ed Intagliatori, Procaccini*, foglio non datato; Berra, *L'attività* cit., p. 69; G. Bora, *L'esordio di Giulio Cesare Procaccini pittore e l'anello mancante*, in G. Bora, D. Dotti (a cura di), *Giulio Cesare Procaccini. Ecce Homo: l'anello mancante*, catalogo della mostra, Milano, 2012, p. 20. I documenti sul cantiere sono regestati in H. Brigstocke, O. D'Albo, *Giulio Cesare Procaccini. Life and Work, with a Catalogue of His Paintings*, Torino-London, 2020, pp. 423-424.

6 Il pagamento è in un sommario, datato

24 agosto 1604, che raccoglie in sintesi le spese degli anni precedenti «non compreso la spesa delli ferram.ti entrati nelli stucchi sud[det]ti né il gesso per farli»: tra gli altri, si elencano «li denari pagati al Biffo per li stucchi di due Capelle – L 1539»; per «due modelletti per esse volte pagati al Taurino – L 10», e «sei telari delle Ancone al med[esim]o» (è Giovanni Taurino, coinvolto anche per il coro: V. Forcella, *Notizie storiche degli intarsiatori e scultori di legno che lavorarono nelle chiese di Milano dal 1141 al 1765*, Milano, 1895, p. 51); i «modelletti» potrebbero essere dei modani. Ci sono poi le spese «per fare gl'altri ponti – L 426.7» e i pagamenti a due doratori, Giovan Battista Palearo e Ruggero Monza. Dai fogli successivi si evince che il primo aveva dorato gli stucchi delle cappelle del Fiammenghino, l'altro le ancone. Il sommario è in ASDMi-ASC, *Chiesa*, cart. 16, *Pittura e scultura, Fatture, Suminario de tutte le spese fatte* [...]. Non sono stato in grado di trovare nessun altro riscontro su Goro, forse da avvicinare all'entourage di Biffi. Anche gli stucchi delle cappelle a cui hanno lavorato Cerano e bottega sono già conclusi nel 1604: Venturelli, *Aggiunte* cit., p. 64 nota 15.

7 Su Biffi, ma anche sul significato ampio della parola «disegno» che in questo momento si allarga anche ai modelli in cera, gesso o terracotta, cfr. S. Zanuso, *La produzione in bronzo milanese verso il 1580 e le figure di Annibale Fontana e Francesco Brambilla*, in M. Ceriana, V. Avery (a cura di), *L'industria artistica del bronzo del Rinascimento a Venezia e nell'Italia settentrionale*, atti del convegno, Verona, 2008, in particolare pp. 280-282.

8 ASDMi-ASC, *Chiesa*, cart. 16, *Pittura e scultura, Fatture 1570-1690*, fasc. 7, *A ad Z, Biffi*, 20 luglio 1602. In ASDMi-ASC, *Chiesa*, cart. 16, *Pittura e scultura, Fatture 1570-1690*, fasc. 7, *A ad Z, Conti dei Pittori, Adoratori, ed Intagliatori*, foglio non datato, è presente un elenco dei pagamenti al Fiammenghino dov'è ricordato il saldo a Biffi di 1539 lire «per la fatt[ur]a delli stucchi delle due capelle pinte dal sud[dett]o Rovere».

9 ASDMi-ASC, *Chiesa*, cart. 16, *Pittura e scultura, Fatture 1570-1690*, fasc. 7, *A ad Z, Conti dei Pittori, Adoratori, ed Intagliatori*, foglio non datato: «Per Mandato del 29 luglio 1602 sopra le pitture et oro – L 205».

10 ASDMi-ASC, *Chiesa*, cart. 16, *Pittura e scultura, Fatture 1570-1690*, fasc. 7, *A ad Z, Conti dei Pittori, Adoratori, ed Intagliatori, Procaccini*, 9 luglio 1607.

11 ASDMi-ASC, Amministrazione, *Sedute Registri, 1600-1621*, fasc. 1600-1611, 25 maggio e 13 luglio 1603.

12 Gli affreschi dei Fiammenghini sono però pagati il 27 febbraio 1606 (ASDMi-ASC, *Chiesa*, cart. 16, *Pittura e scultura, Fatture 1570-1690*, fasc. 7, *A ad Z, Rovere*).

13 1140 lire (la stessa cifra data a Cerano, cfr. nota 3) sono pagate a Procaccini per «la fatt.ra delli stucchi di due Cappelle»: ASDMi-ASC, *Chiesa*, cart. 16, *Pittura e scultura, Fatture 1570-1690*, fasc. 7, *A ad Z, Conti dei pittori*. È verosimile che dopo una prima gestione interna alla bottega di Procaccini, il lavoro sia poi stato subappaltato.

14 C.C. Malvasia, *Felsina pittrice. Vite dei pittori bolognesi* (1678), a cura di M. Brascaglia, Bologna, 1971, p. 188. Il confronto tra questi stucchi e sculture di Procaccini è già in A. Morandotti, *Milano profana nell'età dei Borromeo*, Milano, 2005, pp. 239-240, 271, figg. 174-177.

15 ASDMi-ASC Archivio di Santa Maria presso San Celso, *Chiesa*, cart. 1, *Casegiati, In genere, Erezione del Tempio*, fasc. 12/13; devo l'indicazione esatta a Federico Maria Giani.

16 Per la cronologia di queste opere O. D'Albo, s.v. *Procaccini, Camillo*, in *Dizionario biografico degli Italiani*, 85, Roma, 2016, pp. 457, 459-460.

17 Sulla questione, poco o per nulla affrontata nella bibliografia su Camillo che riporta senza discuterla la data 1603 proposta da M. Rosci (a cura di), *Mostra del Cerano*, catalogo della mostra, Novara, 1964, pp. 48-49, F.M. Giani, *Il cantiere decorativo del deambulatorio del Santuario di Santa Maria dei Miracoli presso San Celso a Milano*, tesi di dottorato, Università degli Studi di Milano, a.a. 2014-2015 (tutor G. Agosti), p. 512, con i rispettivi documenti.

18 H. Brigstocke, *Giulio Cesare Procaccini: His Life and Work*, in Brigstocke, D'Albo, *Giulio Cesare Procaccini* cit., p. 15.

19 Per i disegni approntati per gli affreschi delle volte: N. Ward Neilson, *Giulio Cesare Procaccini disegnatore*, Busto Arsizio, 2004, pp. 10-11. Puntualizzazioni recenti sull'uso del disegno da parte dell'artista in B. Spadaccini, *Libri di disegni nella Biblioteca Ambrosiana. Alcuni esempi lombardi tra Cinquecento e Seicento*, in V. Segreto (a cura di), *Libri e album di disegni 1550-1800. Nuove prospettive metodologiche e di esegesi storico-critica*, atti del convegno, Roma, 2018, pp. 47-50.

20 P. Pouncey, *Some drawings by Camillo Procaccini connected with paintings and choir stalls* (1966), in M. Di Giampaolo (a cura di), *Philip Pouncey Raccolta di scritti (1937-1985)*, Rimini, 1994, pp. 96, 107-108, figg. 11-16; uno dei tre disegni per gli stalli del coro di Sant'Ambrogio a Milano (realizzati tra il 1598 e prima del maggio 1602) è stato acquistato dal British Museum di Londra nel 2014 (inv. 2013,7017.8, una scheda aggiornata sul sito internet del museo: <https://www.britishmuseum.org/collection/object/P_2013-7017-8>).

21 I tempi lunghi furono dovuti alla caduta della volta nel 1611 e dalla sua lenta ricostruzione: C. Baroni, *Di alcuni sviluppi della pittura cremonese dal Manierismo al Barocco, II, Panfilo Nuvolone*, «Emporium», 617, a. LII, 1946, p. 233; A. Mosconi, F. Olginati, *Chiesa di S. Angelo dei frati minori*, Milano, 1972, p. 94.

22 Milano, Biblioteca Ambrosiana, Cod. F 238, n. 2064: G. Bora, in *Il Seicento lombardo. Catalogo dei disegni, libri, stampe*, catalogo della mostra, Milano, 1973, p. 35, n. 155. L'uso del disegno come supporto per un accordo scritto ha qualche altro riscontro, come il progetto di Cristoforo Sorte per la sala del Senato nel palazzo dei Dogi di Venezia, ora al Victoria and Albert Museum, inv. E.509-1937. Il disegno a penna, inchiostro e acquerello bruno su traccia di gesso nero è utilizzato come supporto per un accordo siglato il 27 luglio 1578 tra Sorte, lo scultore Andrea Faetino e l'intagliatore Francesco di San Moisè. Sul progetto, quadrettato a lapis per ricavare «disegni e sagome» per gli intagliatori, e sulla complicatissima diatriba tra l'architetto, le maestranze e i proti, di cui il

foglio è l'incipit: W. Wolters, *Zu einem wenig bekannten Entwurf des Cristofero Sorte für die Decke der Sala del Senato im Dogenpalast*, «Mitteilungen des Kunsthistorische Institutes in Florenz», 10, 1961, p. 137; Id., *Architettura e ornamento: la decorazione nel Rinascimento veneziano*, Verona, 2007, p. 273.

23 Per il contratto, reso noto da Costantino Baroni: Mosconi, Olginati, *Chiesa* cit., p. 94; G. Berra, *Appunti per le biografie di Camillo Procaccini e Panfilo Nuvolone*, «Paragone. Arte», 46, a. LIII, 2002, p. 74.

24 Per Pallanza: P. Imbrico, *Contributo alla cronologia di Camillo Procaccini: un contratto inedito*, «Bollettino storico per la provincia di Novara», 38, 1947, pp. 135-143; I. Teruggi, *Repertori tra lo stucco e il legno*, in M. Dell'Omo, S. Borlandelli, M. Caldera (a cura di), *Scultura lignea nella diocesi di Novara. I tempietti eucaristici*, atti del convegno, Torino, 2020, p. 119.

Per la cappella in San Francesco Grande a Milano, dove la decorazione in stucco doveva essere eseguita «conforme al disegno» fornito da Ercole e Camillo Procaccini: S. Cassinelli, *Camillo Procaccini nella cappella della Vergine delle Rocce*, «Nuovi Studi», 11, a. IX-X, 2004-2005, p. 202.

25 Questo vale in molti casi documentati. Un esempio ben indagato è la decorazione a stucco di palazzo Capodiferro a Roma, dove sono coinvolti Giulio Mazzoni, Leonardo Sormani e Tommaso del Bosco: R. Cannatà, *Novità su Giulio Mazzoni, Leonardo Sormani, Tommaso del Bosco e Siciolante da Sermoneta*, «Bollettino d'arte», 70, a. 76, 1991, p. 102 nota 8; S. Quagliaroli, *Colore, stucco, marmo nel Cinquecento. Il percorso di Giulio Mazzoni*, Roma, 2022, pp. 63, 167, doc. 5. Così anche per il disegno di Carlo Maderno per il soffitto ligneo della navata di Santa Susanna a Roma: più che una «rappresentazione ad uso del cantiere», è un progetto siglato che doveva essere allegato al contratto (pure conservato): E. Pallottino, in M. Kahn-Rossi, M. Franciolli (a cura di), *Il giovane Borromini. Dagli esordi a San Carlo alle Quattro Fontane*, catalogo della mostra, Milano-Ginevra, 1999, p. 322, n. 171. Per stare in terre lombarde, si possono citare i disegni di Giulio Campi per la decorazione dell'abside del duomo di Lodi (1567) e per l'ancona del Santissimo Sacramento nel duomo di Cremona (1569), alla quale lavora un'*équipe* che comprendeva, per gli stucchi, Giovanni Battista Cambi detto il Bombarda: M. Marubbi, *Giulio e Antonio Campi e la decorazione dell'abside del duomo di Lodi*, in G. Bora, M. Zlatohlávek (a cura di), *I segni dell'arte. Il Cinquecento da Praga a Cremona*, catalogo della mostra, Roma, 1997, pp. 65-74; M. Tanzi, in Id. (a cura di), *Disegni cremonesi del Cinquecento*, catalogo della mostra, Firenze, 1999, pp. 64-66, fig. 29. È il caso anche di diversi progetti per gli altari genovesi seicenteschi in cui sono coinvolti architetti, capomastri e botteghe luganesi: F. Lamera, *La scultura per la "macchina" d'altare*, in *La scultura a Genova e in Liguria*, II, *Dal Seicento al primo Novecento*, Genova, 1988, pp. 102-127.

26 Pracchi, *Tecnologia* cit., p. 36; la citazione (p. 68, n. 22) viene dal patto tra lo stuccatore Giovanni Battista Bianchi di Moltrasio e le monache del monastero di Santa Margherita a Como, datato 25 maggio 1649.

27 G. Romano, *Artisti alla corte di Carlo Emanuele I: la costruzione di una nuova tradizione figurativa*, in Id. (a cura di), *Le collezioni di Carlo Emanuele I di Savoia*, Torino, 1995, p. 48; il disegno, a inchiostro bruno, acquerello giallo, azzurro e biacca, mm 263 × 196, è alla Biblioteca Nazionale di Torino (q.BC.42/II, n. 26). È una traccia utile per circoscrivere il gusto per la policromia, e soprattutto per l'accostamento oro-azzurro o giallo-azzurro, che si ritrova in diversi apparati decorativi a stucco tra fine Cinque e primo Seicento; per altri confronti sul territorio piemontese: C. Goria, *L'immagine della «città ducale» tra tarda maniera e naturalismo moderno*, in G. Romano, G. Spione (a cura di), *Cantieri e documenti del Barocco. Cuneo e le sue Valli*, catalogo della mostra, Savigliano, 2003, pp. 42-44; E. Ragusa, *La decorazione a stucco*, in F. Novelli, R. Vitiello (a cura di), *San Lorenzo a Camerano Casasco. La chiesa e la sua decorazione a stucco*, Torino, 2010, pp. 39-49.

Oggi sappiamo che l'apparato di Vicolungo è già terminato all'inizio del 1602, quando il saldo per questi lavori è ritirato da Giovanni Francesco Panigate, fratello dello stuccatore Giovanni Battista, defunto da poco: I. Teruggi, *Repertori tra lo stucco e il legno*, in Dell'Omo, Borlandelli, Caldera (a cura di), *Scultura* cit., p. 122.

28 Da qui in poi, per cronologie, confronti e immagini, laddove non specificato, mi riferisco a M. Romeri, *Il percorso di Alessandro Casella dalla Valtellina al Valentino*, Torino, 2022.

29 S. Coppa, *Un dipinto poco conosciuto di Gaetano Gandolfi e alcune aggiunte per l'arte del Settecento in Valtellina*, «Arte lombarda», 73-75, 1985, p. 112, e la trascrizione del documento a p. 117; A. Corbellini, *Indagini su sei secoli di storia*, in *La chiesa della Madonna di Campagna*, Ponte in Valtellina, 1993, pp. 34-35.

30 Gli anonimi artisti che hanno lavorato nella chiesa di Morcote tra il 1589 e il 1595 hanno plasmato due ancone a tre scomparti che dialogavano con la macchina marmorea dell'altare maggiore, scolpita da Tommaso Rodari nel 1500 e oggi perduta. Dell'ancona marmorea tripartita dell'antico altare maggiore si conservano solo le statue maggiori: L. Calderari, S. Valle Parri, *Rinascimento in Santa Maria del Sasso a Morcote: la cappella maggiore tra Quattro e Cinquecento*, «Zeitschrift für schweizerische Archäologie und Kunstgeschichte», 66, 2009, 1, pp. 45-76; M. Moizi, *Tommaso Rodari e il Rinascimento comasco. Un'indagine sul cantiere del Duomo di Como tra XV e XVI secolo*, Mendrisio, 2020, pp. 171-175. Sulle ancone in stucco: M. Uccelli, A. Felici *et al.*, *Gli altari in stucco delle cappelle della Madonna del Rosario e di San Giovanni Battista*, in P. Iazurlo, G. Jean (a cura di), *La chiesa di Santa Maria del Sasso a Morcote. Studi e restauri*, Bellinzona, 2022, pp. 135-146.

31 Per un sunto sulla questione, con riferimenti bibliografici: G. Scaramellini, *«Et è ormai Chiavenna fatta una Genevretta, et minaccia a Italia». Mercanti e "libertà retica": riformati ed eterodossi sulle vie d'Oltralpe nel XVI secolo*, «Storia economica», 1, a. XVII, 2014, pp. 43-84; Id., *L'insurrezione valtellinese contro le Tre Leghe e la strage dei Riformati nel 1620: «per rispetto di religione» o per «interesse dello stato»*, «Archivio storico lombardo», a. CXLVI, 2020, pp. 103-153.

32 Cfr. A. Griseri, *L'immagine ingrandita. Tesauro, il labirinto della metafora nelle dimore ducali e nel Palazzo della Città*, «Studi piemontesi», 12, 1983, pp. 70-79, in particolare p. 72.

33 Cfr. *supra*.

34 A una data posteriore al 2 gennaio 1629 sono restituiti al «magister» Agostino Pellegalli, responsabile della fabbrica, «L 188 s – 6 imperiali datte alli stuccatori a conto dell'indoratura dell'ancona di San Martino»; e ancora, da legarsi forse al documento citato precedentemente: 40 lire il «primo aprile speso in molte foglie d'oro per indorare il stucco intorno ai reliquiari», e ancora il 22 dello stesso mese 45 lire e 2 soldi «per indorare il stucco de reliquiari». La trascrizione dei documenti in A. Corbellini (a cura di), *Appendice documentaria*, in V. Dell'Agostino (a cura di), *Arte e fede in Valtellina. Sette secoli di storia nella chiesa di San Martino a Castione Andevenno*, Sondrio, 2019, pp. 306, 309, docc. 8, 12.

35 L'uso delle *piöde*, generalmente impiegate nelle coperture dei tetti, è notato per la prima volta da L. Aliverti, A. Felici, G. Nicoli, *L'attività degli stuccatori ticinesi Alessandro Casella e Bernardo Bianchi in Valtellina*, in Dell'Agostino, *Arte* cit., p. 135; ringrazio anche Giorgio Baruta e Simonetta Offredi per la loro relazione, oltre agli scambi di informazioni sui restauri effettuati tra maggio e agosto 2021.

36 Cfr. Aliverti, Felici, Nicoli, *L'attività* cit., p. 138.

37 La data affianca la firma del pittore: «ALESANDER CASELA EX | PIETATE HOC OPUS | INTERNUM FECIT 1640»: si deve aggiornare quanto è in Romeri, *Il percorso* cit., p. 138, doc. 46. Sull'aggiustamento cronologico e gli stucchi del santuario di Carona: M. Caroselli, A. Felici, M. Romeri, *Alessandro Casella alla Madonna d'Ongero di Carona: note su stile e tecnica*, in pubblicazione.

38 Si veda <https://restadistucco.ch/it/opere/santuario-della-madonna-d-ongero.tec>.

39 G. Dardanello, *Memoria professionale nei disegni dagli Album Valperga: allestimenti decorativi e collezionismo di mestiere*, in G. Romano (a cura di), *Le collezioni di Carlo Emanuele I di Savoia*, Torino, 1995, p. 130.

40 I disegni, alla Württembergischen Landesbibliothek di Stoccarda, sono presentati in U. Seeger, *Dekorationsentwürfe von Carlo Lurago für Schloss Náchod unter Fürst Ottavio Piccolomini*, «Zeitschrift für Kunstgeschichte», 70, 2007, pp. 89-112. Sulle pratiche del disegno nei cantieri romani di Maderno sono importanti le schede di E. Pallottino, in Kahn-Rossi, Fanciolli (a cura di), *Il giovane* cit., pp. 322-326, nn. 171-175, ma anche A. Bortolozzi, *Two drawings by Giovan Battista Ricci da Novara for the decoration of the portico of new St Peter's*, «The Burlington Magazine», 1296, 2011, pp. 163-167.

41 G.P. Lomazzo, *Trattato dell'arte della pittura, scoltura et architettura* [1584], in Id., *Scritti sulle arti*, II, a cura di R.P. Ciardi, Firenze, 1974, p. 139. Si possono citare anche Annibale Fontana o Giovanni Andrea Biffi, quest'ultimo è stuccatore ma anche fornitore di modelli in cera per scultori e fonditori.

42 G. Dardanello, in M. di Macco, G. Romano (a cura di), *Diana trionfatrice. Arte di corte nel Piemonte del Seicento*, catalogo della mostra, Torino, 1989, pp. 284-285, nn. 304-306, aggiunge altri tre fogli, evidenziando per primo la presenza di una numerazione progressiva: il numero più alto è un 48. Tra i tre anche la sanguigna, mm 180 × 165, già in una collezione Franchi, passata a un'asta Finarte (n. 656, 25 ottobre 1988, lotto 84) come scuola romana del XVII secolo **(fig. 17)**. A questo gruppo ho avvicinato un altro disegno (numerato 41) segnalatomi da Sara Martinetti: Romeri, *Il percorso* cit., pp. 69-71.

43 Al gruppo va accostato anche il *Cartouche* a sanguigna, già collezione Neerman come quello numerato 41 (cfr. alla nota precedente), in P. Fuhring, *Design into art. Drawings for Architecture and Ornament. The Lodewijk Houthakker Collection*, I, London, 1989, p. 52, n. 23, come Italian School.

44 M. Romeri, *Il percorso* cit., pp. 39-40.

45 A. Griseri, *Una cornice, un giardino per la festa nell'Europa delle corti, tra Parigi e Torino*, in M.G. Bernardini (a cura di), *Studi sul Barocco romano. Scritti in onore di Maurizio Fagiolo dell'Arco*, Milano, 2004, p. 177.

46 Cfr. Dardanello, *Memoria* cit., in particolare pp. 130-131.

Materials and Constructions: *Stuccatori* at Work in Basso Ceresio. Archival Sources and Material Evidence

Giacinta Jean, Alberto Felici

In describing the special skills that, since the early seventeenth century, had made the *stuccatori* of the Basso Ceresio[1] so sought after for all the major European construction sites, we must first understand how they worked, with what materials, the working times, and their technical skills. This is research that requires an interdisciplinary approach, in which historical data from the archives is interlinked with direct observation of the projects, conducted by a conservator able to read the material, and by a contemporary stucco master who understands the challenges in shaping such ductile mixtures, using traditional procedures and materials. Finally, the role of the scientific expert is also indispensable in validating the hypotheses concerning the composition of the mortars and their use, as these are formulated in the course of the observations.[2]

Entry into deeper understanding of the art of stucco also requires familiarity with the technical terms found in the notes on supplies to construction sites, and in contracts relating to the assignment of work. Documents kept in parish archives (contracts, lists of materials, payment notes) are invaluable sources.[3] In their study, however, one immediately encounters a difficulty: it is not always possible to establish a direct relation between the archival sources and the works to which they refer. In some cases, precise and very detailed writings correspond to works that are so well preserved that they cannot be seen in all their multi-layered complexity, or to decorations heavily restored or reworked over time. In confronting the distance between words and things, dialectical dictionaries also provide important aids.[4]

The indications found in the art and architectural treatises of the time lack detail about the way of making stucco. Even in a text as faithfully descriptive as that of Jean-Baptiste Rondelet,[5] for example, reference to certain details, such as the use of hemp and rope – seen as a recurring element in the making of these decorations – is completely absent (their use is only described by Francesco Carradori).[6] To understand the meaning of the written terms it is essential to observe the works, paying special attention to cases where losses in the modelling reveal structural details. In these, it becomes possible to observe the masonry support structures, the metal anchors (sometimes protected by thin cordage or cloth), the strata of the thick body layers, and the white finishes of lime and marble dust. Direct and close comparisons between written sources and works offer a fundamental working method, especially in the systematic analysis of documents and works that refer to the same territorial, artistic and temporal context.

Our research has dealt in particular with works made by Agostino (1628–1706) and Gianfrancesco Silva (1660–1738), in the area comprising Basso Ceresio, Lake Como and Valtellina.[7] The examples cited here are case studies that relate to a restricted geographical area and a well-circumscribed historical period. The conclusions drawn have broad value, however, since they represent the potential of current research methods and illustrate a working situation and workshop organization that can also be found, with some variations, in other contexts.

The Relationship Between the Commissioners and *Stuccatore*: Specifications and Contracts

The work carried out in 1691 by Agostino Silva, for the decoration of the Chapel of Sts Anthony Abbot and Francis in the parish church of Domaso, is accurately described in the sources, and provides an excellent starting point for understanding the process by which stucco works were made, and the peculiarities of the materials used (fig. 1). The detailed register of accounts is exclusively dedicated to this work: the data are not confused, as is so often the case, with those for the purchase of candles or for alms received, or even worse, for other works carried out in the church over the same time. Given such records we can follow, day by day, how the work of the *stuccatori* proceeded, the involvement of other workers and artists, and understand the quantities, origins and costs of the materials used.[8] Equally exceptionally, the presence of the *stuccatori* is also indicated, with precise records of arrivals and departures. These circumstantial records facilitate further comparisons in our research and form a solid basis on which to secure other data, often fragmentary, but which concern projects executed in the same years, on the same territory, often by the same workers.

The chapel in Domaso parish church is modestly sized – the space measures about 8 metres in height, 2.5 meters in depth and 4.5 meters in width – but this is consistent with the average size of the spaces these *stuccatori* were called to decorate (figs. 2-3). The contract between the patrons and Agostino Silva, then a sought-after artist of proven skill, was signed on 19 September 1691. Silva promised to carry out the decoration according to the drawing, most likely made by himself, which was countersigned by the Father Guardian for acceptance. As recompense, the artist was to receive 102 scudi (equivalent to 612 lire) which was to be paid, as usual, one third at the beginning, one third in the middle and one third at the end of the work. The decoration of the chapel was completed in several stages between 1691 and 1692,

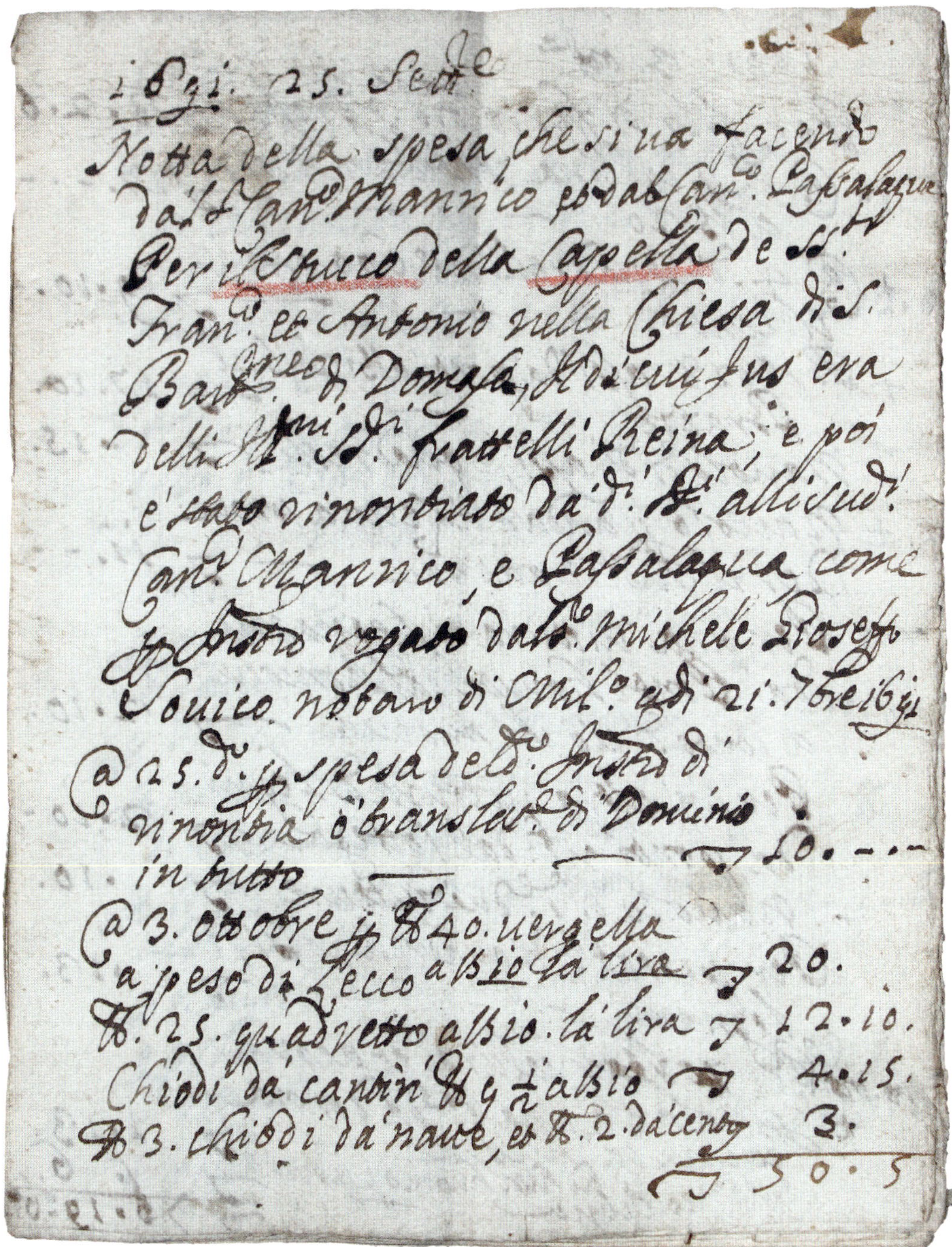

fig. 1
Domaso (Como), Church of San Bartolomeo, Parish Archive, Cartella ex-Matrimonialia, 'Note of expenses being made by Canonico Manrico and by Canonico Passalaqua for the stucco of the Chapel of Saints Francis and Anthony in the Church of San Bartolomeo of Domaso […]', 25 September 1691.

with the *stuccatori* actually being present on-site for about ninety days (allowing for some absences and a long winter break).[9] The work was carried out directly by Agostino, aided by a worker and his son Gianfrancesco, who was left with orders when Agostino departed to guide other construction sites. In Civo in Valtellina as well, the accounts register for 'adorning with stucco the chapel of the Madonna in the Church

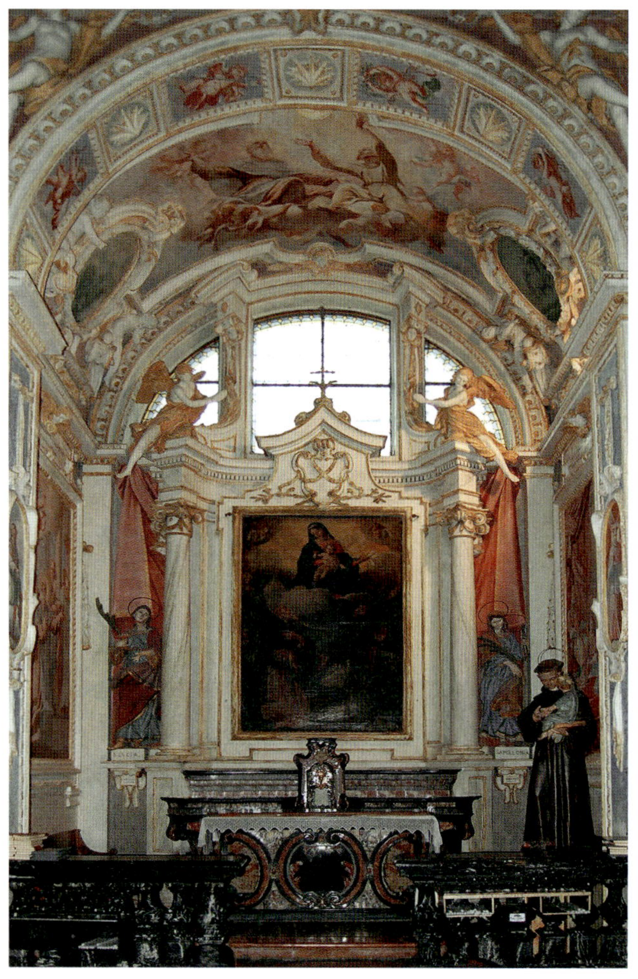

fig. 2
Agostino Silva, stucco decoration; Agostino Silva, wall paintings, 1691-92. Domaso (Como), Church of San Bartolomeo, Chapel of Sts Anthony Abbot and Francis.

of Sant Andrea' allows us to reconstruct the working days of Agostino and his son.[10] Work begin on 30 August and was finished on 29 November 1695. The father opened the building site, then worked with his son for fourteen days; subsequently, the two alternate their presence on site over about the same number of days (in three months, the father and son registered a total of 109 days).

In Domaso, the patrons undertook to provide all the materials needed for the work; to pay the masons for the work 'that needs to be done' and for scaffolding; to pay a *garzone*[11] to crush the gypsum; and to prepare the material for the *stuccatori*; and finally to supply wine and lodging – a 'house with its beds' – for Silva and his team throughout the work. These documents sometimes mention tools for plastering or building work. Notes are found on the purchase of paint brushes and sieves required to sort the aggregate by grain sizes,[12] and orders to the carpenters for the '*modeni*', or profiles, for establishing the shapes of the frames, and the moulds for serial decorations.[13] The wooden and metal spatulas for working the stucco, on the other hand, are never mentioned: these were evidently part of the valuable personal baggage always carried by each *stuccatore*.[14]

The conditions contained in this contract are largely repeated in the documents consulted in other cases, indicating that the practices were fairly widespread. In 1683, among the papers relating to the apsidal semi-cupola of Careno parish church, the materials that the *stuccatore* would use are also indicated in a comprehensive 'shopping list'.[15] In fact, reference is often made to 'notes' of materials delivered by the *stuccatore* to the clients, but no trace of them remains in the archives. In the case of Careno, the commissioning party, represented by the men of the community, was obliged to administer to the said Silva all the materials that shall be needed for said work, that is, lime poured as it should be, fired and crushed gypsum, marble powder and irons, and other items that will be needed for serving of the said work as may additionally be necessary to give to the mason, both for making the scaffolds, and for masonry of the altar and plastering in accord with what will be needed, and as the works go on they are obliged to give a Garzone to serve, as also beds and rooms and wine.[16]

From these 'shopping lists', we know that the materials necessary for the execution

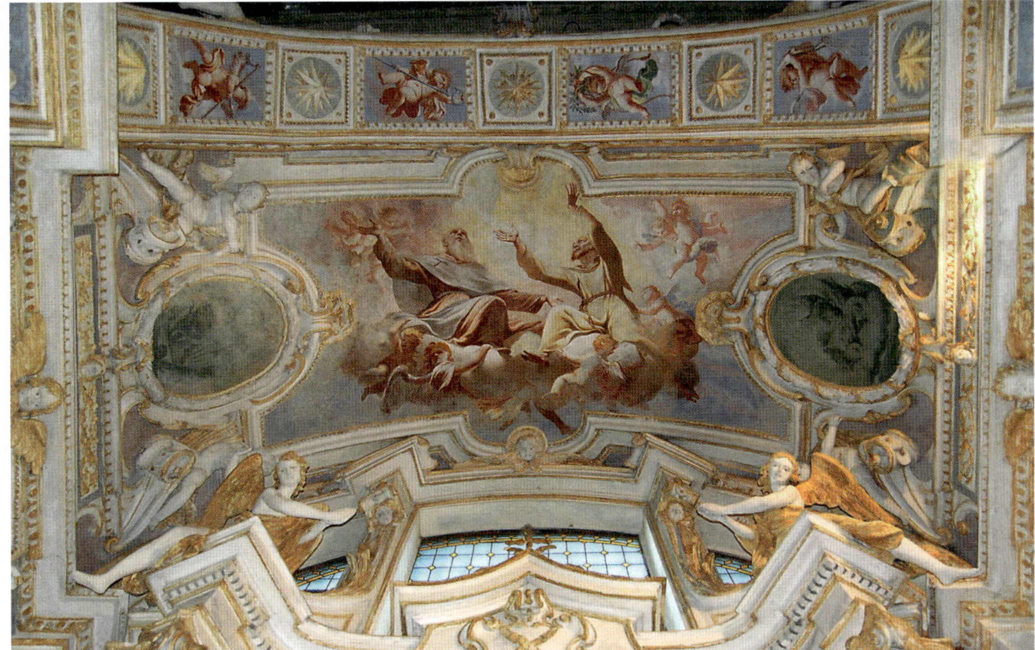

fig. 3
Domaso (Como), Church of San Bartolomeo, Chapel of Sts Anthony Abbot and Francis, vault.

of a stucco decoration are then 'marmoro et gieso, chalcina et quatrei et sabion et ciodi' (marble and gypsum, lime and bricks and sand and nails),[17] and finally wine, both for the *stuccatore* and also for all the workers.

Purchase of Materials and Sources of Supply

After the contract was signed, the community of Domaso immediately purchased large quantities of materials, probably according to precise instructions received from Silva.[18] In this case the procurement markets were in Lecco, especially for ironwork, and in Como for all building materials (bricks, plaster, marble powder, lime) and more refined ingredients such as pigments and gold. However, this long-distance procurement was not common practice: in fact, at the contemporary construction site of Vercana, not far from Domaso, iron was purchased from local craftsmen and paid with many years of delay.[19] Lime, on the other hand, was loaded in Gravedona, probably produced there by burning limestone from outcrops just above the village.

The construction sites of Basso Ceresio alternated purchasing between the Como building market, especially for marble and gypsum,[20] and that of Riva San Vitale, an important centre for production and sale of bricks, and also lime.[21] The kilns used for the flourishing activity of brickmaking were in fact also used for making lime, by firing the dolomitic limestone available in the area.[22] Near Riva San Vitale, the Bissone kilns are also recorded, from which bricks were purchased,[23] while large 'quadroni di pavimento' (brick floor tiles) came from Coldrerio. For the construction sites of Villa

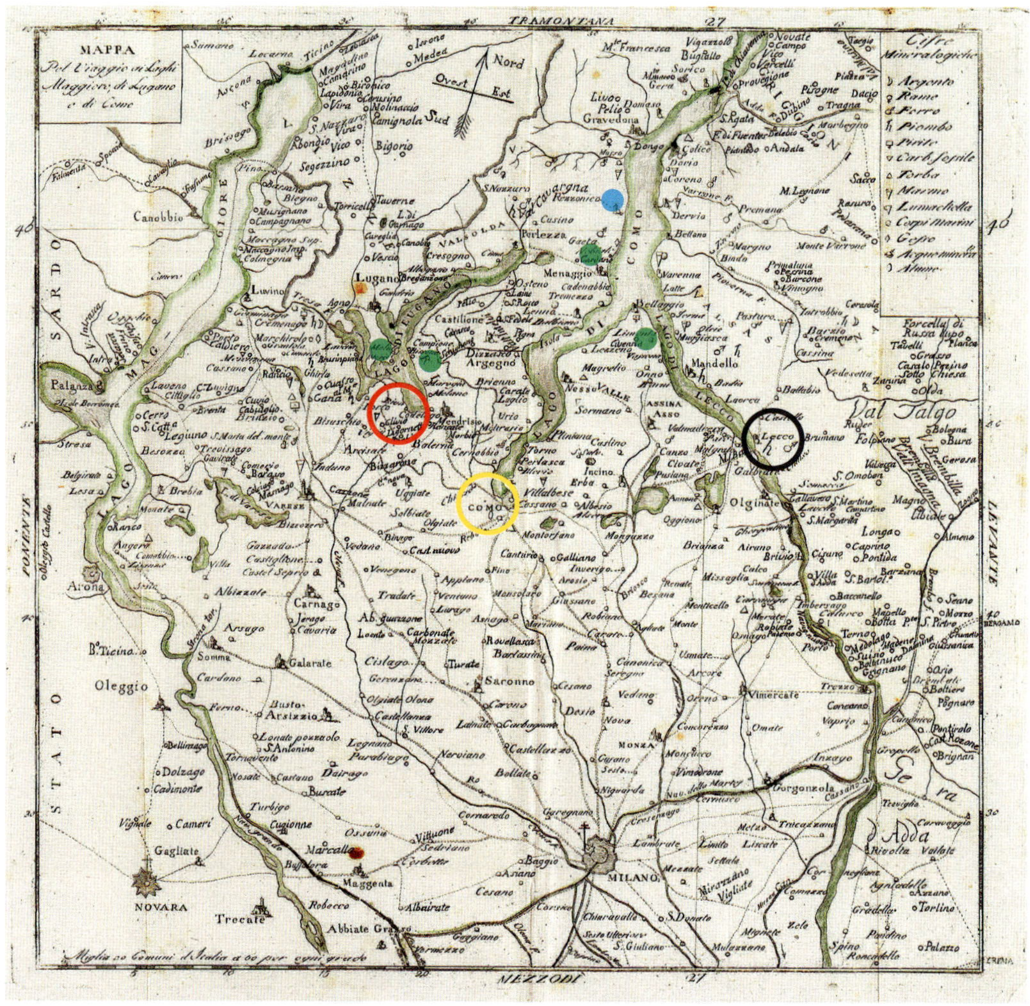

fig. 4
Provenance of materials. In red (Riva San Vitale): brick and lime; in green (Melide, Arogno, Nobiallo, Limonta): chalk quarries; in blue (Musso): Musso marble quarry; in black (Lecco): iron; and in yellow (Como): gold, pigments and special materials. Map from C. Amoretti, *Viaggio da Milano ai tre laghi di Lugano e di Como, e ne' monti che li circondano* (Milan, 1801).

Coldrerio and Castel San Pietro, lime was also bought from the kiln at Cantone (one note mentions this as a place between Riva and Rancate) (fig. 4).[24]

Sometimes gypsum and marble were bought directly from the nearby quarries, respectively of Nobiallo and Musso. The former, with 'a few veins of specular gypsum, which serves for good works in *scagliola*', were described by Carlo Amoretti in the early nineteenth century, along with the Limonta quarries (south of Bellagio).[25] In addition to these two places, from which a 'compact lithoid grey' gypsum was obtained, Johann-Friedrich Blumenbach also mentions the 'lamellar pink gypsum' of Melide and the 'beautiful silky fibrous gypsum' of Rogno (Arogno) above Campione.[26] The area between Lugano and Como is thus rich in gypsum, but in the documents consulted the only direct reference for a place of supply is to Nobiallo.

Transportation was facilitated by the presence of the lake, subject to payment of the 'navolo', a term for 'money paid to go from one shore to the other'.[27] Sometimes this term is also used in the broader sense, of general transport of goods. Payments for the purchase of materials are often accompanied by payments for their transport: from Riva San Vitale to Castel San Pietro the transport costs almost 2½ lire per wagon, a not insignificant sum (corresponding to about two days of work by a wagon boy) to travel just under six kilometres.[28] Indeed, it was not uncommon for the cost of transportation to almost match the cost of the materials transported.

More rarely, some of the materials may be given as alms. Several donations of materials appear in the parish register of Chiuro (Sondrio) (with amounts marked as income, not expenditure) and a person being paid to estimate them.[29]

Instead, materials were more often purchased from dealers. For example, in 1712 'il sig. Grosso mercante in Lugano' was paid on several occasions,[30] and the Gentilino registers often mention a certain 'madona Petronilia di Lugano', who received payments for plaster and marble dust.[31] In Origlio, for the stuccoes of the church of San Vittore a certain 'Tribuletto di Lugano' is noted for the balance of a 'list' of materials,[32] while in Torricella the prior was paid for his days in Lugano, probably to go to a dealer, who would supply the materials needed for making the stucco altar.[33]

Bricks

Bricks, called *quadrelli* or *pianelle*[34] depending on size, were used to build the altar wall supports, the pilasters, the entablature, and to provide a solid structure for all the projecting elements, both of the architecture and the decorative apparatus. The *pianelle* in particular (small thin paving slabs), were well suited for execution of the different profiles of the decorations.

The documents do not indicate the dimensions of these elements. In the construction

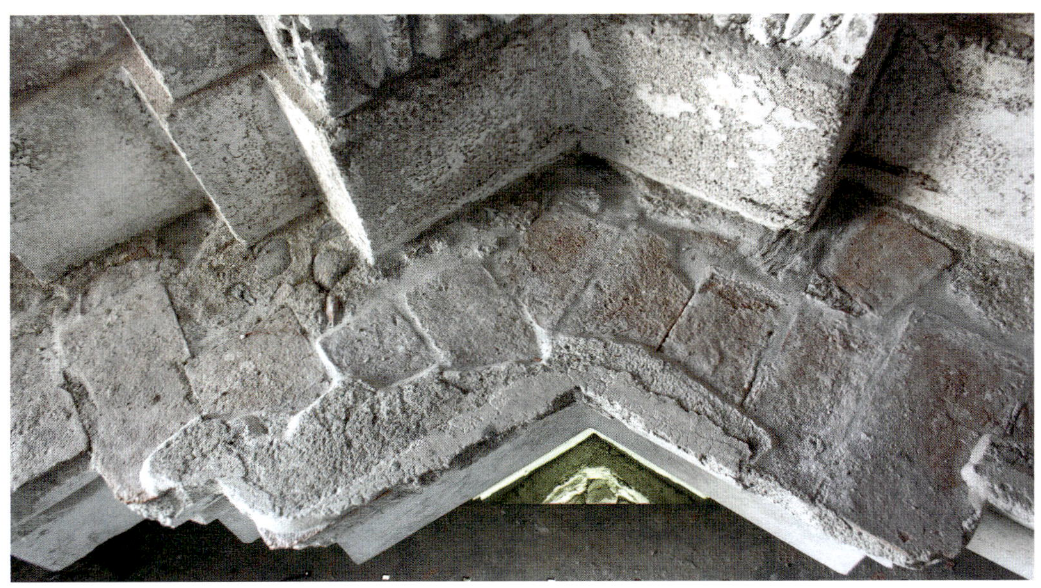

fig. 5
Cavallasca (Como), Imbonati Oratory, overhang of the upper cornice.

figg. 6a-b
Cavallasca (Como), Imbonati Oratory, base of the pillars.

fig. 7
Examples of friezes and cornices of buildings constructed with moulded bricks . From A. Capra, *Nuova architettura civile e militare* (Bologna, 1683, book II, p. 86).

figg. 8a-b
Cantù (Como), Church of the Transfiguration, round bricks used for more rapid shaping of the volutes of the column capitals.

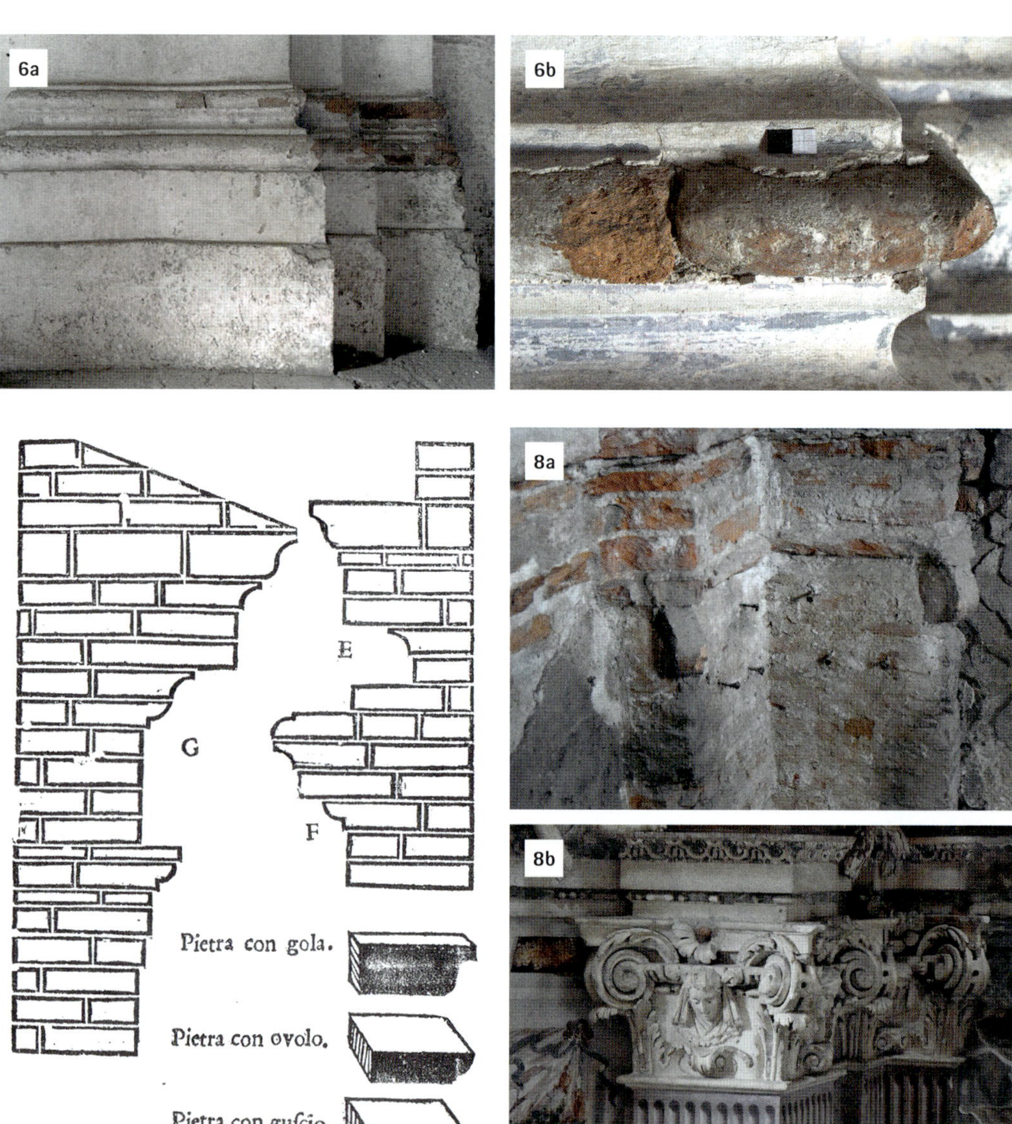

of the overhang of the upper cornice of the Imbonati Oratory in Cavallasca, two types of bricks were found, both 4.5 centimetres thick but of two distinct lengths and widths: some 24 × 13 centimetres, others 33 × 17 (fig. 5).[35]

The better the profile of the supports matched the final one, the easier and faster was the work of the *stuccatore*. For this reason, both in direct observation of the works and the references in treatises (and at Valenza also in archival documents),[36] we see torus (with a rounded end) bricks used in the bases of pillars, to guide the application of the stucco on the moulding, and round bricks for more rapid shaping of the volutes of the column capitals (fig. 6a-b, fig. 7, fig. 8a, 8b).[37] More often, however, the definition of the forms to be finished with stucco was improvised, using the available

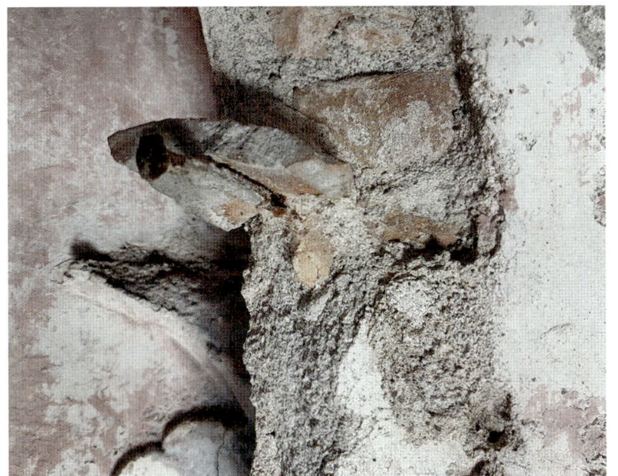

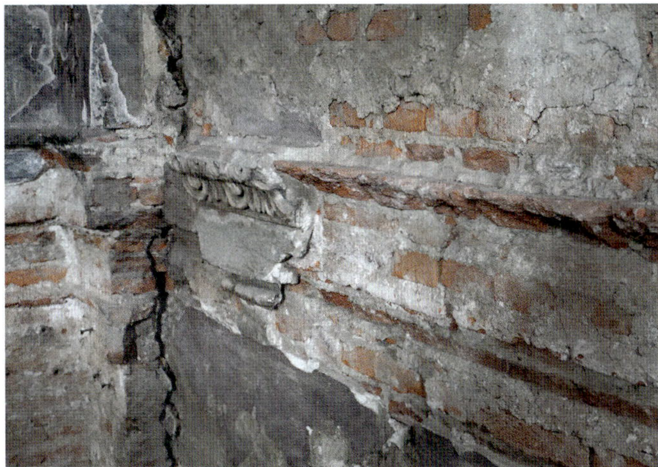

materials in the most ingenious way; see, for example, the acanthus leaves of the capitals of the Imbonati Oratory in Cavallasca, built with a curved piece of tile, to achieve the concave projection, attached to the masonry with a large nail (fig. 9).

If necessary, the edges of the bricks were smoothed with a small hammer. This was done before placing them, in cases where the brick would be completely bedded in mortar,[38] or afterwards, in cases where the edges remained exposed (fig. 10). Cherubini describes this typical process as 'scartà il quadrell' or 'smussà il quadrell' (trimming or rounding the bricks). Observations at Cavallasca and Cantù revealed that the bricks of the top cornice had been chamfered to create a groove, but no comment on this operation has been found in the archival documents, probably because it was a part of all those works performed by the apprentice who assisted the *stuccatore* in his operations.

The documents – between about 1650 and 1700 – indicate highly variable brick costs, probably dependent on the economic situation, the size and quality of the bricks (new, salvaged, well-fired or defective), and perhaps also on the quantity of the supply.[39] The cost of the flat tiles, on the other hand, is decidedly higher: the 160 'quadroni di pavimento' arriving at Castel San Pietro from Coldrerio in 1690 cost 5 lire (meaning 3 lire and 6 soldi) per hundred, and the 'tavelle' ('pianelle', flat tiles) that arrived at the church of Domaso in 1691 cost just under 3 lire per hundred: prices about twice as high as simple bricks.[40] Some documents also report how many bricks were needed. For the structure of the altar and the core of the statues of the Chapel of the Blessed Virgin in Valenza Cathedral, the purchases were: 1700 stones (bricks), 400 *pianelle*, 100 *tavelloni*, 100 *quadroni* and 10 *quadroni da scala* (shaped elements perhaps used for the entablature).[41]

fig. 9
Cavallasca (Como), Imbonati Oratory, the acanthus leaves of the capitals built with a curved piece of tile to achieve the concave projection.

fig. 10
Cantù (Como), Church of the Transfiguration, upper architrave.

Lime

The documents do not suggest any particular attention to the selection of types or qualities of lime. Analyses of mortar samples showed that in the vast majority of cases a magnesian lime was used, produced by firing local white dolomites.[42] In the stuccoes of the church of Madonna del Soccorso in Ossuccio (Como), Agostino Silva, unlike his usual practice, used a calcic lime.[43] A few years earlier, in the same church, another *stuccatore* had instead used a magnesian lime – the most common and widespread for the area – an indication of how easily these artists could use one material or another.[44]

Often, lumps of quicklime arrived on site: these were lighter and easier to transport than slaked lime. The documents always refer to the material as 'calcina', indiscriminately for both limestones, quicklime and slaked lime.[45] Lump lime, called 'calcina sutta', is measured in volumes of *carra*[46] ('wagons'), in *centenara*,[47] or by *peso*,[48] recalling that the units of measurement encountered in our study area were not always the same as those used in Valtellina or the rest of Lombardy.

Between 1669 and 1691 the cost of lime seems stable: in 1669 in Morbio Inferiore, eight *centenara* of lime from nearby Riva (San Vitale) are paid 1 lira and 5 soldi per *centenaro*; [49] in 1691 in Domaso (supply of 3 October) lime costs 20 soldi (equal to one lira) per *centenaro*.[50]

When slaked lime is bought, the *brenta*, a unit of measurement for liquids, is used instead.[51] In March 1677, the parish church of San Carpoforo in Bissone paid one Giuseppe Vassallo of 'Rippa' (Riva) the amount of 60 soldi for 30 *brente* of calcined lime.[52] From 1697 to 1699, *calcina bagnata* (slaked lime) arrived at the Chiuro construction site on several occasions and was paid at 5 soldi per *peso*,[53] while quicklime, arriving from Malenco, was paid at 9 soldi per *peso* (i.e. almost double the amount for slaked lime).

Once the lump lime arrived at the site, it was immediately slaked, or rather, 'bagnata e colata' ('wetted and poured') (fig. 11).[54] This operation was done by *garzoni* or unskilled personnel: in Domaso a woman and man were paid a day's work for bringing water and lime and 'pouring' it, and on 12 October two men, Cierlé and Scotto, were paid 'for bringing *calcina* to be wetted to best work.' In 1688 at the Castel San Pietro worksite, water arrives (inexplicably) from Vigino (1.2 km away) with a 'vasello de l'acqua' a water barrel that first required repair.[55] The records for 1688 and 1690 show payments for transport to wet three wagons of lime and 'spazzar la fossa' (literally 'sweep the pit'): each operation requiring 15 'cars' of water.[56] Wetting a wagon of *calcina* necessitated about two days' work by a labourer and thus a cost of about 2 lire. In 1688, to 'wet and pour the *calcina*', a 'navassia'[57] was borrowed from the nearby hamlet of Gorla (in 1690 the loan was from Villa). Borrowing this vessel, a tool therefore probably not available in all work-yards, seems to be a fairly common practice. In Chiavenna, for example, there is mention in 1696 of the use of a borrowed 'navascia', which again needed repair prior to use.[58]

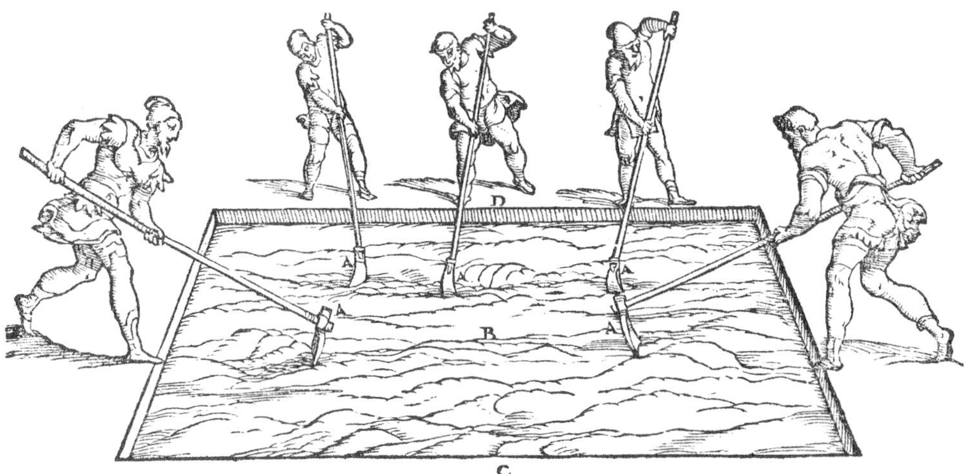

fig. 11
Lime slaking in a pit in the ground. From G.A. Rusconi, *Della Architettura* (Venice, 1590, book VII).

Another term often found used in connection with lime is *spazzare*, understood to mean 'to empty and remove',[59] or to keep the yard in order, as is mentioned at Domaso where there is an expense for 'two days from a labourer, the one to crush the marble, the other to serve to make mortar and other and to *spazzare* the wet lime, and to carry it to the church.'[60]

In Domaso, lime is bought in early October and slaked immediately, then used in May, after about eight months of seasoning. Treatises confirm this time frame as good practice, although for finer finishes, the authors urge the use of lime seasoned for as much as several years.[61] According to these sources, the older the lime the easier it is to work, and the more durable it makes the stucco.[62]

The Domaso worksite notes also point out that there was a lime pit in the town piazza, from which lime was used on two occasions. On 11 June 1692, 7 *berlini* of lime were supplied.[63] Work was being completed at that time, so it can be assumed that the lime was taken directly from this pit either because only a small amount was required, or because well-seasoned material was needed in order to prepare the base plasters for the wall paintings, the so-called 'molta' for the painter. The slaked lime was transported from the piazza to the church by *barella,* or wheelbarrow. Lime *fosse* (pits) must have been quite common in built-up areas: eighteenth-century descriptions and estimates for three Odescalchi houses in Como describe a 'foppa della calcina', a 'sitto detto [place called] la foppa della calcina' and a 'luogo per [place for] la calcina'.[64] Lime was usually slaked in the open air, which makes an exception notable: in 1696 in Chiavenna, in order to 'pour' the lime for the decoration of the church of San Bartolomeo, the sand stored in the old sacristy was removed 'so that the lime can be made to be wetted in the said sacristy'.[65]

Lime was not always available on the market: in the winter of 1721, Gianfrancesco Silva supervised the completion of the construction of a granary on behalf of the Odescalchi family and warned the commissioner that he was unable to get lime because 'the kiln-masters of Riva have not fired this month'.[66]

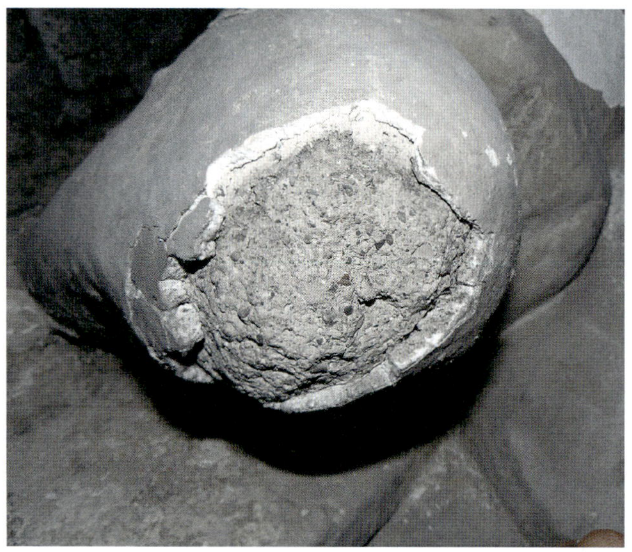

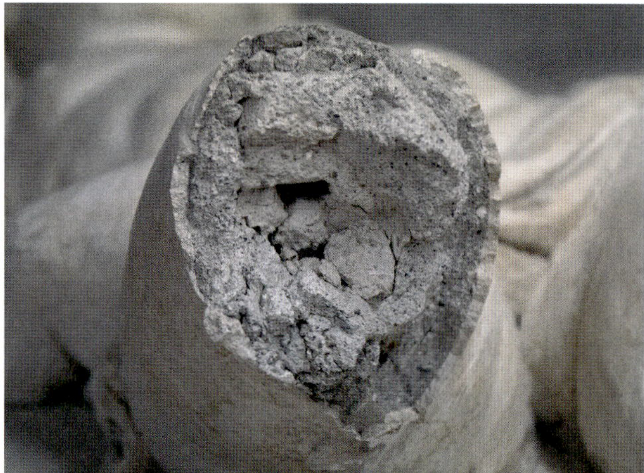

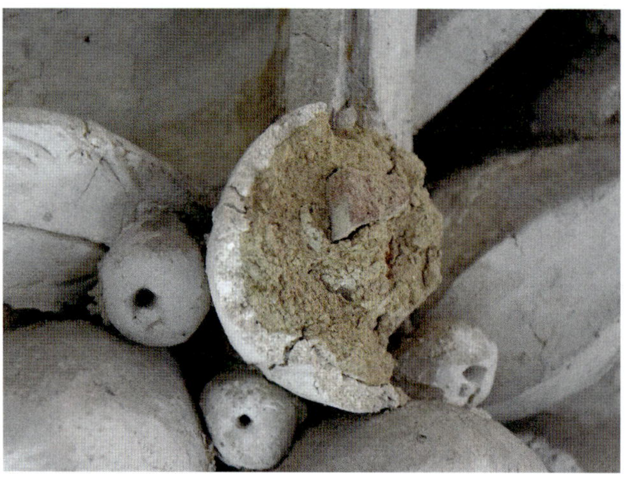

Sand

In archival documents, sand is usually referred to by the generic term *sabbione*, described by Cherubini as a coarse-grained sand. In several works examined, the grain size of the sand used for the internal layers is indeed coarse and varied. More detail on the quality and origin of the sand is found only in documents concerning the Castel San Pietro worksite: the nearby 'valley of Coldrè' (Coldrerio) is the source for four wagons of *sabbiono sottile* (fine sand) and four wagons of *sabbione*.[67] For Morbio Superiore, simply *sabbione* is taken, from Val di Troppo (or Val da Tròpp, a small valley north of the town, towards the Breggia River)[68] or from the adjacent Val della Creda.[69]

In Domaso, to buy the sand needed for the decoration of the chapel, a total of three *soldi* are spent, representing a very low cost. Usually, more than for the sand, as will also be seen for the marble dust, the cost was for the transportation and for 'those who quarried the *sabbione* [...] and other expenses for the quarrymen'.[70] On the Chiuro worksite, in addition to the cost of the actual work, payment also went for hay supplied to the *boari* (i.e. the oxen-drivers engaged for transport of the worksite materials and for transport in general), and the meal of bread, wine and cheese for the *garzone*.[71]

A sole mention of the use of multiple types of sand has been found in the documents for execution of stuccoes of the Altar of Mary Immaculate in the Duomo of Valenza. For this work, by Antonio Colomba, there is mention of three different types: six *barcielates* (barrows) of ordinary sand, four *barcielates* of red sand, and one *barcielata* of granite sand, possibly a coarse-grained material.[72] The type of sand greatly influences the making of the mortar, but again it seems that no particular attention was paid to specific characteristics, such as the grain shape (rounded or sharp-edged), degree of refinement, mineralogical composition, colour, or any washing before use.[73] This detail helps us to understand how these artists had no specific demands in their choice of basic materials, and instead were accustomed to adapting their way of working to whatever they found available. From on-site observations in the Basso Ceresio, there was no standard recipe for either ground or finishing mortars; instead, the masters prepared different mixes of sand and lime on a case-by-case basis, given the materials in hand, their observations of needs and conditions and their accumulated expertise (figs. 12–14).

fig. 12
Ossuccio (Como), Church of Madonna del Soccorso, detail of layers and composition of a stucco decoration.

fig. 13
Chimneypiece from Casa Carlone in Rovio, now in the SUPSI Campus Mendrisio, detail of layers and composition of a stucco decoration.

fig. 14
Carona, Sanctuary of the Madonna d'Ongero, detail of layers and composition of a stucco decoration.

Gypsum

Another key ingredient in making stucco decoration is gypsum. In case studies where it was possible to sample and analysing the constituent materials, we saw that gypsum was used mainly in the coarse layers and very rarely in the finishing layers.[74] The presence of gypsum in the coarse mortars assures the *stuccatore* a firmer and more controllable material, because the mortar does not deform during the setting process. The addition of a small percentage of gypsum (3 to 5%) speeds up setting and prevents excessive shrinkage, averting the formation of shrinkage fractures that would ruin the final effect of the work. Its presence in the finishing layers, on the other hand, is very rare because it shortens the drying time of the thin white skin and makes the material more difficult to work.

At Domaso, large amounts of gypsum were purchased: at various times, a total of 35 *centenara* of lime (about 2.7 tons) and 25 of gypsum (almost 2 tons). The gypsum came from Nobiallo and cost 5 soldi and 6 denari per centenaro, which is one quarter the price of lime. These quantities are curious: perhaps gypsum was also used in masonry because the analyses of the stuccoes did not detect a strong presence of gypsum, which was instead present in quantities similar to the other case studies.

The costs of gypsum for Morbio Inferiore were instead much higher.[75] The differences from Domaso are perhaps attributable to the fact that for the latter, supplies were obtained through dealers and not sourced directly from the quarry. For gypsum supplies too, the payments often cover the meals for transporters and quarrymen.

In researching the trade architectural treatises, Carla Arcolao observes that 'the characteristics of the mixture depend on the firing of the raw gypsum, and it was at this stage, for many authors, including for example Rondelet, that the alleged secrets of the most skilled *stuccatori* were to be found.'[76] In the cases examined for the current project we could not confirm this correspondence, and in fact we found no particular prescriptions in either the choice or the processing of gypsum. Usually the gypsum arrived at the site already fired but still to be crushed, so the days of work to reduce it to powder are recorded,[77] but only rarely is the purchase of wood to fire it recorded.[78] In general it can be observed that gypsum, like other materials, was also bought by the community and not by the *stuccatore*, meaning there was no apparent direct contact between producers and users.

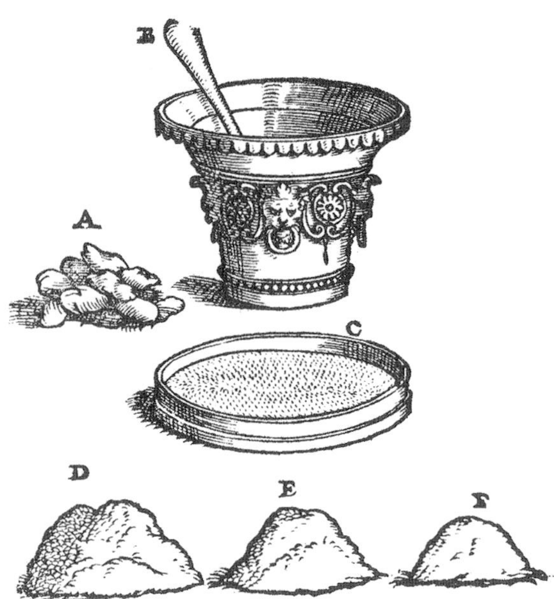

fig. 15
An elegant pestle and mortar for pounding marble, a sieve for sifting the grain size and small amounts of marble dust with different grain sizes. From G.A. Rusconi, *Della Architettura* (Venice, 1590, book VII).

Marble powder

The white effect of the stucco decorations, making them resemble marble, is achieved by the mixture used for the thin finishing layer, which can vary from one or two millimetres to half a centimetre, and is composed of lime and marble dust in a ratio varying from 2:1 to 1:1.[79]

On worksites in Basso Ceresio, the marble used is mainly from Musso: the only suitable source in the area. A note at Domaso states explicitly that the marble came from Musso and was reduced to powder by the labourer, then sieved.[80] The marble powder seems to take a long journey before arriving at the site: from the quarry at halfway along the lake, the material is transported south to Borgo Vico (probably by a dealer), then to the Como shore, and finally it was loaded into a boat to be taken north again to Domaso; also at Castel San Pietro, some of the gypsum and marble powder came from 'Borgo di Vico' or simply 'the borgo'. The marble powder was purchased in units of *staia*.[81] From analysis of site documents, it appears that this material often had no cost of its own, and that payment was solely for the labourers to pound it and the transporters to bring it on site. It can therefore be assumed that the waste from marble quarrying, which in itself had no value, was reduced to dust and that the outlay was solely in compensation for the relative requirement of labour. In most of the construction sites examined, the expense for a *staio* of marble powder is about 20 soldi (one lira); this figure corresponds to the wage a labourer received to pound the same amount of marble, an operation that required a whole day of work.[82]

After reduction to powder, the marble was sifted (fig. 15). The site accounts record both the purchase of sieves and a payment for sifting the powder.[83] In 1695 in Civo, a marble sieve cost two *lira*,[84] but those who sifted the marble received no payment; if we exclude a gap in the information, it is possible that these were labourers working for free, as a devotional act, who were provided with the working tools (the sieve).

Irons

Irons were an indispensable component, used both to give shape and support to projecting parts of the stucco and to keep them anchored to the support and prevent them from falling. Sometimes the iron is referred to as a single undifferentiated supply for use by the *stuccatore*,[85] and at other times it is described precisely, employing many terms: *vergella*,[86] *quadretto*, coarse and ordinary wire, nails of different weights

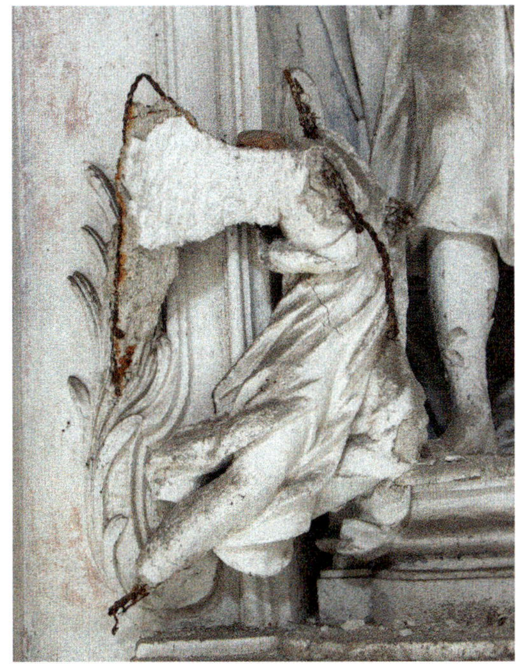
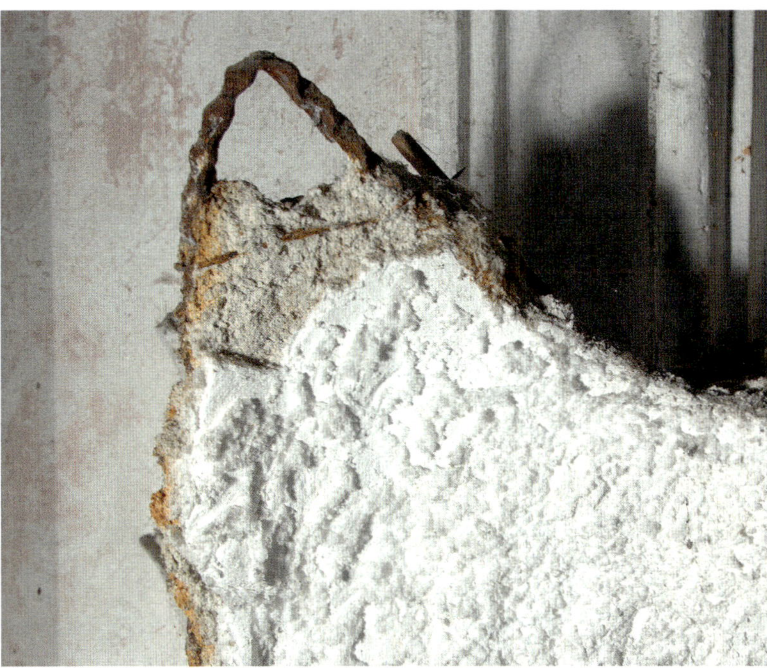

figg. 16a–b
Cavallasca (Como), Imbonati Oratory, detail of a *vergella*.

and dimensions.[87] In the total cost of a stucco decoration, payments for ironwork had a significant impact. In the Domaso site, for example, out of a total cost for materials of 150 lire, 71 lire were allocated to purchases of ironwork. In the documentation on other construction sites, it can be noted that the total cost of these materials, calculated at 10 to 20 soldi per *libbra*,[88] was always very high.

To shape the large wings of the angels and other more projecting three-dimensional elements, a special metal bar called *vergella* was used (**fig. 16a–b**). Writing in the mid-1800s, Cherubini described this as 'a kind of iron band or strapping struck in the plane in such a way that it takes the form of a wavy or scalloped ribbon'.[89] The English term for the modern product with similar characteristics is 'wire rod': in historic production, a rod of square cross-section of about a half centimetre per side was beaten and twisted in such a way that it could easily be bent and adapted even as the individual stucco works were in progress. The irregular surface (in some ways similar to that of modern improved-adherence reinforcement) also favoured good adhesion of the preparatory mortar layers. *Vergella* is mentioned in almost all construction documents, testifying to its widespread use.

The *quadretto*[90] on the other hand, is an iron of square cross-section, of the same cost as *vergella*, which seems used more for anchoring decorations to the masonry rather than internal reinforcement. On several occasions it could be observed that the irons used for anchoring to the masonry were made from salvaged material, such as those used by Alessandro Casella: in this case pieces of window grate, for the left altar at Fusine, also in the Chapel of San Carlo Borromeo at Castione Andevenno (**fig. 17**).

Only rarely were wooden elements used as internal reinforcement or anchorage:

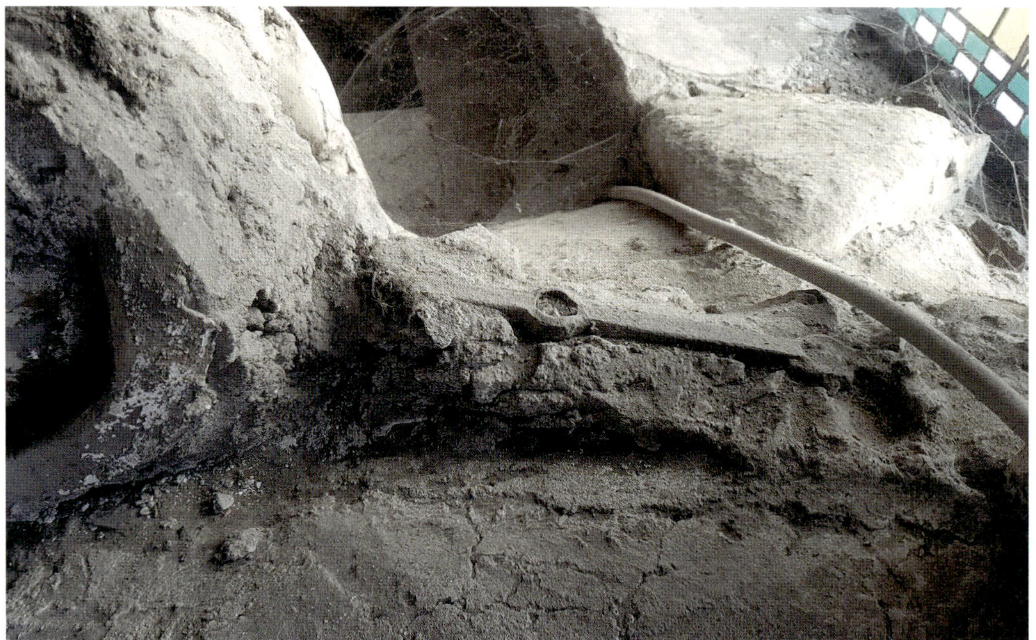

fig. 17
Castione Andevenno (Sondrio), Church of St Martin, pieces of window grate used for anchoring the stucco decoration to the wall.

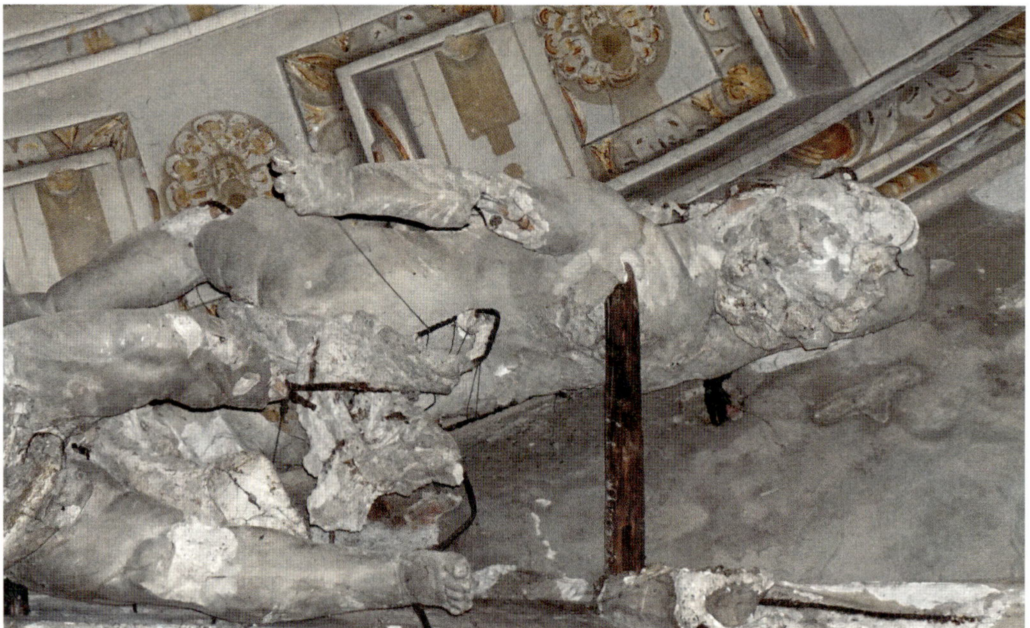

fig. 18
Cantù (Como), Church of the Transfiguration, detail of the complex iron and wooden armatures.

clearly a less expensive option but lacking the flexibility to follow the complex shapes of the moulding (fig. 18).

The Domaso documents also mention the purchase of 'ordinary and coarse' iron wire, with indication of cost, but unfortunately not the quantities. The use of reinforcements consisting of iron wire of different sizes relates to the type of modelling: for example, wire is used in cases where the decorative elements have pronounced

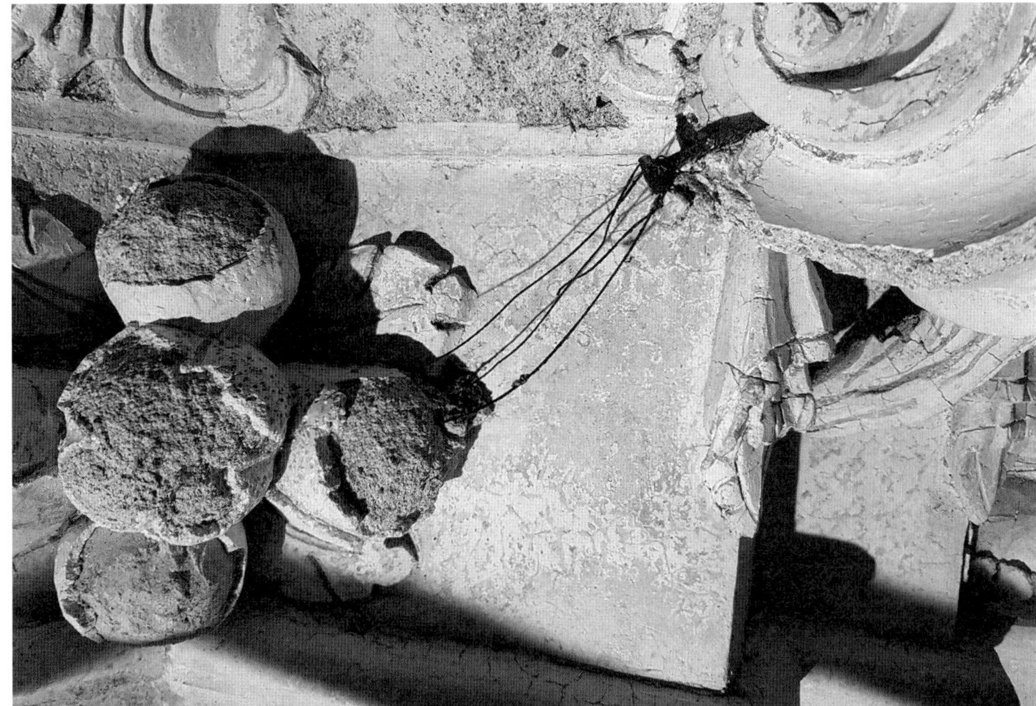

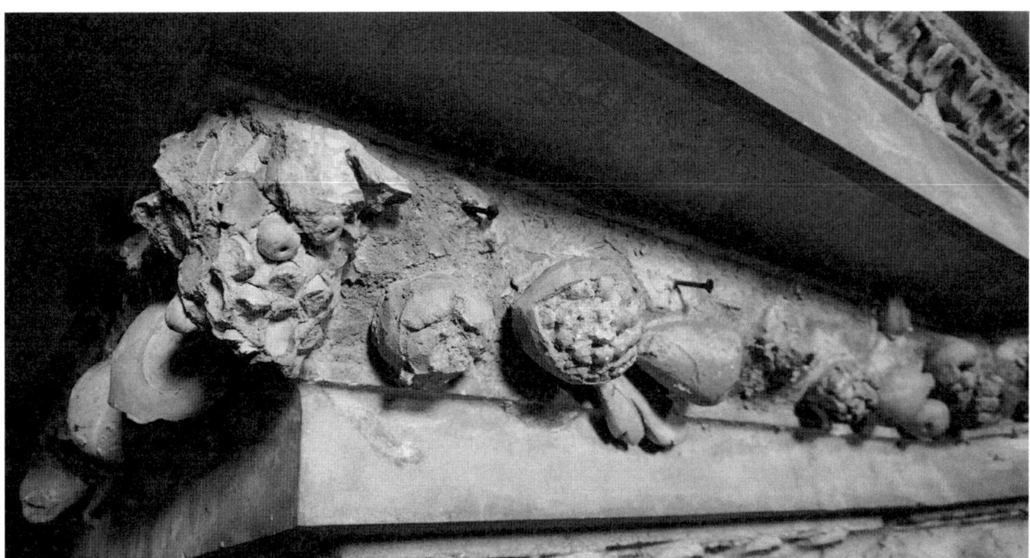

fig. 19
Cavallasca (Como), Imbonati Oratory, the festoons of the capitals are reinforced using a bundle of four or five iron wires.

fig. 20
Cantù (Como), Church of the Transfiguration, detail of the nails supporting the stucco decoration.

volumetric and sculptural qualities and are not directly anchored to the support, such as the fingers of the statues, and in the Imbonati Oratory in Cavallasca, the ribbons that connect the volutes of the Ionic capitals with the central festoon of fruit. The fall of some of the modelling has revealed that these festoons were reinforced using a bundle of four or five iron wires **(fig. 19)**.

The records for the Civo site of 1695 provide rare notation of a potential purchase

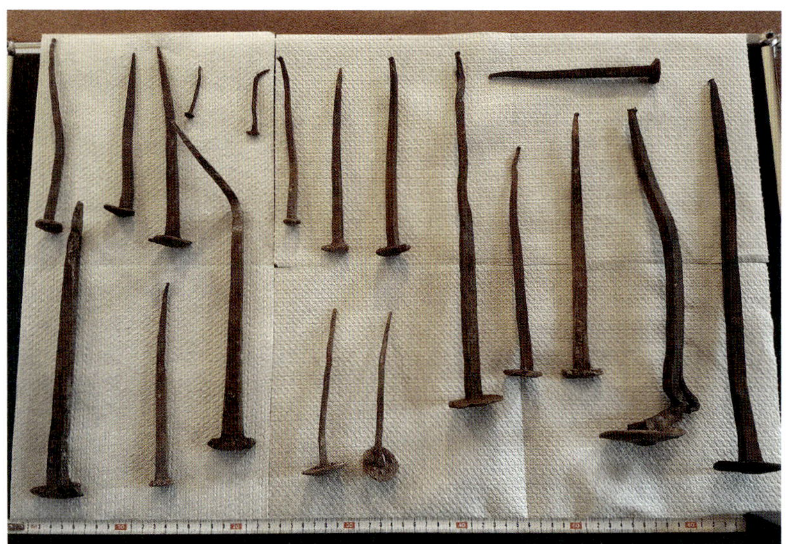

fig. 21
Balerna, Church of San Vittore, a considerable number of iron nails were discovered in the attic of the right aisle.

of copper wire, along with twine and pigments: copper being more ductile than iron and less prone to oxidize.[91] For the stuccoes in Valenza Cathedral there is a purchase of 'copper wire for the trumpets' and 'tole for the diadem of God the Father'.[92]

Nails, on the other hand, are divided according to their weight or function. Documents mention '*chiodi da cantir*' ('beam' nails)[93] and nails distinguished by number (one hundred, eighty, fifty...), referring to the numbers produced using one *libbra* of iron: the smallest are the 'one hundred' nails, the largest the 'twenty'. The 'forty' nails were about 15 to 17 centimetres in length; the 'fifty' nails between 10 and 12 centimetres; the 'eighty' nails up to 10 centimetres; finally the 'hundred' nails were 4 to 5 centimetres in length.[94] Nails of one hundred were bought for the Domaso site;[95] nails of eighty and forty were bought in 1684 for Careno.[96] In other cases there are generic references to small nails[97] and large nails,[98] without specific measures (fig. 20).

No precise reference has yet been found for '*da nave*' ('ship') or '*da barca*' ('boat') nails, purchased in 1684 for Careno[99] and in 1691 for Domaso, and bought together with hundred nails.[100] Cherubini describes boat nails '*con cappella*' ('with large head') as square sectioned and '*tozzetti*' (literally 'short, stout').[101]

At Cavallasca, three types of nail have been identified, differing by shape and size and variously employed in relation to the projection of the modelling. The larger ones with particularly pronounced heads are used to attach the terracotta elements that serve as supports for the acanthus leaves of the capitals, and for the Ionic volutes and heads of the *puttini*. The medium-sized ones are used for scrolls and fruit festoons, and the smallest ones for pendants and ribbons.

In 2018, during the study of the stucco decorations in the Chapel of the Rosary in the church of San Vittore in Balerna, made by Agostino Silva and his workshop, a considerable number of iron nails were discovered in the attic of the right aisle (fig. 21). These are nails of different sizes and shapes, some having a very wide and flat head, others having a slight knurling to fix them better once inserted in the wood or mortar. We do not know the exact functions of these nails, and although they presumably date prior to the modernisation of the church occurring precisely during Silva's presence, they do demonstrate the variety of shapes and sizes in historic production.

Hemp and 'cordetta'

Bits of cord, fabric or the fibres of hemp were used to aid the adhesion of mortar, to increase the volume of reinforcement, and to connect various metal elements. Purchases of these materials are seen regularly; their use is described in Carradori's treatise on sculpture and is very well observed in the Imbonati Oratory in Cavallasca (figs. 22–23).

In 1691 at Domaso, 'canepa e cordetta'[102] are purchased in small quantities on several occasions, at a cost of 1 soldo and 3 denari. In some cases, as in Castel San Pietro, the cord is indicated as serving not only 'for the stuccatori', but also 'to tie the scaffolds of the *fabricha*'.[103]

Two curious terms were found in the records for the Careno and Civo sites: 'cordetta genovesa' in Careno, and 'spago genovese' in Civo. This 'cord' or 'string' was purchased along with other string and wire,[104] but it has not been possible to discern the particular characteristics of the Genoese variety.[105]

Sometimes, to give greater realism to the robes or attributes of the statues, 'real materials' are used, as can be seen, for example, in the habit of St Peter of Alcantara in Santa Maria dei Miracoli in Morbio Inferiore, closed by a real cord, or in the crosses carried by the saints, often made of white-painted wood.

Polychromy, gilding and surface finishes

To paint the altar columns and perhaps also the two side statues in the Domaso chapel, pigments (cobalt blue, green earth, black earth, yellow earth, red earth, cinnabar, iron morello) were brought in from Como at a total cost of 6 lire and 7 soldi. In addition to pigments, '24 eggs to give lustre to the columns' were bought for 11 soldi and 6 denari[106] and 'soap from Venice', again to polish the columns.[107] Soap is also mentioned at Torricella, where a note records payment to prior Giovanni Maria Albrisi 'for days spent in Lugano providing the material needed for the stucco of the main altar [...] and more for soap';[108] at Civo, where the payment of unspecified pigments is together with soap, string and iron wire;[109] and for the Duomo of Valenza where, for the altar of Our Lady Immaculate, 'terra negra' and soap are purchased, probably for the finishing of the four faux marble columns, now painted red but originally black.[110]

The annotation of the purchase of these materials is particularly interesting: it informs us that when used, this was reported, and also that these ingredients, apparently secondary, were entered in the records of expenses and not 'silently' added to the mixtures.

Other indications on the colouring of the backgrounds of the stuccoes were found in records for the presbytery of the Sanctuary of Morbio Inferiore, where the purchase of *smaltino* (cobalt blue) is reported in 1669,[111] and at Villa Coldrerio, where along

fig. 22
Cavallasca (Como), Imbonati Oratory, detail of construction of the hand of a male saint.

fig. 23
Cavallasca (Como), Imbonati Oratory, detail of construction of the hand of a female saint.

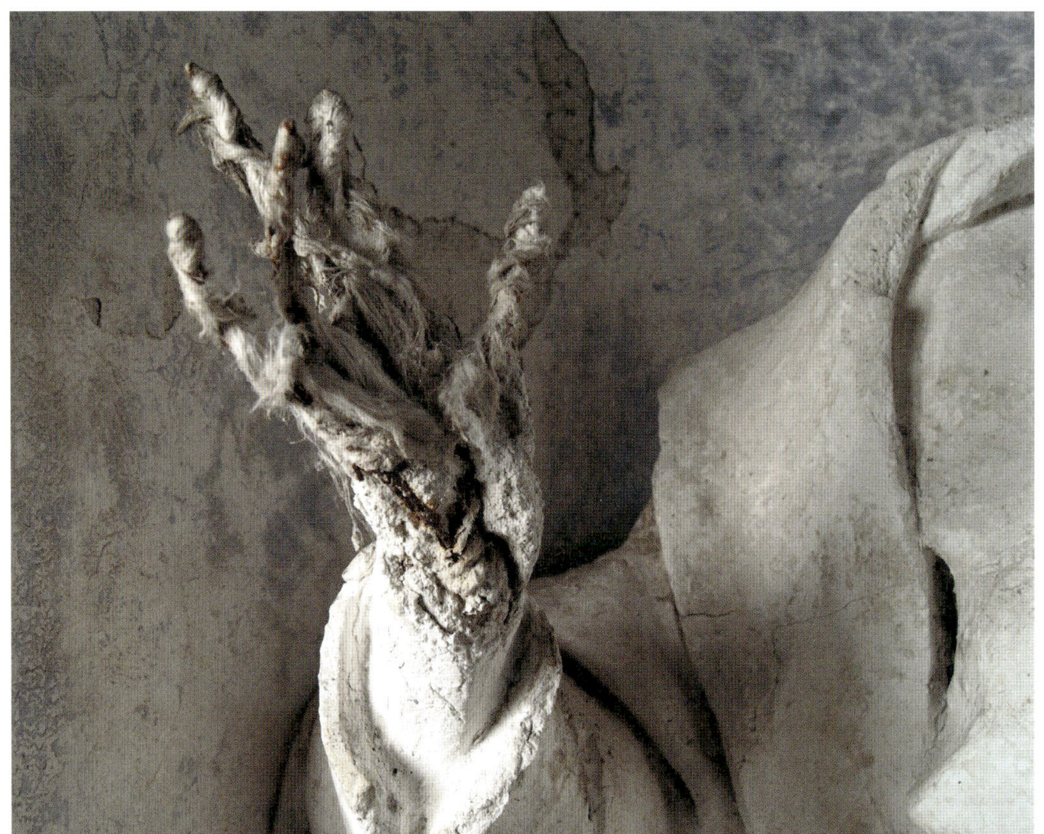

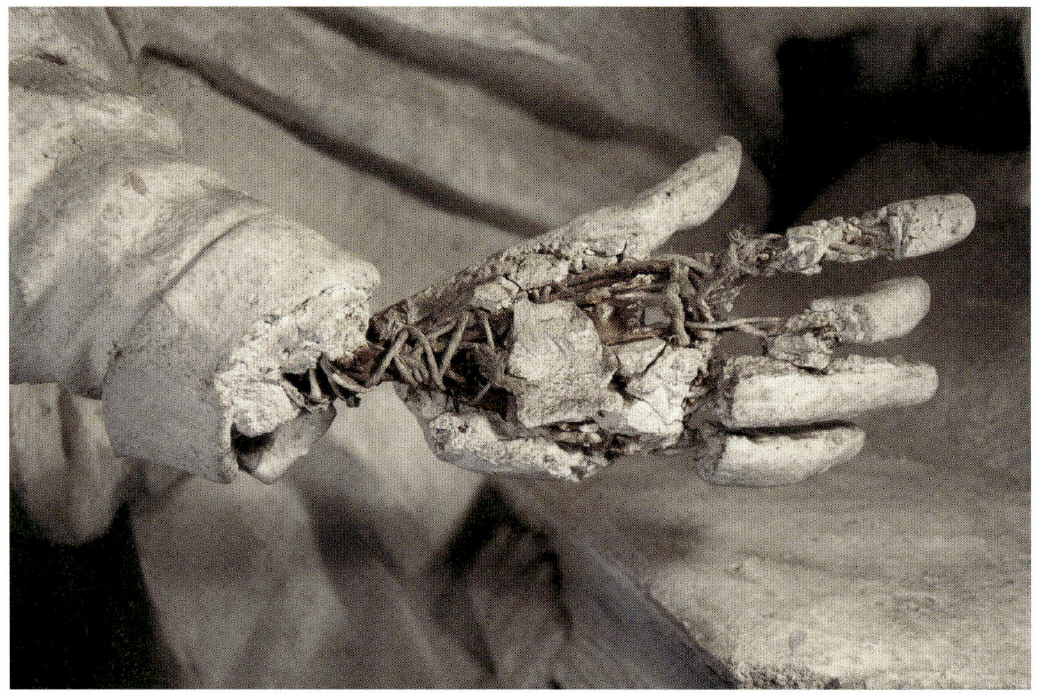

with the item of pigments there is a '*carta di colore*' (colour paper), probably used for temporary fittings.[112]

The gilding was mostly done by specialized workers, usually local men, commissioned directly by the patrons.[113] Among the many examples studied, we can note the stuccoes of the apsidal semi-cupola of the church of Santa Maria in Borgonovo of Chiavenna, finished by Agostino Silva in 1699 and gilded by Giò Antonio Felicetti, who was required to execute the task perfectly, with a guarantee for a year and a day.[114] In the contract, the Giani family of Novate Mezzola agreed to supply the gold directly to the gilder.

To avoid compromising the strength of the oily preparatory layer, it was good practice to wait at least one month, so that the stucco decoration would be well dried and the lime of the surfaces well carbonated. In many cases, the gilding was carried out even years after the stuccowork, when the community was able to raise new funds to purchase the precious gold.

It can often be seen that the parts of the decorations intended for gilding were prepared with a simple glaze of yellow ochre, that defined the extent and final effect of the work. This drafting was followed by a treatment with a film-forming substance based on animal glue, sometimes lightly pigmented with red, yellow or black, intended to saturate the porosity of the dry mortar and prevent rapid absorption of the oil-resin layer.[115] On the gilding technique, archival records add to what is known from technical treatises. For example, special care is given to the gilding of the vault of the chapel of the Odescalchi noble family in San Giovanni Pedemonte (dedicated to St Isidoro) and of the Chapel of the Crucifix in the Duomo of Como. Carlo Odescalchi consulted Cardinal Benedetto in Rome[116] for advice on how the gilding should be done so that it would last through time, according to a 'recipe,' referred to as an ingenious discovery by Pietro da Cortona.[117] In the correspondence between Carlo and Cardinal Benedetto,[118] and between Antonio Maria Erba and his cousin Livio Odescalchi,[119] we read that the gold must be placed '*a mordente* [on fixative] with white lead and not with glue, as was done in ancient times',[120] and also employing German gold leaf, much larger than the leaf traditionally used.

Wine

In the payment notes for the projects we find that wine is always bought in large quantities. This was in fact an integral part of the wages paid to workers of all ranks: from the simple *garzone* to the master mason and the master of the entire workshop. While usually the supply of wine was not distinguished by quality, at Vercana there were purchases of both 'old' wine (2 *brente*, or almost 180 litres), which was more costly, and 'new' or 'must' wine: the former for the *stuccatore*, the latter for the masons.[121] The price of wine is also specified at Sonvico, distinguishing between new and aged: in 1596 the latter was bought at £36 soldi 18 denari per *brenta*, while new wine cost £30 soldi 15 denari.[122]

This item of expenditure affects costs considerably: in Domaso 60 lire is paid for wine, when all materials cost 150 lire and total payments to the labourer and foreman amount to 120 lire. From May to July 1692, five *brente* of wine are distributed to the *stuccatori*, painter, masons and labourers, equal to about 450 litres: considering the workers present and the 14 weeks of work, this corresponds to between 1 and 1.5 litres of wine per person per day. This estimate is confirmed by the accounts of the building site of San Bartolomeo in Chiavenna: between 1 August and 4 September 1696, the *stuccatore* received two jugs of wine per day for himself and his *garzone*, so about 1 litre per person.[123] The situation was the same at the building site for the Odescalchi Chapel in San Giovanni Pedemonte. In this case, instead of wine, the *stuccatore* received a cash payment (55 lire and 15 soldi) while the labourers and foremen, who worked a total of 314 days, were given 710 mugs of wine, so two mugs per person per working day, for a total cost of almost 74 lire.[124]

Labour

Two types of labourers are mentioned in the documents: the labourer known as *manuale* or *manolo* and the *mastro da muro,* or 'wall master, master mason', also known simply as *mastro.* At Domaso, the *manuale* was charged with going to Lecco to procure bricks, planks for scaffolding, irons and bricks; he was responsible for transporting and loading and unloading materials; he mixed plaster, pounded marble dust, 'poured' lime, and assisted the *stuccatori.* The *mastro da muro*, on the other hand, worked to assemble the scaffolding,[125] carried out the rough construction of the altar, and applied the first coat of plaster to the vault before the arrival of the fresco painter. This last operation is referred to as *infrascare*, which, unlike what is noted in the Genoese area, meant to spread a rough undercoat.[126]

On this site the *mastro da muro* was paid one and a half lira (with some variations), while the *manual*e received about 1 lira. These figures are confirmed at the Valtellina building site at Civo, operating in the same years.[127] At the Duomo of Milan, the daily wage of masons was 40 soldi (2 lira) in the early 1600s, but dropped to 35 soldi by the end of the century, while the wage of the labourers went from 24.5 soldi to 19.[128] These wages were similar to those of labourers working in other sectors, such as agriculture or weaving. In seventeenth-century Lombard construction, the great differences in wages between skilled and general labour, at about 2:1, are comparable to what other scholars have found throughout preindustrial Europe.[129] With these incomes a labourer 'was unable to support a family, however miserably' while, without other sources of sustenance, a *mastro* would gain only a standard of bare survival.[130]

Sometimes the documents indicate the presence of unskilled labour of a grade lower than the *manovale*: often the slaking of lime or sieving of aggregates was done by a 'woman' or a 'man', as was some transportation of the materials. In Morbio Superiore, for the work on the Oratory of Sant'Anna, between 1692 and 1705, the work days of the different figures involved in the construction site are recorded: the *omini* (men) are paid 30 soldi; the *garzoni* 'good for all labour' receive 20 soldi; the younger *garzoni* 'who cannot do all labour' receive 12 soldi, and the same compensation goes to women and girls.[131] Women and *garzoni* were employed to 'wet the lime, sieve sand, carry planks to make the scaffolds, take stones for the stonecutters', carry beams, and bricks from the furnace.

The precise record book for Domaso allows observation of the incidence of labour compared to other costs: 150 lire are spent on materials and 120 on labour.[132]

Conclusions

The documents on the Basso Ceresio projects allow the development of understanding of some fundamental aspects concerning the organisation and direction of artistic commissions, their execution and the materials that were used, in a limited but very significant geographic area: these few square kilometres encompass the places of origin of many great stucco artists, called to execute works elsewhere in Europe.

An important common finding is that the *stuccatori* never directly bought the materials for their work (only occasionally asking for reimbursement for small items), nor did they ask clients to procure particular types of lime, plaster or marble powder. It seems that these artists did not even check the quality of the raw materials arriving at the worksite (there was never an example of supplies being returned to sender, or critical remarks concerning the materials received): the *stuccatori* simply indicate their needs for material in classes and quantities. This finding can be interpreted in different ways. It could mean that the characteristics of the materials were rather homogeneous: that the different limes, sands, gypsums, and marble powders were sufficiently uniform, no matter their source. Or it could be that the *stuccatori* were able to modify, by means of special processes, basic defects in the materials and were thus able to handle the different characteristics of a calcic or a magnesian lime, for example, without the quality of their work being affected to any significant extent. For deeper understanding of stucco-making, we must therefore not only identify the constituent materials of the mortars, but also the percentages, the manner of their mixing, the potential use of additives, and once the mortars were prepared, the times and manner of their use, and any further additions or modifications: all factors under the control of the masters, allowing them to adapt to their needs a material that by its very nature is not very ductile. Each *stuccatore* therefore learned to modify the characteristics of the mixes according to the peculiarities of each site, their own creative flair, the time available and the climatic conditions. This could be done in at least two ways: with additives to the mixtures (such as oil or casein), or by developing particular treatments of the mortar (repeated mixing, addition of water during the setting phase, etc.). Such aspects can best be reconstructed through the creation of replicas made by a very skilled master.[133]

In particular, the use of organic additives was probably widespread, but remains difficult to trace. Such materials emerge only minimally from archival research, and often elude techniques for their characterisation. Yet looking at the details of these decorations, especially to those familiar with the difficulties of working in stucco, it is evident that certain results would have been impossible without the addition of organic components, resulting in mixtures that behaved more like modelling clay than masonry mortar. Investigating these aspects in more detail certainly represents a very interesting avenue of research, because the 'secret' of the art of stucco lies precisely in the technical skill of these craftsmen, in combining a few simple and basic ingredients to develop a mouldable material, with which to create amazing and enduring three-dimensional decorations.

1 Basso Ceresio refers to the lower valley of the Lago Ceresio, or Lake of Lugano, part of the Canton of Ticino.

2 The material presented in this article is the result of the study carried out as part of the project funded by the Swiss National Fund for Scientific Research (SNSF), 'The art and industry of the Ticinese "stuccatori" from the 16th to the 17th century', https://data.snf.ch/grants/grant/160092: G. Jean, A. Felici, M. Caroselli, G. Nicoli, 'Le decorazioni a stucco nella Regione dei laghi: un progetto per lo studio delle tecniche artistiche', in A. Felici, G. Jean (eds.), *Stucchi e stuccatori ticinesi tra XVI e XVIII secolo Studi e ricerche per la conservazione* (Florence, 2020, pp. 11–28).

3 The documents accounting for these aspects of the building site are few. Over time many sources have been lost, and their reading is not easy, as data are recorded following the logic of administration and accounting, which differs from what is needed to reconstruct events on a building site, see L. Aliverti, 'La ricerca archivistica per lo studio delle decorazioni a stucco nella Regione dei laghi', in Felici, Jean (op. cit. note 2), pp. 29–44.

4 For Basso Ceresio and the larger area known as Insubria, volumes by Francesco Cherubini, Pietro Monti and the *Vocabolario dei dialetti della Svizzera italiana* have proved particularly valuable: F. Cherubini, *Vocabolario milanese – italiano,* 5 vols. (Milan, 1839–56); P. Monti, *Vocabolario dei dialetti della città e diocesi di Como*, (Milan, 1845; photographic reprint, Bologna, 1984); see also *Glossario dell'edilizia romana tra Rinascimento e Barocco* (https://www.biblhertz.it/de/digital-humanities-lab).

5 J.-B. Rondelet, *Trattato teorico e pratico dell'arte di edificare; prima traduzione italiana sulla sesta ed. originale con note e giunte importantissime per cura di Basilio Soresina* (Mantua, 1831–35, vol. II, part 2, book IV, chapter III, art. II, pp. 96, 170–74).

6 F. Carradori, *Istruzione elementare per gli studiosi della scultura*, (Florence, 1802, art. VII, pp. XII–XIV and pl. VII).

7 The execution details have been carefully observed for the church of the Transfiguration, or Sant'Ambrogio, in Cantù (after 1668–before 1675), referenced in S. Della Torre, 'La nuova chiesa di sant'Ambrogio', in *Cantù Nobilissima* (Cantù, 1982, pp. 134–37), and for the Imbonati Oratory in Cavallasca (Como, after 1669–before 1685), referenced in G. Lorenzini, C.R. Natali, *La conservazione degli stucchi: il caso dell'oratorio Imbonati a Cavallasca (CO)*, graduate thesis, advisor S.

Della Torre, co-advisors R. Bugini, M. Valentini (Milan. Politecnico di Milano, Faculty of Architecture, a.y. 1997–98) and A. Felici, G. Nicoli, M. Caroselli, S. Luppichini, E. Cicognetti, A. Dottore, 'L'intervento di restauro degli stucchi dell'oratorio Imbonati a Cavallasca', in Felici, Jean (op. cit. note 2), pp. 191–224. These two works are almost certainly by Agostino. On the Silva, see L. Aliverti, A. Felici, G. Jean, 'L'impresa dei Silva di Morbio', in M.F. Nicoletti and P.C. Verde (eds.), *Pratiche architettoniche a confronto nei cantieri italiani della seconda metà del Cinquecento* (Milan, 2019, pp. 95–118).

8 Domaso, Church of San Bartolomeo, Parish Archive, Cartella ex-Matrimonialia, 'Act obliging Signor Agostino Silva to stucco the Altar of Sant Antonio' and 'Note of expenses being made by Canonico Manrico and by Canonico Passalaqua for the stucco of the Chapel of Saints Francis and Anthony in the Church of San Bartolomeo of Domaso [...]'. All the quotations that follow regarding the Domaso site are taken from these two documents. Note, more generally, that where the titles of documentary sources in the notes are given in inverted commas, they have been translated. Those in italics have been left in the original Italian.

9 Domenico Sella calculates that in the 1600s, the duration of a working year in the building industry was about 200 days, considering breaks for festival days and the winter period, thus a lower number than the approximately 236 of our times: D. Sella, *Salari e lavoro nell'edilizia lombarda durante il secolo XVII* (Pavia, 1968, pp. 19–20).

10 Civo, Parish Archive, 'Register of revenues and accounts of the Parish Church of Sant'Andrea of Civo', 1694–96.

11 '*Garzone*' indicates a male worker of any age, not necessarily a youth: a workshop/worksite helper, manual labourer, porter.

12 See, for example, the note for the church of San Bartolomeo in Chiavenna, recording the purchase of blue pigment for painting the background of the stuccoes and the paintbrush (Chiavenna, Archive of the Collegiate Chapter of San Lorenzo, 'Management of the Church of Santo Bartholomeo, 1694–98', August 1696); other purchases of paintbrushes in Torricella, Parish Archive, 'Register of expenses and income of the Confraternity del Carmine (1654–69)', years 1664 and 1670; Castel San Pietro, Patritiate Archive, 'Book for notation of the expenses of the Comune of Castelo – Book for notation of the expenses and income of the Counsellors of the Comune of Castelo San Pietro, beginning from the year 1663', payment in 1684. For the sieves, see notes 81 and 82.

13 In Sonvico, for the Chapel of the Crucifix, *stuccatore* Battista Stazio asked for provision of 'the tools [...] for the work for the said forms' (Sonvico, Parish Archive, Box 471–540, Bundle 512, '3 March 1621 Agreement made with the *stuccatore* Battista Stazio for the chapel of the Holy Rosary'); in Sala Capriasca (Church of St Antonio Abate) notes record the purchase of '*pesa greca*' (Greek pitch, or rosin) to make the '*stampi*' (forms), both in May 1647 (i.e. in the first lot, at the beginning of works) and in 1648; see L. Brentani, *Antichi maestri d'arte e di scuola delle terre ticinesi. Notizie e documenti*, (Como, vols. 1-4, 1937–41; Lugano, vols. 5-7, 1944–63, pp. 188–207); in 1680 at Castel San Pietro, Mastro Bartolomeo del Solda is paid: '£ 15:15 + £ 3 for the *sagome* ['profiles'] made for the *stuccatori*' (Castel San Pietro, Patritiate Archive). See also the contribution by M. Zito in this volume.

14 In the competition for the stucco decorations of the principal chapel of the Duomo at Como, the various artists (including the winners, Domenico Fontana and Giuseppe Bianchi) requested that the commissioners provide the tools and raw materials; see Monti (op. cit. note 4), pp. 105–7.

15 Pognana, Parish Archive, uncatalogued bundle (containing documents on Careno Parish church), 'Book of accounts 1668–99'. A list of 1684, addressed 'To the M. Rev. Sig. Curato di Careno' annotates the materials requested by Agostino Silva on different occasions (from 15 April to 8 June of 1684): *vergelle*, iron wire, nails of different kinds (*da quaranta, da cantiere, da barca, da nave*), iron bar, string, 'Genovese cord', etc. References are found to 'lists' (not conserved): in the documents pertinent to the Odescalchi Chapel, Church of San Giovanni Pedemonte, in Como (1696) for sand, stones and slaked lime, planks for making the scaffolds, nails, etc., all as indicated in a *viglietto d'esso Sig. Silva* or 'order, note by the said Sig. Silva' (Municipal Library of Como, Raimondi Mantica Odescalchi Archive, b. 8, f. 2, 'Note of expenses made by the Brothers Marc'Aurelio and Marc. Antonio Odescalchi at the Chapel of our family in San Giovanni Pedemonte, payments of June 1697); also with reference to the Chiuro worksite (Church of Sts Giacomo and Andrea, Parish Archive, Ro 6715 'Book of the College of the Holy Rosary in Chiuro', November 1705) for the stuccoes of the choir; and at Vercana: 'and more for other expenses as appear in the list' (Church of San Salvatore, Parish Archive, unnamed register (from 1611) for the works executed by Francesco Silva and 'Book of accounts of the *fabrica* of San Salvatore of the Comune of Vercana Lago and Diocese of Como, and existing chapel of the said Parish church of Santo Salvatore of the Year 1639 and following' for the works executed by Agostino Silva).

16 Pognana, Parish Archive, uncatalogued bundle (containing documents on the parish church of Careno), 'Book of Accounts' 1668–99.

17 Lugano, Oratory of Santa Marta, 1612, see L. Brentani, *Antichi maestri d'arte e di scuola ticinese* (Lugano, 1941, p. 98).

18 In this FNS research project we also collected data on the cost of materials, organised in summary tables, with the aim of documenting the different sites. Contextualising and discussing the value of these data in their broader historical and economic dimensions would require much more in-depth study, beyond the scope of the current research. For methodological considerations, see Sella (op. cit. note 9).

19 Vercana, Church of San Salvatore, Parish Archive, Untitled register (from 1611) for the works executed by Francesco Silva, and 'Book of accounts of the *fabrica* of San Salvatore of the Comune of Vercana Lago and Diocese of Como, and Existing chapel of the said Parish church of Santo Salvatore of the Year 1639 and following' for the works executed by Agostino Silva.

20 See, for example, the documents for the church of St Eusebius, Castel San Pietro, Patritiate Archive, 'Book for notation of the expenses of the Comune of Castelo – Book for notation of the expenses and income of the Counsellors of the Comune of Castelo San Pietro, beginning from the year 1663,' payments in 1688 and 1704.

21 In addition to the previous note, see Sanctuary of Santa Maria dei Miracoli, Morbio Inferiore, Parish Archive, Book B 'Book for the notation of income and expenses made in the church of the Blessed Virgin Mary of the Graces of Morbio di Sotto, 1665–1726', payments in 1669. On the production of bricks at Riva San Vitale, see the important work of S. Eberhardt-Meli, *Artigiani della terra. I laterizi in Ticino e il lavoro dei fornaciai* (Locarno, 2005).

22 Luigi Lavizzari records the kilns of Riva as firing stone 'from white limestone or majolica and from dolomite, which is transported there from various parts, especially from the slopes of Monte Salvatore': L. Lavizzari, *Escursioni nel Canton Ticino* (Lugano, 1859–63; reprint Locarno, 1988, I, p. 117).

23 Castel San Pietro, Patritiate Archive, Church of St Eusebius, Chapel of the Holy Crucifix, Account book, 1688: purchase of a 'wagon of *quadrelli*' from the kilns of '*bisso*' (Bissone), while other '*quadrelli*' are purchased at Riva, together with lime.

24 Villa Coldrerio, Oratory of the Our Lady of Carmel, Oratory Archive: 'Accounts of the Venerant Confraternity of the Blessed Virgin of Carmel – from 1615 to 1661', purchase of 1638; in 1690 at Castel San Pietro, purchase is made from the '*fornasaro*' (kiln-master) of Canzone, or Canton, at a slightly lower cost than the lime from Riva.

25 C. Amoretti, *Viaggio da Milano ai tre laghi Maggiore, di Lugano e di Como e ne' monti che li circondano* (Milan, 1817, pp. 207 and 217).

26 J.F. Blumenbach, *Manuale della storia naturale*, translation in Italian from the 11th edition in German (Milan, 1826–30, V, p. 555). Markus Felber, whom we thank for his assistance, reports that a disused quarry still exists at Melide, but not the kiln.

27 Cherubini (op. cit. note 4).

28 Castel San Pietro, Patritiate Archive, Account book, expenses 1688–90. These figures correspond with payments, in the same account book, for the transport of lime from the 'shore' (i.e. via the lake) to the building site for decoration of the Odescalchi chapel in San Giovanni in Pedemonte (Municipal Library of Como, Raimondi Mantica Odescalchi Archive, b. 8, f. 2, 'Note of expenses made by the Brothers Marc'Aurelio and Marc. Antonio Odescalchi at the Chapel of our family in San Giovanni Pedemonte', payments of June 1697).

29 Chiuro, Church of Sts Giacomo and Andrea, Parish Archive, Ro 6715 'Book of the College of the Holy Rosary in Chiuro', November 1705.

30 Lugano, Diocesan Archive, Bidogno, wooden box, not inventoried: *Account book 1707–30*.

31 Brentani (op. cit. note 13), III, pp. 75–6.

32 Origlio, Parish Archive, 'Book of the Accounts and of the Receipts of the Church of San Vittore in Origlio, 1646–69'.

33 Torricella, Parish Archive, 1720 / 1670 al 1730 / B – 'Book for the description of the income and expense of each year of the priory of the Company of Carmine of Torricella'.

34 Cherubini (op. cit. note 4), item '*Quadrell*'. See also definitions in F. Angiolini, *Dizionario Milanese–Italiano,* 3 vols. (Milan: G.B. Paravia, 1897, p. 642).

35 Eberhardt-Meli (op. cit. note 21), pp. 55–6; examples of moulds at pp. 40–1. The final dimensions of the bricks are reduced by 10 percent, corresponding to the shrinkage of the earth during drying and firing.

36 Valenza, Church of Santa Maria Maggiore, Parish Archive, Gasparolo Archive, Box 12, bundle 2, 'Company of the Holy Sacrament, Administration, Expenses made by the company from 1622 to 1634', payment dated September 16, 1632.

37 Images of profiled bricks in Eberhardt-Meli (op. cit. note 21), p. 57. Cherubini (op. cit. note 4): '*Medon sagomaa de scala*' (profiled bricks for steps). See also A. Capra, *La nuova architettura civile e militare* (Cremona, 1717; photographic reprint, Sala Bolognese, 1987, pp. 86–7).

38 This was done to avoid a pronounced joint between the bricks: by preparing the bricks in roughly trapezoidal section, the edges could be brought closer together, composing a homogeneous surface and maintaining the mortar joint within the thickness of the profile.

39 In 1626 in Vercana, one hundred *quadrelli* cost 4 lire (1 Imperial lira = 20 Imperial soldi): Vercana, Parish Archive, Register without cover title. In 1645, for the construction of the Church of San Giorgio in Carona, bricks were paid 5 lira and 9 soldi per hundred (Eberhardt-Meli [op. cit. note 21], p. 81). This cost seems to remain stable or in slight decline: in 1657, for the same construction site, bricks cost 5 lira and 4 soldi per hundred (Eberhardt-Meli, p. 81). On the other hand, the price seems to decline sharply in the following years: in 1676, the *quadrelli* for the parish church of San Carpoforo in Bissone are paid 29 soldi per hundred (i.e. 1 lira and 9 soldi; Eberhardt-Meli, p. 77), and in 1691 at Domaso, one hundred bricks are paid 1 lira and 10/12 soldi (Domaso, Parish Archive, supply of 4 October for 600 '*quadrellini*', and of 26 October for 500).

40 Domaso, Parish Archive, supply of 17 and 22 October.

41 Valenza, Church of Santa Maria Maggiore, Parish Archive, Gasparolo Archive, Box 12, bundle 2, *'Company of the Holy Sacrament, Administration, Expenses made by the company from 1622 to 1634'*, payments of 16 September 1632.

42 On quarry areas and lime quality, see R. Vecchiattini, *La civiltà della calce. Storia, scienza e restauro* (Genoa, 2009, p. 93).

43 See M. Caroselli, S. Zumbühl, G. Cavallo, T. Radelet, 'Composition and techniques of the Ticinese stucco decorations from the 16th to the 17th century: results from the analysis of the materials', in *Heritage Science* 8 (2020, no. 102: https://doi.org/10.1186/s40494-020-00446-4).

44 In worksite practice, the differences between calcic lime and magnesian lime are not particularly pronounced and mainly concern the way in which the mortar sets as it dries. In fact magnesian lime tends to be more compact and solid, and to retain more

water during setting. Each *stuccatore* therefore had to know how to adapt his execution procedures in respect of the characteristics of the available material.

45 Eberhardt-Meli (op. cit. note 21), p. 215.

46 The weight or volume corresponding to this measure is not indicated in the *Tavole di ragguaglio dei pesi e delle misure* of 1877, nor in Martini's 1883 manual, and remains unclear. According to Valeria Pracchi (1992) one *carro* is equivalent to twelve *centenaras* (e.g. in supplies for the Chiuro worksite). Instead, comparing the lime costs of the Morbio Inferiore worksite (1669) the wagon seems to correspond to 14 *centenaras*, while in 1686 '*carra*' of eight *centenaras* arrive in Castel San Pietro.

47 The *centenaro* is the most commonly used unit of measurement for lime, gypsum and sand; it consists of 100 *libbre* (pounds) and corresponds to about 76.25 kilograms (*Tavole di ragguaglio dei pesi e delle misure* 1877 and Martini 1883).

48 A *peso* equals 25 *libbre*, therefore 19 Kg (ibid.).

49 Morbio Inferiore, Parish Archive, Book B 'Book for the notation of income and expenses made in the Church of the Blessed Virgin Mary of the Graces of Morbio di Sotto, 1665–1726'.

50 The conversions provided are only indicative, and subject to deeper interpretation. In many cases, for example, the payment of lime is associated with that of bread, wine and cheese for the carriers' mid-day meal.

51 The *brenta* of Como is equivalent to 89.8 litres and the *brenta* of Lugano to 91.07 litres (*Tavole di ragguaglio dei pesi e delle misure* 1877, pp. 234–35).

52 Eberhardt-Meli (op. cit. note 21), p. 77.

53 Chiuro, Church of Sts Giacomo and Andrea, Parish Archive, Ro 6715 'Book of the College of the Holy Rosary in Chiuro', supply from 1697 to 1699.

54 'Vocabulary of Dialects' 1952: slaked lime is called *calcina corada* (*colata*, poured lime) or *calcina inaquada* (*innacquata*, watered lime).

55 Castel San Pietro, Patritiate Archive, 'Book for notation of the expenses of the Comune of Castelo – Book for notation of the expenses and income of the Counsellors of the Comune of Castelo San Pietro, beginning from the year 1663.'

56 Ibid.

57 'Navachia' or 'navascia': recipient of wood in the form a crib with handles, for the transport of *calcina*'; see V. Pracchi, 'Glossario', in S. Della Torre (ed.), *Il mestiere del costruire. Documenti per una storia del cantiere. Il caso di Como* (Como, 1992, pp. 193–205).

58 Chiavenna, Archive of the Collegiate Chapter of St Lorenzo in Chiavenna, 'Accounts of the Church of Santa Maria of both debit and credit from 1673 to 1696.'

59 Monti (op. cit. note 4), p. 290.

60 Domaso, Parish Archive, note of 6 June 1692.

61 See C. Arcolao, *Le ricette del restauro. Malte, intonaci, stucchi dal XV al XIX secolo* (Venice, 1998, pp. 4–5). For Leon Battista Alberti see L.B. Alberti, *L'architettura* (*De re aedificatoria*, Florence 1452), italian translation by G. Orlandi (Milan, 1988, book VI, ch. IX, p. 285) lime is mature enough after three months; Pellegrino Tibaldi recommends letting the lime rest at least two months after slaking, preferably longer; see P. Tibaldi (P. Pellegrini), *L'architettura*, ed. by G. Panizza (Milan, 1990, XVI sec., part II, ch. LXXI, pp. 184–5); according to Viola Zanini a wet and well 'rested' lime produces fewer surface cracks; see G. Viola Zanini, *Dell'architettura* (Padua, 1629, book I, ch. XVI, p. 93). See also Vecchiattini (op. cit. note 42), p. 61.

62 G. Torraca, 'Tecnologia delle malte per intonaci e della conservazione degli intonaci antichi', in Istituto Centrale per il Restauro (ed.), *Diagnosi e progetto per la conservazione dei materiali dell'architettura* (Rome, 1998, pp. 203–21, p. 205). Recent research has confirmed that seasoned lime has better mechanical properties and is more workable; see E. Pecchioni, F. Fratini, E. Cantisani, *Le malte antiche e moderne tra tradizione e innovazione* (Bologna, 2008, pp. 37–8).

63 *Berlin*, synonym of *gerla*: a wicker pannier carried on the back; see P. Monti, *Vocabolario dei dialetti della città e diocesi di Como* (Milan, 1845; photographic reprint, Bologna, 1984).

64 Municipal Library of Como, Raimondi Mantica Odescalchi Archive, folder 200 f. 2: houses in the parishes of St Provino and St Sisto, and a house called 'dell'Olmo'.

65 Chiavenna, Chapter Archive, 'Management of the Church of Santo Bartholomeo, 1694–98'.

66 Municipal Library of Como, Raimondi Mantica Odescalchi Archive, b. 88, f. 3, correspondence, 'Various letters and papers relative to the possession at Balerna', letter of 1 March 1721.

67 Castel San Pietro, Patritiate Archive, works at the Chapel of the Holy Crucifix, 1688.

68 We thank Paolo Ostinelli, Director of the Centre for Dialectology and Ethnography of Canton Ticino, for his assistance in identifying the place.

69 Morbio Superiore, Parish Archive, Register 4.1: 'Book of the Venerant Confraternity of the Holy Belt in the Venerant Parish Church of Morbio Superiore 1700, Confraternity of the Blessed Virgin of the Belt'.

70 Morbio Inferiore, Sanctuary of Santa Maria dei Miracoli, Parish Archive, Book B 'Book for the notation of income and expenses made in the Church of the Blessed Virgin Mary of the Graces of Morbio di Sotto', 1669.

71 Chiuro, Church of Sts Giacomo and Andrea, Parish Archive, Ro 6715 'Book of the College of the Holy Rosary in Chiuro'.

72 Valenza, Church of Santa Maria Maggiore, Parish Archive, Gasparolo Archive, Box 12, bundle 2, 'Company of the Holy Sacrament, Administration, Expenses made by the company from 1622 to 1634'. Ordinary sand cost 16 lira, including transport (the cost of transport had significant bearing, considering that sand was usually inexpensive; red sand cost 11 lira (of which 5 lira for the material and 6 lira for transport), and granite sand 1 lira.

73 The purity and characteristics of the sand render mixes of different workability. Very pure silica sand, for example, complicates the shaping of the mortar because it tends to crumble and dry more quickly.

74 On the use of gypsum, see M. Caroselli, G. Cavallo, A. Felici, S. Luppichini, G. Nicoli, L. Aliverti, G. Jean, 'Gypsum in Ticinese

stucco artworks of the 16–17th century: use, characterization, provenance and induced decay phenomena', *Journal of Archaeological Science: Reports* 24 (2019, pp. 208–19); G. Jean, A. Felici, G. Nicoli, M. Caroselli, S. Luppichini, 'Art and techniques of the stuccatori; understanding through replication', in ICOM-CC working group Art Technological source research proceedings, *Reflecting on reconstructions: the role of sources and performative methods in Art Technological studies*: https://www.icom-cc-publications-online.org/4612/Art-and-techniques-of-the-stuccatori--understanding-through-replication-; Caroselli *et al.* (op. cit. note 43).

75 Morbio Inferiore, Sanctuary of Santa Maria dei Miracoli, Parish Archive, Book B 'Book for the notation of income and expenses made in the Church of the Blessed Virgin Mary of the Graces of Morbio di Sotto, 1665–1726', supply of 17 March 1669: 6 *centenara* of gypsum cost 4 lire, i.e. 13 soldi per *centenaro*; the cost for Castel San Pietro in 1688 is the same.

76 Arcolao (op. cit. note 61), p. 47; many texts warn readers concerning the use of gypsum as a source of deterioration.

77 'For any gypsum there is the need to break it and crush it with wooden hammers, until it is converted to flour', Alberti (op. cit. note 61), p. 82.

78 At Morbio Inferiore (Sanctuary of Santa Maria dei Miracoli, Parish Archive, Book B, *ibid.*: the purchase items include 36 bundles of wood to fire gypsum; in 1696 for the worksite for the Oratory of Santa Marta in Lugano, there is an 'expense made for the stucco [...] for wood to cook the gypsum' (Brentani [op. cit. note 14], p. 105); at Chiavenna, in the church of San Bartolomeo, a worker is paid to fire and pound the gypsum (Chiavenna, Chapter Archive, 'Management of the Church of Santo Bartholomeo, 1694–98').

79 A record for Chiavenna (Chapter Archive of the Collegiate of San Lorenzo) notes the purchase item 'stones to make powder to give white to the stucco'. Marble is pounded in a stone mortar, then sifted finely and mixed with lime in the ratio 2/3 lime to 1/3 marble powder (G. Vasari, *Le vite de' più eccellenti architetti, pittori, et scultori italiani, da Cimabue insino a' tempi nostri*, [Florence, 1550; L. Bellosi and A. Rossi (eds.), (Turin: Einaudi, 1991), cap. IIII, p. 37 e cap. XIII, pp. 55–6]. This recipe then repeated by Sansovino, P. Cataneo, Zanini, Félibien.

80 Domaso, Parish Archive, supply of 20 November 1691.

81 The measure of volume was the *staio*: valid for measurements expressible in litres as well as in kilograms. In Como, one *staio* equalled about 15 litres.

82 'Spent at Como for 12 *staia* of marble powder for the *stuccatore*, who works on the choir £ 24 s –' (Vercana, Parish Archive, payment of 22 February 1626); 'spent at Como by the hand of Bernardo Primavesio for eight *staia* marble powder and carriage by porter £ -9:28:–'; 'spent at Como for four *staia* of marble powder purchased from the cleric Gio. Batta. – £ 9:–:6' (Careno, Parish Archive, 1683–84, payment of 13 and 25 May 1684). Many purchases of marble powder are recorded at Castel San Pietro, often together with gypsum (Patritiate Archive, 1688); '4 *staia* marble powder', 12 October 1691, at £4:16; 'two *staia* of marble powder at 20 soldi per *staia*', 14 June 1692 (Domaso, Parish Archive).

83 Domaso, Parish Archive, note of 26 November 1691: 'sieve for sieving the marble powder'.

84 Civo, Parish Archive, payment of 1 September, before start of the stucco works.

85 Chiuro, Church of Sts Giacomo and Andrea, Parish Archive, Ro 6715 'Book of the College of the Holy Rosary in Chiuro', 16 July and 5 August 1698 '31 ½ *lip [libbre]* of iron, given for use by the *stuccatore* as above – £ 25:4'.

86 In modern technology, *vergella* is a semi-finished steel product of round, rectangular or semi-round cross-section, generally 5 mm or greater, i.e. a heavy wire or slender bar. In the period under study, *vergelle* were prepared in iron, by swaging and/or drawing.

87 For the Careno worksite there is mention of a list of irons, requested by Agostino Silva; Parish Archive di Pognana, note of 15 April 1684.

88 At the Domaso worksite the *vergella*, *quadretto* and *chiodi da travetto* ('joist nails') all cost 10 soldi per *libbra*. In contrast, in 1704 in Chiuro the price was 24 soldi per *libbra*, more than twice as much.

89 Cherubini (op. cit. note 4), *ad vocem*. The text by Carradori, 1802, at table XVI, n.18, shows the '*Torci-Verzella*, an octangular iron with an eye at one end, and which at the other twists at right angles, to receive the *verzelle* and exert force for bending them, and turning them in the direction needed', p. XXXVI.

90 *Quadro*: this term denoted, in general, a square-section worked iron (Monti 1845).

91 Civo, Parish Archive, 22 October 1695: 'filo d'avamo/aramo (?) spago e colori' ('wire of copper (?), cord and pigments') for the decoration of the Chapel of Madonna. Although this information is the only documentary trace found for Basso Ceresio, and the detail could not be directly observed, it should be noted that copper wire was widely used in Rome, such as in the stuccos of the Carracci gallery in Palazzo Farnese (information kindly provided by Carla Giovannone), in the chapel of Sixtus V in Santa Maria Maggiore, see M.F. Nicoletti, 'Un cantiere nel cantiere: Domenico Fontana e la costruzione con "non piccola difficultà" della cappella di Sisto V (1585–1590)', in Nicoletti, Verde (op. cit. note 7), p. 172, and in several worksites of Domenico Fontana (S. Quagliaroli, G. Spoltore, 'La consuetudine di Domenico Fontana con lo stucco', in N. Navone, L. Tedeschi, P. Tosini (eds.), *Le 'invenzioni di tante opere'. Domenico Fontana (1543–1607) e i suoi cantieri* [Rome, 2022, pp. 23–47] and Quagliaroli, Spoltore in this volume). In their treatises, Tibaldi (op. cit. note 61), section XVI, part II, ch. LXXI, p. 184, and Cataneo, *L'Architettura* (Venice, 1567, book II, ch. XI, p. 63), suggest the use of bronze nails instead of iron ones.

92 Valenza, Church of Santa Maria Maggiore, Parish Archive, Gasparolo Archive, Box 12, bundle 2, 'Company of the Holy Sacrament, Administration, Expenses made by the company from 1622 to 1634'.

93 *Cantir* nails are used in carpentry to fasten the rafters of a roof. According to Cherubini these nails are 20 to 30 cm long, see Cherubini (op. cit. note 4) and G. Pegoretti,

Manuale pratico per l'estimazione dei lavori architettonici, stradali, idraulici e di fortificazione per uso degli ingegneri ed architetti (Milan, 1843), p. 215.

94 See the long, detailed and descriptive entry on 'Ciod' by Cherubini. For 'chiodi da cento' Cherubini distinguishes between 'Ciod de cent longh', a nail of length about one Milanese *oncia* (5 cm), and 'Ciod de cent curt', three-quarters of a Milanese *oncia* in length (3.75 cm). On the size of the nails see also P. Dellavedova, 'Conoscenza delle pratiche costruttive storiche degli edifici in area lombarda: le strutture lignee di copertura', in V. Pracchi (ed.), *Pratiche costruttive storiche: manufatti in stucco e strutture lignee di copertura in edifici lombardi*, (Como, 2008, pp. 93–150, p. 134, n. 253).

95 Domaso, 3 October 1691, purchase of *2 libbre* of nails, but without indication of unit cost.

96 Careno, Pognana Parish Archive.

97 Civo, Parish Archive: '*libbre 1 ½ chiodi piccoli £ 1:16*', 22 October 1695; '*1 libbra chiodi piccoli £ 1:4*', 5 November 1695; 'given to Agostino Silva for having purchased *1 ½ chiodi* £ 1:16', 8 August 1704.

98 Domaso, Parish Archive, '*chiodi grandi once [o]? 20 [circa 1.2 kg] pagati s 8 d 6*', 29 May 1692.

99 Careno, Pognana Parish Archive: 'spent at Carate for one *lira* [*libbra*] and a half ship nails – £ -1:12:6' (i.e. cost about 20 soldi per *libbra*), May 1684.

100 Domaso, Parish Archive, 3 October 1691.

101 Cherubini (op. cit. note 4), *ad vocem*.

102 See Cherubini (op. cit. note 4), *ad vocem* and *Dictionary of the Italian Swiss Dialects*: '*Cordeta*: light cord or string, also called *gurdeta*'; Domaso, Parish Archive, 1691; Municipal Library of Como, Raimondi Mantica Odescalchi Archive, b. 8, f. 2, August 1697 'on the 13th of the said month for hemp and *cordetta* to serve for the stuccos £ 2.10'.

103 Castel San Pietro, Patritiate Archive, 1690.

104 Civo, Parish Archive, 27 November 1695: '4 onze di spago genovese £ 0:10'.

105 Anna Boato (A. Boato, A. Decri, 'Stucchi genovesi', in G. Biscontin, G. Driussi (eds.), *Lo stucco. Cultura, tecnologia, conoscenza*, conference proceedings [Padua 2001, pp. 71–80]) has not been able to clarify this term; she supposes that it may simply be related to the fact that Genoa exported ropes and cordage; that there was a great tradition of artisanal work related to port activities and therefore of products of particular quality.

106 Domaso, Parish Archive, 17 June 1692.

107 Domaso, Parish Archive, 17 June 1692. Venetian soap is prepared using vegetable oil.

108 Torricella, Parish Archive, 'Register of expenses and income of the Confraternity del Carmine (1654–1669)', years 1664 and 1670.

109 Civo, Parish Archive, 7 November 1704: 'colori, spago, sapone, filo di ferro £ 6:08'.

110 Valenza, Church of Santa Maria Maggiore, Parish Archive, Gasparolo Archive, Box 12, bundle 2 'Company of the Holy Sacrament, Administration, Expenses made by the company from 1622 to 1634'.

111 Morbio Inferiore, Sanctuary of Santa Maria dei Miracoli, Parish Archive, Book B 'Book for the notation of income and expenses made in the Church of the Blessed Virgin Mary of the Graces of Morbio di Sotto, 1665–1726', 6 April 1669, without indication of quantity or cost.

112 Villa Coldrerio, Parish Archive, 1621.

113 The presence of original gilding on stucco decorations, not compromised by multiple restorations, is very rare. On the figure of the 'indoratore' see V. Comba, 'Il ruolo dell' indoratore nella fabbrica del *Corpus Domini* a Torino', in M. Volpiano (ed.), *Il cantiere storico. Organizzazione, mestieri, tecniche costruttive* (Savigliano, 2012, pp. 343–44).

114 Novate Mezzola, Archive of the Giani Family, document dated '*1699 on the day of 13 August in Chiavenna*'.

115 See Chiuro (Church of Sts Giacomo and Andrea, Parish Archive, Ro 67I5 'Book of the College of the Holy Rosary in Chiuro', 22 September 1698 'money given to send to Brescia to buy gold £ 9:4, [...] 6 November 1704, 2¼ *libbre* linseed oil and 3 *pesi* carbon for the gilder' and Domaso 14 June 1692, 'water to give the fixative for the colours'.

116 Odescalchi Archive, Rome, cart. II, L. 1, letter from Carlo Odescalchi to his brother Benedetto, 16 November 1672: 'I don't know if in Lombardy there is news of the form introduced in that place by the work of Pietro da Cortona concerning gilding' (R. Catelli, A.M. Pini, graduate thesis, Politecnico di Milano, advisor S. Della Torre, 1993–94, p. 348).

117 It is hard to say what he is referring to, because Pietro da Cortona's works are traditionally gilded with an oil-resin mission. The gold leaves were applied on a preparation of animal glue (in contact with the stucco) and boiled linseed oil with added natural resin, usually shellac, and with a pigment based on lead, white lead or minium, to accelerate the polymerisation of the oil and give a different intonation to the metal foil. For the decorations of the Sala dei Pianeti in Palazzo Pitti, made between 1637 and 1647, the documents refer to 'a yellow *terretta*' that Pietro da Cortona brought from Rome: perhaps this could be a particular bole (see M. Campbell, *Pietro Da Cortona at the Pitti Palace: A Study of the Planetary Rooms and Related Projects* [Princeton, 1977] and F. Bandini, A. Felici, M.R. Lanfranchi, 'Le pitture e gli stucchi di Pietro da Cortona nella Sala di Giove in Palazzo Pitti', *Kermes* 46 (April–June 2002, pp. 45–50).

118 In particular the letters of 16 November 1672 and 1 February 1673 (Odescalchi Archive, Rome, cart. II, L. 1 e L. 7, published in Catelli, Pini [op. cit. note 116], pp. 348–51).

119 Letter of 21 August 1676 (Odescalchi Archive, Rome, cart, III, C. 4, published in Catelli, Pini [op. cit. note 116], p. 379).

120 Letter of 7 October 1672 (Odescalchi Archive, Rome, cart. II, L. 7, published in Catelli [op. cit. note 116], p. 347). The addition of a lead-based pigment, whether white lead or minium, serves to accelerate the polymerisation of the oil and so increase the adhesiveness of the mission.

121 Vercana, Parish Archive, 'Book of accounts of the *fabrica* of San Salvatore of the Comune of Vercana Lago and Diocese and Como, and Existing chapel of the said Parish church of Santo Salvatore of the Year 1639 and following.'

122 Sonvico, Parish Archive, n. 2 - San Giovanni Battista, Register (untitled cover), p. 73. The *brenta* of Como (89.8 litres) is divided in 6 *staia*, each *staio* in 4 *quartaro*, and each *quartaro* in 4 *boccali*. In this manner, a *boccale* is equivalent to just less than a litre (*Tavole di ragguaglio dei pesi e delle misure*, 1877).

123 Chiavenna, Chapter Archive of the College of San Lorenzo, 'Management of the Church of Santo Bartholomeo, 1694–8'.

124 Municipal Archive of Como, Raimondi Mantica Odescalchi Archive, b. 8, f. 2 (confessi relativi alla chiesetta di Fabiano), payment 8 December 1697, wine is paid at 10 lire per *brenta* and 2 soldi and 6 denari per *boccale*.

125 The raising of the scaffold at Domaso took four days of joint work by a master and a *manuale*.

126 Pracchi (op. cit. note 57), in the Genoese area this term means laying a finishing plaster. On the Domaso site, the finishing layer is executed not by the mason but by Silva himself. Agostino, in fact, is paid for the '*imprimitura*' of medallions and frames that the painter Pietro Bianchi would paint the next day (Domaso, Parish Archive, payments of 8 and 9 July 1692; cfr. Angiolini [op. cit. note 34], p. 392: '*imprimitura, imprimidura*: preparation for paintings').

127 Civo, Parish Archive: Mastro Filippo works to 'sbozar' ('rough') the Chapel of the Madonna and on 7 October 1695 is paid £10 for 5 days, meaning 2 lire per day; for 10 days at the Chapel of the Madonna, Mastro Giacomo is paid on 18 December 1695 (shortly after payment to Agostino Silva), receiving £20, or 2 lire per day. In 1704 Mastro Filippo works to *sbozar* the Chapel of the Madonna and on August 10 is paid for £25:6 for 12 days, or a little more than 2 lire per day.

128 Sella (op. cit. note 9), pp. 15–17. Sella observes that 'the lowering of wages rates did not occur gradually throughout the century, but by abrupt surges which almost all occurred [...] from 1645 onward; and these were separated by long intervals of almost complete stability of wages' (p. 16). See also S. Bianchi, 'Fede che fa reddito. L'oratorio di Sant'Anna a Morbio Superiore: un cantiere d comunità (1692–1705)', in R. Leggero (ed.), *Lavoro e impresa nelle società preindustriali* (Mendrisio, 2017, pp. 169–89, n. 26, pp. 187–88, with useful data for comparison).

129 Sella (op. cit. note 9), pp. 16–7.

130 Sella (op. cit. note 9), p. 22 and pp. 56–8.

131 Morbio Superiore, Parish Archive, 'Book for the notation of days of work that are made *cassa per cassa* [house by house], for the *rotta* [rotation] being done to build the Chiesa Nova della Beata Vergine Maria delle Grazie here in Morbio di Sopra'. For a deeper analysis of the document and the socio-historic context of the building site see Bianchi (op. cit. note 128).

132 The mason receives 40 lire for 27 days of work; the *manovale* receives 76 lire for 75 days.

133 Special mention should be made of the important work on replicas done by Giovanni Nicoli, cfr. Jean *et al.* (op. cit. note 74).

Attraversare il Settecento con gli stuccatori Portogalli: organizzazione del lavoro, materiali e strumenti

Mickaël Zito

Giunto in Toscana da Mugena verso la fine del Seicento,[1] il luganese Giovanni Martino Portogalli[2] si afferma rapidamente come uno dei maggiori stuccatori di Firenze e del Granducato.[3] Apprezzato da committenti e architetti – tra i quali Giovanni Battista Foggini[4] e Giovacchino Fortini –[5] viene coinvolto in numerosi progetti decorativi per edifici civili e religiosi fino al 1753, anno del suo decesso. Intorno a lui gravitano i fratelli Bartolomeo III (1682/1683-1750)[6] e Filippo (documentato tra 1707 e 1738), anch'essi stuccatori, e il nipote Bartolomeo IV (1713/1714-1776),[7] la cui carriera si sviluppa oltre la seconda metà del Settecento. Come lo zio, entrato nell'Accademia del disegno di Firenze nel 1705, anche Bartolomeo IV era stato accolto in questo ambiente,[8] un evento raro per uno stuccatore,[9] che conferma il prestigio raggiunto. Nonostante la fama legata al nome Portogalli,[10] il catalogo completo delle loro opere però è ancora da ricostruire, così come le biografie e i loro percorsi professionali. In questa sede si intende mettere in luce l'organizzazione e il metodo di lavoro di questa bottega, ripercorrendo sopratutto le due figure più note, Giovanni Martino e il nipote Bartolomeo IV, grazie a diversi documenti legati ai cantieri svolti tra l'inizio del Seicento e la fine del Settecento. Lo studio della loro attività permette di capire come venivano gestiti i cantieri dal punto di vista dei tempi di esecuzione e delle stagioni, l'uso dei materiali, il ruolo degli stuccatori e i loro rapporti con altri plasticatori, pittori, doratori o marmisti.

«[...] incomincionno, à gloria di Dio, le loro operazioni»: organizzazione dei cantieri e calendario

Tra la fine del Seicento e l'inizio del Settecento, la chiesa dell'abbazia benedettina di Rosano presso Rignano sull'Arno viene modernizzata e in parte trasformata.[11] Nella filza dei conti di fabbrica[12] è conservato un documento piuttosto insolito, legato ai dipinti murali e agli stucchi (purtroppo distrutti durante successivi restauri)[13] realizzati sulla volta e nel coro tra il 1707 e il 1708. Si tratta di un anonimo «diario di

fig. 1
Giovanni Martino Portogalli, *Putti che sostengono un tendaggio e uno stemma mediceo*, 1707. Firenze, San Jacopo sopr'Arno.

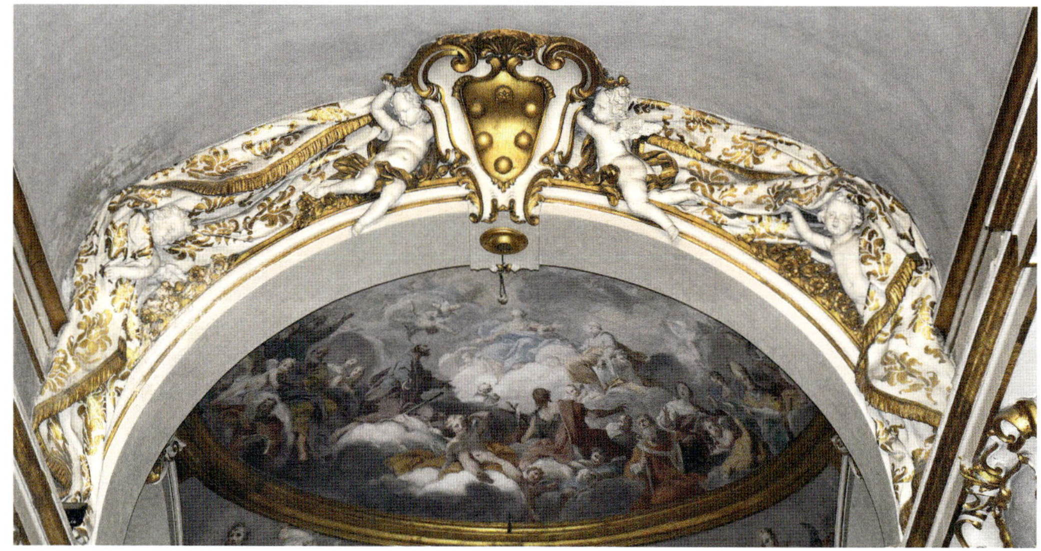

cantiere»[14] nel quale sono riportati, quasi giorno per giorno, dall'inizio (8 novembre 1707) alla fine dei lavori (intorno al 5 marzo 1708), preziose informazioni sull'identità e sul ruolo degli artisti presenti, le date di arrivo e gli spostamenti, i giorni di festa e talvolta anche i nessi di parentela che legavano queste persone, includendo solo pochi cenni sui lavori svolti. Il «diario» di Rosano quindi, più che sulla natura degli interventi, sui costi o sui materiali impiegati, apre uno spaccato sulla vita del cantiere, offrendo dettagliate indicazioni utili a comprendere la gestione della bottega e l'organizzazione quotidiana di uno dei lavori gestiti da Giovanni Martino Portogalli che, poco prima, aveva portato a compimento gli stucchi e i putti dell'arcone (**fig. 1**), della chiesa di San Jacopo sopr'Arno restaurata da Foggini.[15]

Il documento prende avvio l'8 di novembre, giorno in cui:

> Vennero da Fir[enz]e li Sig[no]ri Tommaso Redi, e Lorenzo del Moro Pittori per dipingere gli sfondi del coro e chiesa; e Gio[vanni] Martino Portugalli e Filippo suo garzone stuccatori per la chiesa, e incomincionno, à gloria di Dio, le loro operazioni respettiva[men]te.

Il giorno dopo, i committenti si impegnano a «far le spese del vitto» per i pittori e gli stuccatori che soggiornano durante i lavori. Fino al 25 novembre, esclusi due giorni di festa (il 13 e il 20), non è segnalato nulla. Si può quindi presumere che durante questo periodo abbiano lavorato in quattro, cioè Tommaso Redi, Lorenzo del Moro, Giovanni Martino Portogalli e il suo garzone. Il 26, «Monsù martino», ovvero il Portogalli, torna a Firenze – forse per portare avanti altri cantieri –[16] lasciando «Filippo, suo nipote» da solo. Il 27 – giorno di festa – anche Lorenzo del Moro si sposta in città. Tommaso Redi e «Pippo», come è chiamato Filippo nel documento, rimangono a lavorare fino all'1 dicembre, facendo solo una pausa il giorno di sant'Andrea. Purtroppo, il diario non precisa se «Pippo» durante l'assenza del capobottega porti effettivamente avanti il lavoro o realizzi, come tanti di quei «garzoni» o «ragazzi», dei compiti più semplici[17] come «rivedere i palchi»[18] o «macinare i colori».[19]

Il termine «nipote» rivela un legame di parentela tra Giovanni Martino e Filippo, anche se probabilmente potrebbe trattarsi del fratello in quanto in altri documenti è citato un Filippo Portogalli «fratello germano» di Giovanni Martino,[20] mentre non compare nessun nipote con questo nome. Filippo quindi avrebbe imparato il mestiere facendo da garzone nella bottega del fratello a Firenze prima di lavorare independentemente in città agli inizi del Settecento[21] e spostarsi poi a Roma negli anni Trenta.[22]

L'1 dicembre, «tornorono da Fir[enz]e» Tommaso Redi e Giovanni Martino Portogalli «e venne di più [...] Rinaldo Botti e incomincionno subito a disegnare l'architettura della Volta della chiesa». Fino al 22, non si dice cosa fanno gli stuccatori.[23] Il 23 «se ne ando Gio: martino [...]; e Redi terminò lo sfondo per poi ritocarlo», il 24 i tre pittori «se n'andonno à far le feste à casa»: Redi e Del Moro lasciano definitivamente il cantiere.[24] Il 25 Filippo è ancora «quassù», cioè resta da solo il giorno di Natale e, finalmente, il 26 «[s]e n'andò anco Pippo». Il cantiere si ferma per pochi giorni fino al 3 gennaio, giorno in cui «ritornò m[aest]r[o] Gio[vanni] Martino à ora di pranzo» e «Dal tardi tornò Pippo». Il «maestro» e il suo «garzone» lavorano fino al 12, facendo probabilmente due pause il giorno dell'Epifania (6 gennaio) e la domenica (8 gennaio). Il 12 «[v]enne anco un nuovo stuccatore che non so' chi sia e lavorò [...] cogli altri duè». Impossibile individuarlo. Potrebbe essere un altro Portogalli, come Giovanni Battista[25] o Bartolomeo III, il fratello di Giovanni Martino, probabilmente presente anche lui in quegli anni a Firenze, oppure un collaboratore di Giovanni Martino.[26] Gli stuccatori sono tre, Botti è segnalato con loro il 13, fino all'arrivo il 25 (alle 20) di un non meglio identificato «stuccatore che era à Siena». Si osserva crescere gradualmente il numero dei maestri presenti in cantiere. La squadra in questo arco di tempo è composta da quattro stuccatori che lavorano tutti i giorni a esclusione di due feste della domenica e la festa della Purificazione. L'8 febbraio arriva Giovanni Battista Ciceri[27] con «il suo Giovine», portando a sei il numero degli stuccatori in cantiere, prova senza dubbio di un'attività più importante rispetto ai primi mesi. Rimangono tutti a Rosano fino alla partenza di Giovanni Martino assieme a un certo «Bartolommeo», uno dei due stuccatori arrivati a gennaio. Si tratta molto probabilmente del fratello di Giovanni Martino[28], stuccatore ancora sconosciuto e spesso confuso col nipote Bartolomeo IV, autore del «panneggiamento, e putti [...]» realizzati «al principio della scala [...]» del loggiato del piano terreno di palazzo Capponi all'Annunziata nel 1704 (fig. 2).[29]

Per undici giorni Ciceri, il suo «giovine», Pippo e un quarto stuccatore anonimo lavorano a Rosano. Giovanni Martino torna il 29 e tutti e cinque sono attivi fino al 5 marzo, ultimo giorno registrato nel documento. Non sappiamo se la data del 5 marzo corrsiponda alla fine del cantiere né se gli stucchi siano rimasti bianchi oppure se vengano dipinti o dorati. Tra il 1745 e il 1747, Bartolomeo IV Portogalli è impiegato per i lavori di stucco del prospetto e dei due altari laterali della chiesa di

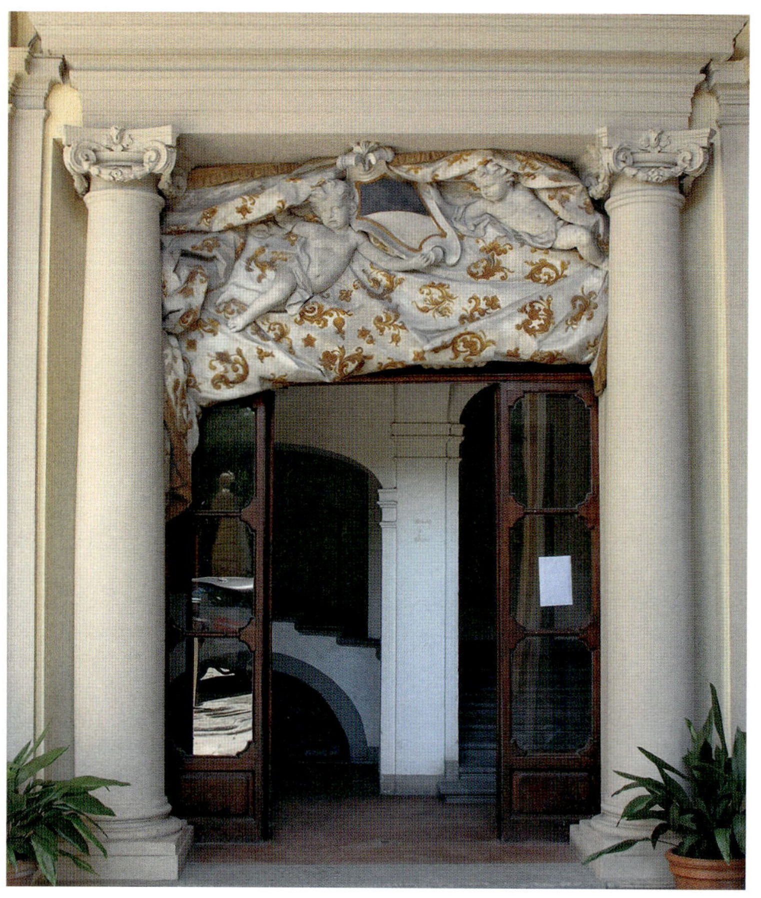

fig. 2
Giovanni Battista Portogalli, *Putti che sostengono un tendaggio e lo stemma Capponi*, 1704. Firenze, palazzo Capponi all'Annunziata, piano terreno.

Santa Maria di Monticelli.[30] Queste opere vengono in seguito dorate da un certo Alessandro Menicossi (Menilcosi?) che nei suoi conti ricorda di avere «[...] dorato a mordente d'oro di zecchino tutto gli intaglio consistente in bassi rilievi festoni di fiori et altro tutto di stucchho che fa ornamento a i due altari laterali [...]».[31] Sempre a Monticelli, un altro doratore chiamato Ristori è pagato per la doratura «di tutti gli stucchi del prospetto [...]»[32] e per avere «rastiato con pelle di pesce tutto lo stucho [...]», cioè per avere preparato lo stucco per la doratura.[33] Si tratta probabilmente dello stesso doratore incontrato a palazzo Pitti, un cantiere su cui si ritornerà, attivo tra il 1763 e il 1765 accanto agli stuccatori lombardi Francesco Visetti,[34] Domenico Rusca (o Ruschi) detto «Portogalli»[35] e Bartolomeo IV Portogalli. I suoi conti riportano i pagamenti ricevuti, ad esempio, per avere dorato «lé cornice e rabeschi, e intagli, e gruppi di fiore, e trofei e cornicione [...] fatta di stucchho del Portogalli [...]»[36] o i «rabeschi è proffili di stucchho fatti di nuova dal Visetti stuccatore [...] nella prima stanza allato alla sala per entrare nel quartiere Granducale [...]».[37] Sempre a Pitti, l'imbiancatore Giuseppe Ghisi interviene anche sugli stucchi, dettagliando nelle note spese le diverse tappe del suo lavoro prima e dopo quello del doratore: «avere datto due mane di bianco ne fondi della Prima volta de stucchi è di poi datoli due mane di colore, e doppo essere stati dorati gli stucchi si é datto altre due mane di colore e Imbiancato gli stucchi con Bianco S. Gio[va]nni».[38] Questi dati permettono di capire la dinamica e l'organizzazione del lavoro e di ricostruire, almeno in parte, la cronologia del cantiere, così come i conti dei falegnami quando sono abbastanza precisi da potere seguire l'avazamento dei lavori nei diversi ambienti. Un bell'esempio viene ancora una volta dal cantiere di palazzo Pitti in cui Liborio Bracci mette in opera, smonta e sposta ripetutamente i ponti, castelli e ponteggi «per comodo degli stuccatori»: il 26 novembre 1764 il «legnaiolo» ha «disfatto il Ponte nella stanza prima, dove hanno fatto gli stucchi per contorno dei quadri [probabilmente intesi come quadrature] e trasportato tutto il legname, E rifatto nella stanza allato al nuovo Gabbinetto grande [...]».[39] Si deduce che appena viene terminato il lavoro nella «stanza prima» – cioè dopo l'intervento dei pittori e dei doratori che utilizzavano gli stessi ponteggi –[40] la squadra condotta da Francesco Visetti si sposta nella stanza accanto. Bracci fornisce agli stuccatori anche gli attrezzi necessari per il loro lavoro – come si vedrà più avanti – e indica a volte in quali spazi sono stati utilizzati; queste informazioni ci permettono di situare alcune fasi di lavoro nel tempo. Così Visetti è certamente impiegato per la decorazione del «gabinetto nuovo», che potrebbe essere il «gabinetto da abbigliarsi», almeno tra la fine di giugno e la fine di ottobre 1764[41] e presenta il conto dei lavori fatti nel «gabinetto d'âbiliarsi» il 6 marzo 1765.

«[...] t[u]tti i materiali, che bisognano [...] per daré il lustro a d[ett]i stucchi accio paia di marmo»

Grazie ai numerosi documenti consultati è possibile delineare un elenco dei materiali utilizzati da Giovanni Martino e Bartolomeo IV Portogalli durante tutto il Settecento, mentre l'analisi dei conti del falegname Liborio Bracci,[42] presente sul cantiere di palazzo Pitti negli anni Sessanta del Settecento, fornisce un rarissimo elenco degli attrezzi forniti agli stuccatori.

Nel 1705, il marchese Bartolomeo de' Medici decide di restaurare la cappella di San Francesco di Paola nella chiesa di San Giuseppe a Firenze, con l'intenzione di «fare tutta la Cap[pe]lla dal fine della Cupola, fino a Piedestalli [...] di lavoro di stucchi finti di marmi [...]». Egli dà l'incarico a Giovanni Martino Portogalli per 100 scudi. Il contratto obbliga lo stuccatore a provvedere anche «a t[u]tti i materiali, che bisognano cioe, Polvere di marmo, Gesso, Calcina, ferramenti, Manovale che lo serva, e per daré il lustro a d[ett]i stucchi accio paia di marmo, et altro che li bisogni per dar finita d[ett]a Capp[el]la».[43]

Giovanni Martino partecipa anche alle diverse fasi di decorazione del palazzo dei Visacci o Valori-Altoviti a Firenze tra il 1702 e il 1717.[44] I conti conservati nelle carte Panciatichi forniscono delle informazioni legate ai materiali utilizzati in alcune sale tra il 1710 e il 1714. Per le figure e gli elementi di contorno della galleria lo stuccatore riceve, nel marzo 1710, 6 scudi per avere comprato 2300 libbre di gesso «in più volte»,[45] poi 4 scudi nel mese di ottobre dello stesso anno per l'acquisto – la quantità non è indicata – di bianco spento (calce spenta usata per imbiancare), bianco di San Giovanni e polvere di marmo.[46] Nel 1713, lo stuccatore modella nella «Sala» i motivi ornamentali, distribuiti con sobrietà lungo le pareti e una cornice con putti (figg. 3-4). Per questi lavori, il Portogalli fa arrivare in cantiere, sempre a più riprese, 3890 libbre di gesso così divise: 690 libbre al prezzo di «2 scudi il cento» e 3200 libbre a «1 lira, 16 soldi e 8 denari al cento» per un totale di 10 scudi, 2 lire, 9 soldi e 4 denari. In questo caso, la differenza tra i prezzi indica senza dubbio l'uso di due tipi di gesso di qualità diversa, utilizzati probabilmente per delle operazioni differenti.[47] Lo stuccatore chiede il rimborso di 5 scudi, 1 lira, 13 soldi e 4 denari per 2000 libbre di polvere di marmo al prezzo di «1 lira, 16 soldi e 8 denari al cento».[48] Il prezzo del bianco spento

figg. 3-4
Giovanni Martino Portogalli, *Cornice con putti e trofei d'armi* (monocromo di Giovanni Antonio Pucci), 1713. Firenze, palazzo dei Visacci o Valori-Altoviti, sala del monocromo.

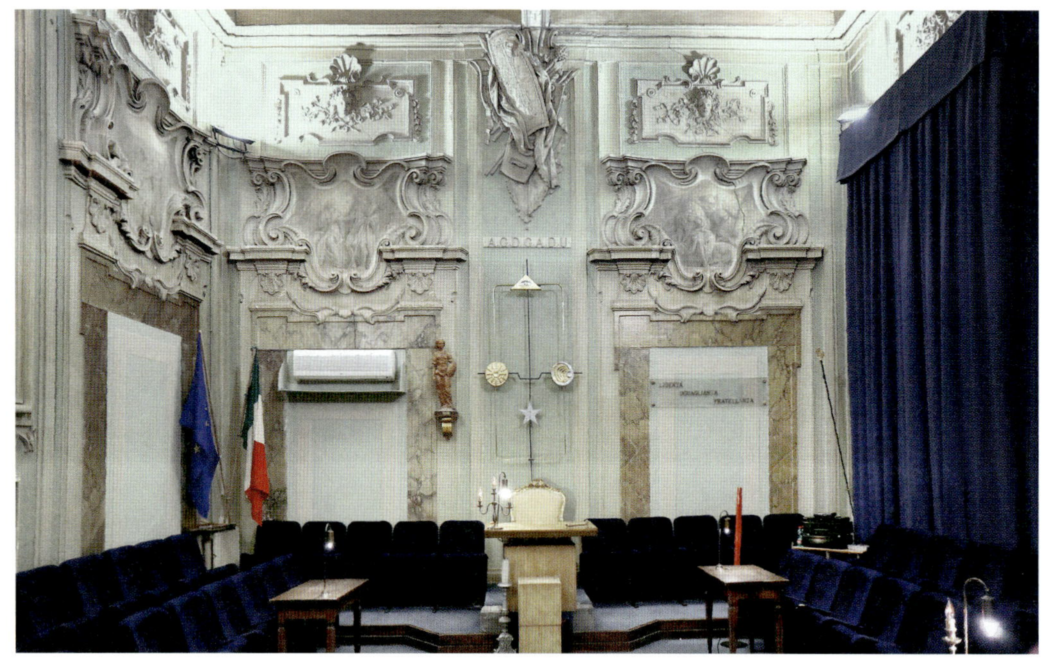

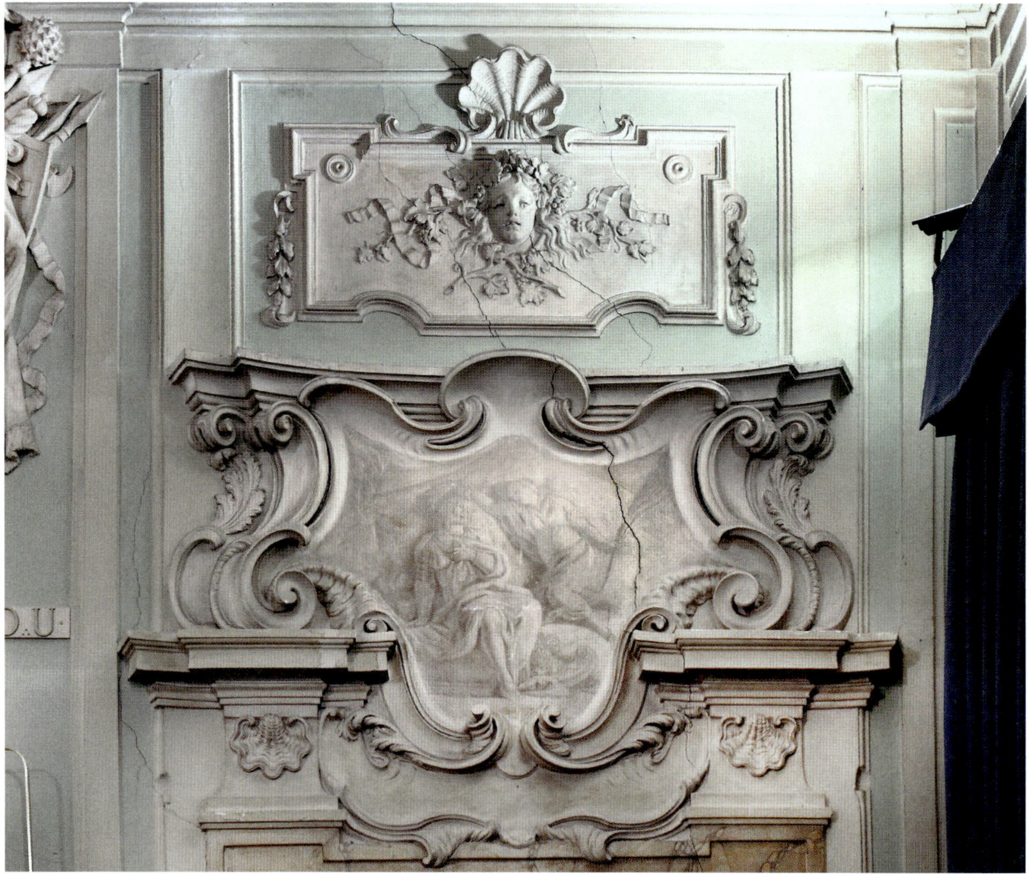

è lo stesso ma viene acquistato in quantità maggiore (1490 libbre).[49] In totale sono poco più di 18 scudi di materiali, di cui purtroppo non conosciamo la provenienza, comprati da Giovanni Martino per la «sala»,[50] mentre lui stesso riceve due pagamenti da 60 e 170 scudi.[51] Bianco spento, polvere di marmo e gesso: l'elenco è incompleto, poiché non compare la calce, considerando che questo tipo di stucco non può essere realizzato solamente con il gesso. In aggiunta, nel mese di aprile 1714, un non meglio identificato Francesco Cantagalli riceve 4 scudi e 15 lire per «calcine» e lavoro per gli stucchi della sala.[52] Potrebbe trattarsi dello stesso Cantagallo (Cantagalli)[53] incontrato come fornitore nel cantiere della chiesa di San Frediano in Cestello, che vede impegnati numerosi stuccatori tra la fine del Seicento e l'inizio del Settecento, tra cui Giovanni Martino Portogalli e il suo collaboratore toscano.[54]

Tra il 1745 e il 1747, Bartolomeo IV è impiegato per realizzare gli stucchi del prospetto e dei due altari laterali della chiesa di Santa Maria di Monticelli.

L'uso della calce, già segnalato, è ricordato da Bartolomeo nel «conto de lavori fatti [...] alla faciata del Altare maggiore»:

> Lornato al [sic] sopra L'Archo magiore con cornice intorno è [sic], è Li due Coretti nelle parte latérale di d[etto] Archo che è sopra L organo che contengono li balaustri con cartella sotto [sic] mensola sotto al risalto che in mézza al [sic] sopra la Luce del organo che sono imbianchi à stucho, e fatto di calcine [sic] sopra d[ett]i Coretti che colorito rosso ed il restante del Archite[tura] de coretti fatto di calcina che tinta di pietro si come fatto il membratto nelle cantonade dove ci risalta La cornice che fa impostatura alla volta e [sic] uno pezzo [...].

Il nome del fornitore Francesco Gozzini[55] è legato al pagamento di 6 lire e 6 soldi per 378 libbre di polvere di marmo a «1⅔ al cento» quindi circa 1 lira e 13 soldi, quasi il prezzo d'inizio secolo quando Giovanni Martino lavorava al palazzo dei Visacci. Impossibile sapere se si trattasse di un'unica fornitura o se ve ne siano state di altre né le quantità di gesso procurato. I conti indicano soltanto che egli fornisce anche un non meglio definito «cinabrese», probabilmente utilizzato dallo stuccatore o dal doratore. Si comprano inoltre dall'imbiancatore Domenico della Porta «850 libbre di bianco colato [...] per la pittura della volta della loro Chiesa che sè nè servirono è pittorj è stucatore».[56] Il documento rivela anche per il 1745 una spesa di 2 scudi e 6 lire da parte delle suore per 43 libbre e mezzo di «chiodi di diverse sorti messi in op[er]a dallo stuccatore, e muratori per fare il cornicïone, e gli stucchi della facciata».[57] L'uso di chiodi e di ferramenti non è raro per gli stuccatori, basta osservare i due angioletti **(fig. 5)**, in parte rovinati, posati sulla parte superiore dell'altare in stucco realizzato nel 1727 da Giovanni Martino nella cappella del capitolo nella chiesa dell'Annunziata di Firenze per vedere che lo stuccatore ha plasmato lo stucco attorno a un'armatura di ferro.[58] Ricordiamo anche i numerosi chiodi «tozzetti»[59] forniti da Liborio Bracci durante il cantiere di palazzo Pitti sul quale ci si soffermerà più avanti.

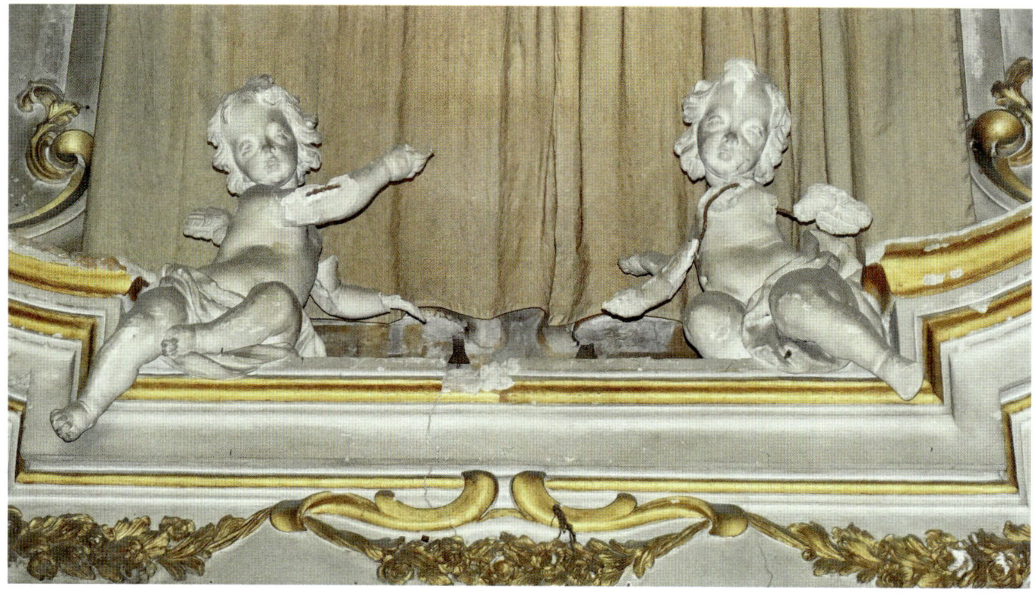

fig. 5
Giovanni Martino Portogalli, *Angioletti* (particolare dell'altare), 1727. Firenze, Santissima Annunziata, cappella del Capitolo.

Nella seconda metà del Settecento, i Lorena decisero di installarsi nell'ala destra del piano nobile di palazzo Pitti, un tempo parte degli appartamenti del gran principe Ferdinando, rompendo con le abitudini dei precedenti granduchi che occupavano l'ala sinistra.[60] Per questo motivo dal 1760 furono intrapresi grandi lavori architettonici per il rinnovamento degli ambienti destinati ad accogliere il futuro granduca Pietro Leopoldo e la consorte Maria Luisa di Borbone. Tra i numerosi artisti e artigiani attivi nel palazzo, si annoverano gli stuccatori Francesco Visetti e Domenico Rusca detto «il Portogalli». Se una grande parte dei lavori riguarda l'ala destra – con il raffinato gabinetto «da abbigliarsi» e quello ovale[61] progettati dal veronese Ignazio Pellegrini – nello stesso tempo Bartolomeo IV Portogalli, per il suo ultimo cantiere fiorentino,[62] lavora nell'ala sinistra dello stesso piano, con una serie di interventi nelle «sale dei Pianeti», decorate da Pietro da Cortona e Ciro Ferri più di un secolo prima.

La natura del lavoro degli stuccatori e il ruolo di ogni artefice sono ben documentati – nonostante qualche zona d'ombra – grazie alla «Filza dei giustificazioni» conservata presso l'Archivio di Stato di Firenze. Questi conti molto precisi, da cui sono stati tratti i dati sul lavoro dei doratori attivi insieme agli stuccatori, forniscono anche numerose informazioni sugli attrezzi impiegati per trasformare, trasportare e lavorare lo stucco e la scagliola, probilmente da intendere qui come finto marmo.

La ricca documentazione archivistica del cantiere aperto al piano nobile di palazzo Pitti informa anche sui materiali utilizzati, tra il 7 gennaio e il 29 dicembre 1764, da Francesco Visetti e Bartolomeo IV Portogalli[63]. Il conto del primo indica l'uso di 5960 libbre di gesso fine, 16150 libbre «fra biancho, e polvere di marmo», 2150 libbre di gesso «da fornare»[64] fine e 52 libbre di scagliola macinata fine per un totale di 472 lire, 17 soldi e 8 denari. L'assenza o la possibile perdita di qualche foglio non permette di individuare tutte le operazioni condotte da Visetti durante il 1764.[65] Tuttavia sappiamo che una parte di questi materiali è stata utilizzata per la decorazione del già citato «gabinetto nuovo» all'interno del quale lo stuccatore ha ornato la volta «di finissimo grotesco è fiori con un bassorilievo de putini nel mezzo», realizzato «la cornice a pie del d[et]to Volto, ornata con fiori», fatto otto «formelle» nelle pareti, «quattro nelli angoli che vano dal cornigione al pavimento ornate di cornice gretesco, fiori e suoi fondi Lustri» ma anche «8 portine con suoi sopraporti ornate di fascie Cornici è fiori, con suoi bassirilievi nel Mezzo à d[ett]ti. Sopraporti rappresentanti i pastori» o ancora la «nichia della stufa [...] ornata di cornici grotesco é fiori é fondi lustri». Visetti realizza anche quattro «fondi alli camini del quartiere dell'Arciduchesa a fatti di Lustro à finto marmo [...]».[66]

Per Portogalli, le quantità sono meno consistenti: 1030 libbre di gesso fine, 6490 libbre tra bianco e polvere di marmo, 1590 libbre di bianco passato per il velo – non incontrato nell'elenco di Visetti – 660 libbre di gesso «da fornare» fine e, come per Visetti, 52 libbre di scagliola fine. Il totale della spesa è di 188 lire e 5 soldi. In Archivio di Stato sono conservati due conti presentati da Portogalli nell'agosto e poi nell'ottobre del 1764 per i suoi interventi nell'ala sinistra, in gran parte nelle «sale dei Pianeti». Nella «stanza dei Novissimi» per «avere messo lo stucho alli Stipidi ó Sia a tutte le [sic] di due finestre e rasetato li Sguanci do é bisognato e imbiancato [...]»; nella «Stanza di Gove [Giove] per avere messo lo Stucho alle due finestre come sopra e rasetato e inbiancato li Sguanci e fatto il zocholo a piedi de detti Sguanci [...]» e «avere messo lo Stucho a tutti i fondi del Lambri, e resarcito la cornice sopra al regolo del parato che in detta stanza [...]»; nella stanza di Marte «per avere messo lo Stucho alle pietre di una finestra come sopra é rasetato é inbiancato Li sguanci e fatto li zocholi [...] E piu messo lo Stucho a fondi del lambri in detta Stanza e rasetato la Cornice sopra al regolo del parato. [...]»; nella stanza di Apollo «per avere messo lo Stucho alle pietre di due finestre e rasetto e inbiancato li Sguanci e fatto lo zocholo come sopra E piu per avere messo lo Stucho ne fondi del lambri in detta Stanza é rasettato la cornice come sopra al regholo del parato in detta Stanza [...]»; nella stanza di Venere «per avere messo lo Stucho alli stipidi di due finestre e rasetato li Sguanci e inbiancati e rifatto i zocholi come sopra [...]».[67]

Nell'ottobre 1764, Bartolomeo è pagato «per aver rifarcito dové bisognato li stucchi della volta è compreso il cornisone è reso biancho dove non è dorato nella stanza d.a di Venere [...]», per «avere fatto lornato della Volta del Gabineto che riesce sul Cortile d[etto] delle cantine fatto La Cornice al impostatura, è ornato tutta la Volta, con intagli in basso rilievo», per «Lornato fatto nella Volta dove è stato dipinto il sfondo dal Sid:re Vincenzo Meucci, fatto il contorno della piture e ornato tutto il restante della Volta con Architetura è figure è intaglio», «per avere fatto il Cornicone al'impostatura della Sudetta Volta [...]» e, infine, per «Lornato della Volta Della Stanza dove va la Stuva à lingresso della Sudetta, ornata con architetura e fiori fatti di stucho».[68] Inoltre, il luganese dichiara «avere fatto due modelli de Camini in grande [...]». Uno dei «due modelli» corrisponde probabilmente a quello menzionato dal marmista Bartolomeo Buonin pagato nel febbraio 1764 per un cammino «di Mischio di Seravezzia simile a Sud[etto] marmo di suo centinato alla francese fatto a seguela del modello di calcina fatto dal Portogalli stuccatore [...]».[69] Durante il cantiere, anche Domenico Rusca oltrepassa il suo ruolo di decoratore. Un conto firmato il 4 luglio 1767 indica che egli deve ricevere 18 lire per «[...] aver fatto un modello di terra per un bagno, servito per lo scarpellino che l'hà fatto di marmo bianco [...]». Lo stuccatore ha anche «assistito al muratore nel murare la vasca, assistito al magnano nel fare i ferri per reggere li tre [sic] che sono sopra alla sud[etta] Vasca e assistito nel tempo che faceva li Rami e le fronde [...]».[70]

Nonostante la precisione dei conti, non appaiono né i nomi dei fornitori, né i luoghi di approvvigionamento dei materiali utilizzati da Rusca.

«Spese, e lavori fatti da me Liborio Bracci [...]»

L'unico fornitore conosciuto è il falegname Bracci già citato più volte, che ha fabbricato e riparato numerosi attrezzi per gli stuccatori, indicandone con cura la funzione. Si è conservato un elenco relativo ai lavori di Visetti e un altro per quelli di Rusca, ma nessuno per Portogalli.

La lista «delle spese e lavori fatti» per Visetti, saldata il 14 maggio 1765, inizia il 17 dicembre 1763 e si conclude l'11 gennaio 1765 e corrisponde quindi in gran parte ai lavori condotti dallo stuccatore nei due gabinetti all'estremità dell'ala destra del piano nobile. Per ciò che riguarda Rusca, le date si collocano tra il 15 febbraio 1764 e il 9 gennaio 1765.

Il falegname fornisce numerosi «regoli», probabilmente usati per far scorrere il carello con il modine per realizzare le cornici, di dimensioni diverse, e «quattro regoli Lunghi B[racci]a. 3. L'uno, e Larghi quattrini cinque d'asse rinquartata, che servono per fare i fregi dei sopraporti» a Visetti, che sta probabilmente lavorando al gabinetto «da abbigliarsi». Anche Rusca sollecita il falegname per «due regoli d'albero Lunghi B[raccia] 1½ con maniglia da tenersi», probabilmente per definire il cornicione di stucco della «scala nuova al pozzo» plasmato nel gennaio 1765. Oltre a questi si segnalano i numerosi «modini di noce» (e non di metallo come si faceva di solito), per un totale di sessantatré elementi «con diverse modinature» per tirare lo stucco. Conosciamo le dimensioni di quarantasei modini:[71] 8 «Lunghi ⅓ e larghi ¼» [cm 19,45 × 14,59], 1 «Lungo ⅓ e largo ⅓» [cm 19,45 × 19,45], 2 «lunghi ⅓ e larghi ⅕» [cm 19,45 × 11,67], 5 «Lunghi ⅓, e Larghi ⅙» [cm 11,67 × 9,72], 3 «Lunghi soldi dieci e Larghi ¼» [cm 29,18 × 14,59], 7 «Lunghi soldi otto, e Larghi ⅙» [cm 23,34 × 9,72], 1 «Lungo soldi otto e Largo ⅓» [cm 23,34 × 19,45], 1 «Lungo soldi Otto, e Largo ¼» [cm 23,34 × 14,59], 1 «lungo soldi dodici e largo ⅕» [cm 35,01 × 11,67], 1 «lungo soldi sette e largo ⅕» [cm 20,42 × 11,67], 1 «Lungo B[racci]e. 4., e Largo soldi due» [cm 233,44 × 5,83], 1 «lungo B[racci]e 4 e largo soldi sette» [cm 233,44 × 20,42], 2 «Lunghi ½ B[raccia], e

Larghi ¼» [cm 29,18 × 14,59], 2 «Lunghi ½ B[raccia], e Larghi ⅙» [cm 29,18 × 9,72], 1 «lungo ⅔ e largo ⅓» [cm 39,10 × 19,45], 1 «lungo ⅔ e largo soldi otto» [cm 39,10 × 23,34], 4 «lunghi ⅔ e larghi ⅙» [cm 39,10 × 9,72], 1 «lungo B[racci]a 1 ⅔ e largo ⅔» [cm 39,10 × 39,10] e 3 «lunghi ⅔ e larghi ¼» [cm 39,10 × 14,59].

Bracci ci informa che Visetti utilizza questi modini per fare i sovrapporta per stuccare la volta del gabinetto nuovo, oppure per «fare La Cornice nella stanza di Venere». Nel caso di Rusca ricordiamo i «due modini di Lista di noce Lunghi ⅓ e Larghi ¼ con più divérse Modinature, [...] per fare il cornicione alla volta sù all'ultimo ripiano per entrare nei mezzanini». Più volte Bracci ha «rimodinato» o «ricontornito» i modini, prova del reimpiego del materiale per motivi economici. Bracci fabbrica anche diciassette sparavieri[72] lunghi «soldi otto quadro» con manico, lungo o no, «da tenersi» tra i quali sette sono «smussati sotto» e due «bucati nél piano». All'elenco degli attrezzi possiamo aggiungere la decina di «pialletti» e «piallettini» con maniglia utilizzati da Visetti, ad esempio, per «piallettare La Volta»[73] o per «piallettare sotto il Cornicione del Gabinetto» nuovo, cioè per uniformare la superficie della malta prima della lisciatura finale. Questa operazione consente di dare uno spessore omogeneo all'intonaco. Nell'agosto 1764, l'artigiano fornisce a Visetti, attivo nel gabinetto nuovo, «un'asse di noce Larga ⅔ e lunga B[racci]a. 1, e grossa un soldo con sua regoli per testa a manganella, che serve [...] per manipolare La Scagliola» e «un pezzo d'asse rinterzata Lunga ½ B[raccia]. quadra, e pulita da due parte, che serve [...] per fare la scagliola». Non si può ignorare la grande quantità di chiodi «tozzetti», un totale di 49 libbre, forniti da Bracci durante i lavori. Più volte l'uso che ne fa il Visetti è riportato dal falegname: «per mettere nel muro per fare Le Cornice dei riquadri nel muro», «per fare le cornice nel muro» oppure per la volta del gabinetto nuovo. Stessa cosa con Rusca che li impiega, ad esempio, «nel muro in cima alla scala nuova al pozzo, dove fanno il cornicione di stucco». Tra gli attrezzi necessari agli stuccatori ci sono anche nove «bigoncioli» di legno d'abete o di castagno con cerchiatura di ferro o di castagno e due cassette con o senza coperchio di cui una per «tenere i ferri». Quasi quarant'anni dopo, certi termini si ritrovano nella tavola che illustra il capitolo sulle quattro «maniere di lavorare lo stucco» dell'*Istruzione elementare per gli studiosi della scultura* pubblicata a Firenze nel 1802 da Francesco Carradori (fig. 6).[74]

Come già accennato, Bracci è anche incaricato della costruzione e dello spostamento delle capre, dei ponti e dei castelli indispensabili a lavorare in alto sulle volte o sui sovrapporta I conti indicano spesso la quantità di uomini necessari per movimentare le imponenti strutture di legno. L'elemento più grande e sorprendente, in relazione all'altezza delle stanze, era il «castello grande da disfare [...] Alto B[raccia] 13 ⅚ E Largo B[raccia]. 4 quadro con quattro [sic] grossi ⅕ con n° 20 traverse du [sic] piana, e quattro di [sic], con n° 8 incrociate, e [sic] otto ascialoni a mensola per alzare e abbassare tutto [...]» (alto quasi 13 metri e largo 2) che viene smontato, trasportato e «rizzato» da sei uomini nel luglio 1764. Queste brevi note di fornitura permettono di rendersi conto

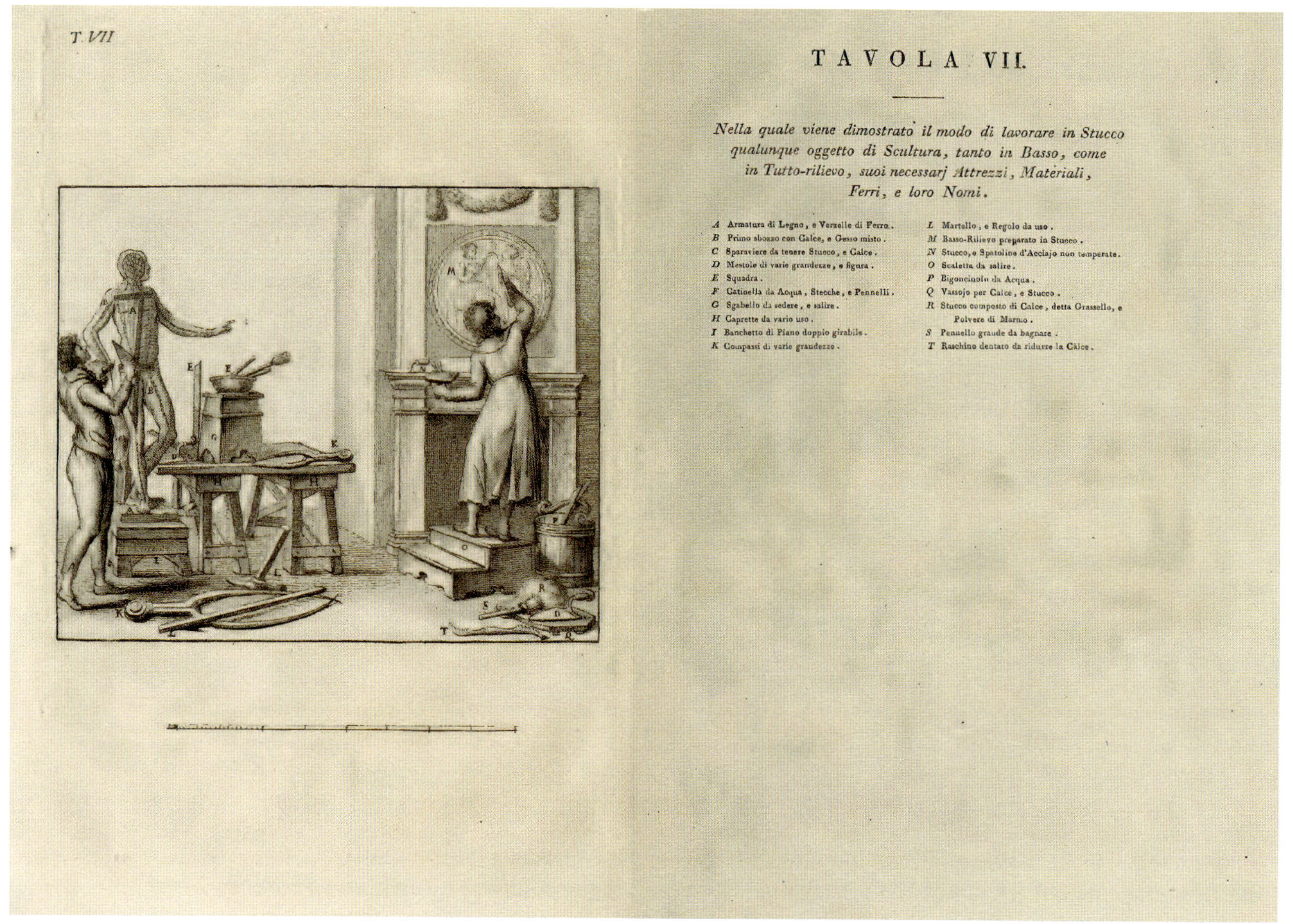

T. VII

TAVOLA VII.

Nella quale viene dimostrato il modo di lavorare in Stucco qualunque oggetto di Scultura, tanto in Basso, come in Tutto-rilievo, suoi necessarj Attrezzi, Materiali, Ferri, e loro Nomi.

A Armatura di Legno, e Verzelle di Ferro.
B Primo sbozzo con Calce, e Gesso misto.
C Sparaviere da tenere Stucco, e Calce.
D Mestole di varie grandezze, e figura.
E Squadra.
F Catinella da Acqua, Stecche, e Pennelli.
G Sgabello da sedere, e salire.
H Caprette da vario uso.
I Banchetto di Piano doppio girabile.
K Compassi di varie grandezze.
L Martello, e Regolo da uso.
M Basso-Rilievo preparato in Stucco.
N Stucco, e Spatoline d'Acciajo non temperate.
O Scaletta da salire.
P Bigonciuolo da Acqua.
Q Vassojo per Calce, e Stucco.
R Stucco composto di Calce, detta Grassello, e Polvere di Marmo.
S Pennello grande da bagnare.
T Raschino dentato da ridurre la Calce.

fig. 6
Carlo Lasinio (su disegno di Francesco Carradori), tavola VII (incisione e testo), *Istruzione elementare per gli studiosi della scultura di Francesco Carradori professore di dett'arte nella Reale Scuola di Firenze alla Maestà del Rè d'Etruria Lodovico Infante di Spagna, Principe Ereditario di Parma, Piacenza e Guastalla* (Firenze, 1802).

anche di una realtà di cantiere e di condizioni di lavoro non sempre facili, che passano dalla gestione della luce alla protezione dal vento. Nel gennaio 1764, il legnaiolo fornisce «due Lucernieri» e nel marzo dello stesso anno due altri «Lucernieri d'olmo [...] e Candelliere da tenere il Lume e padeline» e viene pagato «Per aver rimesso un Telaio d Inventriata, e fermato il Telaio maestro alle piante con sue vite, e rimesso gli sportelli nell ultima Camera, dove lavorano gli stuccatori per Lévare il Vento».

Questi esempi e l'analisi dei documenti d'archivio permettono di avvicinarsi al lavoro quotidiano degli stuccatori Portogalli e dei loro collaboratori, tralasciando solo temporaneamente gli aspetti stilistici per osservare con una diversa prospettiva elementi non meno importanti per comprendere il fare artistico. Le strade da percorrere sono ancora molte. Se l'importanza dello stucco nelle decorazioni fiorentine non ha bisogno di essere ulteriormente dimostrata, è ancora poco nota l'attività di molti di questi artisti. Molto è ancora da fare per completare le nostre conoscenze e per riflettere su di esse con una sintesi più globale, che unisca considerazioni stilistiche, tecniche e sociologiche.

1 Giovanni Martino è a Firenze almeno dal 1689, anno in cui entra a far parte della Compagnia dei Lombardi della città. G. Mollisi, *I Portugalli di Mugena a Firenze fra Sei e Settecento*, in G. Mollisi (a cura di), *Svizzeri a Firenze nella storia, nell'arte, nella cultura, nell'economia dal Cinquecento ad oggi*, «Arte & storia», XI, 48, 2010, pp. 132-133, 159 nota 3. La compagnia riuniva i lombardi, essenzialmente calzolai, muratori, falegnami, panettieri, imbiancatori o stuccatori attivi a Firenze.

2 Su Giovanni Martino e la famiglia Portogalli si veda: S. Bellesi, *Il primo tempo fiorentino dello stuccatore Giovan Martino Portogalli*, «Paragone», 515-517, 1993, pp. 41-64, p. 43; C. Cresti, *Notizie sull'attività dei Portogalli, e di altri artisti ticinesi, a Firenze e in Toscana nei secoli XVII e XVIII*, «Architettura & arte», 2004, pp. 156-168; G. Mollisi, *I Portugalli* cit., pp. 132-161; G. Mollisi, *La pieve di S. Maria Assunta di Bientina presso Pisa: Giovan Martino Portugalli di Mugena e i Bulani di Cadro*, in G. Mollisi (a cura di), *Svizzeri a Pisa e Livorno nella storia, nell'arte, nella cultura, nell'economia, dal Medioevo al XX secolo*, «Arte & storia», XIV, 62, 2014, pp. 84-95; L. Facchin, *I Portugalli di Mugena a Livorno: nuove ipostesi di studio*, in Mollisi, *Svizzeri a Pisa* cit., pp. 302-315.

3 Gli stuccatori attivi a Firenze e nel Granducato a partire della fine del Seicento sono molti. Generalmente originari della regione dei Laghi, questi scultori hanno lasciato nelle chiese e nei palazzi toscani numerose decorazioni a stucco. Alcuni di loro sono ben conosciuti, come Carlo Marcellini, ma per tanti altri – come i Ciceri, i Passardi o ancora i Portogalli – mancano studi monografici. Si veda M. Visonà, *Carlo Marcellini. Accademico "Spiantato" nella cultura fiorentina tardo-barocca*, Pisa, 1990; M. Casini Wanrooij, *Decorazioni a stucco*, in R. Fantappiè (a cura di), *Il Settecento a Prato*, Milano, 1999, p. 298; F. Quinterio, *Quattro secoli di stucco in Toscana. II. Dall'Accademia medicea al contributo dei maestri luganesi*, «Bolletino della società di studi fiorentini», 6, 2000, pp. 65-81; R. Spinelli, *"Modellato a regola d'arte". Lo stucco delle decorazioni fiorentine*, in R. Spinelli (a cura di), *Il Seicento e il Settecento*, 5, Firenze, 2002, pp. 100-131; R. Spinelli, *La decorazione a stucco ad Arezzo e nel territorio aretino*, in F. Liletta, R. Spinelli (a cura di), *Arte in terra d'Arezzo*, 8, Firenze, 2007, pp. 27-54; L. Facchin, *Stuccatori ticinesi a Firenze. Un primo repertorio dei ticinesi tra Sei e Settecento*, in Mollisi, *Svizzeri a Firenze* cit., pp. 100-131; A. Spiriti, *Stuccatori dei laghi a Firenze scelte strategiche e casi individuali*, in Mollisi, *Svizzeri a Firenze* cit., pp. 85-98.

4 R. Spinelli, *Giovan Battista Foggini: "architetto primario della Casa Serenissima" dei Medici (1652-1725)*, Firenze, 2003.

5 S. Bellesi, M. Visonà, *Giovacchino Fortini: scultura, architettura, decorazione e committenza a Firenze al tempo degli ultimi Medici*, Firenze, 2008; M. Visonà, *Un'opera di Giovacchino Fortini nuova e chiarificatrice*, «Paragone», 737-739, 2011, pp. 43-45.

6 Mollisi, *I Portugalli* cit., p. 159.

7 Nel 1744, anno della sua iscrizione presso la Compagnia di San Carlo, lo stuccatore ha trenta anni. Archivio di Stato di Firenze (da questo momento ASFi), Compagnie religiose soppresse da Pietro Leopoldo, Compagnia di San Carlo dei Lombardi, 303, C-I, n. 5, fol. 179 r., 19 gennaio 1744. La data della sua morte deve essere quindi collocata all'inizio del 1776, come lo lasciano supporre le numerose messe celebrate dalla Compagnia di San Carlo tra i mesi di aprile e maggio dello stesso anno. ASFi, Compagnie religiose soppresse da Pietro Leopoldo, Compagnia di San Carlo dei Lombardi, 308, C-I, n. 23 (C-I, n. 25); C-I, n. 24 (C-I, n. 26), *Quadernucci di ricevute* (1616-1778), fol. s.n., anno 1776.

8 La sua iscrizione risale al 1 gennaio 1739. L. Zangheri (a cura di), *Gli accademici del disegno: elenco alfabetico*, Firenze, 2000, p. 263.

9 Bellesi, *Il primo tempo* cit., p. 54.

10 Francesco Maria Niccolò Gaburri dedicò qualche riga a Giovanni Martino «caro alla città di Firenze». F.M.N. Gaburri, *Vite di pittori*, Biblioteca Nazionale Centrale di Firenze, ms. Pal. E.B.9.5., II, c. 1410. Citato anche in Cresti, *Notizie* cit., p. 158. A Montesenario Bartolomeo Portogalli, fratello o nipote di Giovanni Martino, è qualificato come «[...] celebre stuccatore milanese [...]»; S. Parrinello, *Il Santuario di Monte Senario*, Firenze, 2014, p. 83.

11 Bellesi, Visonà, *Giovacchino Fortini* cit., pp. 321, 331.

12 ASFi, Compagnie religiose soppresse dal governo francese, 227, 11, n. 3, *Conti di varj manifattori, e pittori per la Chiesa di Rosano*, 1707-1708.

13 M. Bevilacqua, G. C. Romby (a cura di), *Firenze e il Granducato. Province di Grosseto, Livorno, Pisa, Pistoia, Prato, Siena*, 1, Firenze, 2007, pp. 192-195.

14 Forse redatto dalla badessa Celeste Vivai o dall'economo.

15 Spinelli, *Giovan Battista Foggini* cit., pp. 258-259.

16 Possiamo ipotizzare una sovvraposizione dei cantieri condotti da Giovanni Martino Portogalli. In effetti, Sandro Bellesi ha dimostrato che tra il 1705 e il 1709 lo stuccatore è impegnato nella cappella di San Francesco da Paola, nella chiesa di San Giuseppe a Firenze, nell'oratorio di San Niccolò di Vernio e nella chiesa di San Giorgio a Ruballa presso Bagno a Ripoli (Bellesi, *Il primo tempo* cit., pp. 54-56).

17 Nel 1705, Giovanni Martino incontra delle difficoltà col marchese Bartolomeo de' Medici e davanti all'Accademia si lamenta di avere «[...] un giovine al suo servizio, perchè gli facesse l'opera solite farsi da Garzoni per tutto il tempo che durava il lavoro [...] è cosi [...] restato in obbligo di mantenere il d[etto] Giovine senza potersene servire, con grave suo pregiud[izio] danno, e spesa [...]». Citato in Bellesi, *Il primo tempo* cit., pp. 54-55. Il garzone potrebbe essere Filippo.

18 Il 16 agosto 1714, il «ragazzo» dello stuccatore Francesco Paoletti è pagato per venticinque giornate «a stuccare e rivedere i palchi di casa [...]» del cantiere di decorazione del palazzo «dei visacci». ASFi, Panciatichi 101, f. 258 r.

19 I conti di fabbrica della chiesa di Brusnengo in Piemonte indicano che, il 7 ottobre 1756, lo stuccatore Giovanni Battista Marca lascia il cantiere dove rimane suo figlio impegnato «a macinar colori [...]» per l'altare che stanno costruendo. D. Lebole, *La scultura: arte sacra nella diocesi di Biella*, Biella, 2007, p. 213.

20 Bellesi, *Il primo tempo* cit., pp. 63-64 nota 102.

21 Nel 1723 egli realizza un altare, ora distrutto, per il convento di Sant'Orsola a Firenze (Bellesi, Visonà, *Giovacchino Fortini* cit., I, p. 205 nota 8). Nel 1724 Filippo modella degli stucchi nella villa Guicciardini a Bagnolo (Bellesi, *Il primo tempo* cit., pp. 63-64 nota 102). La sua presenza è anche documentata sul cantiere della villa Il Diluvio a Scandicci nel biennio 1728-1729 (L. Leonelli, *Villa Il Diluvio a Mosciano. Benedetto Fortini per la famiglia Ximenes d'Aragona*, in M. Gregori, M. Visonà (a cura di), *Fasto privato. La decorazione murale in palazzi e ville di famiglie fiorentine. Quadrature e decorazione murale da Jacopo Chiavistelli a Niccolò Contestabili*, 1, Firenze, 2012, p. 115, n. III.7).

22 Nel testamento di Giovanni Martino Portogalli, stilato nel 1738, Filippo è indicato come «[...] abitante in Roma [...]». Dopo gli anni 1728-1729, e il cantiere di Scandicci, si perdono le sue tracce a Firenze.

23 Il 7, Redi «terminò il Bozzetto», il giorno seguente dipinge «il ritratto del Fattore» e il 9 «incominciò a dipingere lo sfondo in chiesa».

24 I loro nomi non appaiono più dopo questa data.

25 Potrebbe essere lo stesso Giovanni Battista Portogalli «svizzero» segnalato come collaboratore di Bichi nella ristrutturazione e decorazione della chiesa del Carmine a Portoferraio. In M. Ferretti, *Paolo Bargigli e Vicenzo Revelli all'Elba. Due artisti giacobini al seguito di Napoleone*, Pisa, 1988, p. 15 (già in Cresti, *Notizie* cit., p. 168 nota 44).

26 Portogalli collabora con numerosi stuccatori: Giovanni Battista Baratta, Giovanni Battista Ciceri, Marco Antonio Pandolfi.

27 Il cantiere si colloca tra un suo intervento nella tribuna della sala degli autoritratti degli Uffizi per il quale è pagato nei mesi di novembre e dicembre 1707 e i suoi lavori presso il camerino di Violante Beatrice di Baviera in palazzo Pitti, pagati tra il maggio 1708 e il gennaio 1709. Spinelli, *Giovan Battista Foggini* cit., pp. 262-265. A proposito del Ciceri si veda Spinelli, *Giovan Battista Foggini* cit., pp. 32, 47-49, 55, 73, 75, 77, 79, 83, 90, 121-122, 140-141, 160, 176, 178, 182, 191, 197-198, 201, 205-206, 259, 262, 265, 280, 284-285, 288, 293, 296, 299, 302, 309, 330-331, 346.; L. Facchin, *Stuccatori ticinesi* cit., pp. 105-111; Spiriti, *Stuccatori dei laghi* cit., pp. 85-98.

28 Grazie alla scoperta di documenti inediti è stato possibile distinguere i due Bartolomeo Portogalli incrociati a Firenze. In questo caso si tratta di «Bartolom[eo] del q[uonda] m Bartolom[eo] Portogallo [...] f[rate]llo consanguineo [...]» che Giovanni Martino cita nel suo testamento del 1738 e iscritto il 13 maggio 1708 nella Compagnia dei Lombardi. Nato attorno agli anni 1682-1683, Bartolomeo III arriva probabilmente a Firenze attorno al 1708 e lascia la città nel 1740. Il suo decesso è registrato a Mugena nel 1750.

29 Firenze, Biblioteca Nazionale Centrale, Libri di commercio Capponi, 197, fol. 342, 7 giugno 1704. Nonostante gli studi dedicati a palazzo Capponi, la presenza dello stuccatore non era mai stata segnalata.

30 F. Carrara, L. Sebregondi, U. Tramonti, *Gli istituti di beneficenza a Firenze: storia e architettura*, Firenze, 1999, pp. 87-89.

31 ASFi, Compagnie religiose soppresse dal governo francese, 98, 137, f. 24 r., 1746.

32 ASFi, Compagnie religiose soppresse dal governo francese, 98, 137, *Entr:[a] e Spese per il resarcimen:[o] fatto nella nosta Chiesa negl'anni 1745 1746.1747*, f. 14 r. d.

33 ASFi, Compagnie religiose soppresse dal governo francese, 98, 137, f. 18 r., 1745-1746.

34 Potrebbe essere lo stesso Francesco Visetti presente sul cantiere della cattedrale di Lodi assieme allo stuccatore Domenico Muttoni nel 1763 (G. Agnelli, *La Cattedrale di Lodi dal 1650 ai nostri giorni*, «Archivio storico per la città e comuni del circondario di Lodi», s. II, a. XIV, fasc. 1, 1895). Lo stuccatore è probabilmente arrivato a Firenze nel 1764 come lasciano pensare i conti del dicembre 1764 nei quali è riportato il «resto delle spese fatte nel viaggio per venire a Firenze» (ASFi, Scrittoio delle fortezze e fabbriche, Fabbriche lorenesi, 84, Filza dei giustificazioni, 1764-1768, n. 8, conti originali saldati dicembre 1764, Generale 17.18.19.20.21). Il cognome Visetti è ampiamente attestato nell'area della Valsolda sul lago di Lugano; si veda Facchin, *Stuccatori ticinesi* cit., pp. 118-119.

35 «La presenza dell'appellativo [...] appare indicativo di una possibile parentala, o quanto meno di un alunnato e successiva collaborazione di Rusca nello studio [...] di Bartolomeo a Firenze». Laura Facchin ricorda anche che più volte è attestata la «presenza prima di Bartolomeo e poi di Rusca in cantieri commissionati dagli stessi ordini religiosi [...]», in Facchin, *Stuccatori ticinesi* cit., pp. 120-123. Inoltre, la madre di Bartolomeo IV era una Rusca di Manno, forse imparentata con gli stuccatori anche loro ticinesi, in Mollisi, *I Portugalli* cit., p. 160 nota 48.

36 ASFi, Scrittoio delle fortezze e fabbriche, Fabbriche lorenesi, 84, Filza dei giustificazioni, 1764-1768, n. 7, conti originali saldati 11 ottobre 1764, Generale 13.14.15.16, f. 4 r., 24 settembre 1764.

37 ASFi, Scrittoio delle fortezze e fabbriche, Fabbriche lorenesi, 84, Filza dei giustificazioni, 1764-1768, n. 10, conti originali di maestranze saldati 26 marzo 1765, Generale 24 a 28, f. s.n., marzo 1765, n. 7 r., 21 marzo 1765.

38 ASFi, Scrittoio delle fortezze e fabbriche, Fabbriche lorenesi, 84, Filza dei giustificazioni, 1764-1768, n. 10, conti originali di maestranze saldati 26 marzo 1765, Generale 24 a 28, n. 4 r. e v., 24 febbraio 1765.

39 ASFi, Scrittoio delle fortezze e fabbriche, Fabbriche lorenesi, 84, Filza dei giustificazioni, 1764-1768, n. 10, conti originali di maestranze saldati 26 marzo 1765, Generale 24 a 28, n. 1, f. 46, 26 novembre 1764.

40 Il 21 maggio 1764, il falegname ha «fatto un castello grande da disfare [...] per gli stuccatori e Pittori» e il 22 ottobre ha «disfatto due ponti per comodo delli Stuccatori e Pittori». Il maestro Filippo Billi indica nei suoi conti del 1764 di avere «fatto i ponti a tutti i sopra descritti quartieri per comodo degli stuccatori, doratori» (copie del n. 4, f. s.n., 18 luglio 1764).

41 Sappiamo, sempre grazie a Bracci, che Visetti plasma i rilievi dei sovrapporta e quelli di uno spazio non meglio definito, a partire del mese di febbraio. Si tratta forse dei sovrapporta del cosìdetto «gabinetto» ma non lo possiamo affermare con certezza.

42 Una parte dei conti legati agli interventi del Visetti sono stati pubblicati in R. Chiarelli,

Aggiunte a Ignazio Pellegrini: la sistemazione architettonica del Ponte Vecchio e il "Gabinetto ovale" di Palazzo Pitti, in M.G. Ciardi Dupré Dal Poggetto, P. Dal Poggetto (a cura di), *Scritti di storia dell'arte in onore di Ugo Procacci*, 2, Milano, 1977, pp. 598-613.

43 Bellesi, *Il primo tempo* cit., p. 55.

44 Ivi, pp. 50-53.

45 ASFi, Panciatichi 101, f. 251, 27 marzo 1710.

46 ASFi, Panciatichi 101, f. 252, 4 ottobre 1710.

47 Un caso simile si osserva per gli stucchi della chiesa di San Bartolomeo a Chiavenna realizzati da Carlo Domenico Garovo (Garove / Garvo / Garovi) di Bissone alla fine del Seicento. L. Aliverti, *La ricerca archivistica per lo studio delle decorazioni a stucco della Regione dei laghi*, in A. Felici, G. Jean (a cura di), *Stucchi e stuccatori ticinesi tra XVI e XVIII secolo. Studi e ricerche per la conservazione*, Firenze, 2000, p. 40, n. 39.

48 ASFi, Panciatichi 101, f. 255, 27 ottobre 1713.

49 ASFi, Panciatichi 101, f. 256, 22 novembre 1713.

50 Una libbra vale 339,5 grammi, quindi 2000 libbre sono pari a kg 679 di polvere di marmo, 1490 libbre equivalgono a kg 505 di bianco spento e 3890 libbre a kg 1320 di gesso.

51 ASFi, Panciatichi 101, ff. 260 v., 262 r.

52 ASFi, Panciatichi 101, f. 257, 14 aprile 1714.

53 Nei conti della chiesa di San Firenze appare nel 1734 come fornitore un Giovanni Battista Cantagalli, anche lui del tutto sconosciuto. ASFi, Compagnie religiose soppresse dal governo francese, 136, 63.

54 Portogalli lavora con Giovanni Baratta nelle cappelle di San Giovanni (1700-1701) e dell'Esaltazione della Croce (1702). Bellesi, *Il primo tempo* cit., pp. 47-50.

55 Gozzini fornisce ai muratori anche merzane, tegolini ed embrici. In ASFi, Compagnie religiose soppresse dal governo francese, 98, 137, *Entr:ª e Spese per il resarcimen:º fatto nella nosta Chiesa negl'anni_1745_1746.1747*, f. 14, conto presentato dagli eredi di Francesco Gozzini, 1745-1746.

56 ASFi, Compagnie religiose soppresse dal governo francese, 98, 137, *Entr:ª e Spese per il resarcimen:º fatto nella nosta Chiesa negl'anni_1745_1746.1747*, f. 19 r. d. Della Porta ha «[...] imbiancato tutta la Chiesa [...] è dato il colore alla pietra del prospetto dell altare maggiore è il cornicione fatto di novo da capo è altre pietre [...]», ASFi, Compagnie religiose soppresse dal governo francese, 98, 137, *Entr:ª e Spese per il resarcimen:º fatto nella nosta Chiesa negl'anni_1745_1746.1747*, f. 23 r., 1745.

57 ASFi, Compagnie religiose soppresse dal governo francese, 98, 137, *Entr[at]a e Spese per il resarcimen[t]o fatto nella nosta Chiesa negl'anni_1745_1746.1747*, quaderno di cassa, f. 2 r.

58 Un articolo a cura di chi scrive dedicato agli stucchi della cappella, finora mai attribuiti a Portogalli, è in corso di pubblicazione presso la Fondazione di Studi di Storia dell'Arte Roberto Longhi.

59 «sorte di aguto corto, e grosso». *Vocabolario bresciano e toscano compilato per facilitare ai Bresciani col mezzo della materna loro lingua il ritrovamento de' vocaboli modi di dire e proverbj toscani a quelle corrispondenti, per Pietro Pianta Stampator Camerale*, Brescia, 1759, p. 63.

60 M. Chiarini, S. Padovani, *Gli Appartamenti Reali di Palazzo Pitti. Una reggia per tre dinastie: Medici, Lorena e Savoia tra Granducato e Regno d'Italia*, Firenze, 1993; S. Bertelli, R. Pasta, *Vivere a Pitti. Una reggia dai Medici ai Savoia*, Firenze, 2003.

61 Il «gabinetto di paratta» o gabinetto ovale è chiamato «gabinetto grande» o «gran gabinetto di paratta».

62 Lo stuccatore lascia definitivamente la città nella prima metà del 1765.

63 ASFi, Scrittoio delle fortezze e fabbriche, Fabbriche lorenesi, 84, Filza dei giustificazioni, 1764-1768, copie del n. 4, f. 30.

64 «Il più puro, quando è stacciato più fine, dicesi gesso da fornare, e serve a fare statue, medaglie e cose simili, le qualli si gettano, col detto gesso impastato con l'acqua, nelle forme, fatte pure di gesso [...]». D. Humphry, *Elementi di chimica agraria in un corso di lezioni per il pensionato di agricoltura. Traduzione del Dottor Antonio Targioni Tozzetti Professore di Chimica nell'Accademia delle Belle Arti con correzioni fatte dall'Autore stesso posteriormente all'edizione di Londra del 1813*, II, Firenze, 1815, p. 160 nota 44.

65 Così come i lavori nel gran gabinetto.

66 ASFi, Scrittoio delle fortezze e fabbriche, Fabbriche lorenesi, 84, Filza dei giustificazioni, 1764-1768, n. 10, conti originali di maestranze saldati 26 marzo 1765, Generale 24 a 28, n. 4, f. 9 r. e v. 6 marzo 1765.

67 ASFi, Scrittoio delle fortezze e fabbriche, Fabbriche lorenesi, 84, Filza dei giustificazioni, 1764-1768, n. 10, conti originali di maestranze saldati 26 marzo 1765, Generale 8 a 10, n. 5, conti originali saldati il 17 agosto 1764, f. 9 r.

68 ASFi, Scrittoio delle fortezze e fabbriche, Fabbriche lorenesi, 84, Filza dei giustificazioni, 1764-1768, n. 7, conti originali saldati l'11 ottobre 1764, Generale 13, 14, 15, 16.

69 ASFi, Scrittoio delle fortezze e fabbriche, Fabbriche lorenesi, 84, Filza dei giustificazioni, 1764-1768, n. 2, conti originali saldati 1764, Generale., f. 8 v. 8 febbraio 1764.

70 ASFi, Scrittoio delle fortezze e fabbriche, Fabbriche lorenesi, 84, Filza dei giustificazioni, 1764-1768, conti originali 1767, f. 10 r.

71 Il braccio fiorentino misurava 58,36 centimetri e si divideva in 20 soldi, il soldo in 12 denari, il denaro in 12 punti.

72 Oggi chiamato frattazzo, è uno strumento simile a una spatola che serve prima a reggere e poi a lisciare la malta, l'intonaco o altri impasti.

73 La volta non è meglio identificata, si tratta forse di quella del gabinetto nuovo.

74 F. Carradori, *Istruzione elementare per gli studiosi della scultura di Francesco Carradori professore di dett'arte nella Reale Scuola di Firenze alla Maestà del Rè d'Etruria Lodovico Infante di Spagna, Principe Ereditario di Parma, Piacenza e Guastalla*, Firenze, 1802, pp. 12-18, tav. VII.

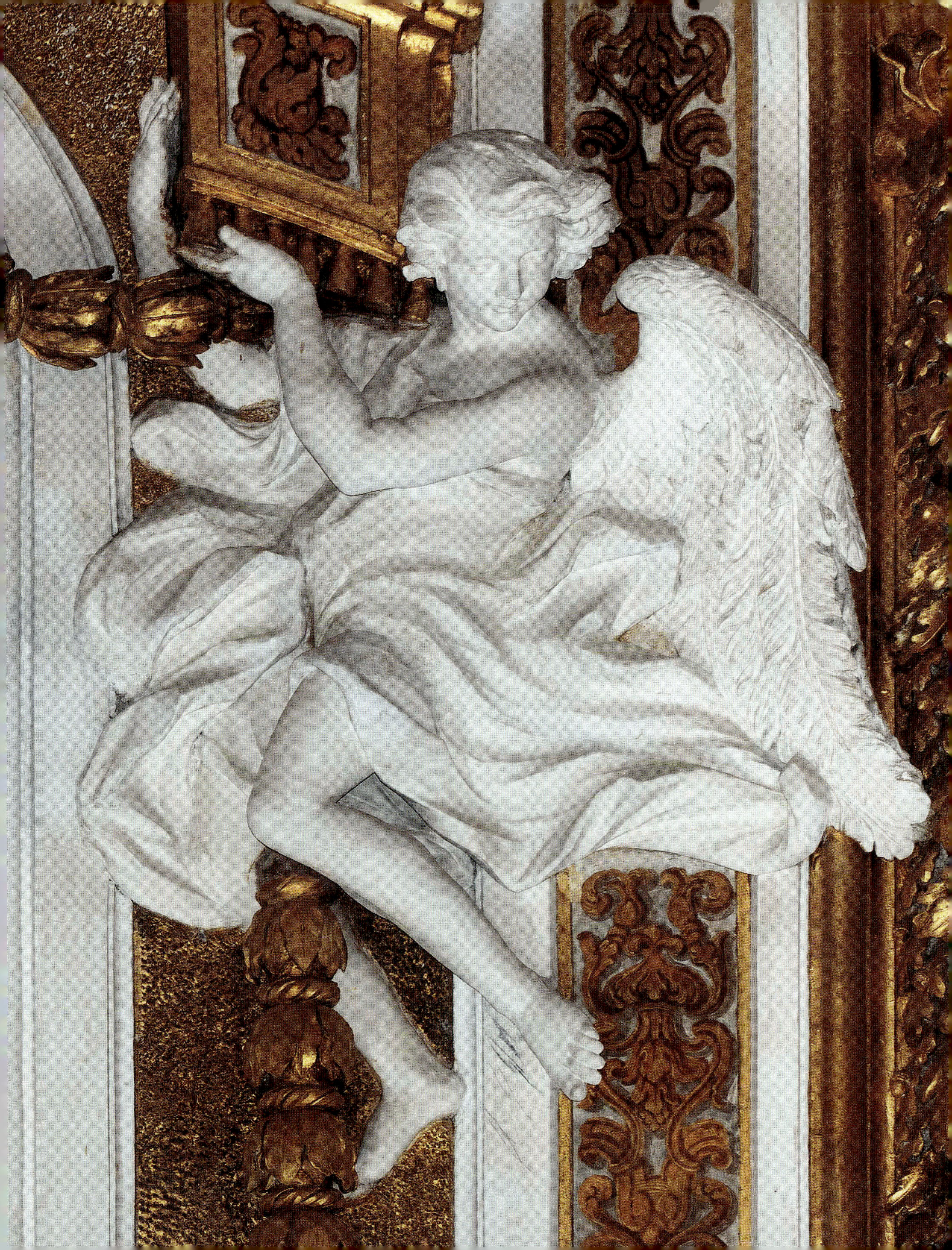

Case Studies

Fontainebleau 1530. The Age of Stucco

Oriane Beaufils

'Very singulier' was the English ambassador Sir Henry Wallop's phrase, in his letter to Henry VIII describing the decoration he had contemplated in the King's Bedchamber at Fontainebleau. He also reported how the French king had him climb on a bench so that he might admire and even touch 'the mattier and stuff that the said borders was made of.' The king and the ambassador then went to the Great Gallery, where the English guest marvelled at the 'grete anticall personages entier.'[1] This episode illustrates the amazement and reverence engendered by the sixteenth-century decorations at Fontainebleau. A decade later, it was Vasari's turn to praise the 'compartments of an extraordinary extravagance' of the so-called Galerie François Ier and its 'life-sized' sculptures.[2] From England to Italy, such plastic quality created a sensation. Indeed, it was at Fontainebleau in the 1530s that a new type of decoration was created, combining wood panelling, frescoes and stuccoes. Designed by large teams of artists – many of whom came from Italy to work at the court of François Ier – such decorations were at the heart of what was later called the 'School of Fontainebleau'. Although many such creations are lost, the chimneypiece of the Queen's bedchamber, the Galerie François Ier, the Porte Dorée, the Duchesse d'Étampes' bedchamber and the Great Ballroom all show the creativity of this art form and its evolution between 1530 and 1560.

This chapter explores the genesis of Fontainebleau's earliest stucco decorations, between 1530 and 1540, and studies the technical and artistic aspects of the Fontainebleau stuccoes in the context of their contemporary transalpine counterparts.

The Origins of French *Stucchi*

From a young age, François Ier (1494–1547) had been an admirer of Italian art. He had invited Leonardo da Vinci to France in 1516, and Andrea del Sarto in 1518. On several occasions he attempted – and failed – to lure Michelangelo to his court. Yet his Italian tastes were mainly those of a collector. Heir to a prestigious collection of paintings by the Renaissance masters, the king had, over the course of his reign, enriched the collection of the royal picture gallery.[3] The arrival of Rosso Fiorentino in 1530 and of Francesco Primaticcio in 1532 coincided with a new chapter of his *italophilia*. Released from captivity in Madrid, after which he temporarily relinquished his claims over Italian territories, François Ier decided to settle on a long-term basis in the Île-de-France and concentrated on his residences there: the Louvre, Saint-Germain-en-Laye and above all, Fontainebleau. This ancient medieval hunting residence was transformed at his behest into a true Renaissance palace, with sumptuous royal apartments. Both Rosso and Primaticcio were indeed called to Fontainebleau two years after the start of the project that would stretch over almost the whole of the sixteenth century. In the wake of Popes Leo X and Julius II, or Italian princes such as the Gonzaga of Mantua or the Este of Ferrara, the French king desired for his residence great, permanent decorations, inscribed within the architecture to create a total work of art, or, to quote Vasari, 'a new Rome'.[4] For it was in Rome, in the Vatican Loggias, in Giulio de' Medici's Villa Madama, or in Baldassare Turini's Villa Lante on the Janiculum that mighty patrons of the time brought back to life the great antique stucco decorations that completed fresco cycles. After the dispersal of Raphael's Roman workshop, his famous and widespread masterpieces provided source-material for decoration throughout Europe. From Mantua, with Giulio Romano, to Genoa, with Perino del Vaga, stucco reached Florence, which had experience of it since the quattrocento and eventually, Fontainebleau.

Rosso Fiorentino (1494–1540) was trained in early sixteenth-century Florence, in Andrea del Sarto's circle. At the beginning of the 1520s, when the Medici regained power over the city, Alessandro de' Medici commissioned new decorations from Giovanni da Udine for the family palace, in which the stucco compositions, 'scenes in bas-relief' were deemed by Vasari in a 1534 letter 'one of the most outstanding works that are in Florence'.[5] The artist had also adorned the Sagrestia Nuova in San Lorenzo with stucco elements, a testimony to the return of this technique to the Florentine decorative repertoire, and an innovation which Rosso had certainly become aware of.[6] By the time of his stay in Rome from 1524 to 1527, Rosso had apparently mastered the technique. As head of decoration of Agnolo Cesi's funerary chapel in Santa Maria della Pace, the artist executed frescoes adorning the chapel façade, an altarpiece – as stipulated in the contract – but also the stucco decorations for the chapel, although there is no precise information to document them.[7]

Francesco Primaticcio (1504–1570) had been working under Giulio Romano's direction at the Palazzo Te in Mantua since 1525 or 1526. Vasari, in his account of Primaticcio's life, tells of his mastery of stucco: 'he learned very well how to use colours and make plaster works'.[8] This technique contributed considerably to his reputation, as is emphasized by the fact that Federico II Gonzaga of Mantua, who originally described Primaticcio as 'pictore', deemed him six years later a 'scultore'.[9] Primaticcio is mentioned in 1527 by Giacomo Calandra, Frederico II's secretary, for the completion of the Camera delle Aquile, the marquis's bedchamber in the Palazzo Te.[10] Vasari also attributes to his hand the modelling for the great borders and lunettes in the Camera degli Stucchi.[11] It was as painter and stucco maker that he came to work in Fontainebleau in 1532.

Fontainebleau's First Stuccoes

The decoration process in the Palace of Fontainebleau can be documented through the *Comptes des Bâtiments du roi*, compiled in the first half of the nineteenth century by the historian Léon de Laborde, from a 1680 manuscript copying the original sixteenth-century royal accounts.[12] This source is crucial to the study of work at the royal residences, especially for Fontainebleau.[13] The structure follows accounting ledgers, listing the sums paid out for various functions, starting with structural work (masonry, carpentry, roofing), then the finishing works and lastly so-called 'extraordinary parts'. The first mention of stucco-related works dates from 1533, when workers were paid for the 'works of painting, stucco and gilding conducted in the King's and the Queen's Bedchambers as well as in the Great Gallery of the Palace of said Fontainebleau'.[14]

Examination of this list allows for a clearer view of the various types of works related to the completion of the stuccoes, their diversity and their importance, according to the level of remuneration. First are the 'commis', or assistants, Pierre Postel and Nicolas Picart, entrusted with the task of furnishing the necessary tools in order to 'grind into powder and serve to make the stucco'.[15] They are mentioned on several occasions for delivering lime or carts of 'hard stone quarried at St Aulbin'.[16] A second category of functions pertains to the 'manouvriers' or hired workers, among whom the names of Anthoine Escuier and Jacques Vallet recur, receiving 3 *sols* per day, for 'détremper' (soaking) and 'broyer le stuc' (that is, grinding the lime with the hard stone, and mixing it with water).[17] Finally, the locksmith Anthoine Morisseau was to provide the nails and all manner of ironwork necessary for attaching the stucco reliefs and models to the masonry.[18] This document also named gilders, including Claude du Val and Léon Bochet, who had to 'gild terminal figures and works of stucco which the King had ordered to be made in his palace'.[19]

After them come the artists paid to execute the stucco in proper, the modelling of the material. Most of them are noted as 'paintre', 'imagier' or 'paintre imagier'; they enjoyed various levels of remuneration, ranging from 7 to 50 *livres* per month, the latter being the salary paid out only to Rosso Fiorentino, identified as the 'conducteur des travaux' (conductor of works) in the Galerie François Ier.[20] Laurent Regnaudin (Lorenzo Naldini), Francisque Pellegrin (Francesco di Pellegrino) and French artists Claude Badouin and André Selon received 20 *livres* per month, whereas Berthelemy da Miniato and Claude du Val only received 10. When new artists, such as Henri Ballors in September 1535, joined the team, they were first compensated with a

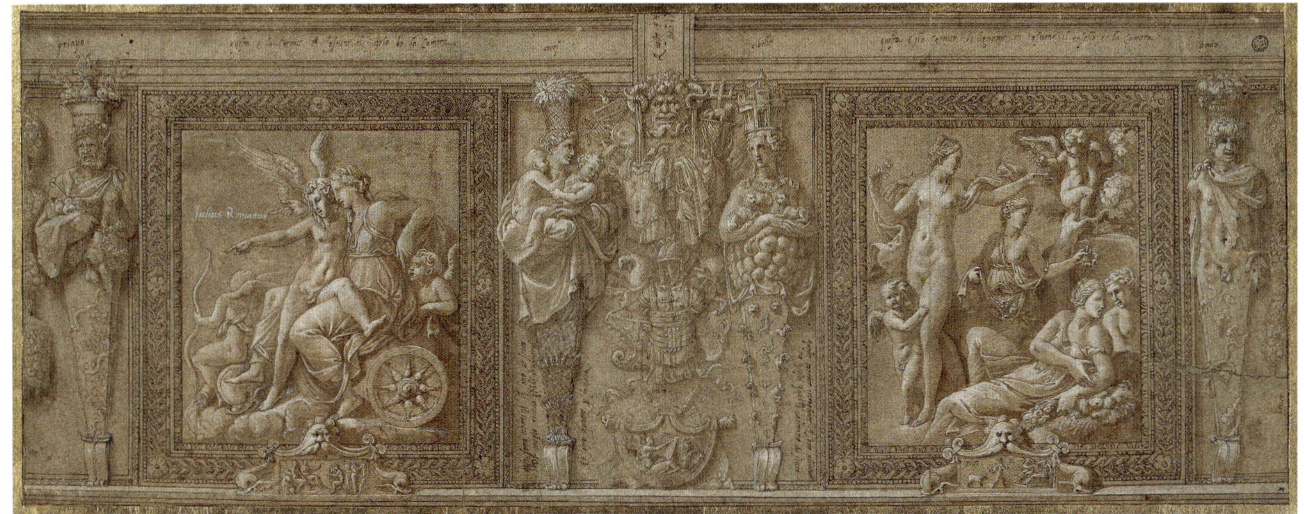

fig. 1
Francesco Primaticcio, *Scènes de l'histoire de Proserpine et termes de Priape, Cérès, Cybèle et Bacchus*, 1532-33. Paris, Musée du Louvre, Département des Arts graphiques, inv. 3497.

lower salary (13 *livres* per month), but gradually earned more: by November, Ballors received 20 *livres* per month.[21] A few newcomers earned such a sum upon their arrival, like Charles Dorigny (mentioned from August 1535), Niccolò Belin da Modena (mentioned as working on the King's Bedchamber in 1533), or Juste le Just.[22]

Showing the vitality of the Fontainebleau projects, the list of artists grows steadily between 1533 and 1538. Francesco Primaticcio appears for the first time in 1533 in the records for the King's Bedchamber and seems to have first played a coordinating role for the execution of the Queen's Bedchamber decoration, where he is identified as the 'conducteur des travaux', for a stipend of 25 *livres* per month from April 1536 onwards.[23]

Stucco works increased with each year. The first ornaments were created for the royal suites (the King's and Queen's Bedchambers, the Galerie François Ier). However, the works spread, and stucco arrived in the suites of other court members, such as 'ladite première chambre de dessus de portail' (probably the Connétable Anne de Montmorency's chamber), the 'cabinet érigé pour ledit Sieur en la tour du jardin d'icelluy chasteau', or 'la grande sale du pavillon naguerre fait de neuf près de l'étang dudit lieu, où doivent être mises les Poësles dudit Sieur'.[24] In the early 1540s, the chamber of the Duchesse d'Étampes (François Ier's mistress), the Galerie d'Ulysse, the Baths suite, the Galerie Basse near the pond, and the Pavillon de Pomone in the garden were also created. Although only the first of these decorations has survived, it is plain to see than in the span of a decade, stucco had been established as a key element of the Palace decor.

Just as it did in Raphael's workshop in Rome, or in Giulio Romano's in Mantua, the idea of the decor took life on paper. Unfortunately, preparatory drawings for such projects rarely survived. A drawing now in the Musée du Louvre documents the conception of the decoration of the King's Bedchamber, which, according to the *Comptes des Bâtiments du Roi* began first (between July and November 1593) (fig. 1).[25] The ornament filled the whole of the wall surface in the bedchamber and showed

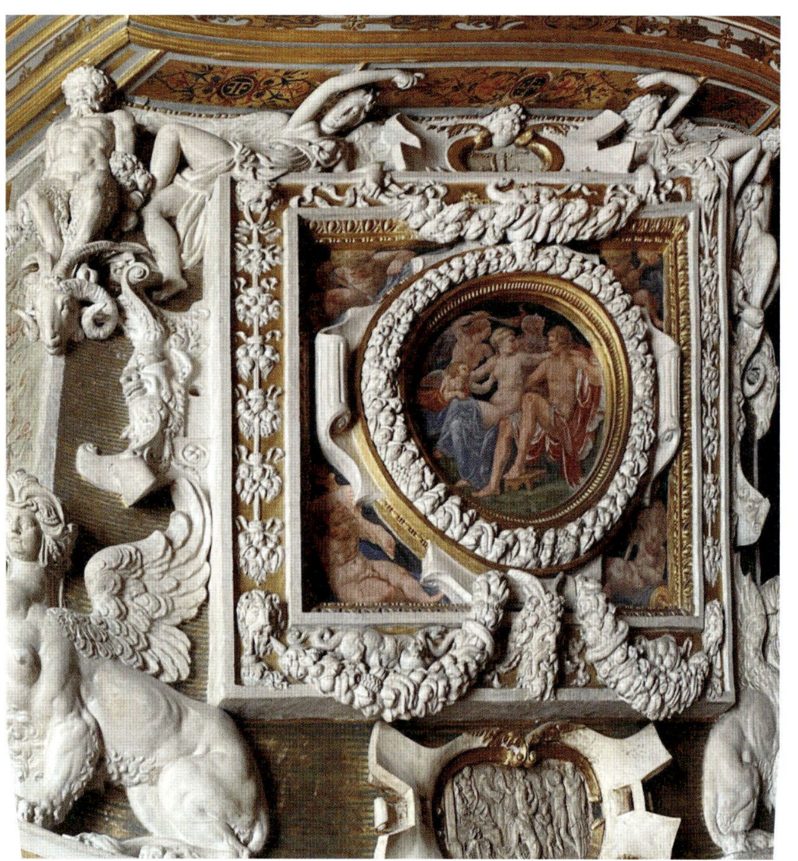

a series of compartments painted *al fresco* with scenes from the story of Proserpine, flanked by stucco terminal figures. This drawing illustrates one of Primaticcio's first designs in France and owes much to Giulio Romano.[26] On the same sheet, the artist represented a whole wall composition and placed various indications determining how the different sections were laid out. He identified the subject: 'priapo' (Priapus), 'ceres', 'cibelle' (Cybele), and 'bacco' (Bacchus). Next to Ceres, the inscription reads 'these are terms that are made of stucco / in high relief, life-size / and there are four on each side'. It is the introduction of monumental-scale stucco high relief for the Fontainebleau project, and it marks the transition from ornamental style (as it was done in Rome) to sculptural stucco.[27]

fig. 2
Francesco Primaticcio (and workshop), Mantel of the chimney of the former Chambre de la Reine, stucco and fresco, around 1535. Château de Fontainebleau.

Deemed by the Mantuan ambassador, Giovanbattista da Gambara, one of the finest things to be admired at Fontainebleau, the Queen's Bedchamber, begun immediately after the King's also featured a combination of painting and stucco.[28] Its only remnant is the chimneypiece **(fig. 2)**. Here again, Primaticcio's debt to Giulio Romano and his work in Mantua is potent, so much so that he deliberately cited him. The painted medallion representing the *Marriage of Venus and Adonis*, at the centre of the mantelpiece is a literal quote from a stucco relief of the Camera degli Stucchi in the Palazzo Te. This is confirmed by a drawing by Giulio, now in the Louvre that was certainly in Primaticcio's possession when he came to France.[29] The winged sphinxes in the angles recall those of the *Camera delle Aquile* in which Primaticcio's work is, as previously mentioned, documented. Finally, the low relief in the lower part of the decoration derives from a stucco in the vault of the same room, representing *Mercury before Jupiter*. Nothing more is known of the decoration of the bedchamber's walls, which probably presented a similar combination of fresco and stucco. However, a letter addressed to the Duke of Mantua by ambassador Conegrano, on 10 February 1548, recounting the baptism of young Claude de France, daughter of Henri II and Catherine de' Medici, mentioned 'superb tapestries', hung in the Queen's Bedchamber.[30] Such a detail might indicate that, for tapestries to be hung over it, the decoration was modelled in lower relief.

Rosso's last masterpiece is also the last testimony of the glory and power of François Ier. The Great Gallery of Fontainebleau is, as we have seen, amply documented by the *Comptes des Bâtiments du Roi*. Unfortunately, very little evidence of its graphic origins has been preserved. Although frescoes and a few relief backgrounds reveal the use of cartoons (with traces of pouncing), no drawing by the hand of Rosso Fiorentino has been identified. The squared-for-transfer design for the *Danaë* fresco by Primaticcio, now in the Musée Condé at Chantilly, is the only evidence of graphic preparatory work for the Galerie and shows the major involvement of the Bolognese artist in this grand project.[31] According to Vasari, Léonard Thiry, who assisted Rosso on the Galerie project from 1536, was especially gifted for 'translating in colour' the master's drawings, and he reproduced some of his drawings, such as *The Education of Achilles*.[32] Acquired by Pierre-Jean Mariette as an original by Rosso, it is in fact a workshop copy, not after the finished frescoes of the sixth compartment, on the north wall of the Galerie (the drawing features an oval composition and some details differ from the fresco), but after a lost drawing by Rosso.[33] Finally, a drawing now in the Louvre shows a composition almost identical to one of the stucco reliefs for the Galerie, the *Worshippers of Cybele*, on the left of the *Death of Adonis* fresco (fig. 3). First published by Kurt Kusenberg in 1937, the drawing had been considered a workshop copy after a drawing by Rosso. However, as remarked by Dominique Cordellier, it is not strictly a copy. Several details differ from the original stucco, such as the hair of one of the corpses in the foreground on the drawing, who appears bald in the stucco. It could, however, be a preparatory drawing for the relief, after a first cartoon by Rosso Fiorentino, by an artist working on the project, which Dominique Cordellier has suggested to be Primaticcio himself.[34] This hypothesis tends to strengthen the role played by Primaticcio on the project, although not mentioned in the *Comptes*, yet well established by sixteenth-century commentators, like ambassador Gambara who described the Galerie in 1539: 'Numerous stucco figures from the hand of *Bologne*, very fine, and the floor is made of beautiful wood intarsia.'[35] Lastly, many stucco compartments in the Galerie François Ier were engraved by artists working on the project, particularly the Bolognese artist Antonio Fantuzzi. Mentioned in the *Comptes* from 1537 to 1540 for 'ouvrages de painture et stucq à Fontainebleau', then from 1541 to 1550 as working on the Galerie d'Ulysse for 'patrons et pourtraits en façon de grotesque' (cartons and figures in the grotesque fashion), 'Anthoine Fanton' etched, between 1542 and 1548 many of the stucco frames, replacing the frescoes at the centre with landscapes.[36] He may have executed these engravings after drawings available to the artists working on various projects at Fontainebleau. The many drawings circulated in Fontainebleau have all but disappeared. The history of the stuccoes must therefore be reconstructed from the Galerie itself.

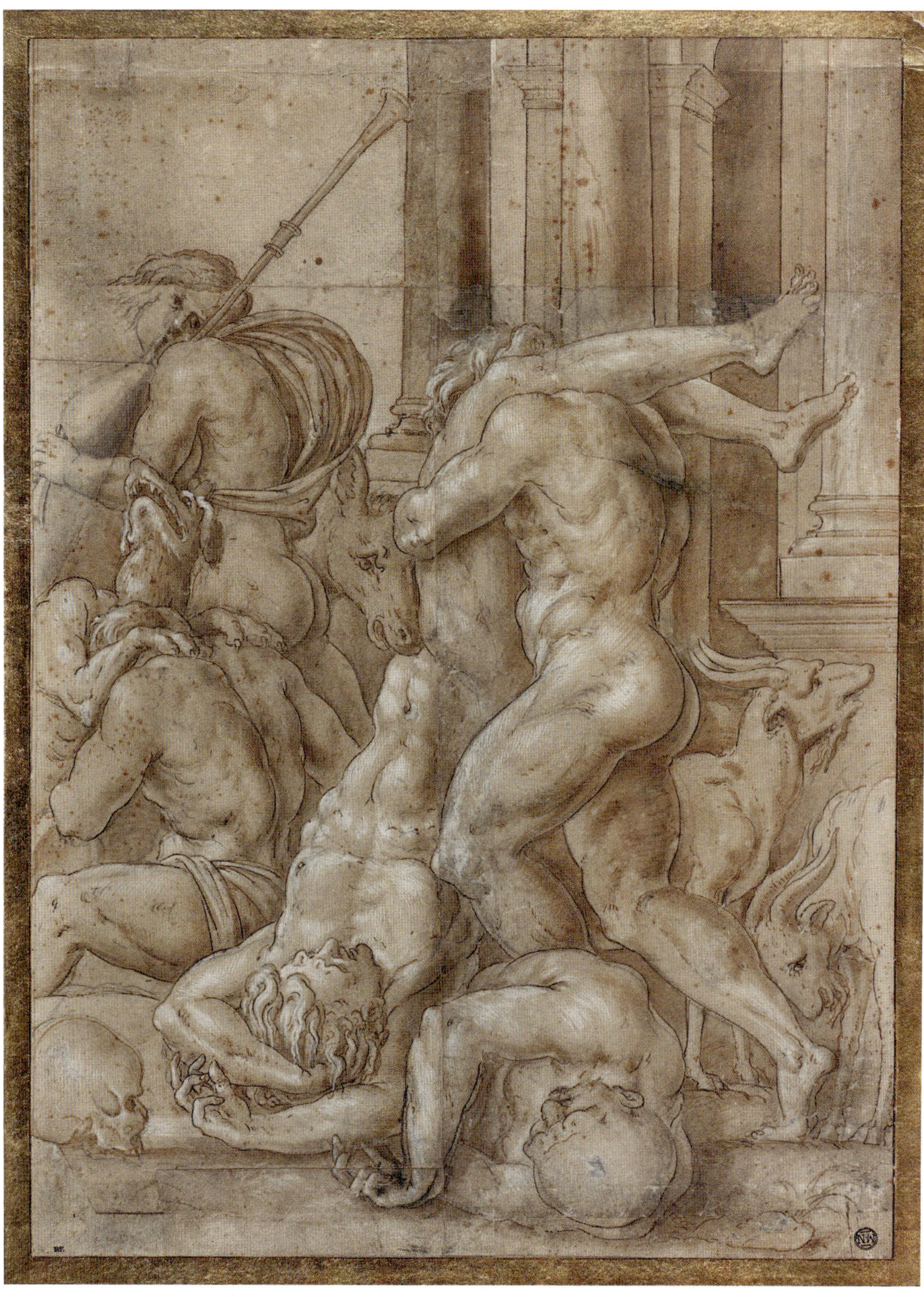

fig. 3
Francesco Primaticcio (?), *Cybele's Worshippers*, 1533-39. Paris, Musée du Louvre, Département des Arts graphiques, inv. 1581.

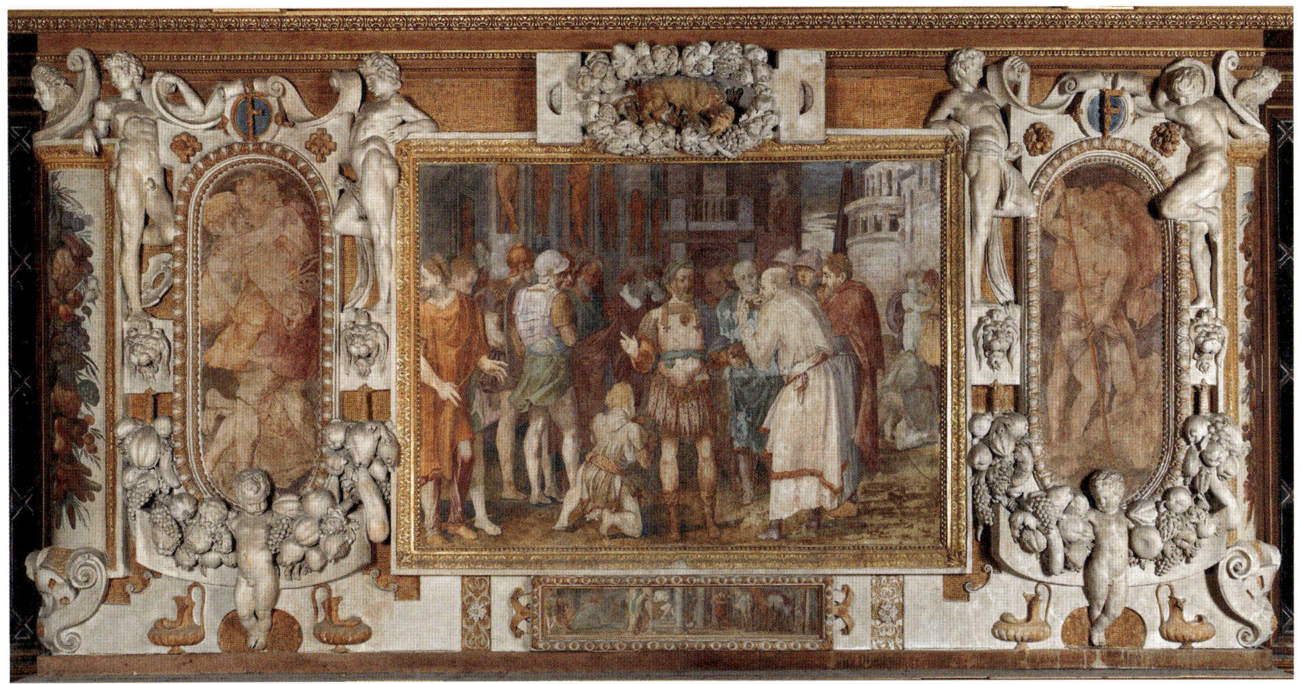

fig. 4
Compartment of the *Unity of the State*, 1533-39. Château de Fontainebleau, Galerie François Ier.

Questions of Method

Although significantly remodelled over the centuries, the Galerie François Ier retains much of its wonderful decoration which, just as it did in the sixteenth century, still stops visitors in their tracks. Each section of its walls follows a triptych-like logic. The central part is occupied by a large, frescoed composition framed in gold, whereas the side panels are arranged in architectural compartments containing either stuccoes in high or low relief or painted scenes framed by rich stucco ornaments **(fig. 4)**. Alternating between frame and main subject, between monumental dimensions or discreet presence, stucco is constantly renewed in its expression within the decoration of the space. According to the *Comptes des Bâtiments du Roi* payments for the paintings were made later, meaning the stuccoes were executed first. The Galerie decoration spread over a little more than two years (April 1535 to August 1537). During the restoration campaign of 1960–9, material analysis of the stuccoes was conducted, resulting in several hypotheses regarding their production.[37] The reliefs were modelled directly on the surface of the wall on a metal armature. A set of 'grands clous, verges, crampons et autres ferrures et pieces de fer' (large nails, bars, crampons and other metal armatures and iron pieces) were fixed in the masonry at various depths and spacing, to design a kind of structure for each composition. The Galerie exploits all the possibilities offered by the material, which can be used to shape real sculptures almost in the round as well as low reliefs. For high reliefs, iron tenons pinned heads, limbs and other projecting elements to the wall. Above this wire frame, stucco

fig. 5
Rosso Fiorentino (and workshop), *The Young Roman*, stucco, 1533-39. Château de Fontainebleau, Galerie François Ier.

makers prepared a mortar, mixing hydraulic lime with sand, and crushed brick, giving the material a pinkish tone.[38] This mixture served as a core around which the stucco artist shaped his actual model. The modelled material was finer, mixing a slaked lime – more plastic, slow setting and therefore easier to work than the hydraulic lime – with finely ground limestone. This material was applied wet on the core in successive layers to progressively shape the sculpture. Low reliefs followed a similar process. Stucco makers worked directly on the wall. Here again, they used nails at various depths on which to position each of the sculpted reliefs. The nail heads are still visible on some of them.[39] Each individually modelled figure on these reliefs is, in a way, freestanding, not connected to them which explains the complete detachment from the support of the (very rare) missing elements (the Venus in the shell beneath the *Defeated Ignorance*, for instance).

This recipe for a brick stucco is surprising in early sixteenth-century France. Stucco was well known among artists in antiquity, but was a relatively recent rediscovery, with which both Rosso and Primaticcio had familiarized themselves during their Italian careers.[40] The popularity of this technique had been revived in Raphael's workshop and it had been rediscovered, according to Vasari, by Giovanni da Udine himself, who added powdered marble to the lime mixture and had managed to obtain the much-desired whiteness of antique stuccoes.[41] Thus, early cinquecento Roman stuccoes all present a grey-white core, unlike the pinkish-coloured ones at Fontainebleau. After he left Rome for Mantua in 1524, Giulio Romano, assisted by the young Primaticcio, pushed the limits of stucco's plastic possibilities, but did not use ground brick to harden the core of the Palazzo Te decorations. Yet the introduction in Mantua of high-relief figures (in the Camera degli stucchi, the Camera delle Aquile, or the loggia of the Giardino Segreto) would have required a sturdier core than those of the smaller Roman low reliefs. Analysis conducted between 1984 and 1990 has shown that the material consists of a common mixture of lime, sand and ground stone, with gesso as an additive and powdered marble.[42]

Admittedly, brick-lime stucco was not entirely new, but its use dated back to Florentine work in the quattrocento, which was a constant source of inspiration for Rosso Fiorentino. Indeed, this technique is well documented in Donatello's work. His colossal figure of *Joshua*, intended for one of the buttresses of Florence cathedral and executed between 1410 and 1412, was described by Vasari as a sculpture 'di mattoni e di stucco'. Was it a solid brick-based core coated with a superficial, thinner layer of stucco, simply mixing lime with sand?[43] Or was the whole figure made of a mixture of brick and lime? Though Vasari's use of the word 'stucco' remains polymorphic, at least it shows that the combination of these materials was considered efficient in the context of free-standing sculpture creation. The tradition of using brick with stucco continued throughout the fifteenth century.[44] Agostino di Duccio was asked to create a pendant sculpture for the opposite buttress: here again, the colossal statue is composed of a mixture of brick and lime.[45] Stucco statuary established its prestige at the

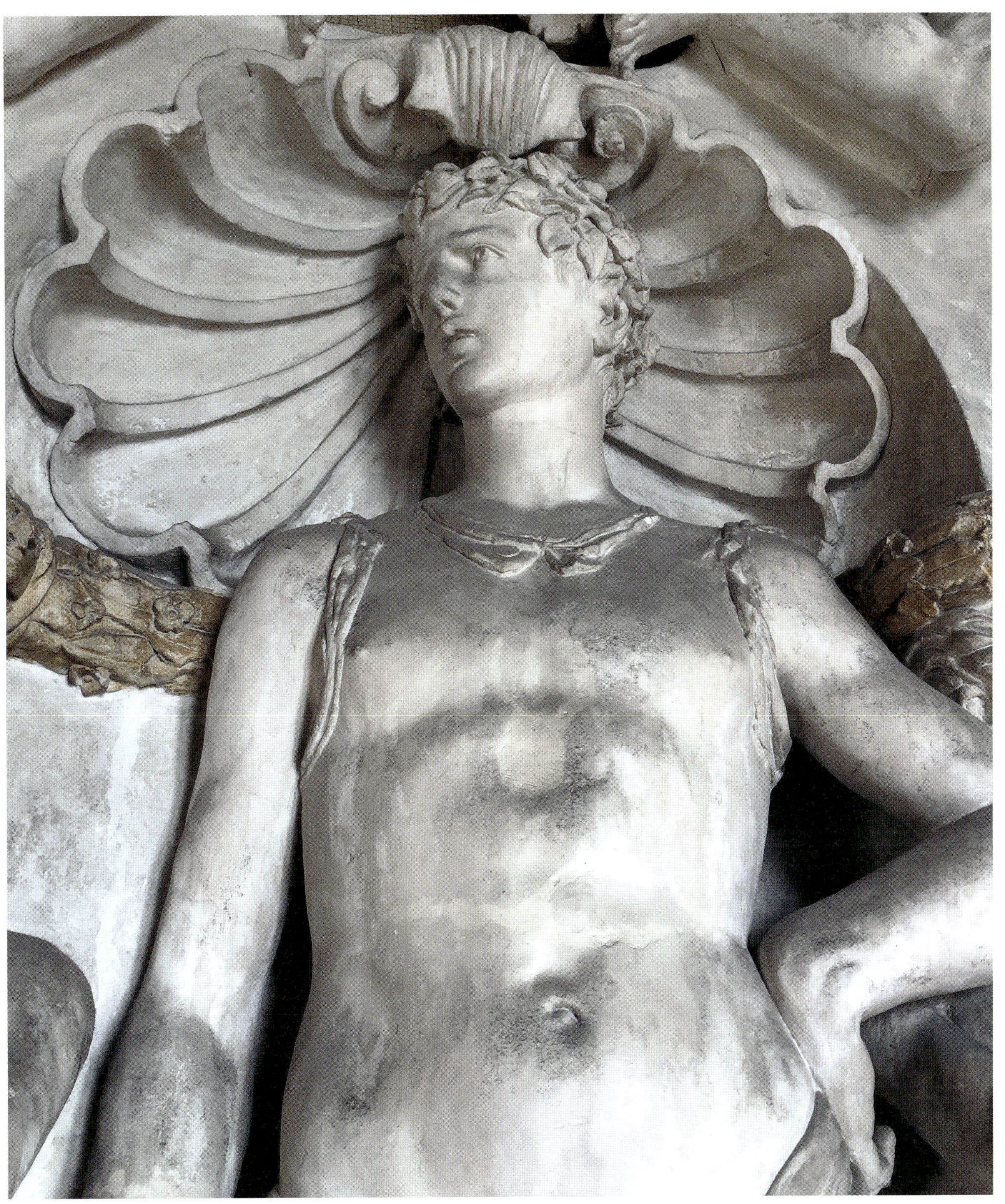

fig. 6
Rosso Fiorentino (and workshop), *The Philosopher*, stucco, 1533-39. Château de Fontainebleau, Galerie François Ier.

fig. 7
Rosso Fiorentino (and workshop), *Ignudo*, stucco (detail), 1533-39. Château de Fontainebleau, Galerie François Ier.

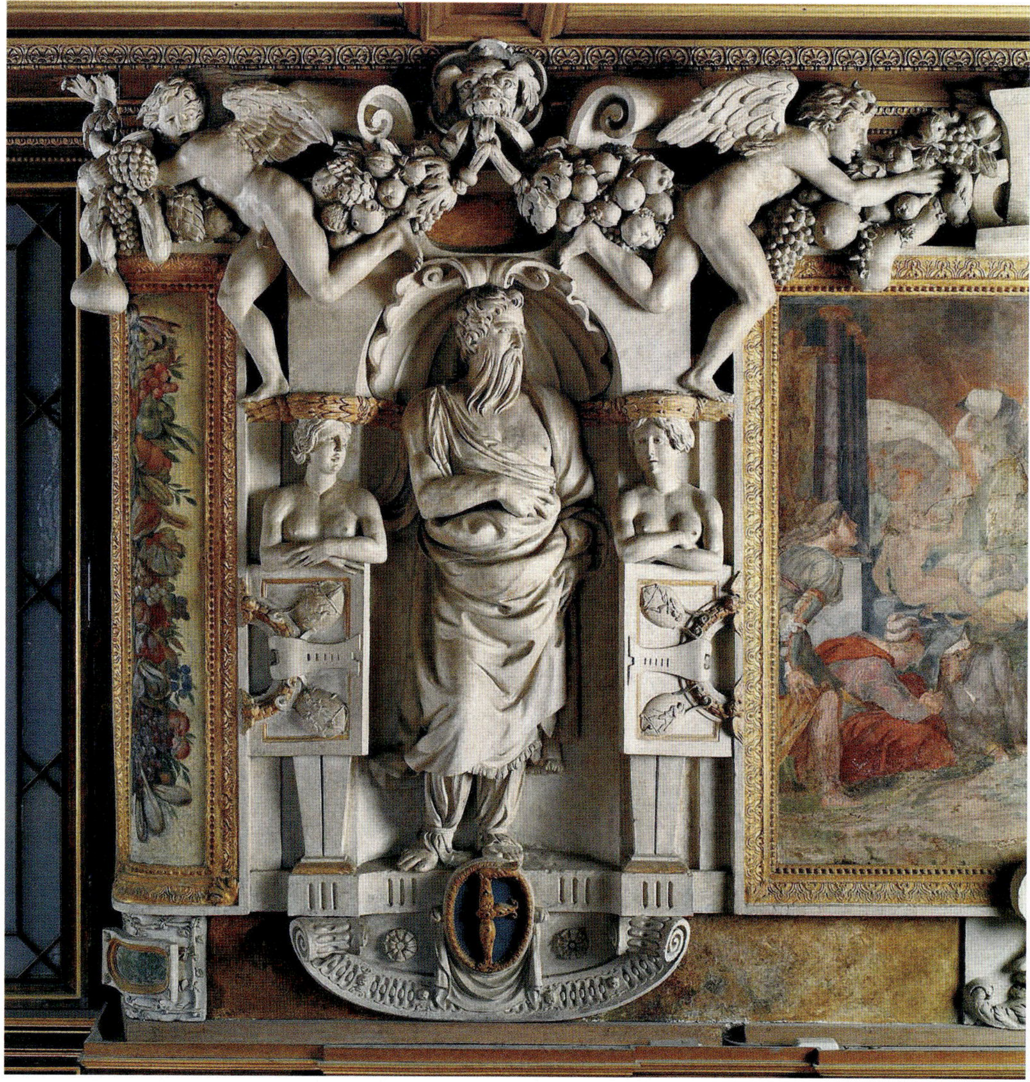

beginning of the sixteenth century, no doubt when ephemeral creations were required from artists for city pageants. Quickly implemented, cheaper and imitating the visual effect of marble, stucco bent to the requirements of the increasingly lavish celebrations in Medici Florence. The most famous example is the entry of Pope Leo X into Florence in November 1515. Rosso Fiorentino, still in the early stages of his career, was entrusted with the execution of a triumphal arch on the Canto dei Bischeri and its decoration with garlands of fruits was among the highly praised realizations of the pageant.[46] On this occasion, Baccio Bandinelli created a monumental stucco figure of Hercules, which was greatly celebrated. A few years later, the same artist sculpted two large stucco figures, probably on a brick frame, for the garden of Cardinal Giulio de' Medici in the Villa Madama.[47]

This recipe was also used for low reliefs. Donatello resorted to this specific blend

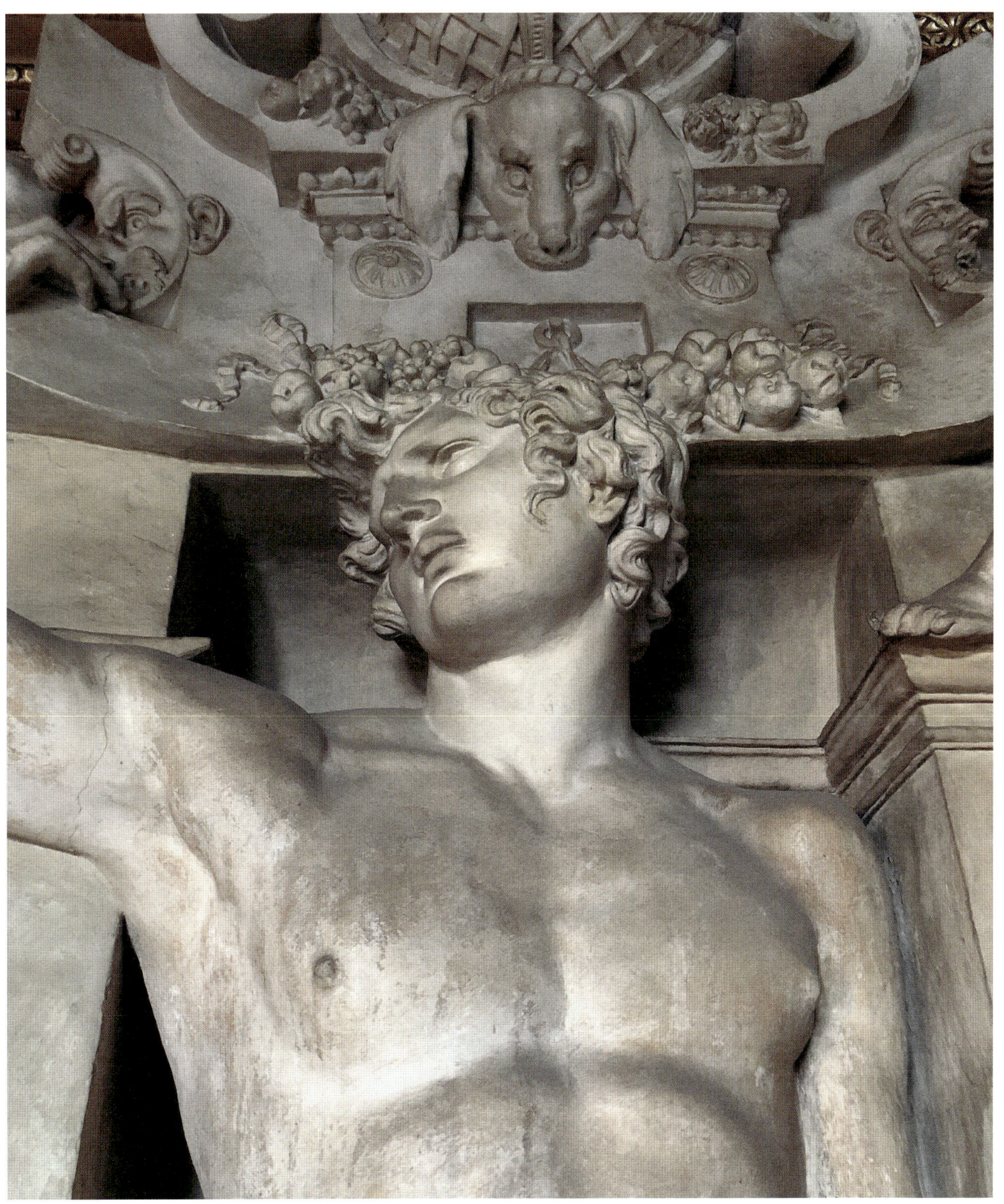

fig. 8
Rosso Fiorentino (and workshop), *Oxen Dying from the Epidemic of Epizooty*, stucco, 1533-39. Château de Fontainebleau, Galerie François Ier.

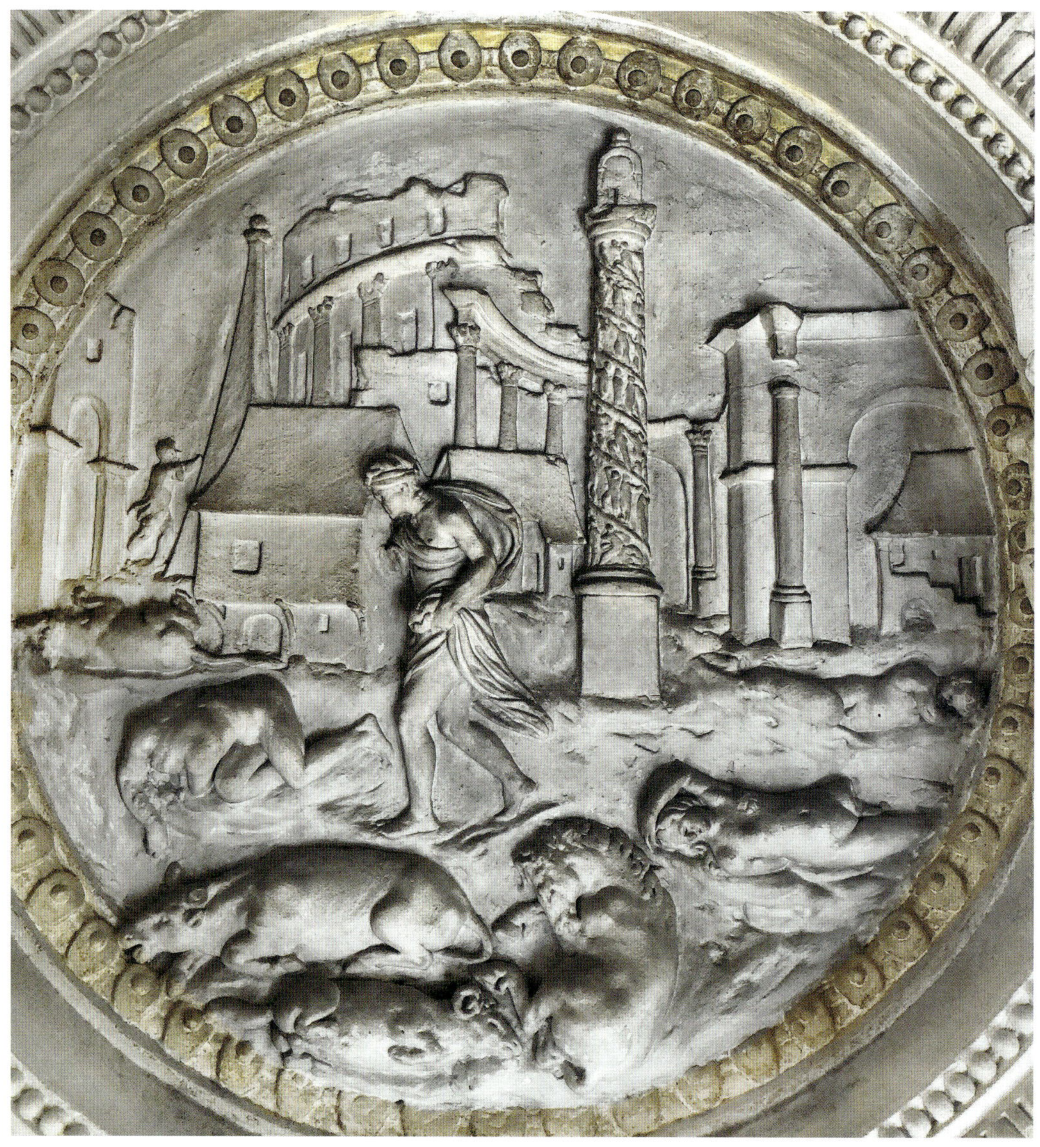

in the Sagrestia Vecchia at San Lorenzo in 1443, where he created eight stucco *tondi* decorating the Brunelleschi's lunettes and pendentives, along with four reliefs of saints placed above the doors. The stucco from which the backdrops and architecture of the *tondi* are shaped contains brick and lime, which could either retain its original pink colour or be painted over. Reliefs detached from the background were, however, shaped with a simple mix of lime and sand.[48]

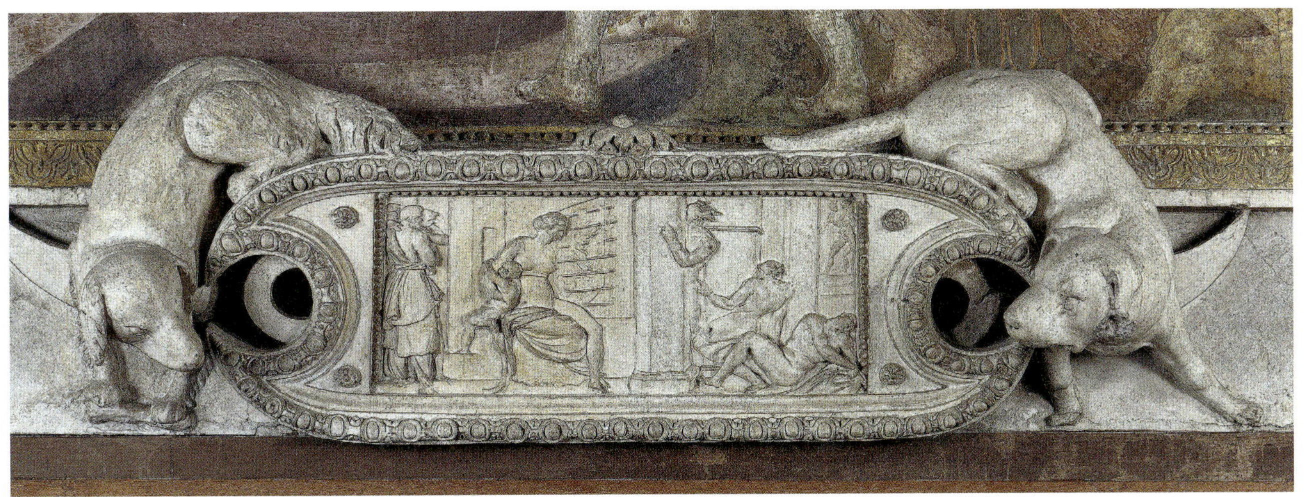

fig. 9
Rosso Fiorentino (and workshop), *Roman Charity*, stucco, 1533-39. Château de Fontainebleau, Galerie François Ier.

From Statue to Relief

The decorations for the Galerie François Ier therefore stem from these fourteenth-century experiences. Indeed, this decoration displays in equal measures stucco colossi and low reliefs. Five compartments are framed by large high-relief stucco figures imitating marble **(fig. 5)**. The figures are integrated into the architecture: both *ignudi* flanking the *Venus Frustrated* sit on pilasters and support the beams of the original ceiling. The caryatids on each side of *Danaë* spring like bouquets from their terminal pilar while the *Young Roman* and the *Philosopher* flanking the *Catanian Brothers* are placed in niches, just as in the tomb of Pope Julius II. As for the male and female satyrs, their hooves stand on surprising-looking consoles above triglyphs, recalling the Palazzo Te façade in Mantua. Finally, the stucco group on the right of the *Sacrifice* scene shows the priest and a veiled woman, surrounded by columns with ionic capitals. Stucco makers obviously drew inspiration from renowned Renaissance examples for their figures. Donatello's *Saint George*, in Orsanmichele, Florence, inspired the *Young Roman*, whereas the *ignudo* next to the *Venus Frustrated* derives from Michelangelo's *David* with his muscular physique. The *Philosopher*, on the left of the *Catanian Brothers* also stems from Michelangelo's figure of *Moses* from the tomb of Julius II **(fig. 6)**. Lastly, the *putti* playfully urinating around the lateral low reliefs of the *Death of Adonis* are inspired by an antique motif, very popular during the Renaissance period, especially in the circle of Michelozzo.[49] The great stuccoes of the Galerie François Ier thus derive from Florentine quattrocento marble sculpture, in terms of dimensions, their deliberately classical style, and surface treatment. Although much altered by successive priming layers (which were removed during the 1960–69 restoration campaign), the surface retains a smooth, shiny quality, owing to having been pumiced and polished, that is more pronounced than on the low reliefs **(fig. 7)**.

The stucco on the eastern side wall and the frames of two frescoes of the southern

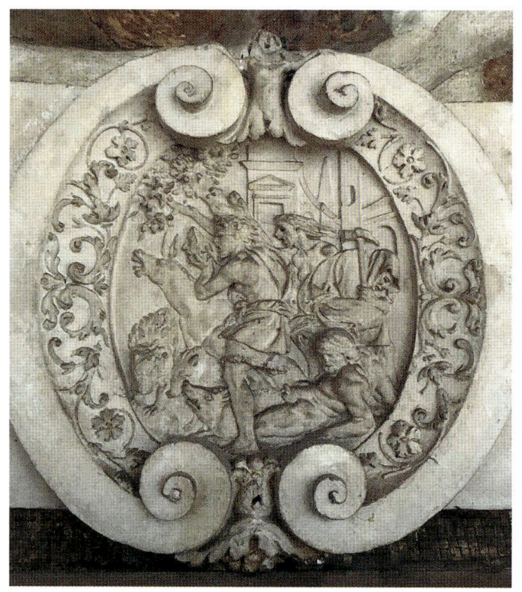

fig. 10
Rosso Fiorentino (and workshop), *Allegory of Wrath*, stucco, 1533-39. Château de Fontainebleau, Galerie François Ier.

wall (*Death of Adonis* and *Cleobis and Biton*) feature impressive, sumptuously framed low reliefs which illustrate the renewal of this format in the quattrocento, especially in Florence.[50] This type of composition is recurrent in the Galerie: at the feet of both *ignudi* framing the *Venus Frustrated*, in the lower part of the composition, below the *Unity of the State*, the *Education of Achilles* and the *Royal Elephant* (fig. 8). The low reliefs therefore play a key role among Fontainebleau stuccoes and appear on eight of the thirteen sections still preserved. Their composition shows a reinterpretation of the innovations of the early Renaissance period. Indeed, after Donatello's experiments, low reliefs were no longer merely attached to a flat background surface, but displayed various degrees of relief, transforming the panels into single sculpted spaces constructed in perspective that unifies the foreground and the background. In the reliefs representing *The Sickness of the Oxen of Cydippe*, *Fortuna giving a Prince a Drink* or *Roman Charity*, the three-dimensional architecture in the background and the figures' depth gradually increase from the background to the foreground, following Donatello's *schiacciatio* technique (fig. 9). In the never-ending dialogue between painting and sculpture that animates the Galerie, the architectural structure in the composition for the *Education of Achilles* clearly references the marble *Feast of Herodes* in the Palais des Beaux-Arts in Lille.

If the implementation of these compositions shows the influence of Florentine relief sculpture, the often-rapid modelling, playing on solid or hollowed-out effects and showing artists' fingerprints, also reveals an attempt at emulating the expressive figures at the heart of Donatello's artistic research. Cristina Acidini noted that the quattrocento had witnessed a renewed taste for terracotta and more broadly for modelling (an additive process) as opposed to carving (a process of subtraction).[51] Stucco, terracotta but also *cartapesta* and wax are all plastic materials on which the artist can imprint – in the literal sense – his style. Such materials are ideally suited to the expression of emotions and to the minute refinement of decorative elements. The surface details of Donatello's *Penitent Magdalene* (created around the same time as the low reliefs for the pulpits of San Lorenzo) are modelled in a layer of stucco applied on top of the poplar sculpture. This material allowed him to give the saint her distraught expression more easily than by carving the wood.[52] Rosso's enraged figures in the *Allegory of Wrath* (fig. 10), for instance, or the anguished expressions of the youngsters seated below the *Education of Achilles*, show an emotional intensity enabled by modelling.

Finally, around the compartments for the *Royal Elephant*, the *Education of Achilles* and *The Shipwreck of Ajax*, stuccoes are rapidly modelled, standing out from a flat background in a section framed by a beaded border **(fig. 11)** or on a background imitating gold mosaic, just like the high relief *putti* of Donatello's *cantoria* in Santa Maria Assunta cathedral in Prato. Ornaments are scattered around the decoration, creating here and there a delightful game of rebus. The use of material is close to that which was implemented in the Vatican loggias, in the Villa Madama and to other Roman experiments. Stucco makers often cited and reinterpreted motifs like the elephant carrying a young man located under the arch of the fourth vault in the Vatican loggias or in a roundel in the vault of the *Camera delle Aquile* in the Palazzo Te. This recurrence shows the vitality of the practice of quotation from one site to another in the first half the sixteenth century.

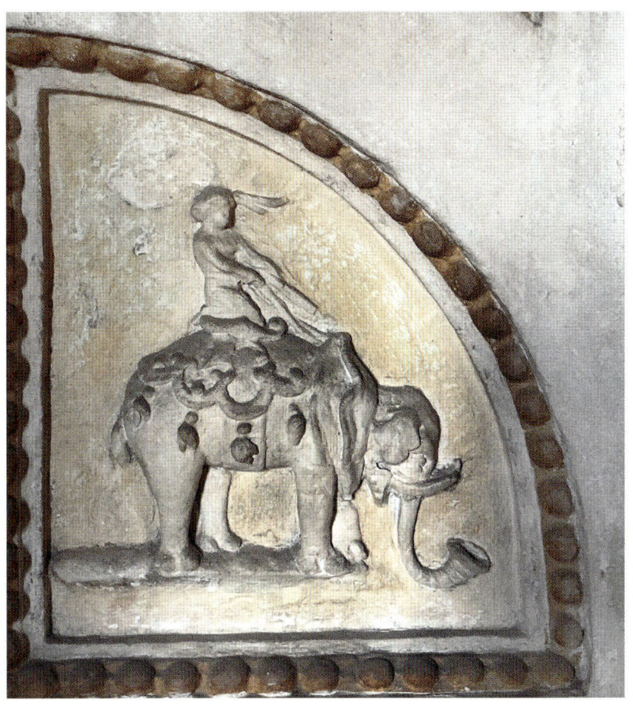

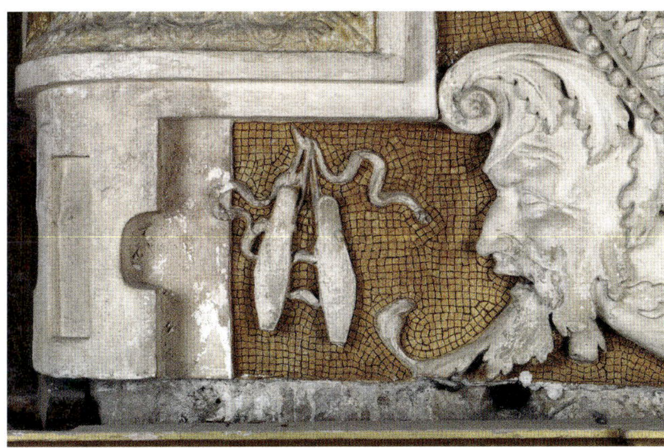

fig. 11a-b
Rosso Fiorentino (and workshop), *Elephant* and ornaments, 1533-39. Château de Fontainebleau, Galerie François Ier.

Questions of style

The principles governing the organization of the decoration in the Galerie François Ier are indebted to a personality familiar with the many experiments conducted in the quattrocento sculpture circle: renewal of monumental marble sculpture, evolution of low-relief techniques, multiplication of ornaments within the decoration. A culture which perfectly fits that of Rosso Fiorentino's. Vincent Droguet alluded to 'the mark of Rosso's genius' in the Galerie's sculpted decoration.[53] Yet can the personal style of Rosso be defined, and could the various hands behind the names listed in the *Comptes* and the abundant Donatello and Michelangelo quotations be identified? Certain characteristics of the great Florentine artist may be found here and there in the painted compositions and the stucco decorations, such as the woman assisting in the *Sacrifice* scene, wrapped in drapery that recalls his paintings from the 1520s (the Volterra *Deposition*, especially). The face of one of the small busts around the *Catanian Brothers* with full cheeks, a deep dimple in the chin under small, parted lips is reminiscent of the young woman in *Moses Defending the Daughters of Jethro* **(figg. 12-13)**. The gaunt faces of the *Lost Youth* fresco or the *Allegory of Wrath* **(fig. 10)** also belong to Rosso's repertoire.

It is evident that the stuccoes for the Galerie François Ier are far from showing

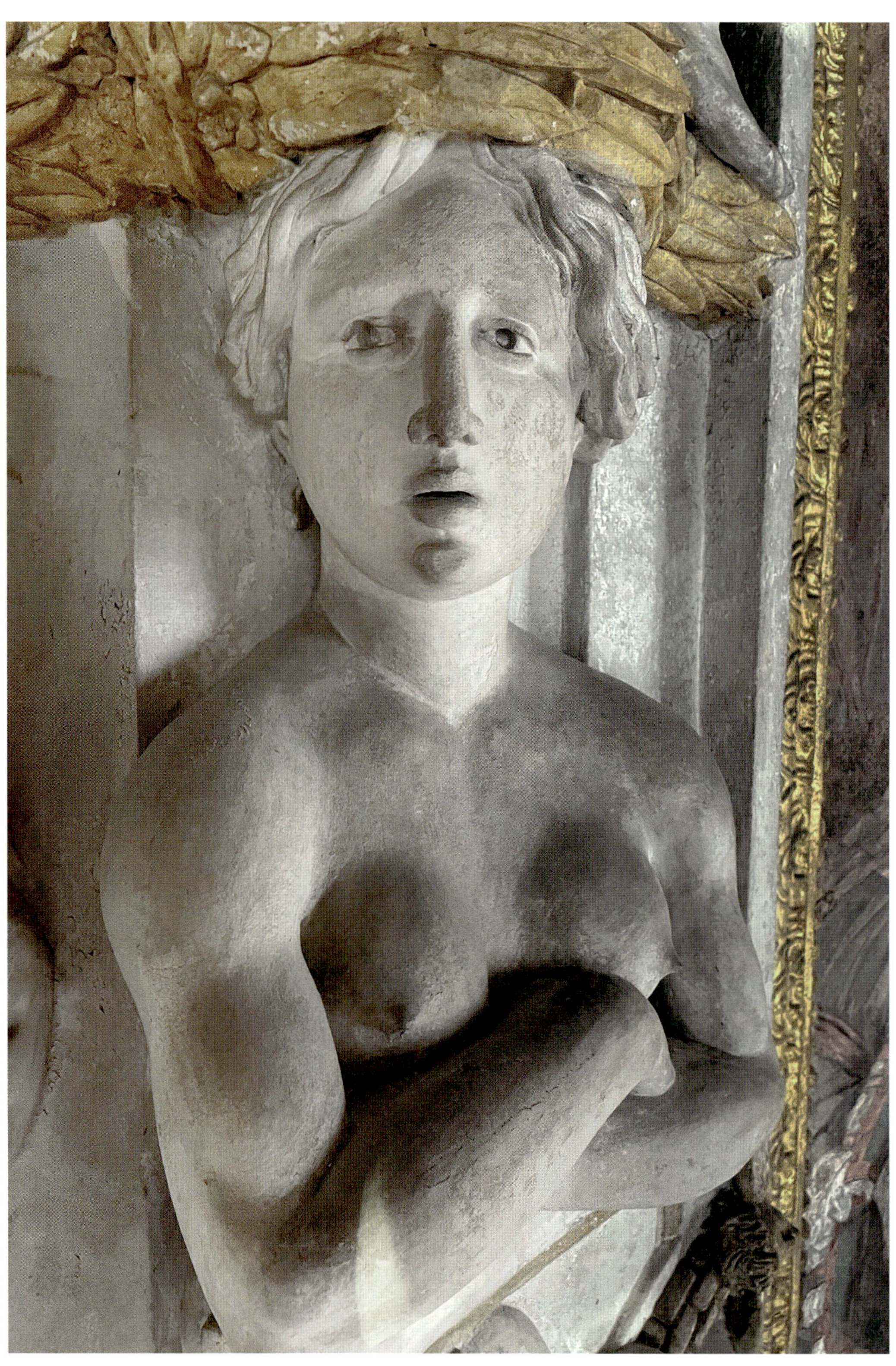

fig. 12
Rosso Fiorentino (and workshop), *Female bust*, 1533-39. Château de Fontainebleau, Galerie François Ier.

a clear stylistic unity, unsurprising in view of the number of artists implicated in the creative process. Paola Barocchi noted in her monograph dedicated to Rosso the great diversity of hands in the Galerie decoration. She singled out – in a somewhat nationalistic view – Netherlandish (as the least gifted), French and Italian hands (these latter being more faithful to the spirit of Rosso's style).[54] Sylvia Pressouyre questioned Barocchi's conclusions but also distinguished the 'colourful style' animating some of the compositions (in the figures surrounding the *Battle of Centaurs and Lapiths* or the *Sacrifice*) from the 'austere style' (the great *ignudi* from *Ignorance Defeated* and *Venus Frustrated*), for instance.[55] The neat incisions for the hair, the articulation of shapes revealing, beneath the flesh, a high command of anatomy of the *ignudi* as well as of the *Young Roman* next to the *Catanian Brothers* are undoubtedly the work of the same hand that was responsible for the youngsters sitting above the *Royal Elephant* and the *Unity of the State*. These full-length figures differ from the ones surrounding the *Sacrifice*, with a decidedly less classical tone, closer to the busts of the priests near the *Battle of Centaurs and Lapiths*. The gallery also provides substantial variations on the theme of the *putto*. There are plump, chubby ones around the *Lost Youth*, with their hair modelled in large shapes and sweet-faced ones with an upturned nose and neat curls below the *Royal Elephant* and on the eastern side of the Galerie **(fig. 14a–b)**.

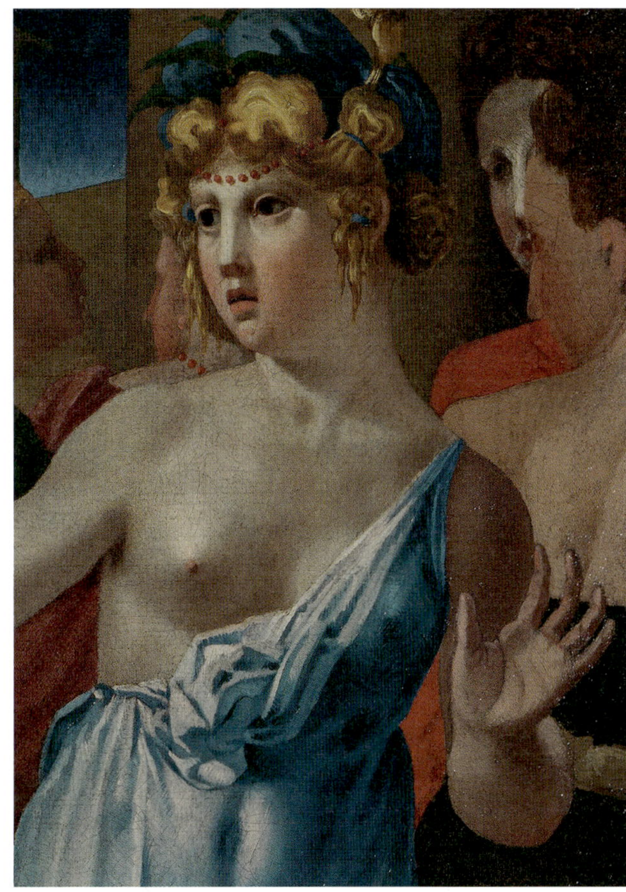

fig. 13
Rosso Fiorentino, *Moses defends the Daughters of Jethro* (detail), 1523-27. Florence, Gallerie degli Uffizi.

These few remarks are a mere prelude to a more thorough and yet to be conducted stylistic analysis of the stuccoes in the Galerie François Ier. Nevertheless, they do reveal that the Galerie is indeed a collective work. Very few artists mentioned in the *Comptes* are sufficiently known for us to try and compare their later work with the Fontainebleau stuccoes. The only conclusion that can be offered here is to mention the two artists whose work as sculptors is known, before and after Fontainebleau. Dominique Florentin (Domenico del Barbiere), deemed by Vasari 'il migliore di tutti' and 'maestro di Stucchi eccellentissimo',[56] is mentioned several times in the *Comptes des Bâtiments du Roi*, first between 1537 and 1540 for 'works of stucco and painting' in the King's Bedchamber, the Galerie and the Salle Haute du Pavillon des Poêles as well as for the decoration of the Pine Grotto and afterwards, between 1541 and 1550, his name appears again at Fontainebleau.[57] He later became a somewhat renowned sculptor in Troyes and had a lasting working relationship with Primaticcio. Lorenzo

fig. 14a-b
Rosso Fiorentino (and workshop), *Putto* flanking the *Loss of the Perpetual Youth* and *putto* placed at Gallery extremity, 1533-39. Château de Fontainebleau, Galerie François Ier.

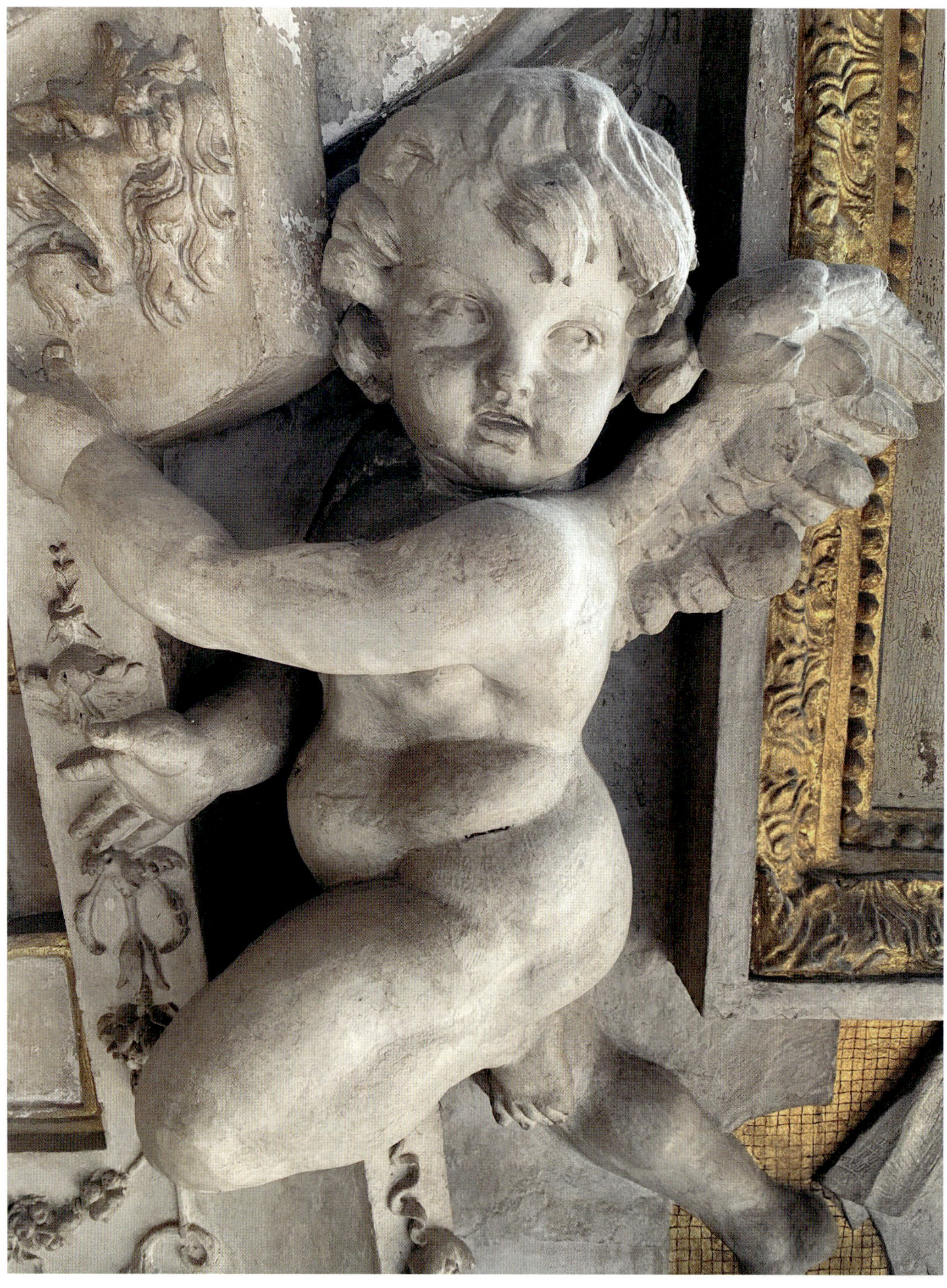

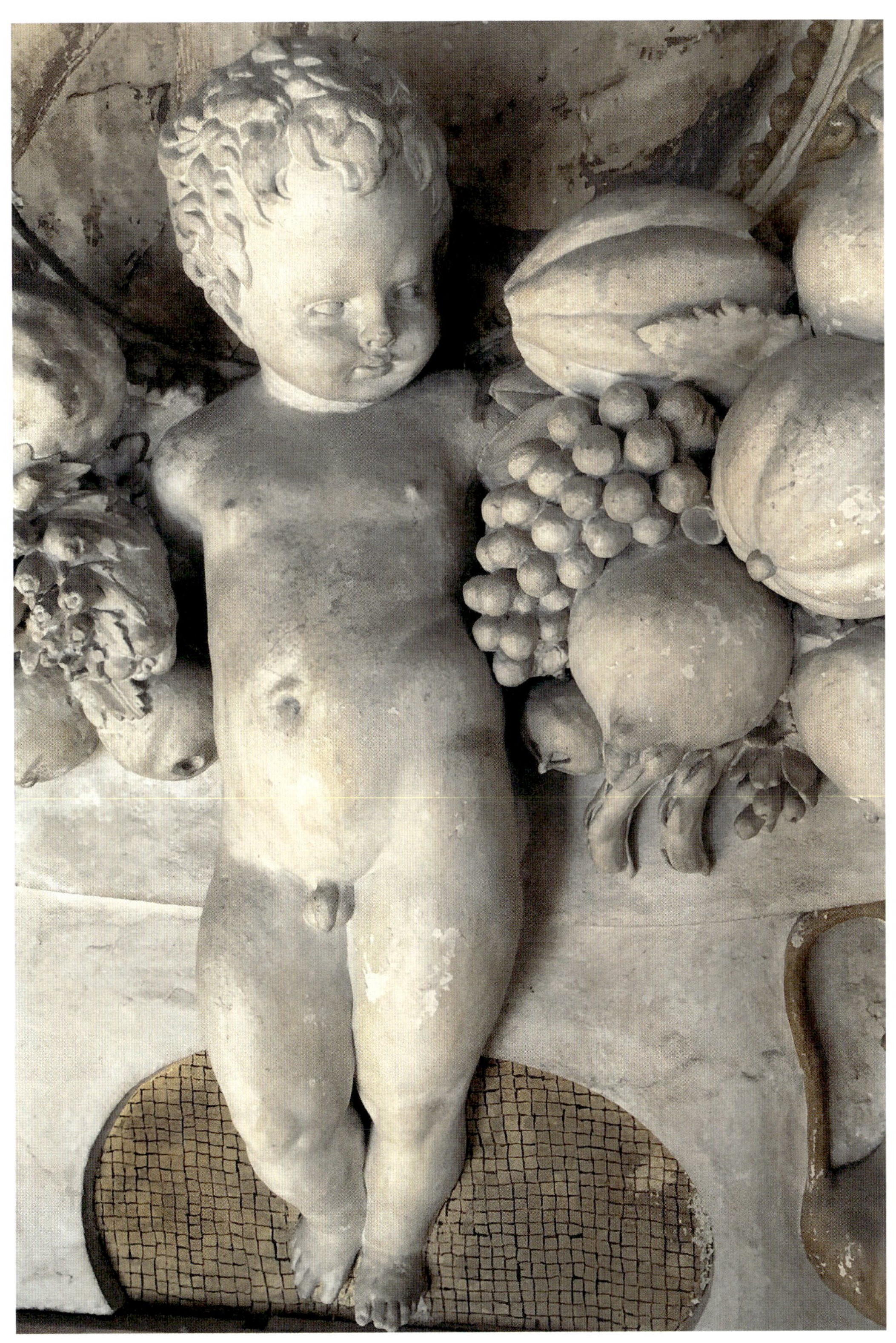

Naldini (Laurent Regnaudin) was a Florentine sculptor who, like Rosso, had worked on the preparation of Leo X's entry in Florence in 1515. He came to France with Giovan Francesco Rustici and appears in the *Comptes* as early as April 1534 for 'works in stucco', in the King's and the Queen's Bedchambers. During the next decade, he was linked with the bronze casting of antique models conducted by Primaticcio at Fontainebleau and, oddly, to the restoration of coral objects in the King's Cabinet.[58] He is documented in 1542 as working on the choir screen of Saint-Germain l'Auxerrois, for which he designed the lower elements along with Simon Leroy, also active at Fontainebleau around 1535 but on the Galerie François Ier, in which he features among the best-paid artists.[59] Domenico del Barbiere and Lorenzo Naldini, two of Rosso's fellow Florentines have recently been the subject of ongoing studies, and it seems likely that a more precise knowledge of the Galerie's stuccoes will profit from a refined and comprehensive vision of the artistic personalities mentioned in the *Comptes* and who pursued activities in Paris and elsewhere after Rosso's death.

The demise, at the height of his fame, of Rosso Fiorentino in 1540 was by no means the end of the art of stucco at Fontainebleau. The artist was able to initiate an artistic tradition, a project dynamic, new technical recipe and a subtle play on references in his subjects that had a crucial impact on Primaticcio. The latter then asserted himself as the 'master of Fontainebleau', taking full responsibility, until his death in 1570, for all decorative projects in the palace. Primaticcio owed a great deal to Rosso, from ornamental motifs to laughing *putti*, for instance, yet he was also a driving force in the evolution of the stucco at Fontainebleau towards a classical and sculptural monumentality, notably at play in the Duchesse d'Étampes' Bedchamber.[60]

1 *State Papers. King Henry the Eighth, Part V, Foreign Correspondence 1537–1542*, (London,1849, VIII, p. 484).

2 G. Vasari, *Le vite de'piu eccellenti pittori, scultori e architettori* (Florence, 1568, part 3, p. 210).

3 J. Cox-Rearick, *The Collections of Francis I. Royal Treasures* (Antwerp, 1995, pp. 74–95).

4 Vasari (op. cit. note 2), p. 799.

5 *'[S]torie di mezzo rilievo' 'una delle piu belle e notabili cose che siano in Fiorenza'.* This decor disappeared in the seventeenth century after the palace was purchased by the Riccardi family. See L. Cargnelutti, C. Furlan (eds.), *Zuan da Udene Furlano. Giovanni da Udine tra Raffaello e Michelangelo (1487–1561)*, exh. cat. (Udine, 2021, pp. 38–9); A. Cecchi, 'Le perdute decorazioni fiorentine di Giovanni da Udine', *Paragone* 34 (1983, no. 399, pp. 20–44).

6 Vasari (op. cit. note 2), p. 582.

7 'Adornamenti di capella di Stucchi'. D. Franklin, *Rosso in Italy. The Italian career of Rosso Fiorentino* (New Haven-London, 1994, p. 125). M. Hirst, 'Rosso: a document and a drawing', *The Burlington Magazine* 106 (1964, no. 732, pp. 120–26). This decor – left unfinished – was later altered and the stucco composition was completed by Girolamo Siciolante da Sermoneta over a decade later. Carlo Falciani was the first to suggest that some of Rosso's stucco elements were reused by Sermoneta in the new decor. The comparison between the young *ignudi* placed in the corners in the chapel and elements of the Galerie François Ier at Fontainebleau seem to support this idea. See C. Falciani 'Memoria del Rosso negli stucchi della cappella Cesi', *Artista* (Florence, 1995, pp. 126–37).

8 'Imparò a benissimo maneggiare i colori e lavorare di stucco': Vasari (op. cit. note 2), p. 798.

9 A. Belluzzi, 'Primaticcio alla corte di Federico Gonzaga', in S. Frommel (ed.), *Francesco Primaticcio architetto*, (Milan, 2005, p. 68).

10 U. Bazzotti, 'Primatice au Palazzo Te à Mantoue', in *Primatice maître de Fontainebleau*, exh. cat. (Paris, 2004, pp. 68–73).

11 Vasari (op. cit. note 2), p. 798.

12 T. Clouet, 'Fontainebleau de 1541 à 1547. Pour une relecture des *Comptes des Bâtiments du Roi', Bulletin Monumental* 170-73 (2012, pp. 195–97).

13 About 85% of the references quoted in the document before 1550 according to Thomas Clouet.

14 'Ouvrages de peintures, d'estucq et dorures faits tant ès chambres du Roy et de la Reyne que aussy à la grande gallerie du chasteau dudit Fontainebleau'. L. de Laborde, *Les Comptes des Bâtiments du Roi (1528–1571) suivis de documents inédits sur les châteaux royaux et les Beaux-Arts au XVIe siècle*, 2 vols. (Paris, 1877, I, p. 88).

15 'Broyer en pouldre et servir à faire ledit stucq'. Ibid., p. 94.

16 'Pierre dure tirez à Saint Aulbin'. Ibid., p. 92.

17 Ibid., pp. 88–9.

18 Ibid., p. 92–3.

19 'Dorer les termes et ouvrages de stucq que le Roy avait ordonné estre faits en sondit chasteau.' Ibid., p. 88.

20 Ibid., p. 98.

21 Ibid., p. 93.

22 Ibid., p. 93, 95.

23 Ibid., p. 98.

24 Ibid., pp. 133–4.

25 Paris, Musée du Louvre, Département des Arts graphiques, INV3497.

26 D. Cordellier, in *Primatice maître de Fontainebleau* (op. cit. note 10), p. 87.

27 'Questi sono termini che sono di stuco / de megio rilievo grandi di natural / e sono quatro per facciata'. These stucco terms were stripped off the walls of the King's Bedroom in the eighteenth century. Nevertheless, Theodor Van Thulden, during his stay in Paris between 1631 and 1634 visited Fontainebleau and drew many elements of the decor including several terms from the King's Bedroom. See Sylvie Béguin, 'Remarques sur la chambre du Roi', in A. Chastel (ed.), *L'Art de Fontainebleau, actes du colloque international sur l'art de Fontainebleau* (Paris, 1975, pp. 202–8).

28 M. Smith, 'La première description de Fontainebleau', *Revue de l'Art* 91 (1991, pp. 44–6).

29 Paris, Musée du Louvre, Département des Arts graphiques, INV3485.

30 '[F]inissime tapezzarie'. This letter is mentioned in F. Boudon, J. Blécon, *Le château de Fontainebleau de François Ier à Henri IV. Les Bâtiments et leurs fonction* (Paris, 1998, p. 5 note 5).

31 Chantilly, Musée Condé, DE 150. See M. Deldicque (ed.), *Le Trait de la Séduction. Dessins de l'École de Fontainebleau*, exh. cat. (Dijon, 2021, pp. 18–9).

32 Vasari (op. cit. note 2), p. 211. Paris, Beaux-Arts de Paris, EBA 386.

33 See E. Brugerolles (ed.), *Le Dessin en France au XVIe siècle*, exh. cat. (Paris, 1994, pp. 92–3).

34 Cordellier (op. cit. note 26), p. 97.

35 Smith (op. cit. note 28), pp. 44–6.

36 H. Zerner, *Ecole de Fontainebleau. Gravures* (Paris, 1969, pp. 17–20).

37 A complete study of the gallery after its restoration between 1960 and 1969 was published in 1972 by S. Béguin, O. Binenbaum, A. Chastel, W. McAllister Johnson, S. Pressouyre, H. Zerner, 'La Galerie François Ier au château de Fontainebleau', *La Revue de l'Art* 16-17 (1972, pp. 112-23). The question of whether stuccoes were directly modelled on site or if there was some use of mouldings is currently the subject of research at Fontainebleau. It must be added that no mention whatsoever of moulds has been found in the documentation about the gallery.

38 Recently confirmed by the study campaign between January and April 2021 led by conservator Emilie Checroun with Laboratoire Epitopos.

39 See for example *The Allegory of Wrath*, beneath the *Battle of Centaurs and Lapiths* fresco.

40 S. Quagliaroli, 'La decorazione a stucco tra Roma e Fontainebleau: problemi storiografici e circolazione delle soluzione decorative', in S. Quagliaroli, G. Spoltore (eds.), 'La Decorazione a stucco a Roma tra Cinquecento e Seicento: modelli, influenze, fortuna', *Hortus Hesperidum* 9 (2019, no. 1, pp. 17–35).

41 Vasari (op. cit. note 2), p. 579. For the technique of stucco, see Ibid., I, pp. 68–71, 106 and 143.

42 C. Giantomassi and D. Zari, 'Sala degli Stucchi: relazione di restauro', in E. Guiducci, L. Francesone, E.D. Valente (eds.), 'L'Istituto

centrale del restauro per palazzo Te', *Bolletino d'Arte*, special volume (1994, pp. 137–47).

43 Y. Elet, 'Stucco as substrate and surface in Quattrocento Florence (and beyond)', in A.R. Bloch, D. M. Zolli (eds.), *The Art of Sculpture in Fifteenth-Century Italy* (Cambridge, 2020, pp. 287–89).

44 As indicated by Alberto Felici, the south door of Arezzo's cathedral also presents a carved lunette with a *Virgin and Child* surrounded by saints made out of a brick-based stucco.

45 Elet (op.cit. note 43), pp. 289–90.

46 N. Baldini, M. Bietti (eds.), *Nello splendore mediceo. Papa Leone X e Firenze*, exh. cat (Florence, 2013, pp. 242–3).

47 Judging by the colossus which shows a reddish colour underneath the white surface. See D. Heikamp, B. Paolozzi Strozzi (eds.), *Baccio Bandinelli. Scultore e maestro (1493–1560)*, exh. cat. (Florence, 2014, pp. 569–70).

48 C. Danti, P. Ruschi, 'Gli stucchi donatelliani nella Sacrestia Vecchia di San Lorenzo a Firenze. Avant-propos sui restauri e sugli studi', *OPD Restauro* 1 (1986, p. 18). F. Bandini, G. Botticelli, C. Danti, I. Lapi Ballerini, M. Matteini, A. Moles, M. Seracini, G. Ruffa, C. Elam, 'Donatello at Close Range. An Initial View of The Restoration of the Stuccoes in the Old Sacristy, S. Lorenzo, Florence', *The Burlington Magazine* 129 (March 1987, no. 1008, pp. 26–31).

49 See M. Bormand, in M. Bormand, B. Paolozzi Strozzi (eds.), *Le Printemps de la Renaissance. La sculpture et les arts à Florence (1400–1460)*, exh. cat. (Paris, 2013), pp. 356–57, no. IV.9.

50 See D.G. Wilkins, 'The invention of "pictorial relief",' in D. Cooper, M. Leino (eds.), *Depth of Field. Relief Sculpture in Renaissance Italy* (Bern, 2007, p. 71).

51 C. Acidini, *Il colore della città*, in A. Paolucci, Giovanni Conti (eds.), *La Civiltà del cotto. L'Arte della terracotta nell'area fiorentina dal XV al XX secolo*, exh. cat. (Florence, 1980, pp. 22–4).

52 Elet (op. cit. note 43), pp. 291–92.

53 V. Droguet, *Rosso Fiorentino à Fontainebleau. « Personne n'a eu plus de génie et plus de feu que lui »*, in V. Droguet (ed.), *Le Roi et l'Artiste. François Ier et Rosso Fiorentino*, exh. cat (Paris, 2013, pp. 90-97, p. 94).

54 P. Barocchi, *Rosso Fiorentino* (Rome, 1950, pp. 181–97).

55 S. Pressouyre, in Béguin et al. (op. cit. note 37), pp. 28–9.

56 Vasari (op. cit. note 2), p. 211.

57 Laborde (op. cit. note 14), pp. 136, 192, 195, 197.

58 Ibid., p. 202.

59 G. Fonkenell, *Le Jubé de Saint-Germain l'Auxerrois*, in G. Fonkenell (ed.), *Le Renouveau de la passion. La sculpture religieuse entre Chartres et Paris autour de 1540*, exh. cat. (Paris, 2020, p. 190).

60 O. Beaufils, 'Francesco Bolognese sculptore. Primatice et la chambre de la duchesse d'Etampes au château de Fontainebleau', *La Revue de l'Art* 215 (2022, no. 1, pp. 8–23).

The Collection of Renaissance Stucco Statues at Bučovice Castle. Technologies, Techniques, and Materials Used

Veronika Wanková, Renata Tišlová, Peter Majoroš

Bučovice Castle, located east of Brno in the Czech Republic, is one of the most important Renaissance buildings in the Moravian region. Moravian nobleman Jan Šembera Černohorský of Boskovice decided to have a new residence built which met the requirements of a Renaissance aristocrat. Work began around 1567, but the concept for its design was modified several times. It can be assumed that the decoration of the interiors of the rooms on the ground floor was carried out from the 1580s onwards and was brought to an end by Šembera's death in 1597.[1] Šembera's emphasis on the lavish decoration of the various staterooms in the Castle is in keeping with reports from archive sources describing him not only as a quick-tempered person who avoided provincial and court service but also as someone who surrounded himself with beautiful and expensive artefacts.[2] Šembera's knowledge of and feeling for beauty were certainly supported by his older brother Albrecht Černohorský, who built up a large collection of artworks and sent Jan to study in Vienna in 1557.[3] Šembera was thus fully familiar with Vienna and representatives of the aristocracy there, which evidently inspired him, among other things, in his requirements for the high-quality decoration of his residence.

A Brief Overview of Basic Information on the Creation of Stucco Decorations

Five rooms in the west wing of Bučovice Castle have been preserved with almost the complete original decoration from the time of Jan Šembera. The Imperial and Bird Chambers containing the richest figural stucco decorations were entered from the courtyard via a small antechamber. Each of the rooms had its own decorative scheme, probably designed by the imperial antiquary Jacopo Strada, who spent several months at Bučovice Castle in late 1583 and early 1584.[4] Whether he only chose the decorative system for the Imperial Chamber or for all five rooms, it is certain that the origins of inspiration did not come from various sources. The decoration of the halls could have started after 1580, when the Castle windows were glazed.[5] After Šembera's death, some minor work on a smaller scale was probably carried out more slowly during the time of his daughter Kateřina, who married Maximilian of Liechtenstein.

The Imperial Chamber – The Heart of the Castle

The Imperial Chamber was intended to be the most impressive room in Šembera's residence (fig. 1). In the Imperial Chamber stucco was used both for decorative frameworks and reliefs and also for creating a number of three-dimensional sculptures. The principal motif of the room consisted of emperors from Antiquity, as was usual in aristocratic residences of that time. The busts of the emperors Augustus, Nero Claudius, Antonius Pius and Marcus Aurelius were set in illusionistic oval cartouches above the windows. The central point of the Imperial Chamber was a door with a stucco framework, above which was the coat of arms of the Boskovice family. To either side above the doors, the artist inserted into each of the lunettes a full-figure sculpture, with a male and a female figure on each of the two facing walls. The composition of the mounted sculptures on the south side and of the figures on foot on the north side was such as to maintain the symmetrical axis of the room.[6] The Boskovice coat of arms can be seen as an identification point for the decoration, and it is complemented by the sculptures of Europa riding a bull and, rearing up in the opposite direction, the horse of Charles V who is overthrowing a Moor. The model for this composition was probably a print by Maarten van Heemskerck depicting the same event.[7] The counterpart of Emperor Charles V on the north wall was Mars surrounded by weapons and trophies. He is turned to look towards the neighbouring lunette containing Diana to whom he stretches out his right hand. In these striking lunette scenes, a combination of three-dimensional and flat shapes is developed. The four figures were situated on the cornice below the vault against a landscape background, thus creating a contrast between the white stucco of the sculptures and the dark painted background. Through this contrast in colour, the artist achieved even greater depth and three-dimensional quality in each of the lunettes. The painted landscapes were linked with the individual figures by means of the relief attributes of the gods in such a way that they moved seamlessly from the two-dimensional to the three-dimensional form.

The edges and bands on the vault of the Imperial Chamber with its virtually square plan were delimited by ornamental borders in which beads and rosettes alternated with the motif of bats. In five circular fields on the ceiling, surrounded by broad frames, were inserted panel paintings with scenes from the Odyssey. The stucco frames of the paintings included girls' heads, leonine mascarons, and plaited festoons or ribbons. The inner circle of the frames, made up of egg-and-dart and astragal

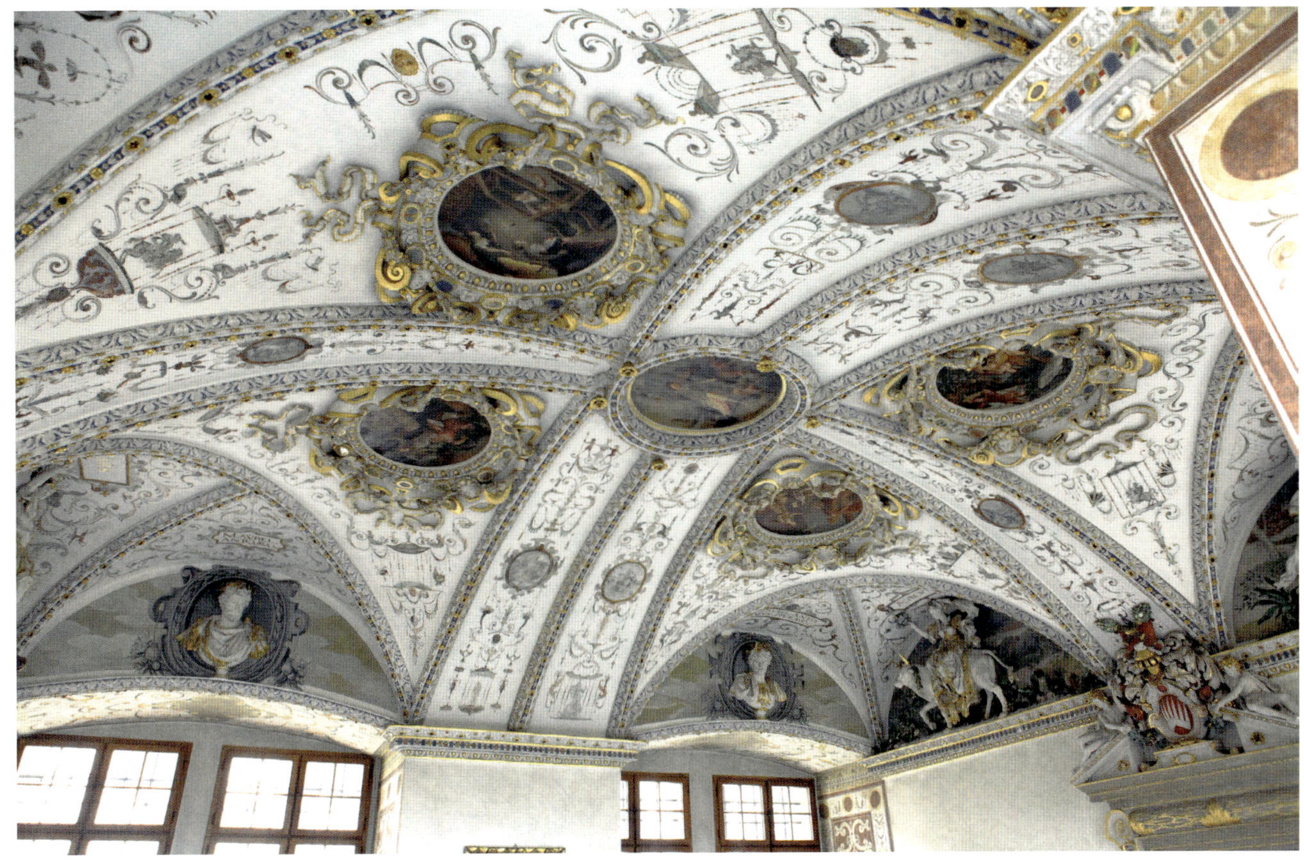

fig. 1
Bučovice Castle, Imperial Chamber.

bands, was completed by a chain of rosettes and imitation precious stones in pearl-shaped hollows. Such lavish relief frames, which furthermore were polychrome and gilded, were quite exceptional in Czech lands at that time. They can perhaps only be linked with similar forms which we are familiar with from the decoration of vaults in Venetian interiors from the middle decades of the cinquecento, or with the insertion of various materials when creating grottos.

The Technological Construction and Materials used for the Statue of Mars

The set of stucco sculptures at Bucˇovice is relatively heterogeneous. The statue of Mars from the Imperial Chamber stands quite apart from the other works and differs in many respects from the other stucco figures. The main difference lies in the execution of the sculpture, which is of a higher quality than the other statues in the hall. This can be seen in the highly individualised expression of the face, the rendering of the anatomical details (the fingers and toes), and a more dramatic presentation of the contrapposto, so that the statue has a more dynamic impact than the other sculptures

fig. 2
Reconstruction of materials on the figure of Mars.

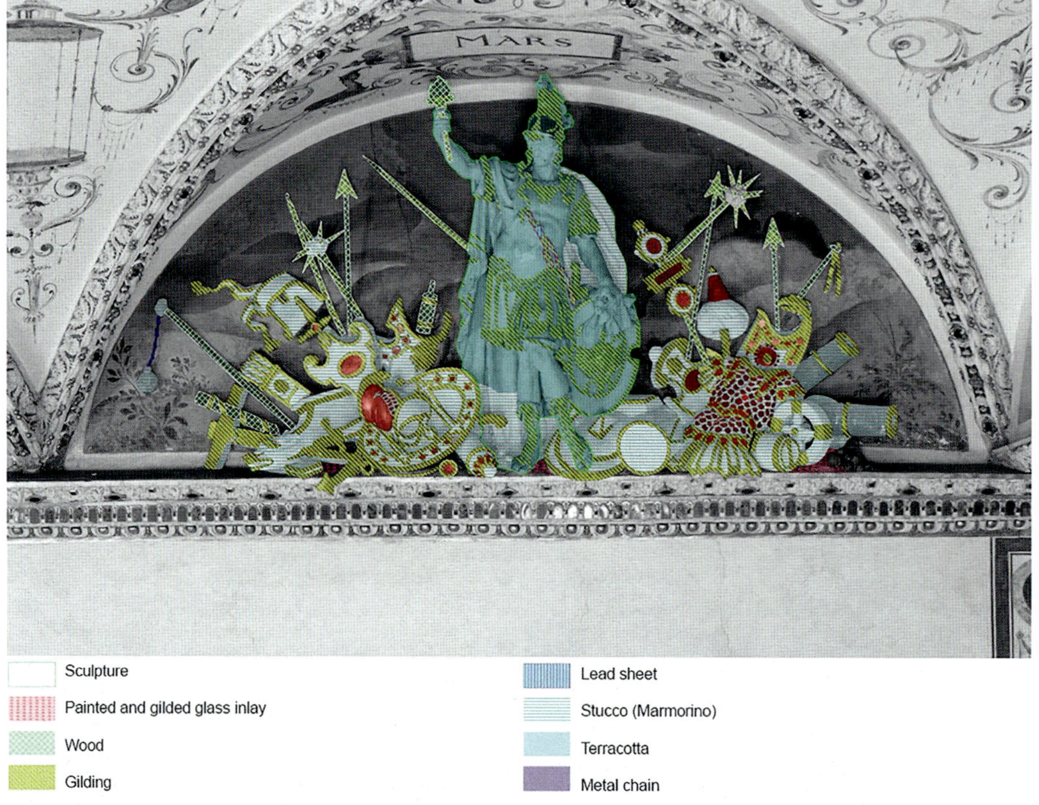

in the lunettes. Another difference lies in the technological construction of the sculpture and the materials used – the sculpture of Mars is the only one with a terracotta core, composed of at least six parts that were connected by nails and wooden pegs, and joints filled with stucco. The shape of the sculpture was then completed by covering the terracotta core with white stucco, whose composition corresponds to that of the other sculptures in the Imperial Chamber. It was in this way that the drapery of the tunic and cloak, which also covered the joints in the terracotta core, was completed (fig. 2).

At this stage, the statue of Mars was evidently lifted up into the lunette, with the background already plastered, and attached using rods or nails. After Mars had been fixed in place, the composition was completed by creating two groups of war trophies in stucco on the left and right sides of the statue. Then the decoration was finished and unified by covering the rods on the reverse side of the statue with coarse mortar.

An important finding, which may be evidence of the older origin of the terracotta core of the statue of Mars, is the discovery of older defects in the terracotta. It may thus indicate that it was earlier used for another purpose or relocated. It cannot be ruled out that it may previously have served as a model in a sculptural workshop or been exhibited in another setting, and its location at Bučovice may not be the original one. After placing the statue at Bučovice, these defects were subsequently

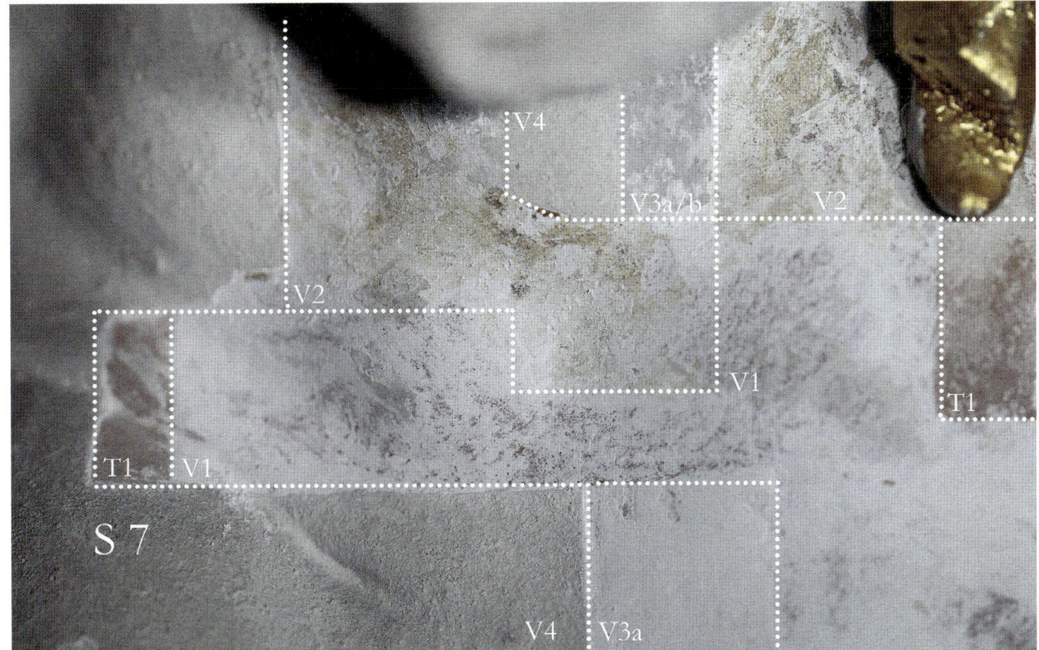

fig. 3
Stratigraphic probe of the surface layers on the breastplate of Mars: terracotta (T1) with primary limewash (V1), and ochre paint layer (V2). Secondary treatments: chalk-glue ground (V3a) with imprimitura (V3a/b). 20th-century limewash (V4).

overlaid with stucco mortar that filled the damaged or missing details of the terracotta and finished the surface. The same stucco was used to finish draperies and model the trophies.

The sculpture of Mars was restored by the Faculty of Restoration of the University of Pardubice. Thanks to detailed investigations which preceded the restoration,[8] it has been shown by means of a stratigraphic probe that the surface of the sculpture of Mars was finished with polychromy applied in three separate stages. The oldest surface finish, which was certainly applied at the time the decoration was created, consists of a white lime wash with a thickness of 0.1 mm, providing a uniform surface for the terracotta and stucco parts on the Mars statue as well as the decorative parts of the lunette (the drumhead, cannon, ammunition for the artillery, and some parts of the wooden attributes (a torch and war trophies). Below this coating, any minor defects in the terracotta were retouched using a pinkish putty imitating the appearance of the terracotta. The same repair material was used to fill in the joints of the different terracotta parts of the sculpture.[9] The colour finish applied over the white lime coating was transparent to semi-transparent ochre paint reaching pinkish flesh tone on the body of Mars (**fig. 3**).[10] In addition, ochre is also found on the stucco decoration of the ribs of the vault, where ochre is stratigraphically the first layer on the stucco substrate. However, so far ochre paint has not been found on the other sculptures in the Imperial Chamber and thus the original colour concept for the stucco decoration remains unconfirmed, although the extensive findings of ochre coatings could indicate that the stucco decoration originally looked different to how it does at present, perhaps in a combination of white and ochre.

The second treatment of the surface, applied above the ochre colouring, consists of a white finish with a partially glossy appearance, used in combination with gilding.[11] The basis for this set of layers consisted firstly of a preparatory layer of chalk and glue,[12] which was applied over the whole surface of the statue of Mars.[13] On top of this came a fine white layer with white pigments – lead white, white clay, and St John's white.[14] The surface of the coating has been smoothed down, and when side-lit is slightly glossy, perhaps imitating the appearance of white or greyish marble.[15] The greyish colouring was achieved by the use of a pale greyish-ochre painting whose tonal value was the result of the pigments used.[16] The tonal finish was further combined with the gilding of details and attributes. The gilding was carried out using gold leaf on an oil-based adhesive applied on top of the final greyish painting.

The last treatments were carried out in the 1950s during the complex restoration intervention including the conservation of stucco decorations, mural and panel paintings.[17] During the course of restoration, the entire surface of the stucco work was overpainted with a white coating, and the original gilded details were newly gilded.[18]

The Other Sculptures and Busts in the Imperial Chamber

The other three sculptures of the Imperial Chamber (Europa, Charles V, Diana) and four busts form a homogenous group that unifies their formal character, the technological approaches and the materials used. The basis for the statues in the lunettes consisted of a complicated inner structure, which fulfilled a structural (load-bearing) function and at the same time formed the basic shape for the sculptural decoration. It was formed by a sort of 'internal scaffolding' made of wooden planks, making it possible to handle the work, lift it up to the lunette and fix it into the background. On this construction the 'skeleton' of the statues was fixed, consisting of wooden joists, wires, nails and fabric which served as the basis for creating the shapes and volumes of the figures (**figs. 4–5**).

The statues were fixed into the background of the lunette by iron rods, wires and hooks (**fig. 6**). Unfortunately, in comparison with the statues, it has not been possible to obtain much information about the inner structure of the busts. They are built up on brickwork and fixed to the background with iron nails, possibly also to the brickwork of the wall. The modelling of the figures and busts was similarly carried out by the gradual application of stucco layers onto the internal structures. The core was created by a coarser mortar,[19] on top of which a white finish mortar was applied. Only the top coat of mortar was used for subtle layers of modelling or draperies.[20] This was carried out very quickly, as can be seen from the active individual style of the stucco artist (see for example the modelling of Europa, **fig. 7**), with the use of direct incisions[21] palette strokes and with the surface being smoothed down with a brush in some places.

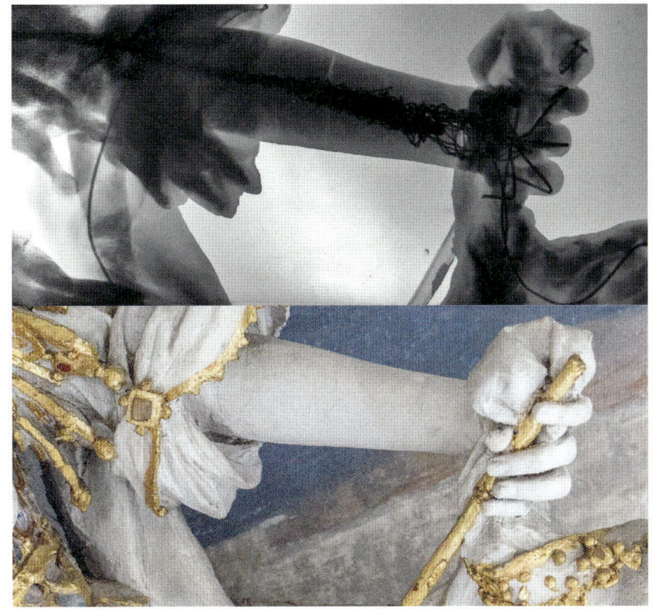

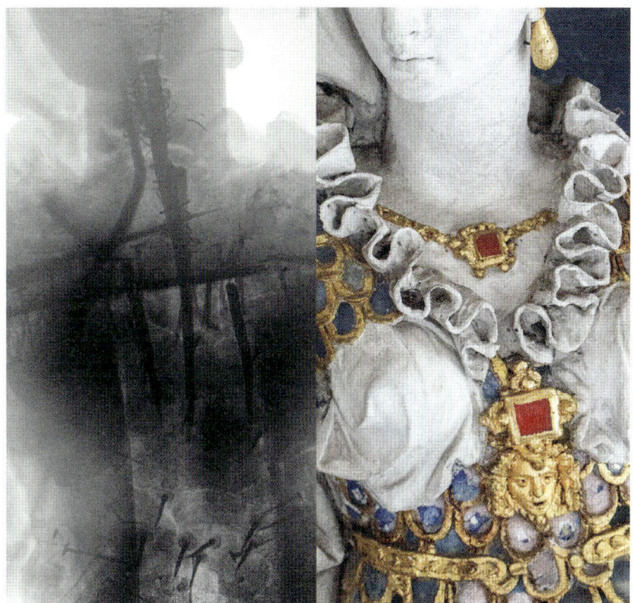

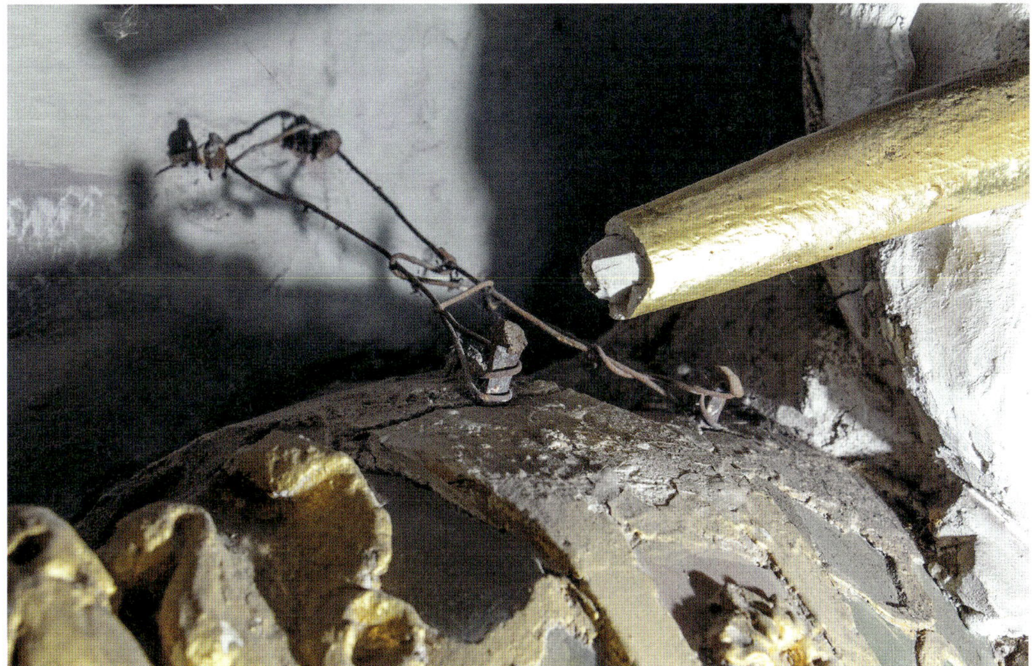

figs. 4–5
X-ray image of internal reinforcement of Europa's arm and chest. The measurement was performed in cooperation with the Czech Academy of Sciences, The Institute of Theoretical and Applied Mechanics.

fig. 6
Europa: the detail showing the fastening of the figure of the bull to the lunette using wire rods and spikes.

The ground and the finish layers differ in composition and their microstructural characteristics. However, differences among statues are to be found in the composition of the ground layers, for which two types of mortar have been found differing in structure and composition, which influences their colour. A pinkish-ochre ground layer was identified in the statue of Diana; here the mortar was a mixture of aerial lime and medium sorted pit sand rich in quartz, with a minor admixture of powdered

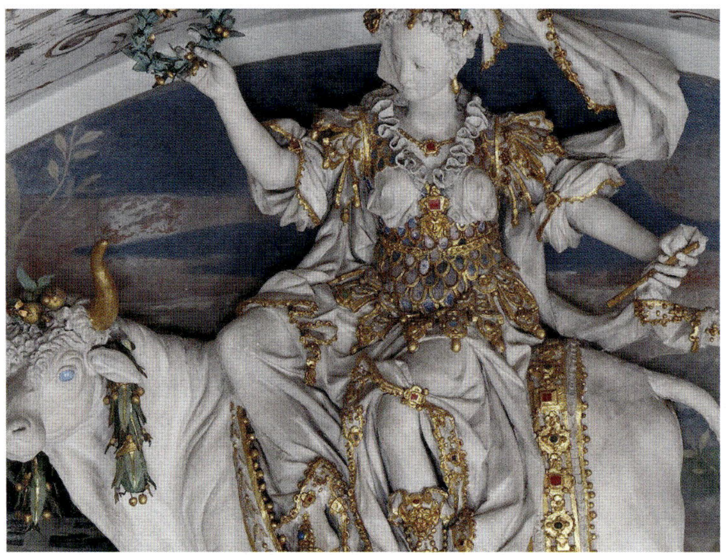

fig. 7
Detail of the modelling of Europa's drapery showing gilding and glass incrustation.

marble dust and crushed brick (*cocciopesto*) with minor glass fragments. A characteristic component is an admixture of animal hair, which could have had a special purpose in reducing contraction when larger volumes of plaster dried out.[22] A second, grey type was found in the statue of the bull which carries off Europa. This mortar contains the same lime binder but an aggregate mixture composed of blacksmith waste (charcoal black, iron scales and slag) and quartz sand, with a minor admixture of marble powder and brick dust. Unlike the pinkish ground layer in the statue of Diana, the aggregate of the grey mortar is well sorted and mostly fine to medium-grained with a maximum grain size of 1 mm.

Unlike the ground layer, the white layer of finishing mortar used for the final surface of all the statues and busts is characterised by a unified composition, with the same formula being used in all cases including Mars. The composition indicates the presence of aerial lime (with no gypsum admixture) and medium sorted marble dust. The lime binder was prepared from limestone and not marble as is evident from the preserved underburnt limestone fragments (**fig. 8**).[23]

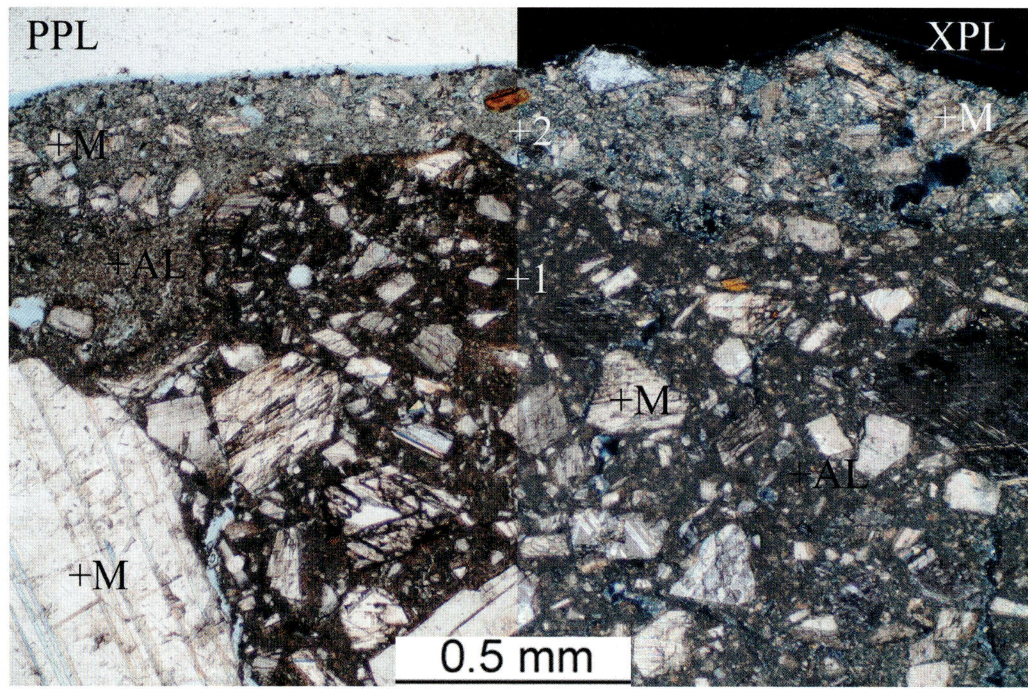

fig. 8
Polished thin section of marmorino taken from Europa statue. The marmorino consists of two layers (+1-2) both composed of aerial lime in binder and well sorted crushed marble as an aggregate. Description: AL – aerial lime, M – crushed marble.

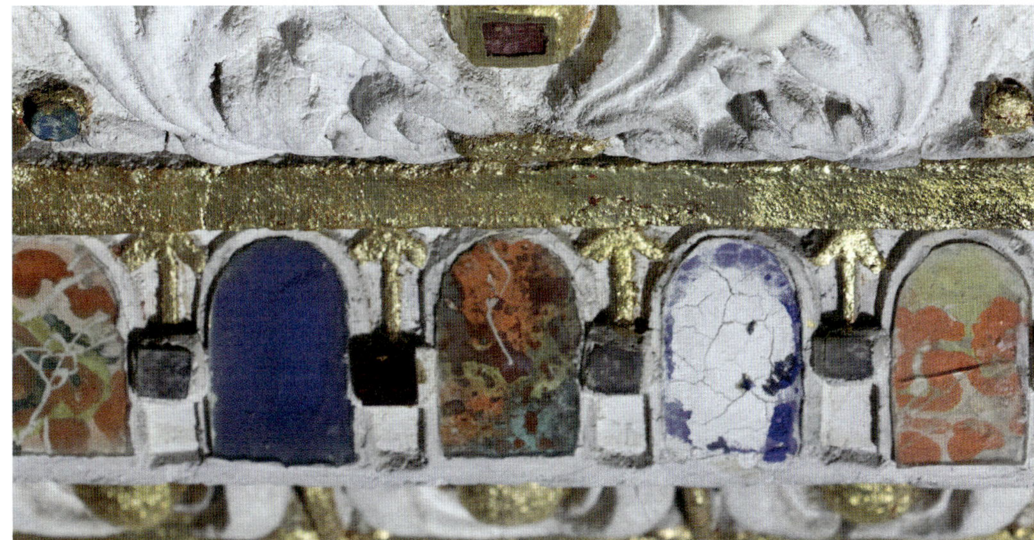

fig. 9
Bučovice Castle, Imperial Chamber, detail of the glass inlay of the cornice.

After the sculptures had been covered with a white finish, a third, extremely heterogeneous type of mortar was used to cover the fixing system on the reverse side of the sculptures.[24] In the final phase, the sculptural decoration of the lunettes and the busts was completed with the addition of various details and other materials. Finishing touches were added to the terrain behind the statues in the lunettes in the form of natural features, pieces of blast furnace slag, stone, plants and shells, giving the appearance of the decoration of grottos. Wood or metal attributes were also used to complete the statues, the garlands and the laurel wreaths of the busts were made of polychromed and gilded copper sheets. A distinctive decorative feature, which we do not find elsewhere in Czech Renaissance stucco work, consists of various coloured pieces of glass used for the incrustation of the surface of the sculptures and the surrounding decoration **(fig. 9)**.[25] A detailed analysis of the composition of the pieces of glass has shown that they originate from different periods.[26] The oldest pieces of glass, which were evidently used for the original decoration, come from the period between the fourteenth century and the first half of the sixteenth century, and are probably fragments of stained-glass windows which have been reused here.[27] The second group consists of pieces of glass dating from the period between the second half of the sixteenth century and the end of the seventeenth century.[28] It is not possible to determine whether the pieces of glass in this group also belong to the Renaissance phase or whether they are later Baroque repairs. Finally, missing pieces of glass were replaced by restorers during the renovation of the stucco decoration in the 1950s.

The use of coloured pieces of glass served as a partial substitute for a colour finish, which was not found to any great extent on the stucco sculptures – unlike the statue of Mars. Colouring only occurs in a few places, in the form of lines or highlighting, for example, in the eyes of the emperors or the left eyes of Charles V's horse **(fig. 10)**. For this reason, even greater emphasis was placed on the rendering of the surface of

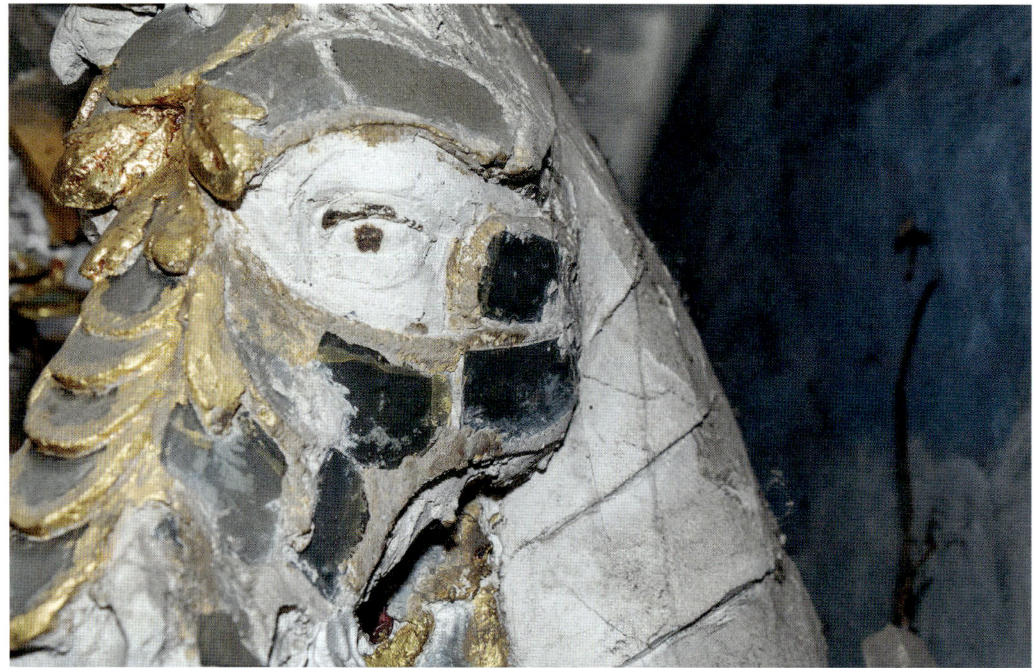

fig. 10
The rough modelling and remnants of polychromy can be seen around the eye of the horse of the statue of Charles V.

the stucco, which bears traces of the use of various tools and techniques, depending on the intended character of the particular surface (whether it was supposed to be smooth, rough, glossy, matt, flowing, etc.). Therefore, the rest of the surface probably remained white, and great emphasis was put on its appearance. The surface displays the use of various tools and techniques, depending on the intended character of the particular surface (whether it was supposed to be smooth, rough, glossy, matt, flowing, etc.). The surfaces on the visible parts of the sculptures are particularly smooth, giving the appearance of marble or other precious materials.

The Sculptures of Jupiter and Leda in the Bird Chamber

The sculptural decoration of the Bird Chamber (**fig. 11**) consists of two stucco statues, portraying Jupiter with an eagle and Leda with a swan. Like the statues in the Imperial Chamber, they are situated opposite each other in the vault lunettes above the doors on the north and south walls. Although the sculptures have a similar artistic and iconographic scheme as the works in the Imperial Chamber, their decorative concept is considerably simpler, without the wealth of accompanying decoration.

Previously, the sculptures were thought to be of terracotta due to the reddish colour in which they were finished. An investigation carried out as part of the detailed survey of the stucco decoration has, however, revealed that these sculptures are stucco, and the reddish colour was achieved by painting over them during numerous later interventions.[29]

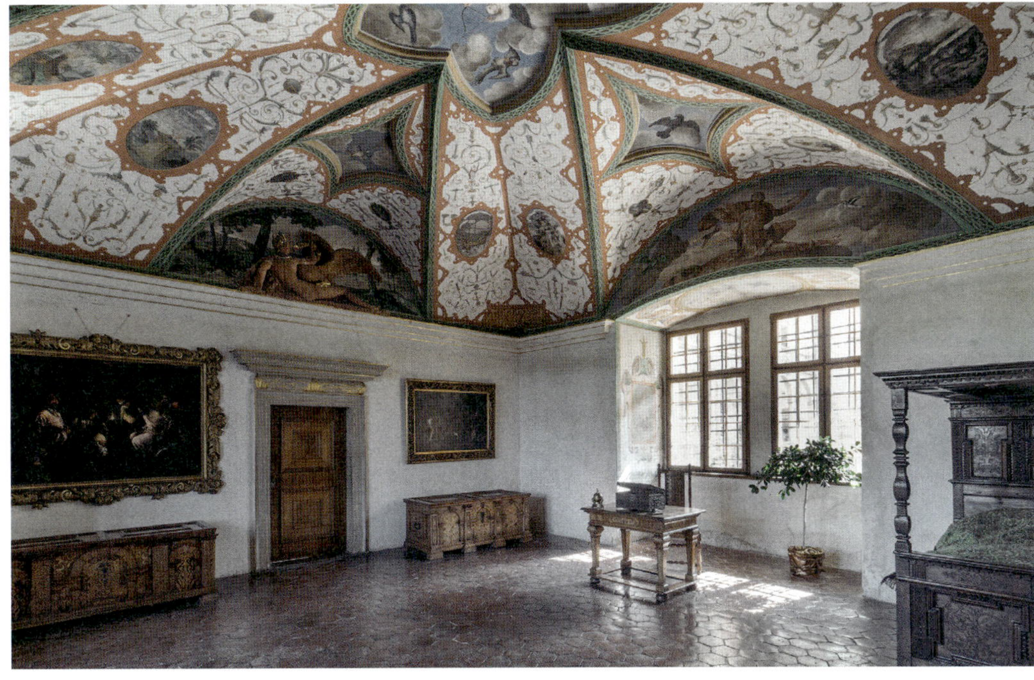

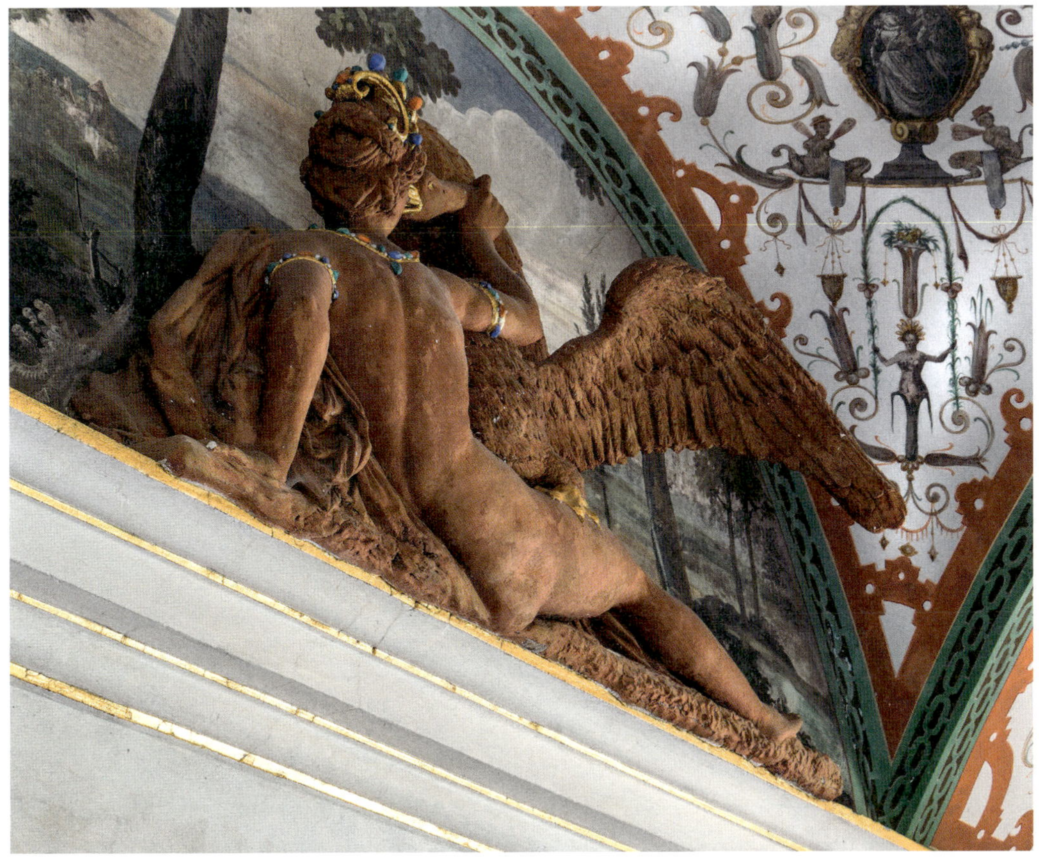

fig. 11
Bučovice Castle,
The Bird Chamber.

fig. 12
Leda, counterpart to *Zeus*.

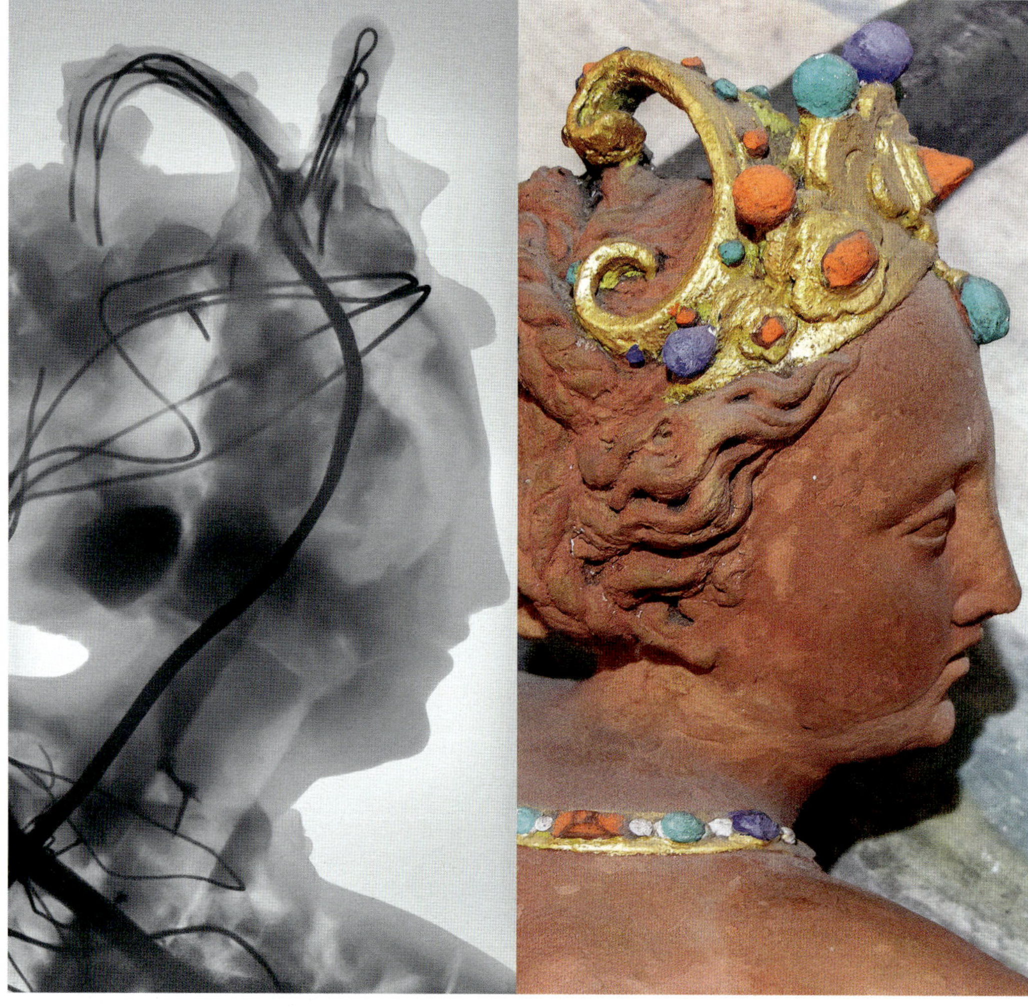

fig. 13
X-ray image of internal reinforcement of Leda's head. The measurement was performed in cooperation with the Czech Academy of Sciences, The Institute of Theoretical and Applied Mechanics.

Although the present appearance of the sculptures has been distorted due to many repairs and repeated repaintings, they still represent sculptural work of exceptionally high quality. The statue of Leda (fig. 12), situated on the cornice in the lunette opposite to the entrance to the hall, is life-size. That of Jupiter is smaller and, unlike the others, is situated on a hollow rectangular wooden pedestal covered with stucco. Detailed investigations of the sculptures using advanced imaging methods[30] have helped to determine their structural make-up. In the case of the statue of Leda, the 'skeleton' structure consists of a platform and a wooden cross, to which were fixed further wooden supporting parts. Into this wooden structure were inserted fairly thick metal rods, shaped into the outline of the figural composition (fig. 13). By contrast, Jupiter's pedestal is fixed into the background of the lunette by massive nails. From its centre, a rectangular wooden beam extends upwards into the rear part of the statue. Into this structural base, a further reinforcement for the sculptural work was fixed, similar to those found in the statue of Leda. The various parts of the statue of Jupiter are reinforced by clusters of wire, while larger metal rods spread throughout the massive wings of the eagle. These reinforcements were covered with tow in order to increase their volume.

Apart from slight divergences in the way the sculptures in the Bird and Imperial Chambers were constructed, the main differences are to be found in the composition of the stucco mortars.[31] The stucco strata are made up by the application of three types of mortar: the inner core layer, whitish to light ochre in colour; a reddish ground layer in which the modelling took place; and a thin fine finish mortar, white to light ochre in colour, with a maximum thickness of 1.2 mm. All three types of layers were prepared from the same constituents: the binding agent is composed of aerial or slightly hydraulic lime calcined from limestone, and the aggregate in all layers consists of a mixture of brick powder (*cocciopesto*), marble dust, and quartz sand mixed in different proportions.[32] The reddish ground layer contains more brick in comparison with the core and final mortar layers where 'white' aggregates prevail. The top layer contained a majority of very fine quartz sand and marble dust; the small quantity of brick powder present caused the surface to have a light ochre shade, perhaps imitating ivory (**fig. 14**).[33]

The original colour scheme for the statues in the Bird Chamber can be only partly reconstructed because the sculptures were heavily damaged at a later stage, which also affected the degree of preservation of the original surface. For these reasons, we can only reconstruct the original surface appearance approximately from the probes and laboratory surveys of micro samples. From their analysis, it was found that the statues were presented either in the original colour of the finish mortar or

fig. 14
Polished thin section of stucco strata taken from the figure of Leda. The probe came from a broken fragment that was probably part of Leda's chest. The ground layer was pinkish applied in multiple layers (+0). The ground stucco was finished in light ochre intonaco (+1). The subsequent paint layers are shown in fig. 15. The ground stucco and intonaco binder are composed of aerial lime, and the aggregate is a mix of *cocciopesto*, crushed marble and quartz sand used in variable proportions. Description: AL – aerial lime, B – brick powder (*cocciopesto*), M – marble powder.

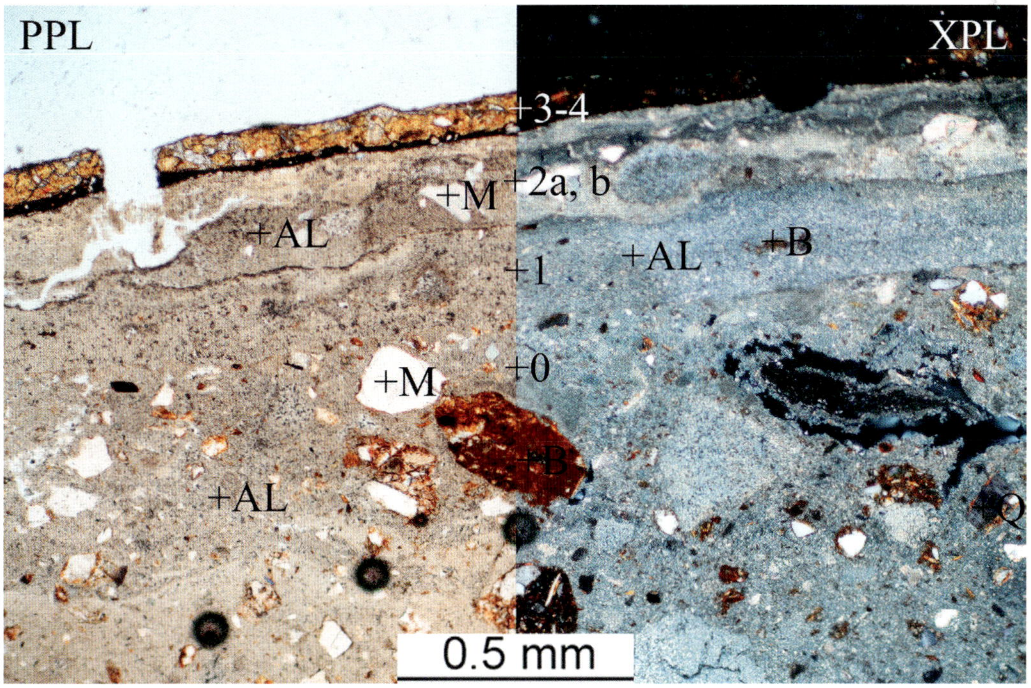

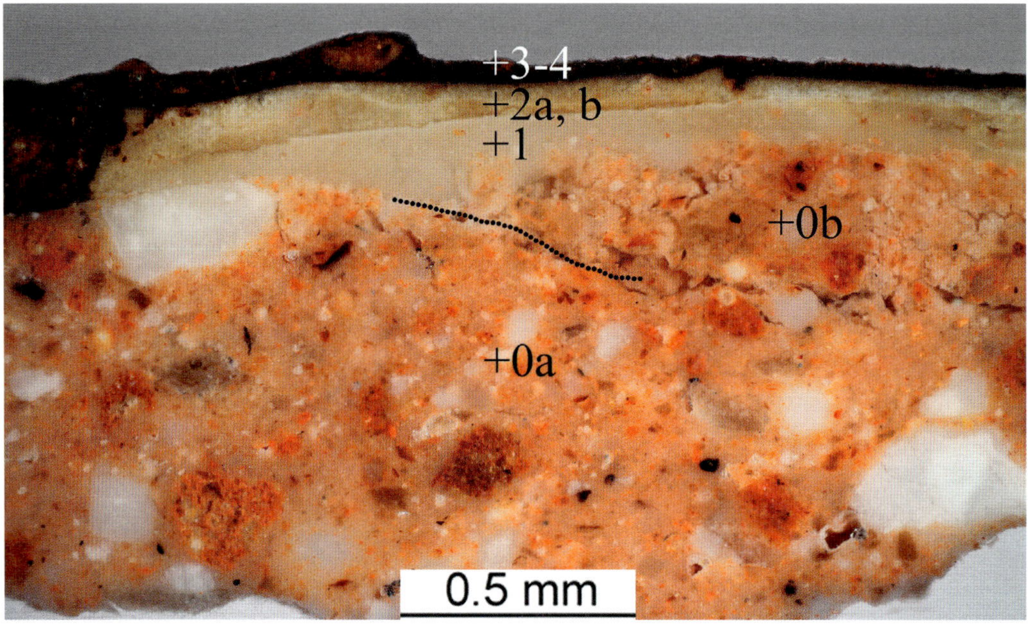

fig. 15
Cross section of surface paintings of the detached fragment (for description see fig. 14). The basis of the sample is composed of pinkish ground stucco (+0) and a light ochre intonaco (+1). Second phase layers are light ochre lime paint (+2a, b) and red-brown tempera painting on top (+3, 4). Due to the colour of the last layer, the statue was considered to be terracotta until recently.

with light ochre painting applied onto the surface very soon after the statues were finished **(fig. 15)**. In places, where the original surface was preserved, it was smoothed down.[34] These findings indicate that the oldest preserved colour of the statues was evidently light ochre, although it is not clear whether this was achieved by the colour of the stucco itself or whether a monochrome light ochre finish was applied to the statues.[35] During the later phases, the surface was evidently damaged or cleaned, and subsequently, the colour of the statues was changed to brownish-red, imitating the appearance of terracotta, visually supplemented by the gilding of details. This colour scheme has been preserved to the present day. During the mid-twentieth-century renovation, colourful polychrome precious stones were added to the crown and bracelets on the sculpture of Leda, with the evident aim of adapting the appearance of the statues of Leda and Jupiter to the sculptures in the Imperial Chamber.

The Origin of the Statue of Mars, as the Basis for the Sculptural Decoration at Bučovice

The restoration of Mars has revealed that its terracotta skeleton originally had a different purpose and was only later utilized in Bučovice. As there are no archival sources describing any transfer of the statue, the interpretation of the origin of the sculpture must be searched for in historical analogies and records. An obvious comparison was with the sculptural workshop in Jacopo Strada's house in Vienna, a central meeting point for collectors, aristocrats and artists, where they could draw inspiration or acquire various artworks from Strada's collection. Strada employed one or two local sculptors in the workshop to restore sculptures he had imported from Italy or to prepare the architectural and sculptural parts used for triumphal arches.[36]

From the early sixteenth century onwards, collecting sculptures from Antiquity was part of European culture. The collection of originals or copies of Classical works was regarded as an appropriate activity for aristocrats, demonstrating their knowledge and social status. However, because of the lack of original works from Antiquity and the difficulties of transporting them, collectors usually had to deal with casts or copies made out of various materials, such as marble, bronze, lead, terracotta, or stucco. As it was extremely rare for collectors to acquire undamaged Classical statues, there was a high demand for restoration. Some sculptors even specialised in the restoration of sculptural works from Antiquity, but their work centred mainly on reconstruction, due in particular to the fragmentary state of most of the statues that were acquired. Findings from Antiquity served as models for further work; artists drew inspiration from them in their compositions, copied them during their training, and were actively encouraged to adapt or paraphrase them.[37] Copies of Classical sculptures spread through aristocratic courts on a massive scale, and copious use was common practice in the interiors of residences. From the mid-sixteenth century, statues from Antiquity became an ordinary part of the interior furnishings of Italian and transalpine palaces.[38] Some artists were involved solely in creating copies and reproductions of Classical works for the major collectors of their day.[39]

In relation to the statue of Mars at Bučovice, the most interesting items in Strada's collection of sculptural works would appear to be four clay or terracotta figures created by Antonello da Mantua and a terracotta figure of Neptune by Jacopo Sansovino, which was probably the study for the Neptune on the staircase of the Doge's Palace in Venice. This shows Strada had *bozzetti* available in his workshop which could later be used when creating works for a particular project. A given *bozzetto*, however, did not have to be used for creating one single work; artists could return to it many times and draw inspiration from it frequently. Neptune is one of many examples of sculptures that were reworked in Strada's workshop and then sold to various aristocrats (in particular to the Duke of Bavaria, Albrecht V), or remained in the workshop and served as models for other projects. As soon as a work (whether a copy or an original of a Classical sculpture) arrived in Strada's workshop, he gave his assistants a reconstruction drawing which resolved any uncertainties about parts that were missing. The drawings depicted complete sculptures including reconstructions of the head, the positions of the arms, the drapery, or decorative objects.[40] It is not impossible that the terracotta Mars at Bučovice had been part of Strada's collection, especially considering that a study drawing of a sculpture of Mars is to be found in Strada's album *Statuarum antiquarum (Codex miniatus 21,2*; fig. 16).[41] This was an album of drawings intended for Strada's workshop, illustrating full-figure Classical sculptures. In his workshop, Strada employed sculptors who, following his wishes, restored statues he had acquired or made copies of those in which there was

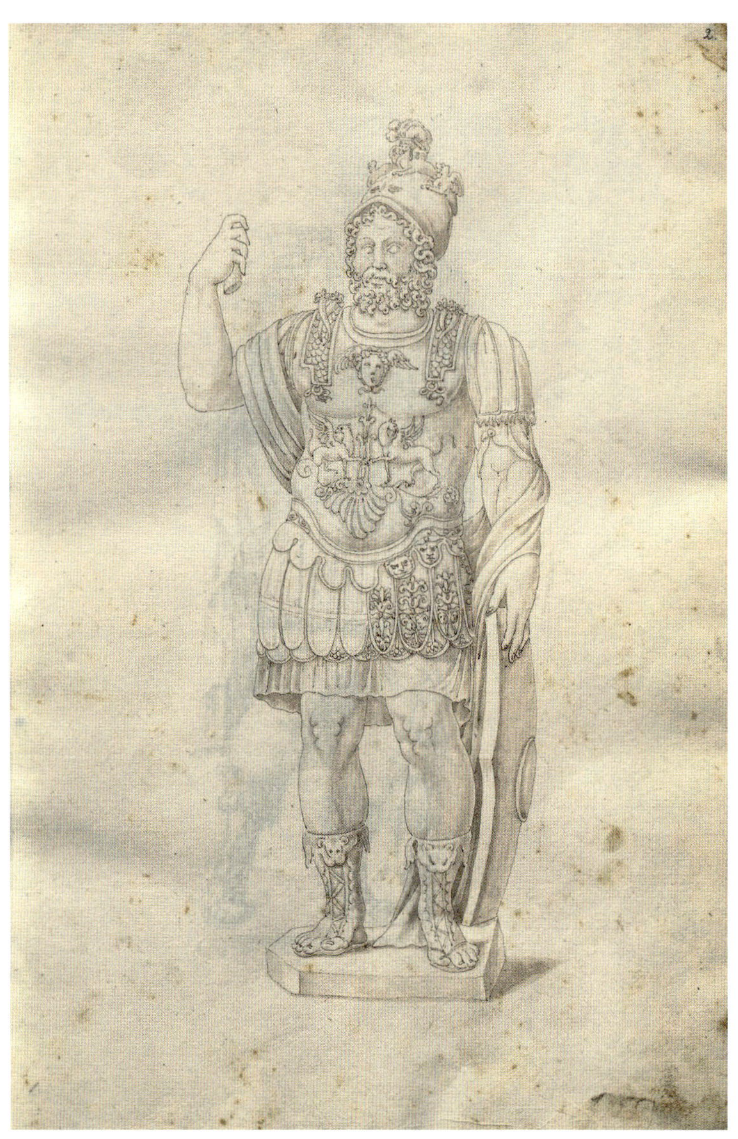

great interest. This approach is documented by Strada's cooperation with the Venetian sculptor Alessandro Vittoria, whom he considered to be one of the best. Vittoria restored statues purchased by Strada under the latter's supervision. As with the coins redesigned by Strada, however, this restoration did not represent an attempt to preserve the original character of the works.[42] Although a drawing was more static and descriptive, in Strada's workshop it could serve very well as the basis for modifying or preparing sculptures. Similarly, when Strada visited Šembera in Bučovice in 1583, he could have offered him the terracotta statue, so that Šembera's artists would have an ideal model for the other stucco sculptures in terms of both size and style. Strada himself described his stay in Bučovice as 'doing business'.[43] The reason why Strada may have been glad to offer Šembera services or his possessions was the state of his finances. Before Šembera, he had already offered to sell his collection to Vilém of Rosenberg, with whom he had been on friendly terms in the first half of the 1570s. Vilém even visited Strada's Kunstkammer in Vienna, and professed great admiration for it, but rejected Strada's attempt to sell it[44] (Vilém was the first person to whom Strada offered the collection).[45] Towards the end of his life, Strada's financial situation was far from good, because the favour of the Emperor, together with a regular salary, had ended with the death of his great supporter Maximilian II. When Rudolf II came to the throne in 1576 and transferred the centre of his empire to Prague, interest in Strada's services disappeared. Although Strada was still able to find people who wished to purchase coins, drawings, or other objects, this was not enough for him to pay off his large debts. For this reason, he also tried to offer his services to the Saxon Elector and to Archduke Ernest, who, however, rejected them, saying that he would have no use for him. In 1580 Strada even moved out of his house into a smaller one and rented out his former house.[46] In this situation, therefore, he would have been very glad if he had managed to sell any of the works from his extensive collection.

fig. 16
Mars, Statuarum Antiquarum (*Codex Miniatus* 21,2). Wien, Österreichische Nationalbibliothek.

Conclusion

The investigations into the statues in the Imperial and Bird chambers in Bučovice Castle have clearly confirmed that we are dealing here with a heterogeneous set of sculptures, which were created gradually by different techniques and materials.

The examination and restoration of the statue of Mars has helped provide a better understanding of the process by which the decoration of the Imperial Chamber may have been created. Moreover, it has added to our knowledge of the origins of the decoration at Bučovice Castle. The stucco sculptures in the Bird Chamber were evidently created later, during a different stage of the decoration, as is indicated by the different material composition of the stucco used and the colour concept chosen, which not the same as the statues in the Imperial Chamber. From an artistic and iconographic point of view, however, it is clear that the works in the Bird Chamber follow on from the decoration of the Imperial Chamber, as can also be seen in the iconographical inspiration and *modus operandi* of working with stucco.

No contemporary projects of a comparable scale and quality to the decoration at Bučovice can be found elsewhere in Central Europe. This testifies to Šembera's lofty ambition to have a notable residence, regardless of his own financial resources. The project realized at Bučovice was dictated by his aspiration to demonstrate his noble birth. At the same time, he was aware of the rich history of his family, and perhaps that is why he clearly followed the medieval tradition of significant rooms adorned with precious stones when choosing the design for the decoration of the Imperial Chamber. In his desire for an imposing effect, he was no doubt helped by his contact with Jacopo Strada, who knew exactly how to create a decorative scheme for a room which referred to the gods of Antiquity and the virtues of the person commissioning it. From the sources it can be traced that the visitors to Strada's house were offered a tour of the collections including about three thousand book volumes, rubbings of coins, drawings of ancient monuments and casts of ancient portrait heads from the collection of Cesare Gonzaga, paintings by Titian and Tintoretto, drawings by Parmigianino, Michelangelo, Raphael, Giulio Romano etc. Strada's achievements also included the fact that he convinced Albrecht V to build a new space for the newly acquired collections on the ground floor of the Munich Residence – the Antiquarium.[47] The quality of the execution and the exceptional nature of the Imperial Room in Bučovice also suggest that it may have been Jan Šembera's art chamber, for the decoration of which he would have invited artists directly from Italy or at least with Italian experience. The possibility that such artists were employed is supported by the restoration investigation, which has confirmed the exceptional quality of the sculptural works and a particular knowledge of sculptural work with stucco that showed great sensitivity for the possibilities offered by this material.[48]

* Acknowledgments: The research was performed within the project of the Czech Ministry of Culture, id. DG18P02OVV005, 'Rennaisance and Mannerist stucco in Bohemia and Moravia', 2018–2022. The authors are grateful to Dalibor Všianský (Department of Geological Sciences, Masaryk University in Brno, Czech Republic), and Alena Hurtová (Department of Chemical Technology, Faculty of Restoration, University of Pardubice, Czech Republic) for consultations and performing some of the aforementioned analysis. Our thanks also go to Jaroslav Valach (Department of Theoretical and Applied Mechanics, Czech Academy of Sciences) for performing portable radiography.

1 F. Slabý, *Příspěvky k dějinám Bučovic* (Bučovice, 1940, I, p. 22); F. Slabý, 'K stavebním dějinám bučovického zámku,' *Vlastivědný věstník moravský* (1947, pp. 310, 312).

2 P. Maťa, *Svět české aristokracie: (1500–1700)* (Prague, 2004, pp. 228–32).

3 Z. Měřínský, 'Černohorští z Boskovic na Vídeňské univerzitě v pozdním středověku a raném novověku,' in T. Knoz, B. Chocholáč, L. Jan (eds.), *Nový Mars Moravicus, aneb, Sborník příspěvků, jež věnovali prof. Dr. Josefu Válkovi jeho žáci a přátelé k sedmdesátinám*, (Brno, 1999, p. 290).

4 H. Lietzmann, *Das Neugebäude in Wien. Sultan Süleymans Zeit – Kaiser Maximilians II. Luftschloss. Ein Beitrag zur Kunst- und Kulturgeschichte der zweiten Hälfte des sechzehnten Jahrhunderts* (Munich-Berlin, 1987, p. 133).

5 L. Šabatová, *Zámek Bučovice*, Stavebněhistorický průzkum (Brno, 2006, p. 67).

6 J. Krčálová, *Zámek v Bučovicích*, (Prague, 1979, unpaginated).

7 F.W.H. Hollstein, *The New Hollstein Dutch & Flemish Etchings, Engravings and Woodcuts, 1450–1700*, (Amsterdam, 1993, no. 528).

8 P. Majoroš, 'Restaurování štukové výzdoby lunety s plastikou Marta v Císařském pokoji na zámku v Bučovicích. *Technika renesančního štuku* stucco romano *na vybraných štukových dílech v Čechách a na Moravě*' (Master's thesis, Faculty of Restoration, University of Pardubice, a.y. 2022).

9 The binding agent for the filler consists of a mixture of aerial lime as a binder and red earth pigment with a minor admixture of carbon black: Majoroš (op. cit. note 8), p. 47.

10 The ochre lasure was applied using a lime technique with binder composed of aerial lime with an admixture of collagenous proteins and polysaccharides. For colouring, yellow and red ochre were used with a minor admixture of minium. Ibid., pp. 47–8.

11 A glossy silver finish was found below the present-day black polychromy on the helmet: ibid., pp. 48–9.

12 Ibid., p. 48.

13 The composition of the ground varied. Some samples contained only chalk, in others a mixture of chalk and fine-grained marble dust was found. In other places there was only marble dust.

14 The coating has a thickness of around 150 µm, in some places there are two layers. The binding agents are proteins with an admixture of drying oils (FTIR).

15 The greyish surface uncovered during restoration may have been influenced by the soiling (in the past there was a stove near the lunette) and/or degradation of lead white. The additional analysis confirms the presence of hydrocerussite ($Pb_3(CO_3)_2(OH)_2$) which is the secondary mineral found due to oxidation of lead white. The micro X-ray diffraction (µ-XRD) analysis was performed in cooperation with Petr Bezdička, Institute of Inorganic Chemistry, Czech Academy of Sciences, Prague.

16 The binding agent for the white coating is probably a protein based with an admixture of drying oils. The greyish-ochre finish composes of similar binding.

17 Z. Míchalová, J. Vojtěchovský, L. Krajčířová, 'Císařský sál zámku Bučovice ve 20. století – dokumentace, restaurování a prezentace', *Zprávy památkové péče* 80 (2020), nos. 3–4, pp. 64–75).

18 Some attributes were also replaced in an inappropriate way: Majoroš (op. cit. note 8), p. 16.

19 A coarse mortar, applied in layers, was used to shape the bulkier parts of the sculpture, such as the bodies of the animals.

20 The drapery and adornments for the garments were made by covering fabric or paper with a thin layer of finishing mortar, which was applied gradually in several layers; the final layer was thin and fine to make a smooth surface.

21 A. Weyer, P. Roig Picazo, D. Pop *et. al.*, *EwaGlos – European Illustrated Glossary of Conservation Terms for Wall Paintings and Architectural Surfaces*, (Petersberg, 2015, pp. 134–35).

22 Hair also occurs in the core plaster of the vault ribs decorated with pressed stucco.

23 The proportion of marble dust to the binding agent was roughly 1.5:1 to 2:1 by volume, sometimes even 3:1. The use of formulas with such a high aggregate content in the finish mortar is unusual; historical formulas were normally characterised by a higher binder content in order to achieve better modelling abilities and smooth surface. Nevertheless, we can see a thin binder-rich layer composed of similar constituents which was probably applied during the finishing of the surface in the final stage of modelling. Microscopic analysis was performed in cooperation with Dalibor Všianský, Masaryk University Brno.

24 The mortar is composed of slightly hydraulic lime as a binder and medium sorted pit sand with a minor content of crushed limestone, brick fragments in the aggregate ($D<2.5$ mm). The characteristic features are the presence of an admixture of plant fibres and lime lumps of different sizes which are visible in the structure of the mortar even with the naked eye. The microscopic analysis was performed in the cooperation with Dalibor Všianský, Masaryk University Brno.

25 The pieces of glass were embedded into a fresh *marmorino*, or stuck onto the hard, roughly fashioned surface with an animal glue.

26 D. Rohanová, 'Chemické složení skel ze zámku Bučovice, Císařský sál (zpráva),' in *Dokumentace restaurátorského průzkumu. Interdisciplinární průzkum štukové výzdoby Císařského sálu, Státní zámek Bučovice*, team of authors (Univerzita Pardubice, 2018–19, pp. 232–38).

27 The pink or green colouring of these pieces of glass is inherent in the glass itself.

Some pieces have substantially deteriorated through decay and discolouring.

28 Incrustation from this period shows a different technology of colouring; the coloured glass was achieved by painting carried out under the white glass.

29 The restoration survey was carried out by the Faculty of Restoration, University of Pardubice in 2019–21.

30 Radiography (portable X-Ray) and videoscopy were performed in cooperation with Jaroslav Valach, The Institute of Theoretical and Applied Mechanics, the Czech Academy of Sciences, Prague.

31 R. Tišlová, A. Hurtová, *Chemicko-technologický průzkum povrchových a barevných vrstev, štuková sochy Dia a Lédy, Ptačí pokoj, SZ Bučovice* (kept at the Faculty of Restoration, University of Pardubice, in Litomyšl, 2021).

32 A characteristic feature is the presence of plant fibres in both core and ground stucco layers. The presence of both was analysed by means of petrographic analysis. The analysis was performed in cooperation with Dalibor Všianský, Masaryk University Brno.

33 A significant component of the aggregate is the occurrence of white lime lumps and underburnt fragments originating from limestone.

34 The ochre polychrome consists of aerial lime binder (with a minor admixture of proteinous substances) and minor fine brick powder and yellow ochre; see note 30.

35 Gilding was probably not carried out during this phase of the modifications but appeared in the form of gilded details during later stages.

36 D.J. Jansen, *Jacopo Strada and Cultural Patronage at the Imperial Court* (Leiden, 2019, pp. 843–45).

37 R. Weiss, *The Renaissance Discovery of Classical Antiquity* (Oxford, 1988, p. 180).

38 P. Thornton, *The Italian Renaissance Interior 1400–1600* (London, 1991, p. 269).

39 N. von Holst, B. Battershaw, H. Read, *Creators, Collectors and Connoisseurs. The Anatomy of Artistic Taste from Antiquity to the Present Day* (London, 1967, p. 73).

40 Jansen (op. cit. note 36), pp. 588, 628.

41 *Antiquarum statuarum tam deorum, quam dearum heroum et eorum coniugum,* [...] *(Codex Miniatus 21,1)*, Wien, Österreichische Nationalbibliothek, Sammlung von Handschriften und alten Drucken: Jansen (op. cit. note 36), p. 675.

42 R. von Busch, 'Studien zu deutschen Antikensammlungen des 16. Jahrhunderts,' (PhD diss., Eberhard-Karls-Universität zu Tübingen, a.y. 1973, pp. 131, 146, 148–49).

43 D.J. Jansen, 'Jacopo Strada et le commerce d'art,' *Revue de l'art* 77 (1987, pp. 16, 21, note 71); Lietzmann (op. cit. note 4), pp. 133–34.

44 H. Lietzmann, 'War Jacopo Strada als Antiquar Rudolfs in Prag tätig?', in L. Konečný, B. Bukovinská, I. Muchka (eds.), *Rudolf II, Prague and the World* (Prague, 1998, pp. 236–38).

45 A. Rybička, F. Zub, 'Dva příspěvky k dějinám Stradů z Rosbergu,' *Sborník historický* 2 (1984), pp. 48–50.

46 H. Lietzmann, 'Der kaiserliche Antiquar Jacopo Strada und Kurfürst August von Sachsen,' *Zeitschrift für Kunstgeshichte* 60 (1997, p. 393 note 125).

47 During Strada's stay in Italy, he managed to acquire several important Italian collections for Duke Albrecht V: the collection of Bernardo Olgiati from Rome, the collection of Simon Zeno, and the collection of the Venetian Andrea Loredano. In total, 230 heads, 104 statues, 72 reliefs, 140 bronze statues and around 3,300 coins were brought to the duke. See more in D.J. Jansen, 'Der Mantuaner antiquarius Jacopo Strada', in K. Oberhuber, S. Ferino Pagden (eds.), *Fürstenhöfe der Renaissance. Giulio Romano und die klassische Tradition* (Vienna, 1989, pp. 308–23); D.J. Jansen, 'Jacopo Strada antiquario mantovano e la fortuna di Giulio Romano', in O. Baracchi Giovanardi (ed.), *Giulio Romano* (Mantua, 1991, pp. 361–74); V. Heenes, 'Jacopo Strada: Goldschmied und Maler, Antiken- und Münzhändler, Sammler und "*Antiquarius Caesareus*",' in D. Hakelberg , I. Wiwjorra (eds.), *Vorwelten und Vorzeiten. Archäologie als Spiegel historischen Bewußtseins in der Frühen Neuzeit (Wolfenbütteler Forschungen 124)* (Wiesbaden 2010, pp. 295–310).

48 Not every artist in the Renaissance had access to ancient statues. Only a particular artist was privileged to view works of art in the papal or other princely collections in person. In later periods, artists would have encountered famous antiquities mainly through prints, or less commonly, plaster casts made in Rome and shipped throughout Europe. See more about collecting antiquity: P. Bober, R. Rubinstein, *Renaissance Artists and Antique Sculpture. A Handbook of Sources* (London, 2010); N. Penny, E.D. Schmidt (eds.), *Collecting Sculpture in Early Modern Europe* (New Haven-London, 2008); Giovanni Battista Armenini, who lived near Strada in Rome, speaks about the documentation of ancient and other works for Strada: '[...] dissegni infiniti, che tuttavia comperava, et che era in commissione a noi per esso a dissegnar piante, tempii, medaglie, archi, colonne, statue, et altre cose assai antiche che si sono ritrovate per quella Città in diversi tempi, che però erano delle più notabili, et più perfette delle altre...' B. Armenini, *De' veri precetti della pittura* (Ravenna, 1587, p. 180). Many works from Strada's collection had no artistic value, but rather were collected for their antiquarian character. There are no surviving lists of what was in his collection. Further reading: D.J. Jansen, 'Example and Examples: The Potential Influence of Jacopo Strada on the Development of Rudolphine Art', in *Prag um 1600: Kunst und Kultur am Hofe Rudolfs II.*, exh. cat. (Freren, 1988, p. 142); L. Dolza, 'Jacopo Strada. Collezionismo e macchine tra riforma e controriforma', *Mélanges de l'École Française de Rome* 114 (2002, no. 2, pp. 493–512).

The Stuccoes in the Church of the Annunciation to Mary in Kostanjevica at Nova Gorica

Marta Bensa, Katarina Šter, Sabina Dolenec

The Monastery and Church of Kostanjevica: Historical Origins

According to the sources, the creation of the first sanctuary of Kostanjevica relates to various pilgrimages that had begun thanks to a miraculous image of the Virgin Mary that had been painted on a tablet of stone or wood inside a hut, built as a shelter in the middle of the chestnut forest on the hill. The first confirmed information regarding the existence of a building dates to 1623, when the owner and legislator of the area, Count Mattia della Torre (Thurn), Lord of Cormons, Vipulzano, Ranziano and Prestau, built a small chapel.

The chapel became very prestigious over the years, and the place soon became of great interest for the various religious orders of the County of Gorizia.[1] With the Act of 28 December 1649, Della Torre took the final decision to donate both the land at Kostanjevica and the buildings to the Carmelites,[2] as witnessed up to the present day by the two rectangular slabs of black stone in the center of the parapet of the choir, above the main entrance.[3]

The Carmelites demolished the original chapel probably between 1654 and 1661 and in its place they built a small church.[4] Over the years the church's growing importance as a pilgrimage site probably led to the second phase of construction, completed in the 1680s and 1690s. The longitudinal design of the nave was now inappropriate for the function of a pilgrimage church, because it did not allow free circulation of people moving towards the main altar of the miraculous image of Our Lady of Mount Carmel, built in 1655.[5] This problem for the Discalced Carmelites had become so great that after 1663 they had begun construction of the new sanctuary and sacristy. Documents show that the architect Giovanni Battista Spinelli from Palmanova drew a design for it.[6] It was only at the end of the seventeenth century that the aisle was also expanded. A square presbytery almost the same width as the high altar was added to the nave, and two lateral aisles linked to the ambulatory behind the presbytery, coinciding with the altar wall.

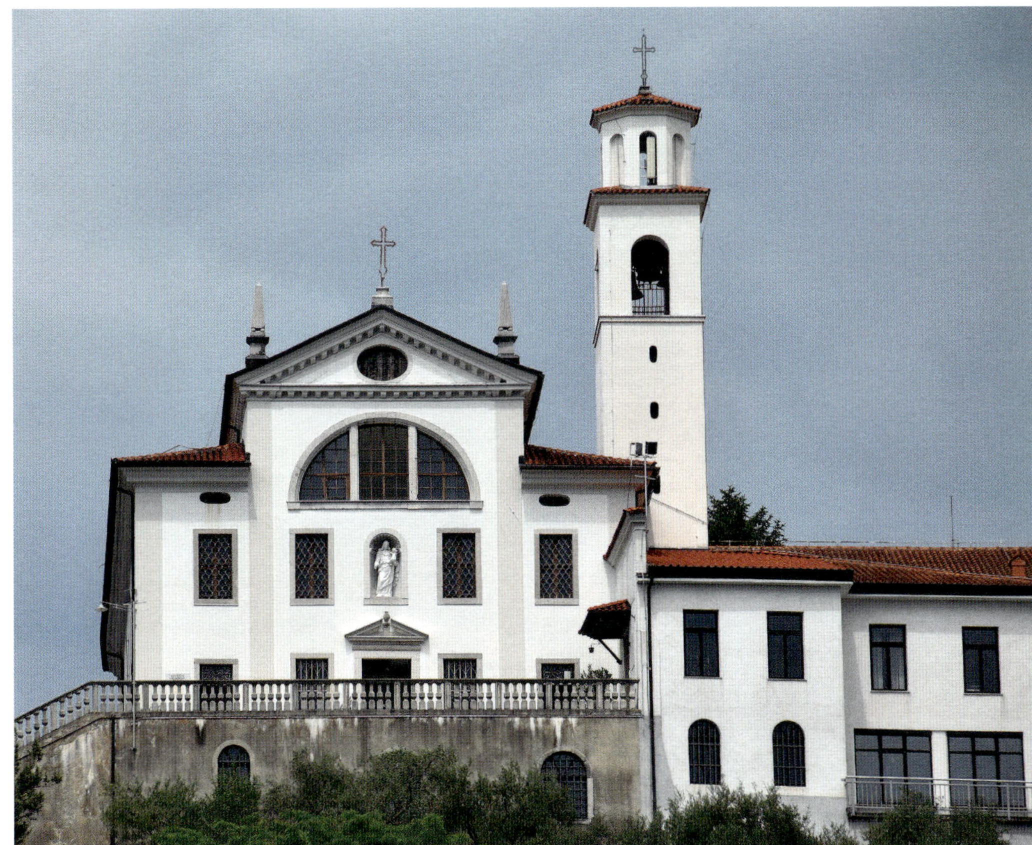

fig. 1
Kostanjevica (at Nova Gorica), Church of the Annunciation to Mary.

With this simple solution, the church (**fig. 1**) was enlarged and the side chapels with stuccoes above the entrance arches, were used as private oratories for the noble families of Gorizia.[7]

Stucco Decoration of the Nave and Presbytery

The stucco decoration of the balustrade of the choir, the intradoses of the two windows above the main entrance and the frame containing the later fresco painting on the western wall are the elements of the nave which have been preserved after World War I and subsequent 'restoration' works.[8]

The choir stands on three arches, supported by piers of Istrian stone with stucco capitals, above them are decorative elements with mascarons from which garlands with ribbons come unknotted, with vegetal elements running along the arcade. Above a little dentil stringcourse, four dancing *putti* support the central rectangular slab and two oval cartouches with herms. During the restoration work in 2019, inscriptions were found on the shields held by the *putti* next to the rectangular slab: FRANC.S ROSINA DE SALA VALLIS LUGANI F. / ANNO SALUTIS MDCXXXIX (**fig. 2**).

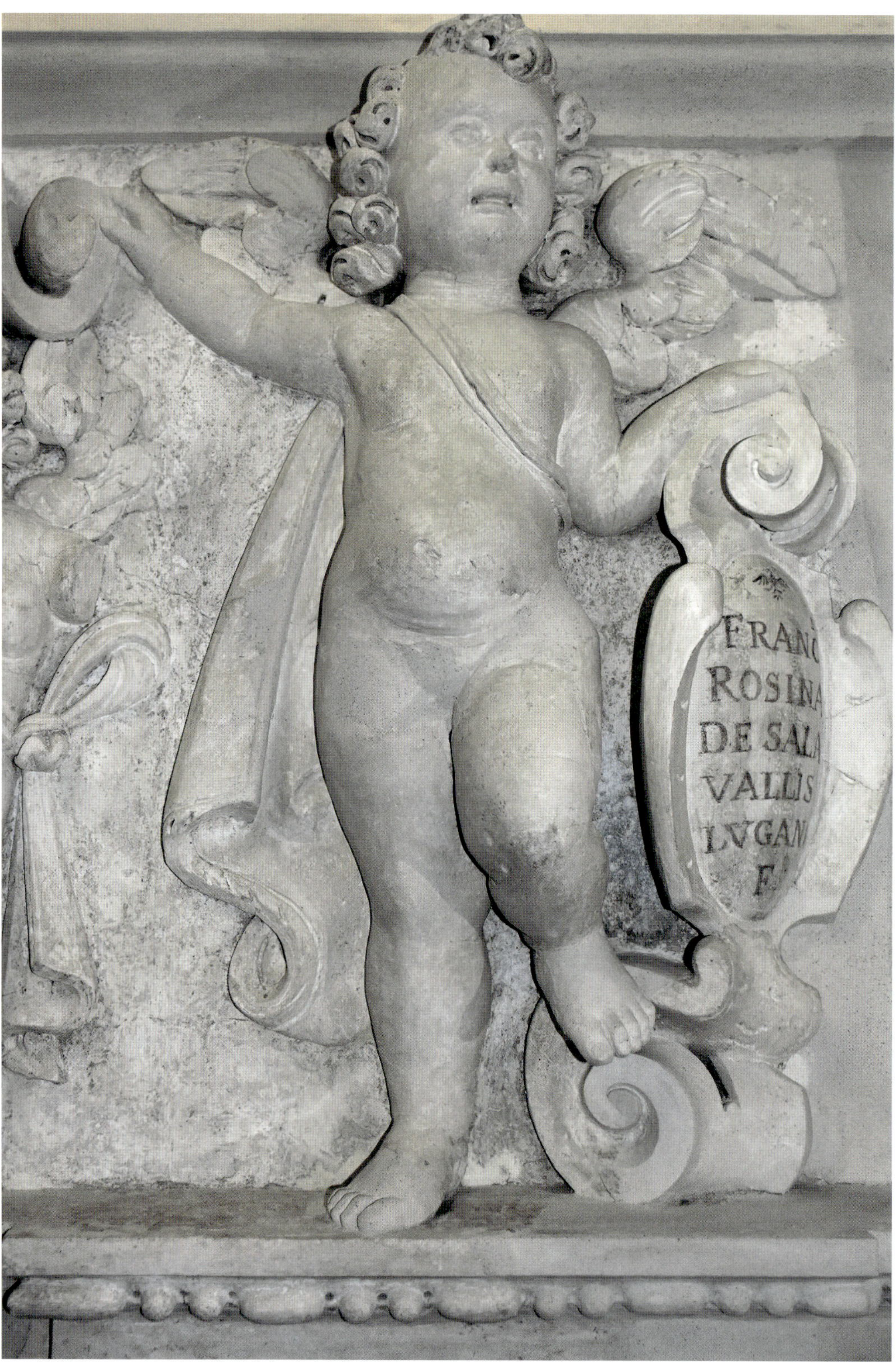

fig. 2
Inscription on the shield held by the *putto* beside the rectangular slab on the gallery.

The frame on the western wall includes similar subjects, in particular if we compare the herms and the volutes of the oval cartouches **(fig. 3)**. The intradoses of the windows present a more elaborate decoration with large spirals of acanthus leaves with figures springing from them **(fig. 4)**. In each case the decorators display their knowledge of a rich repertoire of motifs taken from prints which have their roots in ancient grotesques. It must have been a great workshop that was able to execute the rich decoration of the interior. Throughout the restoration work on the stuccoes in the nave, we found the same material components and manual processes, the same stylistic and formal characteristics, so we surmised that the Francesco Rosina named on the shield was almost certainly the author of all the stucco decoration present in the nave.

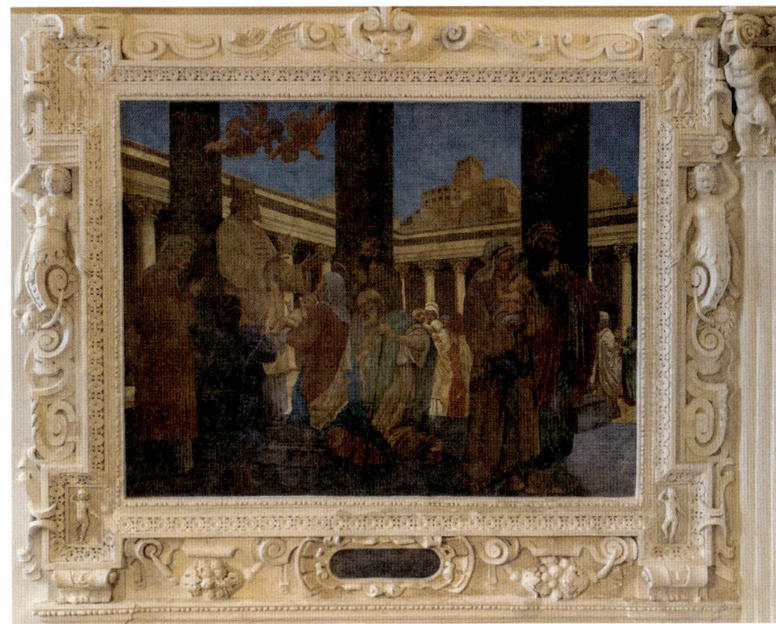

fig. 3
The frame on the west wall of the nave, after restoration.

The stucco decoration in the presbytery, which had been spared the bombing (see note 8), is small-scale by the standards of the second half of the seventeenth century and the style is different to that of the nave **(fig. 5)**. The rich stucco decoration includes angels, *putti*, Marian symbols, framed tablets and images of saints; the two sides mirror each other on either side of an ideal central line, with the intention of developing the theme of the glory of Mary. The tunnel vault is elaborate, a big skylight opens in the middle, dividing the composition symmetrically.

Tracing the story of the construction of the church with the aim of establishing the chronology of the different stucco parts, we know that the stuccoes of the nave are dated 1639 and are by Francesco Rosina, and the presbytery should be dated to after 1663, when the Carmelites instigated projects for a new presbytery and sacristy.[9]

The authors of the decoration were undoubtedly itinerant craftsmen-artists from the lake region between Lake Como and Lake Lugano who moved from town to town creating works for both civil and ecclesiastical commissions. However, because of the continuous displacement of the stucco workshops, it is not easy to identify any definite personalities. They were working in groups, often under the guidance of an architect, who generally prepared the decorative scheme.

The stucco decorations of the church of Kostanjevica have been better covered in Slovene literature, in particular thanks to art historian Barbara Jaki, who recognised their value, situating them within the frame of the best European work of the time, especially in comparison with the stuccoes of the chapels of Sts Barbara, Ann and

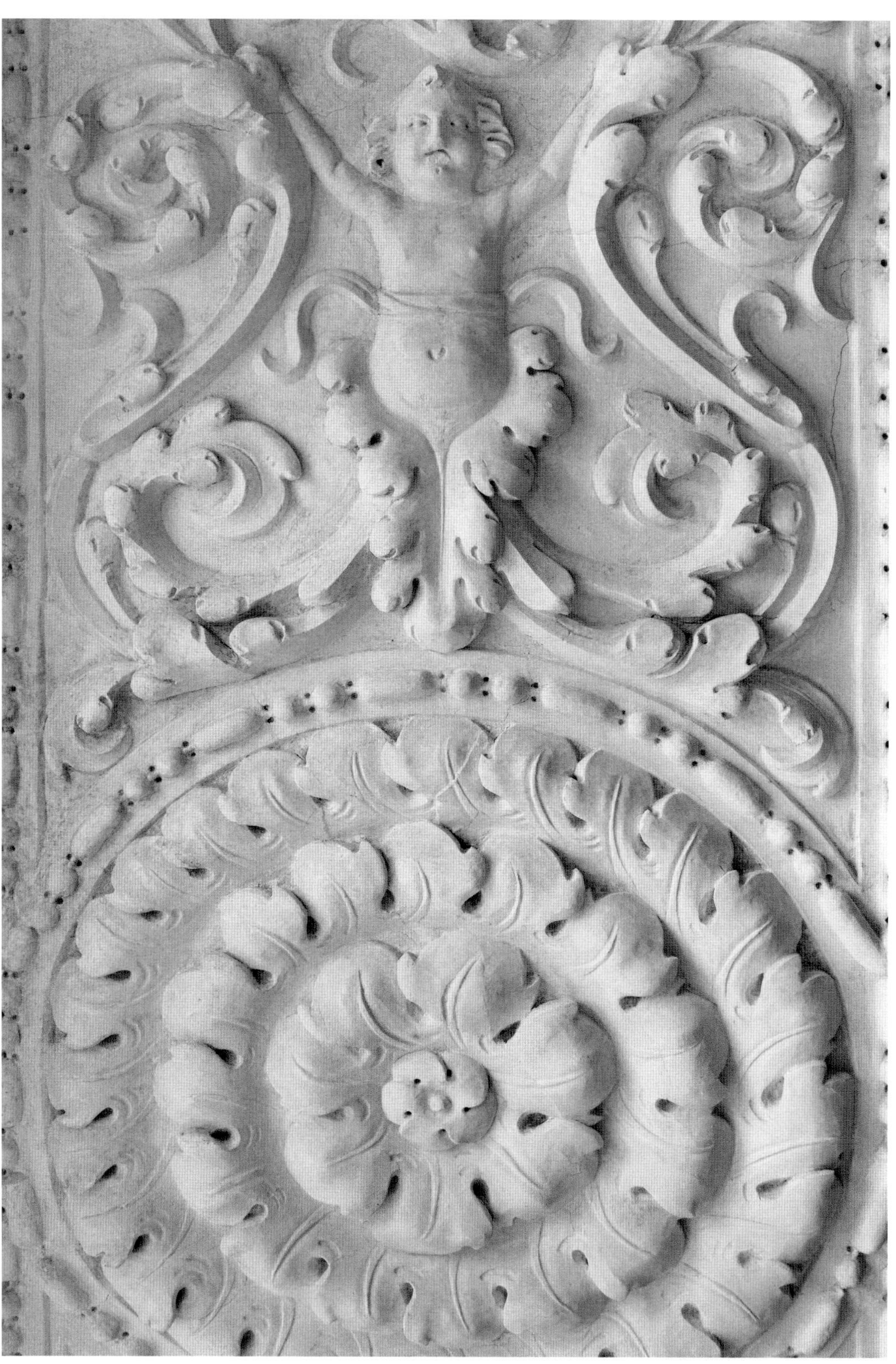

fig. 4
Intradoses of the windows in the choir.

Sebastian in the church of the monastery of Klosterneuburg, near Vienna, carried out by decorators from northern Italy, and with the stuccoes of the Schottenkirche in Vienna.[10] In view of the mobility that characterized the stucco decorators from the lake regions and the many requests they had to handle, which came from diverse regions, one might suppose that some stucco decorators already working in Vienna at the end of the first half of the century were later called to Gorizia to decorate the church of the Carmelites, which had become an important place of pilgrimage.

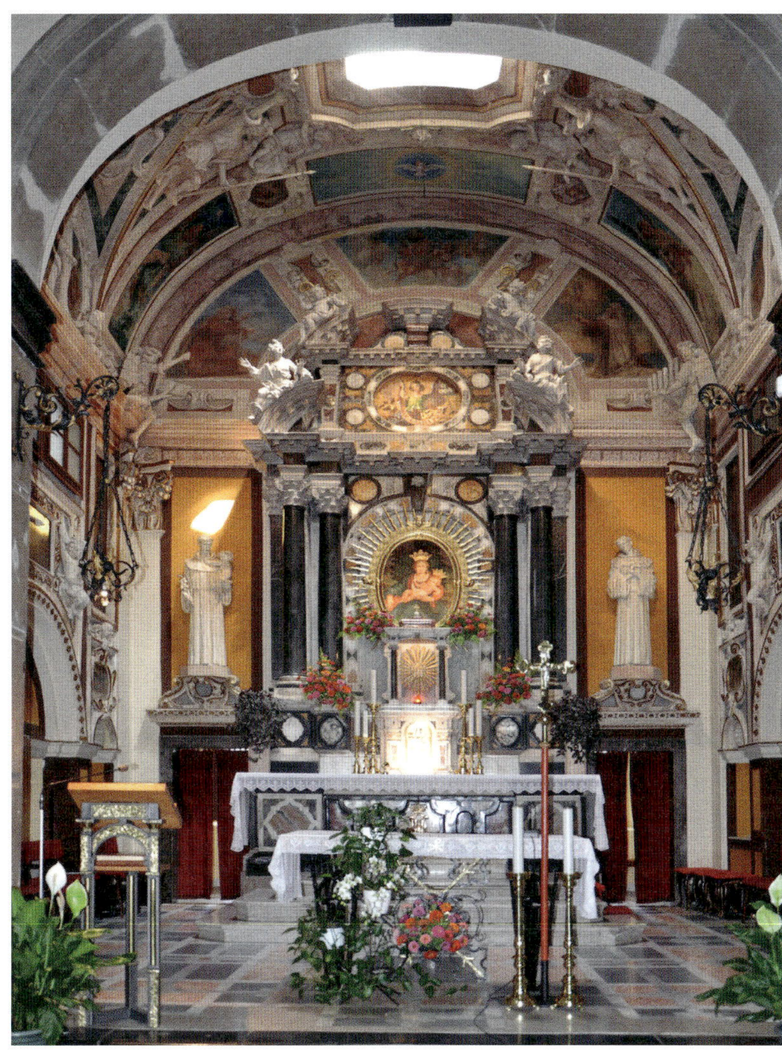

fig. 5
The stucco decoration in the presbytery.

Stucco Techniques

During the restoration of the stuccoes of the church at Kostanjevica we had the chance to examine the stucco work, looking more closely at the techniques employed and their variations. Visual inspection confirmed that the statues were made with a central body of mortar, made of lime and large grain aggregates, such as sand and small quantities of brick powder. Wooden elements or metal bars were probably inserted to provide structural reinforcement for arms, legs and other protruding elements. In the largest surviving sculptures, iron bars used to support the arms are revealed as a result of damage. In particular, one is anchored to the wall of the niche, to ensure greater stability.

The first coarse stucco layer of mortar, strengthened to a greater or lesser degree by reinforcing components, was covered with layers of stucco composed of aggregates with a finer grain size (fig. 6). The surface finish was clearly applied with a spatula (there are pressure marks left by the tool) and polished before the final setting. Probably the stuccoed works of the choir and the frame did not include moulded elements applied to the surface, but every decoration was realised on site; careful analysis revealed that each apparently similar decorative element was individually made (fig. 7). We found some insicions on the fresh plaster near the moulding of

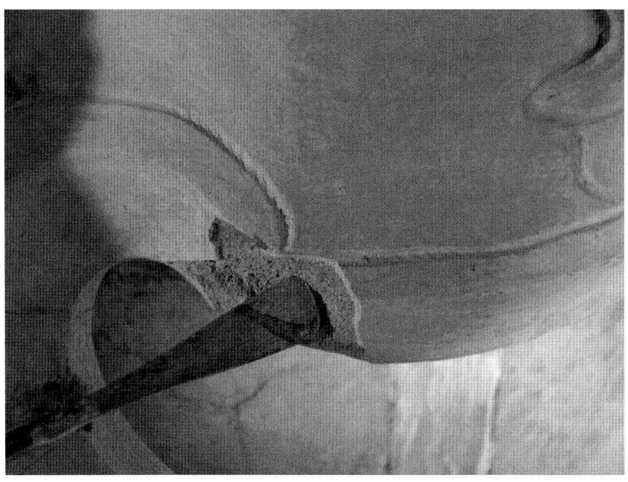

the decorative astragal frame decorated with pearls and spindles, which clearly indicate how the artist engraved the preparatory drawing for the laying of the stucco ovoli in the fresh mortar **(fig. 8)**.

To investigate original materials and manufacturing techniques, stucco samples were taken from two different areas in the choir at the west end of the nave **(fig. 9)** and analysed with optical and electron microscopy. The examination revealed that both samples were composed of two stucco layers and additional thin finishing of lime plaster layers visible in one sample **(fig. 10 a–c)**. Two-layer systems with several finishing lime wash coatings are commonly described in studies of Renaissance and Baroque stuccoes made by the so-called 'Artists of the Lakes'.[11] The binding agent used for the core layer is gypsum mixed with lime which is visible as individual lumps of each under the microscope **(fig. 10d)**. The aggregate grains of the ground layer are moderately to poorly sorted with sizes ranging between 0 and 1 mm. Predominately aggregate grains consisting of fragments of carbonate rocks (limestone, dolomite, calcite) **(fig. 10d)** and in smaller percentages different silicate rocks and minerals, feldspar and quartz. In the finishing layer the binder is lime **(fig. 10e)** with individual lumps of lime. The aggregate is moderately sorted with sizes ranging from 0 to 0.5 mm, predominately consisting of calcite grains **(fig. 10e)** and a smaller percentage of crystal grains of silicate minerals (quartz).

fig. 6
Detail of the central body of mortar and the final surface finish.

fig. 7
Detail of decorative elements.

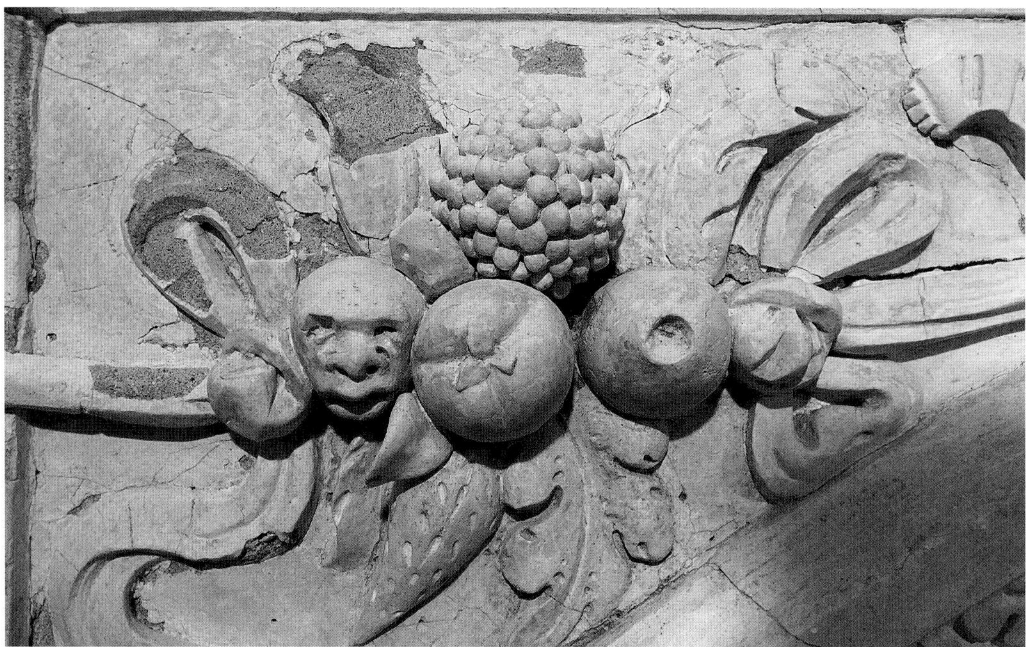

The various layers of the stucco employ different binders and aggregates: the ground layer in both samples is composed of lime and gypsum with carbonate and silicate aggregates; the finishing layer has only a lime binder with calcite aggregates. The two stucco layers bond well together, which indicates that they were probably applied wet-on-wet (*'fresco su fresco'* technique).[12]

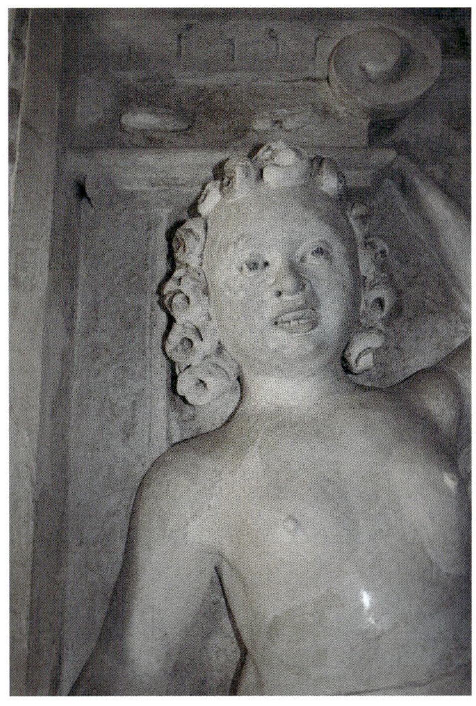

The restoration of the stuccoes in the nave has highlighted the traces of the working tools, for example the marks of the spatulas, presumably made of metal,[13] that were used to smooth the plaster, to define wings, hair, phytomorphic figures, the teeth of the *putti* and so forth. Some of the figures are fully three-dimensional, and some of their features, such as the pupils of the eyes, were probably highlighted with graphite or carbon black brushstrokes on the caryatids of the frame, or with a red colour on the caryatids in the choir. The analyses revealed traces of calcium oxalate in the top coat, meaning that the plasterer; could have finished the surface with casein or egg to achieve an even more authentic polished marble look than is evident today in the better-preserved areas.[14]

Stucco techniques and the materials used in Slovenia have not been studied systematically until now and these results will contribute to a better understanding of stucco decoration, providing an opportunity to situate stucco work in a wider cultural framework in the future.

fig. 8
Inscisions near the moulding of the decorative astragal frame and polishing of the surface.

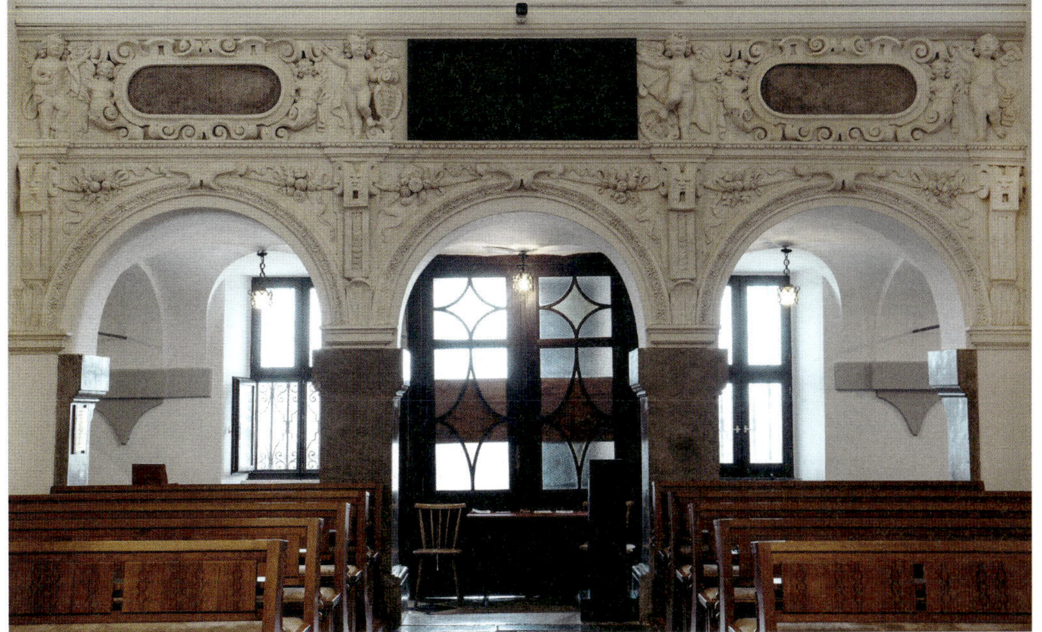

fig. 9
Choir at the west end of the nave with sampling sites marked.

fig. 10
SEM/ BSE microphotograph of stucco sample K3showing the different stucco layers.

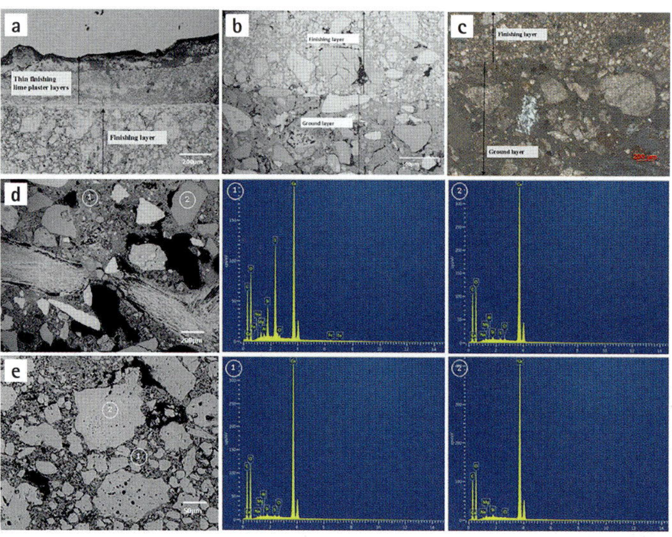

a. SEM/BSE microphotographs of stucco sample with two stucco layers and additional finishing lime plaster layers;
b. SEM/BSE microphotograph of the stucco sample; detail of different stucco layers;
c. Microscopic image of ground and finishing layer of a stucco sample, transmitted light, crossed polars;
d. SEM/BSE microphotographs of ground layer with mixed gypsum and lime binder (1) and predominant carbonate aggregate (2);
e. SEM/BSE microphotographs showing the finishing layer with lime binder (1) and predominant carbonate aggregate (2).

1 C. Morelli di Schonfeld, *Istoria della Contea di Gorizia in quattro volumi* (Gorizia, 1855, 2, pp. 275–76); C. Vascotti, *Storia della Castagnevizza. Contenente eziando la malattia, la morte e il funerale di Carlo X re di Francia, del Conte della Marna figlio primogenito di sua Maesta' cristianissima, e del Duca di Blacas* (Gorizia, 1848, p. 21); R.M. Cossar, *Storia dell'arte e dell'artigianato in Gorizia* (Pordenone, 1948, p. 104).

2 Morelli (op. cit. note 1), p. 277; Cossar (op. cit. note 1), p. 105.

3 MATTHIAS A TVRRI CLIENS / HVILLIME DICAVIT; / TANDEMQ / AD DIVINUM CVLTVM ET MAIOREM PATRONO SVO / GLORIAM PROMOVENDAM / ADM. RR: PP: / CARMELITARVM / DISCALCEATORVM / IN DIVINIS HIC PER AGENDIS SOLICITTVDINI ET PIETATI / COMMENDAVIT ET DONAVIT / ANNO M. DC. L.

4 H. Seražin, *Acta historiae artis Slovenica 5* (Ljubljana, 2000, pp. 69–71); Vascotti (op. cit. note 1), p. 42.

5 O. Hajnšek, *Marijine božje poti* (Celovec, 1971, p. 264).

6 Cossar (op. cit. note 1), pp. 105–6. Spinelli prepared both the design and the estimate for the work in 1663.

7 Cossar (op. cit. note 1), pp. 73–4.

8 *Cronaca del convento di Castagnavizza*, Gorizia, 1924–47 (Archivio del Convento di Kostanjevica 1915), pp. 4–20: 'The war that broke out on 23 May 1915 between Italy and Austria was particularly active in the area of Gorizia, and the hill of Castagnavizza, because of its position, was treated as a target. Church and convent were the target of continuous cannon shots, so that both were reduced to a pitiful state, the walls torn apart, the rooftops lost. Then the rains completed the rest of the ruination. Also, the resistance of the convent was devastated by grenades, gun implacements, trenches and military passageways [...] All the new stuccoes of the vault were executed in 1929, including the capitals of the pilasters.'

9 Cossar (op. cit. note 1), pp. 105–6.

10 B. Jaki Mosetič, 'L'arte dello stucco in Slovenia nel Seicento e Settecento', in *L'arte dello stucco in Friuli nei secoli XVII–XVIII*, conference proceedings (Udine, 2000 p. 219). According to Barbara Jaki, the stuccoes of Kostanjevica should be related to the works of decorators who were already active in the 1620s and 30s in Vienna and Prague.

11 M. Caroselli *et al.*, 'Characterisation of the Stucco Decorations at the "Sacro Monte di Ossuccio" (16th–17th century), Como, Italy', *Int. J. Conserv. Sci.* 7 (2016, pp. 857–70); L. Rampazzi, 'The stucco decorations from St. Lorenzo in Laino (Como, Italy): The materials and the techniques employed by the "Magistri Comacini', *Analytica Chimica Acta* 630 (2009, no. 1, pp. 91–100).

12 Caroselli (op. cit. note 11), pp. 857–70.

13 Sharp, well-defined edges are related to the use of metal tools. L. Famiglietti, C. Soscia Santoro, 'La tecnica dello stucco attraverso le fonti: tecnica d'esecuzione e caratterizzazione chimico-fisica dei materiali costitutivi', in G. Biscontin, G. Driussi (eds.), *Lo stucco, Cultura, Tecnologia, Conoscenza*, conference proceedings (Padua, 2001, pp. 19–20). Often in very low relief, characterized by a very rapid technique, the modeling was done almost exclusively by means of incisions on the wet mixture. For the final polishing, as well as the use of spatulas and trowels, the background was bathed with lime milk to saturate the porous surface of the material and make it appear like marble.

14 M. Gutman Levstik. K. Kavkler, *Cerkev Gospodovega Oznanjenja Mariji na Kostanjevici, Nova Gorica. Poročilo naravoslovnih preiskav štukatur ešd 3851* (Ljubljana, ZVKDS Restavratorski Center, November 2020).

Leonardo Retti a Roma: la decorazione in stucco di Santa Marta al Collegio Romano in collaborazione con Antonio Roncati

Carla Giovannone

Sono note le vicende che assegnano l'assetto barocco della chiesa di Santa Marta al Collegio Romano[1] a un intervento di rinnovamento strutturale realizzato a partire dal 1671 dall'architetto Carlo Fontana.[2] Il preesistente edificio cinquecentesco, fondato nel 1546 da Ignazio di Loyola per accogliere le donne «malmaritate» che volevano redimersi e intitolato a Santa Maria delle Grazie, fu acquistato dalle monache agostiniane che trasformarono la struttura in un convento con una chiesa dedicata a Santa Marta e in un convitto per educare giovani nobildonne.[3]

Le notevoli risorse economiche di badesse e monache provenienti da nobili famiglie romane permisero di effettuare importanti lavori, diretti prima dall'architetto Giovanni Antonio de' Rossi e poi da Fontana al quale sono da attribuirsi la paternità del progetto e la direzione dei lavori di trasformazione della chiesa cinquecentesca a navata unica, con l'aggiunta delle cappelle laterali e con l'innalzamento della volta. Sulla questione della paternità della progettazione del «modernissimo» disegno delle decorazioni ci sono pareri discordanti sul fatto che l'architetto fornì i disegni agli stuccatori, notizia che sembra contraddetta da alcune fonti documentarie.[4] Oltre all'importante rapporto professionale, Fontana aveva un legame personale con le agostiniane, alle quali affidò l'educazione delle figlie Gerolamina e Antonia entrate in convitto nel 1676.[5]

L'apporto dell'architetto dovette essere rilevante nella scelta degli artisti incaricati della decorazione plastica e pittorica: per affrescare la volta vennero chiamati Giovanni Battista Gaulli detto il Baciccio, insieme a Girolamo Troppa e Paolo Albertoni suoi aiuti, mentre la decorazione in stucco venne commissionata a Leonardo Retti o Reti di Laino in collaborazione con Antonio Roncati di Meride, entrambi stuccatori della regione dei Laghi, da cui proveniva anche Fontana, nato a Rancate (fig. 1).

Il contratto del 23 dicembre 1672 stipulato insieme a Roncati, committenti le suore di Santa Marta, prevedeva lavori di «somo intaglio, architettura, scoltura, materiale opsorarii et tutt'altri [...] pro servitio et hornamento ecclesiae et tribuna S. Marthae».[6] Dobbiamo rammentare che nel Seicento ricorrono generalmente due tipi di «patti», cioè contratti d'appalto tra committente e artisti-artigiani: il primo in cui

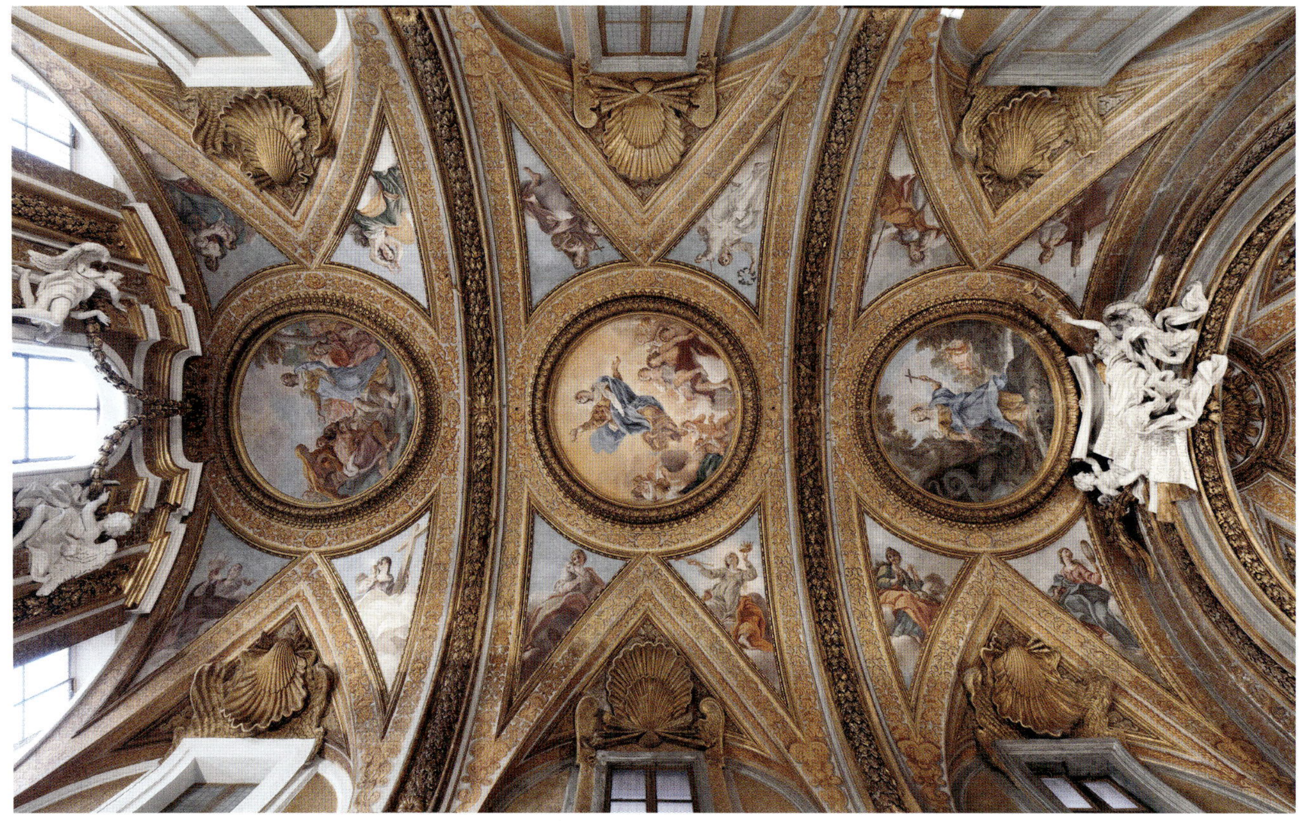

fig. 1
Giovan Battista Gaulli detto il Baciccio (e aiuti), Leonardo Retti e Antonio Roncati, volta della chiesa, arco absidale con la *Fama* e controfacciata con angeli, 1672-1678. Roma, Santa Marta al Collegio Romano.

l'imprenditore fornisce anche il materiale «a tutta roba, spesa e fattura del capomastro» che, come nel nostro caso, includeva manodopera e materiali; il secondo di «sola manifattura e roba del padrone», salvo in genere la fornitura della calce e della pozzolana. La commessa di «sommo intaglio» indica la fattura più eccellente degli stucchi e anche la più costosa e prevedeva la lavorazione diretta dell'artista che componeva le figure per apposizioni successive di stucco lasciando la sua impronta e il suo stile sull'opera d'arte, mentre le lavorazioni ripetitive e seriali a stampo spesso venivano delegate ai collaboratori.[7] Nel contratto, Retti e Roncati vengono incaricati di eseguire gli elementi scultorei e architettonici (i plasticatori ticinesi erano anche abili scultori e scalpellini di materiali lapidei); il contratto include anche il costo di materiali come legno, calce, pozzolana, polvere di marmo, ferri per gli ancoraggi e le strutture di sostegno degli stucchi e gli operai necessari per allestire i ponti, spegnere la calce, vagliare la pozzolana, pestare e setacciare la polvere di marmo, impastare le malte per gli stucchi, preparare gli elementi a stampo.

Le modanature architettoniche sono eseguite dal capomastro lombardo Simone Brogi o Broggi, molto attivo nei cantieri romani della metà del Seicento, distintosi per le sue abilità tecniche di progettista ed esecutore al fianco di Gian Lorenzo Bernini nel palazzo Ludovisi di Montecitorio e soprattutto in San Pietro nell'edificazione della cattedra del santo e nelle imponenti strutture voltate della scala Regia,[8] e ivi conosciuto da Fontana (1663-1666). Già attivo nel preesistente cantiere di Santa Marta, per il quale riceve già un pagamento nel 1670 per lavori di muratura, nella riedificazione barocca della chiesa Brogi si occupa anche delle conchiglie, confermando l'abilità plastica dei capomastri muratori lombardi.[9] Egli realizza le partiture architettoniche e lavora con i modani,[10] le profilature, prima dell'intervento degli stuccatori «di figura», i quali tracciano su di esse i riferimenti per la collocazione di gruppi plastici, segnandone graficamente l'ingombro sullo stucco con grafite e pietra negra (**fig. 2**).

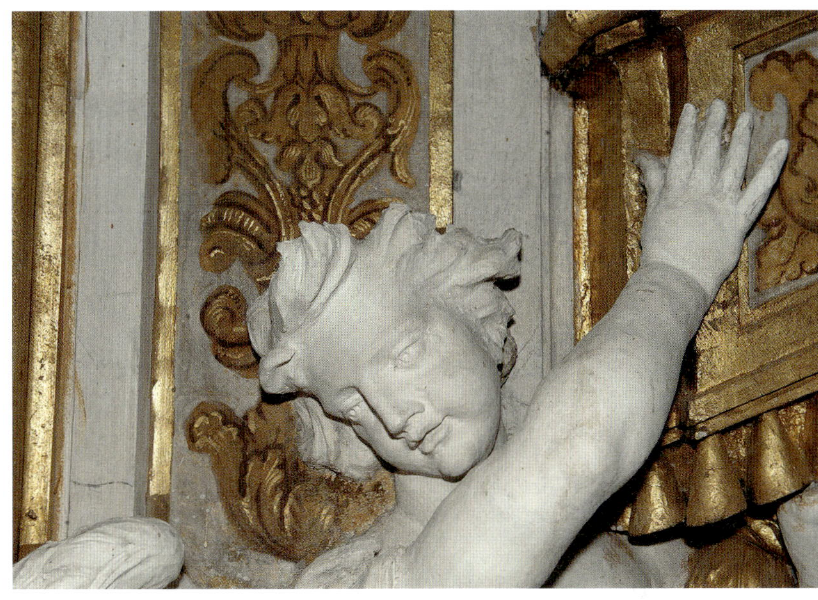

fig. 2
Leonardo Retti, particolare dell'angelo di sinistra (riferimenti in grafite per l'esecuzione della figura), 1672-1678. Roma, Santa Marta al Collegio Romano, controfacciata.

La doratura degli stucchi era affidata a un'altra figura professionale presente nel cantiere seicentesco e precisamente all'«indoratore».[11] Nel nostro caso a Vincenzo Corallo,[12] pittore, «indoratore», «cartapistaro», che lavorò molto per i Chigi nelle fabbriche a conduzione di Fontana sia come decoratore che come realizzatore di apparati effimeri in cartapesta. Per Bernini aveva dorato la cattedra di San Pietro, oltre alla cupola e l'altare maggiore di Sant'Andrea al Quirinale. Corallo aveva lavorato anche nel complesso borrominiano di San Carlino alle Quattro Fontane nel 1667 alla doratura della sfera e della croce sommitale del campanile di Bernardo Borromini.[13]

Leonardo Retti o Reti, scultore e abile plasticatore, proviene da una famiglia di stuccatori originari di Laino nella diocesi di Como, molto attivi a Parma: il padre Giambattista da cui aveva appreso i primi rudimenti, gli zii Davide e Luca, il fratello Domenico. Lo zio Luca opera a Reggio Emilia e a Parma dove diviene «stuccatore e scultore al servigio della corte Farnese»:[14] realizza la decorazione in stucco della sala degli Amori di Giove nel palazzo del Giardino a Parma; le statue in stucco del teatro Farnese alla Pilotta nel 1618 insieme ai fratelli Davide e Giambattista;[15] nel 1627, sempre con i fratelli, lavora all'ornamentazione della fontana del palazzo del Giardino; insieme a Giambattista dirige nel 1632 i lavori nell'Annunciata, dove Leonardo e Domenico avrebbero eseguito gli stucchi della cappella Torelli.[16]

L'opera più eccellente che esegue Leonardo a Parma insieme al fratello Domenico, tra il luglio 1666 e il dicembre 1669, è la decorazione della cappella della Madonna di Costantinopoli nella chiesa di San Vitale, commissionata da Carlo Beccaria, tesoriere del duca di Parma e priore della Congregazione del Suffragio.[17] La ricca decorazione plastica, sulla quale non possiamo non soffermarci con alcune osservazioni tecniche, rappresenta un vero tripudio dell'arte dello stucco, che già a questa data dà conto

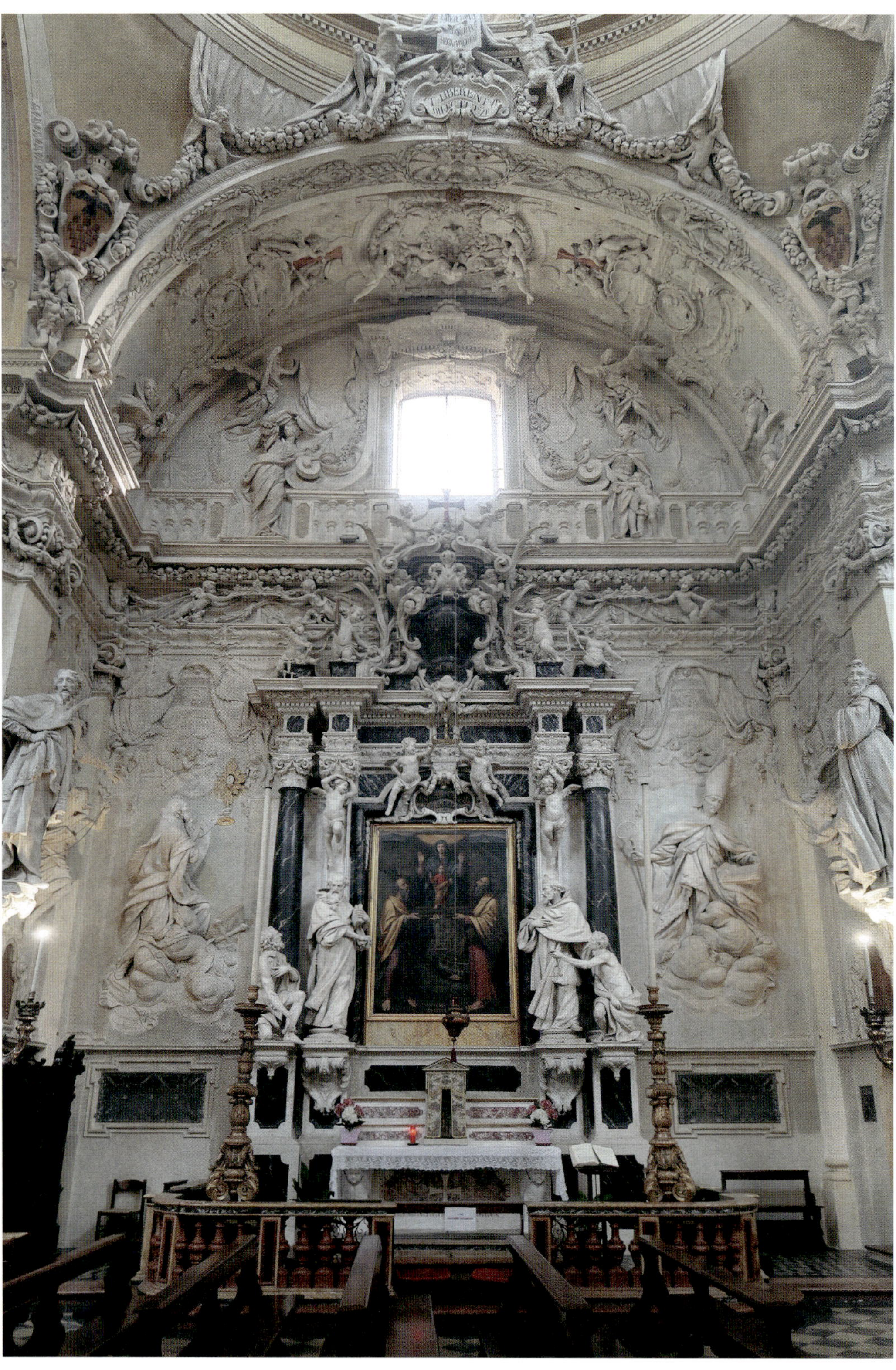

fig. 3
Leonardo e Domenico Retti, decorazioni in stucco, 1666-1669. Parma, San Vitale, cappella Beccaria.

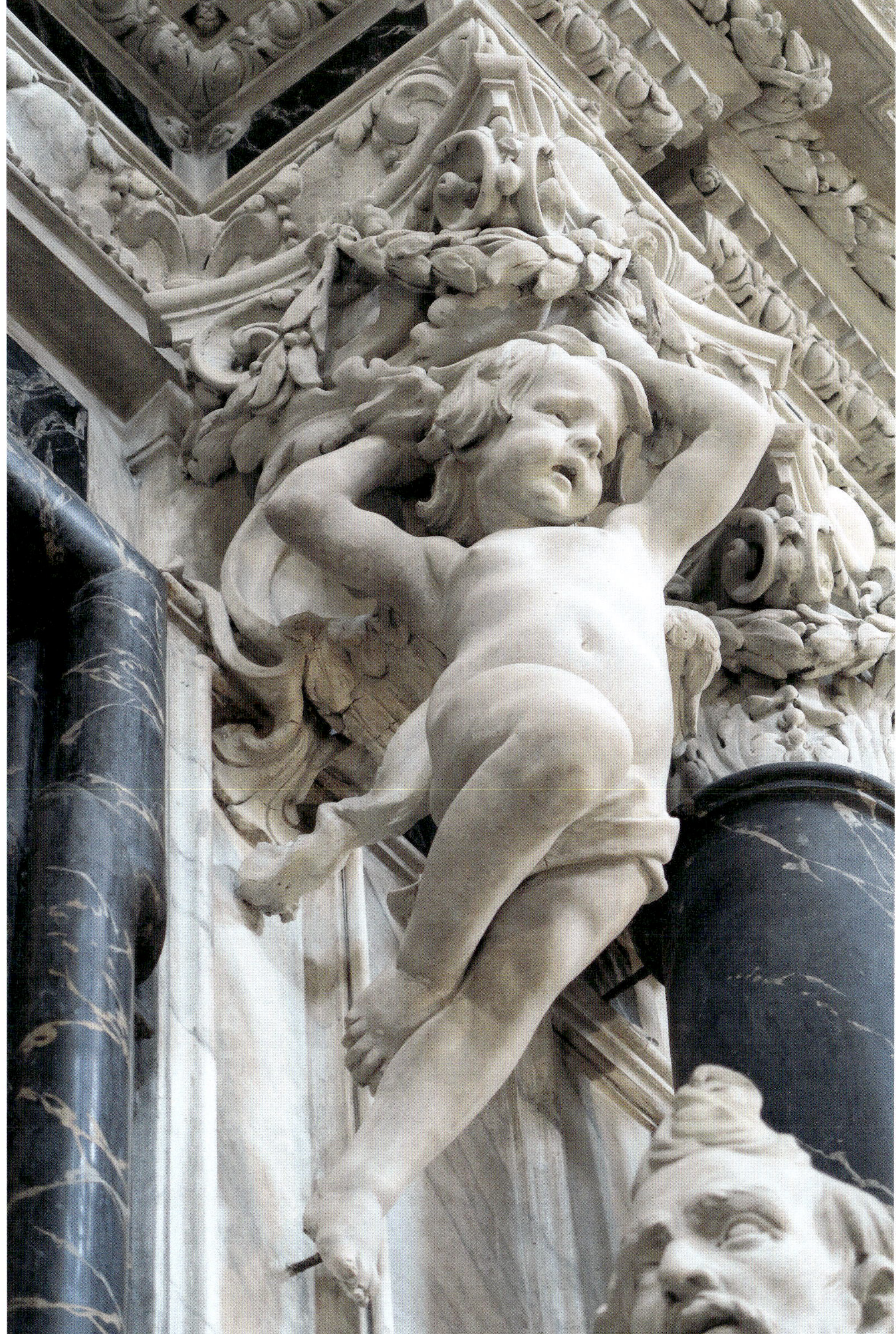

fig. 4
Leonardo e Domenico Retti, putto alato che sostiene in volo il capitello dell'altare, 1666-1669. Parma, San Vitale, cappella Beccaria.

della padronanza raggiunta nella manifattura dello stucco dai due fratelli intelvesi, declinata in tutte le sue forme dal bassorilievo, all'altorilievo al tutto tondo **(fig. 3)**.

Tra le diciotto grandi statue primeggiano i santi fondatori dell'ordine della Santissima Trinità, san Giovanni de Matha e san Felice di Valois, accompagnati da due schiavi, rispettivamente bianco e di colore, quest'ultimo definito nei tipici caratteri fisionomici, al cui riscatto l'ordine trinitario era dedito; altre ai lati dell'altare raffiguranti un vallombrosano e un vescovo, insigni membri della famiglia Beccaria. Numerose le soluzioni tecniche molto ardite adottate per la realizzazione di elementi completamente aggettanti, iniziando dai putti alati che sostengono in volo i capitelli in funzione di colonne ai lati dell'altare: essi hanno verosimilmente elementi metallici interni di sostegno, costituiti da vari chiodi, filamenti di ferro e vergelle,[18] ancorate alla parete attraverso lunghi chiodi fissati nei piedi e negli svolazzi dei perizomi **(fig. 4)**. Altro espediente tecnico virtuosistico è quello adottato nei due putti alati che sostengono la corona della Madonna di Costantinopoli e che presentano le braccia aggettanti nell'atto di reggere la corona aurea, sospesi nell'aria, ancorati evidentemente mediante un unico ferro centrale. Altri sul coronamento del timpano dell'altare si intrecciano in pose convulse mostrando i simboli della croce e delle catene dell'ordine trinitario, *vinculi* realizzati essi stessi in stucco molto sottile semplicemente plasmato sopra dei fili di ferro interni. Molto belle e antesignane degli angeli del catino absidale di Santa Marta sono le Virtù collocate nella parte superiore della cappella: la Fede che sostiene il calice dell'ostia; la Giustizia con la stadera, che sembra schernirsi togliendosi dal volto il pesante panneggio, sorretto da un angelo raffigurato nella originale postura di tergo; la Carità con due bimbi e la Speranza. Figure di stile ancora lombardo che anticipano gli stucchi di Santa Marta nelle tipiche fisionomie allungate, nella ricchezza del panneggio e nelle posture ritorte. L'esecuzione delle partiture architettoniche vede l'impiego di una profusione di elementi decorativi che nel fastigio del cornicione si ripetono, come la croce trinitaria rossa e blu, la corona, elementi iconografici dell'ordine trinitario già impiegati da Francesco Borromini come simbolici negli stucchi della cupola di San Carlino alle Quattro Fontane. Gli elementi ripetitivi dell'architrave sommitale che corre lungo tutta la cappella, eseguiti a stampo, sembrano ridursi a pochi esempi individuabili forse solo nella sottile cornice floreale che corre al di sotto della gola liscia a guisa di cordoncino. Il festone fitomorfo, che si dispiega per tutto il perimetro dell'architrave nella parte superiore del fregio, composto da fiori, frutti e ortaggi, tra cui compaiono anche rape e carciofi, non presenta elementi ripetitivi ma decorazioni modellate fuori opera e poi applicate *in situ* con elementi di ancoraggio.[19] La decorazione dell'architrave dell'altare, che presenta delle colonne in stucco finto marmo nero Portoro, mostra l'uso dello stampo a partire dall'alto, con una cornice ad astragali, seguita da una a dentelli, e da motivi floreali geometrizzanti in quella sottostante; invece il festone con foglie di lauro con olive e nastro che lo circonda presenta elementi simili ma effettivamente diversi: esso è presumibilmente realizzato non a stampo ma mediante

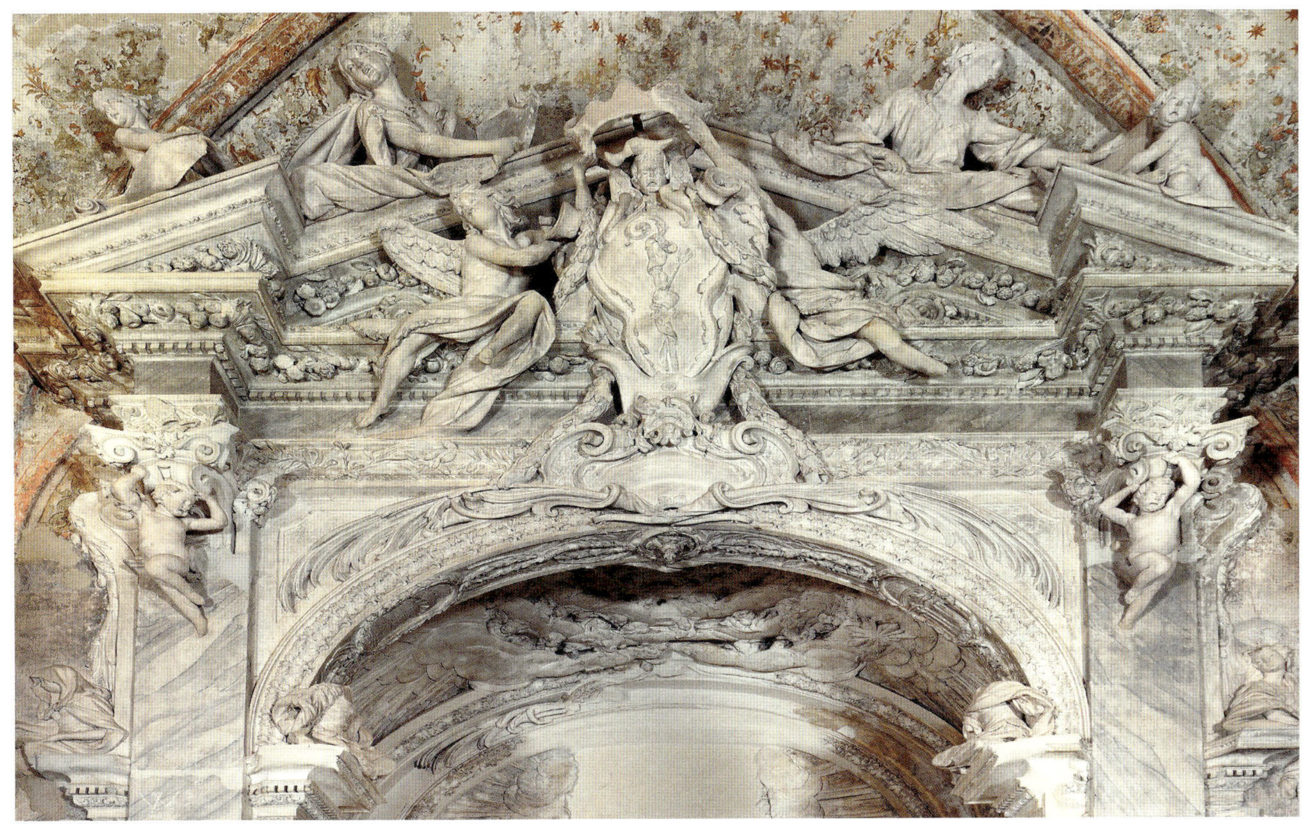

fig. 5
Leonardo Retti, decorazioni in stucco, 1671. Piacenza, San Lorenzo.

l'uso di sagome bidimensionali poi ulteriormente lavorate. I capitelli dell'altare sono corinzi con festoncini di alloro assai ricchi; quelli delle paraste ne riprendono la stessa tipologia, col festone di lauro molto più articolato che gira anche sul pilastro. Nelle scene a bassorilievo nella parte posteriore dei due santi della famiglia Beccaria i fondi vengono dipinti di ceruleo, per dare maggiore profondità prospettica allo stucco. L'uso di tendaggio e quinte sceniche è molto diffuso e sono bellissime le figure dei putti che le sostengono assumendo varie posture: uno è completamente volto di spalle e nasconde la testa sotto la tenda come se stesse giocherellando con le pesanti cortine. E lo stesso avviene nei fondi, dove vengono collocate le Virtù teologali. Tra gli elementi assolutamente aggettanti e arditi troviamo anche le due figure scheletriche con le falci del *memento mori* collocate in cima alla cappella e i gruppi di puttini che circondano lo Spirito Santo nell'intradosso dell'arcone della cappella dove nell'*oculus* con balaustre, espediente prospettico di apertura verso il cielo, schiere di cherubini si inoltrano verso la colomba. Alcuni di essi sono sospesi interamente nel vuoto con le gambine svolazzanti, mostrando l'assoluta padronanza tecnica degli artefici di quest'opera magistrale. L'imponente ornamentazione fu realizzata per un compenso pari a «180 doppie e oltre 100 ducatoni».[20]

Al 1671 risale la richiesta di pagamento per stucchi eseguiti nella seconda cappella a sinistra della chiesa di San Lorenzo a Piacenza,[21] dove ritroviamo il motivo dei putti

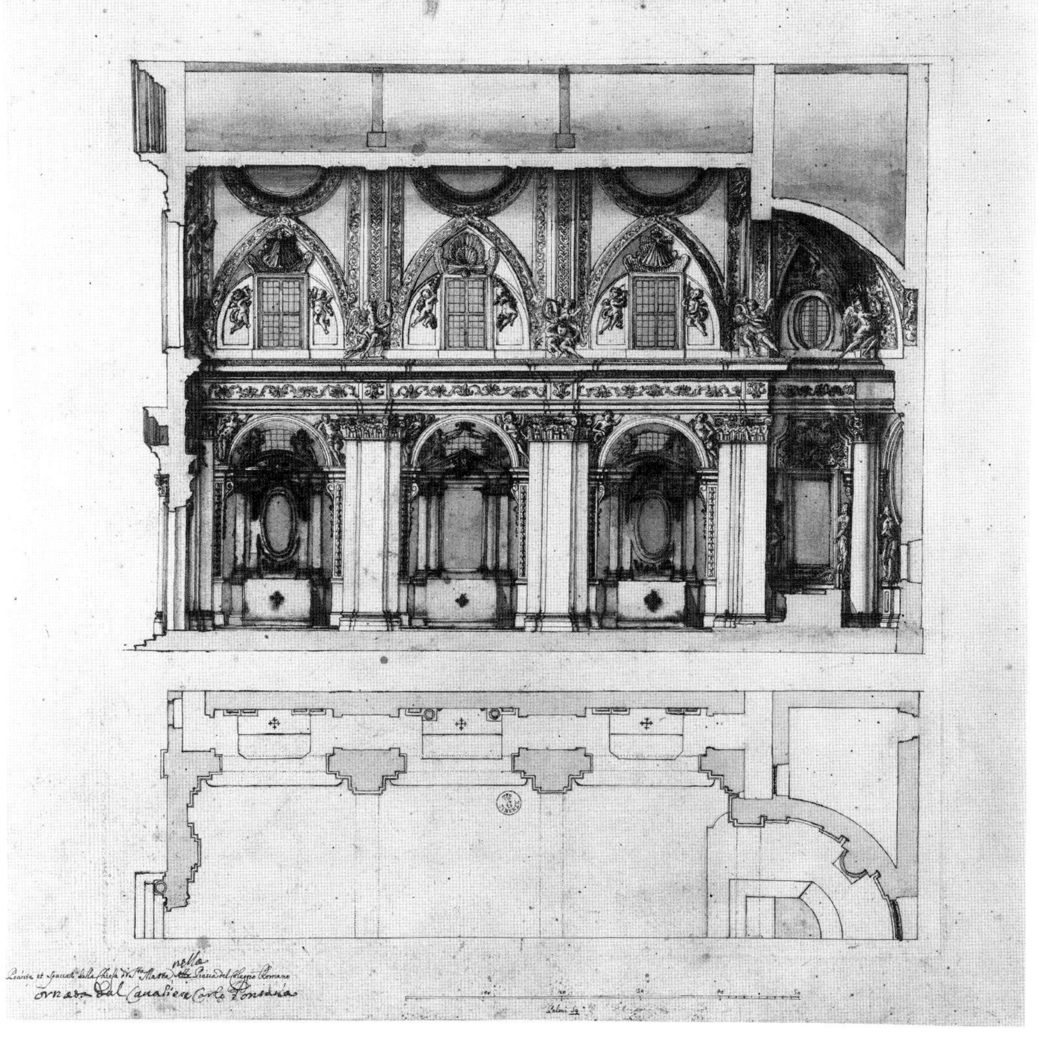

fig. 6
Domenico de' Rossi, *Pianta e sezione longitudinale della chiesa di Santa Marta al Collegio Romano*, disegno preparatorio per la stampa. Da *Studio di Architettura Civile*, III, 1721, tav. 41. Firenze, Gallerie degli Uffizi, Gabinetto dei Disegni e delle Stampe, inv. GDSU n. 359A.

alati che sostengono in volo i capitelli delle paraste, l'*oculus* dell'intradosso dell'arco con schiere di cherubini e molti altri elementi decorativi simili a quelli parmensi ma con soluzioni meno ardite e con un impianto generale meno ricco forse anche a causa delle distruzioni subite (**fig. 5**).

In questi anni Leonardo valutò l'opportunità di trasferirsi a Roma, forse su invito di Giovan Battista Gaulli, in visita a Parma nel 1669,[22] anche con la prospettiva di entrare nella bottega di Ercole Ferrata, grande maestro intelvese, presso il quale si era formato come apprendista.[23]

Gli esordi romani di Leonardo lo vedono attivo nel 1672 in palazzo Borghese, dove realizza le statue della fontana centrale del giardino e i vasi sommitali del muro perimetrale; nella chiesa di Santa Maria in Traspontina, dove realizza l'altare maggiore; nella chiesa del Gesù dal 1672 al 1676, dove collabora insieme ad Antonio Raggi alla ricca decorazione plastica, risentendo degli influssi stilistici berniniani.[24] Sono gli

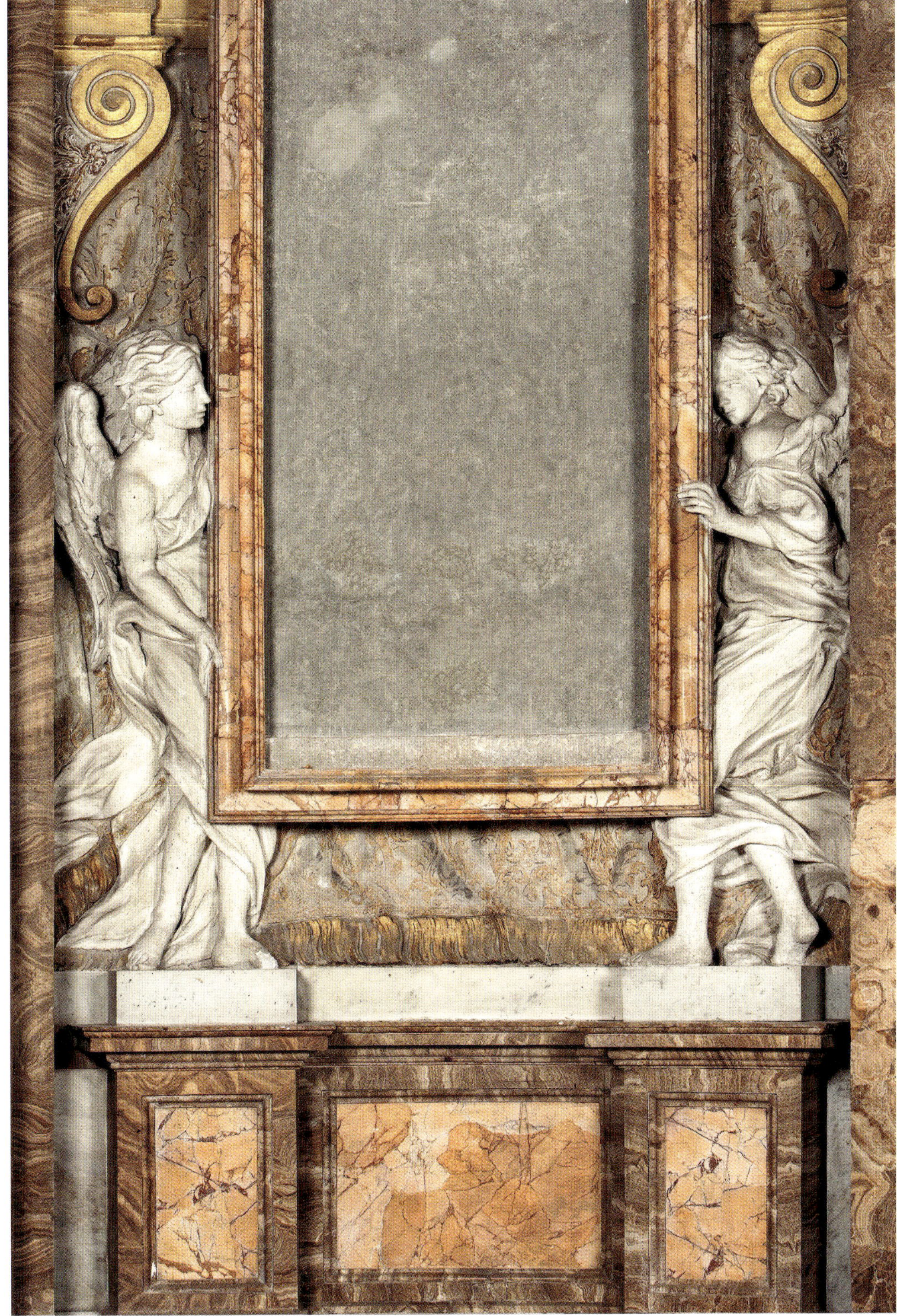

fig. 7
Leonardo Retti
con rifacimenti, *Angeli reggicornici*, 1672-1678.
Roma, Santa Marta al Collegio Romano, abside.

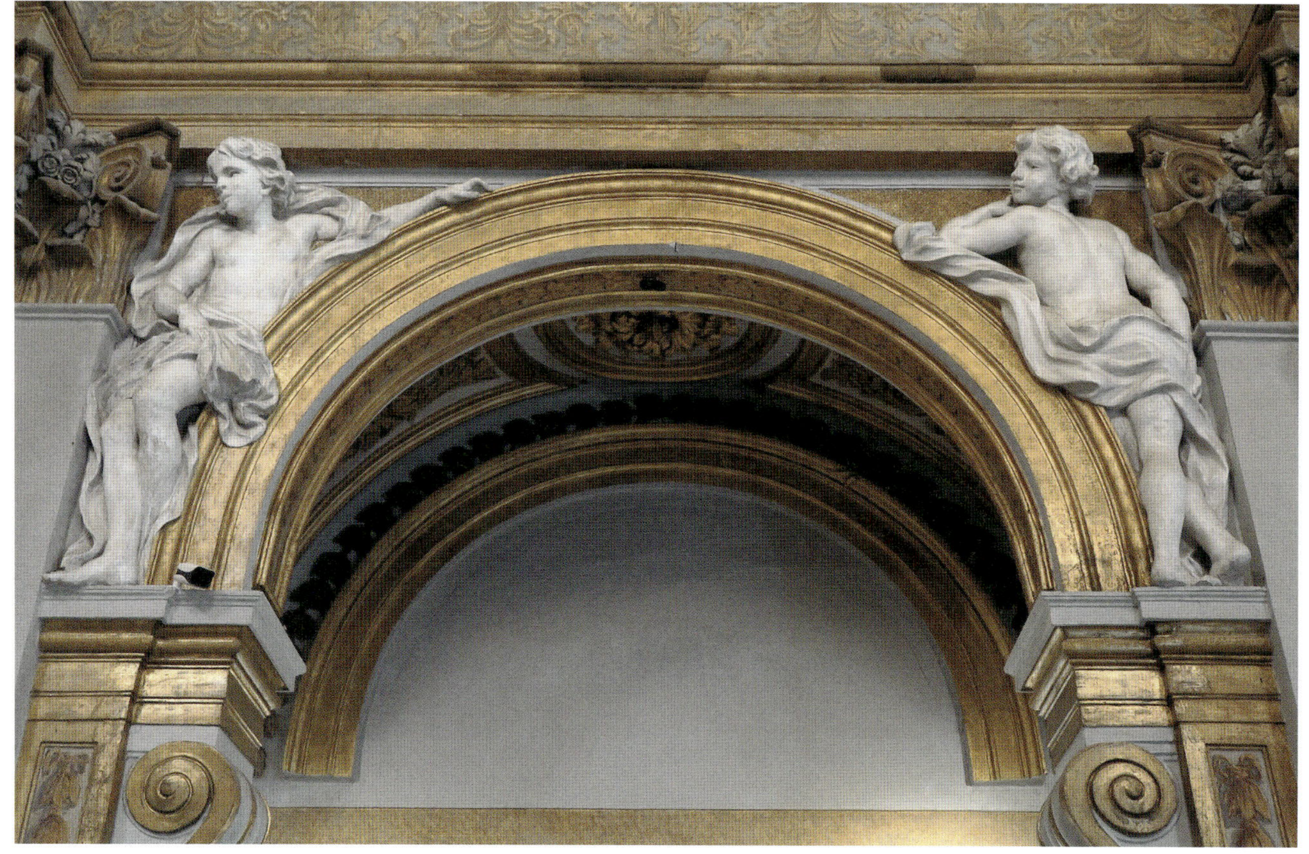

fig. 8
Leonardo Retti, *Fanciulli*, 1672-1678. Roma, Santa Marta al Collegio Romano, terza cappella a destra.

stessi anni del cantiere di Santa Marta ed è probabile che questa duplice contemporanea commessa abbia contribuito alle controversie con le agostiniane.[25]

La ricca decorazione in stucco di Santa Marta è stata danneggiata irreparabilmente a causa di funeste vicende storiche subite a partire dalla fine del Settecento e poi soprattutto tra la fine dell'Ottocento e i primi del Novecento, con cambi di destinazioni d'uso e relative distruzioni, derivanti purtroppo dal mancato riconoscimento del valore artistico delle decorazioni barocche. Sono state demolite parti del cornicione, dei mensoloni su cui impostano gli archi delle cappelle laterali, tutta la parte sinistra inferiore dell'abside, intere porzioni delle sculture in stucco, ad esempio le decapitazioni delle teste e le mutilazioni di alcuni arti degli angeli della parte absidale.

Possiamo tuttavia conoscere l'impianto compositivo della decorazione a stucco da un'incisione del 1721 di Domenico de' Rossi che mostra la sezione della navata e parte della pianta (fig. 6).[26] Le cappelle laterali erano tra loro comunicanti e avevano finestre e altari riccamente decorati con colonne, architravi e timpani ad arco di cerchio e rettilinei sui quali erano adagiati in varie pose puttini alati in stucco a tutto tondo, alcuni anche al centro del timpano. Testimone di questo impianto è la prima cappella a destra che presenta ancora gli stucchi originali dei putti con le chiavi e un volto femminile velato. Al livello superiore, nelle lunette della navata, nelle «bande»

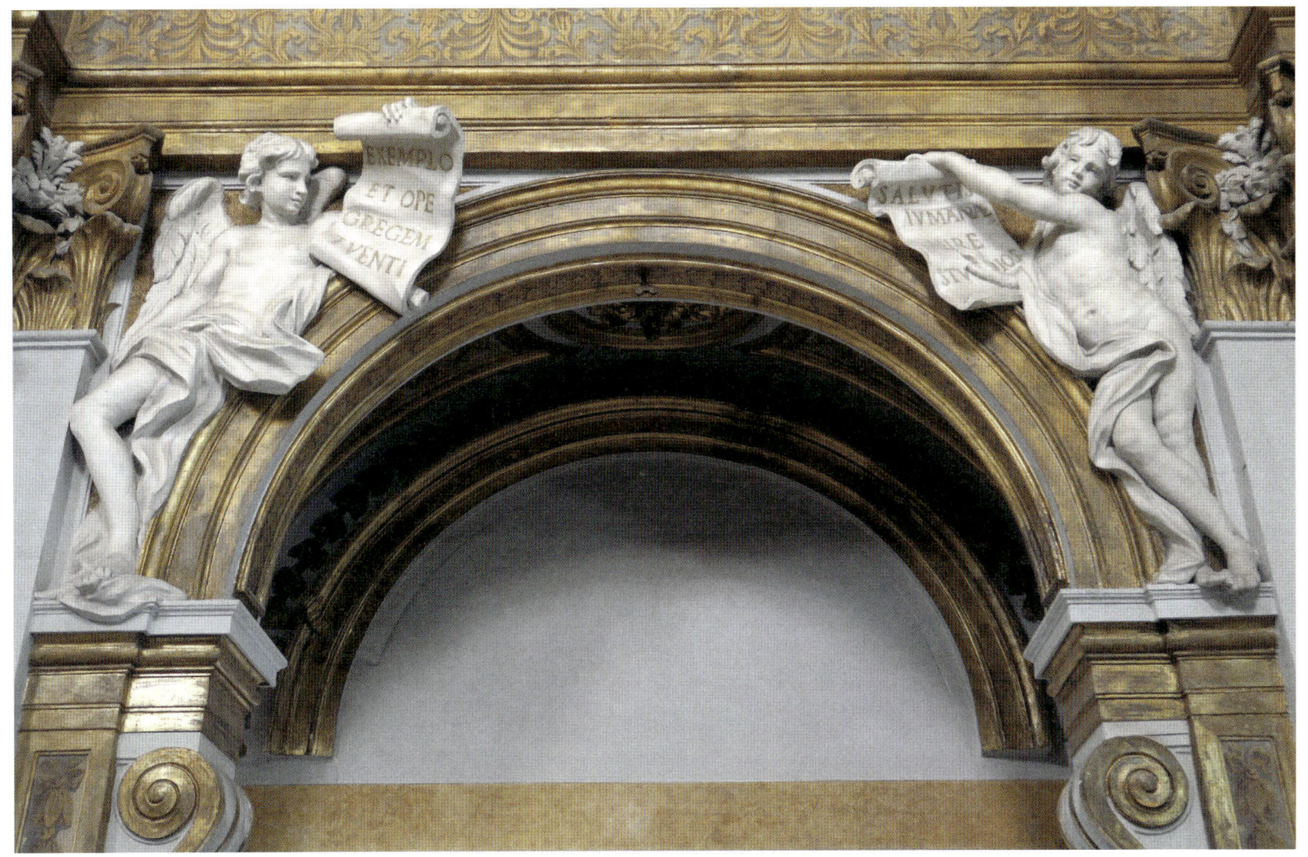

fig. 9
Leonardo Retti, *Angeli con cartigli*, 1672-1678. Roma, Santa Marta al Collegio Romano, seconda cappella a destra.

delle grandi finestre rettangolari c'erano puttini alati in altorilievo con parti aggettanti a tutto tondo colti in volo in fogge diverse. Gruppi plastici di angeli a tutto tondo, che sostenevano «otto medaglioni di stucco dorato»[27] raffiguranti santi, erano situati sopra il cornicione in corrispondenza delle paraste, scandendo le partiture delle campate, e nell'abside in corrispondenza delle colonne dell'altare centrale. Coppie di angeli sostenevano le cornici rettangolari dei dipinti degli altari laterali e la cornice ovale dell'altare maggiore con il dipinto di Jacques Cortois detto il Borgognone raffigurante *Gesù Cristo con le sante Marta e Maddalena*, ora nel convento dei Santi Quattro Coronati al Celio. Gli angeli dell'altare centrale e laterale destro sono ancora conservati, pur avendo subito, come abbiamo visto, mutilazioni di parti degli arti e delle teste, integrate con i restauri del 1962, interventi su cui torneremo in seguito. Sono figure eleganti e longilinee che paiono l'evoluzione romana delle statue parmensi di Retti dell'altare Beccaria, realizzate in uno stile più maturo che risente delle influenze di Raggi (fig. 7).

Rimangono complessivamente ben conservate le quattro coppie di fanciulli all'imposta degli archi delle cappelle della prima e della terza campata e le due coppie di angeli con grandi cartigli della campata centrale. Queste figure in altorilievo con molti particolari anatomici quasi a tutto tondo si stagliano su un fondo di stucco

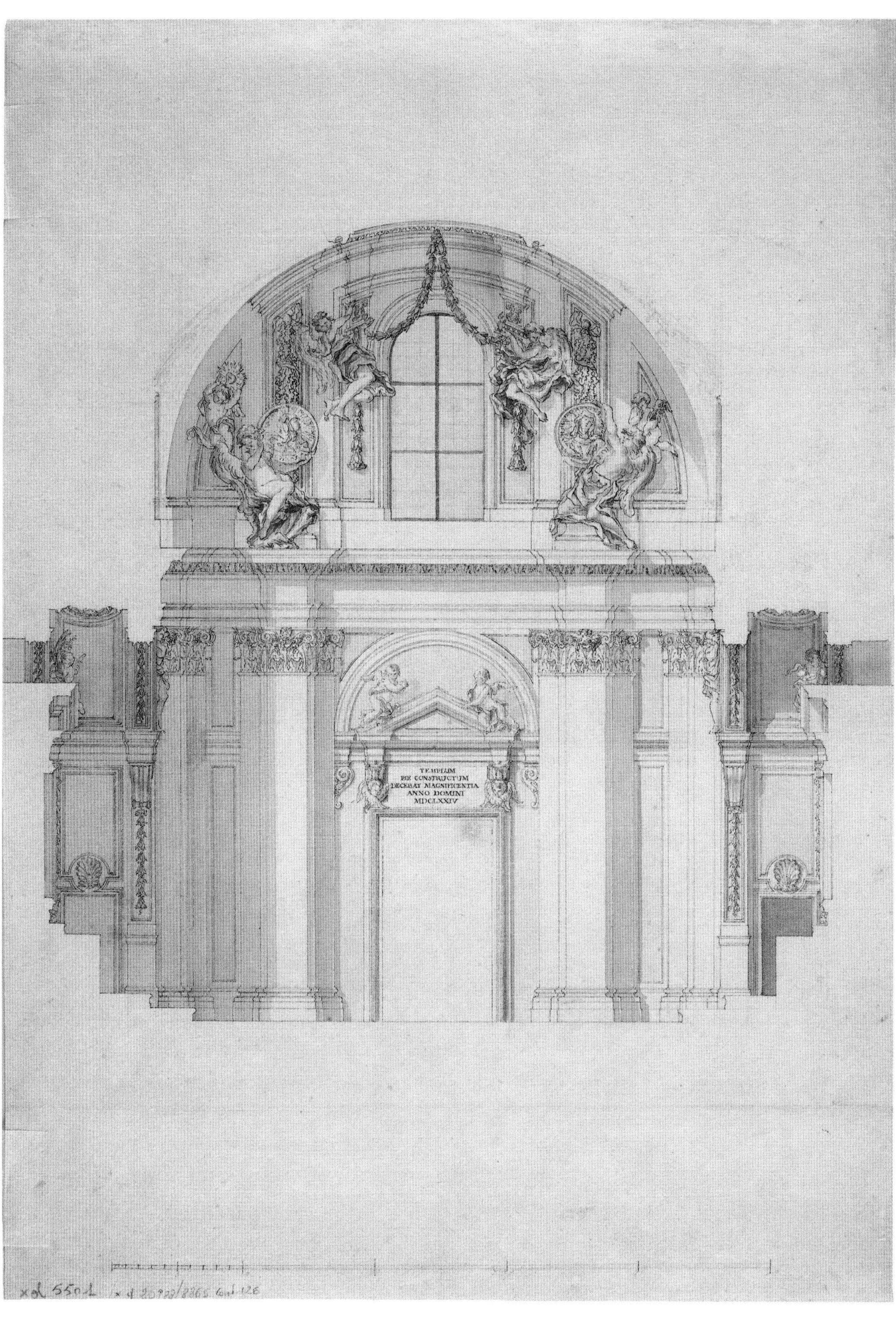

fig. 10
Girolamo Toma, *Controfacciata di Santa Marta*, 1750-1799. Roma, Museo di Roma, Gabinetto delle Stampe, inv. MR-16539-verso.

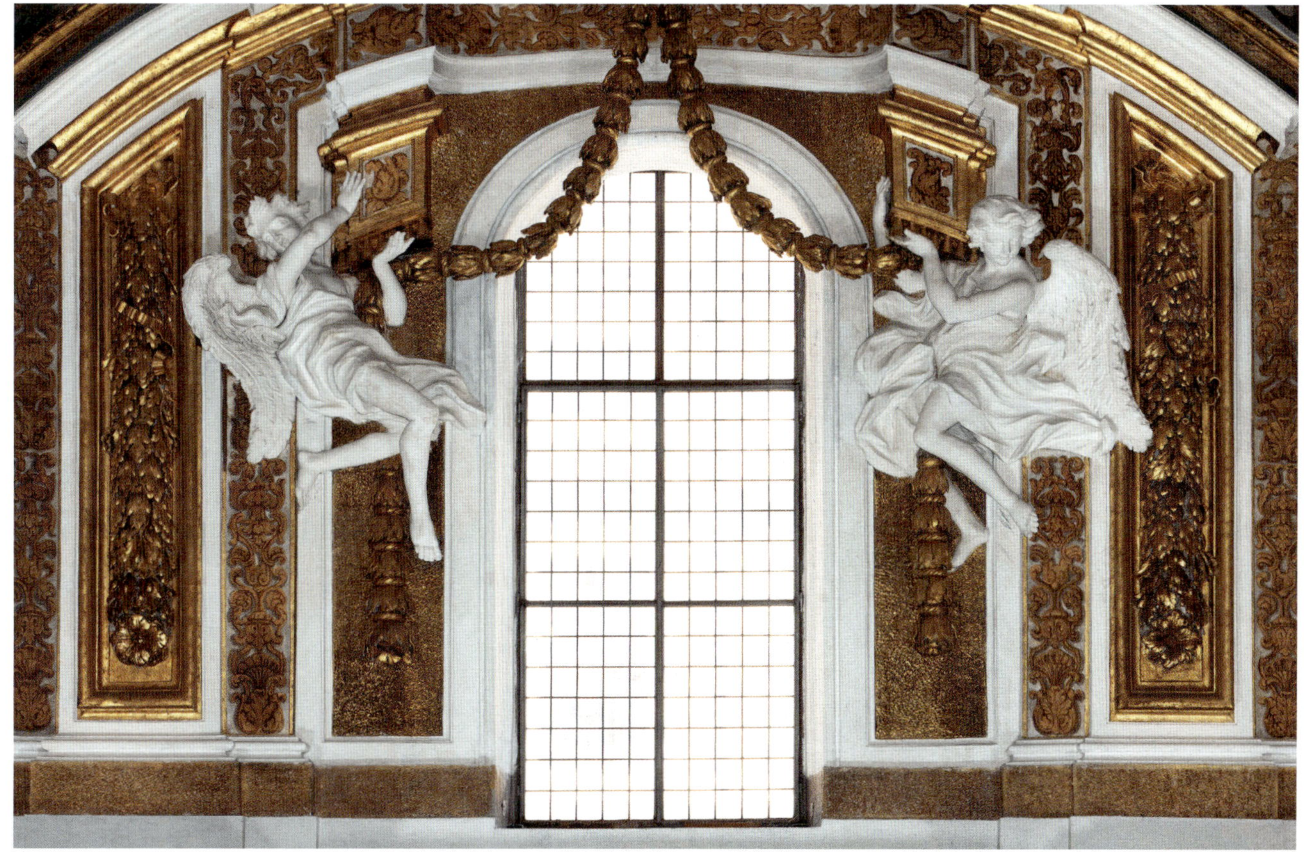

«granito»[28] e dorato ed escono dallo spazio loro assegnato articolandosi in varie pose, mollemente adagiati sugli archi, alcuni con il corpo ritorto, avvolti da panneggi svolazzanti fino alla postura di spalle di uno di essi (figg. 8-9).

fig. 11
Lorenzo Retti, Antonio Roncati, Simone Broggi, decorazioni a stucco, 1672-1678. Roma, Santa Marta al Collegio Romano, controfacciata con angeli dopo il recente restauro ICR.

L'apparato degli stucchi della controfacciata invece è documentato da un acquerello di Girolamo Toma databile tra il 1750 e il 1799 conservato nel Gabinetto comunale delle stampe del Museo di Roma,[29] già pubblicato da Hellmut Hager (fig. 10).[30] Esso raffigura la decorazione prima dell'apertura delle due finestre laterali superiori e delle due inferiori, con la distruzione degli altorilievi dei putti con fiori che chiudevano la parte laterale dell'ordine superiore e dei due gruppi plastici quasi a tutto tondo con angeli con clipei dorati raffiguranti santa Marta e sant'Agostino, sculture che si impostavano in corrispondenza delle paraste. Distrutto anche il portale d'ingresso con i due putti sul timpano e i cherubini a sei ali che sostenevano i capitelli a mo' di mensole. Sono pervenuti fino a noi, sebbene con integrazioni e rifacimenti, i due grandi angeli che si librano in volo e sostengono l'architrave sommitale intrecciandosi al bel festone di lauro (fig. 11).

Della ricca decorazione barocca rimangono nel catino absidale l'ovale in stucco dorato con putti e simboli della santa titolare, sebbene siano di rifacimento la testa e il braccio del putto che sostiene il bacile dell'acqua santa (fig. 12). In chiave dell'arco

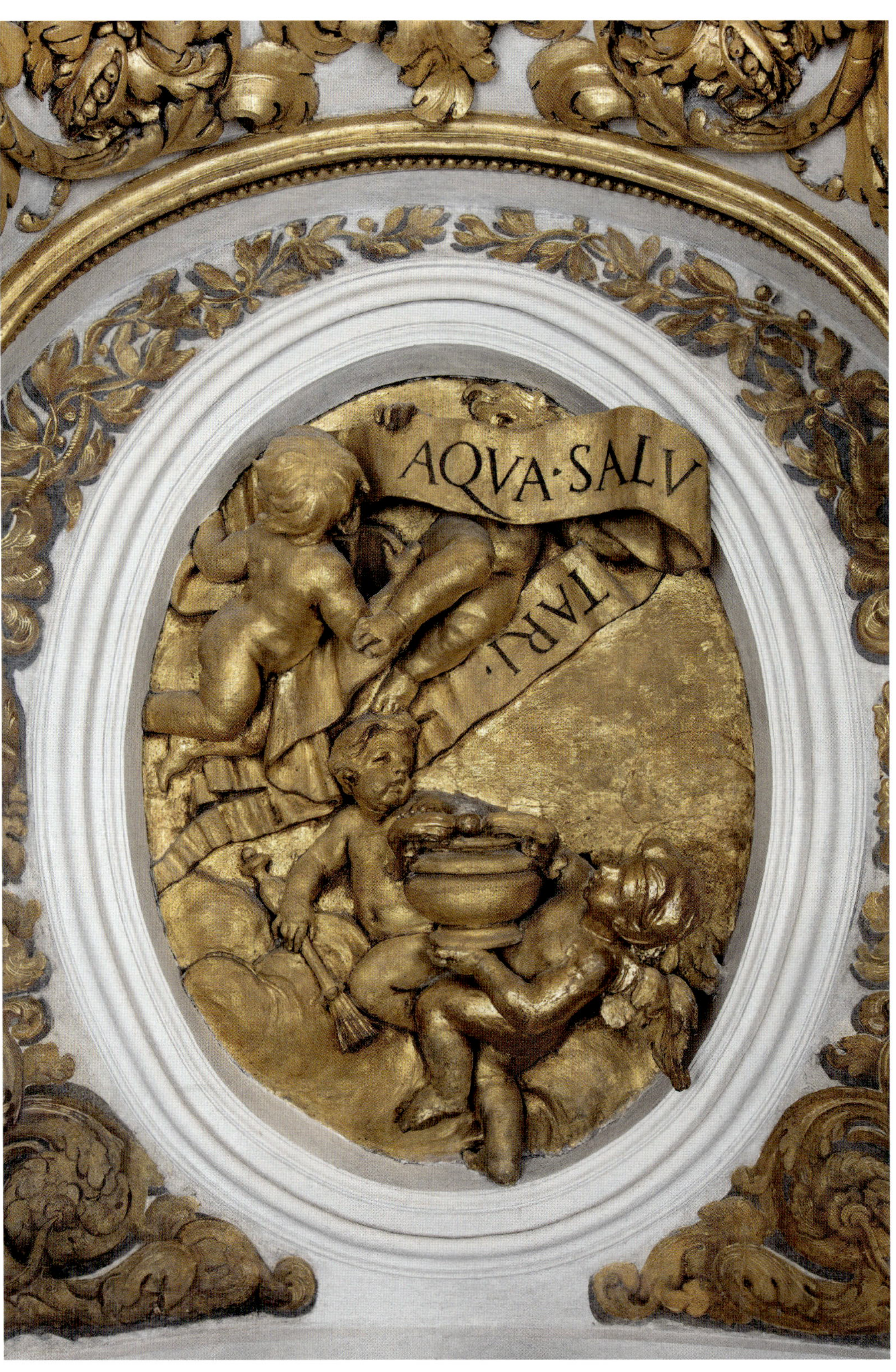

fig. 12
Antonio Roncati con rifacimenti (attr.), ovale con putti e simboli della santa, 1672-1678. Roma, Santa Marta al Collegio Romano, catino absidale.

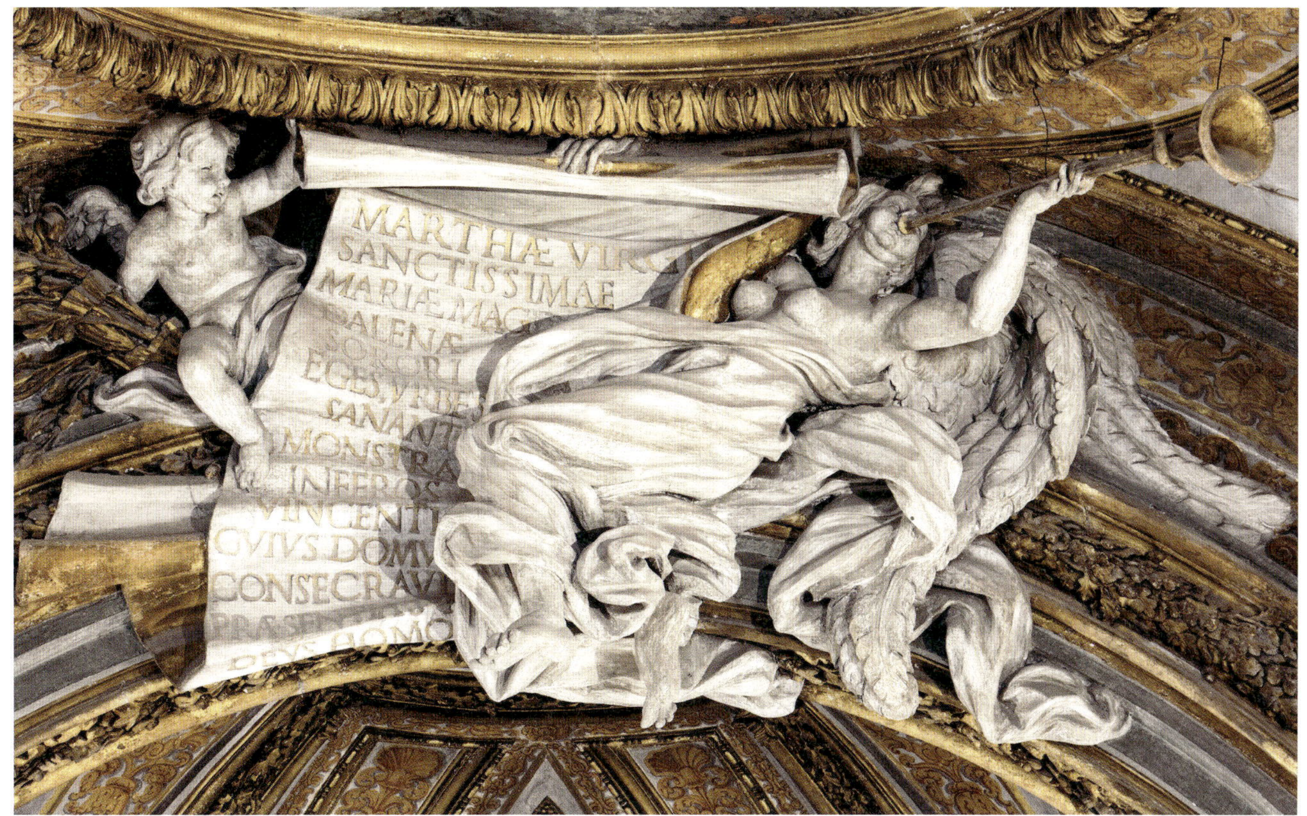

fig. 13
Leonardo Retti e Antonio Roncati, *Fama*, 1672-1678. Roma, Santa Marta al Collegio Romano, arco absidale.

absidale si libra in volo la *Fama* che suona la tuba e sorregge insieme a un putto un cartiglio con la dedicazione della chiesa (**fig. 13**).

A causa delle distruzioni operate sugli stucchi agli inizi del Novecento e per gli interventi integrativi eseguiti sugli angeli nel restauro del 1962,[31] molti studiosi hanno rinunciato ad attribuire la paternità degli stucchi all'uno oppure all'altro stuccatore, o a precisare la figura e il ruolo di Roncati in Santa Marta, relegando quest'ultimo a misconosciuto collaboratore del maestro Retti.[32] Del resto i documenti non aiutano: il contratto del dicembre del 1672, i pagamenti scalati tra il 1677 e il 1678, i contenziosi tra le agostiniane e i due stuccatori, l'atto conclusivo del 1681 con il saldo finale solo a Retti e la condanna al pagamento delle spese processuali a Roncati.[33] Le controversie sorsero per cause economiche, secondo alcuni studiosi, a causa del fatto che Roncati non avesse eseguito integralmente la sua parte di lavoro e che Retti avesse preteso un supplemento per il lavoro fatto in luogo del suo compagno,[34] oppure, secondo altri, per aver percepito somme dovute a Retti, ritenendo che spettassero a lui ben più attivo nel cantiere rispetto all'intelvese, contemporaneamente impegnato nella chiesa del Gesù.[35] In ogni caso le notizie desunte dalle liti non aiutano nella attribuzione delle parti eseguite da ciascun plasticatore, né si può sapere se la manifattura degli stucchi fosse divisa individualmente per zone o per generi.[36]

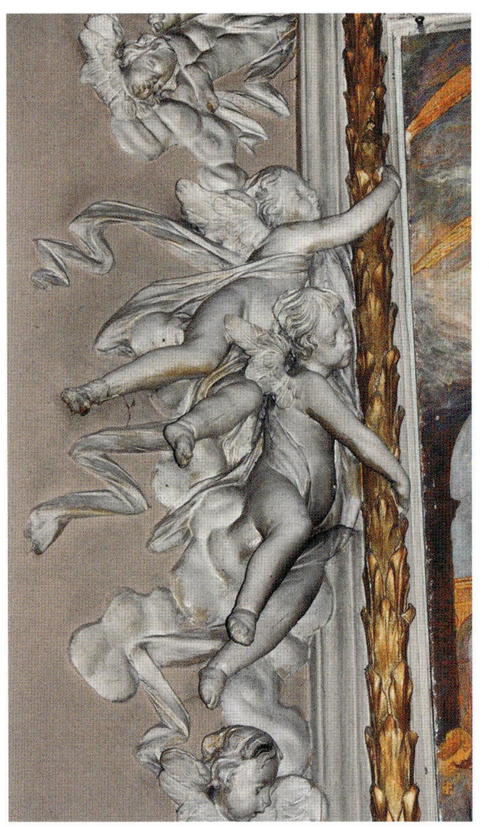

fig. 14
Antonio Roncati, *Putti reggicornice*, 1681-1685, 1693. Domodossola, chiesa del Sacro Monte.

Recentemente la figura di Antonio Roncati, per lungo tempo sconosciuta agli studiosi, e l'attività di stuccatore condotta con i due figli, Carlo Giorgio e Marsilio, sono state finalmente messe in luce, anche in relazione al loro linguaggio, aggiornato sugli esempi dei grandi cantieri romani della seconda metà del Seicento.[37] La relazione di parentela dello stuccatore con Carlo Fontana è forse stata motivo del coinvolgimento nella decorazione plastica di Santa Marta al fianco di Retti. Antonio, infatti, era il cognato di Carlo, avendo sposato sua sorella Costanza Fontana.[38]

A Roma Roncati dovette maturare una conoscenza diretta dell'ambiente berniniano e in particolare dell'opera di Raggi, anche attraverso lo stesso Retti che operava con lui nella chiesa del Gesù; influenze che porta con sé nei lavori al rientro in patria come nel palazzo Borromeo all'Isola Bella, nelle sale del Trono e delle Medaglie,[39] commissione anche questa avuta nel 1679 attraverso il cognato. Sono stati recentemente attribuiti ad Antonio e ai figli le decorazioni in stucco delle navate nella chiesa parrocchiale di Meride[40] e i gruppi di putti e cherubini della chiesa del Sacro Monte di Domodossola, che Roncati esegue a più riprese, tra il 1681 e il 1685 e nel 1693 (**fig. 14**).[41]

In tutti questi casi sono rilevabili particolari e incisivi tratti fisionomici nei putti, che li rendono facilmente riconoscibili: «una capigliatura mossa, colta da un soffio di vento, incornicia un volto allungato, connotato da un mento appuntito e da un profilo del naso all'insù».[42]

Sulla fine del secolo gli vengono attribuiti, a Friburgo, gli stucchi del castello della Poya e del palazzo di città di proprietà di François Philippe de Lanthen-Heid, dove nella caminiera troviamo putti reggiscudo con analoghi tratti fisionomici (**fig. 15**).[43]

Questi putti discendono stilisticamente da quelli di Santa Marta ancora osservabili sul timpano della prima cappella a destra, unica non manomessa nella parte alta dalle distruzioni dei primi del Novecento, dove potremmo ravvisare l'opera di Roncati nel putto con la chiave e i capelli mossi in avanti dal vento, zigomi pronunciati, mento puntuto e naso all'insù (**fig. 16**). Anche il putto di destra a cui manca una mano appartiene allo stesso tipo fisionomico (**fig. 17**). Purtroppo, tutte le altre decorazioni delle cappelle interne sono andate perdute come pure i putti delle lunette della navata, ai lati delle finestre rettangolari.

I quattro angioletti dell'ovale absidale presentano le stesse caratteristiche stilistiche: il putto con l'aspersorio e capigliatura in avanti è molto simile a quello con la chiave della prima cappella a destra e anche il volto poco visibile dal basso dell'angelo che sorregge la scritta AQUA SALVTARI appare molto somigliante a quelli di Domodossola e Friburgo (**fig. 12**).

A questo punto, dopo aver riconosciuto lo stile di Roncati e ipotizzato il suo intervento nei suddetti putti di Santa Marta, la prosecuzione dei lavori di restauro nella ex chiesa aprirà nuovi scenari sul *modus operandi* dei due stuccatori e consentirà di formulare ipotesi sugli stucchi della navata e dell'arco absidale attribuibili a Retti o a Roncati.

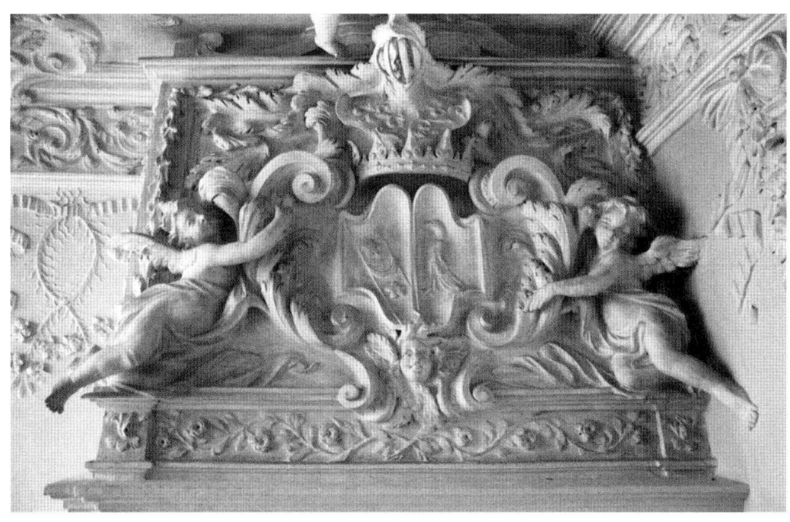

fig. 15
Antonio Roncati (e figli), caminiera con putti reggiscudo, fine del XVII secolo. Friburgo, palazzo di François Philippe de Lanthen-Heid.

Infatti, la progettazione e l'esecuzione degli interventi conservativi necessari al recupero delle superfici decorate della controfacciata e dei fanciulli degli archi della prima campata, eseguiti dall'Istituto Centrale per il Restauro tra il 2019 e il 2022, hanno costituito il «cantiere pilota» che ha permesso di mettere a punto le metodologie operative e i protocolli applicativi più idonei al restauro dell'intera chiesa, che si intende proseguire nei prossimi anni.[44] Le complesse fasi di rimozione delle tinteggiature manutentive riassunte nel cosiddetto «descialbo» e la pulitura dei depositi coerenti hanno letteralmente riportato in luce le superfici originarie di stucco bianco e dorato, consentendo il recupero dell'originale cromia degli impasti degli stucchi obliterati da strati grigi e della luminosità degli stucchi dorati a lamina aurea (**fig. 18**).

Ciò ha permesso di rileggere sulle finiture originarie i segni della lavorazione, di studiare le tecniche esecutive e di caratterizzare con indagini scientifiche i materiali costitutivi originali e di restauro, mediante sezioni lucide stratigrafiche, osservate al microscopio ottico (MO) in luce visibile e ultravioletta e in microscopia elettronica a scansione con microanalisi di raggi X in dispersione di energia (SEM-EDS) e indagini diffrattometriche ai raggi X.[45]

I rifacimenti relativi agli interventi storici sono stati oggetto anch'essi di operazioni conservative e di presentazione estetica con l'intento progettuale di restituire leggibilità e unità alla fase originaria barocca della chiesa, pur lasciando visibili gli esiti delle fasi storiche di manomissione dell'apparato architettonico e di successivo ripristino.

Lo studio dei magisteri tecnici di stuccatori e indoratori aggiunge nuovi dati per la conoscenza dell'organizzazione del lavoro nel cantiere barocco; dal punto di vista del riconoscimento dei materiali impiegati, entrambi gli stuccatori adottano la tecnica dello «stucco romano» riscoperta secondo Giorgio Vasari da Giovanni da Udine[46] e ampiamente usata nei cantieri romani tra età della maniera e barocco, anche da maestranze di provenienza lombarda e dalla regione dei Laghi.[47]

La manifattura degli stucchi di Santa Marta prevede la messa in opera di strutture di ancoraggio metalliche ottenute con grossi chiodi a testa tonda, «vergelle», strutture

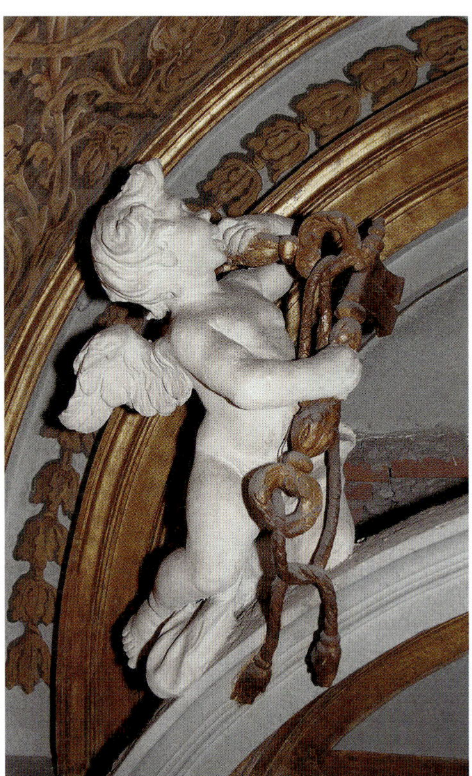

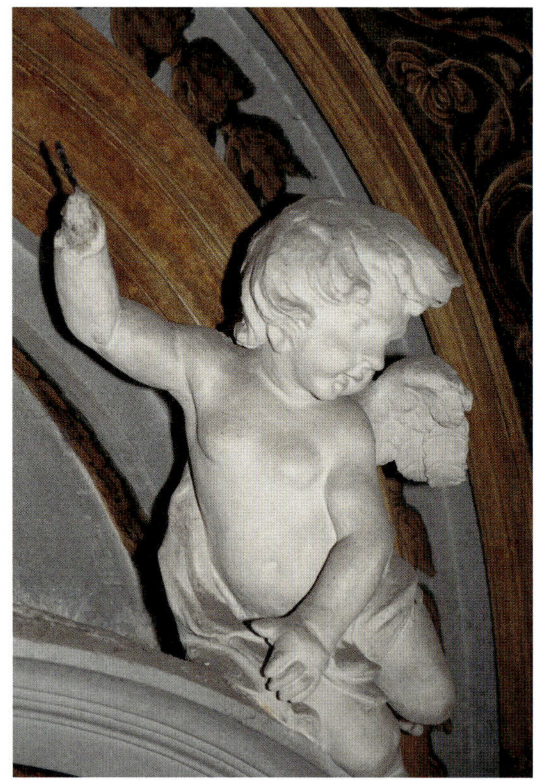

fig. 16
Antonio Roncati (attr.), *Putto con chiavi*, 1672-1678. Roma, Santa Marta al Collegio Romano, prima cappella a destra.

fig. 17
Antonio Roncati (attr.), *Putto*, 1672-1678. Roma, Santa Marta al Collegio Romano, prima cappella a destra.

di supporto in laterizio, abbozzi della forma e strati preparatori con pozzolana romana e grassello di calce calcica, strati di finitura dello stucco con medesimo grassello e polvere di marmo e calcite spatica, mostrando un'estrema capacità di adattamento ai materiali e alle tecniche locali di cui Retti e Roncati divengono abili artefici (fig. 19). Infatti, in luogo del gesso e della calce magnesiaca come leganti e della sabbia silicatica o polvere di calcare come aggregati, materiali usati in varie proporzioni e mescole negli impasti dello stucco in Ticino e in Italia settentrionale, nella decorazione della chiesa agostiniana entrambi i plasticatori impiegano materiali della tradizione romana, in maniera indistinta tra loro. Anche il capomastro lombardo Brogi si adegua a essi nelle modanature architettoniche e negli stucchi delle conchiglie.

Gli strati di finitura venivano applicati su strati preparatori ancora umidi affinché la materia fosse nel suo insieme plasmabile e assecondasse l'ideazione del maestro, e al contempo favorisse la presa solidale delle stesure successive. L'impiego della pozzolana rendeva gli impasti idraulici in grado di carbonatare anche in assenza di aria e per spessori notevoli.

Il gesso negli stucchi di Santa Marta è utilizzato solo in alcuni casi come abbozzo della forma per malte a pronta presa, come all'interno delle foglie d'acanto dei capitelli, e in analogia possiamo supporre il suo impiego da solo o come additivo della calce all'interno dei nuclei necessari ad abbozzare la forma e ottenere una presa rapida nel caso di elementi in aggetto. Questo espediente tecnico è stato riscontrato

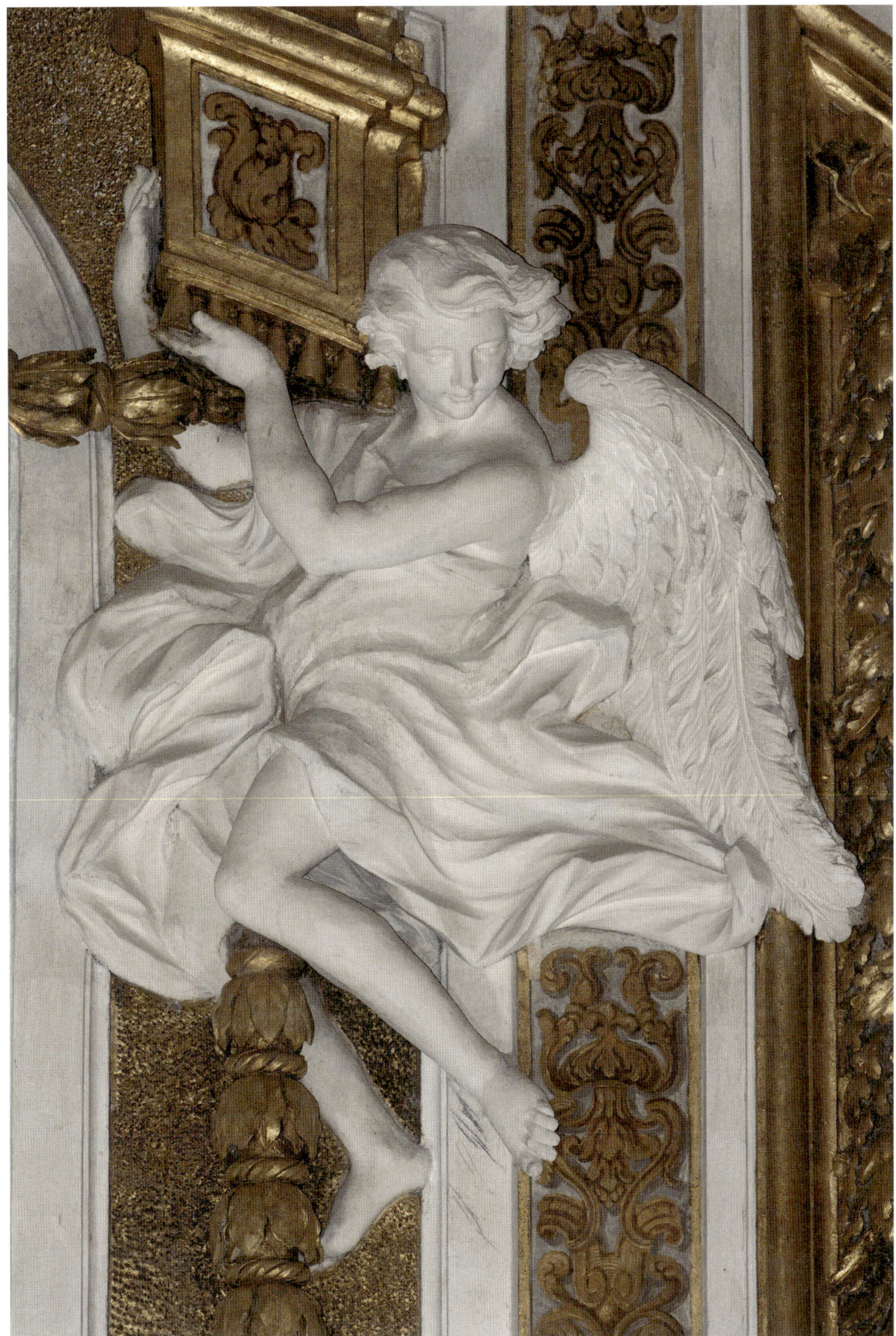

fig. 18
Leonardo Retti, *Angelo che sorregge l'architrave*, 1672-1678. Roma, Santa Marta al Collegio Romano, controfacciata.

fig. 19
Leonardo Retti, particolare delle stesure preparatorie pozzolaniche e di finitura in stucco romano dell'angelo di sinistra, 1672-1678. Roma, Santa Marta al Collegio Romano, controfacciata.

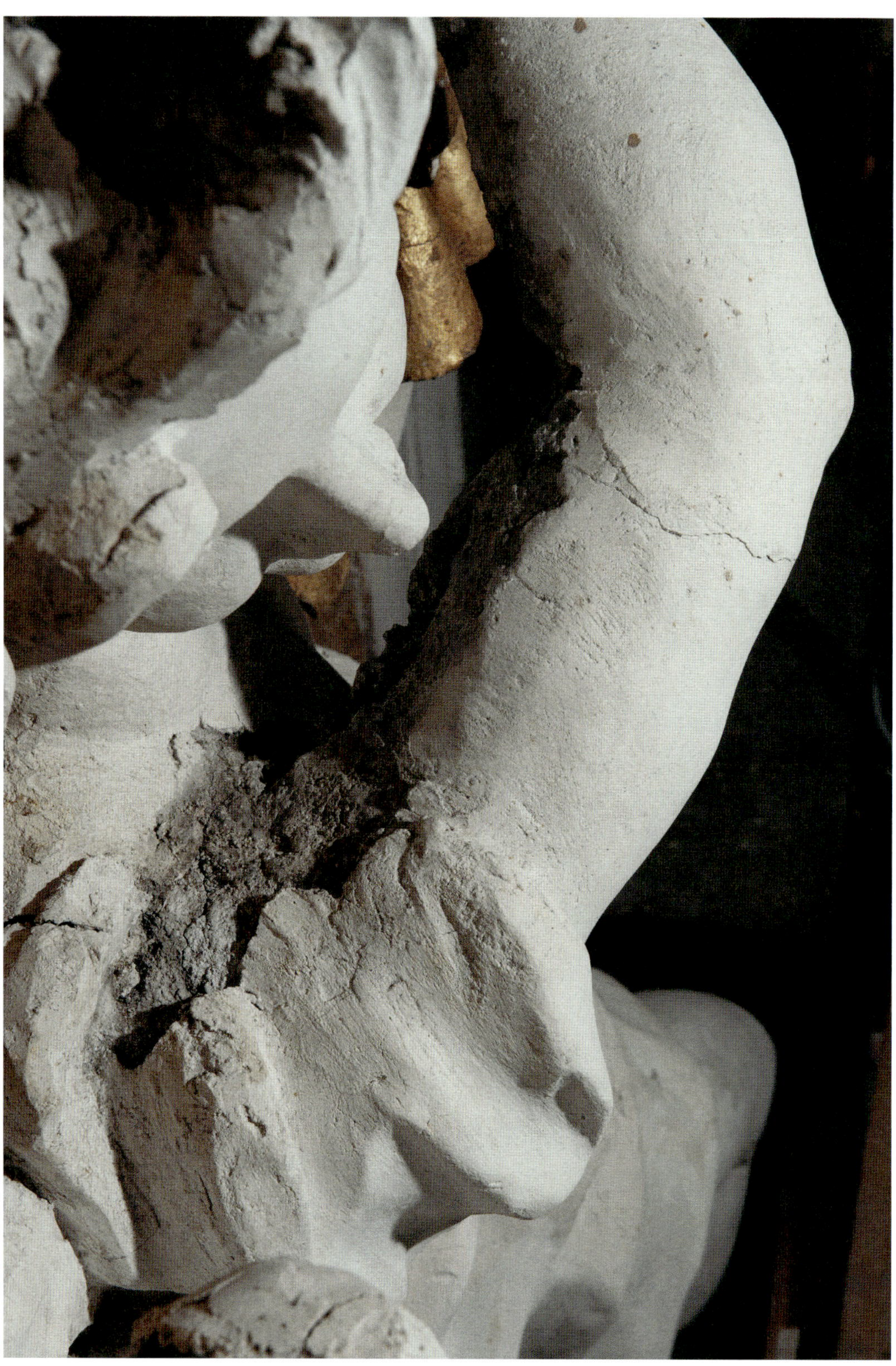

in molti cantieri del barocco romano, dove è impiegata la tecnica dello «stucco romano all'antica» e dove la malta gessosa era usata solo per bloccare gli elementi metallici o lignei sospesi e proseguire con la consueta lavorazione degli strati preparatori con impasti più a lungo plasmabili (fig. 20).[48]

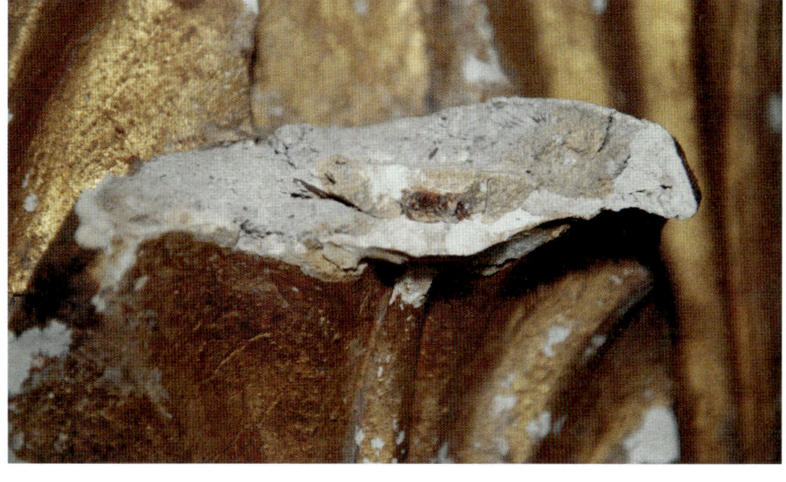

fig. 20
Foglia d'acanto del capitello corinzio (particolare di una mancanza in cui sono visibili l'elemento metallico, l'abbozzo della forma in gesso, lo strato di corpo in malta pozzolanica, lo strato di finitura in stucco di calce e polvere di marmo e la doratura a missione con lamina aurea), 1672-1678. Roma, Santa Marta al Collegio Romano, controfacciata.

Terminata la manifattura dei rilievi architettonici dal capomastro muratore, e di quelli plastici dagli stuccatori, coadiuvati da collaboratori e garzoni, le opere presumibilmente venivano lasciate stagionare.[49] La reazione chimica della carbonatazione porterà il legante degli impasti a trasformarsi a contatto della anidride carbonica dell'aria da idrossido di calcio a carbonato di calcio, con la perdita della basicità della calce e il passaggio dello stucco a valori di pH attorno alla neutralità. Dopo la completa asciugatura e stagionatura degli stucchi seguiva il lavoro dell'«indoratore». Sullo stucco veniva steso uno strato preparatorio a base di ocra gialla e colla animale che aveva il triplice scopo di indicare le zone da dorare, di creare una prima campitura tonalizzata e di rendere la superficie dello stucco meno porosa; su di essa veniva stesa la «missione» o «mordente»: una mistura adesiva oleoresinosa contenente ocra e pigmenti siccativi a base di piombo, nel nostro caso biacca, che aveva la capacità di far aderire la lamina aurea alla superficie dello stucco. La foglia d'oro era fornita dai «battiloro», che la preparavano in lamine sottilissime attraverso la progressiva battitura del metallo tra due strati di pelli.

Tra le caratteristiche tecniche riscontrate sugli stucchi dorati di Santa Marta osserviamo la singolare diffusione dell'applicazione della lamina aurea anche in parti delle decorazioni plastiche non visibili dal basso, particolarità che denota la ricchezza delle committenti agostiniane. Infatti, nei capitolati seicenteschi si raccomanda l'applicazione dell'oro solo nelle parti degli stucchi visibili dal basso, minacciando il mancato pagamento delle dorature applicate in zone nascoste.[50]

1 La presente ricerca prende l'avvio da un cantiere didattico dell'Istituto Centrale per il Restauro condotto su tutte le decorazioni plastiche della controfacciata e sui fanciulli degli archi della prima campata.

2 H. Hager, *L'intervento di Carlo Fontana per le chiese dei monasteri di Santa Marta e Santa Margherita in Trastevere*, «Commentari. Rivista di critica e storia dell'arte», XXV, 1974, pp. 225-241.

3 A.M. Campofredano, *La fabbrica: anamnesi degli interventi* in A.M. Campofredano, R. Luciani, F. Astolfi, *Santa Marta al Collegio Romano*, Tivoli, 2003, p. 14.

4 Hellmut Hager ritiene che la paternità dei disegni sia da attribuire a Fontana, Hager, *L'intervento* cit., p. 240; viceversa Maria Vittoria Brugnoli attribuisce i disegni degli angeli della tribuna a Gaulli: cfr. M.V. Brugnoli, *Contributi a Giovanni Battista Gaulli*, «Bollettino d'arte», s. IV, XXXIV, 1949, pp. 225-239. Un documento di pagamento del 15 novembre 1678 a Retti cita «per lavori di scultura architettura e disegni», Archivio Segreto Vaticano (da questo momento ASV), Santa Marta, b. 221.

5 Archivio di Stato di Roma (da questo momento ASR), Ordini Religiosi Femminili, Camerale III, vol. 3833, Entrate ed Uscite (Anni 1669-1675), entrate 1676, fol. 1.

6 R. Albertazzi, *La chiesa di Santa Marta al Collegio Romano*, in R. Albertazzi, G.E. Viola, *Due itinerari artistici romani*, Roma, 2010, pp. 54-55. ASR, *Istromento Notai Capitolini*, Ufficio 30, Notaio G.M. Antonetti, 23 dicembre 1681.

7 C. Giovannone, *Stuccatori ticinesi e barocco romano: Giuseppe Bernascone e soci nel cantiere borrominiano di San Carlino alle Quattro Fontane. Rilettura tecnica delle fonti documentarie*, in A. Felici, G. Jean (a cura di), *Stucchi e stuccatori ticinesi tra XVI e XVIII secolo Studi e ricerche per la conservazione*, Firenze, 2020, pp. 95-118.

8 Y. Strozzieri, *Il progetto di Orazio Torriani per la cappella del Santo Crocifisso in S. Andrea della Valle*, «Palladio», 52, 2013, pp. 59-76, p. 73 nota 47.

9 ASV, Santa Marta, b. 17; Simone Brogi, 1678 conto dei lavori fatti per il rifacimento della chiesa.

10 I modani detti anche modini o modeni erano elementi lignei foderati di lamina metallica (latta) con sagome in negativo rispetto alla forma da realizzare, che venivano vincolati ad apposite guide dette «marciamodini», per eseguire cornici e modanature lisce.

11 Giovannone, *Stuccatori* cit., p. 117.

12 R. Luciani, *Architettura e decorazioni*, in Campofredano, Luciani, Astolfi, *Santa Marta* cit., p. 22. Per le dorature Vincenzo Corallo compare nei documenti di pagamento cfr. ASV, Santa Marta, b. 147.

13 M. Tabarrini, *Le maestranze del cantiere di San Carlino*, in P. Portoghesi, *Storia di San Carlino alle Quattro Fontane*, Roma, 2001, pp. 204-205.

14 P. Donati, *Descrizione del gran teatro farnesiano di Parma e notizie storiche sul medesimo*, Parma, 1817, p. 35.

15 In realtà nei pagamenti si citano solo le statue equestri dei duchi Alessandro e Ottavio Farnese, ma riteniamo che Luca con i fratelli Davide e Giambattista sia l'artefice di tutte le sessanta statue di figure allegoriche che decoravano il teatro; cfr. E. Riccomini, *Ordine e vaghezza. Scultura in Emilia nell'età barocca*, Bologna, 1972.

16 E. Riccomini, *Beccariae gentis monumenta*, un apice della decorazione in Emilia, «Paragone», 263, 1972, pp. 77-89.

17 *Ibidem*.

18 «Vergelle» o «verzelle» sono delle barre metalliche in ferro forgiate a mano con una martellatura alternata in modo tale da renderle flessibili e al tempo stesso rigide. Tale lavorazione agevolava l'applicazione di fibre come la canapa che veniva ritorta attorno a esse per una migliore adesione delle malte degli strati di abbozzo e per la protezione del ferro.

19 Si tratta di elementi non ripetitivi plasmati singolarmente e direttamente dagli stuccatori fuori opera (cioè al banco a terra o sui ponteggi), in una posizione tale da consentirne una lavorazione quasi a tutto tondo più agevole e speditiva, essendo modellati al di fuori del poco spazio in cui vengono successivamente collocati ancora umidi per favorirne la presa *in situ*.

20 F. Barocelli, *Il monumento di Leonardo e Domenico Reti. "Beccariae gentis imagines"*, in F. Baroncelli (a cura di), *La Chiesa di San Vitale. Il monumento ritrovato*, Milano, 2005, p. 44.

21 Riccomini, *Beccariae gentis* cit., pp. 77-89.

22 J. Curzietti, *Giovan Battista Gaulli. La decorazione della chiesa del SS. Nome di Gesù*, Roma, 2011, p. 53.

23 L. Montalto, *Ercole Ferrata e le vicende litigiose del bassorilievo di Sant'Emerenziana*, «Commentari. Rivista di critica e storia dell'arte», VIII, 1957, p. 63.

24 C. Giometti, s.v. *Retti, Leonardo*, in *Dizionario biografico degli Italiani*, 87, Roma, 2016, on-line.

25 Albertazzi, *La chiesa di Santa Marta* cit., p. 55.

26 Domenico de' Rossi, *Studio d'architettura civile*, III, Roma, 1721, tav. 41.

27 Albertazzi, Viola, *Due itinerari* cit., appendice 3, *Visita apostolica dell'anno 1825*, p. 214.

28 Lo stucco con «granitura a graniglia» presenta nello strato di finitura della graniglia di marmo in grado di rendere scabra la superficie che, successivamente dorata, crea una vibrante rifrazione della luce sui fondi su cui si stagliano le figure in stucco bianco.

29 Inv. MR16539 verso.

30 Hager, *L'intervento* cit., pp. 225-241.

31 Nel dicembre 1962 iniziano a cura della Soprintendenza i lavori di restauro della chiesa che si estenderanno anche all'attiguo coro delle monache: fu eseguita un'ampia campagna di ripristino del cornicione e dei mensoloni su cui impostano gli archi delle cappelle laterali, rifacimenti delle teste degli angeli della parte absidale, integrazioni plastiche in stile sugli angeli rimasti ai lati degli archi delle cappelle. P.L. Porzio, *Usi impropri e minacce di distruzione: S. Marta tra la fine dell'Ottocento e gli inizi del Novecento*, in Campofredano, Luciani, Astolfi, *Santa Marta* cit., p. 73.

32 M.B. Guerrieri Borsoi, *Gli stucchi di Santa Marta al Collegio Romano nell'attività di Leonardo Retti*, «Bollettino d'arte», s. VI, n. 61, LXXIV, 1990, pp. 99-112. Roncati è definito un personaggio sconosciuto subordinato a Retti.

33 ASR, Trenta Notai, notaio G.M. Antonetti, 23 novembre 1681, c. 668.

34 Guerrieri Borsoi, *Gli stucchi* cit., p. 102. Per i pagamenti note 15-19.

35 Albertazzi, *La chiesa di Santa Marta* cit., pp. 56-57.

36 L. Barroero, *Santa Maria dell'Orto*, Roma, 1976, pp. 46-47; un'esecuzione delle decorazioni per generi è riferita dai documenti di Santa Maria dell'Orto.

37 E. Agustoni, *Antonio Roncati di Meride, autore della decorazione a stucco del Municipio di Zurigo e del Castello della Poya di Friborgo*, «Zeitschrift für Schweizerische Archäologie und Kunstgeschichte», 70, 4, 2013, pp. 267-278.

38 Agustoni, *Antonio Roncati* cit., p. 267; S. Bianchi, *Intorno ai Fontana: spunti anagrafici e ipotesi interpretative*, in S. Bianchi (a cura di), *Uomini che partono. Scorci di storia della Svizzera italiana tra migrazione e vita quotidiana (secoli XVI-XIX)*, Bellinzona, 2018, pp. 186-199.

39 M. Dell'Omo, *Maestranze ticinesi tra Verbano e Ossola: Antonio Roncati e Francesco Antonio Giorgioli*, «Antiquarium medionovarese», III, p. 401.

40 E. Agustoni, L. Derighetti, *Alcune decorazioni a stucco nella Svizzera italiana nei secoli XVII e XVIII: tra indagini storico-artistiche e problemi di conservazione*, in E. Agustoni (a cura di), *Decorazioni a stucco tra Ticino, Campione d'Italia e Valle d'Intelvi. Storia, arte e conservazione*, Lugano, 2006, pp. 33-54.

41 Dell'Omo, *Maestranze* cit., p. 401; M. Dell'Omo, *Il Sacro Monte Calvario di Domodossola. Cronache dai cantieri*, in S. Minissale, A. Feltre (a cura di) *Calvario. Monte Sacro di Domodossola*, Torino, 2009, pp. 33-51.

42 E. Agustoni, *L'operato dello stuccatore Antonio Roncati (1638 ca.-1712) di Meride al di qua e al di là delle Alpi Svizzere*, Firenze, 2020, p. 63.

43 Agustoni, *L'operato* cit., p. 67.

44 Gruppo di lavoro interdisciplinare ICR: Angelandreina Rorro, Cristina Udina, Carla Giovannone, Sara Iafrate, Aspasia Formichetti, Giancarlo Sidoti, Lucia Conti, Marco Bartolini, Roberto Ciabattoni, Angelo Raffaele Rubino, Claudio Santangelo, Edoardo Loliva, Rocco D'Urso. Hanno partecipato ai cantieri didattici della controfacciata tra il 2019 e il 2022 gli studenti del: 67° corso SAF Matera, 68° SAF Roma, 68° SAF Matera, 69° SAF Matera, 70° SAF Roma, docente titolare Carla Giovannone.

45 Relazione di L. Conti e G. Sidoti del laboratorio prove sui materiali, protocollo MIBACT_IS-CR|27/01/2020|0000459-P| [34.34.16/61/2020. Le indagini in fluorescenza UV che hanno supportato tutte le fasi del restauro sono state eseguite da Angelo Raffaele Rubino e Claudio Santangelo.

46 G. Vasari, *Le vite de' più eccellenti pittori, scultori e architettori italiani da Cimabue insino a' tempi nostri nelle redazioni del 1550 e 1568*, testo a cura di R. Bettarini, commento secolare a cura di P. Barocchi, 6 voll., Firenze, 1966-1987, VI, p. 552 (Vita di Giovanni da Udine).

47 Citiamo ad esempio Giuseppe Bernascone, col fratello Giulio, di Riva San Vitale, diocesi di Como, con i soci Donato Mazzi di Tremona, Francesco De Ordini e Andrea de Blanchi di Vico Morcote, tutti attivi nella decorazione borrominiana dell'interno di San Carlino alle Quattro Fontane terminata nel 1640, cfr. Giovannone, *Stuccatori* cit., e lo stesso Giuseppe Bernascone nel portale di palazzo Carpegna (articolo in corso di pubblicazionc).

48 Nei capitelli della chiesa di San Carlino alla Quattro Fontane è stato riscontrato lo stesso uso del gesso nel nucleo interno delle foglie d'acanto. Cfr. D. Luzi, *Gli apparati architettonici e decorativi all'interno della chiesa: tecniche di finitura originarie ed interventi manutentivi*, in P. Degni (a cura di), *La "Fabrica" di San Carlino alle Quattro Fontane: gli anni del restauro*, «Bollettino d'arte», volume speciale, Roma, 2007, p. 214 (figg. 7-10). Anche negli stucchi del portale borrominiano di palazzo Carpegna si fa uso del gesso nel nucleo interno aggettante della testa della Gorgone (contributo dell'autrice in corso di pubblicazione).

49 Il tempo minimo di stagionatura si intende di 28 giorni ma dipende dalle condizioni termoigrometriche a contorno.

50 ASR, Tribunale dell'A.C., vol. 6716, ff. 381, 398: capitolato per l'indoratura della decorazione a stucco della chiesa di Sant'Agnese firmato nel 1666 da Giovan Battista Baldesi indoratore che s'impegna a non «[...] dare di mordente in luogo alcuno ne metervi di oro senza ordine del Sig. Gio.Maria Baratta o altri che commanderà S.Ecc.a ne meno metterlo in altri luoghi che non si vedino con li occhi da terra, e mettendove lo non ne possa pretendere pagamento [...]».

The Stuccoes in the Church of Los Santos Juanes in Valencia (1693–1702)

Gaetano Giannotta, José Luis Regidor Ros

Between 1693 and 1702 the Baroque renovation of the church of los Santos Juanes meant, for the city of Valencia, an unprecedented change in the way of making and understanding decoration. The two stucco workers, Giacomo Bertesi (1643–1710) and Antonio Aliprandi (1654–1728), brought their own specific technical competences and their stylistic models from Lombardy to Valencia and mixed them with Valencian traditions and culture, giving rise to a complex programme, both decorative and iconographic. Stucco decoration was combined with the frescoes of the Cordoban painter Antonio Palomino. The main achievement was the conversion of the church of los Santos Juanes into a total work of art in which fresco painting and stucco sculpture were combined to express an innovative theological message.

From a technical point of view, stucco played a leading role that, on one hand, was unusual in the Valencian context and, on the other, typical of European precedents. Thanks to the technical characteristics of the stucco, to its malleability and versatility, the decoration overcame its traditional ornamental role to convey a message itself. Beyond the paintings, the iconographic programme of los Santos Juanes could only be complete and homogeneous thanks to the stucco elements. Moreover, even in the purely ornamental elements – a varied profusion of plants, flowers, mannerist masks and shells – it is possible to detect a naturalism, variety and vitality that was atypical in the city.

In July 2021 restoration of the church was started by the Instituto Universitario de Restauración del Patrimonio of the Universidad Politécnica in Valencia, directed by Professor Pilar Roig Picazo. The investigation, carried out by members of the Instituto, Professor Pablo González Tornel and Dr Gaetano Giannotta enabled knowledge of the church to be updated from the points of view of iconography, material, technique and culture.[1]

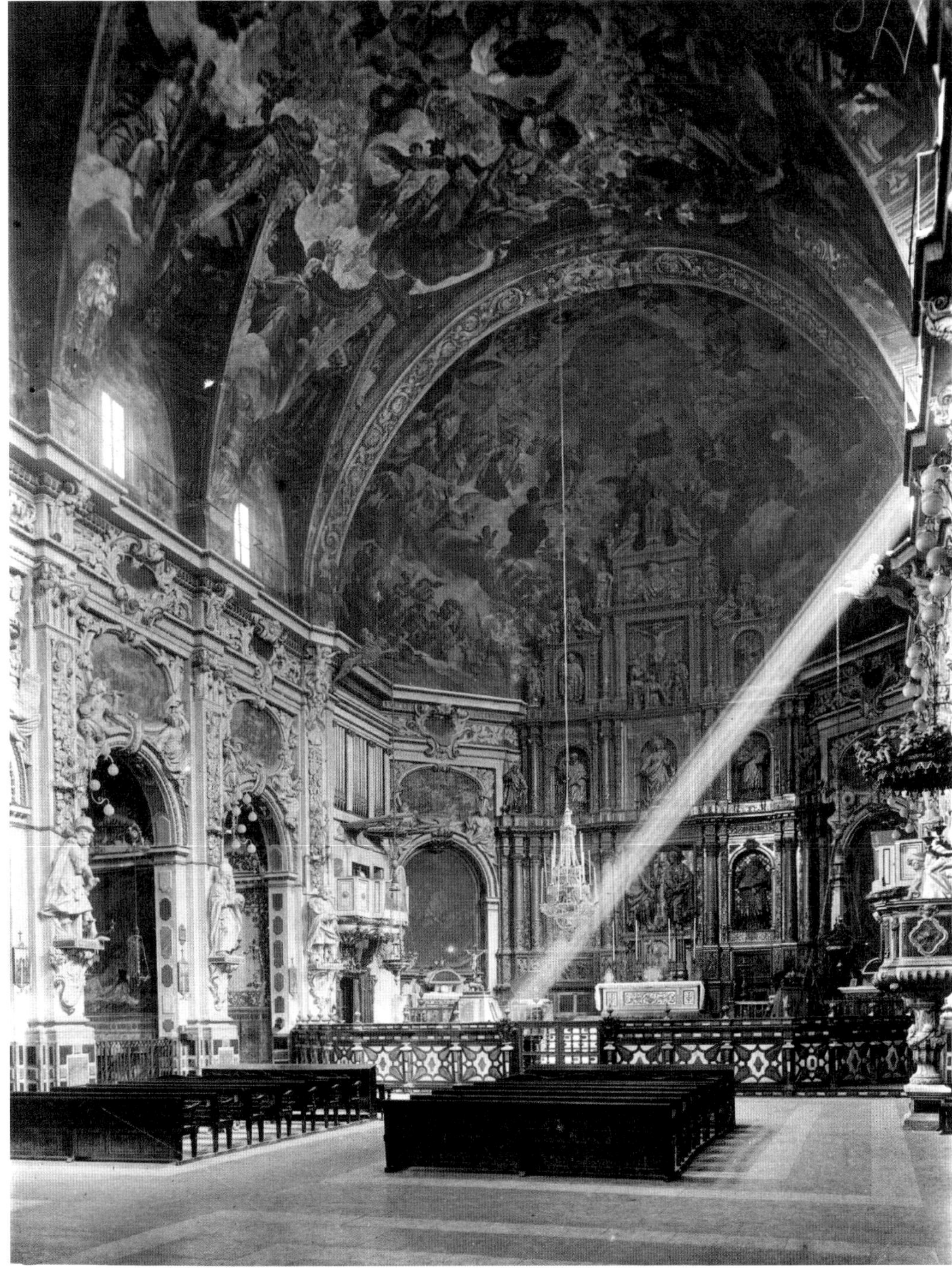

fig. 1
Valencia, Church of los Santos Juanes, 1917.

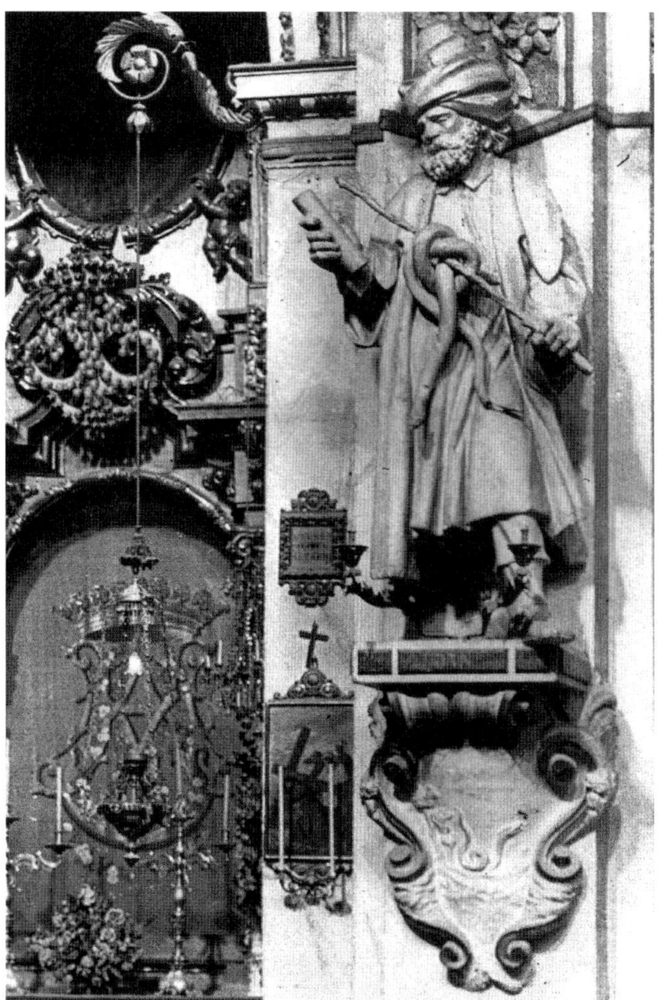

fig. 2
Giacomo Bertesi, *Dan*, c. 1699–1702. Valencia, Church of los Santos Juanes.

A Cosmopolitan Reform

Los Santos Juanes was founded by James I of Aragon the day after the reconquest of Valencia, in 1238, as one of the twelve parish churches built as administrative centres of the new Christian city. The thirteenth-century building, erected on an Arab mosque, was replaced by a new one during the fourteenth century that consisted of five aisles, rectangular presbytery, and a small bell tower. By the end of the sixteenth century a fire in the presbytery necessitated reconstruction, led by counter-reformation direction from Bishops Juan de Ribera and Isidoro Aliaga. A sixth aisle was added, a polygonal apse replaced the rectangular one, and a series of ancillary spaces including a sacristy and archive were added. This resulted in the enlargement of the church towards the Plaza del Mercado and the Lonja. In 1628 the commission for the main altar was given to the Aragonese sculptor Juan Miguel Orliens and between 1644 and 1653 the communion chapel was erected; it was decorated by the painters and brothers Vicente and Eugenio Guilló in 1693.[2]

In the same year, the church's fabric committee had launched a decorative renovation that had been preceded by huge architectural changes. A great new barrel vault with lunettes was inserted below the Gothic cross vault of the nave. Similarly, the presbytery had been surmounted by a hemispherical vault, and the chapels vaults had been lowered too. The openings of the apse side chapels were closed, and the window of the counter-façade was blocked as well.[3] The main objective of all these interventions was to prepare a large surface for painted decoration. In fact, the original intention of the parish council was to decorate los Santos Juanes in the rich Valencian baroque style in the same way as was being carried out in the church of San Nicolás de Bari y San Pedro Mártir. The Guilló brothers, who had successfully completed the painting of the communion chapel in a few months, received the commission for the huge project.[4]

In 1695, when the Guilló brothers had painted the *Throne of God* and the *Battle of St Miguel* in the entire nave vault apart from one lunette, the course of Baroque reform changed forever. The first evidence of this was the parish council's decision of 18 February to limit the painted decoration to the space from the cornice

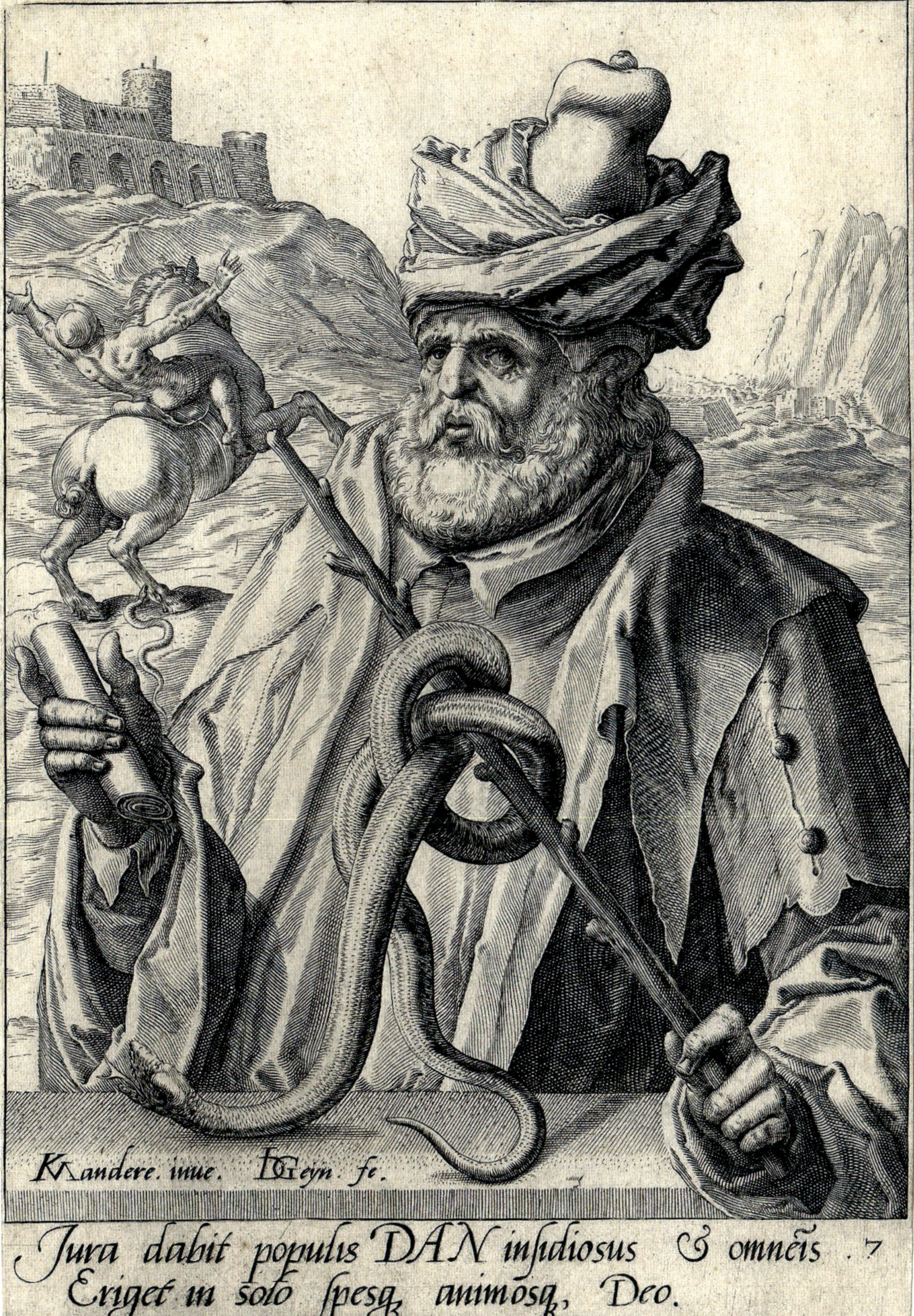

fig. 3
Karel van Mander (inv.), Jacques de Gheyn II (engr.), *Dan*, c. 1589. London, The British Library, inv. 1863,0725.708.

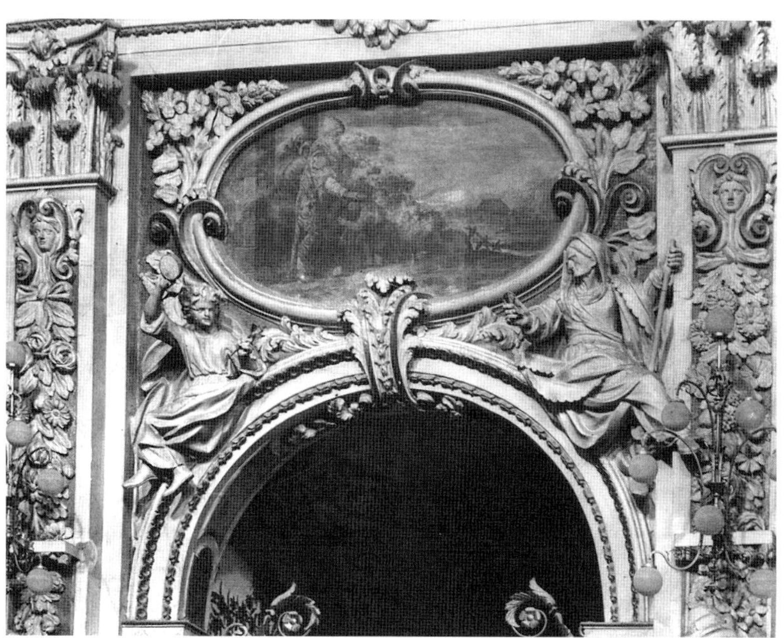

upwards, leaving the rest of the wall surfaces for other types of decoration. Canon of Xàtiva, Vicente Vitoria was charged with planning the iconographic programme on account of the innovative decorations that he had seen during his long stay in Rome.[5] In fact, Vitoria had spent most of his life between Florence and Rome, where he would finally return and die in 1709.[6] In Rome, he was part of Carlo Maratta's studio, co-worker of Giovanni Pietro Bellori or Sebastiano Resta, who were leading Roman baroque towards a somewhat classical style.[7]

The iconographic programme planned by Vitoria needed a series of technical skills that the Guilló brothers did not possess and their contract with the church was rescinded on 2 January 1697. This and Vitoria's return to Italy in 1698, interrupted the project. In 1699, the church council finally decided to invite the Cordoban painter Antonio Palomino to Valencia, from the court in Madrid, and he completed the fresco of the vaults during the following year.

fig. 4
Antonio Palomino, *St John the Baptist bids farewell to his parents*; Giacomo Bertesi, *Pueritia* and *Senectud*, c. 1699–1702. Valencia, Church of los Santos Juanes.

At the same time, work on the walls, that had been preserved by the 1695 deliberation, was also resumed. The new work consisted of a continuous sculptural programme that was entrusted to the Italians Giacomo Bertesi and Antonio Aliprandi (fig. 1).

The Iconographic Programme

The iconographic programme was the first in Valencia of such complexity and it demanded the introduction of a combination of unfamiliar artistic techniques. Starting from the bottom, there is a series of thirteen stucco figures that stand against the buttresses that separate the chapels (fig. 2). They represent the patriarch Jacob and his twelve sons, in other words, the tribes of Israel. Their source was the sixteenth-century engraved series of the *Tribes of Israel* by Jacques de Gheyn II and Johan Sadeler I (fig. 3).[8] It is highly possible that Canon Vitoria, who was an enthusiastic collector of engravings and drawings, supplied the artists with these sources. In the pendentives of the chapel arches are a total of thirty-four stucco sculptures. They overlap the pictorial ovals, by Palomino, that represent scenes of the lives of St John the Baptist and St John the Evangelist, the titular saints of the church. The statues translate into sculpture what the paintings represent. For example, the allegories of the scene in which St John the Baptist leaves his parents represent the saint's Childhood and Old Age, that is the maturity he demonstrates by going to live in the desert (fig. 4). Their composition depends on Cesare Ripa's emblematic sources, as well some invention by the stucco workers. For example, the allegory of the Name shows an old priest in the act of baptizing; with his other hand, the figure holds up a plaque on which *Ioannes est nomen eius* is written. Unable to find the allegory they needed in the *Iconologia* or in other iconographic sources, they represented it with the baptism, that is the act in which all Christians takes their names and, in addition, the principal ministry of the church's titular saint.

Both Vicente Vitoria and Antonio Palomino were iconographic and emblematic enthusiasts. Vitoria often created emblems, like those that illustrate his volume *Osservazioni sopra il libro della Felsina Pittrice.*[9] And Palomino suggested to his followers that they should take inspiration from the *Iconologia* as well as Horapolo, Alciato, Francisco Núñez de Cepeda and other creators of emblems.[10] As a result, they invented a series of tripartite painted and sculpted emblems:[11] above, Latin mottoes sum up the biblical scenes and the virtues that the two Saint Johns practised; the painted oval corresponds to the graphic component of every emblem and makes concrete some abstract concepts while the stucco sculptures allegorize the virtues and provide viewers with moral examples. Thus, stucco plays an essential and primary role in the representation of the themes.

The painted scenes of the saints also connect the lower space of the nave with the painted vault above, moving from Old Testament themes to New Testament ones. The Twelve Apostles, who, according to Matthew (19:28), will judge the twelve tribes of Israel, are present in the vault. In addition, Palomino included the *Triumph of the Church* and other scenes from the mysteries of the Apocalypse there.

The stucco and fresco decoration combine to sum up the entire Bible, culminating in the story of the redemption. In Valencia this pioneering theme could not have been expressed by means of traditional artistic techniques. The iconographic changes made by Vitoria around 1695 necessitated a technical innovation – the use of so-called fresco *di sotto in su* and techniques of manufacturing stucco. For the first time in the city, art acquiesced to serve the message.

The *Stuccatori* and their Innovative Techniques

Giacomo Bertesi (1643–1710) came to Valencia from Genoa around 1700.[12] He was originally from Cremona, where he had mainly worked as a sculptor at the cathedral until he assumed responsibility for the entire building. In 1695 he went to Genoa where he was commissioned to make stucco frames for the paintings of Francesco Boccaccino (also from Cremona). There he made contact with the Valencian canon Antonio Ponton, who certainly encouraged him to go to Valencia. Few of his works

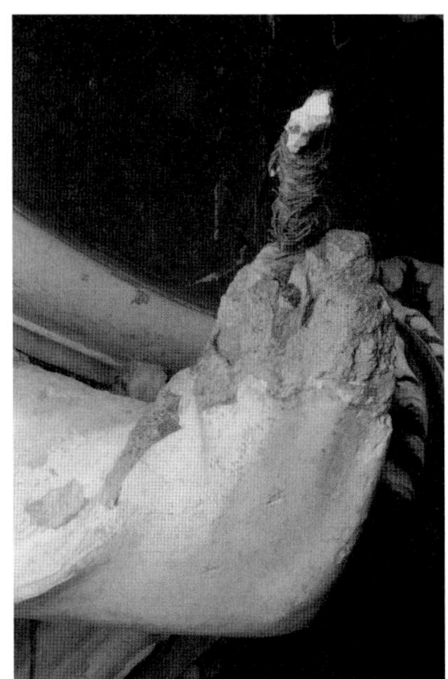

fig. 5
Examples of wire rods and strings employed to build the skeleton of the stucco sculptures.

survive in the city, but they are his only ones in stucco that we know of. As well as the statues inside Santos Juanes, he created the *Virgin of the Rosary* on the triumphal façade. The stuccoes of the no-longer extant villa of Antonio Ponton that the biographer Orellana ascribed to Bertesi, are now convincingly attributed to Aliprandi.[13]

Antonio Aliprandi (1654–1728) came from Laino, in the Intelvi valley; he was a member of one of the most important stucco-working families in the region.[14] With his brother Lorenzo he went to Austria, where he worked on some of the imperial commissions, such as the Cistercian monastery of Heiligenkreuz and the City Hall of Vienna. There, his personal style progressed from more ornamental forms to an ever-greater attention to figuration. In Vienna, Aliprandi also developed a very individual ornamental lexicon, consisting of Manneristic mascarons, shells, *putti* in different poses and, above all, naturalistic vegetal elements and flowers of various species and stages of opening.

We believe that Aliprandi's arrival in Valencia with other imperial court artists including Conrad Rudolph was a response to a specific political programme of the Archduke Charles who was making cultural preparations for his possible ascent to the throne of Spain. In contrast to Bertesi, Aliprandi left more works in Valencia and even more are documented. Simultaneously to the church of los Santos Juanes, around 1700 and 1702 he decorated the now-lost Purísima chapel in the church of the Jesuits, and the parish chapel of St Pedro in the cathedral. In 1704 Aliprandi moved further south and designed and decorated the new presbytery of the conventual church del Milagro in Cocentaina.[15]

As we anticipated, the two stucco-workers introduced into los Santos Juanes a technique that was totally unprecedented in Valencia, known in the sources as *stucco forte*.[16] First of all, they sketched the elements on the architectonic surface and then proceeded to assemble their volumes. For that, they added bricks and tiles to a skeleton made of metal bars and vegetal fibres. Using wire rods, they connected the protruding parts, such as arms and forearms, to the sculpture (fig. 5). In the second phase, they continued to increase the volumes and define the forms, by manipulating the mortar with spatulas. They employed a mortar made of lime and gypsum with siliceous sand or other aggregates; as the volumes grew, the level of gypsum and silica decreased in favour of lime and carbonate sand or other aggregates. The final phase depended on the effect that the artists wanted to give to the surfaces.

In fact, it is possible to recognize three typologies of top layers: rough stucco, shiny, and gilded surfaces (fig. 6). The rough stucco presented a mortar highly concentrated in lime, plus sand or carbon-based aggregates. It was employed for all the decorative elements, such as the vegetal ones, the shells, etc. On some flowers or other vegetal elements, the still-fresh mortar was pierced with a tip in order to create small holes. This use is also documented in the work of the Sicilian stucco-worker Giacomo Serpotta and

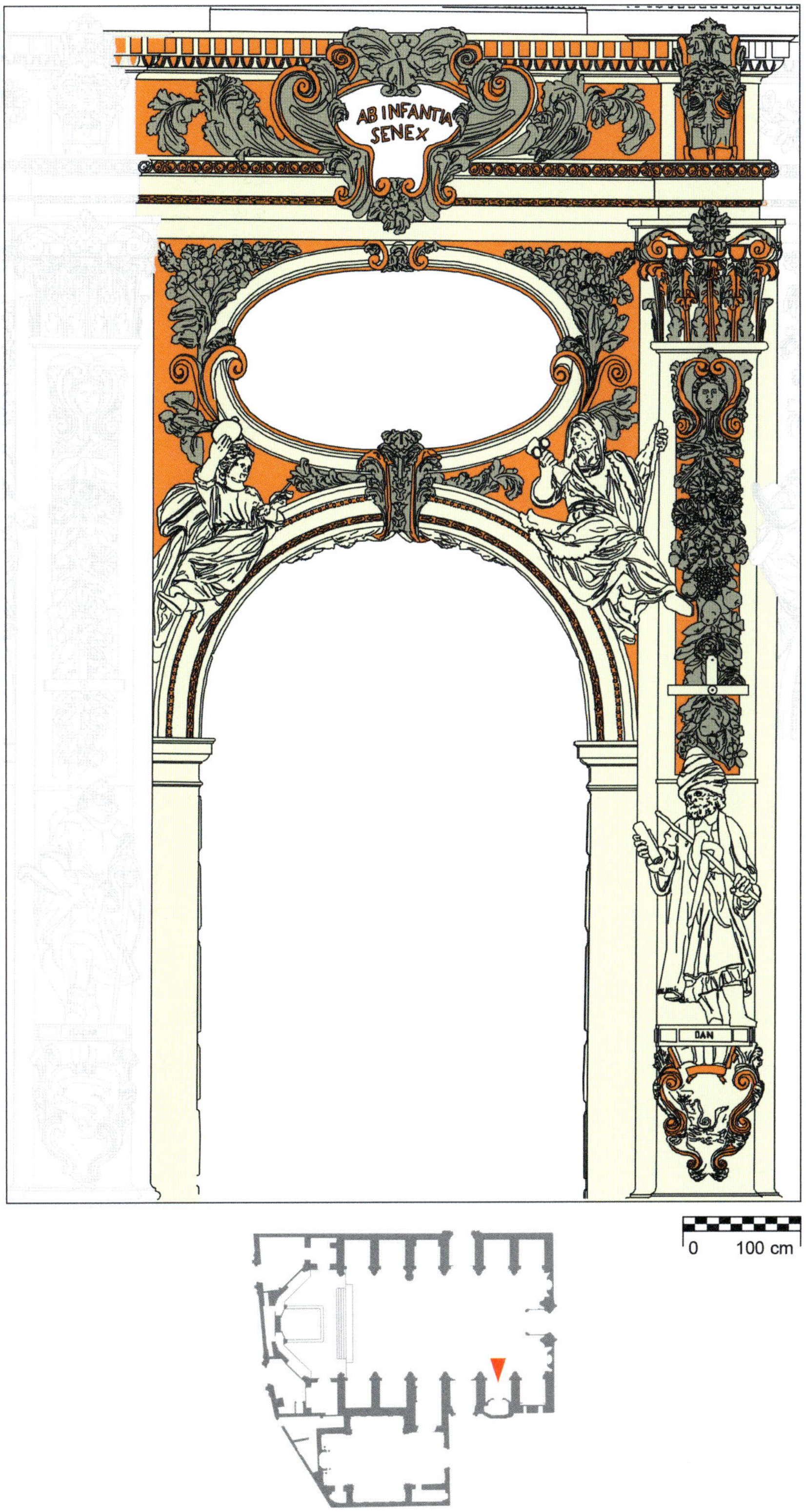

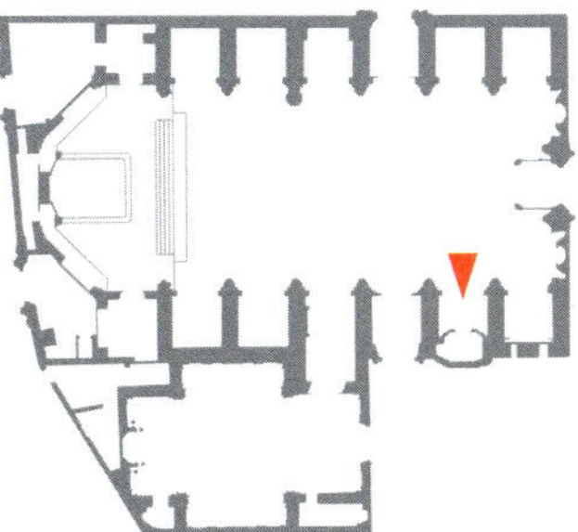

fig. 6
Diagram of the distribution of the different stucco finishing layers. In red: guiding; in yellow: shiny stucco; in ocre: rough stucco.

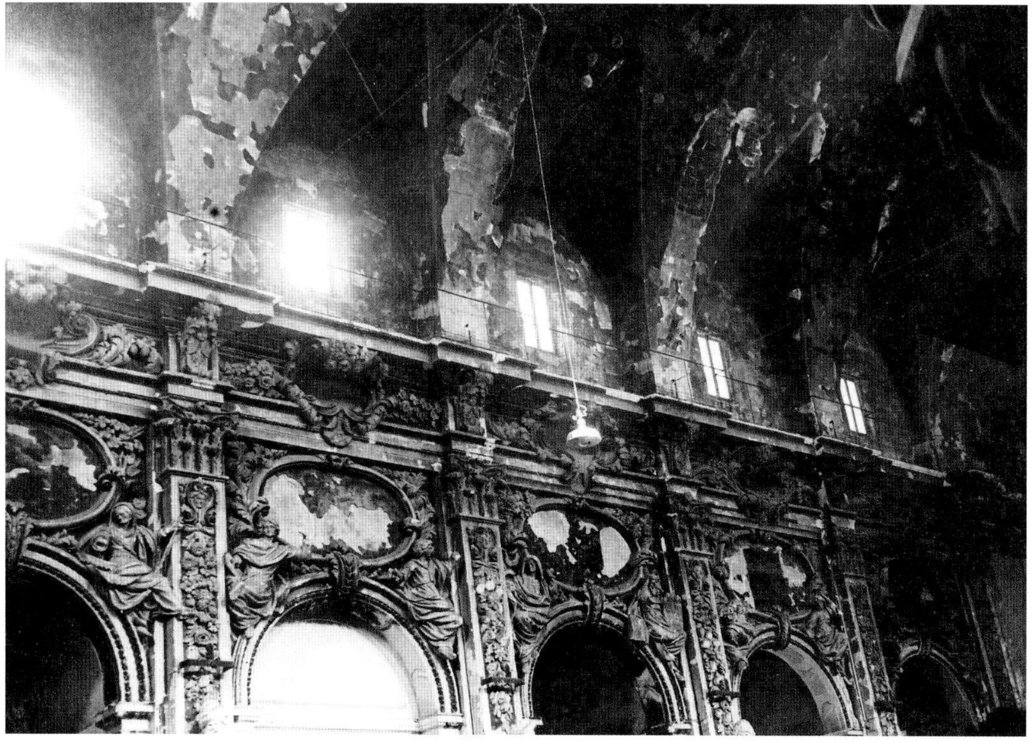

fig. 7
The condition of the stuccoes after the Spanish civil war.

it allowed the creation of fascinating chiaroscuro effects.[17] The remarkable individuality of each unique element is never repeated along the 1241 m² of the mural surfaces.

The second finishing layer typology was used for all the statues and the mannerist masks of the buttresses. It was obtained by adding lime and marble dust to the mortar and by grinding the surface with cloths. Finally, all the background of the decorative elements, the spandrels of the arches, the buttresses and the frames were covered with 24 carat gilding. Moulds were not used; every component was made *in situ*.

Conclusions

Despite the heterogeneity that characterized the Lombard technique of the *stucco forte*,[18] the Valencian commitment of Giacomo Bertesi and Antonio Aliprandi proves beyond doubt that not only was stucco an approach to art, but that it was an Art itself. An Art that was capable of expressing complex iconographic programmes just as well as the more traditional paintings and wooden or marble sculptures. Stefano Musso's interesting study showed how stucco that was applied to architecture had three principal purposes:[19] first, it creates illusory spaces or figures; secondly, it imitates other materials, such as textiles, vegetables, marble, etc.; finally, with its candidness it makes surfaces and spaces more lightweight and evanescent. In the Valencian church of los Santos Juanes all these purposes were achieved, and Bertesi and Aliprandi's stuccoes contributed to the creation of an imaginary space where biblical history could by symbolically relived.

Moreover, Aliprandi and Bertesi's stay in Valencia undeniably changed the destiny of decoration in the city. Thanks to Vicente Vitoria's iconographic programme and Antonio Palomino's *dal sotto in su* fresco, decoration went beyond its traditional ornamental role and became the main instrument used to express theological and moral meanings. Because local artists learned these new techniques, decoration continued to fulfil this iconic function during a good part of the eighteenth century.[20] In this process, stucco never performed a secondary role.

1 The main studies on this church are D. Vilaplana Zurita, *Arte e historia de la iglesia de los Santos Juanes de Valencia* (Valencia, 1996); F. Pingarrón, *Arquitectura religiosa del siglo XVII en Valencia* (Valencia, 1998, pp. 217–26); J. Bérchez, 'Aspectos del barroco arquitectónico en la iglesia de los Santos Juanes de Valencia', *Archivo de Arte Valenciano* 63 (1982, pp. 48–53); P. González Tornel, *Arte y arquitectura en la Valencia de 1700* (Valencia, 2005, pp. 130–67); S.S. López, M.R. Zarranz Doménech, *Historia y mensaje del templo de los Santos Juanes* (Valencia, 2000).

2 Pingarrón (op. cit. note 1), pp. 203–37; J. Bérchez (ed.), *Catálogo de monumentos y conjuntos de la Comunidad Valenciana. Catàleg de monuments i conjunts de la Comunitat Valenciana*, (Valencia, 1983, 2, pp. 529–49); J. Corbalán de Celis y Durán, 'El retablo del altar mayor de la iglesia de los Santos Juanes de Valencia', *Boletín de la Sociedad Castellonense de Cultura* 79 (2003, no. 2 pp. 649–64).

3 Pingarrón (op. cit. note 1), pp. 642–61; M. Galarza Tortajada, 'La restauración barroca de la iglesia de los Santos Juanes de Valencia. La bóveda tabicada que soporta los frescos de Palomino', in F.S. Huerta (ed.), *Actas del Sexto Congreso Nacional de Historia de la Construcción, Valencia, 21–24 octubre 2009* (Madrid, 2009, pp. 523–31).

4 G. Giannotta, 'Los hermanos Guilló y la iglesia de los Santos Juanes de Valencia: el contrato de 23 de septiembre de 1693', *Archivo de arte valenciano* 104 (2023, pp. 113–30).

5 'As it happens in the decoration that, in this case, was directed so learnedly by Canon D. Vicente Vitoria, who followed the same style that the highest geniuses of Italy have practiced in the most illustrious palaces and temples, and as it is practiced today in Spain, especially in the court of our illustrious Monarchs'. Translation by the author. An excerpt from Antonio Palomino's report on the work carried out by Vicente and Eugenio Guilló in the church of los Santos Juanes in Valencia, in Javier Borrull, 'La decoración pictórica de los Santos Juanes de Valencia. Un dictamen inédito de Palomino', *Archivo de Arte valenciano* 1 (1915, no. 2, pp. 50–8).

6 A. Blunt, 'Don Vincenzo Vittoria', *The Burlington Magazine* 109 (1967, no. 766, pp. 31–2); B. Bassegoda i Hugas, 'Noves dades sobre el canonge Vicente Vitoria (Dènia 1650–Roma 1709), tractadista, pintor, grabador i colleccionista', *Butlletí del MNAC* 2 (1992, pp. 38–62); Id., 'Vicente Vitoria (1650–1709), primer historiador de Joan de Joanes', *Locus Amoenus* 1 (1995, pp. 165–72); Id., 'Vicente Vitoria (Denia 1650–Roma 1709), coleccionista de estampas y estudioso de la obra grabada a partir de Rafael', *El Mediterráneo y el arte español. XI Congreso del CEHA, Valencia, septiembre de 1996* (Madrid, 1998, pp. 219–22); S. Rudolph, 'Vincenzo Vittoria fra pitture, poesia e polemiche', *Labyrinthos* 7-8 (1988–89, nos. 13-16, pp. 223–66).

7 On the Roman baroque classicism of that period, see S. Rudolph, 'La direzione artistica di Carlo Maratti nella Roma di Clemente XI', in G. Cucco (ed.), *Papa Albani e le arti a Urbino e Roma. 1700–1721* (Venice, 2001, pp. 59–61); S. Ventra, *L'Accademia di San Luca nella Roma del secondo Seicento. Artisti, opere, strategie culturali* (Florence, 2019). About Sebatiano Resta, see A. Bianco et al. (eds.) *Padre Sebastiano Resta (1635–1714). Milanese, oratoriano, collezionista di disegni nel Seicento a Roma*, (Rome, 2017).

8 A.A. Fernández, 'El tema de las doce tribus en el templo de los Santos Juanes', *Traza y Baza: cuadernos hispanos de simbología, arte y literatura* 4 (1974, pp. 29–42).

9 V. Vittoria, *Osservazioni sopra il libro della Felsina pittrice per difesa di Raffaello da Urbino, dei Carracci, e della loro scuola.*

Publicate e divise in sette lettere da D. Vincenzo Vittoria, patrizio valenziano, e Canonico di Xativa (Rome, 1703).

10 A. Palomino de Castro y Velasco, *El Museo pictórico y Escala óptica: tomo II. Práctica de la pintura* (Madrid, 1724, pp. 148–49).

11 For the emblematic and the structure of a traditional tripartite emblem, see S. López Poza, s.v. 'Emblemática', in P. Jauralde Pou, D. Gavelia García, P-C. Rojo Alique (eds.), *Diccionario filológico de la literatura española (siglo XVII)* (Madrid, 2020, 2, pp. 742–59).

12 On Bertesi, see C. Donini, *Lo scultore Giacomo Bertesi nei cronisti. Appunti, rettifiche, problemi* (Treviglio, 1931); G. Boni, *Giacomo Bertesi* (Soresina, 1928); M. Marubbi (ed.), *Giacomo Bertesi 1643–1710: uno scultore barocco da Cremona alla Spagna*, conference proceedings (Azzano San Paolo, 2013); Tornel (op. cit. note 1), pp. 463–69; S. Tassini, *Arte del legno a Cremona. Giacomo Bertesi e i rilievi delle istituzioni pubbliche di assistenza e beneficienza di Cremona* (Cremona, 1994).

13 P.G. Tornel, 'Un posible Salón del Trono del Archiduque Carlos de Austria. La villa de Antonio Pontons en Valencia', *Potestas* 3 (2010, pp. 227–47).

14 On Aliprandi, see M. Hugh, 'Entwicklung und Motivik der Stukdekoration von 1660–1725 in Niederösterreich – am Beispiel der Stukateurfamilien Aliprandi und Piazzol' (PhD diss., Vienna University, a.y. 1991); P.G. Tornel, 'Antonio Aliprandi, un estucador lombardo en la Valencia de 1700', *Espacio, Tiempo y Forma, Serie VII, Historia del Arte* 15 (2002, pp. 127–45); Tornel (op. cit. note 1), pp. 106–98.

15 P.G. Tornel, 'Antonio Aliprandi, un estucador lombardo en el monasterio de la Virgen del Milagro de Cocentaina', *Mare de Dèu* 49 (2005, pp. 86–92).

16 P. Roig Picazo, J.L. Regidor Ros, X. Mas-Barberá, V. Mercerac, 'Los estucos de la iglesia de los Santos Juanes de Valencia. La restauración en curso', *Archivo de Arte Valenciano* 103 (2022, pp. 103–14).

17 M. Sebastianelli, 'La tecnica di Giacomo Serpotta dal cantiere di restauro', in P. Palazzotto, M. Sebastianelli, *Giacomo Serpotta nella Chiesa di Sant'Orsola di Palermo. Studi e restauro* (Palermo, 2011, pp. 49–77).

18 Resumé in F. Albani, '"L'arte di fare" lo stucco in area lombarda tra XVI e XIX sec.', in G. Biscontin, G. Driussi (eds.), *Lo stucco, Cultura, Tecnologia, Conoscenza*, conference proceedings (Padua, 2001, pp. 365–72).

19 D.F. Musso, 'Lo stucco in architettura. Tra simulazione e nascondimento', in Biscontin, Driussi (op. cit. note 18), pp. 27–35.

20 See the resumé in G. Giannotta, 'El adorno en estuco en la Valencia de 1700. De las propuestas autóctonas a la eclosión de la profesión', in E. Monzó-Nebot (ed.), *Les ciències humanes i socials Perspectives emergents per als reptes de les societats multiculturals* (Castellón de la Plana, 2019).

Baldassarre Fontana in Cracow*

Michał Kurzej

Baldassarre Fontana (1661–1733) from Chiasso in the Bailiwick of Mendrisio[1] was the most brilliant stucco maker active in Poland at the end of the seventeenth century, so he has attracted significant scholarly attention for many years. However, recent methodologies have enabled new discoveries. Julian Pagaczewski published the first study on Fontana's Cracow works in 1909, presenting the main facts about the artist, his origins and background. Drawing on archival sources and attributions, Pagaczewski also assembled a list of Fontana's works in Poland that has since undergone only minor adjustments.[2] Research on Fontana progressed with Mariusz Karpowicz's monograph. He situated the artist's work in the context of Roman art and addressed foreign literature in an attempt to reconstruct Fontana's full artistic biography. But in some crucial respects he misinterpreted the written sources and adjusted some facts to fit the pre-adopted thesis about Fontana's exceptional work profile and artistic status. Karpowicz tried to prove that in important cases Fontana acted not only as stucco maker, but also as an architect and designer of church decoration and furnishings. Moreover, Fontana's designs were supposed to be the turning point for local art, as he was presented as the protagonist of the new style, rooted in the Roman art of Gian Lorenzo Bernini (1598–1680).[3] This thesis must be challenged, at least in relation to Fontana's works in Cracow.

Although Fontana's works reveal quite a good understanding of Berninesque Roman sculpture, there is no evidence of a stay in the Eternal City. He probably learned his sculptural skills in one of the artistic centres of Northern Italy, or in his home near Lake Lugano. However, his professional activity there is also undocumented, and all attempts to identify his works in the Bailiwick of Mendrisio have proved unsuccessful.[4]

First mention of Fontana's presence in Poland coincided with a very important change in the fine arts in Cracow. In 1692 Sebastian Piskorski (1637–1707) was appointed supervisor of the construction works (*director fabricae*) at the new church of St Anne. Piskorski was a professor at the Jagiellonian University, with close connections to the royal court of John III Sobieski. He became famous as a poet, theatre director, expert in art and architecture, and designer of a pilgrimage site in Grodzisko near Skała distinguished by its extremely elaborate iconographic programme. St Anne's was the most ambitious artistic endeavour ever undertaken by Cracow University; it was carried out under Piskorski's careful supervision in just ten years. As well as being an acknowledged expert in art and architecture, Piskorski was in charge of the financial administration of the whole construction process and was responsible for employing all the contractors and artists. In that position he had a major impact on the final artistic expression of the work, like a director in a play. This metaphor, also used to describe Bernini, is justified, at least to some extent, because the Cracow professor also had significant experience in directing theatre performances.[5]

It is not known exactly when Piskorski met Fontana for the first time. The artist was active in the vicinity of Cracow in 1693, when he, together with a co-worker named Pakosz Trebeller, was hired to decorate the Morsztyn family chapel at the parish church in Wieliczka. The chapel's dome was destroyed in 1787 by an earthquake caused by work in the famous salt mines nearby, so their work is known only from modest wall decorations.[6] However, it seems very likely that Fontana passed through Cracow on his way to Wieliczka and used the opportunity to offer his services to Piskorski at St Anne, where decorative works were about to start. Some clues were left by Andrzej Buchowski (1662–1709), a well-informed professor of mathematics, who published the first monograph on the new university church. He mentioned that Fontana was chosen for the job because of he was a very sharp minded man at the peak of his powers who came with a recommendation from the Bishop of Olomouc, Karl von Liechtenstein-Castelcorno (1624–95).[7] Presumably Fontana left the letter of recommendation in Cracow in 1693 and two years later Piskorski offered him the new job. According to Buchowski, the artist 'was firmly determined to secure evidence for his future fame in this very city and place, to which the hand-made works of all provinces of the Kingdom turned themselves as to their expert and critic'.[8] The quotation sounds exaggerated, but the clues indicate that Fontana undertook his work in St Anne's with exceptional diligence.

To understand Fontana's role in this endeavour, the whole complicated process of the church construction must be considered. Buchowski reported that Fontana quickly gathered some apprentices, and came to Cracow to examine the construction site, where 'he enquired about the invention and disposition of the decoration' (*ornatus inventionem, dispositionemque*), which Piskorski provided. Before work started, he presented a sketch of the proposed layout (*praesentata inprimis monogrammae dispositionis icone*).[9] This short report is not completely clear, but it seems certain that Fontana was not involved in the construction of the church but only its decoration.[10] Piskorski's original proposal for the project is unknown, and we can only assume that it was a detailed description, rather than a drawing. However, it is obvious that Piskorski paid close attention to the content programme, carefully arranging not only the iconography, but also its reception by various groups of viewers, and even how

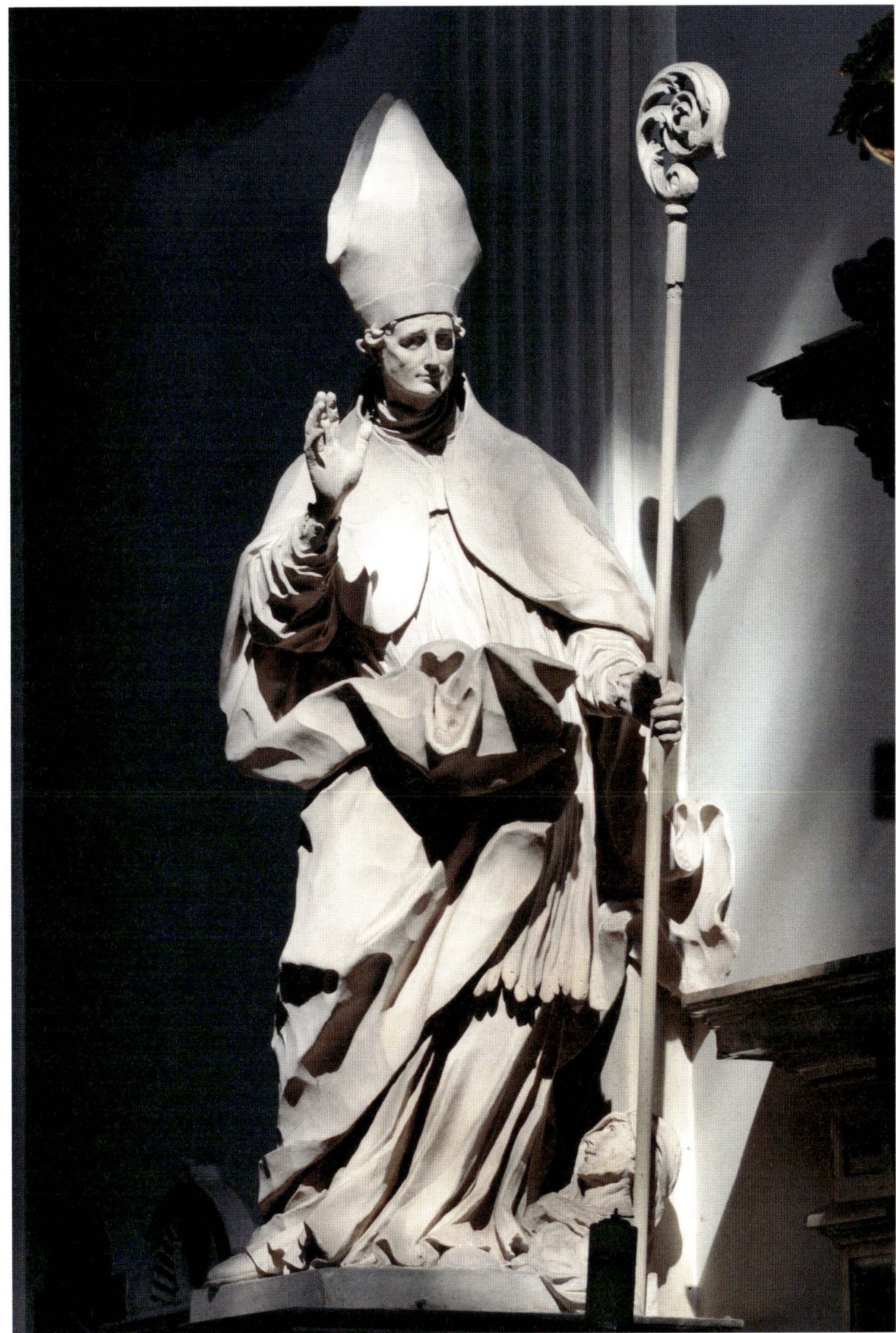

fig. 1
Baldassarre Fontana, *St Stanislaus* (seen in natural light on the feast of St Stanislaus, 8 May), 1701. Cracow, chuch of St Annc.

fig. 2
Baldassarre Fontana, Karl Tanquart and others (after a design by Jerzy Eleuter Szymonowicz-Siemiginowski), St John Cantius Chapel, 1695-1703. Cracow, Church of St Anne.

the most important altars and statues could be revealed by means of natural light at particular moments of the year (fig. 1). The use of light must have been planned in advance before the exact location of the church was chosen and coordinated with the final architectural design, so Piskorski must have played an important part in making those decisions.[11] It is known that the church was designed by the Dutch architect Tilman van Gameren (1632–1706, Pol. Tylman Gamerski) who was active in Warsaw at the court of Stanisław Herakliusz Lubomirski (1642–1702), Grand Marshal of the Crown.[12] But Tilman's drawings had a preliminary role, and were implemented with changes that were probably required by some professors – most likely Piskorski and Buchowski.[13] Tilman was known not only for designing palaces and churches, but also their decorations and furnishing, but there is no clue if he made any drawings for the interior of the Cracow church. There is, however, a record in a detailed account book of the church construction and decorative works that indicates that detailed designs for church decoration had been made in Warsaw. On 4 January 1695 Jerzy Eleuter Szymonowicz-Siemiginowski (1660–1711) – the court painter of John III Sobieski (1629–96), received a small fee (27.33 złoty – equivalent of about 4.3 thalers) for designs for the chapel of St John Cantius 'according to a given invention' (fig. 2).[14] Siemiginowski was quite a capable painter, but above all he was a brilliant designer, who had trained at the Academy of Saint Luke in Rome and could produce new and independent figural composition on given topics. Piskorski had known him well, from the time of his work as a tutor to the king's sons, and had entrusted him with an important work before, namely a set of etched illustrations for his book about the blessed Salomea. Szymonowicz-Siemiginowski also painted the altarpiece for the high altar in St

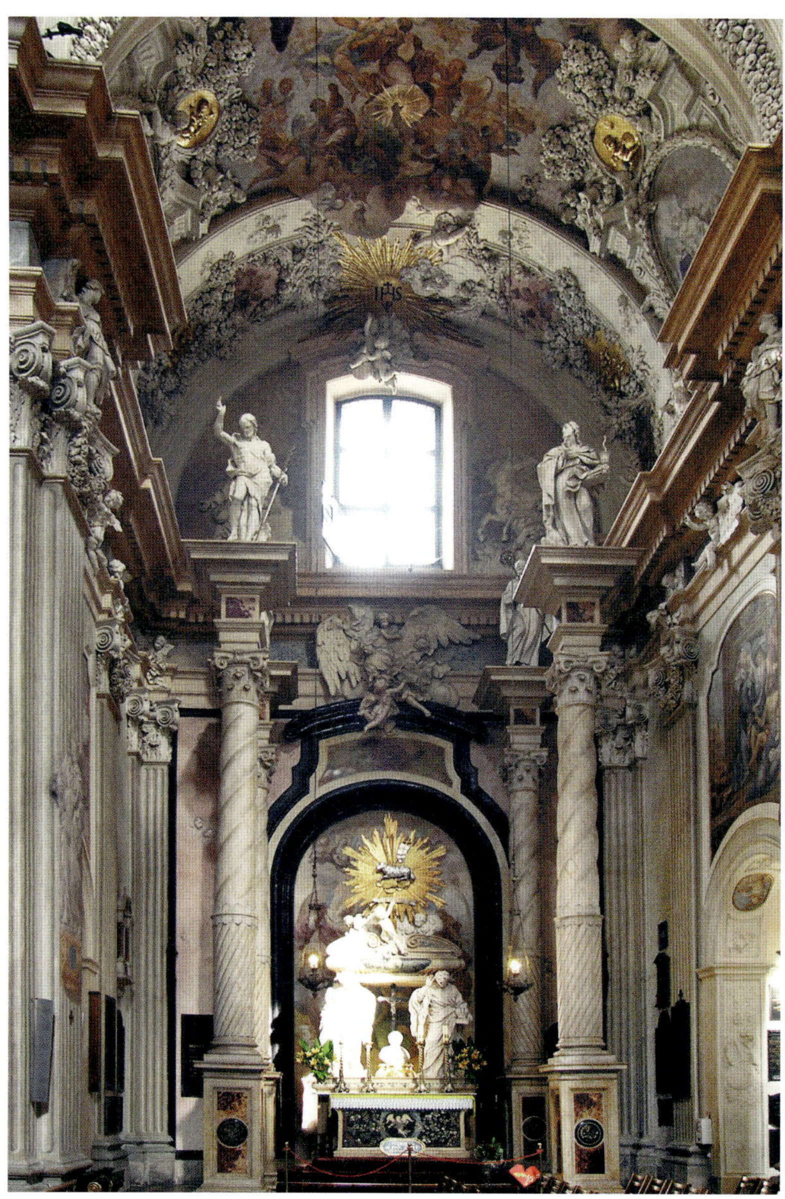

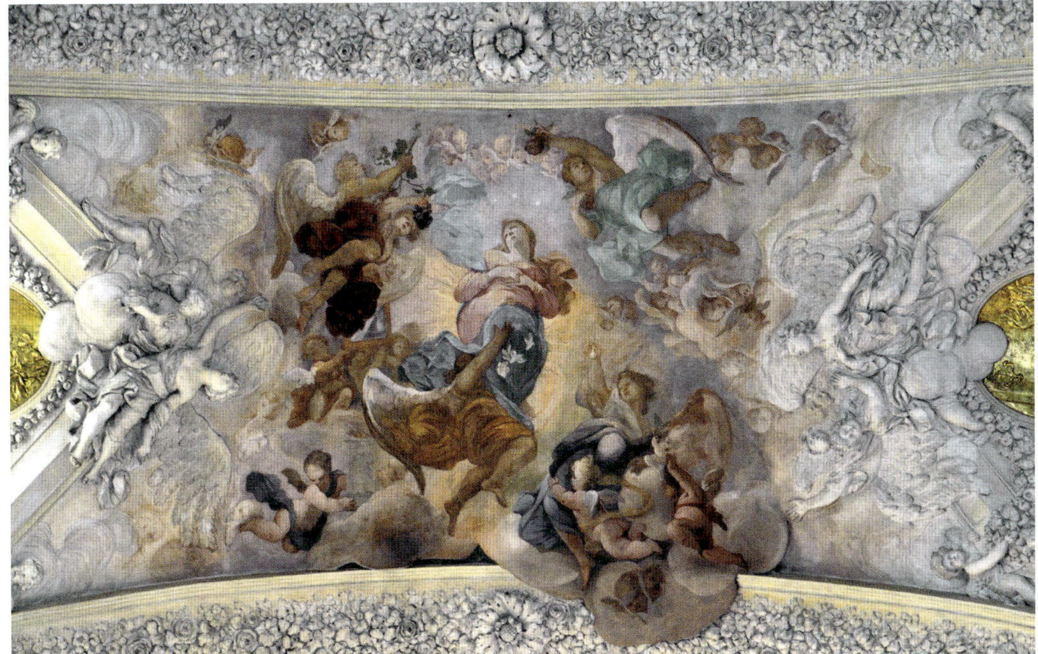

fig. 3
Karl Tanquart, *Immaculate Conception*, fresco; Balsassarre Fontana, *Angels* , stucco, 1695–96. Cracow, Church of St Anne, chancel.

Anne's church. More designs, in three portfolios, were sent by post from Warsaw on 30 March 1695. As there is no further fee mentioned in the accounts, it seems possible that it was covered in another way – maybe Piskorski used his own money. Nevertheless, it appears that Siemiginowski sent many more drawings for other parts of the church, not just the shrine of Cantius. Piskorski had taken some time to analyse the drawings and probably add comments, on 17 April he sent the annotated drawings to Fontana, who was at Kroměříž at the time.[15]

The design for the interior of St Anne's introduced a new approach to the combination of arts. Two and three-dimensional parts were joined together in several innovative ways and in many places the borders between fresco and stucco are obliterated **(fig. 3)**, but in some compositions the two arts seem to engage in a deliberate dialogue, creating the impression that the established convention has been broken consciously and even with a sense of humour. For example, stucco *putti* below the *Brazen Serpent* fresco are playing with snakes, as though they were mocking the famous Laocoön Group **(fig. 4)**. Moreover, works of each art are put in places traditionally occupied by the other. The huge altarpiece of the Holy Cross **(fig. 5)** overturns the custom of making such works on canvas and resembles the finest Roman works from Bernini's time. On the other hand, the cycles of Apostle figures on the pillars and angels in niches of the dome drum were illusionistically painted *en grisaille* to look like statues.[16]

Fontana probably received the designs for the decoration of St Anne's while he was engaged on a commission from Bishop Liechtenstein, whom he served from 1688.[17] The artist's last work for this patron may have been the decoration of the *sale terrene* in the castle of Kroměříž, which, according to the latest research, was

fig. 4
Baldassarre Fontana, *Putti struggling with snakes*, 1698. Cracow, Church of St Anne, Holy Cross chapel.

finished in 1695. Paolo Pagani probably filled the stucco frames on the ceiling of the main garden hall with frescoes in the first half of the year. But comparison of these almost contemporary works in Cracow and Kroměříž reveals a notable difference. Jana Zapletalová rightly observed that the composition of the ceiling decoration at Kroměříž is more traditional, in other words, the arts of painting and sculpture are not integrated in the way that can be observed in later works.[18]

Current research on the dating of several works indicates that Fontana only encountered the new type of interior decorating in 1695, when he received designs from Piskorski. This way of integrating arts was at that time unknown (or at least disregarded) in Moravia, even in the circle of such an enlightened patron as Bishop Liechtenstein-Castelcorno. The same observation can be made in the bishop's earlier commissions, where stucco and paintings were used for internal decoration. The same traditional approach to ceiling composition, where two- and three-dimensional parts have their clearly delineated fields, can be observed in all Fontana's work prior to 1695.

A significant example of the traditional approach to interior decoration is the church in Stará Voda – the bishop's most important undertaking in the field of religious art, where stucco decoration is limited to arcades, capitals, frieze and floral framings on vaults. The church was built under the careful supervision of Liechtenstein-Castelcorno, who himself decided about the type of decoration and selected the

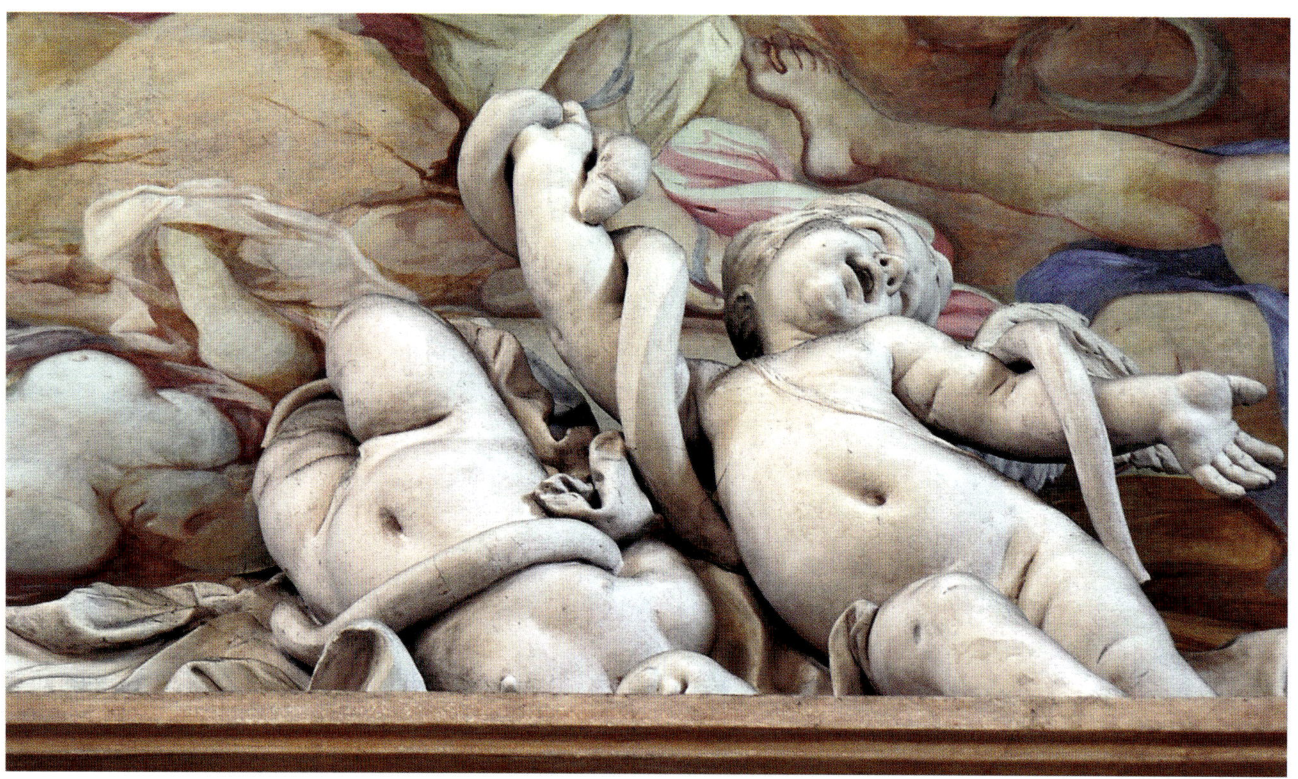

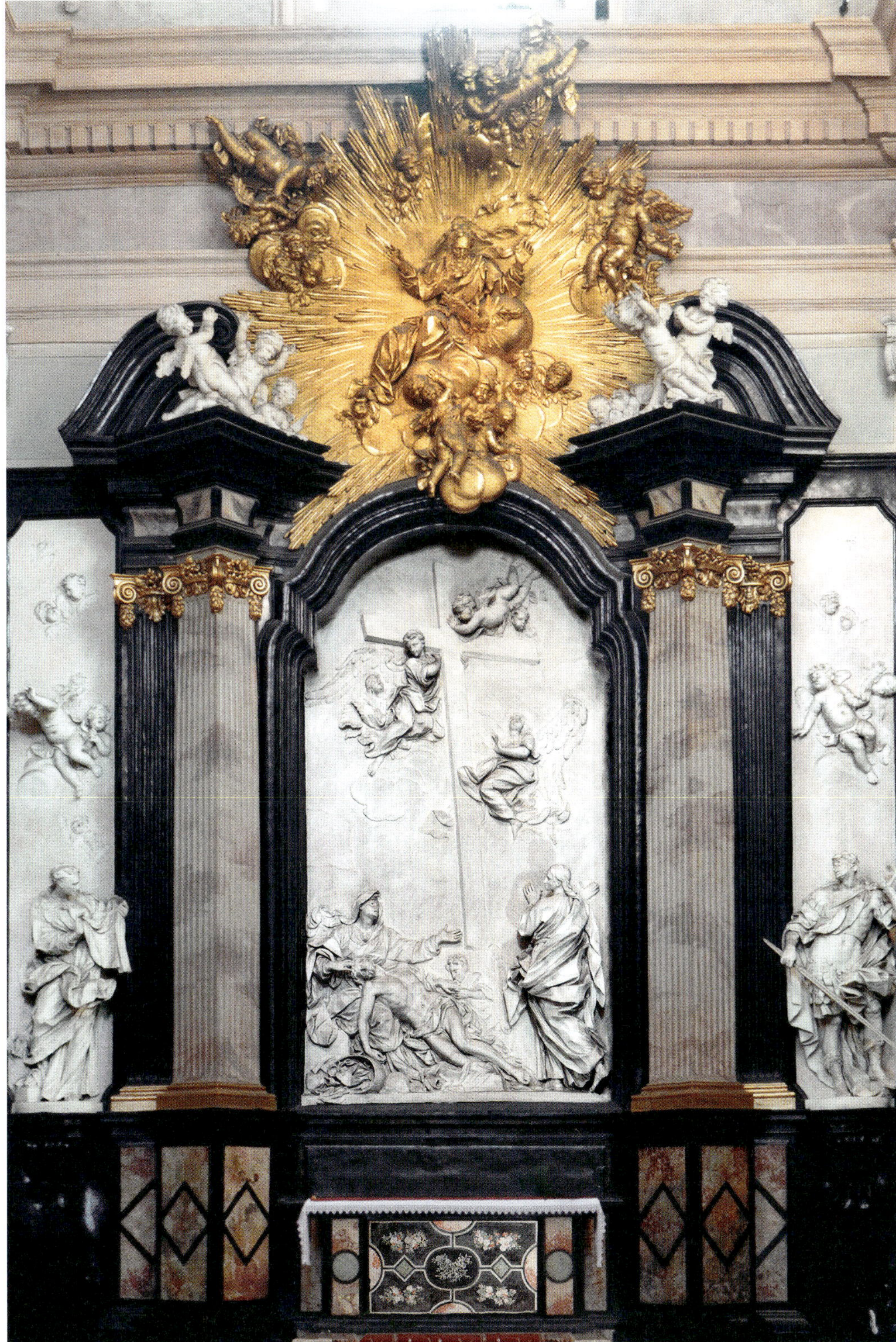

fig. 5
Baldassarre Fontana, altar, 1698–1700. Cracow, Church of St Anne's, Holy Cross chapel.

artists. For stucco decorations Matteo Rezzi and Fontana (not indicated by name, but most likely Baldassarre) were chosen; they executed their work in 1688.[19] Nor do Fontana's minor works from that time show a striving for integrating fine arts – whether it is the modest furnishings of the chapel in Castle Hukvaldy, where Fontana presented his own designs for altars in 1689,[20] or St Ottile chapel at the parish church in Vyškov, where he may also have worked following his own drawings in 1690–92.[21]

These observations should be included in discussions of Fontana's skills as a designer. There is little evidence in the form of drawings, because the only known set is for stuccoes in the great hall of Kroměříž Castle (probably executed after February 1691 and before November 1695). Unfortunately those drawings cannot be compared to the executed work, because the decoration of the great hall was damaged by fire in 1752, and later destroyed to make space for a new interior design.[22] Moreover, one of the drawings was definitely made by another hand,[23] and the other three, showing two slightly different versions of architectural decoration, have Fontana's name added probably afterwards, by an archivist,[24] so also their authorship is uncertain. However, even if Fontana's authorship of the three drawings should be accepted, they can hardly be taken as evidence of his innovative approach to the problem of *bel composto*. They show clear separation of modelled ornaments above windows or stucco sculptures in the lower part of the ceiling from the wall paintings, which were to be enclosed in simple rectangular frames. This conclusion indicates that, even if Fontana had been in Rome, he did not learn how to design an interior with a combined sculptural and pictorial decoration in the way implemented by Bernini while he was there, or – at least – his alleged training had no significant impact on central-European art.

The peculiar conservatism of Liechtenstein-Castelcorno's artistic patronage may seem strange, when we consider the bishop's deep interest in matters of art, and the great care taken in designing programmes for internal decorations. In this matter the bishop used the services of Antonín Martin Lublinský (1636–90), who determined the iconography of the wall paintings in the *sala terrena* at Kroměříž Castle and designed sculptures for the interior, as well the adjacent garden.[25] He also played key role in planning the decoration of the churches at Svatý Kopeček near Olomouc, and most likely in Stará Voda.[26] Lublinský was a mediocre painter, but a renowned expert in rhetoric, symbolism and theology.[27] His position as a 'conceptor'[28] in Moravia can be compared to that of Piskorski in Cracow, but there are also differences. Both were born in the same year, but Piskorski lived longer, and created his greatest work at St Anne's only after Lublinsky's death, but it was possible only thanks to his close cooperation with a designer as brilliant as Siemiginowski. Apparently Lublinský and the bishop were lacking such a collaborator, as no available artist, including Fontana, had sufficient skills at the time.

Yet the influence of berninesque *bel composto* has its early and unique evidence in the lands of the Bohemian Crown, rather than in Poland, namely the St Elisabeth chapel at Breslau (Pol. Wrocław) Cathedral, founded by Bishop Frederick of

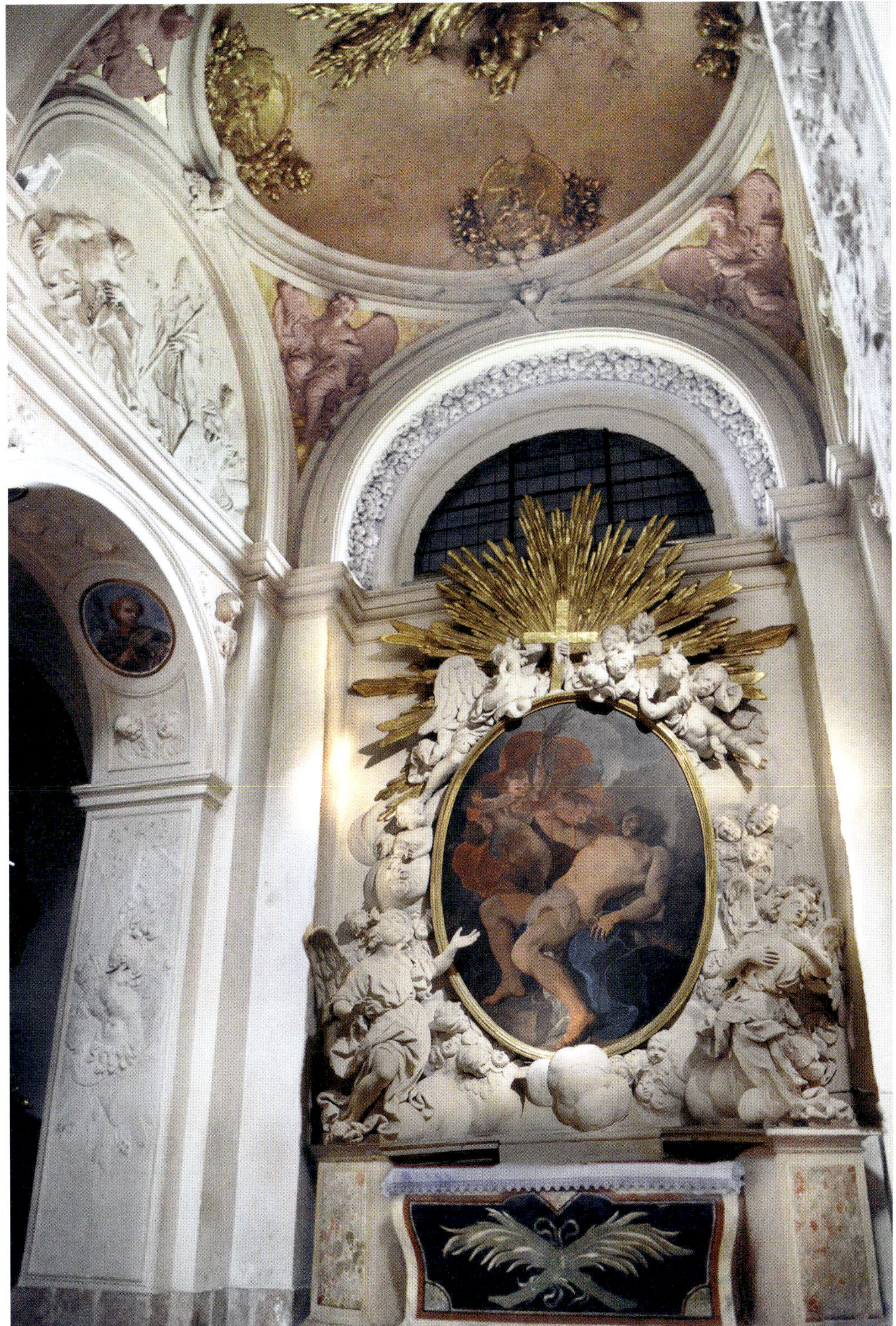

fig. 6
Baldassarre Fontana,
Paolo Pagani,
Karl Tanquart, St Sebastian
chapel, 1595-96. Cracow,
Church of St Anne.

Hesse-Darmstadt (1616–82) and planned as a synthesis of architecture, sculpture and paintings of the highest artistic quality. Those frescoes, by Giacomo Scianzi (dates unknown) between 1680 and 1683, are among the earliest in Central Europe that transcend architectonic frames in a manner that had significant impact on the art of the region.[29] So it is not surprising that first such experiments in Poland were also linked with Karl Tanquart (d. 1704; Pol. Karol Dankwart) – a painter of Swedish origin, who settled in Silesian Neisse (Pol. Nysa, Czech Nisa), but who was also known from works in Jesuit churches in Bohemia (Kladsko, Pol. Kłodzko) and Moravia (Znojmo). Unfortunately, nothing is known of Tanquart's training, but it is clear that he was one the first artists in Central Europe to specialise in uniting wall paintings with stuccoes by extending his painting over the three-dimensional frames, which were partly covered with specially formed plaster surfaces. The painter gave good evidence of this ability, working in 1694–95 in the church of Jasna Góra in Częstochowa, where he succeeded in achieving a decent artistic effect despite the low quality of the stucco works, and this success was the reason why Piskorski chose him as principal painter at St Anne. In Cracow Tanquart must have worked according to the same designs as Fontana, but (on the evidence of their payments) they never worked on any part of the church at the same time. Decorative work usually started with stucco, and later it was the painter's job to complete the composition and give it its final appearance.[30]

Even though the sources exclude the significant role Fontana played in designing Cracow university church or even its decoration, the stucco maker became its most significant contractor. It can be assumed that he had liberty at least to shape minor elements – faces, postures of secondary figures and ornaments. Piskorski was probably well aware that Fontana's talent outranked every other stucco maker available to him, so when the artist left Cracow on 29 October 1695 after his first season at St Anne's, the professor honoured him with farewell gifts to encourage him to return.[31] Piskorski decided to start decorative works in St Anne's with the chancel and the chapel that he personally had founded, which was dedicated to his patron saint, Sebastian **(fig. 6)**. To encourage other donors, this small space was shown to the public in 1696 as the first part of the new church, while the rest of the building was still a construction site. According to a contemporary report, 'this chapel had started the process of decorating the future church in a manner that had not been seen before'.[32] The design of the chapel foregrounded Fontana's stuccoes, and united them with small frescoes by Tanquart, but the most important work is the exquisite altar – the first in Cracow in which architectural structure is totally replaced by sculptures. Moreover, it incorporates the fine painting of St Sebastian by Paolo Pagani – the brilliant painter from Valsolda on the shore of Lake Lugano, who might have been recommended for the job by Fontana, who knew him well from Kroměříž.[33]

In the following years, Piskorski became Fontana's main patron in Poland, entrusting him with not only subsequent parts of the university church, but also two important works in Poor Clares churches in Stary Sącz and Cracow. Those two convents

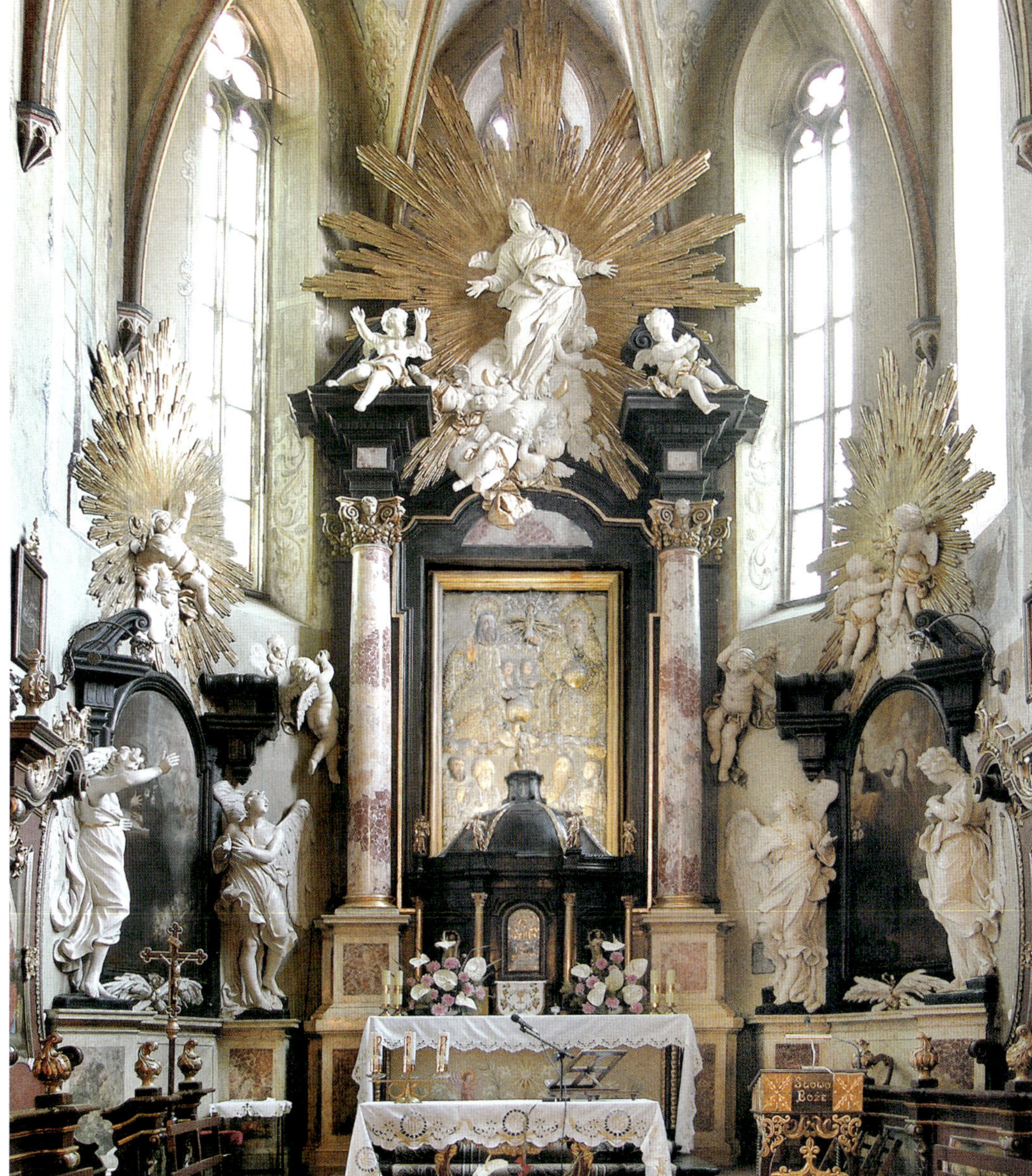

fig. 7
Baldassarre Fontana, main altar, 1699. Old Sącz, Poor Clares' church.

enjoyed significant wealth and great prestige, as the oldest of that order in Lesser Poland, established by influential members of the Piast Family – Blessed Salomea (1211/12–68), and Saint Kinga (1234–92) – the sister and the wife of the High Duke of Poland Boleslaus the Chaste (1226–79). But to carry out an ambitious artistic endeavour, the cloistered nuns needed the help of a trusted adviser and middleman. Piskorski easily found himself in this position as he had been confessor and preacher to the Cracow convent since 1676. So, probably on his initiative, Fontana was hired at Sącz in 1699 to make three magnificent altarpieces (with paintings by Tanquart), which dominated the look of the medieval church interior (fig. 7). Shortly afterwards

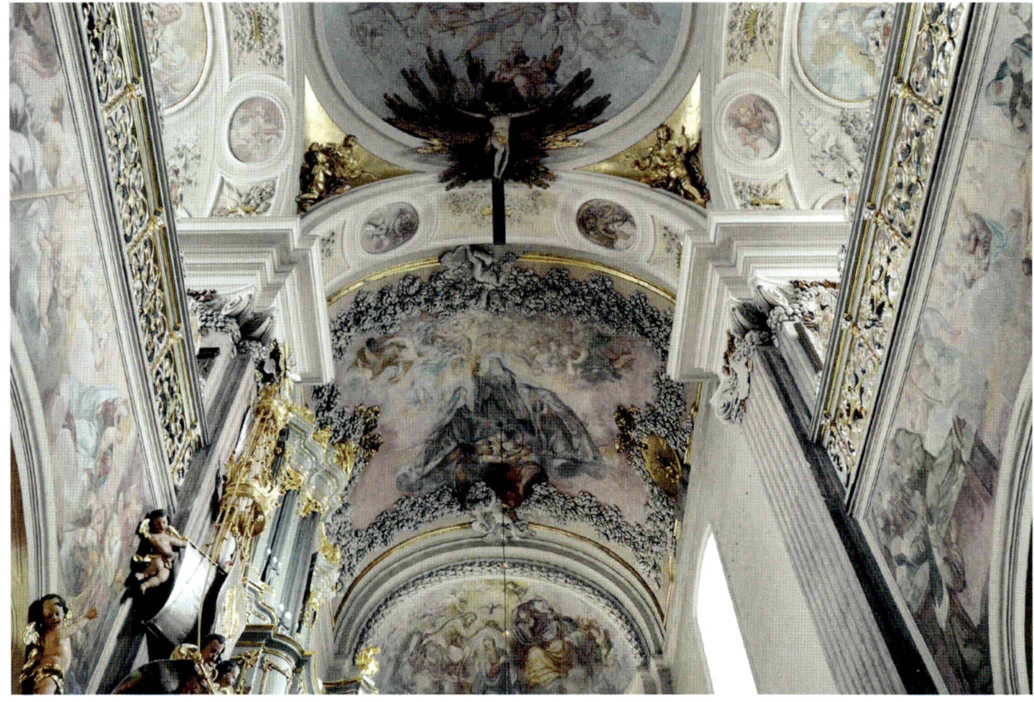

fig. 8
Baldassarre Fontana, stucco decorations; Innocenzo Monti (?), frescos, 1701-2. Cracow, Poor Clares' church.

Fontana worked for the Poor Clares in Cracow, where he decorated the whole interior of a small eleventh-century basilica, leaving spaces for wall paintings, which were probably added by Innocenzo Monti (1653–1710) **(fig. 8)**. Fontana's other works in Cracow left almost no archival records, so the circumstances of their commissioning are uncertain, but it seems likely that they came mostly from religious orders or private persons who had some link with Piskorski or the university. The Academy had close relations with the local Dominicans and Discalced Carmelites. For the first order Fontana decorated the chapel of Saint Hyacinth and its reliquary altar **(fig. 9)**. The church of the second order was totally rebuilt, but in its former chancel there is still a damaged group of the Annunciation, of the same composition as is preserved in the equivalent place in the university church.[34]

Fontana's other two known works in Cracow were made for institutions that had no significant connection with the university, but were certainly well-known to Piskorski, as he used to preach there. The first was the Carmelite church in the suburb of Piasek, where in 1700 the artist moulded three large figures on the facade **(fig. 10)**. This rare example of external stucco work, which is preserved in rather bad condition, with the heads and hands of the lateral figures replaced, has angelic heads and drapery that are typical of Fontana's work. The second is the Italian Confraternity Chapel in the Minorite friary. Its interior, furnished between 1697 and 1700 housed a marble altar with wooden figures of St John baptising Christ, carved by Wojciech Brzeski (dates unknown). This case is interesting, because archival records reveal that here Fontana was not only supposed to make stuccoes, but also to provide designs for

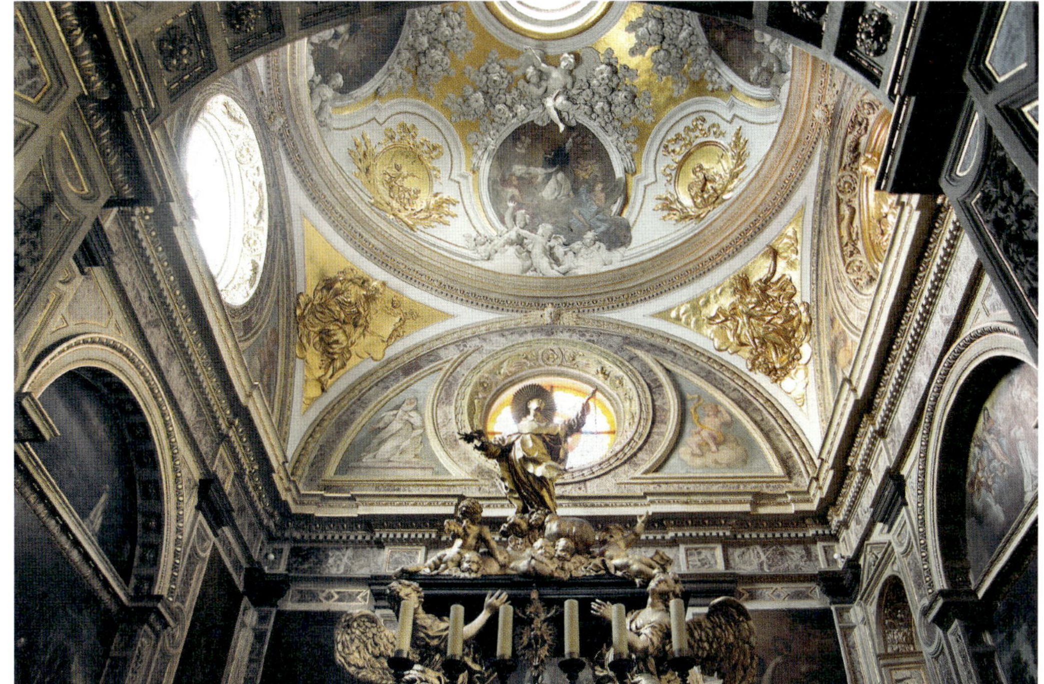

fig. 9
Baldassarre Fontana, altar and stucco decoration of the dome, *c.* 1695-1703. Cracow, Dominican church, St Hyacinth chapel.

stone carvers.[35] This case also shows the strong connection between Fontana and Italian society in Cracow, where he must have been well known and highly appreciated.

Piskorski might also have recommended Fontana to secular commissioners – especially those who made significant donations to St Anne's. Among them were the Lubomirski family, for whom the artist decorated at least one room, which was preserved in the Palace under the Rams (Pol. Pałac pod Baranami), and the Wodzicki, who hired him to make a stucco work in the *studiolo* at the St Christophorus Palace (Pol. Pałac Pod Krzysztofory) **(fig. 11)**. Both those palaces in the main Market Square of Cracow were later repeatedly rebuilt, so it is possible that Fontana's stuccoes originally covered more rooms than survive now. Two more commissions came from people who Piskorski most likely knew very well from the royal and episcopal courts. Jan Żydowski (d. 1721) – standard-bearer of Cracow, and Secretary to King John III, hired Fontana to make a distinguished decoration in Under the Pear House (Pol. Kamienica pod Gruszką) **(fig. 12)**. Mikołaj Ludwik Grabiański (c. 1650–1714), the entrepreneur and trusted assistant to Bishop Jan Małachowski, hired him for a small decoration in the apse of the country church at Ludwinów. Piskorski must also have known Zygmunt Zaleski (d. 1709) – the wealthy merchant and city councillor who hired the stucco maker to decorate a room in his house near St Mary's church[36] **(fig. 13)**.

Obviously, Fontana was able to make contact with commissioners by himself, but it seems that in Cracow Piskorski's protection boosted his career by creating a special fashion for his works in his social circle. To some extent, Piskorski behaved as though Fontana was acting under his personal patronage. On the other hand, we know that

Fontana appreciated the work for the university and was fully aware that it would be particularly important in his career. The stucco maker intended to establish a foundation with significant capital of 3000 florins (not much less than his annual income), from which the interest would be spent on the conservation of the church (*pro conservatione fabricae ecclesiae*).[37] It should be emphasised that such an action was quite exceptional, even if one takes into consideration all early modern artists.

These observations are relevant to any discussion about the profile of Fontana's profession. It seems that in Poland (where he worked intermittently until 1703) he acted almost exclusively as a stucco maker – the guild system of the time was traditionally limited by the material used. There is no suggestion that his workshop involved any painters or carvers, nor did he make any designs for any places or pieces to be executed without his involvement in stucco work. Moreover, in his main work in St Anne, Fontana followed projects made by others, at least for the main outlines. Church works for the Poor Clares were executed according to the concept made by Piskorski in collaboration with the Abbesses Anna Eufrozyna Tyrawska (d. 1711) and Konstancja Apolinara Jordanówna (d. after 1714).[38] However, Fontana was certainly capable of composing minor works independently and might have had significant freedom in shaping peripheral parts of the greatest decorations.

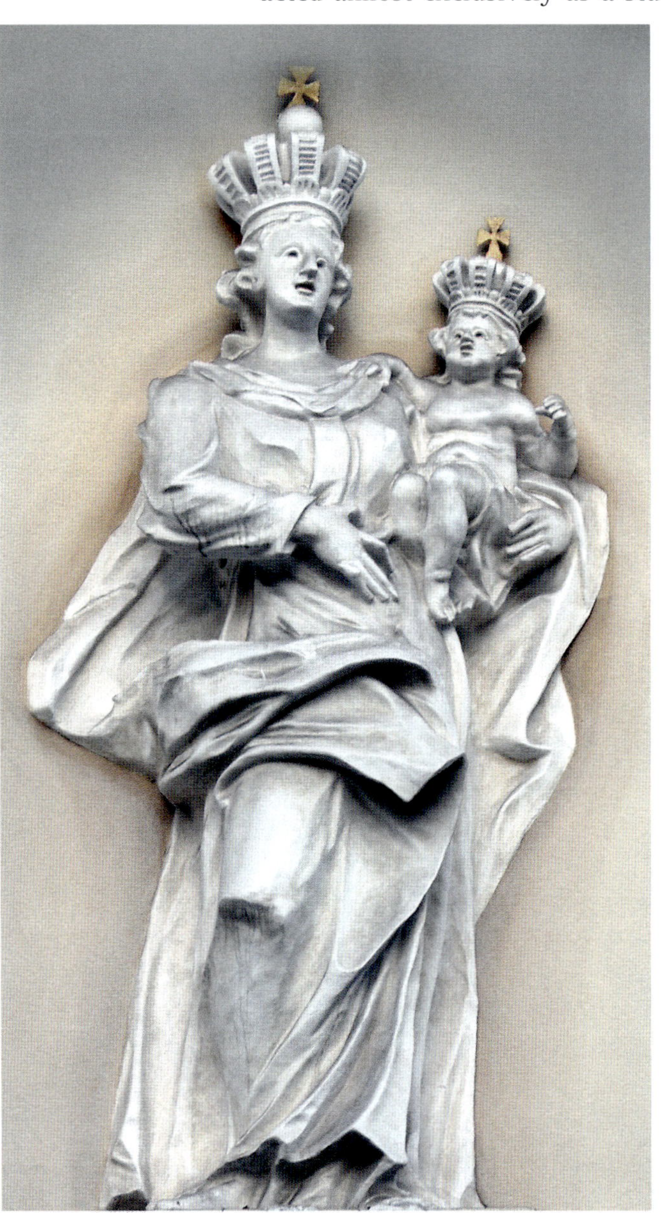

fig. 10
Baldassarre Fontana, *Virgin and Child*, 1700. Cracow, Carmelite church in Piasek, facade.

Despite that, in older literature designs for numerous works in metal, wood and stone were attributed to Fontana solely on the basis of vague similarities with his works. This was particularly due to Mariusz Karpowicz who considered the artist to be the only designer present in Cracow at the turn of the seventeenth century who was familiar with the Roman art of Bernini and his circle.[39] Those suppositions had already been proved to be baseless,[40] but they are still sometimes repeated without sufficient caution.[41] Misconceptions regarding particular works in Cracow might also affect other conclusions, as can be observed in the reconstruction of the monument to the founders in the monastery of Hradisko suggested by Pavel Suchánek. The

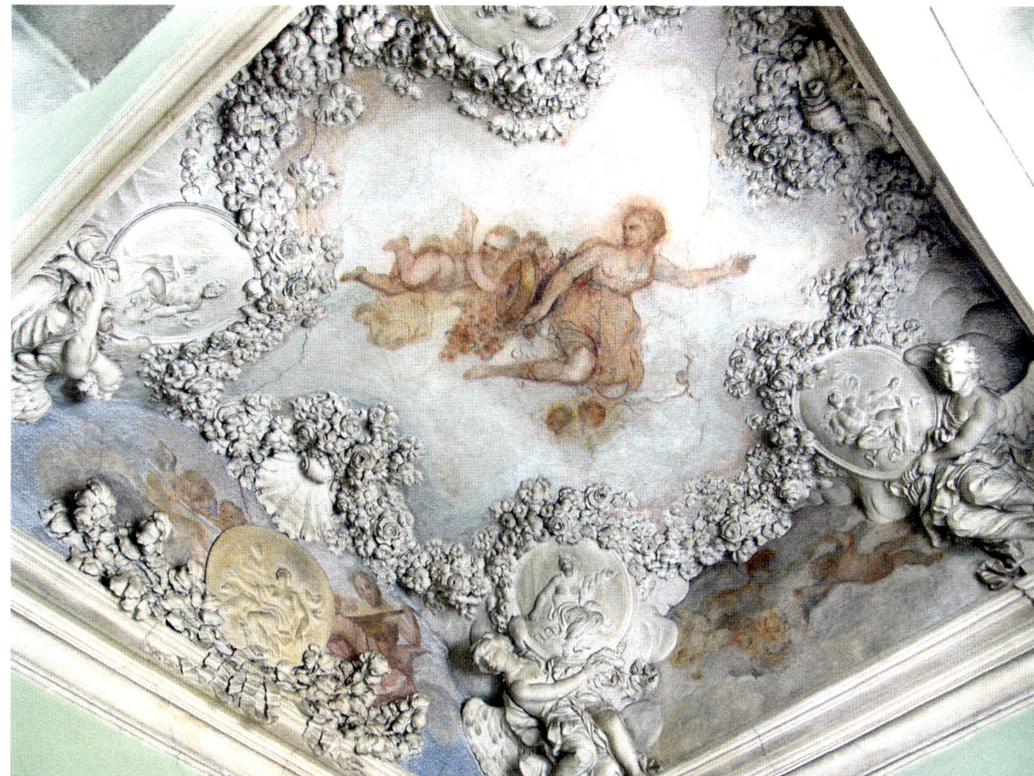

fig. 11
Baldassarre Fontana, stucco decoration of the *studiolo*, c. 1695–1703. Cracow, St Christophorus Palace.

monument, made by Fontana in 1718, has been compared to the mausoleum of St John Cantius, which the stucco maker certainly did not design, and a perceived basis in the shape of the epitaph to Bishop Jerzy Denhoff (1740–1702)[42] – which the artist might never have seen, as it was only founded more than two years after his last known presence in Cracow.[43]

The results of recent research on Fontana in Poland allow for such small corrections and they fully confirm previous observations made by Miloš Stehlík, who stated that the artist gained important experience in Poland, which he subsequently used in his later works in Moravia.[44] One of the first interiors there in which stucco and painted decoration were integrated in the new berninesque way is the library of Hradisko abbey, decorated by Fontana and Innocenzo Monti in 1703–4, their first project after the busy time in Cracow.[45] In his later works Fontana frequently repeated not only the poses of previous statues, as was quite normal for a popular and quick working artist, but also the composition of some reliefs. He might have copied designs passed to him by his patron or used prints – as can be seen in the composition of the *Dream of St Joseph*, which Fontana carried out in stucco firstly in Cracow, and later in Šternberk, Moravia. Its source was probably a print, showing in reverse a painting by Carlo Maratti in the church of Sant'Isidoro a Capo le Case in Rome. It is hard to determine whether the model was chosen by the stucco maker, by Siemiginowski or even Piskorski, as we know that both of the latter were well-versed in Roman art of

fig. 12
Baldassarre Fontana, stucco ceiling decoration, c. 1697–1703. Cracow, Under the Pear House.

fig. 13
Baldassarre Fontana, first-floor room, after 1695 - before 1703. Cracow, Hipolit House.

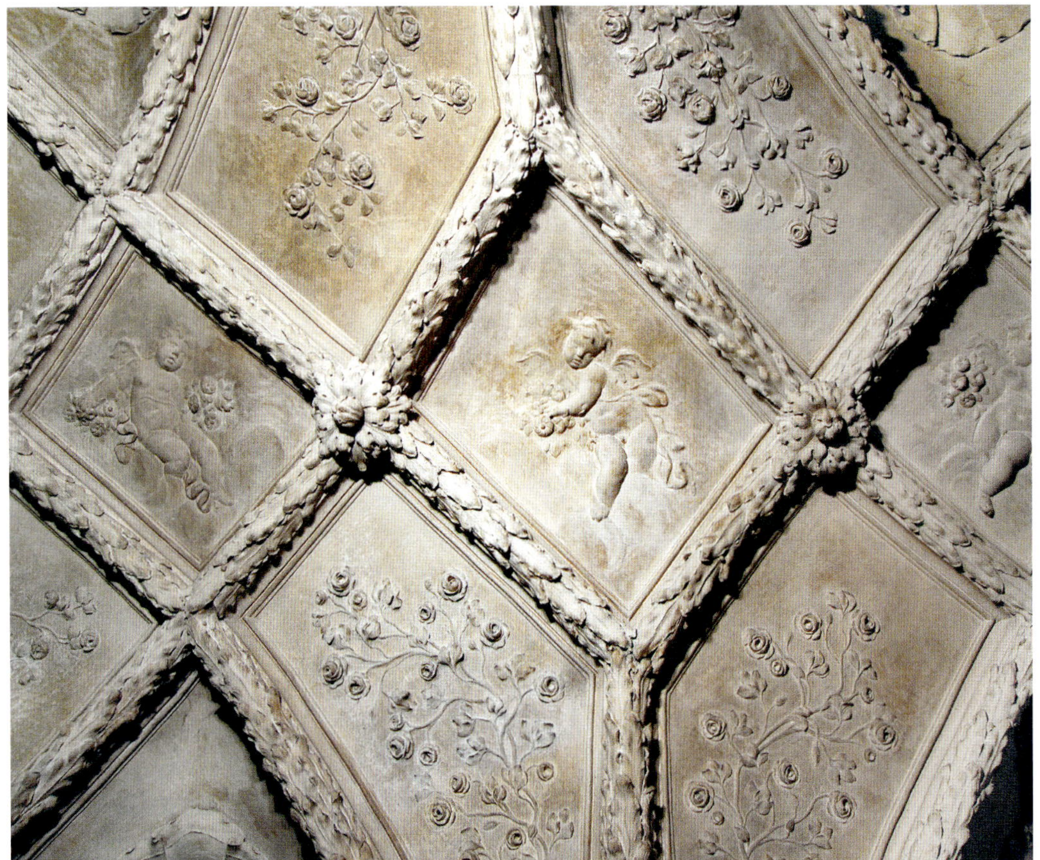

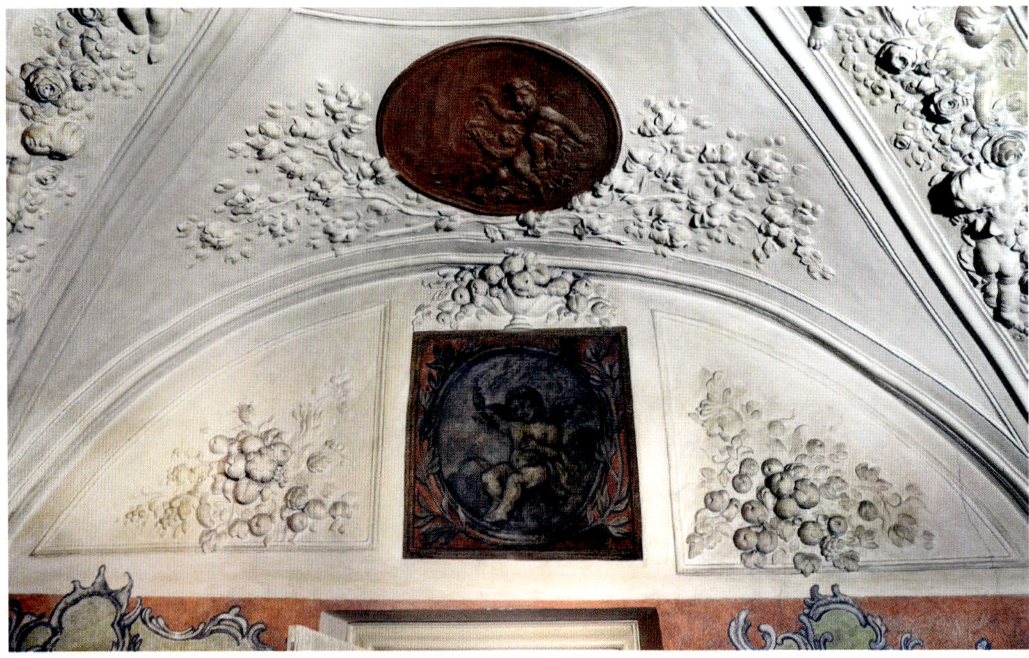

the period.[46] Part of a composition from Under the Pear House was also repeated by Fontana in the castle of Uherčice.[47] He might have learned how to run a big artistic undertaking being in charge of many other artists and contractors of various professions. Archival sources suggest that he may have acted in such a position during works in the churches on the Svatý Kopeček near Olomouc, which started in 1722.[48]

Jana Zapletalová noticed that it was Fontana who brought the art of stucco in Moravia to a new level of artistic quality,[49] and the same conclusion also undoubtedly applies to the situation in Poland. But the new way of combining the painted with the moulded parts of a decorative scheme, and the consequent revolution in approach to artistic illusion and the synthesis of arts can hardly be observed in his early works. The means by which artistic ideas were transmitted from Rome to Central Europe in the late seventeenth century seems to be more winding. As well explaining it through an artist's education and design activity, future studies should take account of the role of patrons, artistic advisors, and the complicated process of creating an elaborate artwork. Regarding the last point, special attention must be given not only to the problem of the division of labour within a single workshop, but also to cooperation among artists of different professions.

* This paper was created within the project STUCCO DECORATION ACROSS EUROPE, ID 2022-1-cz01- ka220-hed-000085652, co-funded by the European Union.

1 The Bailiwick of Mendrisio was the southernmost territory dependent on the Swiss Confederation. In 1803 it became part of the newly created Canton Ticino, so in later literature Fontana is sometimes called Ticinese. In Poland he was described as Comensis (from Como), the closest city and diocesan capital.

2 J. Pagaczewski, 'Baltazar Fontana w Krakowie', *Rocznik Krakowski* 11 (1909, pp. 3–50). For recent conclusions on Fontana's oeuvre in Poland see M. Kurzej, *Siedemnastowieczne sztukaterie w Małopolsce*, (Cracow, 2012, pp. 171, 435, 443–46, 464, 512, 513). Pagaczewski did not include the figures on the facade of the Carmelite church at Piasek, a suburb of Cracow (archival confirmation, 1700), and the decoration of the apse in the small church in Ludwinów. But he did attribute the statue of St Michael in St Mark's church and the decoration in the great salon of the St Christopher Palace (Pol. Krzysztofory), which appears to be unjustified.

3 M. Karpowicz, *Baldasar Fontana 1661–1733. Un Berniniano Ticinese in Moravia e Polonia* (Lugano, 1990).

4 Karpowicz attributed some minor works in Mendrisio, Chiasso, Morbio Superiore and Cabbio to Fontana (Karpowicz [op. cit. note 3], pp. 213, 227–28), but his arguments are not convincing. The most notable of those works is the fireplace hood at the Cantoni house in Cabio. The figurative elements of its decoration, particularly the manner of modelling the faces, are distinctly different from any of Fontana's works. See Kurzej (op. cit. note 3), p. 169.

5 For example, the lamb seated on top of the shrine of St John Cantius is illuminated for a short time in the evening on the days close to the summer solstice – the date of the saint's birth – which was apparently meant to illustrate the idea that the Lamb of God himself is a source of divine illumination.

6 Pagaczewski (op. cit. note 2), pp. 11–13; Kurzej (op. cit. note 2), p. 616.

7 A. Buchowski, *Domini super Templum S. Suum ad Solennes Enaeniorum primitas Ecclesiae Collegiatae S. Annae Ope Divinae Providentiae recentar a fundamentis erectae* [...] (Cracoviae, 1703), f. E2v.

8 '[...] serio animadvertens exemplum posterae suae famae sibi parari in ea ubre, illoque

loco, ad quem reliquarum provinciarum regni manufacta opera, veluti ad censorem aestimatoremque suum confugiunt [...]'. Ibid., f. E3r.

9 Ibid., f. E3r.

10 For the whole duration of construction works Piskorski was employing the architect Francesco Solari, who was responsible for technical aspects of the process and on 29 February 1699 he provided the design for the church dome (M. Kurzej, *Depingere fas est. Sebastian Piskorski jako konceptor i prowizor* [Cracow, 2018, p. 55]).

11 Kurzej (op. cit. note 10), pp. 48–9.

12 S. Mossakowski, *Tilman van Gameren. Leben und Werk* (Munich, 1994).

13 Kurzej (op. cit. note 10), pp. 48–9.

14 Ibid., p. 57. Original document in the Archive of the Jagiellonian University in Cracow, manuscript 318, *Rationes Perceptorum et Expensorum Pro Fabrica Ecclesiae S. Annae Crac.*, 233.

15 Kurzej (op. cit. note 10), pp. 44, 274. For Siemiginowski see M. Karpowicz, *Jerzy Eleuter Szymonowicz Siemiginowski malarz polskiego baroku*, (Wrocław-Warszawa-Kraków-Gdańsk, 1974).

16 Kurzej (op. cit. note 10), pp. 44–65, 113–68.

17 M. Pavlíček, 'Sculptors and Sculpture in the Milieu of Bishop Karl von Liechtenstein-Castelcorno', in O. Jakubec (ed.), *Karl von Liechtenstein-Castelcorno (1624–1695). Bishop of Olomouc and Central European Prince* (Olomouc, 2019), p. 309.

18 J. Zapletalová, 'Saly terreny zámku v Kroměříž a návrhy soch pro podzámeckou zahradu', *Umění Art* 65 (2017, no. 3, pp. 269–82); J. Zapletalová, 'Decoration of the Chateau Halls and Staircases', R. Švácha, M. Potůčková, J. Kroupa (eds.) *Karl von Liechtenstein-Castelcorno (1624–1695). Places of the Bishop's Memory* (Olomouc, 2019), pp. 130–31.

19 J. Zapletalová, R. Švácha, 'The Pilgrimage Church of St James the Great and St Anne at Stará Voda', ibid., pp. 402–7. The stucco decoration was made by Matteo Rezzi and some by Fontana (probably Baldassarre) in 1688.

20 S. Jemelková, 'Modifications to Hukvaldy Castle, 1667–1691', ibid., pp. 429–30.

21 T. Parma, '*Wisscovia elegans et instaurata.* Reconstruction and Completion of the Vyškov Chateau, 1667–1682', ibid., pp. 256–57.

22 Zapletalová (op. cit. note 18), pp. 130–32; J. Kroupa, "*In perpetuam sui memoriam*". Reconstruction of the Residence in Kroměříž, 1664–1668, 1687–1698', ibid., pp. 118–19.

23 M. Kurzej, 'Autorstwo architektury kościoła św. Anny w Krakowie a problem twórczości architektonicznej Baltazara Fontany', *Biuletyn Historii Sztuki* 79 (2017, no. 3, p. 467).

24 M. Smýkal, 'Světské stavby Giovanni Pietra Tencally na Moravě' (MA thesis, Masaryk University in Brno, a.y. 1975), p. 60). Some designs for the great hall were also made by Giovanni Pietro Tencalla, as mentioned in his letter published in Švácha, Potůčková, Kroupa (op. cit. note 18), p. 149.

25 Zapletalová (op. cit. note 18), 269–82; M. Pavlíček, *Sala terrena,* in Švácha, Potůčková, Kroupa (op. cit. note 18), pp. 135–47.

26 Zapletalová, Švácha (op. cit. note 19), p. 412; M. Mádl, '*Fundamenta eius in montibus sanctis.* Biskup Karel a premonstráti', Švácha, Potůčková, Kroupa, p. 420.

27 M. Togner, *Antonín Martin Lublinský 1636–1690* (Olomouc, 2014), pp. 33–8. Lublinsky, born in Leschnitz (Pol. Leśnica) in Silesia, was also known as an art consultant in the region. In 1685 Johannes Reich, cistercian abbot of Leubus (Pol. Lubiąż), turned to him for recommendation of a fresco painter. See A. Kozieł, 'Gdzie ci Włosi, prawdziwi tacy [...] Barokowe malarstwo freskowe na Śląsku a włoscy malarze-freskanci', in R. Sulewska, M. Smoliński (eds.), *Artyści znad jezior lombardzkich w nowożytnej Europie. Prace dedykowane pamięci Profesora Mariusza Karpowicza* (Warszawa, 2015, p. 156).

28 A conceptor or iconographer was a specialist in designing programmes for complex artworks. About this profession see Kurzej (op. cit. note 10), pp. 74–81.

29 Kozieł (op. cit. note 27), pp. 157–58.

30 Kurzej (op. cit. note 10), pp. 61, 279–80.

31 According to the source, Fontana received a crystal watch, a bear (probably only a fur), a box and an inkwell from Kleck, a bag of Częstochowa groats, a walking stick and knives (Archive of the Jagiellonian University, *Rationes*, p. 96).

32 Buchowski (op. cit. note 7), F4r–Gv.; Kurzej (op. cit. note 10), p. 52.

33 J. Zapletalová, 'Fresco Painters in the Service of Karl von Liechtenstein-Castelcorno and the Transformation of Visual Culture in Moravia' in Švácha, Potůčková, Kroupa (op. cit. note 18), pp. 242–44. Despite futile attempts to excend Pagani's *oeuvre* (M. Karpowicz, 'Paolo Pagani in Moravia e Polonia', *Arte Lombarda* 3-4 [1991, pp. 103–17] and M. Karpowicz, 'Paolo Pagani a Cracovia. Addenda', *Arte Lombarda* 2 [1999, pp. 62–4]). The altar painting of St Sebastian is the only known work by Pagani in Poland and it is not certain if it was painted *in situ* or sent from elsewhere (Kurzej [op. cit. note 11], p. 277).

34 Kurzej (op. cit. note 10), pp. 68–73, 276.

35 S. Tomkowicz, 'Włoscy kupcy w Krakowie w XVII i XVIII w.', *Rocznik Krakowski* 3, 1900, p. 17; According the agreement, Fontana has also promised to facilitate the works of masons and building materials («[...]ha promesso fare ogni gevoleza quanto poi alli muratori et materiale cui doveva procurare [...]». Karpowicz quoted this fragment wrongly – changing the object of the sentence from *gevoleza* to *gerenza*. In this way he tried to justify his hypothesis, that Fontana was put in charge over all other contractors employed in the chapel (see Karpowicz [op. cit. note 3], p. 258). The altar was destroyed at the turn of the eighteenth century and its appearance is unknown. Only the crowning shape of the stucco glory and some ornaments on the ceiling are preserved. Some hypothetical remarks on the altar's design were made by Andrzej Kusztelski, 'Prace Baltazara Fontany w kaplicy Włoskiej przy klasztorze Franciszkanów w Krakowie,' M. Szyma, M. Walczak (ed.), *Sztuka w kręgu krakowskich franciszkanów i klarysek* (Kraków, 2020), pp. 391–98.

36 Kurzej (op. cit. note 2), pp. 460–70.

37 Kurzej (op. cit. note 10), pp. 275–77. According to the archival source (Archive of the Jagiellonian University in Cracow, manuscript 319, *Liber Perceptorum et Expensorum pro Ecclesia Collegiata S. Annae*, 16), Fontana entrusted the money to 'the noble

Marchetti, merchant and citizen of Cracow'. The foundation did not come to fruition, probably because of the Swedish invasion and occupation of Cracow in 1702 and plagues in the following years. It was only in 1745, after a long lawsuit, that the university recovered a certain amount of valuable silk fabric from Marchetti's daughter, then the widow of Giuseppe Gherardini. This Marchetti may have been a relative of the painter Francesco Marchetti, whom Fontana probably met during his work in Kroměříž. Francesco Marchetti was applying for a commission to paint the vault of the great hall of the episcopal castle and proposed a written idea for its iconography (see Zapletalová 2019 [op. cit. note 18], p. 130).

38 Kurzej (op. cit. note 2), pp. 179, 447, 592; Kurzej (op. cit. note 10), pp. 70, 73.

39 Karpowicz (op. cit. note 3), pp. 97, 191–98, 205, 207, 210, 214.

40 Kurzej (op. cit. note 2), pp. 170–72.

41 See for example F. Bulfone Gransinigh, 'Baldassarre Fontana (1661–1733): Some Notes and Considerations about Roman Languages in the Polish and Moravian Building Sites', *ArcHistoR* 8 (2021, no. 15, pp. 100–33). The paper has also multiple minor slips in dating and descriptions of Polish works by Fontana.

42 See P. Suchánek, *K větší cti a slávě* (Brno, 2007, pp. 121, 307).

43 Kurzej (op. cit. note 2), p. 171.

44 M. Stehlík, 'Nástin dějin sochařství 17. a 18. věku na Moravě', *Studia Minora Facultatis Philosophicae Universitatis Brunensis* 19–20 (1975–76, pp. 23-40, p. 27); M. Stehlík, 'Italien und die Barockbildhauerei in Mähren,' in K. Kalinowski (ed.), *Barockskulptur in Mittel- und Osteuropa* (Poznań, 1981, pp. 127–33).

45 M. Mádl, '*Fundamenta eius in montibus sanctis.* Biskup Karel a premonstráti', in *Švácha, Potu˚ cˇková, Kroupa* (op. cit. note 18), p. 482.

46 Kurzej (op. cit. note 10), p. 56. On Fontana's work in Štenberk see 'Sochařská výzdoba lateránské kanonie a kostela Zvěstování Panny Marie ve Šternberku,' in F. Hradil, J. Kroupa (eds.), *Šternberk. Klášter řeholních lateránských kanovníků* (Šternberk, 2009, p. 72).

47 On Fontana's works in Uherčice see T. Kubová, 'Interiérová výzdoba zámku v Uherčicích' (MA thesis, Masaryk University in Brno, 2015, pp. 29–46).

48 Karpowicz (op. cit. note 3), pp. 261–63; Suchánek (op. cit. note 42), pp. 218–28.

49 Zapletalová (op. cit. note 33), p. 246.

Gli stucchi di Baldassarre Fontana, primi appunti su tempi d'esecuzione, materiali e tecniche: lo studio della *Galleria degli angeli* del castello di Uherčice*

Alberto Felici, Jana Zapletalová, Marta Caroselli, Giovanni Nicoli, Medea Uccelli, Jan Válek

Per molte opere d'arte non esistono documenti che consentono di datarle con certezza. I pochi dati d'archivio che aiutano a inquadrare meglio l'arco cronologico o il contesto in cui sono state realizzate sono sfruttati con ingegno dagli studiosi che comunque tendono a situare una costruzione solitamente al termine di quella che la precede. La realtà dei cantieri della prima età moderna era probabilmente diversa e alcune commissioni furono completate in parallelo, per gradi e in un arco di tempo molto ampio.[1] Per capire come alcuni artisti riuscissero a coordinare contemporaneamente più incarichi, è necessario cercare di riscostruire l'organizzazione e la gestione dei loro grandi cantieri. L'organizzazione e la struttura della bottega, come anche la qualità del *time management* del maestro e gli aspetti tecnici dell'esecuzione dei grandi complessi decorativi che hanno caratterizzato la costruzione o il riammodernamento di moltissimi edifici in epoca postridentina, di sovente, hanno influenzato la realizzazione dei lavori che di conseguenza possono avere avuto uno svolgimento che complica la loro ricostruzione cronologica. Queste imponenti decorazioni, frequentemente composte da pitture murali, stucchi e materiali lapidei, necessitavano di un attento coordinamento di materiali e persone, oltre che una precisa gestione dei tempi di lavoro.[2] Per questo motivo è determinante studiare l'organizzazione logistica dei cantieri: il trasporto e la fornitura dei materiali, la tempistica delle lavorazioni. Di sovente il capobottega aveva a disposizione assistenti con differenti specializzazioni ed era chiamato a collaborare efficacemente con altri artisti (pittori, indoratori, scalpellini). Inoltre, frequentemente, i viaggi e gli spostamenti fra i vari cantieri, le condizioni ambientali del luogo in cui si svolgeva il lavoro, come anche i rapporti con la committenza, assumevano un ruolo importante per la buona riuscita del lavoro.

In questo studio, utilizzando l'analisi della tecnica esecutiva di alcune opere della bottega del famoso stuccatore e scultore Baldassarre Fontana (1661-1733), abbiamo cercato di comprendere quale fosse il suo *modus operandi*, in modo da formulare delle ipotesi su come fosse stato capace di gestire la realizzazione delle sue commissioni. Infatti, in relazione alla conoscenza dei dati archivistici in nostro possesso, riteniamo che Fontana, come di sovente accadeva ad artisti di successo, grazie a una

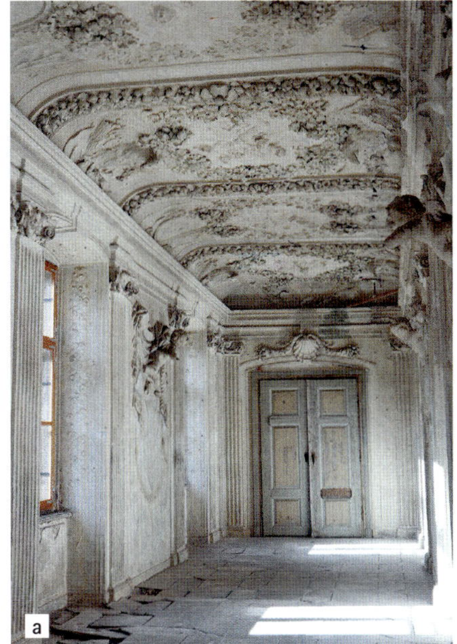

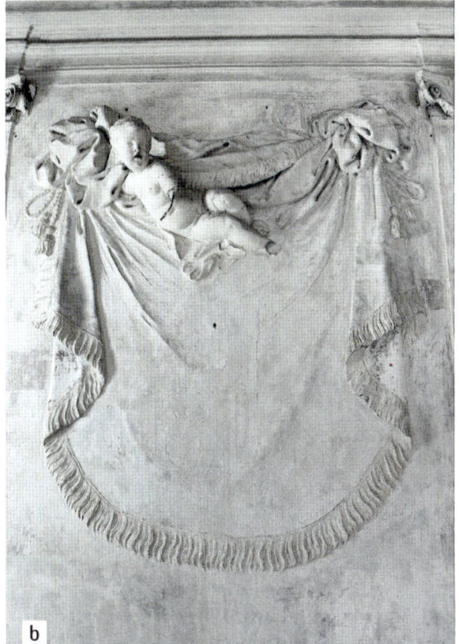

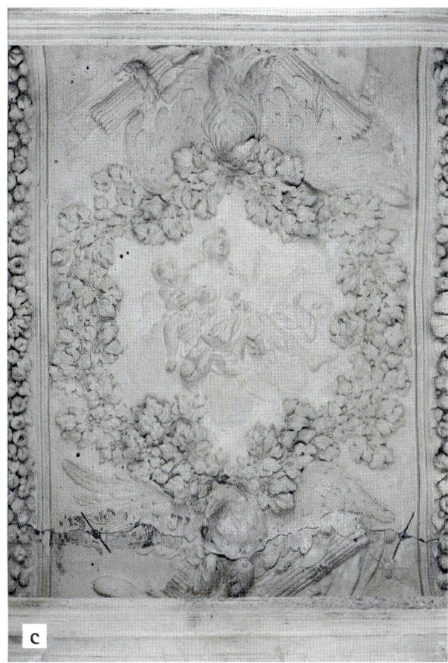

fig. 1
a. Castello di Uherčice, *Galleria degli angeli*, prima dell'intervento di restauro. L'intero ambiente è decorato da un apparato in stucco attribuito alla bottega di Baldassarre Fontana eseguito fra il 1690 e i primi anni del Settecento;
b. Putto con panneggio, parete sud-ovest;
c. Soffitto con al centro una scena centrale contornata da ghirlande di foglie.

buona organizzazione, abbia potuto lavorare con i suoi collaboratori in alcuni periodi contemporaneamente in diversi luoghi. Lo scopo di questo studio è quindi quello di presentare i primi risultati ottenuti dalla ricerca d'archivio, dalla caratterizzazione dei materiali costitutivi e dalle osservazioni visive sulle procedure tecniche utilizzate – tutti aspetti che potrebbero far comprendere meglio l'organizzazione del lavoro di questi stuccatori –, oltre che di leggere sotto una nuova luce alcune loro scelte formali e stilistiche. Come esempio, useremo gli stucchi della *Galleria degli angeli* nel castello di Uherčice, città situata nel sud della Moravia (**fig. 1**).

Baldassarre Fontana e i dati archivistici sull'organizzazione della bottega

Fontana, che aveva raccolto e sviluppato l'eredità di Gian Lorenzo Bernini e dei suoi successori,[3] viene documentato con certezza per la prima volta in Moravia a partire dal 1688.[4] Qui, come in numerosi altri luoghi dell'Europa centro-orientale, eseguì una importante serie di commissioni. Tra i primi lavori al suo arrivo in Moravia, dopo l'importante commissione di Hohenaschau (1683) nell'attuale Baviera, si ricordano i suoi interventi a Stará Voda presso Libavá (1688), nel castello di Valtice (1689), nel castello di Kroměříž (1691-1694),[5] nel canonicato premostratense di Hradisko vicino a Olomouc (1692, 1694, 1702, 1704), a Vyškov (1692), Šebetov (1694-1695), Cracovia (dal 1695 con pause fino al 1704) e in decine di altre località in Moravia e Polonia.[6]

Baldassarre era la persona che firmava i contratti e il responsabile delle attività dell'intera bottega e quindi il suo nome ricorre più frequentemente nei documenti, anche se nelle carte sono ricordati più di una decina di aiuti, tra i quali certamente non c'erano solo stuccatori, ma anche maestri di altre professioni.[7] Una grande bottega con collaboratori di grandi capacità tecniche e di provata esperienza professionale permise a Fontana di completare numerose e impegnative commissioni in tempi brevi e di assumere molti incarichi in luoghi fra loro disparati negli stessi periodi, senza mai scontentare le esigenze dei committenti. Non tutti i contratti permettevano al capo stuccatore di «sparire» dal cantiere e di allontanarsi per un certo tempo per supervisionare e assistere la sua bottega in un altro luogo; infatti, in alcuni casi vi era l'esplicita richiesta che fosse lui personalmente a intervenire.

Che Fontana cercasse di affidare ai suoi collaboratori alcune commissioni è indirettamente testimoniato dalla richiesta del vescovo di Olomouc, Karl von Liechtenstein-Castelcorno (1624-1695), il quale, nel contratto per la decorazione a stucco delle nove sale del piano nobile del castello di Kroměříž del 3 febbraio 1691, gli fece sottoscrivere che avrebbe eseguito il lavoro personalmente, al massimo con l'aiuto del fratello.[8] Non è chiaro se il vescovo avesse avuto precedenti esperienze non troppo positive con Fontana, quando il lavoro era stato eseguito dai suoi assistenti in misura maggiore di quanto il vescovo avrebbe voluto.

Il materiale d'archivio in tre casi mostra esplicitamente che in alcuni lavori Fontana faceva dirigere il suo team da uno dei suoi collaboratori durante la sua assenza, recandosi a ispezionare il lavoro ma intervenendo direttamente soltanto sulle parti più complesse e significative. La prima volta accadde alla fine del 1702, quando, con l'arrivo dei primi freddi, interruppe il suo lavoro nella biblioteca del canonicato premostratense di Hradisko dopo due mesi e tornò a casa per motivi privati. I suoi collaboratori rimasero comunque in Moravia durante l'inverno, ma si spostarono nelle stanze della residenza premonstratense di Konice, dove forse le condizioni climatiche dell'ambiente erano più adatte al loro lavoro.[9]

Altri due esempi mostrano che Fontana realizzò due commissioni simultaneamente e per fare questo si spostò velocemente da un luogo all'altro. Nel primo caso, il 22 maggio 1718 il cronista del canonicato premostratense di Hradisko annotò negli *acta diurna* del monastero: «Lo stuccatore Baldassarre Fontana è tornato [a Svatý Kopeček], da dove era partito recentemente con disgusto. Il motivo, tuttavia, era quello di supervisionare il lavoro altrove». Secondo l'annotazione dello stesso cronista del 9 luglio 1718, Fontana completò il suo lavoro nel mausoleo dei fondatori del canonicato premostratense di Hradisko in quattordici giorni. Partì subito per Brodek, vicino a Prostějov, dove lasciò al lavoro un compagno, che nel frattempo finì i capitelli delle colonne sugli altari di San Giuseppe e Santo Stefano.[10]

Questi elementi non chiariscono tutti i particolari di come Fontana operasse in questi frangenti, ma suggeriscono che l'artista, oberato di numerosi impegni, cercasse di accontentare le assillanti richieste dei committenti avendo a disposizione collaboratori di cui si poteva fidare e una buona organizzazione logistica. Inoltre, gli fu necessario mettere a punto una procedura tecnica e individuare i materiali che consentissero a lui e a tutti i componenti della bottega di procedere coralmente nella costruzione di apparati decorativi così complessi.

Le decorazioni in stucco nel castello di Uherčice sono attribuite a Fontana e alla sua bottega esclusivamente su base stilistica.[11] Non sono noti documenti d'archivio riguardanti il periodo d'esecuzione, che tuttavia può essere provvisoriamente collocato in prossimità del 1690 oppure al massimo nel primo decennio del secolo successivo.[12] È ricordato solo il nome del collaboratore di Fontana, lo stuccatore Giovanni Battista Bussi.[13] Non conosciamo la durata del cantiere e, in mancanza di informazioni precise sulla durata dell'intervento e sul periodo, possiamo aiutarci con il confronto di quanto messo in opera da Fontana nel canonicato del monastero di Hradisko vicino a Olomouc, impresa ben documentata dal punto di vista del materiale d'archivio.

Analisi delle procedure tecniche nella *Galleria degli angeli*

La stanza, a pianta rettangolare, è di grandi dimensioni e misura una quindicina di metri di lunghezza per quattro di altezza e tre e mezzo di larghezza. Si trova al primo piano del castello, si affaccia sul cortile interno principale nella parte esposta a nord e collega, come un vero e proprio corridoio, la zona riservata all'uso privato con quella di carattere pubblico. Nei due lati lunghi sono presenti quattro grandi finestre che rendono l'ambiente molto luminoso e arieggiato. È suddivisa internamente in campate e alle pareti si alternano le finestre con una ricca decorazione di putti che sostengono un finto drappeggio. Una trabeazione continua separa le pareti dal soffitto a volta ribassata; quest'ultimo è diviso in campate in cui la decorazione in stucco compone ricche ghirlande di fiori, medaglioni in bassorilievo a tema ludico con figure mitologiche e amorini, trofei e panoplie, sostenuti da aquile rampanti con le ali spiegate. Delle suppellettili originali non rimane più niente, ma alcune foto d'archivio conservate presso il castello consentono di comprendere quanto fosse ricco e sfarzoso l'arredo originario. Osservando queste decorazioni si comprende bene che Fontana dovette possedere una solida e tradizionale formazione professionale, come dimostra il modo con cui sono realizzate le decorazioni architettoniche che hanno un supporto in laterizi. Nelle parti maggiormente aggettanti, come le cornici, i mattoni venivano sbozzati così da essere predisposti per la forma finale della modanatura. Nelle cornici con spessori minori, invece gli strati di malta non hanno alcun sostegno.[14]

Sul piano di fondo delle pareti veniva steso un primo rinzaffo e poi un arriccio, su cui venivano realizzate le decorazioni. Dopo aver abbozzato i volumi con la malta di corpo tramite l'utilizzo di un modine, veniva ottenuta la forma della decorazione desiderata, poi rifinita con un sottile strato di malta di finitura e un ulteriore passaggio del medesimo strumento (fig. 2).

Sull'arriccio delle pareti e dei soffitti veniva disegnata a carboncino la forma delle figure (fig. 3), unicamente indicata con brevi tratti e con qualche sintetica linea di

fig. 2
Stratificazione della malta, in corrispondenza della trabeazione, dove è osservabile l'utilizzo del modine per la definizione dei profili.

fig. 3
Disegno preparatorio a carboncino realizzato sull'arriccio, per studiare l'andamento della composizione.

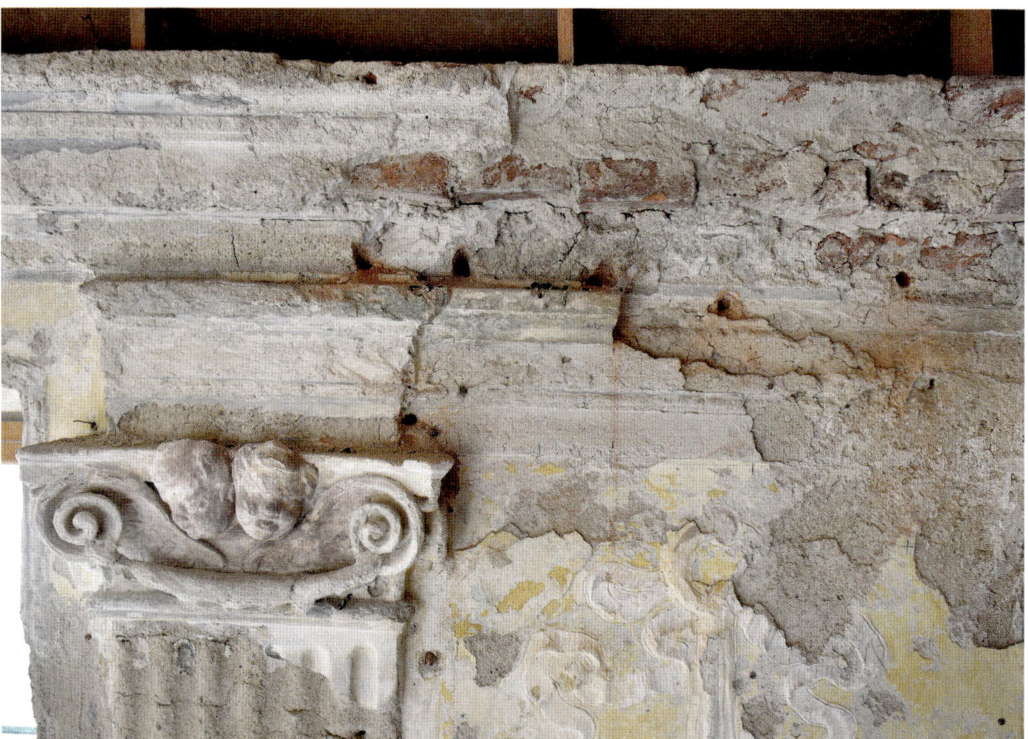

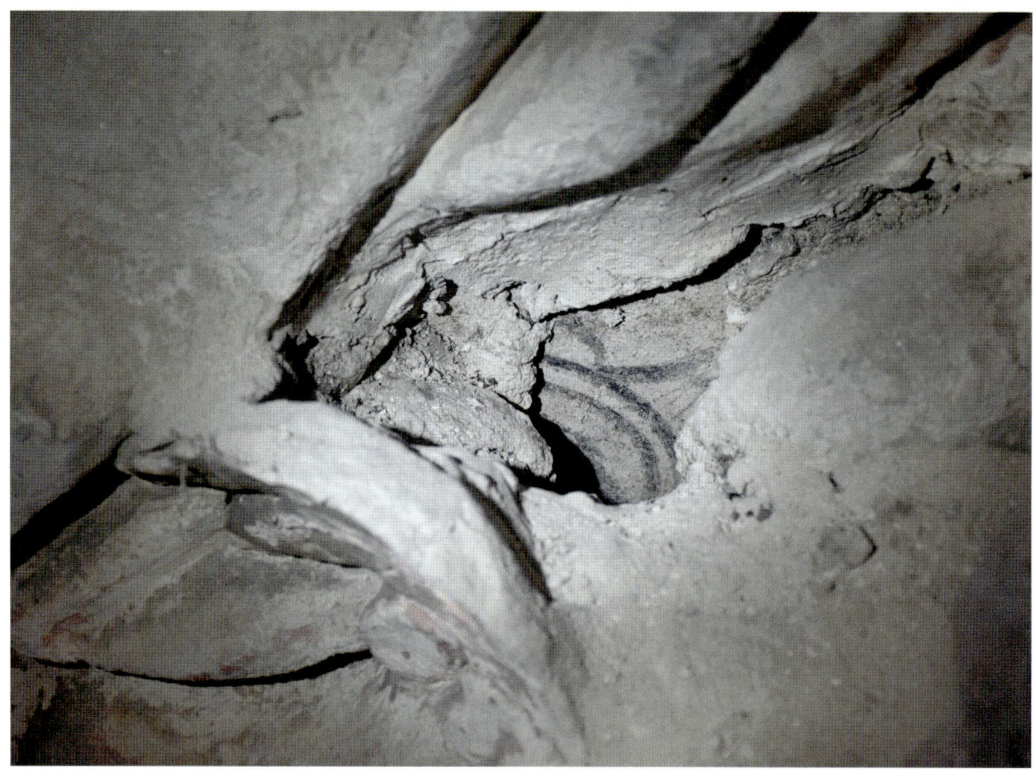

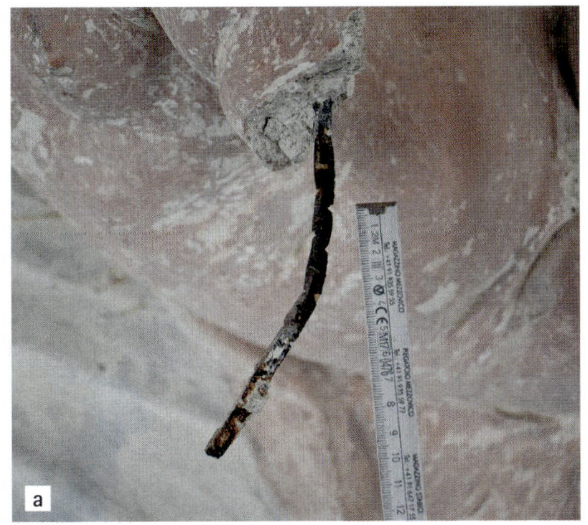

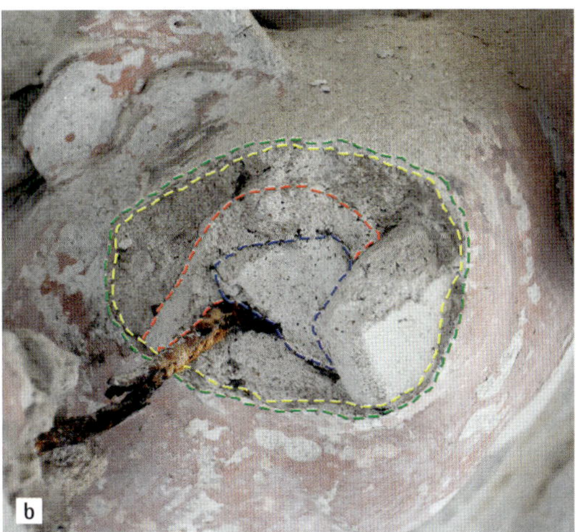

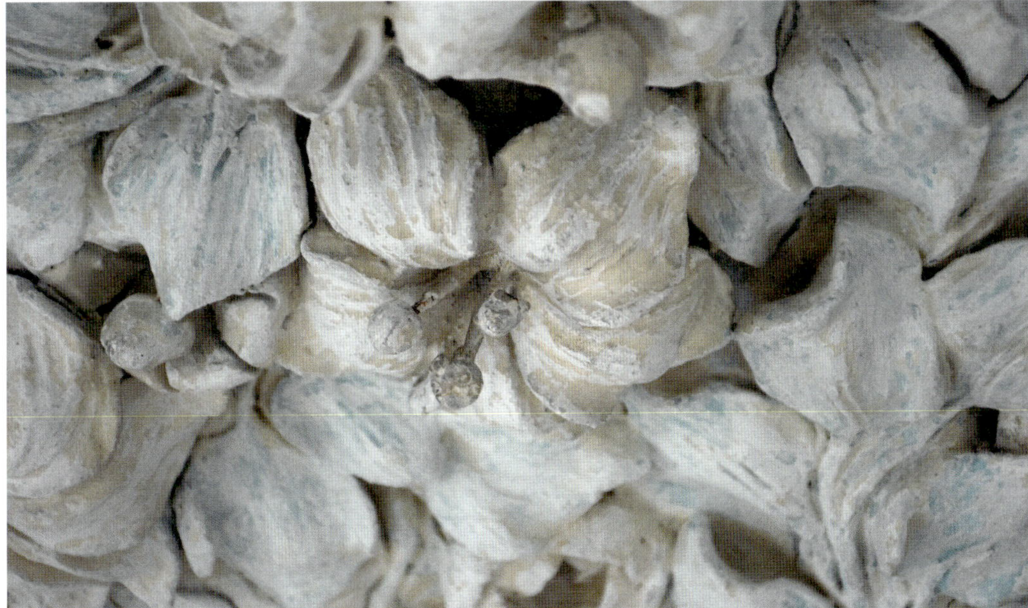

fig. 4
Putto all'interno della *Galleria degli angeli*: **a.** Particolare dell'armatura metallica del braccio composta da una barra di ferro, incisa con delle tacche sui lati; **b.** Successione stratigrafica degli strati di malta utilizzati per la realizzazione della figura: in blu è evidenziato lo strato di allettamento dell'armatura metallica, in rosso il primo strato di malta di corpo, in giallo il secondo strato di malta di corpo e in verde lo strato di malta di finitura.

fig. 5
Chiodo inserito all'interno del modellato come pistillo del-fiore.

costruzione. Su questo primo strato di rinzaffo venivano posizionate le armature metalliche degli elementi maggiormente aggettanti (fig. 4a), poi fissate con uno strato di malta di allettamento composta quasi completamente di gesso (fig. 4b), sfruttando la velocità di presa del materiale, in modo da stabilizzare gli elementi metallici e favorire la creazione di un sostegno solido su cui costruire la forma.[15]

Si tratta di armature molto semplici, essenziali, composte da poche barre di ferro, qualche chiodo e filo metallico. Gli ancoraggi sono minimi e vengono realizzati in corrispondenza delle parti più voluminose. Per i putti sono state utilizzate delle barre, incise con delle tacche sui lati in modo alternato, per migliorare la possibilità di piegarle in corso d'opera, ma anche per favorire l'aggrappo della malta (fig. 4a). Queste barre sono a sezione quadrata di circa mm 0,8 e seguono l'andamento principale del corpo e si possono osservare in corrispondenza delle mancanze del modellato. Anche nelle aquile delle panoplie vengono usate delle barre tacchettate, inserite direttamente dentro le travi di legno e collegate a esse con un chiodo, poi legato con del filo di ferro in modo da rendere l'insieme ancora più stabile. Allo stesso modo le ghirlande di fiori e frutti delle cornici del soffitto hanno ancoraggi metallici essenziali e sono quasi esclusivamente composti di qualche chiodo e filo metallico. È interessante osservare come lo stuccatore probabilmente applicava sul supporto una prima massa informe di malta, in cui venivano poi inseriti questi pochi chiodi, alcuni dei quali sono stati utilizzati per dare forma ai pistilli dei fiori **(fig. 5)**.

Conclusa la preparazione di ancoraggi e armature veniva steso un primo strato di corpo composto di calce e aggregati, anch'esso contente un'alta percentuale di gesso.[16] L'aggiunta del gesso consentiva di applicare velocemente la prima base del modellato con volumi molto spessi, senza il rischio che la malta crettasse e si staccasse. Questo strato serviva dunque come abbozzo iniziale dei volumi per ottenere una prima visione dell'insieme e poteva essere realizzato dai collaboratori e dai garzoni, senza essere direttamente applicato dal capo della bottega. Lo strato successivo è particolarmente importante nella tecnica di Fontana perché è con questo che si creavano gli aggetti più consistenti e si dava la forma definitiva al modellato **(fig. 6)**. Nelle figure il secondo strato di corpo veniva coperto da una finitura di calce e aggregati, che in alcuni punti poteva raggiungere anche lo spessore di cm 1,5, mentre nelle ghirlande di fiori e frutti componeva l'intero spessore del modellato ed era rivestito soltanto da una sottile scialbatura a calce. Che si trattasse della realizzazione delle figure, della

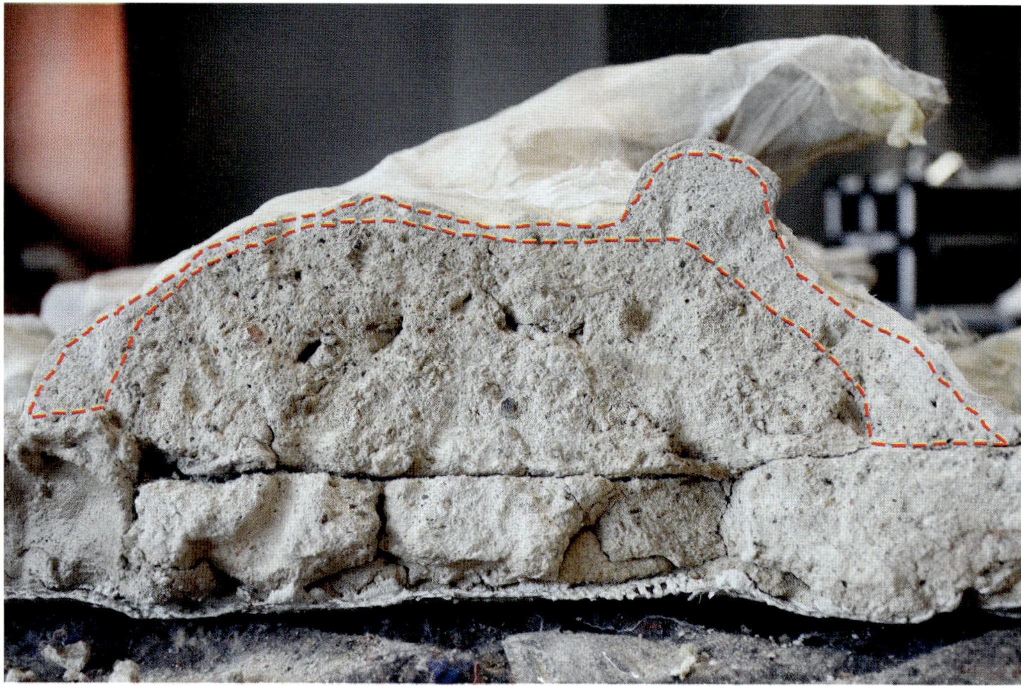

fig. 6
Sezione di un frammento di stucco proveniente dal soffitto della *Galleria*, in cui si legge la stratigrafia di realizzazione. La linea tratteggiata rossa indica lo strato finale.

ricca varietà di elementi zoomorfi come anche delle cornici e degli ornati decorativi, risultava determinante usare una malta che facilitasse la creazione di rilievi plastici e forme complesse evitando un rapido essiccamento e un eccessivo ritiro degli impasti che avrebbero causato fratture e crettature. Era necessario l'utilizzo di un materiale plasmabile come la creta, con cui raggiungere spessori fortemente differenziati e che permettesse di essere lavorato a lungo per modificare e ripensare l'andamento delle forme decorative. Si comprende quindi quanto fosse importante avere messo a punto un ben organizzato metodo di lavoro e, in particolare, quanto fosse utile avere a disposizione materiali che consentissero agli operatori di lavorare per aggiustamenti successivi senza avere la preoccupazione che la malta non permettesse di eseguire cambiamenti.

È nella scelta dei componenti della malta del secondo strato e nella sua lavorazione che risiede l'espediente tecnico che ha consentito a Fontana e alla sua bottega di effettuare decorazioni dello stesso tipo, ma diverse fra loro.[17] Affinché questo secondo strato di malta di corpo avesse queste caratteristiche, doveva essere composto, oltre che da calce e aggregati, anche da altri materiali come il gesso o additivi organici.[18]

Le indagini condotte sulle malte hanno confermato la presenza del gesso negli strati più interni e di alcune sostanze organiche, quali collagene e tracce di caseina, soltanto in quelli più superficiali.[19] Non si può escludere che Fontana le avesse aggiunte anche nel secondo strato, anche se è possibile che egli sia arrivato a ottenere una malta plasmabile a lungo solo con aggiunta di gesso, che veniva reidratato e rimescolato in fase di presa.[20] L'aggiunta del gesso non è una rarità: lo si è infatti trovato nelle malte di altri artisti di questo periodo; tuttavia, quello che rende particolare l'uso che Fontana ne fece è la sua reidratazione durante la lavorazione.[21] Rimescolando l'impasto quando la malta di calce e gesso ha iniziato la presa, la malta resta malleabile e si allungano notevolmente i tempi di indurimento, aumentando così il tempo a disposizione per la lavorazione.[22] Apparentemente è una soluzione semplice, quasi banale, ma non è altrettanto semplice comprendere quanto questo espediente avrebbe potuto migliorare l'efficienza del lavoro di gruppo, senza compromettere la qualità del risultato finale.

Un altro materiale che, grazie alla sua caratteristica plasticità, consente di modificare i tempi di lavorazione dell'impasto di malta è l'argilla. Un materiale con cui gli stuccatori di sovente hanno familiarità, perché molti di loro hanno eseguito parecchie opere in terracotta.[23] Infatti, una malta contenente argilla trattiene una consistente quantità di acqua che ne rallenta l'asciugatura ma non elimina il rischio che si formino cretti e fessure durante il ritiro.[24]

Nelle decorazioni della *Galleria degli angeli* non è stata individuata la presenza rilevante di frazioni argillose, osservabili piuttosto in altre decorazioni all'interno del castello, come nello studio di Donat Heissler, oppure nelle sale terrene del castello di Kroměříž. La presenza di argille potrebbe essere anche correlata all'utilizzo intenzionale di sabbia non lavata che conserva queste impurità. Questa malta presenta poche

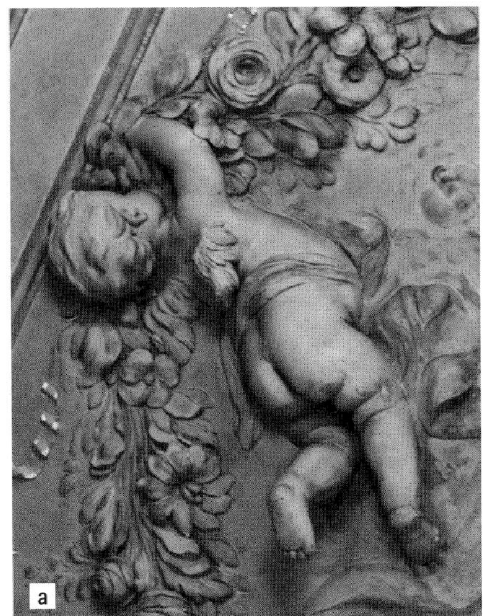

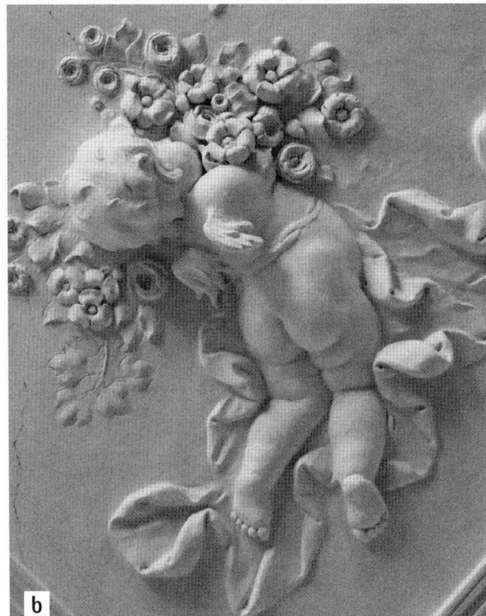

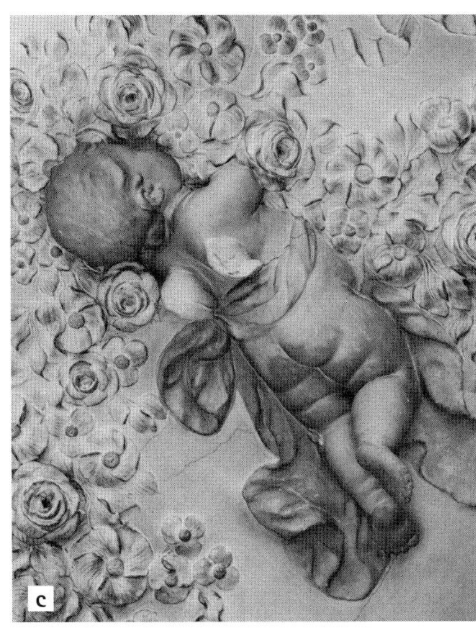

fig. 7
Confronto tra figure eseguite in diversi cicli decorativi dalla bottega di Baldassarre Fontana, in cui si possono osservare la differente costruzione anatomica e la restituzione dei volumi da parte di diversi esecutori. La figura **a.** è realizzata da una mano esperta, per cui si può avanzare l'ipotesi del capobottega; la figura **b.** è realizzata da un collaboratore anch'esso esperto; la figura **c.** al contrario, risulta eseguita da un collaboratore meno capace.
a. Putto nella biblioteca del canonicato premostratense di Hradisko vicino a Olomouc;
b. Putto all'interno del castello di Uherčice nelle stanze dell'ala ovest;
c. Putto nel castello di Police.

differenze con quella nello strato di corpo delle ghirlande di fiori e frutta usata a Kroměříž, che ha una forte colorazione giallo brunastra e che potrebbe indicare un contenuto maggiore di aggregati argillosi.

La mano di Baldassarre Fontana e dei suoi collaboratori

Per la realizzazione di un così esteso e ricco apparato, la bottega di Fontana doveva essere composta da un elevato numero di collaboratori, che cooperavano attorno alla figura del capobottega. Aiutanti e collaboratori dovevano essere particolarmente abili nel lavoro di *équipe*, pronti a completare ed eventualmente modificare quanto fatto da altri, ma, soprattutto, dovevano essere capaci di seguire le indicazioni del capobottega, prendendo probabilmente come campione dei modellati da lui realizzati e in altri casi preparando e agevolando poi il suo lavoro di rifinitura.[25]

Nell'elaborato sistema decorativo della *Galleria*, anche messo a confronto con altri apparati in stucco del medesimo artista, è possibile osservare come la costruzione anatomica, la restituzione dei panneggi delle figure, la definizione dei piumaggi degli animali e la complessità delle decorazioni fitomorfe permettano di individuare la presenza di tante mani, diversamente abili **(fig. 7)**.

In questa sala si può supporre che un'ampia parte della decorazione sia opera dei collaboratori tanto che l'autografia del capobottega è riconoscibile soltanto in alcune parti. Queste generalmente sono caratterizzate da una lavorazione più esperta, con una modellazione fresca, senza imprecisioni, in cui i volumi vengono raggiunti con pochi ma essenziali tocchi di spatola, come si può vedere confrontando alcuni dettagli delle figure dei soggetti zoomorfi o delle decorazioni fitomorfe.

Il puttino situato a sud-ovest della *Galleria*, ad esempio, appare eseguito da una

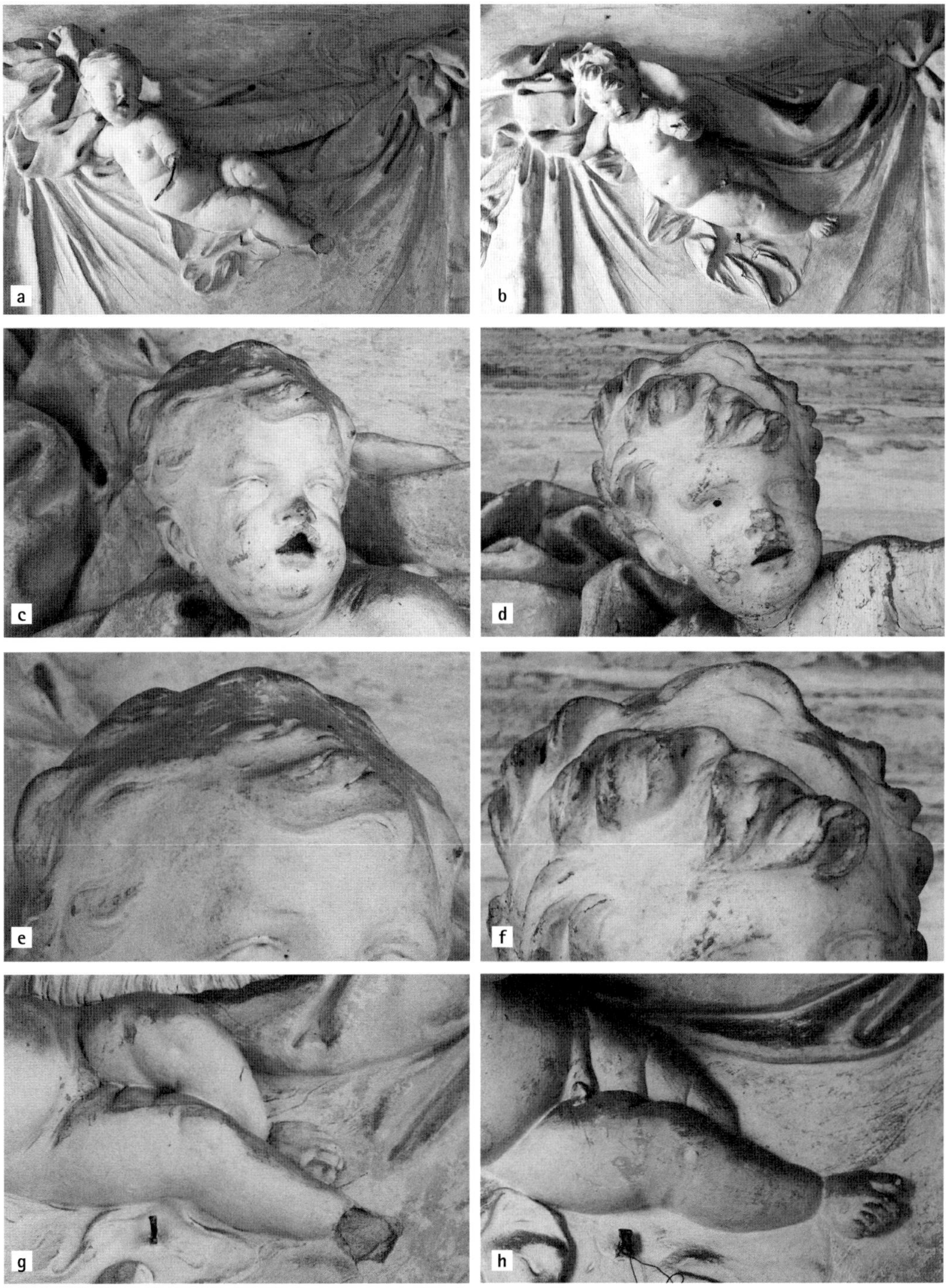

a b c d e f g h

fig. 8
Confronto tra due putti presenti nella *Galleria degli angeli*. Le figure **a**, **c**, **e**, **g** fanno riferimento al putto situato a sud-ovest, eseguito da una mano esperta, realizzato probabilmente come modello. I dettagli del viso, occhi, naso e capelli (**c**, **e**) sono ottenuti con essenziali colpi di spatola lavorando la malta ancora fresca e malleabile; si può osservare come con una lavorazione poco elaborata i volumi sono stati resi in modo chiaro, leggibile e fresco. Anche le gambe (**g**) sono definite in modo anatomicamente corretto e con dei segni netti per rendere la morbidezza e le pieghe della pelle. Il putto nord-ovest (**b**, **d**, **f**, **h**) presenta una buona realizzazione, ma sono visibili alcune forzature nei volumi che dichiarano una maggiore incertezza. Si vedano i capelli (**f**) in cui i volumi in aggetto hanno diversa incisività e morbidezza. Anche nella parte inferiore del corpo (**h**) l'anatomia è forzata e la definizione del modellato risulta rigida e meno vibrante.

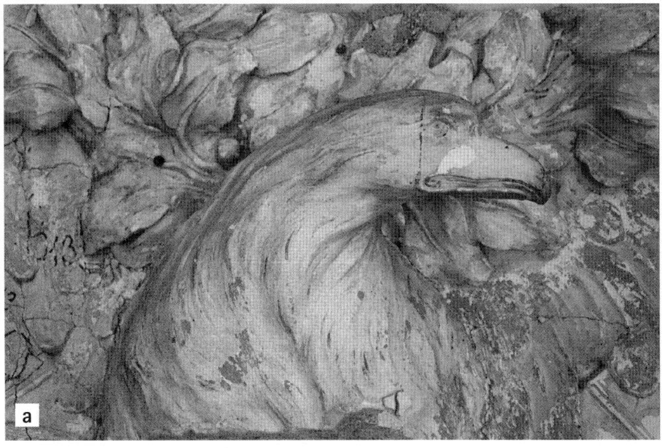
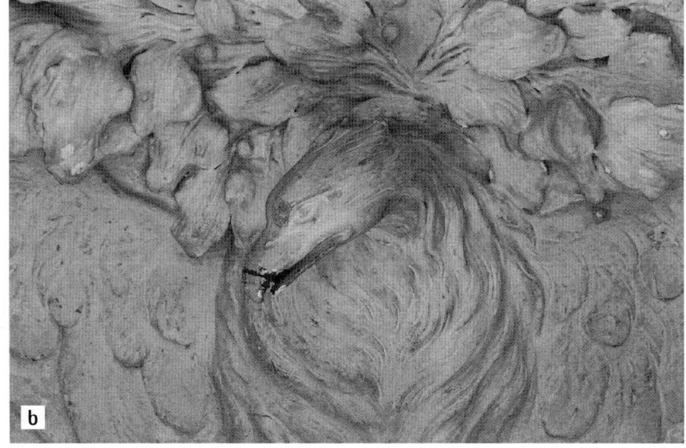

fig. 9
Galleria degli angeli:
a. Frammento staccato raffigurante un'aquila che si trovava al di sopra del putto sud-ovest, realizzato da una mano esperta che con sottili variazioni di volume e una buona definizione delle forme, ha ottenuto un piumaggio morbido anatomicamente corretto;
b. Qui l'aquila ha un piumaggio meno vibrante e presenta forzature nei volumi.

mano più esperta (**fig. 8a**), mentre gli altri tre sono leggermente diversi e lavorati con maggiore incertezza (**fig. 8b**). Si veda nel dettaglio la resa anatomica del volto (**figg. 8c, 8d**), dei capelli (**figg. 8e, 8f**), delle gambe (**figg. 8g, 8h**) e dell'addome, in cui la realizzazione del modellato è costruita in modo semplice ed essenziale, ma al contempo naturalistico. Qui attraverso pochi ma fondamentali colpi di spatola vengono descritti in modo efficace e sicuro le forme. Gli altri putti, seppure di ottima qualità, presentano alcune imprecisioni e forzature nella realizzazione dei volumi. Possiamo quindi ipotizzare che questo puttino sia stato l'esempio del maestro, ovvero il riferimento su cui i suoi assistenti hanno poi realizzato gli altri all'interno della sala.

Nei modellati zoomorfi è possibile riconoscere la paternità d'esecuzione del capobottega nell'aquila soprastante il già citato puttino a sud-ovest (**fig. 9a**). Qui il confronto con le altre aquile consente di apprezzare come il piumaggio sia ottenuto con linee eleganti, tramite la divisione del modellato in volumi semplici, che dimostrano una grande dimestichezza con la materia. Le altre aquile, seppure realizzate da collaboratori di provate capacità, non hanno la medesima freschezza e presentano alcune imprecisioni nell'andamento delle ali, più rigide e statiche (**fig. 9b**).

Nelle ghirlande fitomorfe l'esecuzione è più omogenea, le differenze non sono così evidenti, probabilmente perché la realizzazione doveva essere affidata ad artisti specializzati negli elementi vegetali che non avevano bisogno del modello del maestro. La loro realizzazione, seppure richiedesse una notevole abilità, è più ripetitiva e tecnicamente più semplice per la mancanza di un modellato complesso.[26] L'insieme della decorazione, soprattutto nella visione generale, è omogenea e uniforme; tuttavia, osservando con attenzione, è possibile riconoscere come gli elementi vegetali della galleria (**fig. 10a**) e dello studio (**fig. 10b**) presentino un maggiore dinamismo esecutivo, rispetto ad altre stanze del castello, grazie all'intervento diretto del maestro o di operatori più abili ed esperti (**fig. 10c**).

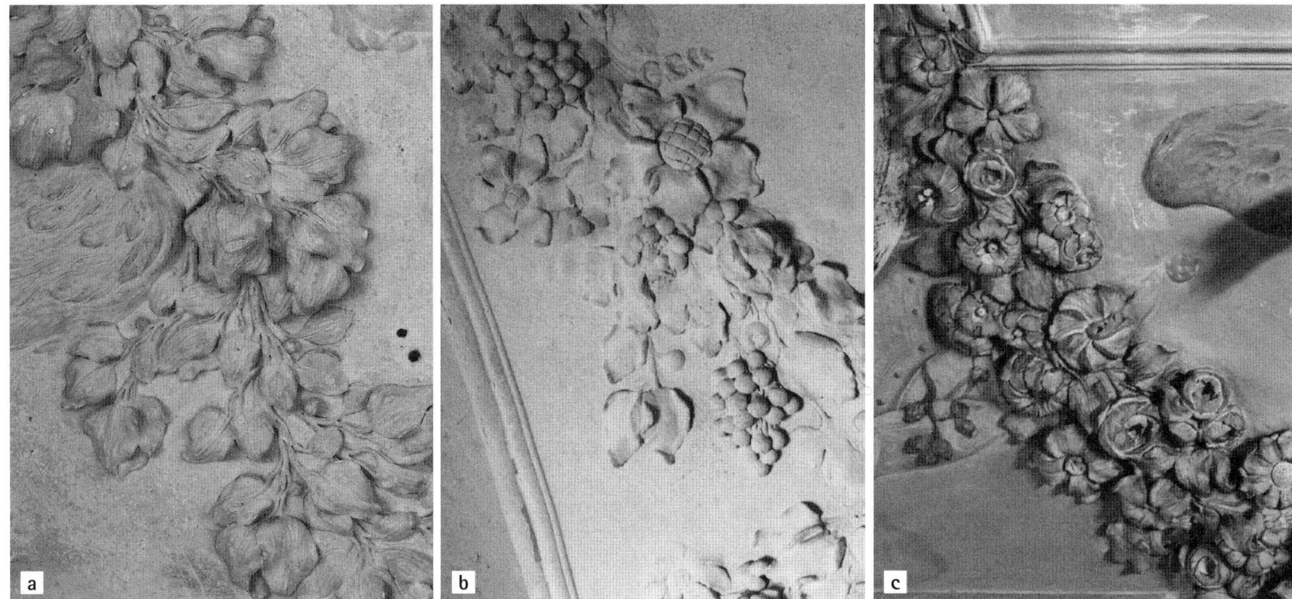

fig. 10
Confronto tra differenti ghirlande presenti all'interno del castello di Uherčice. Si noti una maggiore omogeneità di realizzazione nelle figure **a** e **b**, rispettivamente della galleria e dello studio di Heissler; il modellato passa dallo stiacciato sottilissimo che si fonde al piano di fondo all'altorilievo che raggiunge e supera i dieci centimetri. La ghirlanda nella figura **c**, realizzata nell'alcova del castello di Uherčice, risulta più rigida con spessori e volumi più omogenei.

Caratterizzazione dei materiali

L'analisi delle malte in sezione sottile con microscopio ottico polarizzatore (PLM) permette sia di caratterizzare i materiali costitutivi sia di avere alcune importanti informazioni sulla tecnica esecutiva.[27] In questo contesto, sono stati confrontati alcuni campioni di stucchi ornamentali ad altorilievo con diverse forme (zoomorfe, fitomorfe o antropomorfe), prelevati da diversi ambienti. Lo scopo era di valutare se si potessero distinguere (per tecniche o materiali) opere riconducibili a diverse mani. In particolare, è stata posta l'attenzione sull'uso del gesso e dell'argilla negli impasti delle malte secondo quanto ipotizzato a seguito delle osservazioni visive, come descritto nei paragrafi precedenti.

I campioni provenienti da un putto nella *Galleria degli angeli* hanno permesso di verificare l'utilizzo quasi esclusivo di gesso nello strato di corpo più interno a contatto con l'armatura metallica. Gli aggregati sono pochi, con granulometria prevalentemente molto fine, scarsamente selezionata, morfologia mediamente sferica e forma spigolosa; la composizione è quarzo, feldspato e calcite.

Il campione in **fig. 11b** è stato prelevato dal secondo strato di malta di corpo. In questo caso il legante è un mix di calce e gesso, tra loro non perfettamente miscelati: infatti si osservano aree a prevalenza carbonatica e aree a prevalenza gessosa. Il legante è molto abbondante, la sabbia è mista, non selezionata, con composizione varia (quarzo, feldspati, frammenti di rocce e calcite).

Per verificare la diversa lavorazione degli impasti contenenti gesso, sono stati confrontati due campioni di stucco con microscopia elettronica a scansione SEM-EDS (**fig. 11**). Il primo (**fig. 11a**) è una malta del primo strato di corpo, applicata direttamente

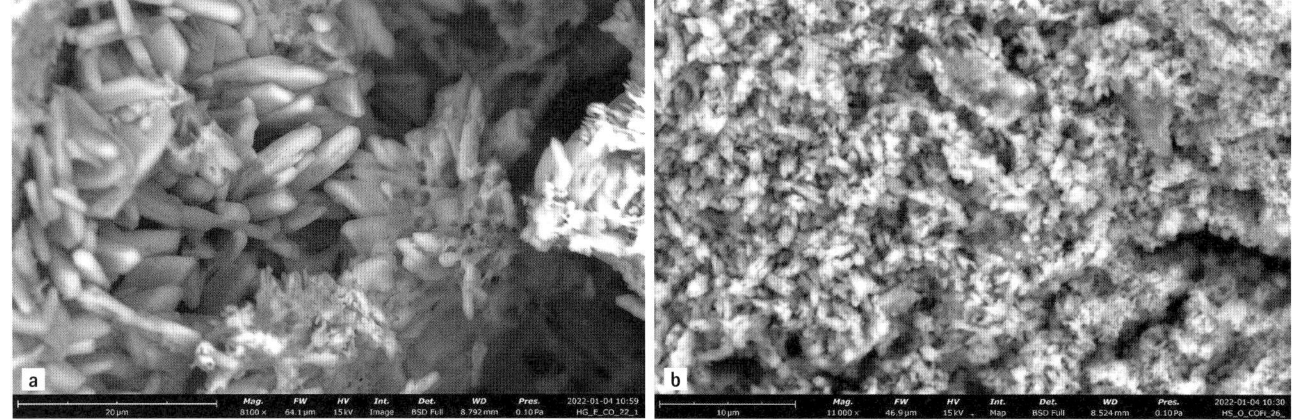

fig. 11
Immagine in BSE (back scattered electrons) con SEM-EDS: **a.** Campione HS_O_CO+FI_26, malta dello strato di corpo interno dove si osservano cristalli di gesso grandi e allungati; **b.** campione HG_E_CO_22 dal secondo strato di corpo dove i cristalli di gesso e calce sono minuscoli e di forma isometrica.

sull'arriccio, e l'altro **(fig. 11b)** proviene invece dal secondo strato di corpo, con il quale si creavano i volumi e le forme definitive. Secondo la nostra ipotesi, gli strati più interni vicino alle armature metalliche avevano una grande quantità di gesso per accelerare la presa, mentre in quelli successivi il gesso era usato in piccole quantità e la malta veniva reidratata e rimpastata per interrompere la presa e creare un materiale che potesse essere lavorato a lungo. È stato osservato che nello strato interno sono ben distinguibili dei cristalli di gesso grandi e allungati, formati a seguito del processo di presa per precipitazione, mentre nella seconda malta di corpo questi cristalli sono di dimensioni minori e di forma isometrica. Questa osservazione è compatibile con l'idea di una lavorazione diversa del gesso per assecondare le esigenze dell'artista. Lo studio di campioni di stucchi con forme fitomorfe di diverse stanze ha inoltre permesso di rilevare ulteriori differenze. In particolare, abbiamo confrontato due elementi simili, due acini d'uva nella loro interezza. Il primo campione **(fig. 12a)** è una stratigrafia di malta di corpo e finitura, prelevato dalla *Galleria degli angeli*. Già macroscopicamente si nota un colore bianco dell'impasto e una tessitura particolarmente omogenea. Al microscopio polarizzatore è possibile osservare un solo strato di corpo (il secondo). Il legante è di sola calce senza gesso, di colore *beige* molto chiaro con rari *lime lumps* molto piccoli.[28] La calce utilizzata è ad alto contenuto di calcio e molto pura, e documenta una deliberata scelta nella selezione e nella lavorazione delle materie prime. L'aggregato è abbondante: una sabbia ben selezionata con una dimensione tipica da mm 0,2 a 0,5, formata esclusivamente da quarzo e da una quantità relativamente elevata di mica muscovite, confermando ulteriormente l'attenzione prestata al processo di selezione e preparazione dei materiali.

I campioni raccolti da simili elementi fitomorfi nello studio di Donat Heissler mostrano inequivocabilmente un'altra tipologia di materiali e di tecnica esecutiva. In particolare, il campione in esame **(fig. 12b)**, con la stratigrafia completa di un altro acino d'uva, testimonia anch'esso l'esecuzione in un solo strato di corpo (il secondo) e con un legante quasi interamente di calce. Se confrontato con l'acino d'uva della *Galleria*, però, si osserva molto più legante di colore scuro, *beige* rossiccio, e con

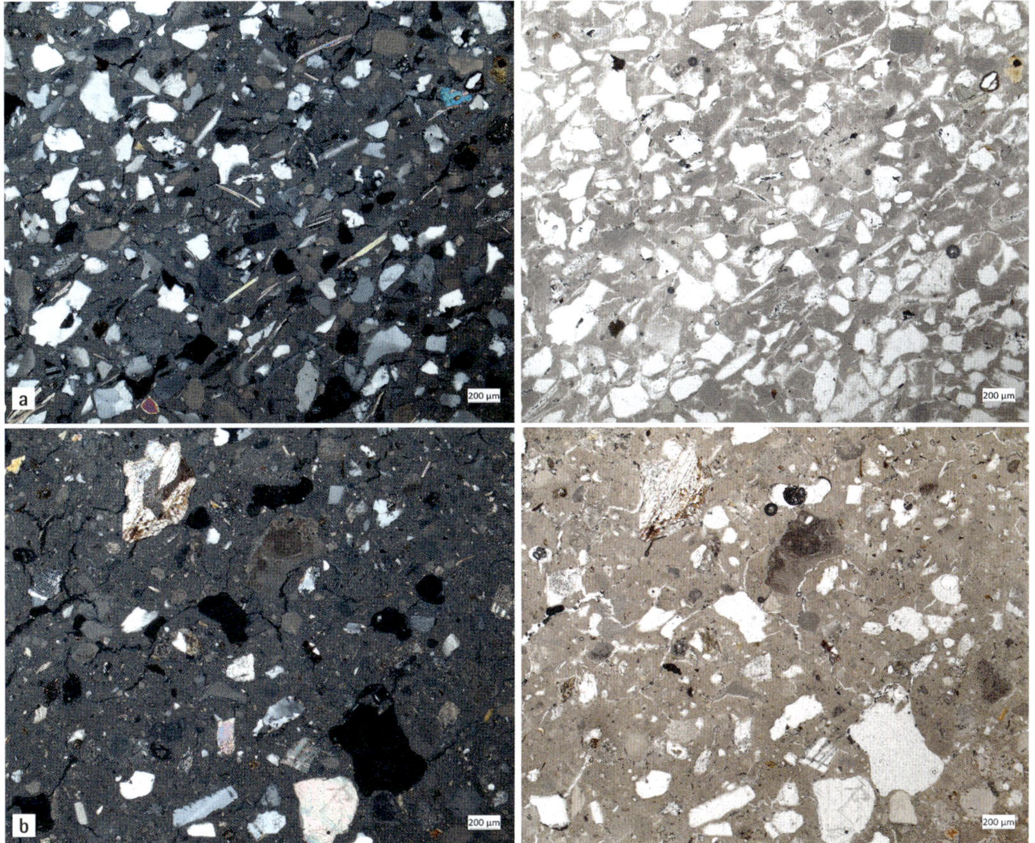

fig. 12
Fotomicrografie al PLM (Microscopio polarizzatore) nicols incrociati (immagini di sinistra) e paralleli (immagini a destra):
a. Strato di corpo del campione HG_O_CO+F_25 con legante di colore *beige* molto chiaro con rari *lime lumps* molto piccoli e aggregato abbondante, di sabbia ben selezionata esclusivamente di quarzo e mica muscovite;
b. Strato di corpo del campione HS_O_COF_27 con molto più legante, di colore scuro, beige rossiccio con frequenti *lime lumps* e aggregato misto, poco selezionato composto da frammenti di rocce, quarzo, calcite, miche muscovite e frequenti ossidi di ferro.

molti *lime lumps*. La calce in questo caso è più eterogenea e preparata a partire da un calcare meno puro che forse conteneva anche alcune fasi idrauliche. Analogamente, anche l'aggregato è misto, scarsamente selezionato, composto da frammenti di rocce, quarzo, calcite, miche muscovite e frequenti ossidi di ferro. La sabbia potrebbe essere stata scavata da strati alluvionali, come indicherebbero le particelle di argilla e ossidi ferrosi presenti nell'impasto. Quanto emerge è quindi un diverso uso dei materiali, a partire da materie prime differenti o lavorate in maniera dissimile, nonostante la comune origine locale.

Conclusioni

Le ipotesi sulle modalità operative della conduzione della bottega di Fontana, formulate attraverso le informazioni archivistiche relative ai suoi rapporti con committenti e collaboratori, inserite nel contesto storico artistico generale della Moravia del XVIII secolo, seppure incomplete e lacunose, hanno fornito un'ottima base su cui innestare le osservazioni visive sulla tecnica. Queste supposizioni, con il conforto delle indagini scientifiche sulla caratterizzazione dei materiali costitutivi, indicano che questo artista aveva messo a punto una malta che consentiva di avere a disposizione un certo tempo per modificare e correggere il lavoro svolto, senza l'assillo della rapida asciugatura e con la sicurezza di ottenere un impasto solido e stabile. Si è inoltre osservato che sono presenti delle parti eseguite in modo più efficace e spedito, probabilmente perché realizzate come modello che i collaboratori avrebbero potuto replicare e imitare anche in assenza del maestro. In questo modo Fontana avrebbe avuto la possibilità di allontanarsi dal lavoro per gestire più commissioni allo stesso momento.

Seppure si tratti di una prima ipotesi, utilizzando un approccio interdisciplinare, composto da conoscenze storico artistiche, osservazioni visive delle opere e informazioni chimico-fisiche sui materiali costituivi, si è cercato di ricomporre un quadro che in futuro potrà essere utile per comprendere il *modus operandi* di Fontana e dei suoi collaboratori.

* Questa ricerca è stata svolta grazie al finanziamento di OA ITI-ARTECA: Advanced physical-chemical methods of research and protection of cultural and artistic heritage, n. CZ.02.1.01/0.0/0.0/17_048/0007378.

1 Cfr. per esempio il caso di Agostino Silva (A. Felici, G. Jean, L. Aliverti, *L'impresa dei Silva di Morbio Inferiore*, in M.F. Nicoletti, P.C. Verde [a cura di], *Pratiche architettoniche a confronto nei cantieri italiani della seconda metà del Cinquecento*, atti del convegno, Milano, 2019, pp. 97-118) o Giovanni Battista Barberini (A. Spiriti, *Giovanni Battista Barberini. Un grande scultore barocco*, Cernobbio, 2005).

2 Il ruolo di coordinatore spesso era svolto dal progettista, sia che si trattasse di un architetto, uno scultore o un pittore; tuttavia, non sono rari i casi in cui fosse uno stuccatore a occuparsi di questa difficile attività. Ad esempio, Baldassarre Fontana in alcuni grandi cantieri come Sant'Anna a Cracovia o a Velehrad e Svatý Kopeček, si è occupato proprio di gestire i cantieri nel loro insieme.

3 Cfr. per esempio M. Karpowicz, *Baldasar Fontana 1661-1733. Un berniniano ticinese in Moravia e Polonia*, Lugano 1990, pp. 64-93; M. Karpowicz, *Baltazar Fontana*, Warszava, 1994, pp. 24-66; F. Bulfone Gransinigh, *Baldassarre Fontana (1661-1733): some Notes and Considerations about Roman Languages in the Polish and Moravian Building Sites*, «ArcHistoR», VIII, 15, 2021, pp. 101-133.

4 J. Zapletalová, *Saly terreny zámku v Kroměříži a návrhy soch pro Podzámeckou zahradu*, «Umění Art», LXV, 2017, pp. 269-282.

5 H. Haupt, *"Ein liebhaber der gemähl und virtuosen..." Fürst Johann Adam I. Andreas von Liechtenstein (1657-1712)*, Wien-Köln-Weimar, 2012, p. 51, n. 400. Il contratto indica che Fontana avrebbe ricevuto diciassette monete d'oro per la decorazione di ciascuna sala.

6 Cfr. L. Máčelová, *Baldassare Fontana na Moravě*, tesi di laurea, Masarykova univerzita v Brně, Brno, 1949; Karpowicz, *Baltazar Fontana* cit.

7 Si ricordano ad esempio il fratello Francesco Fontana, poi Paolo Baruzzi, Domenico Taglia, Gaspare Mell, Paolo Ramelli, Giovanni Antonio Oldelli, Giovanni Battista Bussi e altri. Per la bottega del Fontana in generale cfr. Karpowicz, *Baldasar Fontana* cit., pp. 165-174.

8 Olomouc, Zemský archiv v Opavě, pobočka Olomouc, fondo Arcibiskupství olomoucké, inv. 548, segn. 76, cart. 133, fol. 138-141, 3 febbraio 1691. «[...] samt seinem Bruder, da er nicht anderswertig arbeitet, ohne Zuziehung eines anderen Mitmeisters von selbsten verfertigen [...]»; trascrizione pubblicata da Máčelová, *Baldassare Fontana* cit., p. 171.

9 Olomouc, Zemský archiv v Opavě, pobočka Olomouc, fondo Arcibiskupství olomoucké, inv. 548, segn. 76, cartone 133, fol. 40a. «In Bibliotheca nova laborarunt Stukatores per duos circiter menses. Ubi frigora supervenerarunt cessarunt. Et principalis quidem Balthasar, ad Italiam ibit. Reliquis per hiemem data est labor Konicii in cubiculis».

10 Brno, Moravský zemský archiv, E 55, Premonstráti Klášterní Hradisko, Deník kanonie premonstrátského kláštera v Klášterním Hradisku, inv. 210, segn. II 12 (1718), cart. 4, fol. 54a (9 luglio 1718). «Dominus Fontana perfecit suum laborem in Mausolaeo fundatorum, eleganter et intra 14 dies. Rursumque ad tempus discessit Predlitium, uno hic relicto socio, qui interea perfierat capitella columnarum in altaribus hl. Josephi, et Stephani».

11 V. Richter, *Poznámky k dějinám barokní architektury na Moravě*, «Volné směry»,

XXXVII, 1941-1942, p. 291 (attribuzione con punto di domanda). Successivamente attribuito da Máčelová, *Baldassare Fontana* cit., p. 57.

12 Cfr. T. Jeřábek, *Zámek v Uherčicích na přelomu 17. a 18. století*, «Zprávy památkového ústavu v Brně», 2, 1998, p. 66.

13 Stuccatore di cui abbiamo poche informazioni; sappiamo che fu al servizio della famiglia Esterházy e che a Uherčice venne pagato 1308 fiorini; *ibidem*.

14 Nel 2021 e nel 2022, in occasione delle attività del corso di laurea in Conservazione e restauro della Scuola universitaria professionale della Svizzera italiana di Mendrisio e del corso di storia dell'arte dell'Università Palacký di Olomouc, a Uherčice e Kroměříž, nel 2021 e nel 2022, si sono svolti cantieri didattici che hanno consentito di raccogliere molte informazioni sui materiali e sulle tecniche esecutive, utili per avere una più ampia conoscenza delle procedure usate da Fontana.

15 L'utilizzo del gesso negli strati interni è una procedura più volte osservata nell'esecuzione di stucchi da parte degli artisti dei Laghi, si vedano L. Aliverti, *Conoscenza delle pratiche costruttive storiche degli edifici di area lombarda: manufatti in stucco*, in V. Pracchi (a cura di), *Pratiche costruttive storiche: manufatti in stucco e strutture lignee di copertura in edifici lombardi*, Como, 2009, pp. 21-59; M. Caroselli *et al.*, *Gypsum in Ticinese stucco artworks of the 16-17th century. Use, characterization, provenance and induced decay phenomena*, «Journal of Archaeological Science: Reports», 24, 2019, pp. 208-219. Viene inoltre descritto nella letteratura e nei manuali di epoca moderna, ad esempio in F. Carradori, *Istruzione elementare per gli studiosi della scultura*, Firenze, 1802, dove ci si riferisce all'utilizzo di gesso, unito a stoppa e stracci, come rivestimento per armature metalliche e per favorire l'adesione degli strati successivi.

16 Si veda il paragrafo sulle indagini scientifiche.

17 Si osservi ad esempio come questa malta consentisse sia la realizzazione di elementi decorativi, come le ghirlande delle sale terrene del castello di Kroměříž, eseguite con velocità e volumi semplificati e senza molti dettagli, sia quelle della biblioteca di Hradisko molto più complesse e articolate.

18 Questi ultimi sono composti ad esempio di sostanze proteiche di varia natura, si vedano gli studi sugli additivi che venivano aggiunti alla malta per modificarne le caratteristiche secondo le necessità. Aliverti, *Conoscenza* cit.; C. Arcolao, *Le ricette del restauro. Malte, intonaci, stucchi dal XV al XIX secolo*, Venezia, 1998.

19 Valutare con certezza se le sostanze organiche presenti nella finitura siano state intenzionalmente aggiunte dall'artista, oppure siano frutto di interventi di restauro, non è mai semplice.

20 La reidratazione di una malta contenente gesso emiidrato come additivo è stata studiata nel corso delle attività del progetto *The Art and Industry of Ticinese stuccatori from the 16th to the 17th century*. In particolare, le repliche eseguite da Giovanni Nicoli, con la collaborazione di Stefania Luppichini, hanno dimostrato quanto questo dettaglio influenzi moltissimo le caratteristiche della malta conferendole una lavorabilità molto particolare. Si tratta di una procedura che difficilmente lascia tracce rilevabili attraverso analisi scientifiche, ma che può essere riconosciuta soltanto attraverso una profonda conoscenza della materia.

21 Si tratta di un'ipotesi che andrà approfondita in futuro con indagini molto dettagliate per comprendere anche il tipo di gesso utilizzato da Fontana; è infatti noto come anche il tipo di gesso impiegato, il grado di macinazione e le modalità di cottura possano influenzare il tempo di presa; si veda. T. Turco, *Il gesso. Lavorazione, trasformazione, impieghi*, Milano, 1990.

22 È importante sottolineare che quindi il gesso non veniva usato esclusivamente per evitare crettatture o per abbreviare i tempi di presa, ma, se reidratato e/o rilavorato, poteva consentire alla malta di restare malleabile senza fessurarsi per un tempo maggiore.

23 La contaminazione fra plasticatori che lavorano lo stucco e quelli che lavorano la terracotta non è così rara, si vedano Francesco e Agostino Silva che oltre alla produzione di opere in stucco hanno realizzato importanti opere in terracotta.

24 Si deve sottolineare che il moderato ritiro in fase di asciugatura non è una caratteristica di tutte le argille. Un esempio del loro utilizzo negli impasti di decorazioni in stucco è a Carona nel santuario della Madonna d'Ongero, realizzati da Alessandro Casella e dalla sua bottega intorno al quarto decennio del Seicento.

25 Si trattava di una prassi usata in molte botteghe; uno degli esempi più noti è l'ipotesi secondo la quale Gian Lorenzo Bernini abbia eseguito un primo modello in argilla all'interno del cantiere di Sant'Andrea al Quirinale. Questo era successivamente stato visionato da Raggi, incaricato di realizzare la decorazione a stucco, e utilizzato come campione. M. Bevilacqua, A. Capriotti (a cura di), *Sant'Andrea al Quirinale. Il restauro della decorazione della cupola e nuovi studi berniniani*, Roma, 2016.

26 La quasi totalità degli ambienti decorati dalla bottega del Fontana nel Castello presenta elementi fitomorfi con caratteristiche ricorrenti. Altre tipologie decorative sono molto ripetitive come, ad esempio, la posizione dei putti, legata probabilmente alla presenza di figure specializzate nella loro esecuzione.

27 M. Caroselli *et al.*, *Composition and techniques of the Ticinese stucco decorations from the 16th to the 17th century: Results from the analysis of the materials*, «Heritage Science», 8, 2020, pp. 1-20.

28 Per una definizione accurata delle diverse tipologie di *lime lumps* si veda J. Elsen, *Microscopy of historic mortars–A review*, «Cement and Concrete Research», 36, 2006, pp. 1416-1424.

Glossario tecnico / Technical Glossary

Una decorazione a stucco il più delle volte viene realizzata in opera, modellando la malta con le stecche e con le mani, con modeni o con stampi oppure, più raramente, viene realizzata a banco, montando in cantiere elementi seriali eseguiti fuori opera.

Solitamente una decorazione a stucco è composta da un *supporto* in pietra o mattoni, da un'*armatura* per sostenere e per ancorare al supporto gli elementi più aggettanti, da diversi *strati di malta* (uno o più strati di corpo e uno o più strati di finitura), da una *finitura superficiale* per uniformare il colore ed eventualmente da policromie e dorature.

I materiali e le fasi di realizzazione qui di seguito descritti sono quelli osservati durante lo studio di diverse opere eseguite tra fine Cinquecento e inizio Settecento in Canton Ticino e nella vicina Lombardia.

A stucco decoration is most often realised on site, modelling the mortar with sticks and hands, with running or press moulds or, more rarely, it is realised on the bench, assembling repetitive elements made off site. Usually, a stucco decoration is composed of a supporting structure *in stone or bricks, a supporting and anchoring* armature *for highly projecting elements, a* mortar *applied in several coats (one or more base coats and one or more setting coats), a* finishing layer *with lime wash and sometimes polychromy and gilding.*

The materials and construction phases described below are those observed during the study of several works executed between the late sixteenth and early eighteenth century in Canton Ticino and neighbouring Lombardy.

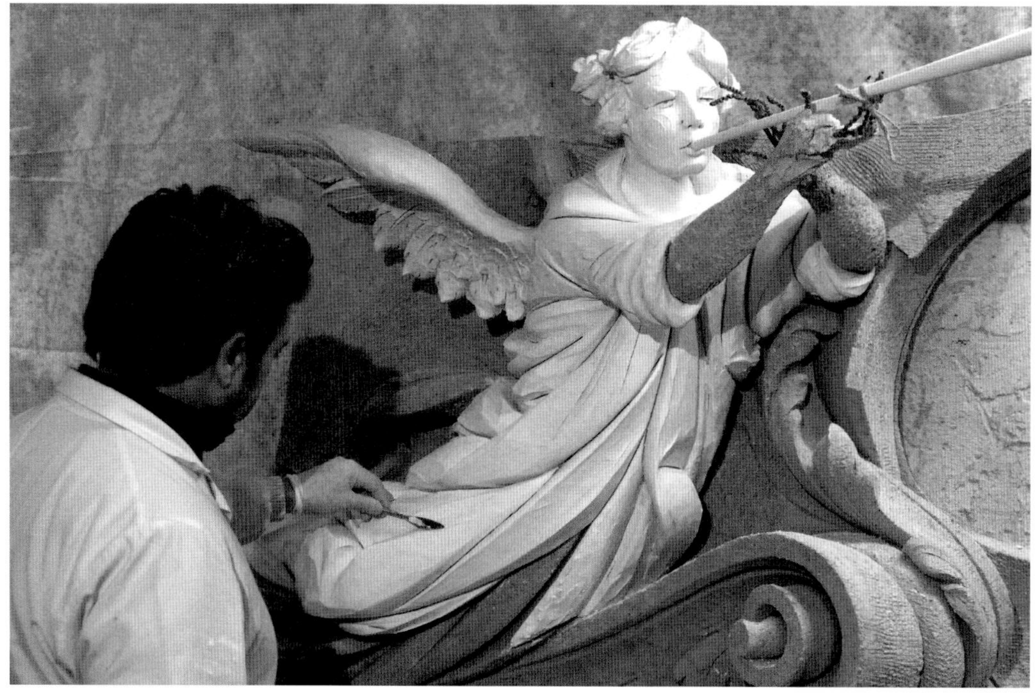

MATERIALI / MATERIALS

STUCCO | DECORATIVE PLASTERWORK

Impasto plasmabile allo stato fresco, usato per rivestire manufatti di tipo architettonico (come murature, colonne, capitelli, cornici, ecc.) e/o per modellare sculture a bassorilievo, ad altorilievo o a tutto tondo. L'impasto è composto da leganti (calce e/o gesso), aggregati (sabbia, calcite spatica o cocciopesto per gli strati di corpo e polvere di marmo per lo strato di finitura) ed eventuali additivi organici o inorganici usati per modificarne le proprietà (es: la plasticità o il tempo di presa).

Mouldable material in its fresh state, used to enrich architectural elements (such as masonry, columns, capitals, cornices, etc.) and/or to model bas-relief, high-relief or fully round sculptures. The mortar is composed of binders (lime and/or gypsum), aggregates (sand, spathic calcite, or brick powder for the base coat and marble powder for the setting coat) and organic or inorganic additives used to modify its properties (e.g. plasticity or setting time).

STUCCO FORTE O STUCCO ALLA ROMANA

Nella letteratura contemporanea si usa talvolta il termine "stucco forte" o "stucco alla romana" per indicare un impasto con legante composto principalmente da calce.

In contemporary literature, the term 'stucco forte' or 'stucco alla romana' is sometimes used to refer to a mixture composed mainly of lime as a binder.

MALTA | MORTAR

Malta di corpo
Impasto composto da un legante (spesso calce magnesiaca), acqua, sabbia di media granulometria e a volte gesso.

Coarse mortar
Mortar composed of a binder (often magnesian lime), water, coarse aggregates and sometimes gypsum.

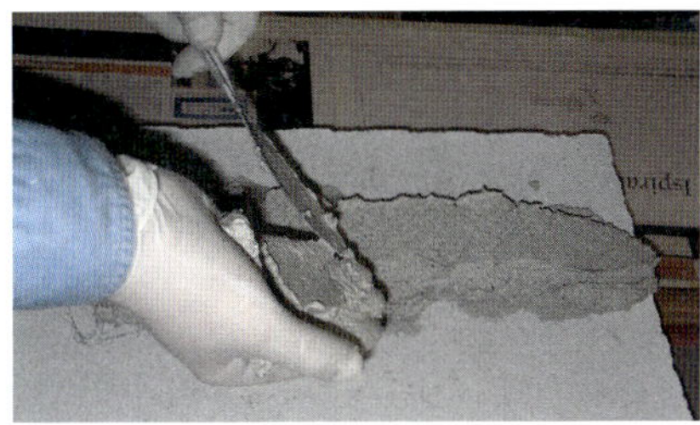

Malta di finitura
Impasto composto da calce, acqua e aggregati fini (polvere di marmo o di altre pietre di colore chiaro).

Finishing mortar
Mortar composed of lime, water and fine aggregates (marble or other whitish stone dust).

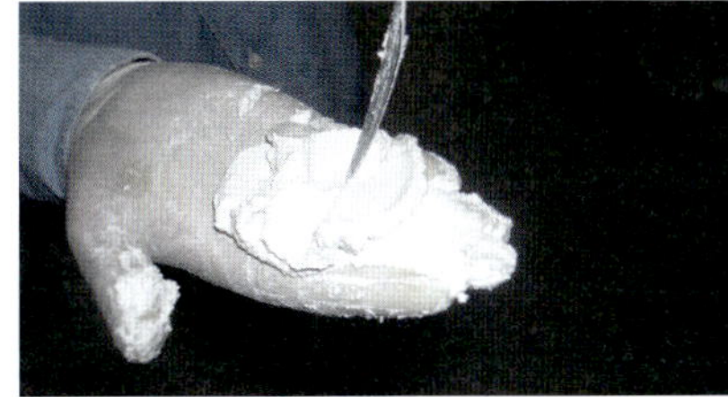

LEGANTE | BINDER

Materiale capace di legare stabilmente gli aggregati. I leganti più usati per gli stucchi sono la calce (calcica o magnesiaca) e il gesso.

Material that provides stable bonds between aggregates. The most frequently used binders for stuccoes are lime (calcium or magnesian lime) and gypsum.

Calce
Materiale legante derivante dalla cottura (calcinazione) di pietre calcaree. Nella Svizzera italiana il termine calce o "calcina" è usato indistintamente per indicare sia le pietre calcaree, sia la calce viva che la calce spenta o grassello di calce (*Vocabolario dei dialetti della Svizzera italiana*).
Calce calcica
Calce ottenuta dalla cottura di pietre prevalentemente calcaree.
Calce dolomitica o magnesiaca
Calce ottenuta dalla cottura di calcari dolomitici contenenti quantità variabili di magnesio.
Latte di calce
Dispersione di idrossido di calcio ($Ca(OH)_2$) in acqua, stesa a pennello come strato di finitura per uniformare il colore dello stucco.

Lime
*A binding material resulting from the calcination (burning) of limestone. In Italian Switzerland the term 'calcina' is used for limestone, lime, lime putty (*Vocabolario dei dialetti della Svizzera italiana*).*
Calcium lime
Lime obtained by burning limestone.
Dolomitic or magnesian lime
Lime obtained by burning dolomitic

limestone containing varying amounts of magnesium.

Lime wash

Dispersion of calcium hydroxide ($Ca(OH)_2$) in water, applied with a brush as a finishing coat to unify the colour of the stucco.

Gesso

Minerale tenero composto di solfato di calcio biidrato ($CaSO_4 \cdot 2(H_2O)$). Macinato finemente è utilizzato come aggregato, mentre per utilizzarlo come legante è necessario cuocerlo.
Il gesso da presa ($CaSO_4 \cdot 1/2\ H_2O$, solfato di calcio emiidrato o gesso di Parigi) può essere usato come legante anche senza aggregati in quanto durante la presa, al contrario della calce, aumenta di volume.

Gypsum

Soft mineral composed of calcium sulphate dihydrate ($CaSO_4 \cdot 2(H_2O)$). Finely ground, it is used as an aggregate, while when burnt (calcinated) it becomes a binder. Calcium sulphate hemihydrate ($CaSO_4 \cdot 1/2\ H_2O$, plaster of Paris) can be used as a binder also without aggregates because during setting (unlike lime which shrinks) it expands in volume.

AGGREGATO | AGGREGATE

Materiale granulare (sabbia, cocciopesto, polvere di marmo, calcite), inerte o reattivo, usato in combinazione con un legante (es. la calce) per la preparazione delle malte. L'aggiunta di aggregati serve a dare corpo all'impasto per poterlo stendere anche con un certo spessore, a favorire la presa e a contrastare il ritiro legato all'asciugatura della calce.

Granular material (sand, brick powder, marble dust, calcite), inert or reactive, used in combination with a binder (e.g. lime) to prepare mortars. The addition of aggregates helps to give volume to the mix so that it can be used in thick layers, to increase curing, and to balance the shrinkage related to the setting of lime.

Sabbia

Uno dei più comuni aggregati nella composizione di una malta. Nei documenti d'archivio consultati durante la nostra ricerca la sabbia viene solitamente indicata con il termine "sabbione", una sabbia a grana grossa. In diverse opere esaminate, la granulometria della sabbia usata per gli strati di corpo è grossolana, mista e non selezionata.

Sand

One of the most common aggregates in the composition of a mortar. In the archival documents consulted during the research, sand is usually referred to by the generic term 'sabbione', a coarse-grained sand. In several works examined, the grain size of the sand used for the base coats is coarse, mixed and unselected.

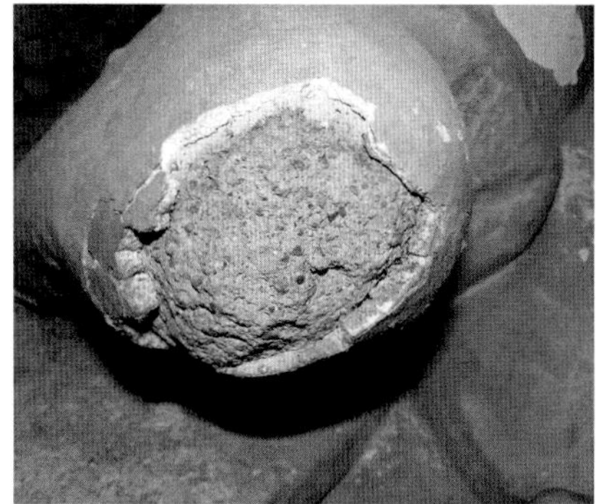

Polvere di marmo

Polvere fine ottenuta da marmo frantumato, tritato e setacciato.

Marble dust

Fine powder made from crushed and sieved marble chips.

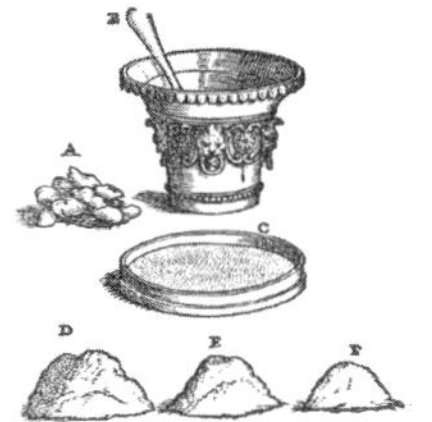

Polvere di mattone (cocciopesto)

Polvere derivata dalla frantumazione di laterizi (tegole, mattoni ecc.); nell'impasto di una malta è un aggregato reattivo.

Brick powder

Powder obtained from the crushing of bricks and roof tiles etc.; in a mortar mix this is a reactive aggregate.

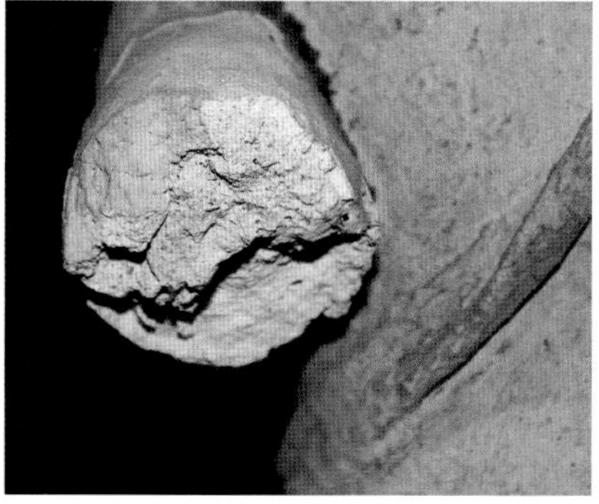

ADDITIVO | ADDITIVE

Qualsiasi sostanza (o materiale) organica (es. caseina, colla, olio...) o inorganica (es. gesso) che viene mescolata alla malta in quantità minime per modificarne le proprietà allo stato fluido o indurito (acceleratore, plastificante, stabilizzante, fluidificante o ritardante della presa).

Any organic (e.g. casein, size, oil ...) or inorganic (e.g. gypsum) substance (or material) added in a very small quantity to the mortar to modify its working or final properties (as an accelerator, plasticiser, stabiliser, fluidiser or retarder of setting).

Fibre vegetali
Talvolta all'impasto della malta di corpo venivano aggiunte fibre vegetali (es. corde o canapa) o pezzi di stoffa per renderla più leggera o più elastica.

Vegetal fibres
Sometimes vegetal fibres (e.g. rope or hemp) were added into the base-coat mortar mixture to make it lighter or more elastic.

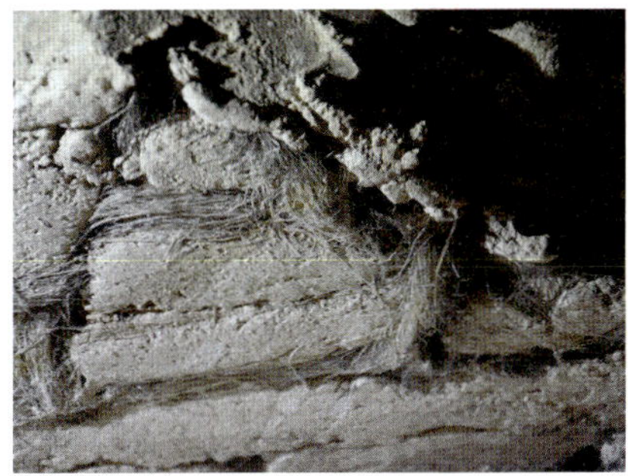

Vino
Non è un ingrediente dello stucco. Nei pagamenti legati a un cantiere viene sempre comprato in grandi quantità in quanto era parte integrante del salario che veniva corrisposto ai lavoratori di ogni ordine e grado: dal semplice garzone al pittore.

Wine
This is not an ingredient of stucco. In payments associated with a construction site, it was always purchased in large quantities because it was part of the wages paid to workers of all grades: from the simple apprentice to the painter.

ANCORAGGI E ARMATURE | ANCHORAGES AND ARMATURES

Le armature (solitamente chiodi, barre di ferro, fili di ferro o di rame, talvolta rami di legno o canne) sono usate nella struttura di sostegno di uno stucco per costruire lo scheletro di una figura o come ancoraggio per agganciare le figure tridimensionali molto aggettanti alla struttura muraria retrostante.

Armatures (usually nails, iron bars, iron or copper wires, sometimes wooden sticks or reeds) are used in the support structure of a stucco to build the skeleton of a figure or as an anchor to attach highly projecting three-dimensional figures to the wall behind.

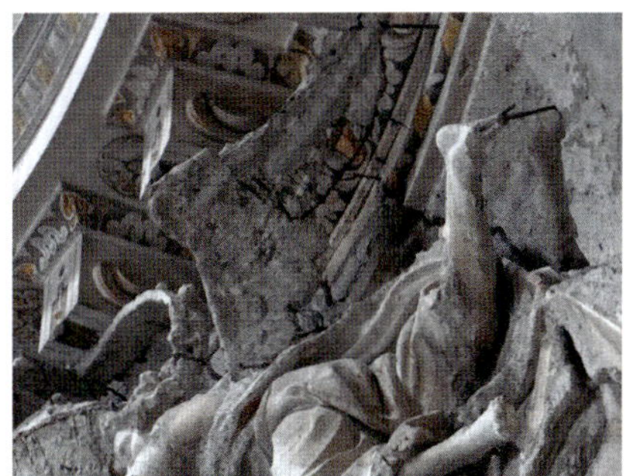

Armature vegetali
Sostegni realizzati con elementi di legno o canne. Il loro uso è più raro perché non possono essere piegati e sagomati facilmente come il ferro.

Vegetal armatures
Supports made of wooden elements or reeds. Their use is more unusual because they cannot be bent and shaped as easily as iron.

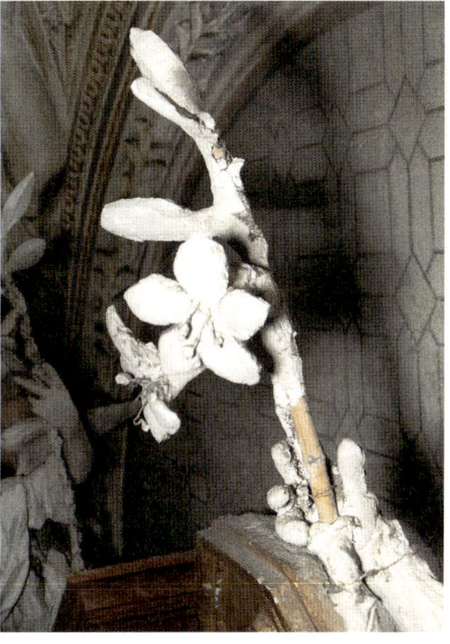

Chiodi
Per sostenere una composizione a basso rilievo su una parete liscia, venivano usati diversi tipi di chiodi, distinti per dimensione, forma, tipologia o funzione.
Francesco Cherubini distingue i chiodi per numero (da cento, da ottanta, da cinquanta...), riferendosi alle quantità che vengono prodotte utilizzando una libbra di ferro: i più piccoli sono i chiodi da "cento" (lunghi cm 4-5), i più grandi quelli da "venti" (lunghi circa cm 25) *(Vocabolario Milanese-Italiano, voce "Ciod")*.

Nails
To support a composition in bas-relief on a flat wall, different kind of nails were used, distinguished according to their size, shape, type or function.
Francesco Cherubini distinguishes the nails by number (of one hundred, of eighty, of fifty...), referring to the numbers produced using one libbra of iron: the smallest are the 'one hundred' nails (4 to 5 centimetres in length), the largest the 'twenty' (around 25 centimetres in length) (Vocabolario Milanese-Italiano, entry on 'Ciod').

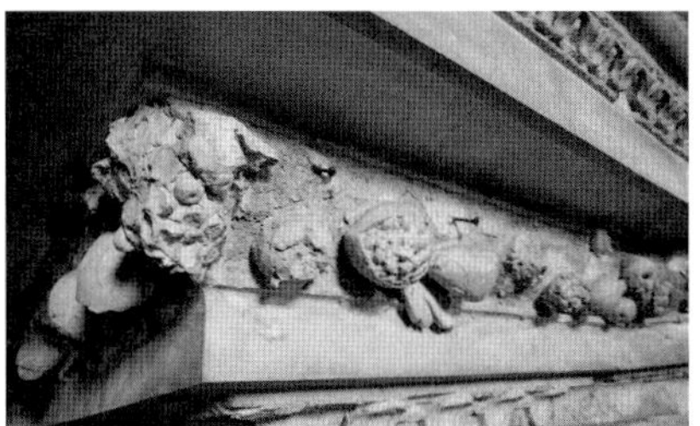

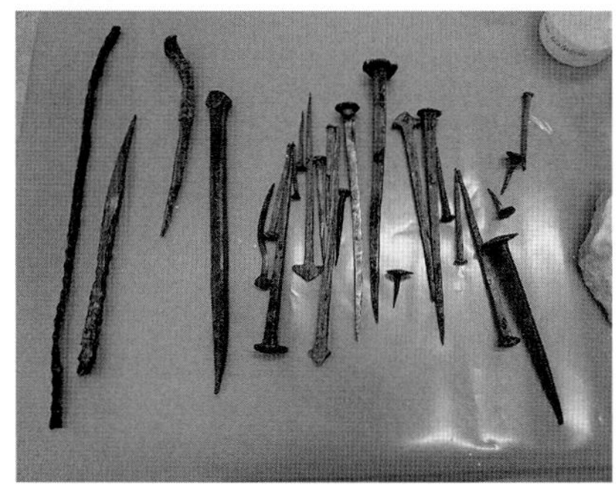

Barre di ferro
Per costruire lo scheletro di elementi aggettanti venivano usate barre di ferro di diversa forma e dimensione, talvolta anche pezzi di recupero (come vecchie grate di finestre).

Iron bars
Iron bars of different shapes and sizes were used to build the skeleton of projecting elements, sometimes this included even recycled pieces (such as old window grills).

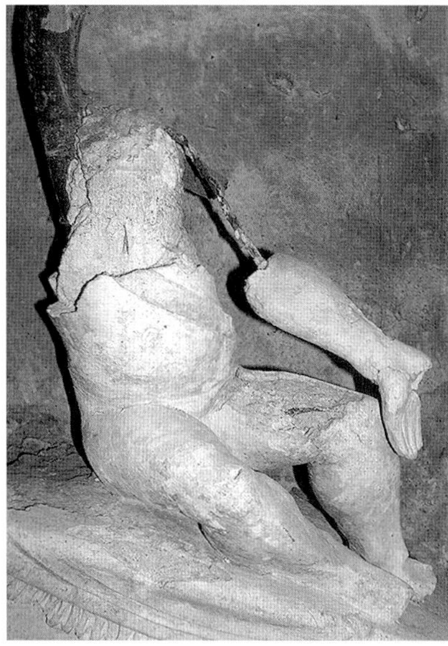

Vergella
Particolare barra di ferro descritta da Cherubini (*Vocabolario Milanese-Italiano*) come una «specie di nastrino di ferro o di reggettina colpeggiati nel piano a imitazione di un nastro ondulato». Si tratta di una barra di ferro forgiato e ribattuto in senso alternato, con sezione quadrata di diversa dimensione. Questa particolare lavorazione del metallo garantiva una miglior aderenza della malta e permetteva agli stuccatori di piegare le barre in corso d'opera ottenendo le curvature desiderate.

Vergella
*Characteristic iron bar described by Cherubini (*Vocabolario Milanese-Italiano*) as a 'kind of iron bar or strapping struck in the plane in imitation of a wavy ribbon'. A bar of iron forged and riveted in alternating directions, with a square section of different sizes. This particular metalwork ensured better adhesion of the mortar and allowed plasterers to bend the bars as they worked, obtaining the desired shapes.*

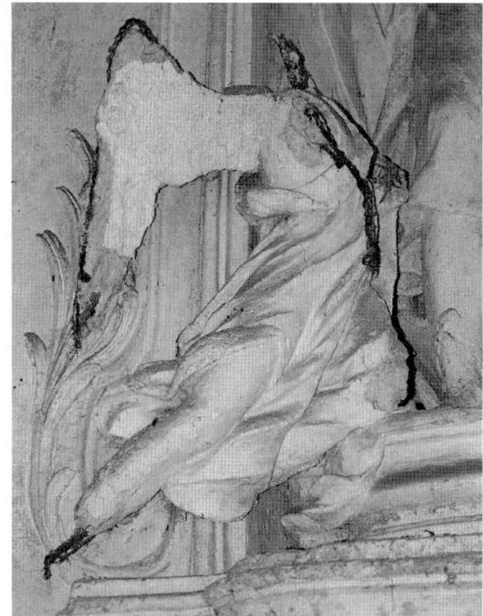

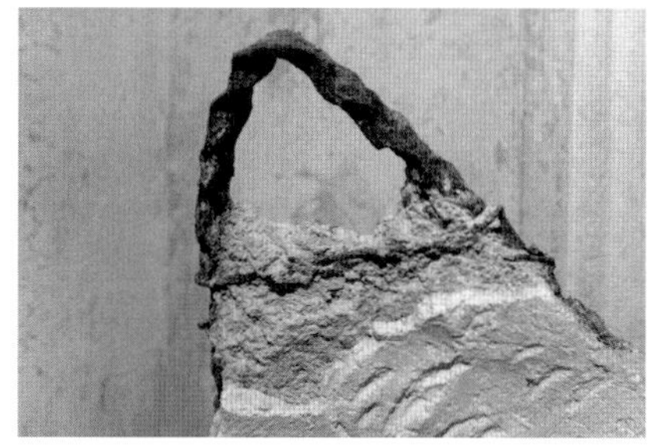

Filo di ferro
L'uso di armature costituite da fili di ferro di diverse dimensioni è in funzione del tipo di modellato: il filo di ferro viene utilizzato per elementi decorativi con una volumetria pronunciata che non sono direttamente ancorati al supporto, come le dita delle statue o come i nastri che collegano le volute dei capitelli ionici con il festone centrale di frutta.

Wire

The use of reinforcements consisting of iron wire of different size and gauge relates to the type of modelling: wire is used in cases where the decorative elements have pronounced volumetric and sculptural qualities and are not directly anchored to the support, such as the fingers of statues or ribbons that connect the volutes of Ionic capitals with a central festoon of fruit.

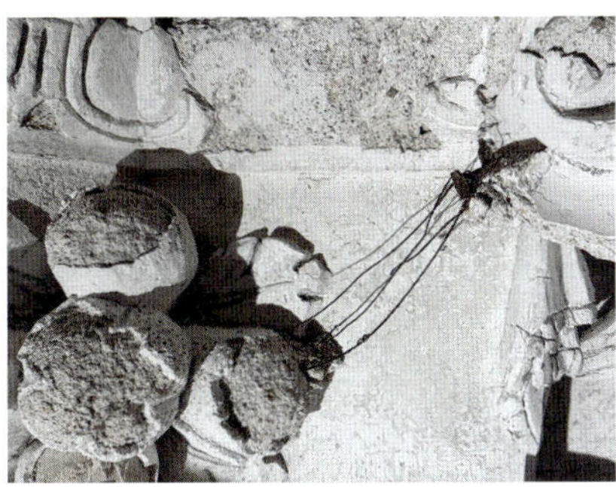

Corda, fibre e pezzi di tessuto

Spesso le armature metalliche sono legate tra loro con corde o sono ricoperte da fibre vegetali (es. canapa o pezzi di stoffa) per permettere una migliore adesione della malta alle barre metalliche e per proteggerle dalla ruggine.

Rope, fibres and cloth

Metal armatures are often tied together with ropes or are covered with fibres (e.g. hemp or pieces of cloth) to allow better adhesion of the mortar to the bars and to protect them from rusting.

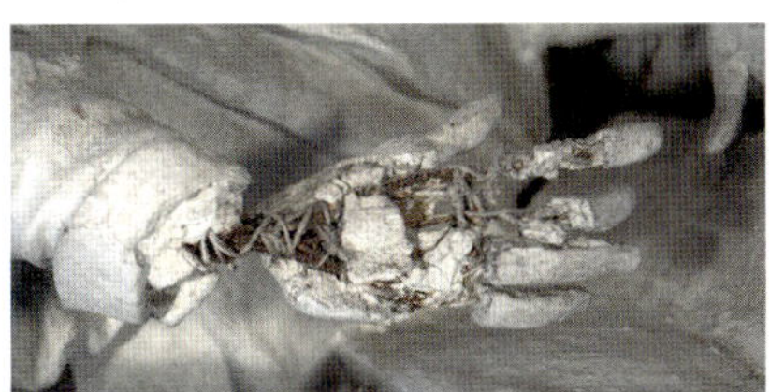

STRUMENTI / TOOLS

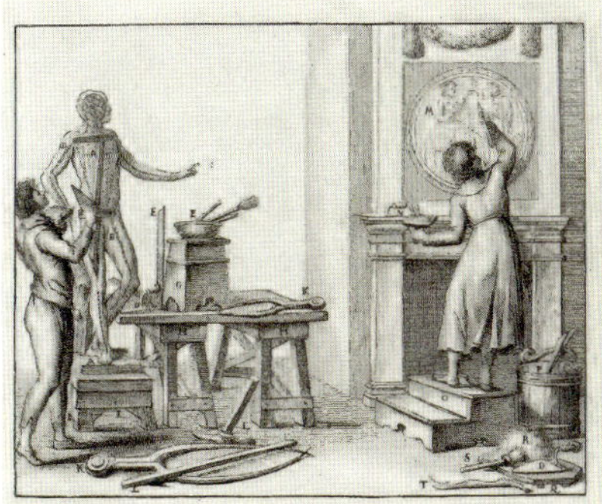

Da F. Carradori, *Istruzione elementare per gli studiosi della scultura*. Pisa, 1802, tav. VII.

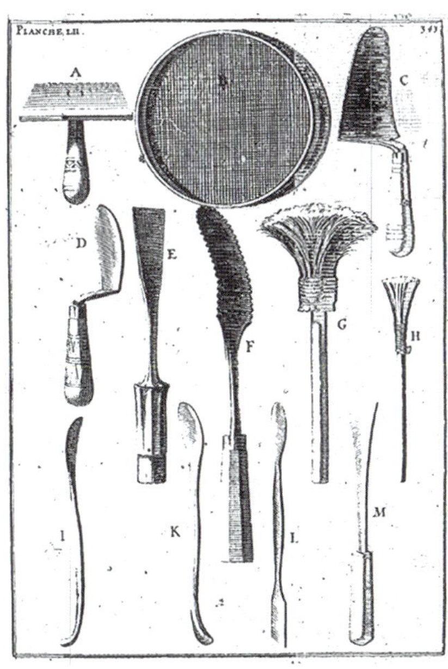

Da A. Félibien, *Des principes de l'architecture, de la sculpture, de la peinture, et des autres arts qui en dépendent: Avec un dictionnaire des termes propres à chacun de ces arts*, Paris, 1676, tav. LII.

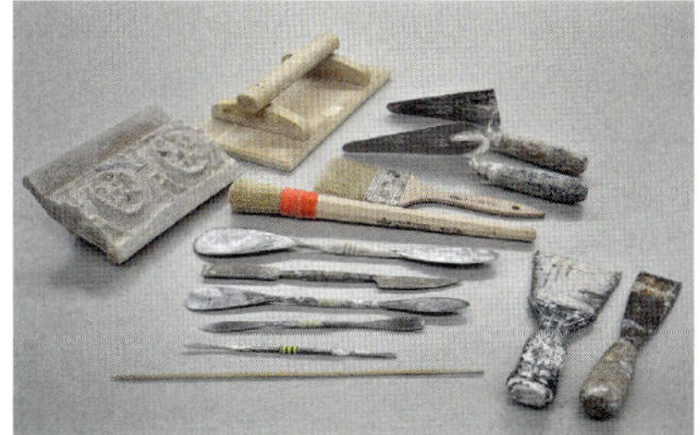

Gli strumenti attualmente usati da uno stuccatore

Cazzuola o mestola

Strumento usato dai muratori per prendere e stendere le malte durante la costruzione delle murature o la stesura di intonaci.

Trowel

Tool used by masons to take and apply mortars during masonry construction or plaster laying.

Frattazzo

Tavoletta levigata di legno duro, o lama rettangolare di acciaio, munita di impugnatura su una delle facce, che serve a spianare e lisciare malte e altri impasti su superfici piane.

Float

Polished plank of hardwood, or rectangular steel blade, fitted with a handle on one of the faces, used to level and smooth mortars and other mixes on flat surfaces.

Sparviere

Tavoletta di legno munita nel centro della faccia inferiore di un'impugnatura; serve per sorreggere una piccola quantità di malta che lo stuccatore stende con la cazzuola.

Hawk

A wooden board fitted with a handle in the centre of the lower face; it is used to hold a small amount of mortar that the stucco maker spreads with his trowel.

Spatola
Bacchetta di metallo, appiattita alle estremità, usata per modellare materiali duttili.

Spatula
Metal stick with flat ends generally used for modeling soft materials.

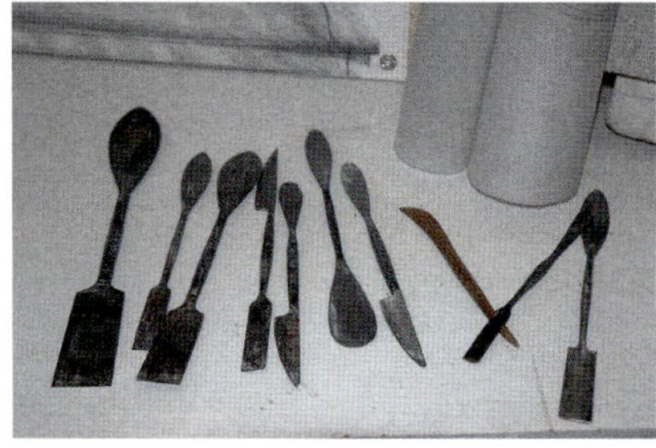

Stecca
Bastoncino di legno usato per modellare.

Modelling tool
Wooden tool used for modelling.

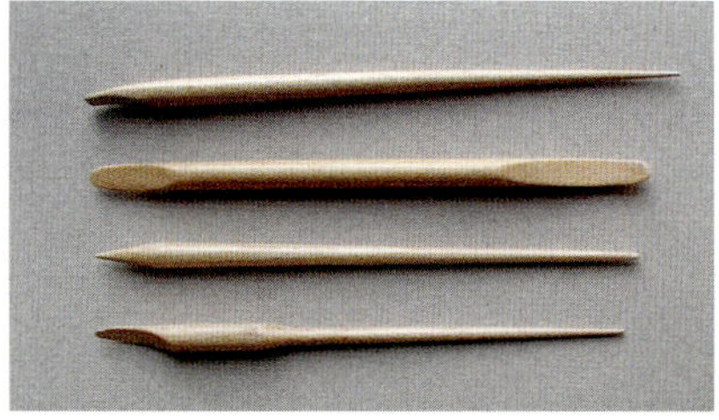

Modine
Il modine (modene o modano) o raffetto è la controsagoma lignea rivestita di latta utilizzata per sagomare il profilo delle cornici facendolo scorrere su asticelle di legno fissate alla superficie da modellare.

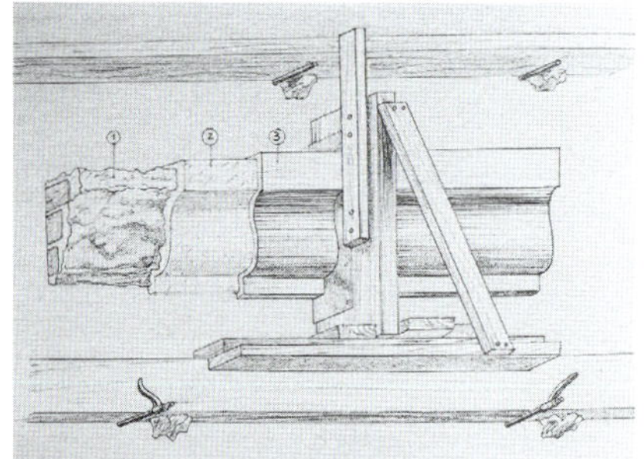

Running mould
A running mould is a metal template made from sheet zinc, fixed to a timber framework, known as a horse, which can 'run' or glide along the wall, via horizontal or vertical timber battens temporarily fixed to the wall.

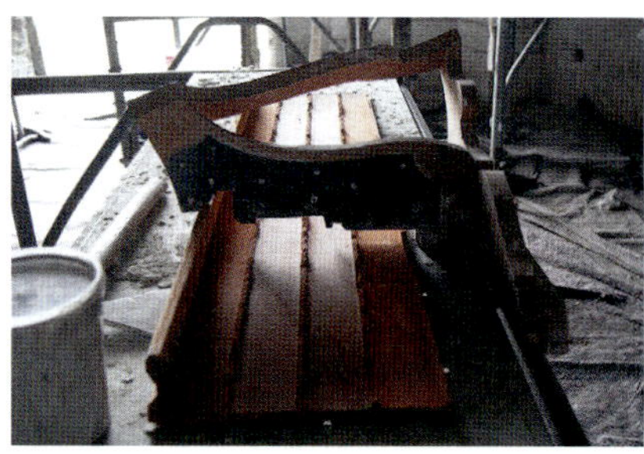

Stampo
Modello con cui si ottengono oggetti di forma voluta facendo colare una malta fluida in una forma cava oppure pressando lo stampo sulla malta fresca. Viene usato per realizzare elementi decorativi seriali.

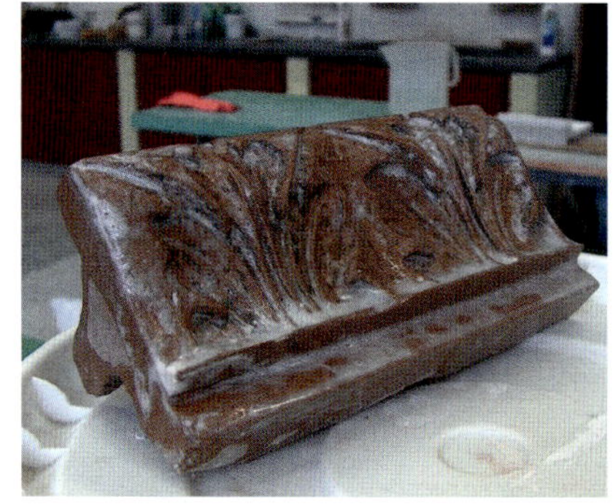

Press mould
A cavity or matrix into which a fluid or plastic substance is poured (cast) into a desired finished product or a reverse mould that is pressed in the lime plaster to give the decorative shape. Used to form repetitive decorative elements.

TECNICHE ESECUTIVE / MANUFACTURING TECHNIQUES

1. PREPARAZIONE | PREPARATION

Struttura di supporto
Struttura a sostegno dello stucco, spesso aggettante dal piano della muratura di fondo, realizzata in pietra o con mattoni di diversa dimensione.
I mattoni servivano per costruire i supporti murari degli altari, le lesene, la trabeazione e per dare una solida struttura a tutti gli elementi aggettanti, sia dell'architettura che dell'apparato decorativo. Le tavelle per pavimentazione, piccole e sottili, si prestavano bene per eseguire i diversi profili.
Spesso i cornicioni molto aggettanti sono realizzati con lastre di beola (gneiss), mentre per alleggerire gli impasti talvolta veniva usato il tufo calcareo, molto diffuso nella zona del Mendrisiotto.

Supporting structure
Structure supporting the stucco decoration projecting from the wall, made of stone or bricks of different sizes.
Bricks were used to build the supporting structure of altars,

pilasters, entablatures, and of all the projecting architectural or decorative elements. Thin terracotta tiles, in particular, were well suited for composing different profiles. Strongly projecting cornices are often made of gneiss slabs, while limestone tufa, which is very common in the Mendrisiotto area, was sometimes used to lighten the mortar.

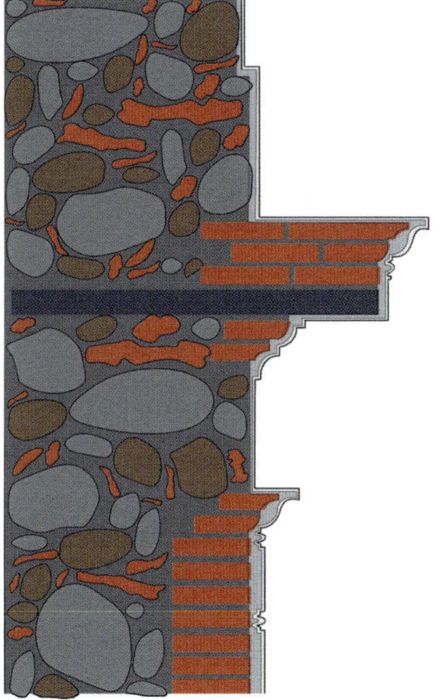

Intonaco di fondo
Intonaco steso sulla struttura di supporto per preparare la base su cui eseguire la decorazione a stucco.

Flat plaster ground
Plain plaster ground covering the supporting structure on which stucco decoration is made.

Disegno preparatorio
Prima definizione della decorazione a stucco eseguita sull'intonaco di fondo a pennello, a carboncino o con uno strumento appuntito (es. chiodo o spatola).

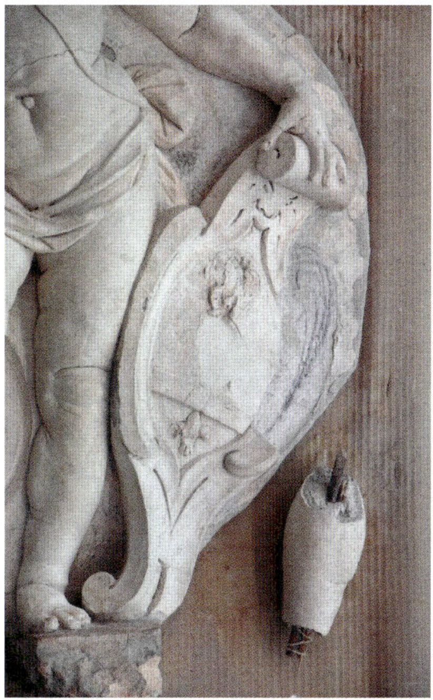

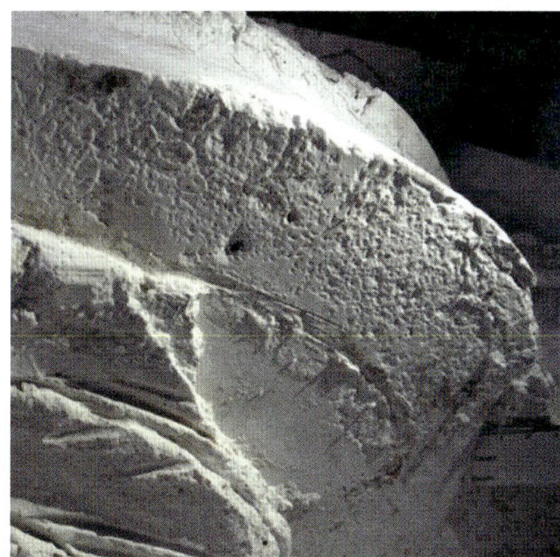

Preparatory drawing
The first sketch of the stucco decoration done on the flat plaster ground with a paint brush, charcoal or with a pointed tool (e.g. a nail or spatula).

Martellinatura
Picchiettatura dell'intonaco di fondo con un utensile appuntito (es. martellina) in modo da rendere la superficie scabrosa e favorire l'adesione dello stucco.

Keying
Mechanical roughening (e.g. hammering, scoring, scraping) of a plastered surface to prepare it for better adhesion of the stucco.

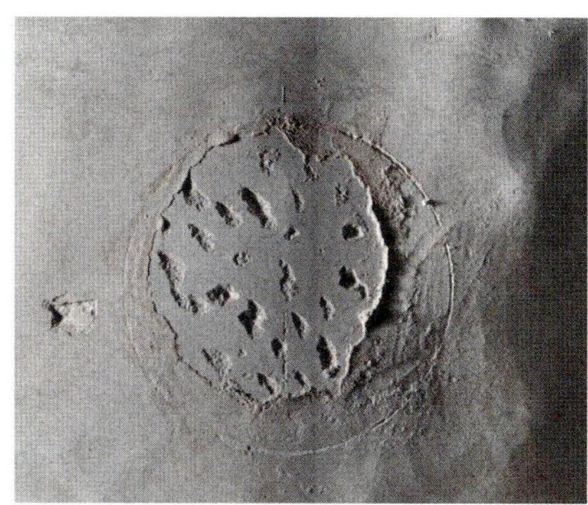

Inserimento degli ancoraggi e delle armature
Si veda voce ancoraggi e armature nella sezione Materiali (p. 377).

Insertion of anchorage and armatures
See definition anchorage and armatures in the Materials section (p. 377).

2. POSA DELLO STUCCO | PLASTERING

Strato di corpo
Primo strato di malta che definisce i volumi di uno stucco. L'impasto è solitamente composto da calce, aggregati di media granulometria, acqua e a volte gesso. Talvolta lo strato di corpo è formato anche da più strati, composti dai materiali di base usati in proporzioni diverse, e può raggiungere spessori consistenti, fino a diversi centimetri.

Base coat
Layer of coarse-grained mortar that defines the volumes of a stucco.

The mixture is usually composed of lime, aggregates, water and sometimes gypsum. This coat can consist of several layers, composed of the base ingredients used in different proportions, and can reach substantial thicknesses, up to several centimetres.

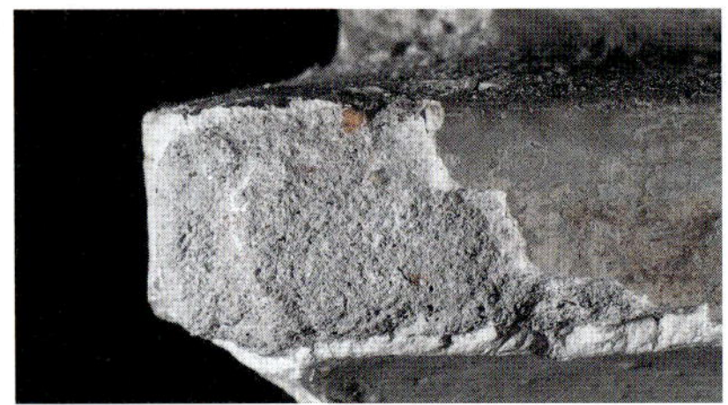

Strato di finitura
Ultimo strato di malta che viene steso per rifinire la superficie di uno stucco, rendendola bianca, liscia e omogenea. L'impasto è solitamente composto da calce, acqua e aggregati fini (polvere di marmo o di altre pietre di colore chiaro); lo spessore è solitamente di pochi millimetri.

Finishing coat
Last layer of mortar that is used to finish the surface of a stucco decoration, making it white smooth and homogeneous. The mixture is usually composed of lime, water and fine aggregates (marble dust or other whitish stones); the thickness is usually of a few millimetres.

3. CORNICI | FRAMES

Cornici architettoniche
Per ottenere il profilo desiderato, le malte di corpo e di finitura vengono tirate con modeni montati su guide in legno (si veda la voce "Modine" nella sezione Strumenti, p. 380).

Architectural frames
To achieve the desired profile, the base and the finishing coats are worked with a running mould (see corresponding definition in the 'Tools' section, p. 380).

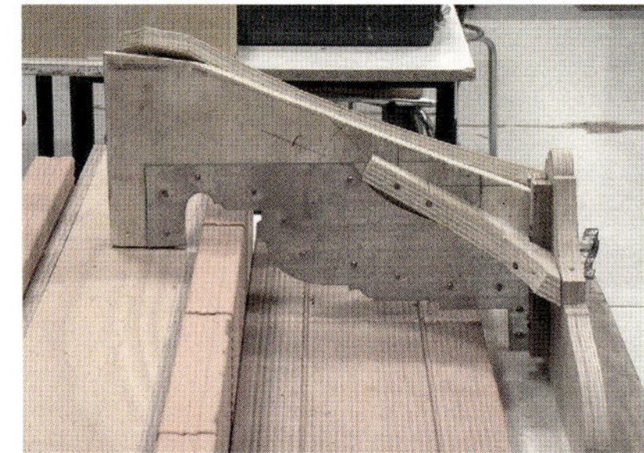

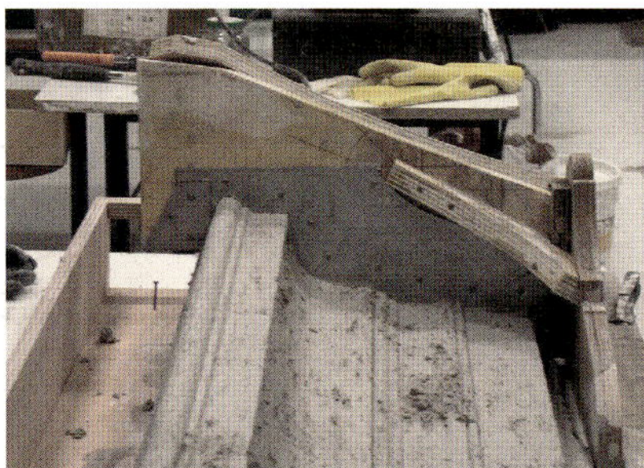

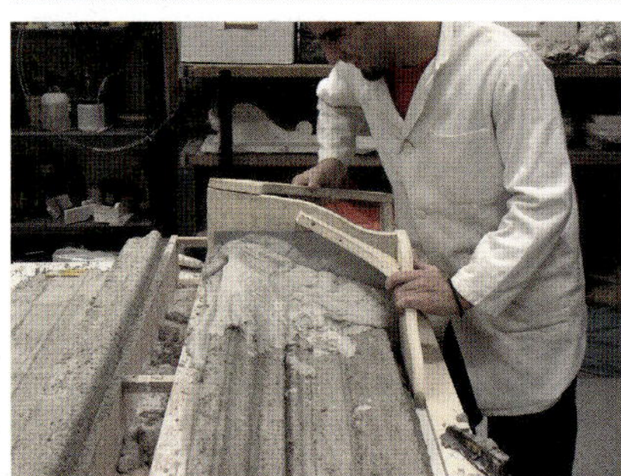

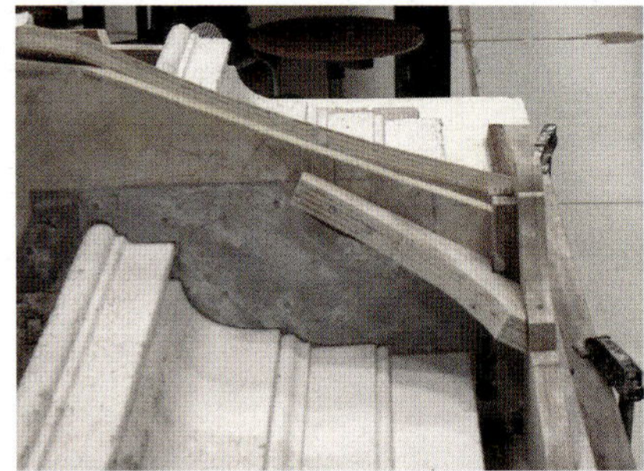

Cornici decorate con elementi seriali
«Per fare cornici o fogliami intagliati è utile avere degli stampi di legno e si piglia lo stucco, né duro né molle, lo si mette sul posto, si mette polvere di marmo nella sagoma e la si picchia sullo stucco con un martello in modo da lasciare l'impronta. Poi si procede pulendo e rifinendo la cornice in modo che il lavoro risulti il più omogeneo possibile» (Vasari 1550 e 1568, ed. 1991, pp. 55-56).

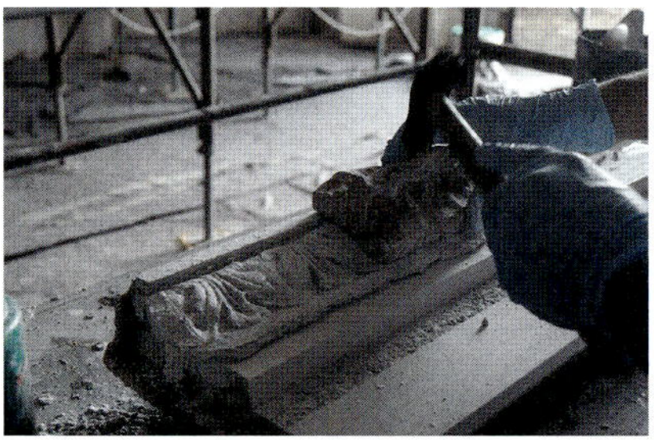

Frames decorated with repetitive elements
'To make (enriched) mouldings or modelled leafage it is necessary to have shapes of wood carved in intaglio with those same forms that you wish to render in relief. The worker takes stucco that is not actually hard nor really soft, but in a way tenacious, and puts it on the work in the quantity needed for the detail intended to be formed. He then places over it the said hollowed mould which is powdered with marble dust, striking it with a hammer so that the blows fall equally, and this leaves the stucco imprinted; he then proceeds to clean and finish it so that the work becomes true and even' (Vasari 1550 e 1568, ed. 1907, pp. 170–71).

4. STATUE E DECORAZIONI TRIDIMENSIONALI | STATUES AND THREE-DIMENSIONAL DECORATIONS

Le figure tridimensionali vengono modellate attorno a un'armatura di supporto con diversi strati di malta (malta di corpo e di finitura) con talvolta una stesura finale data a pennello per uniformare o decorare la superficie.

Three-dimensional figures are modelled around a supporting armature using several layers of mortar (base and finishing coat) and sometimes a finishing layer to smoothen the surface.

Le armature vengono coperte con lo stucco composto di calce (⅔) e polvere di marmo (⅓). Quando il primo strato di abbozzatura «ruvido, cioè grosso e granelloso» ha fatto presa, è fermo ma non secco, si applica lo strato di stucco sottile «perché lavorando la massa della materia in su quel ch'è umido, fa maggior presa, bagnando di continuo dove lo stucco si mette, acciò si renda più facil a lavorarlo» (Vasari 1550 e 1568, ed. 1991, p. 55).

The armatures are covered with stucco composed with lime (⅔) and marble dust (⅓) 'with the first daub of rough stucco, that is coarse and granulated, to be covered over with a finer one when the first stucco has set and is firm, but not thoroughly dry. The reason for this is that to work the mass of the material over a damp bed makes it unite better, therefore they keep wetting the stucco at the place where the upper coating is laid on so as to render it easier to work' (Vasari 1550 e 1568, ed. 1907, p. 170).

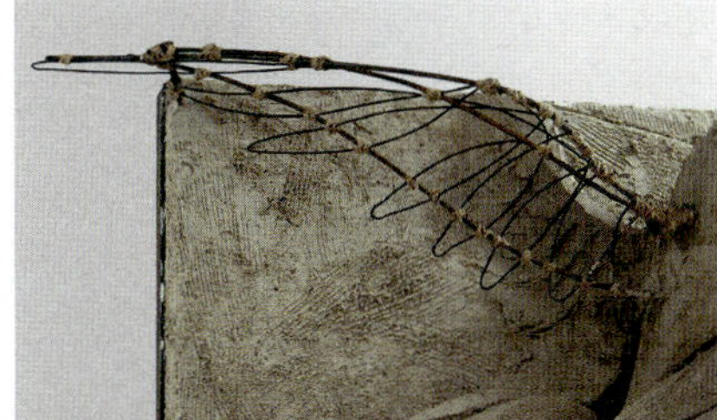

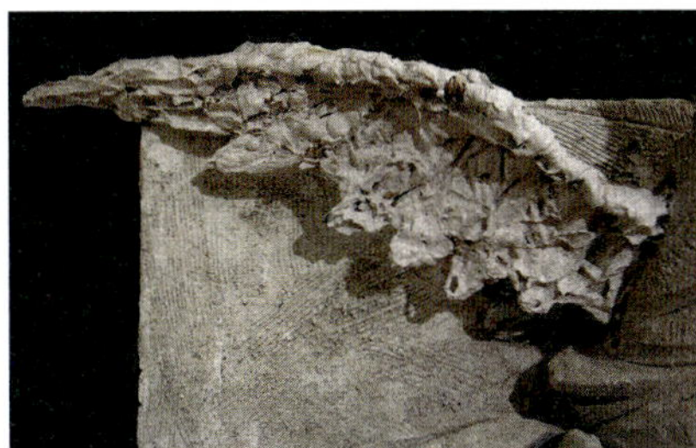

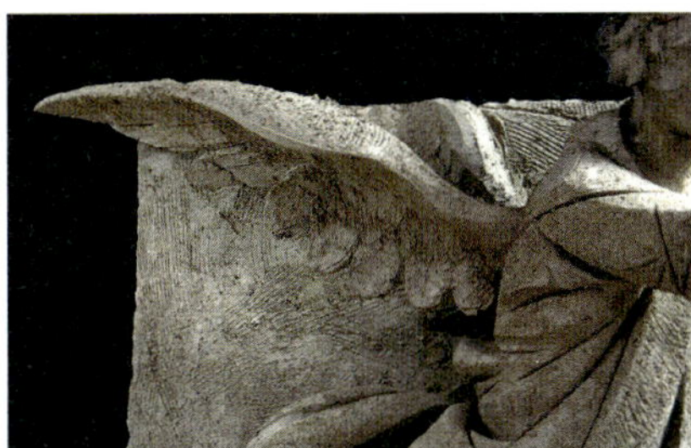

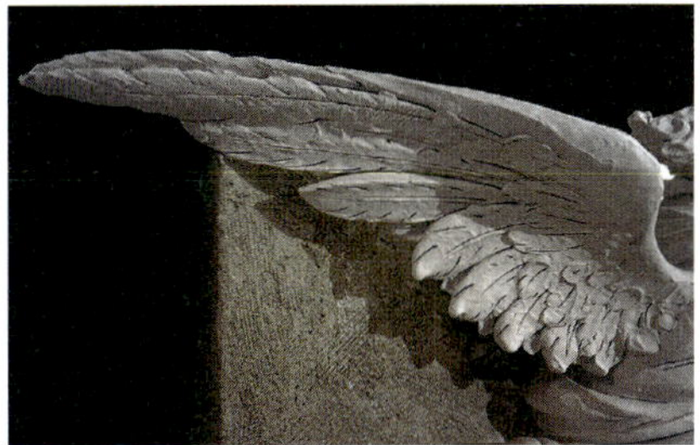

5. FINITURE | FINISHING

Finitura
Ultimo strato di lavorazione di uno stucco eseguito con una stesura di latte di calce data a pennello per uniformare il colore. Le finiture possono essere anche policrome o realizzate con lamine metalliche.
«E mentre lo stucco indurisce, l'artista continua a lavorarlo e a ripulirlo con pennelli bagnati, tanto da rendere la superficie perfetta come se fosse di cera o di terra» (Vasari 1550 e 1568, ed. 1991, p. 56).

Finishing layer
Completion of a stucco decoration with an application of lime wash with the brush, to give the surface a uniform appearance. Finishes can also be polychrome or made with metal leaf.
'While it is hardening, he works diligently, retouching it continually with moistened paintbrushes in such a manner as may bring it to perfection, just as if it were of wax or clay' (Vasari 1550 e 1568, ed. 1907, p. 172).

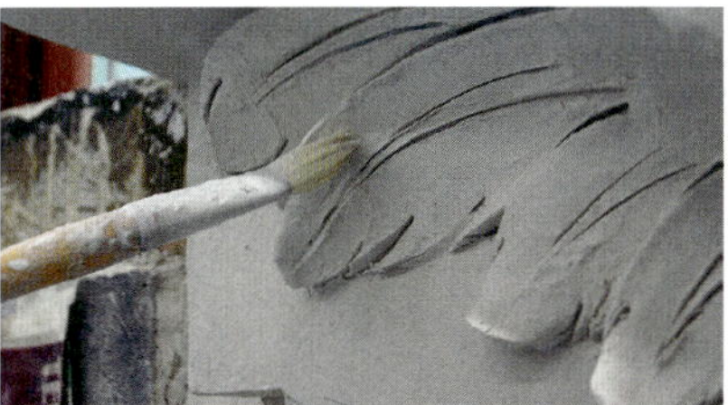

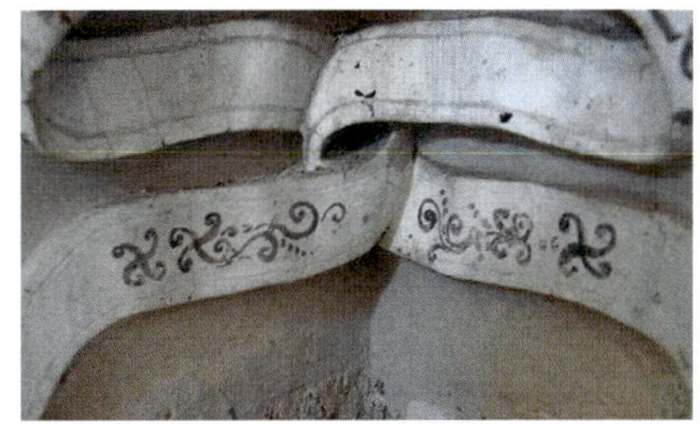

Doratura
Applicazione di lamine o polveri metalliche su una superficie.
Le sottilissime foglie d'oro erano posate sugli stucchi completamente asciutti. Raramente erano usate foglie d'argento a causa della loro tendenza a ossidarsi.
Talvolta l'effetto dell'oro era ottenuto con metalli meno pregiati (bronzina o porporina) oppure imitato con stesure pittoriche di colore giallo.

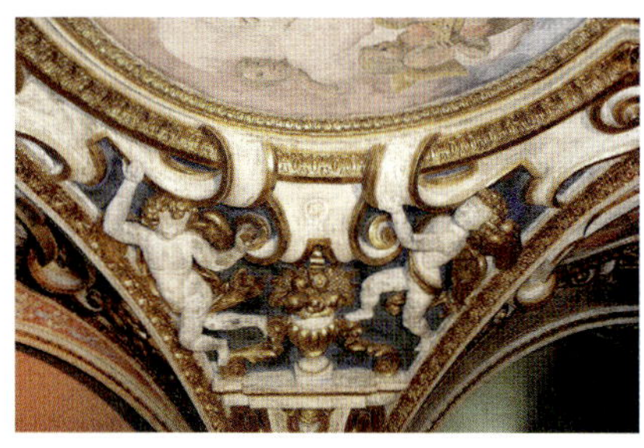

Gilding
Application of metal leaf or powders to a surface.
Very thin gold leaf was laid on the completely dry stuccoes. Silver leaf was rarely used because of its tendency to oxidize.
Sometimes the effect of gold was obtained with less valuable metals (bronzine or porporin) or imitated with yellow paint layers.

Ridipinture: Scialbo
Strato di tinteggiatura, spesso composto da latte di calce, steso sugli stucchi successivamente alla loro esecuzione per ridare un colore bianco perso nel corso del tempo.

Repainting: Whitewash
A white surface coating (usually a mixture of slaked lime and water) applied to stucco decorations at a later date to return them to a white colour.

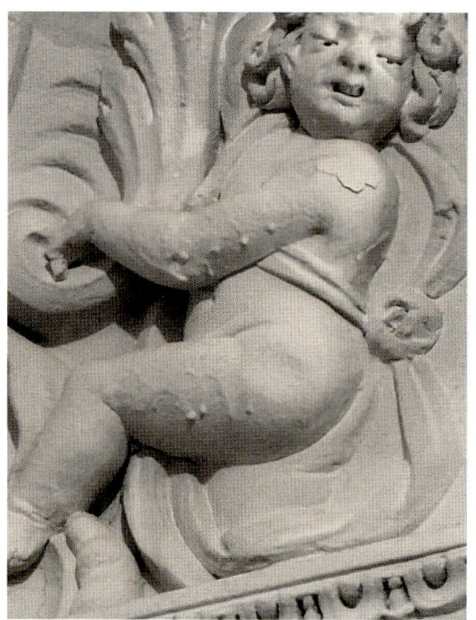

Bibliografia / References

Le definizioni sono state prese dal glossario on line *Resta di stucco* https://restadistucco.ch/it/glossario.
Per approfondimenti sulla tecnica e i materiali si vedano https://restadistucco.ch/it/stucco e il video https://www.youtube.com/watch?v=gCmlECCyikU.

The definitions have been taken from the on-line glossary *Resta di stucco* https://restadistucco.ch/en/glossary.
For more information on technique and materials see https://restadistucco.ch/en/stucco and the video https://www.youtube.com/watch?v=gCmlECCyikU.

F. Cherubini, *Vocabolario milanese - italiano*, 5 vols. (Milan, 1839–56).

EwaGlos - European Illustrated Glossary of Conservation Terms for Wall Paintings and Architectural Surfaces, edited by A. Weyer, P. Roig Picazo, D. Pop, J.A. Cassar, A. Özköse, J.-M. Vallet, I. Srša (Hornemann Institut/Zentrum für die Erhaltung des Weltkulturerbes, Petersberg, 2015) available on-line at: https://hornemann-institut.hawk.de/en/projects/research/ewaglos.

A. Henry, J. Stewart (eds.), *Mortars, Renders & Plasters. English Heritage* (Farnham, 2011).

G. Vasari, *Le vite de' più eccellenti architetti, pittori, et scultori italiani, da Cimabue insino a' tempi nostri. Nell'edizione per i tipi di Lorenzo Torrentino* (Florence, 1550 and 1568; L. Bellosi and A. Rossi [eds.], Turin, 1991).

G. Vasari, *Vasari on Technique: Being the Introduction to the Three Arts of Design, Architecture, Sculpture, and Painting. Prefixed to the Lives of the Most Excellent Painters, Sculptors and Architects*, G.B. Brown (ed.), (London, 1907).

Vocabolario dei dialetti della Svizzera italiana (Lugano-Bellinzona, 1952).

Abstracts

Notes on the Use of Stucco in Milan from the Fifteenth to Sixteenth Century

Jessica Gritti
Politecnico di Milano

Stucco decorations have long been part of the Lombard tradition, as is clearly demonstrated by the famous and extraordinarily preserved medieval examples. It should not be surprising, therefore, that the building sites of the fifteenth century would see extensive use of this kind of technique, although our understanding of the true diffusion of stucco decorations is limited by the loss of works. Clearly, in an area where construction is mainly in masonry, and the use of stone is reserved for structural elements such as columns, then painted terracotta and stucco decorations would find logical applications. This general framework of course implies the existence of specialised workshops, or rather 'companies', which could meet the patrons' needs in complex building sites.

The great diffusion of stucco decorations in Milan, beginning in the mid-sixteenth century, has been quite well investigated, however the rise of the technique during the second half of the 1400s and beginning of the succeeding century is less known. The last twenty years of the 1400s seem particularly promising in terms of documentation, with reports on a certain number of examples, and several building sites where we can recognise surviving works.

This essay presents three cases of the use of stucco decorations in relevant locations dating from the late 1400s and early 1500s in Milan: the new churches of Santa Maria presso San Satiro, Santa Maria della Passione and Santa Maria presso San Celso, all of which involved the participation of the Battagio workshop. This workshop, aside from the famous Giovanni (engineer and architect) and his son-in-law Agostino Fonduli (terracotta sculptor), also included Giovanni's brother, the stucco decorator Gabriele. The Battagios are documented at the 1482–86 building site of Santa Maria presso San Satiro, where stucco appears not only in the renowned fictive choir, but also, as recent studies demonstrate, in the decoration of the pilasters of the sacristy. Then, in 1489, we find the activity of Giovanni Battagio in the chapel with the tomb of Daniele Birago in Santa Maria della Passione, which again involves the use of 'gesso'. Finally, in 1500, Gabriele Battagio is present in the building site of Santa Maria presso San Celso, where he agrees to make the stucco coffers for the vault within the *tiburium*, under the supervision of Gian Giacomo Dolcebuono.

These examples allow observation of the specific techniques used and the organisation of the work, raising issues concerning their possible influences on the architectural culture, the coexistence or 'rivalry' with the use of stone, and the role of consolidated artistic 'companies' in the choices. The current research also aims to collect information on local traditions in the use of gypsum through documentary and theoretical sources, such as the Vitruvius translated and commented on by Cesare Cesariano and it reports on the use of stucco in the ducal residences, as well as on occasions involving Donato Bramante.

Domenico Fontana and the Art of Stucco: Roman Building Sites

Serena Quagliaroli
Università degli Studi di Torino
Giulia Spoltore
Ministero della cultura - Istituto Centrale per la Grafica, Roma

This paper reports on part of a research project on the Ticinese architect Domenico Fontana conceived and implemented by the Archivio del Moderno, Università della Svizzera italiana.

Domenico Fontana (1543–1607) is one of the most

representative figures of Roman artistic culture of the late sixteenth century. By analysing the use of stucco throughout his career, and how he manages the material within the architectural building sites under his direction, we can shed new light not only on his professional career but also, more generally, on the way Roman building sites of the time were organised and functioned. The paper examines Fontana's attitudes towards stucco, analysing the matter from the perspective of both his activity as an artisan in plaster and as architect and site manager. In investigating these issues we are able to illustrate two fundamental aspects of Fontana's career: how he dealt with patrons and what kind of partnership and cooperation strategies he established with other architects, artists, and the general labour force active on his worksites.

Although relating to largely lost works, the first Roman experiences of the Ticinese architect can be reconstructed through several literary sources and archival documents. Domenico arrived in Rome in 1563 following in his brother Giovanni's footsteps; he began his Roman activity in the construction industry in the manner of many other Ticinese and Lombard artists and architects. Here, he worked with the *maestri di muro*, training as a plasterer. In 1568, he is recorded in this specific activity on the building site at Villa D'Este at Tivoli, and in 1572 in the Palazzo dei Conservatori on the Campidoglio. A year later, the records show him in the service of Cardinal Ricci, for his villa on the Pincio (later Villa Medici) and for a palazzo in via Giulia (now Palazzo Ricci Sacchetti). By retracing these Roman beginnings, we can clarify the kinds of stucco works fashioned by Fontana within the architectural worksites. A question that arises is whether these works should be considered among the *lavori di muro*. In a measure and estimate of the works at the Lateran palace, Domenico himself states that the *hornamenti di stucco* should be considered as *lavori che appartengono al muratore*, or 'works pertaining to the mason'. This conception embodies a conviction that can be traced to his previous experience as a construction worker, but also opens more general questions on the role – or roles – of plasterers in Roman building sites of the late sixteenth century, enabling analysis of the procedures with which Domenico and the Fontana 'enterprise' organised and managed the stucco workers within their architectural operations.

'Cartellami, cameos, grotesques, and other similar extravagances': Actors and Processes in the Spread of Stucco Decoration in Genoa between the Sixteenth and Seventeenth Centuries

Roberto Santamaria
Università per Stranieri di Siena

Although the importance of Genoa and the craftsmen from around the lakes of Lugano and Como who lived there in the adoption and international diffusion of late Baroque and Rococo plastic art is well known, the origins of this artistic expression in the Genoese sphere remain incomplete, mainly due to the lack of a guild of *stuccatori*. The activity of plasterers, essentially decorative but strongly linked to building, thus remains halfway between masons and sculptors, not by chance two arts that were originally united.

Following the traces found in archive documents, this contribution focuses on the elusive workers who were active between the second half of the sixteenth century and the first two decades of the seventeenth century in Genoa's building sites, mostly managed by architects and painters. After mentioning the beginnings of the technique by Perin del Vaga in the Villa of Prince Doria and Galeazzo Alessi's predilection for it, some sixteenth-century stucco works, largely destroyed but mentioned in the sources, are considered. In 1674 Raffaele Soprani mentioned only Urbino Marcello Sparzo among the stucco decorators active in the city, but nineteenth-century research by Federico Alizeri brought to light other stucco decorators, some from Genoa (Oberto Piccardo, possibly Stefano Storace) and some from the area of Lake Lugano (Antonio da Lugano, Andrea and Battista Aprile).

Reviewing the archive documents allows us to reflect on the stucco workers' dependence on site managers, in particular Giovanni Battista Castello 'il Bergamasco', a multi-faceted and original painter, architect and decorator under whose control the stucco workers acted, to whom he supplied cartoons and templates. Documents relating to the construction site of the Chapel of the Conception in the church of San Pietro in Banchi are also contextualised here. In 1626, under the supervision of Daniele Casella da Carona, sculptors and stucco makers from his entourage worked there, including Antonio Casella, who made three marble statues, and the latter's brother, Francesco, who executed the stucco work on the vault. Sculpting marble and shaping stucco represented two sides of the same coin for the Casella brothers, with Francesco sculpting marble for the addition to the sixteenth-century Imperial Palace in 1628 and Antonio again making stuccoes in the choir of the cathedral of San Lorenzo in 1619. He accomplished this task together with his brother and especially with Marcello Sparzo. This notarial deed, in addition to adding to our knowledge of the city's most important church, provides evidence of a new and probably extreme 'Genoese' work by the elderly Urbino, a full thirteen years after his last documented work, the stuccoes in the church of San Rocco di Granarolo.

Salzburg as an Early Centre of Ticino Stucco Work

Manfred Koller
Universität für angewandte Kunst, Wien

Around 1600, under the art-loving Archbishop Wolf Dietrich von Raitenau, the city of Salzburg experienced a particular flourishing of architecture and art. The decoration of the state rooms in the Old and New Residenz with white and coloured stuccowork was of particular importance. The white stucco consisted of dolomite lime with alabaster and quartz grains, materials that were all available in the city itself. In addition, there were ceiling reliefs and stucco ornaments with a white stucco core and coloured fine stucco layers in smalt blue, iron oxide red and malachite green. Finally the surfaces were encrusted with blue, red and coloured glass chips, the chemical composition of which is similar to that of stained-glass windows dating from the Middle Ages in Salzburg. It is suspected that this coloured glass was 'recycled' when the medieval cathedral was demolished for Wolf Dietrich's new buildings. Unfortunately, the restoration history of these delicate stucco works, for which the Ticino artist Elia Castello is documented in 1602, caused severe damage to the overpainted surfaces in the 1950s through scratching during 'uncovering' by 'dilettantes' (sculptors, gilders) and, above all, the loss of the incrustation effects.

Techniques and Market Conditions: Stucco Masters in German Countries in the Sixteenth and Seventeenth Centuries

Barbara Rinn-Kupka
Art historian

At the end of the sixteenth century, stucco decorations in present-day Germany showed an initially surprising variety of material and design, which only ended around 1610.

This can be explained by the different ways in which Germany received information about the ancient Roman stuccowork that had been discovered. Five main paths can be identified:

1. execution by building artists who had worked in Rome and Northern Italy;
2. arrival of building artists who had seen imitations of antique works, or had been trained in their production;
3. observation of the 'signs of the times', by people already operating as artists and craftsmen in the areas;
4. via drawings and graphics that showed decorative content;
5. via artists and craftsmen who had to look for new places to work and opportunities to earn money and who brought the corresponding knowledge with them.

Thus, with the beginning of the Renaissance in Germany, the most diverse types of craftsmen and building artists were able to become 'plasterers', who imitated stucco decorations with the materials available to them, such as clay and lime. This gave rise to the German special way of a stucco craftsman who could, but did not have to, rise to become a nationally active stucco artist. From around 1610, this experimentation led to the specifically German tradition of lime stucco. Mostly designed on a clay base, lime stucco was used by both stucco craftsmen and stucco artists. Among the craftsmen stuccoers, the artistically low-threshold use of press moulds at first, then after 1600 almost predominantly models, remained popular until the end of the seventeenth century. Along the way, high-class works in gypsum continued to be created on individual buildings.

This phase only ended with the technical revolution introduced by the Italian Swiss and Lombard plasterers, most of whom were much better trained, who began to arrive in the country from 1670 onwards. With them, after 1700 gypsum-stucco became the material of choice for craftsmen stuccoers too.

Artists working in Germany, including those from the lime stucco tradition, liked to use graphic models (mostly of Dutch/Flemish origin) for stuccoed pictures and larger figures. Framing and border designs were often freely created from the workshop's own repertoire of motifs. The assessment of their work as pure (building) craftsmanship places these masters between the research disciplines, to their disadvantage. In their time, artist stuccoes were seen as part of the free arts. The makers had the same standard of living as well as the same wages as other artists, including most of the painters.

Interior Stucco Work of the Sixteenth and Seventeenth Centuries in The Netherlands

Wijnand Freling
Dutch Stucco Guild

Over the past three decades, research on ornamental stucco and plaster in the Netherlands has yielded new knowledge and views on the design, makers and use of materials involved in these kinds of interior decorations, particularly ceilings. Today, the knowledge and awareness of these works affords them greater protection.

Ornamental stuccoworks: most of the surviving sixteenth and seventeenth-century ornamental stucco works of the Netherlands are made from mud and clay, covered with a stucco finishing layer, on ceilings between tie-beams and joists. One of the oldest is a stucco ceiling of the Berckepoort monumental residence in Dordrecht, made in 1565–72, showing rich renaissance decoration with ornaments made in techniques of casting, press moulding and hand modelling.

Mud and clay: in the period considered in this paper, the most common stucco works are ceilings in clay plasters, sculptured around the ceiling beams. Many examples have been found along the Rhine and Meuse rivers, in some cases showing connections with the ceilings of Cologne, known as *Kölner Decke*, and probably made by German craftsmen.

Cast elements: Over the past two decades we have also found examples of mantelpiece parts cast in stucco. Dutch craftsmen knew Cennino Cennini's handbook *Il Libro dell'Arte* (1437) and other published descriptions provided examples of mould-making for cast ornaments.

Sculpture and stucco: the stucco ceilings of renaissance Europe can be truly sculptural with three-dimensional ornaments, statues and scenes emerging from the surface, executed by the stucco makers or sculptor in stucco and plaster over wooden substructures. This type of craftsmanship peaked in the mid-seventeenth century.

Design and translation: Daniel Marot, a Huguenot refugee from Paris, influenced late-seventeenth-century design in the Netherlands, particularly in the north, through works of many kinds, including ceilings. The stucco makers were responsible for 'translating' the two dimensions of the design into three-dimensional decorations on walls and ceilings.

Italians in the Netherlands: the first generation of Italian stucco makers arrived in the Netherlands at the end of the seventeenth century. There were no guild organisations or other administrations imposing restrictions on their work, although in some places they collaborated with local stucco makers. The practice of stucco and plaster interior decoration exploded in the first half of the eighteenth century, with the arrival of Swiss and Italian stucco makers such as Bollina, Albisetti, Barberino, Beretta, Castelli, Castoldi, Laghi, Luraghi and in some cases their activity was continued by the next generation. At the same time the work of local masters and sculptors, such as Van Logteren, Husly, Viervant and Van Gorkum, was much in demand.

An Introduction to Danish Stucco Decoration c. 1550–1750

Casper Thorhauge Briggs-Mønsted
University of Copenhagen

This paper offers an introduction to the history of stucco works executed in Denmark between 1550 and 1750. The basis for this introduction is the extensive research of the Danish art historian Bredo L. Grandjean (1916–86) formulated in a somewhat unfinished book manuscript that was published after his death in 1994 under the title *Stukarbejder i Danmark 1660–1800* (*Stucco Works in Denmark 1660–1800*).

Starting with the stucco decorations for the chapel of Sønderborg Castle in southern Denmark made in 1568–1570 and ending with the extensive decorations made for Christiansborg Palace in Copenhagen in 1730–c.1750, this paper covers a number of examples of predominately foreign stucco specialists working in Denmark. In those cases where it has been possible to identify the foreign specialists their biographical data is provided and so are potential sources for inspiration that may have influenced their work.

Naturally, stucco work was a phenomenon reserved for members of the Danish elite who could afford such extravagance. Consequently, all the examples of this form of art presented in this paper were made for royal residences or for the homes of the Danish nobility.

Following Grandjean's approach to the history of stucco in Denmark, the listed examples are divided into four periods: pre-1600; 1600–1660; 1660–1700; and 1700–1750.

The examples of stucco work presented should not be seen as an exhaustive list of preserved as well as lost cases of stucco works made in Denmark. However, the examples should be seen as representative of general tendencies of how these decorations were realised more broadly in Denmark in those two hundred years. This paper does not provide in-depth analyses since its main ambition is to offer a sufficiently comprehensive while still clear introduction to the Danish history of stucco to those that are not familiar with the Danish language. Hopefully, this will allow more international scholars to include Danish examples in their analyses in the future. The Kingdom of Denmark was on the periphery of Europe but in no way disconnected from it and thus the history of Danish art and architecture at large constitutes an interesting part of a broader European cultural history.

The Profession of Stucco Maker in Seventeenth-Century Lesser Poland

Michał Kurzej
Jagiellonian University, Cracow

In Lesser Poland the most important artistic centre was Cracow. This city was influenced by Italian culture and served as an economic magnet for migrating artists. Among them there were stucco makers of confirmed or supposed origin from the area of Lake Lugano. At the beginning of the seventeenth century the most important personage was the royal architect Giovanni Trevano from Lugano who rebuilt the royal castle and completed the large and sophisticated Jesuit church designed by Giovanni de Rossi. Both structures were decorated with fine stuccowork by the same author: the first high-quality works made in stucco in Poland. The author of those decorations is unfortunately unknown, as is his connection with Trevano.

The second phase of decorations comes from the 1630s. The outstanding set of decorations from that time is preserved in the Camaldolese church in Bielany near Cracow. One of its authors was an artist named Philibert, who may be identified with Filiberto Lucchese from Melide, who later became the famous architect at the imperial court in Vienna. In Poland he can also be linked with decorations in Nowy Wiśnicz and Zamość. In the next decade Giovanni Falconi, possibly from Rovio, was active. The sole documentary record of him is in the diary of Stanisław Oświęcim, a courtier of King Ladislaus IV, who hired the stuccoist to decorate his family chapel in Krosno. The artist can also be considered the author of a group of stucco decorations – mostly singular chapels, including works in Niepołonice, Podkamień, Podhorce, Rzeszów, Cracow, Baranów Sandomierski, Łowicz and Lublin. The most brilliant stucco artist active in Poland before Baldassarre Fontana was the anonymous artist known as the Master of Tarłów. His main work, in the parish church of a remote small town, includes a series of reliefs of excellent quality with genre scenes showing people of various ages, status and profession, meeting their deaths. Their maker probably worked solely with one architectural workshop of northern-Italian origin. He has also been linked with nearby works in Gołąb and Kazimierz Dolny.

The period of wars in the mid-seventeenth century extinguished the demand for architectural investments and decorations made by exquisite foreign artists. And they didn't come back in the following decades of 1660s and 1670s when the market reopened widely for rebuilding. In that time stucco decorations of significantly lower quality were made, mostly by local artists trained as woodcutters or stone carvers who tried to emulate fine stucco with their insufficient skills. The situation changed only with the arrival of Baldassarre Fontana who raised the art of stucco in Lesser Poland to the highest level.

The Dichotomy between Sculptors and Plasterers in the Late Roman Baroque: The Working Site of the Chapel of Santa Cecilia in San Carlo ai Catinari (with a Note on the Restoration of the Vatican Sala Regia)

Vittoria Brunetti
Università di Firenze

In 1691 the Congregation of Musicians commissioned Antonio Gherardi to design the chapel of Santa Cecilia in the church of San Carlo ai Catinari in Rome (1691–1700). The architect, who was also a painter, conceived a programme of imposing stucco decorations on a musical theme. The eminent sculptors Michel Maille, Simone Giorgini, Jean-Baptiste Théodon and Lorenzo Ottoni created most of the figurative elements, while the decorative elements were modelled by three teams of stucco makers, under the respective leadership of Francesco Barozzi, Giuseppe Bilancioni and Pietro Porciani. The financial records of the Congregation of Musicians documented the names of the artists involved, their salaries, and the various phases of the artistic process.

This paper provides in-depth examination of the work site, including the relationships between the different personnel involved in the executive process: the architect Gherardi, who received wax for shaping models and may have sketched outlines of the decoration on the walls; the teams of stucco makers; the sculptors and other roles, including those of apprentices and suppliers. The essay also considers the use of materials in the stucco practices of Rome, and the making and repairing of tools for the site, such as scaffolding, brushes, sieves etc., as well as the unique record of the supply of a palm tree, to be copied by the sculptors.

Finally, the paper examines the difference between the works outlined in the contracts and those delivered, as well as some aspects related to colour finishing and later restorations. Stucco restorations would often take place just a few years after the initial execution, due to their fragility, typically involving the remaking of the most projecting parts. In the case of the chapel of Santa Cecilia, the reconstruction of the angels' limbs and other elements—likely carried out periodically—is particularly evident on the right wall, to the point that it alters the perception of the seventeenth-century work. Depending on the economic capacity of the patron, the individuals chosen for the restoration works were usually sculptors, more or less adept at replicating the styles and techniques of their predecessors. For example, Lorenzo Ottoni—who played a key role at the Santa Cecilia worksite—was responsible, in 1711, for overseeing the restoration of the sixteenth-century stucco decoration of the Sala Regia in the Vatican Palaces. His *giustificazioni di pagamento* offer insight into stucco remaking from the point of view of the sculptor. This account provides a wealth of information regarding his approach: the descriptive parameters of documentation, specific terminology, the respect for the original iconography, the sequencing of interventions and handling of scaffolding, as well as details about some practical obstacles encountered. As a side benefit of this research, we are also able to provide a contribution to the debate on attributions for the sixteenth century works of Sala Regia.

Stucco Decoration in L'Aquila in the Second Half of the Seventeenth Century: Projects, Designs and Masters

Carlotta Brovadan
Ministero dell'Istruzione e del Merito, L'Aquila

In L'Aquila as in other relatively peripheral Italian areas, diffusion of the stucco technique, following the Roman experiences of Giovanni da Udine, arrived late. Nevertheless, by the 1600s stucco was widely used to decorate and renovate the city's most important buildings, both civil and religious. In this respect, the devastating earthquake of 1703 was a crucial watershed for L'Aquila, bringing destruction, but serving also as the starting point for an age of architectural and artistic transformation, with results that are still visible today.

This paper considers the stucco campaigns of the seventeenth century, more difficult to analyse because of the extensive destruction caused by the 1703 earthquake, and in some cases by the so-called *restauri di liberazione* carried out in the 1970s, such as in Santa Maria di Collemaggio. Still, as pointed out by Raffaele Colapietra in his key studies on Abruzzi in the early modern period, it is possible to retrace the stucco decorations of the period through archival sources. This contribution focuses specifically on the interventions of the second half of the century, between the two earthquakes of 1646 and 1703. This was a period when features of Roman Baroque spread throughout L'Aquila, marked in particular by the brief stay of Ercole Ferrata in the city (1646–47), and above all by the leading position of the painter Francesco Bedeschini, who was entrusted with the design of many of the stucco cycles.

In several cases, the available documents have already cast light on the chronology of the artistic campaigns and involvement of the masters. However, they deserve reconsideration, together with drawings and prints, and the surviving decorations. With this methodology it is possible to examine the identity of the stucco makers, whether local or from Lombardy; their role on the worksites; their interactions with Bedeschini; the planning and execution of the interventions.

The importance of the stucco cycles undertaken is reflected in the relevance of the buildings being renovated: the Basilica of San Bernardino, heart of Franciscan Observance in Italy; Santa Maria di Collemaggio; the Cathedral dedicated to St Maximus of Aveia and St George; the church of San Filippo Neri; the Palazzo Pubblico.

Among the stucco masters active in the city, the research examines Ercole Ferradini, member of a Milanese family documented in L'Aquila, where a large community of 'Lombards' was present from at least the beginning of the seventeenth century; and Tommaso Amantini, a prolific artist native to the Marche, where he took part in more than one decorative campaign ordered by the Congregation of the Oratory, a circumstance that played a role in his transfer to L'Aquila, where he was involved in the work at the churches of San Filippo Neri and San Bernardino.

Some Examples of the Use of Drawing in the Workshop Practices of Lombard and Luganese Plasterers in the Seventeenth Century

Massimo Romeri
Università degli Studi di Torino

The issue of drawing within the diverse and variable practices of stucco workshops during the late sixteenth and early seventeenth centuries is complex and not easily addressed. This study examines several Lombard cases, emphasizing the relationship between the drawing and the evolution of stylistic and technical practices. For stucco artists, the practice of drawing developed primarily in specific contexts, paralleling the stucco artist's pursuit of autonomy from architects or artist-contractors. In cases where they depended on designs provided by others, stucco artists were as highly specialized craftsmen but remaining subordinate to the architects or artists leading the projects.

While numerous preparatory drawings for stucco decorations from the sixteenth and seventeenth centuries have survived, very few can be directly attributed to stucco artists. However, we know that plasterers knew how to draw. For example, some documentary evidence regarding apprentices' drawing practices exists: apprentices were required to practice using models available in the workshop, such as albums, prototypes, sketches, decorative projects and prints.

This study illustrates several significant examples, starting with early seventeenth-century Milan, where the culture of Mannerism was still vibrant, and the relationship between artistic practices and inventions was complex. Artists like Giulio Cesare Procaccini and Giovan Battista Crespi (Il Cerano) are considered multifaceted figures capable of leading diverse workshops on high-profile projects, integrating artistic work with technical research and applications. In this context the use of drawing played a crucial role, both for presenting the project to the clients and for managing the various workers involved in the construction site (for example in the Chapel of San Michele Arcangelo in Sant'Angelo and in the chapels of the church of San Celso in Milan).

Instead, the role of drawing takes a back seat in projects managed by stucco artists with great creative autonomy and technical expertise, such as Alessandro Casella.

Materials and Constructions: *Stuccatori* at Work in Basso Ceresio. Archival Sources and Material Evidence

Giacinta Jean, Alberto Felici
University of applied Sciences and Arts of Southern Switzerland

This paper presents how some of the most important *stuccatori* from the area around Lake Lugano worked between the sixteenth and seventeenth centuries, researching their working conditions as described by their contracts with patrons and the materials they used: bricks, lime, gypsum and ironware; tracing the types, their properties, the preparation needed before use, provenance, and costs.

Through documentary records (more than seventy archives, were consulted concerning the assignment of works to plasterers and the exchanges between artists and clients) we could follow day-by-day how the work of the *stuccatori* proceeded, their relationships with clients and the involvement of other workers and artists during the decorative phases.

This is research that requires an interdisciplinary approach, in which historical data from the archives are interlinked with direct observation of the works realised, conducted by a conservator able to read the material, and by a contemporary stucco master who understands the challenges in shaping such ductile mixtures, using traditional procedures and materials. Finally, the role of the scientific expert has been indispensable in validating the hypotheses on the composition of the mortars and their use, as these are formulated during the observations.

Direct and close comparisons between written sources and works is a fundamental working method, especially in the systematic analysis of documents and works that refer to the same geographical, artistic and chronological context.

Our research focused mainly on works made by Agostino (1628–1706) and Gianfrancesco Silva (1660–1738), in the area comprising Basso Ceresio, Lake Como and Valtellina. The examples cited in this paper are thus case studies relating to a restricted geographical area and a well-circumscribed historical period. Despite that, the conclusions drawn have broad value since they represent the potential of current research methods and illustrate a working situation and workshop organization that can also be found, with some differences, in other historical contexts.

Crossing the Eighteenth Century with the Portogalli Plasterers: Work Organisation, Materials and Tools

Mickaël Zito
Art historian

The aim of this contribution is to use previously unpublished data to shed new light on the organisation and workshop practices of the Portogalli family, stucco artists from the Lugano region who worked in the Grand Duchy of Tuscany between the end of the seventeenth century and the end of the following century. Leaving aside traditional stylistic considerations, the article focuses on aspects of stucco work that are often overlooked and sometimes neglected by researchers and delves into workshop organisation and practices. The question of the timetable and chronology of building sites is also addressed.

Using the example of the decoration of the church in Rosano (1707–8), we follow the day-to-day comings and goings of Giovanni Martino and his brother Filippo, who were joined by collaborators when the work was busier. In addition to the stucco workers, several other examples from the eighteenth century also show the painters and gilders involved in stucco colouring. The materials used by this dynasty over the course of the century are also highlighted. Archival documents have made it possible to identify the nature of the materials, some of the names of suppliers, prices and quantities. Finally, an analysis of the accounts of the carpenter Liborio Bracci, who was present during work on the Pitti Palace in the 1760s, provides rare and precious information about the tools and materials used by the stucco workers Visetti, Rusca and Portogalli. His accounts reveal all the supplies provided for them, from boxes for nails and floats to scaffolding, lighting systems and moulds, which he repaired or reworked as needed.

Fontainebleau 1530. The Age of Stucco

Oriane Beaufils
Villa Ephrussi, Saint-Jean-Cap-Ferrat

In the 1530s at Fontainebleau a new type of decoration was created, combining wood panelling, frescoes and stuccoes. Designed by large teams of artists – many of whom came from Italy to work at the court of François I – such decorations were at the heart of what was later called the 'School of Fontainebleau.' Although many such creations are lost, the chimneypiece of the Queen's bedchamber, the Galerie François Ier, the Porte Dorée, the Duchesse d'Étampes' bedchamber and the Great Ballroom all show the creativity of this art form and its evolution between 1530 and 1560.

This paper examines the genesis of Fontainebleau's first stucco decorations, realised between 1530 and 1540, and presents their technical and artistic features in the context of their contemporary transalpine counterparts.

The decoration process in the Palace of Fontainebleau can be documented through the *Comptes des Bâtiments du roi*, compiled in the first half of the nineteenth century by the historian Léon de Laborde, from a 1680 manuscript copying the original sixteenth-century royal accounts. This source is crucial to the study of work at the royal residences, especially for Fontainebleau. The structure follows accounting ledgers, listing the sums paid out for various functions, starting with structural work (masonry, carpentry, roofing), then the finishing works and lastly so-called 'extraordinary parts' made by Rosso Fiorentino, Primaticcio and their team.

The Collection of Renaissance Stucco Statues at Bučovice Castle. Technologies, Techniques, and Materials Used

Veronika Wanková
Charles University Prague
Renata Tišlová, Peter Majoroš
University of Pardubice

Bučovice Castle, in southern Moravia, Czech Republic, was built in the 1580s for Jan Šembera Černohorský of Boskovice. As commissioner of the works, he was in contact with Jacopo Strada, architect of the Hapsburg Imperial Court, with whom he collaborated in designing the layout of the renaissance castle's interior decoration. During Šembera's life, only five rooms on the ground floor were decorated. The Imperial room, intended for the representation of Šembera himself, featured spectacular decoration, of which the dominant elements are four three-dimensional stucco statues in the lunettes, portraying Charles V, Europa, Diana and Mars. These are complemented by four semi-relief portraits of Roman emperors. This decoration is consistent with the figurative stucco decoration in the next room, portraying Diana and Leda.

This building offers the exceptional assemblage of ten stucco statues in full relief and semi-relief. The remarkable quality of these works distinguishes them from decorations by local artisans, leading to the hypothesis that they are the work of an Italian plasterer or a plasterer who had worked in Italy.

This study, prepared within the framework of complex inter-disciplinary research into the renaissance interior of the castle, concentrates on examining technological issues concerning the creation of the figural decoration, technical solutions applied and materials. The resulting outcomes suggest how the artist and his workshop could have worked on the statues. The major discovery, in direct contrast with previous findings, was that none of the statues had been cast. In fact, the stucco was applied layer by layer to an inner supporting framework. The reverse side of the statues was only roughly finished and thus provides unique evidence of the artist's approach to his work. The stucco material was applied to a wooden supporting framework (*Charles V*, *Europa*, *Diana*), which was slightly reinforced with nails and fabric. Only *Mars* contains a terracotta core. This work assembled from at least six individual parts, is finished with the application of a layer of white stucco according to the *all'antica* recipe. The individual parts were linked with nails and covered with drapery modelled in stucco. The surfaces of the statues were unified with a white stucco layer, enhanced with gilded details and encrusted with colourful pieces of glass (a typical feature of renaissance statues intended for *grottos*). The statues of Diana and Leda are examples of another sculpture method featuring a stucco core, but with an exterior finish imitating terracotta.

Given the documentation of the wide range of technological processes, solutions, and materials used, the knowledge acquired provides a unique contribution on the general issue of renaissance figurative stucco. The identity of the artist and workshop are still unknown but these data lead to a deeper understanding of the workshop's methods and characterisation of the artist's style.

The Stuccoes in the Church of the Annunciation to Mary in Kostanjevica at Nova Gorica

Marta Bensa, Katarina Šter, Sabina Dolenec
Institute for the Protection of Cultural Heritage of Slovenia – Nova Gorica Regional Office

This paper reports on the stuccoes inside the Monastery church of St Mary of the Annunciation at Kostanjevica, between Gorizia (Italy) and Nova Gorica (Slovenia). The rich stuccoes, executed in the mid to late seventeenth century, originally decorated the entire nave and presbytery, however most were destroyed during the First World War. Only fragmentary parts of the nave decoration are now preserved, and although most of the decorations of the presbytery are still extant, these are heavily altered by restoration. The first part of this paper, drawing on archival documentation and the existing bibliography, provides an art-historical analysis of the decoration, concerning the technique and its historical evolution, including terms of the use of different constituent materials. The second part reporting on the close examination of the plasters and their compositions of sandy aggregate and binder, provides a scientific-methodological characterisation of the material, establishing the stratigraphic sequence of the internal mortar layer and external finishing layer. From this reporting, the paper then defines the artistic techniques used for the stucco decoration of the church, in terms of the technical characteristics and working properties.

The Kostanjevica stuccos are of extraordinary quality and were very probably executed by traveling artists from the Lake Region of northern Italy, who moved from city to city carrying out commissions for the decoration of civil and church buildings. Given the constant movement of these stucco workshops, the identification of the authors of the Kostanjevica stuccos is difficult. In this case, an inscription was discovered on a shield to the right of two stucco *putti* in the choir: FRANC.S ROSINA DE SALA VALLIS LUGANI F. / ANNO SALUTIS MDCXXXIX. The search for works in Ticino and the northern part of Lombardy that would approach the style of our master was unsuccessful. The closest example, in some places almost identical, are the stuccoes on the façade of the church of Santa Maria Assunta in Locarno. The presbytery of the Kostanjevica church presents an 'in-between' style before the evolution of the mature baroque, and was decorated later than the nave, probably at the end of the seventeenth century. Their features invite the hypothesis that some stucco decorators from Val d'Intelvi working in Vienna at the end of the first half of the century were later called to Gorizia to decorate the church of the Carmelites, which in the meantime had become an important place of pilgrimage.

Leonardo Retti in Rome: The Stucco Decoration of Santa Marta at the Collegio Romano in collaboration with Antonio Roncati

Carla Giovannone
Ministero della cultura - Istituto Centrale del Restauro, Roma

The baroque restyling of the sixteenth-century church of Santa Marta at the Collegio Romano began in 1671 with a project directed by Carlo Fontana. Giovan Battista Gaulli was called to fresco the vault of the nave, where he painted the *Glory and the miracles* of the Saint, with the assistance of Girolamo Troppa and Paolo Albertoni. The architectural elements in stucco were to be made by the master mason Simone Broggi. The works of stucco sculptures were entrusted to Antonio Roncati and Leonardo Retti, also known as Leonardo Reti or Leonardo Lombardo.

Retti was assigned the high-relief angels on the counter-façade, the figures located at the arches of the chapel entrances and on the apse walls, and the statutory group of the *Fama reggi cartiglio* on the height of the apse. Although the cycle of sculptural decoration is no longer complete, due to the loss of some of the angels from the ledges and at the sides of the windows, these are recorded in a 1721 engraving by Domenico de' Rossi. The payment documents for the works are not clear, and since Retti and Roncati worked together, it is difficult to fully distinguish the work of the two artists.

In September 2019, the Istituto Centrale del Restauro interdisciplinary team began the restoration of the decorations of the counter-façade decorations and of the first span of the nave, simultaneously taking advantage of this opportunity to study the executive techniques and materials used by Leonardo Retti in the creation of stucco decoration.

Leonardo was one of a well-known family of Ticino plasterers. Before the commission at the Collegio Romano, he is known to have completed two works in Parma: the Beccaria Altar in the church of San Vitale, with his brother Domenico, and the decorations of the Torelli Chapel in the church of the Annunziata, under the supervision of his uncle, Luca. When Leonardo moved to Rome, however, he began using the roman plastering techniques, using the local materials of pozzolana, marble powder and lime putty. The current paper includes reporting on the use of these materials, investigated for greater understanding of organisation on the baroque worksite.

The Stuccoes in the Church of Los Santos Juanes in Valencia (1693–1702)

Gaetano Giannotta
Universidad Complutense, Madrid
José Luis Regidor Ros
Universitat Politècnica de València – Department of Conservation and Restoration

For the city of Valencia, the Baroque renovation of the church of Los Santos Juanes, conducted between 1693 and 1702, represented an unprecedented change in the way of making and understanding decoration.

Two stucco workers, Giacomo Bertesi (1643–1710) and Antonio Aliprandi (1654–1728), arrived in Valencia from Lombardy, bearing their own specific technical competences and stylistic models. These were mixed with Valencian traditions and culture, giving rise to a complex decorative and iconographic programme in which fresco painting and stucco sculpture express a common and innovative theological message.

Drawing on the malleability and versatile technical character of stucco, the decoration emerges from its traditional ornamental role and becomes a message in itself. The iconographic programme of the church of los Santos Juanes depends on the stucco statues of Jacob and his twelve children leaning against the buttresses and the allegorical sculptures reclining on the arches, also in stucco, as integral and essential elements. Moreover, even the strictly ornamental work, showing a varied profusion of plant elements, flowers, mannerist masks and shells, demonstrates a variety, naturalism and vitality that was unusual in the city.

The preliminary studies for the comprehensive restoration of the architectural and decorative complex, carried out between April 2018 and February 2019 from the Polytechnic University of Valencia and the Jaume I University of Castellón de la Plana, provide new data on the technique for the Santos Juanes stuccos. They show the difference between rougher finishes in the vegetal surroundings and perfectly polished ones in the sculptures and mouldings. The analysis shows that the main binder for the mortar is a mixture of lime and gypsum in various proportions, with the finishing layers being the richest in lime.

In 1936, a devastating fire caused much damage, leaving most of the sculptural elements mutilated and black, and further alterations resulted from poor restorations aimed at solving the enormous losses. At different times in the 1940s, several reconstructions were carried out. In 2005, the sculptural correction of ten of the Tribes of Israel statues was approached, based on the investigation of historic photographs. The current restoration project aims to solve two major problems: reintegration of lost volumes and correction of volumes incorrectly reconstructed, and recovery of the original finishes, considered an essential part of the stucco technique.

This paper shows the importance of formal, technical and iconographical analysis to understand stucco production within local architecture, revealing the Lombard expertise and its success in Valencia.

Baldassarre Fontana in Cracow

Michał Kurzej
Jagiellonian University, Cracow

Baldassarre Fontana (1661–1733) was present in Poland at the time of a very important change in the fine arts in the region. In Cracow, its main work was the construction of St Anne's church. This important collegiate and pilgrimage church, belonging to the University, was built, furnished and decorated under the careful supervision of a distinguished art expert and iconographer, Sebastian Piskorski, in a surprisingly short time – between 1693 and1703. The general shape of the church architecture was established by Tilman van Gameren, while designs for the internal decoration were most likely made by Jerzy Siemiginowski – the court painter of King John III educated in the Roman Academy of St Luke. Those designs brought a new approach towards the combination of arts. Two and three-dimensional parts were joined together at ceilings in several innovative ways. It seems that Fontana only encountered the new type of interior decorating in 1695, as he was chosen by Piskorski as the contractor for the church stucco decoration. This conclusion necessitates relinquishing a theory about Fontana's education in Rome that supposed he had learnt how to design an interior with combined sculptural and pictorial decoration in the way implemented by Bernini.

Piskorski became Fontana's main patron in Poland, also entrusting him with two important works in Poor Clares churches in Old Sącz and Cracow. Other commissions for Fontana came mostly from religious orders or private persons who had some links with Piskorski or the University. The Academy had close relations with local Dominicans and Discalced Carmelites. For the first order Fontana decorated the chapel of St Hyacinth and his reliquary altar. The church of the second order was totally rebuilt, but in its former presbytery a damaged Annunciation group survives. It has the same composition as the one in the same position in the university collegiate church. Fontana's other two known works in Cracow were made for institutions certainly well-known to Piskorski, as he used to give his sermons there. The first was the Carmelite church in Piasek (a western suburb of Cracow), where in 1700 the artist moulded three large figures on the facade. The second is the Italian Confraternity Chapel in the Minorite friary. Piskorski might have also recommended Fontana to some secular commissioners – especially to those who made significant donations to St Anne's. Fontana appreciated the work for the university and was fully aware that it would be particularly important to his career. The stucco maker intended to establish a foundation with a significant capital of 3000 florins, from which the interest would be spent on the conservation of the church. It should be emphasised that such an action is exceptional and indicates the artist's awareness that this work would be considered his masterpiece.

Baldassarre Fontana's Stucco Work, First Notes on Execution Times, Materials and Techniques: The Study of the *Gallery of Angels* at Uherčice Castle

Alberto Felici, Marta Caroselli, Giovanni Nicoli, Medea Uccelli
University of Applied Sciences and Arts of Southern Switzerland
Jan Válek
Institute of Theoretical and Applied Mechanics, Czech Academy of Sciences
Jana Zapletalová
Palacký University Olomouc

The sculptor Baldassarre Fontana (1661–1733), from Chiasso, is known to have been present in Moravia from 1688 where he operated a well-organised workshop in the execution of an important series of commissions. Here he created some of his greatest works, thanks to his collaboration with other artists including the architect Giovanni Pietro Tencalla (1629–1702), and painters Paolo Pagani (1655–1716) and Innocenzo Monti (1653–1710).

In preparation for a restoration intervention, in-depth studies were conducted on the stucco decorations created by Fontana and his workshop in the Castle of Uherčice in the Czech Republic, in particular those located in the Gallery of the Angels. This paper presents the first results obtained from this study, including consideration of archival documents, analysis of constituent materials, and most importantly, direct observation of these and other decorations, for understanding of the techniques employed in their creation.

Fontana had a large workshop, with very talented artists and assistants of proven experience, enabling the completion of numerous and difficult commissions in short periods of time, and the assumption of many projects over a wide geographical area. In the case of the Gallery of Uherčice, there is no archival documentation concerning the stucco decorations, apart from the identity of a *stuccatore* named Giovanni Battista Bussi. These decorations are attributed to Fontana and his workshop only on the basis of stylistic analysis, proposing a date between 1690 and the first decade of the 1700s.

The Gallery provides a complete repertoire of the decorative characteristics of Fontana' work: *stacciato* or shallow bas relief; wall 'draperies' and ovals containing figures; on the ceilings, frames with flowers and fruit, pronounced relief and almost full-round reliefs of *puttini* and eagles. The study included investigation of the material composition of the stucco decorations. The mineralogical characterisation of the mortars demonstrates a composition consisting mainly of lime, gypsum and sand, but with differing selections and quantities of these components in the mortar mixture.

The innermost part of the stucco decoration is thick and free of cracks. The mortar was applied in two layers of different composition. The first, containing unsorted aggregates of coarse grain size, was used to model the volume and to give a first suggestion of the figures. The second layer, containing more selected finer aggregates, provided for the final definition of the forms. Finally, the finishing layer varies from a very thin coating to a thickness of up to several millimetres.

In cases where specific archival documents are lacking, the only possibilities for gaining information about the *modus operandi* of an artist and his workshop are direct observation and interdisciplinary study. The results of the current research shed new light on the organisation of the stucco works of Baldassarre Fontana and support further studies into the chronological sequence of his artistic production.

Indice dei nomi / Index of Names

I numeri di pagina in corsivo si riferiscono alle illustrazioni / *Page numbers in italics refer to illustrations*

Crediti fotografici / Photo credits

GRITTI
© Martino Astolfi: figg. 3-4
© Michał Kurzej: figg. 1-2, 7
© Marco Leoni: fig. 6
© Arianna Notaro: fig. 5

SPOLTORE, QUAGLIAROLI
© Roma, Bibliotheca Hertziana – Max-Planck-Institut für Kunstgeschichte: fig. 2
© Roma, su gentile concessione dell'Académie de France à Rome-Villa Médicis: fig. 3
© Roma, ICCD - Istituto Centrale per il Catalogo e la Documentazione, Gabinetto Fotografico Nazionale (su concessione del Ministero della cultura): fig. 4
© Serena Quagliaroli, archivio: figg. 6-15
© Giulia Spoltore, archivio: figg. 1, 5

SANTAMARIA
© Stefano Bucciero: figg. 13-14
© Genova, Archivio di Stato: figg. 11-12; palazzo Grimaldi della Meridiana: fig. 10; palazzo Nicolosio Lomellino: fig. 2; Stefano Vassallo: figg. 7-8
© Frédéric Neupont: fig. 3
© Roma, Amministrazione Doria Pamphilij: fig. 1
© Ghigo Roli: figg. 4-6, 9

KOLLER
© Manfred Koller: figg. 1-9

RINN-KUPKA
© Carmen Diehl (drawing; with thanks to Dipl. Restauratorin FH Carmen Diehl / Kirchheim am Neckar), 2002: fig. 4
© H. Helmlechner, CC BY-SA 4.0, via Wikimedia Commons: fig. 2
© Hans König, 2016: fig. 1
© Barbara Rinn-Kupka, 1999: figg. 6, 8 / 2005: fig. 9 / 2014-2015: fig. 7/ 2021: fig. 3 / 2022: fig. 10
© Wikiwal2020, CC BY-SA 4.0, via Wikimedia Commons: fig. 8

FRELING
© Wijnand Freling: figg. 1-2, 4, 6-10
© Rijksdienst voor het Cultureel Erfgoed, Amersfoort number 409721: fig. 3 / Amersfoort number 240027: fig. 5

THORHAUGE BRIGGS-MØNSTED
© Christian Alexander Berner, 2023: fig. 10
© Roberto Fortuna: fig. 14
© Frederiksborg, Museum of National History / ph. Kit Weiss: figg. 3, 9
© Morten Gliemann, 2023: fig. 7
© Jutland, Sønderborg Castle, Museum Sønderjyllands Mediearkiv / MSS - Kim Holm: fig. 1
© Ditlev Lüttichau, 2023: fig. 6
© The Royal Danish Collection: figg. 13, 15
© Casper Thorhauge Briggs-Mønsted, 2023: figg. 2, 4-5, 8, 11-12

KURZEJ, *The Profession of Stucco Maker...*
© Adam Bochnak (1918): fig. 4
© Michał Kurzej: figg. 1-3, 5-13

BRUNETTI
© Città del Vaticano, Governatorato SCV – Direzione dei Musei: fig. 10
© Roma, Augusto Roca De Amicis (su concessione del Fondo Edifici di Culto, amministrato dalla Direzione centrale per l'amministrazione del Fondo Edifici di Culto del Ministero dell'interno): fig. 4
© Roma, Fondo Edifici di Culto, amministrato dalla Direzione centrale per l'amministrazione del Fondo Edifici di Culto del Ministero dell'interno: figg. 1, 3, 5-7
© Roma, ICCD - Istituto Centrale per il Catalogo e la Documentazione (su concessione del Ministero della cultura): figg. 2, 8-9

BROVADAN
© Berlin, Stiftung Preußischer Kulturbesitz, Kunstbibliothek: figg. 8-9
© Carlotta Brovadan Archive: figg. 5, 7, 12-13
© Roma, ICCD - Istituto Centrale per il Catalogo e la Documentazione, Gabinetto Fotografico Nazionale (su concessione del Ministero della cultura): figg. 1, 4
© L'Aquila, Archivio di Stato (su concessione del Ministero della cultura) / ph. Francesco Cardarelli: figg. 10-11
© L'Aquila, Soprintendenza Archeologia, Belle Arti e Paesaggio per le province di L'Aquila e Teramo (su concessione del Ministero della cultura): fig. 6
© Los Angeles, The Getty Research Institute, courtesy of Getty's Open Content Program: fig. 3
© Da Mario Moretti, *Collemaggio*, Roma, De Luca, 1972: fig. 2

ROMERI
© Archivio dell'Autore: figg. 9-10, 17
© Cuneo, Giorgio Olivero: fig. 13
© Massimo Romeri: figg. 1-9, 11-12, 14-15
© Torino, Paolo Giagheddu: fig. 16

JEAN, FELICI
© Alberto Felici, Giacinta Jean (SUPSI): figg. 1-23

ZITO
© Rafael Japon: figg. 2, 5
© Mentnafunangann - Wikimedia CH: fig. 1
© Sailko - Wikimedia CH: figg. 3-4
© Mickaël Zito: fig. 6

BEAUFILS
© Fontainebleau, Château: figg. 2, 4-13
© Firenze, Gallerie degli Uffizi, Gabinetto Fotografico (su concessione del Ministero della cultura): fig. 13
© Parigi, RMN-Grand Palais, Musée du Louvre, Département des Arts graphiques: figg. 1, 3

WANKOVÁ, TIŠLOVÁ, MAJOROŠ
© Peter Majoroš: figg. 2-3
© Renata Tišlová: fig. 2
© Jan Valach, V. Krajíček: figg. 4-15
© Veronika Wanková: fig. 1
© Wien, Österreichische Nationalbibliothek: fig. 16

BENSA
© ZAG: fig. 10
© ZVKDS OE NG: figg. 1-9

GIOVANNONE
© Edoardo Agustoni: figg. 14-15
© Firenze, Gallerie degli Uffizi, Gabinetto dei Disegni e delle Stampe (su concessione del Ministero della Cultura): fig. 6
© Piacenza, Pagani: fig. 5
© Roma, ICR - Istituto Centrale per il Restauro (su concessione del Ministero della cultura), Carla Giovannone, 2019: figg. 3-4 / 2020: fig. 19 / 2022: figg. 2, 7-9, 16-17, 20; Edoardo Loliva, 2022: figg. 1, 11-13, 18
© Roma Capitale, Sovrintendenza Capitolina ai Beni Culturali – Museo di Roma: fig. 10

GIANNOTTA, REGIDOR ROS
© Barcellona, Institut Amatller d'Art Hispànic (Mas C-16755): figg. 1, 4
© London, The British Library: fig. 3
© Valencia, Instituto Universitario para la Restauración del Patrimonio: figg. 2, 5-7

KURZEJ, *Baldassarre Fontana in Cracow*
© Michał Kurzej: figg. 1-13

FELICI, ZAPLETALOVÁ, CAROSELLI, NICOLI, UCCELLI, VÁLEK
© Marta Caroselli (SUPSI): figg. 11-12

Finito di stampare nel mese di giugno 2025 presso Industrie Grafiche Pacini, Pisa

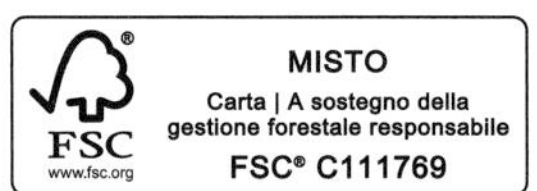

ex Officina Libraria
Jellinek et Gallerani